완벽한 **자**율학습서

완자

한국사 1

Structure 구성과 특징

01 개념&자료 학습

이 단원에서 꼭 알아야 하는 핵심 개념을 꼼꼼하게 정리하고, 시험 빈출 자료는 포인트를 확실하게 짚어 주었습니다.

❶ 함께 보면 좋은 확인 문제, 추가 자료, 정리 비법 등을 선생님이 강의하듯 친절하게 정리하였어요.

❷ 학교 시험은 물론 수능에도 출제될 가능성이 높은 자료를 빈출 선택지로 확인해요.

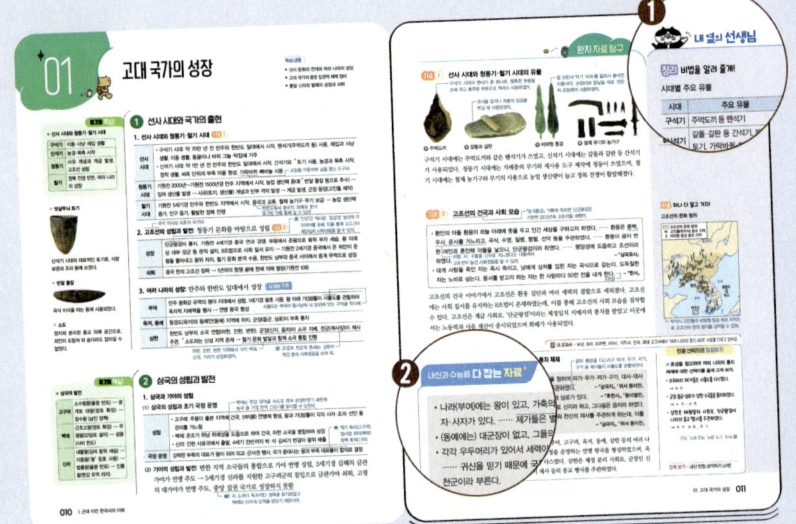

02 내신 문제 풀기

학교 시험에 자주 출제되는 유형의 문제들을 단계별로 풀면서 실력을 향상시킬 수 있습니다.

❶ 빈출 자료는 추가 문제를 풀면서 확실하게 짚고 갈 수 있어요.

❷ 시험에서 비중이 높아진 서술형 문제를 서술형 감잡기, 실전 도전하기로 자신 있게 대비할 수 있어요.

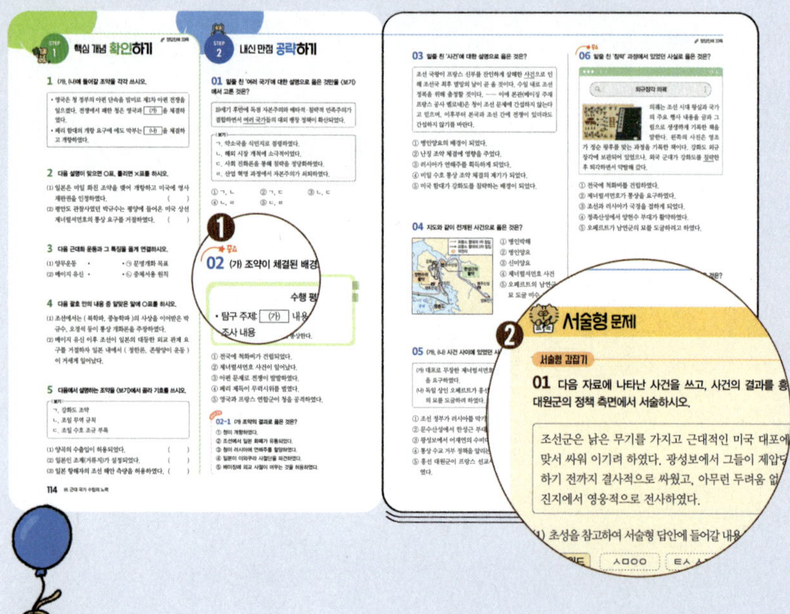

비상은
믿습니다

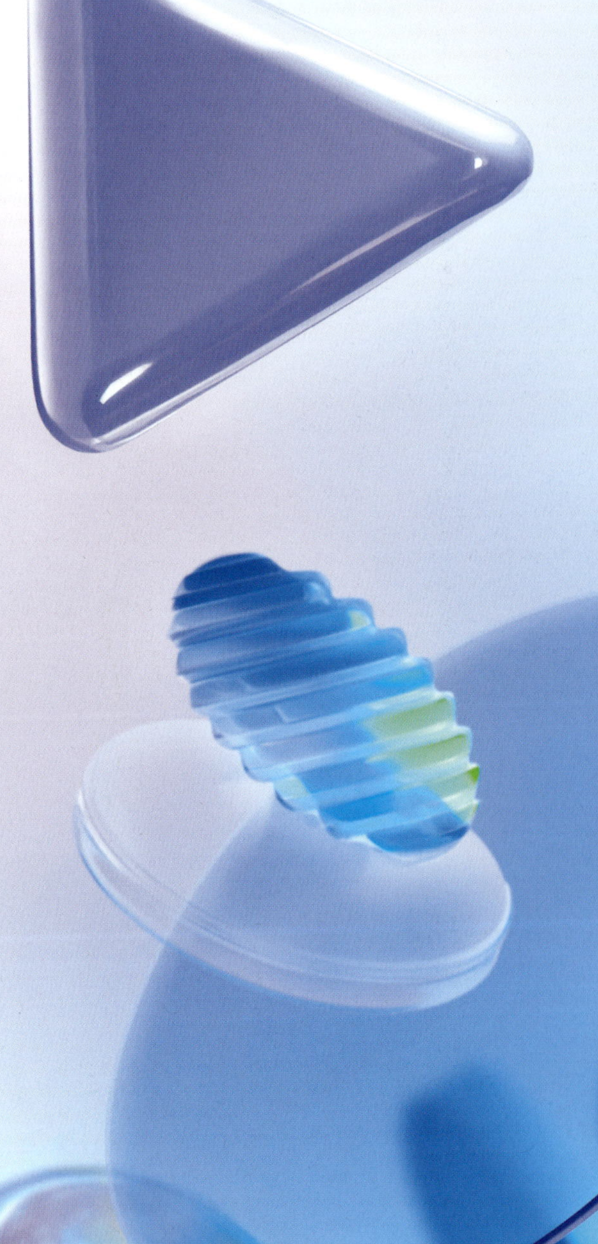

당연한 것을 낯설게 바라보는 시선이
교육을 움직이게 한다는 것을.

현장에서 출발한 고민이
다음 교육의 해답이 될 수 있다는 것을.

배움의 즐거움이
교육의 가장 강력한 연료라는 것을.

다름을 존중하는 태도가
교육의 가치를 더 깊게 만든다는 것을.

그리고,
우리가 선택한 이 가치들이
곧, 우리 교육의 방향이 된다고 믿습니다.

이 믿음 하나하나가 모여,
새로운 콘텐츠와 플랫폼이 되어
교육의 새로운 전형을 만들어갑니다.

상상 그 이상 –
visang

03

고난도&기출 문제 풀기

사고력과 변별력을 요구하는 고난도 문제, 수능에 출제된 기출 문제를 풀면서 내신뿐만 아니라 수능에도 자신감을 얻을 수 있습니다.

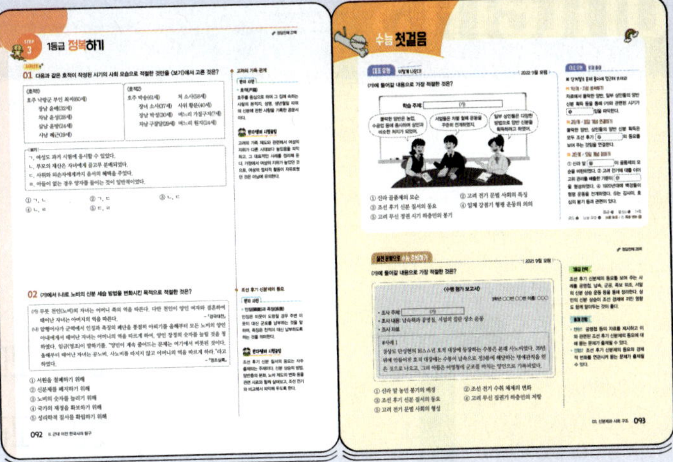

04

대단원 학습 점검하기

대단원의 핵심 내용을 한눈에 정리하고, 통합형 문제까지 풀어 보면서 대단원 학습을 최종 점검할 수 있습니다.

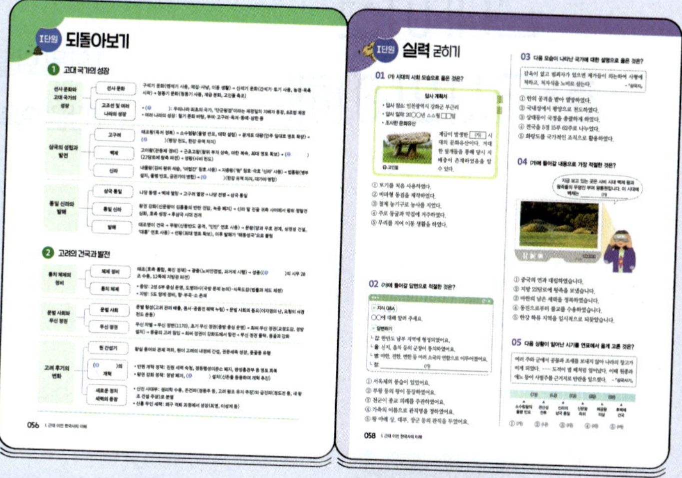

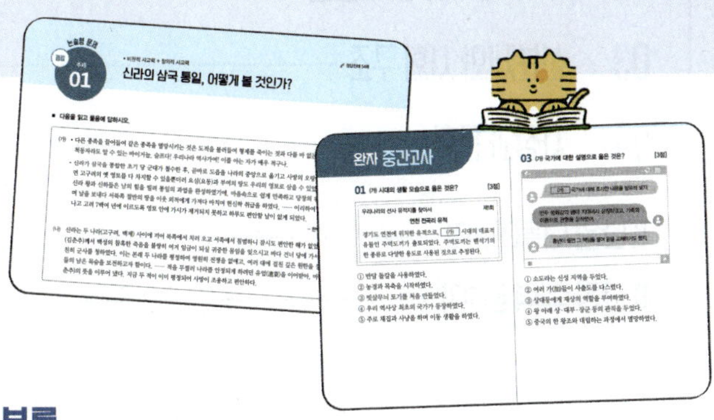

부록

논술형 문제, 중간고사·기말고사 대비 문제를 제공합니다.

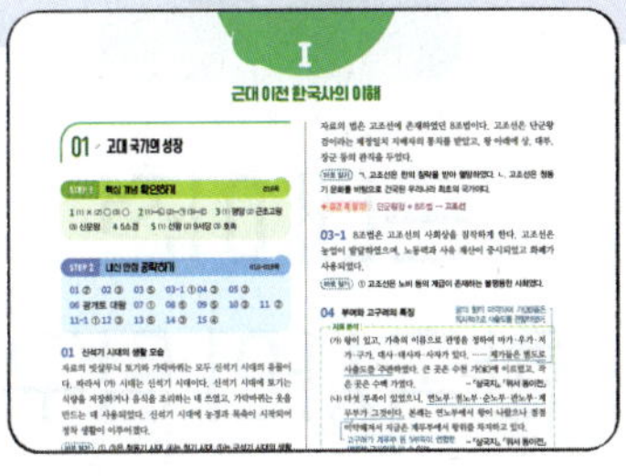

정답친해

정답과 오답 풀이, 자료 분석, 암기 tip, 예시 답안을 제공합니다.

Contents 차례

Ⅲ
근대 국가 수립의 노력

단원명		완자	비상교육	동아출판	리베르스쿨	미래엔	씨마스	지학사	천재교과서	해냄에듀	한국 학력 평가원
I. 근대 이전 한국사의 이해	01. 고대 국가의 성장	10~21	8~17	12~25	10~21	10~19	10~21	11~21	10~19	8~21	10~24
	02. 고려의 건국과 발전	22~33	18~27	26~35	22~29	20~31	22~31	23~33	20~26	22~33	26~32
	03. 조선 사회의 성립과 발전	34~45	28~35	36~43	30~37	32~41	32~41	34~43	27~34	34~41	34~38
	04. 조선 후기의 새로운 흐름	46~55	36~43	44~51	38~45	42~49	42~49	45~51	35~40	42~53	40~45
II. 근대 이전 한국사의 탐구	01. 국제 관계와 대외 교류	64~73	48~57	56~65	50~59	54~63	58~63	57~67	48~59	60~67	52~64
	02. 수취 체제와 경제생활	74~83	58~65	66~75	60~67	64~75	64~73	69~77	60~71	78~87	66~74
	03. 신분제와 사회 구조	84~93	66~73	76~85	68~77	76~85	74~81	79~83	72~83	88~95	76~82
	04. 사상과 문화	94~102	74~85	86~101	78~89	86~97	82~91	85~97	84~99	68~77	88~95

단원명		완자	비상교육	동아출판	리베르스쿨	미래엔	씨마스	지학사	천재교과서	해냄에듀	한국 학력 평가원
Ⅲ. 근대 국가 수립의 노력	01. 국제 질서의 변동과 개항	110~119	96~105	106~111	104~111	102~109	106~113	111~117	110~116	108~111	108~116
	02. 근대 국가 수립을 위한 노력(1)	120~129	106~111	112~119	112~118	110~115	114~121	119~123	117~122	112~121	118~125
	03. 근대 국가 수립을 위한 노력(2)	130~141	112~125	120~131	119~131	116~127	122~131	124~133	123~134	122~135	126~138
	04. 사회·경제 변화와 문화 변동	142~151	126~141	146~157	132~143	138~149	132~143	135~145	146~158	116~117, 145~151	140~150
	05. 국권 침탈과 국권 수호 운동	152~162	142~153	132~145	144~159	128~137	144~157	147~157	135~145	136~144	152~165

I

근대 이전
한국사의 이해

고대 국가의 성장

이것이 핵심!

✳ 선사 시대와 청동기·철기 시대

구석기	이동·사냥·채집 생활
신석기	농경·목축 시작
청동기	사유 개념과 계급 발생, 고조선 성립
철기	정복 전쟁 빈번, 여러 나라의 성장

◆ 빗살무늬 토기

신석기 시대의 대표적인 토기로, 식량 보관과 조리 등에 쓰였다.

◆ 반달 돌칼

곡식 이삭을 따는 등에 사용되었다.

◆ 소도

정치와 분리된 종교 의례 공간으로, 죄인이 도망쳐 와 숨더라도 잡아갈 수 없었다.

---

① 선사 시대와 국가의 출현

1. 선사 시대와 청동기·철기 시대 [자료 ❶]

선사 시대	• 구석기 시대: 약 70만 년 전 만주와 한반도 일대에서 시작, 뗀석기(주먹도끼 등) 사용, 채집과 사냥 생활, 이동 생활, 동굴이나 바위 그늘·막집에 거주 • 신석기 시대: 약 1만 년 전 만주와 한반도 일대에서 시작, 간석기와 ◆토기 사용, 농경과 목축 시작, 정착 생활, 씨족 단위의 부족 마을 형성, 가락바퀴·뼈바늘 사용 └ 꼬임을 이용하여 실을 뽑는 도구야.
청동기 시대	기원전 2000년~기원전 1500년경 만주 지역에서 시작, 농업 생산력 증대(◆반달 돌칼 등으로 추수) → 잉여 생산물 발생 → 사유(토지, 생산물) 개념과 빈부 격차 발생 → 계급 발생, 군장 등장(고인돌 제작)
철기 시대	기원전 5세기경 만주와 한반도 지역에서 시작, 중국과 교류, 철제 농기구·무기 보급 → 농업 생산력 증가, 인구 증가, 활발한 정복 전쟁 └ 한반도에서 중국의 화폐와 붓이 발견된 것을 통해 알 수 있어.

2. 고조선의 성립과 발전: 청동기 문화를 바탕으로 성립 [자료 ❷]

└ 우리 역사상 최초의 국가야.

꼭! '단군'은 제사장, '왕검'은 정치적 우두머리를 뜻해. 이를 통해 고조선이 제정일치 사회였음을 알 수 있지.

성장	단군왕검이 통치, 기원전 4세기경 중국 연과 경쟁, 부왕에서 준왕으로 왕위 부자 세습, 왕 아래 상·대부·장군 등 관직 설치, 8조법으로 사회 질서 유지 → 기원전 2세기경 중국에서 온 위만이 준왕을 몰아내고 왕위 차지, 철기 문화 본격 수용, 한반도 남부와 중국 사이에서 중계 무역으로 성장
쇠퇴	중국 한의 고조선 침략 → 1년여의 항쟁 끝에 한에 의해 멸망(기원전 108)

3. 여러 나라의 성장: 만주와 한반도 일대에서 성장 [다잡는 자료]

부여	만주 쑹화강 유역의 평야 지대에서 성립, 1세기경 왕호 사용, 왕 아래 가(加)들이 사출도를 관할하며 독자적 지배력을 행사 → 연맹 왕국 형성 └ 사출도는 부여의 동서남북 네 방위에 있는 구역을 의미해.
옥저, 동예	함경도(옥저)와 동해안(동예) 지역에 위치, 군장(읍군, 삼로)이 부족 통치
삼한	한반도 남부의 소국 연합(마한, 진한, 변한), 군장(신지, 읍차)이 소국 지배, 천군(제사장)이 제사 주관, ◆소도라는 신성 지역 존재 → 철기 문화 발달과 함께 소국 통합 진행

마한, 진한, 변한 지역에서 각각 백제, 신라, 가야가 성장하였어.

꼭! 군장과 천군의 존재는 삼한이 제정 분리 사회였음을 보여 줘.

---

② 삼국의 성립과 발전

이것이 핵심!

✳ 삼국의 발전

고구려	소수림왕(율령 반포) → 광개토 대왕(영토 확장) → 장수왕(남진 정책)
백제	근초고왕(영토 확장) → 무령왕(22담로 설치) → 성왕(사비 천도)
신라	내물왕(김씨 왕위 세습) → 지증왕('왕' 칭호 사용) → 법흥왕(율령 반포) → 진흥왕(한강 유역 차지)

1. 삼국과 가야의 성립

(1) 삼국의 성립과 초기 국정 운영

└ 백제는 한강 유역을 수도로 하여 성장하였기 때문에 삼국 중 가장 먼저 전성기를 맞이할 수 있었어.

성립	• 고구려: 주몽이 졸본 지역에 건국, 5부(部) 연맹체 형성, 왕과 가(加)들이 각각 사자·조의·선인 등 관리를 거느림 • 백제: 온조가 하남 위례성을 도읍으로 하여 건국, 마한 소국을 병합하며 성장 • 신라: 진한 사로국에서 출발, 4세기 전반까지 박·석·김씨가 번갈아 왕위 배출
국정 운영	강력한 부족의 대표가 왕이 되어 외교·군사권 행사, 국가 중대사는 왕과 부족 대표들이 합의로 결정

예 제가 회의(고구려), 정사암 회의(백제), 화백 회의(신라)

(2) 가야의 성립과 발전: 변한 지역 소국들의 통합으로 가야 연맹 성립, 3세기경 김해의 금관가야가 연맹 주도 → 5세기경 신라를 지원한 고구려군의 침입으로 금관가야 쇠퇴, 고령의 대가야가 연맹 주도, 중앙 집권 국가로 성장하지 못함

└ 왜? 각 소국이 독자적인 권력을 유지하였고 백제와 신라의 압력을 받았기 때문이야.

자료 ① 선사 시대와 청동기·철기 시대의 유물

구석기 시대에는 주먹도끼와 같은 뗀석기가 쓰였고, 신석기 시대에는 갈돌과 갈판 등 간석기가 사용되었다. 청동기 시대에는 지배층의 무기와 제사용 도구 제작에 청동이 쓰였으며, 철기 시대에는 철제 농기구와 무기의 사용으로 농업 생산량이 늘고 정복 전쟁이 활발해졌다.

정리 비법을 알려 줄게!

시대별 주요 유물

시대	주요 유물
구석기	주먹도끼 등 뗀석기
신석기	갈돌·갈판 등 간석기, 빗살무늬 토기, 가락바퀴·뼈바늘
청동기	비파형 동검·청동 거울 등 청동기, 반달 돌칼, 고인돌
철기	철제 농기구·무기

자료 ② 고조선의 건국과 사회 모습

『동국통감』 기록에 따르면 단군왕검은 기원전 2333년에 고조선을 세웠어.

- 환인의 아들 환웅이 하늘 아래에 뜻을 두고 인간 세상을 구하고자 하였다. …… 환웅은 풍백, 우사, 운사를 거느리고, 곡식, 수명, 질병, 형벌, 선악 등을 주관하였다. …… 환웅이 곰이 변한 여인과 혼인해 아들을 낳으니, 단군왕검이라 하였다. …… 평양성에 도읍하고 조선이라 하였다. — 『삼국유사』
  - 바람, 비, 구름을 신하로 거느렸다는 내용에서
  - 고조선이 농경 사회였음을 알 수 있어.
- 대개 사람을 죽인 자는 즉시 죽이고, 남에게 상처를 입힌 자는 곡식으로 갚는다. 도둑질한 자는 노비로 삼는다. 용서를 받고자 하는 자는 한 사람마다 50만 전을 내게 한다. — 『한서』
  - 8조법

고조선의 건국 이야기에서 고조선은 환웅 집단과 여러 세력의 결합으로 세워졌다. 고조선에는 사회 질서를 유지하는 8조법이 존재하였는데, 이를 통해 고조선의 사회 모습을 짐작할 수 있다. 고조선은 계급 사회로, '단군왕검'이라는 제정일치 지배자의 통치를 받았고 이곳에서는 노동력과 사유 재산이 중시되었으며 화폐가 사용되었다.

자료 하나 더 알고 가자!

고조선의 문화 범위

↑ 탁자식 고인돌과 비파형 동검 분포 지역으로 고조선의 문화 범위를 짐작할 수 있어.

내 교과서 · 비상, 동아, 미래엔, 씨마스, 지학사, 천재, 해냄 교과서에서 '여러 나라의 통치 체제' 사료를 다루고 있어요.

내신과 수능을 다 잡는 자료 여러 나라의 통치 체제

왕이 중앙을 다스리고 마가, 우가, 저가, 구가 등 제가들이 사출도를 관할하였어.

- 나라(부여)에는 왕이 있고, 가축의 이름으로 관명을 정하여 마가·우가·저가·구가, 대사·대사자·사자가 있다. …… 제가들은 별도로 사출도를 주관하였다. — 『삼국지』, 「위서 동이전」
- (동예에는) 대군장이 없고, 그들의 관직으로는 읍군과 삼로가 있다. — 『후한서』, 「동이열전」
- 각각 우두머리가 있어서 세력이 강대한 사람은 스스로 신지라 하고, 그다음은 읍차라 하였다. …… 귀신을 믿기 때문에 국읍에 각각 한 사람씩 세워 천신의 제사를 주관하게 하는데, 이를 천군이라 부른다. — 『삼국지』, 「위서 동이전」

만주와 한반도 지역에서는 철기 문화를 바탕으로 부여, 고구려, 옥저, 동예, 삼한 등의 여러 나라가 성장하였다. 부여는 왕과 제가들이 함께 국정을 운영하는 연맹 왕국을 형성하였으며, 옥저와 동예에서는 군장인 읍군·삼로가 부족을 다스렸다. 삼한은 제정 분리 사회로, 군장인 신지가 소국을 통치하고 천군이라는 제사장이 제사 등의 종교 행사를 주관하였다.

빈출 선택지로 점검하기

» 초성을 참고하여 여러 나라의 통치 체제에 대한 선택지를 옳게 고쳐 보자.

- 고구려의 제가들은 사출도를 다스렸다.
  - → ㅂㅇ
- 군장 읍군·삼로가 삼한 소국들을 통치하였다.
  - → ㅅㅈ·ㅇㅊ
- 삼한은 제정일치 사회로, 단군왕검이 나라의 종교 행사를 주관하였다.
  - → ㅈㅈ ㅂㄹ, ㅊㄱ

함께 보기 · 내신 만점 공략하기 04번

◆ **신라의 왕호 변천**

왕호	의미
거서간	귀인
차차웅	제사장
이사금	연장자
마립간	대군장
왕	중국식 왕호

◆ **칠지도**

4세기경 백제가 만들어 일본에 전한 것으로 두 나라가 긴밀한 관계를 유지하였음을 보여 준다.

◆ **광개토 대왕릉비**

장수왕 때 건립된 비석으로, 고구려의 건국 과정, 광개토 대왕의 업적 등이 기록되어 있다.

◆ **병부**

신라의 군사 업무를 총괄한 기구이다. 법흥왕은 병부를 설치하여 군사권을 왕에게 집중시켰다.

◆ **상대등**

국정을 총괄하는 관직으로, 법흥왕은 상대등을 설치하여 귀족 회의(화백 회의)를 주재하게 하였다.

◆ **골품제**

신라의 신분 제도이다. 신라인은 정치 활동뿐만 아니라 혼인·가옥·의복·장식 등 사회 활동에서도 골품에 따른 제약을 받았다.

2. 삼국의 세력 확대와 왕권 안정

→ **왜?** 부족에 대한 왕의 통제력을 강화하기 위한 조치야. 이전보다 왕권이 강화되었음을 알 수 있어.

고구려	1세기 초반 국내성으로 천도 → 1세기 후반 태조왕 때 옥저 정복, 요동(랴오둥) 진출 시도, 계루부 고씨의 왕위 계승 확립 → 2세기 고국천왕 때 부족적 전통의 5부를 행정적 성격의 5부로 개편 → 4세기 미천왕 때 낙랑군 축출
백제	마한의 여러 소국 중 하나로 출발 → 3세기경 고이왕 때 마한 소국들 병합, 한강 유역 장악, 관등제와 관리의 복색 정비
신라	진한의 소국인 사로국에서 출발 → 3~4세기경 진한의 소국들 병합 → 4세기 후반 내물왕 때 김씨의 왕위 계승 확립, ◆왕호를 마립간으로 변경, 고구려 광개토 대왕의 도움을 받아 왜 격퇴(→ 이후 한동안 고구려의 간섭을 받음) 자료③

3. 삼국의 경쟁과 발전 자료④

→ 이때 고구려의 고국원왕이 사망하였어.

백제 (4세기 전성기)	• 근초고왕(4세기): 고구려 평양성 공격, 황해도까지 진출, 중국의 동진과 ◆왜와 교류 • 침류왕(4세기): 동진으로부터 불교 수용 • 5세기 후반 고구려 장수왕의 공격으로 한강 유역 상실, 웅진(공주) 천도 → 6세기 초 무령왕 때 22담로에 왕족 파견 → 6세기 중엽 성왕 때 사비(부여) 천도, 신라와 함께 한강 하류 지역 수복
고구려 (5세기 전성기)	• 소수림왕(4세기 후반): 중국 전진으로부터 불교 수용, 태학 설립, 율령 반포 • ◆광개토 대왕(4세기 말~5세기 초): 백제를 공격하여 한강 이북 차지, 신라에 침입한 왜를 몰아내고 금관가야까지 공격, 요동과 만주 장악 • 장수왕(5세기): 남진 정책 추진 → 평양으로 천도(427), 백제를 공격하여 한성을 함락하고 한강 유역 차지 └ 백제와 신라는 나제 동맹(433)을 맺어 남하하는 고구려에 대항하였지만, 결국 백제는 고구려에 한강을 빼앗겼어.
신라 (6세기 진성기)	• 지증왕(6세기 초): 왕호를 '왕'으로 변경, 국호를 '신라'로 변경, 우산국 정벌 • 법흥왕(6세기): ◆병부·◆상대등 설치(재상의 역할 부여), 율령 반포, ◆골품제 정비, 불교 공인, 관리의 공복 제정, 금관가야 정복(낙동강 하류 진출) • 진흥왕(6세기 중후반): 화랑도를 국가적 조직으로 개편, 한강 유역 차지, 대가야 정복, 함흥평야까지 진출 → 단양 신라 적성비와 4개의 순수비 건립 자료⑤

└ 진흥왕이 백제를 공격하여 한강을 차지하는 과정에서 백제 성왕이 사망하였어.

4. 삼국의 통치 체제 정비

└ **꼭!** 삼국이 중앙 집권 국가를 형성하면서 정비되었어.

(1) 율령 반포: 왕 중심의 통치 제도 마련

(2) 관등제 정비

└ 고구려는 소수림왕 때, 백제는 고이왕 때, 신라는 법흥왕 때 율령이 반포되었어.

① **내용:** 각 부 지배자와 관리를 중앙에 편입 → 중앙 집권적 관료 체제 정비

고구려	5부 연맹 해체 후 각 부의 지배 세력을 관등에 편입
백제	고이왕 때 좌평을 비롯한 관등 정비, 관리의 공복 제정
신라	법흥왕 때 17관등 정비, 관리의 공복 제정

② **영향:** 왕 중심의 위계질서 확립, 왕과 부 대표들의 회의체는 귀족 회의로 성격이 변화

(3) 지방 통치 체제 정비

① **배경:** 삼국이 중앙 집권적 고대 국가로 발전하면서 각 부의 독자적 세력 유지 불가, 정복 전쟁으로 늘어난 영토와 인구에 대한 효율적 통치 필요

② **내용:** 전국을 행정 구역으로 편제, 주요 지역에 지방관 파견

고구려	성을 중심으로 지방 행정 구역 편제
백제	무령왕 때 지방 22담로에 왕족 파견 → 성왕 때 전국을 5방으로 편제
신라	전국을 주·군으로 구분, 그 아래 촌 설치

③ **영향:** 지방에 대한 중앙의 통제력 강화

(4) 불교 수용: 국가 구성원의 정신적 통합에 기여

└ 고구려는 소수림왕 때, 백제는 침류왕 때 수용하였고, 신라는 법흥왕 때 이차돈의 순교를 계기로 공인하였어.

자료 3 — 고구려와 신라의 관계
→ 당시 신라와 고구려의 긴밀한 관계를 보여 주는 대표적인 유물이야.

> 신라에서 사신을 보내어 왕께 아뢰기를, "왜인이 (신라의) 국경에 가득해 성지를 부수고 노객으로 하여금 왜의 백성으로 삼고자 합니다." …… 왕이 보병과 기병 5만 명을 보내 가서 신라를 구원하게 했다.
> — 광개토 대왕릉비문

⬆ 경주 호우총 출토 청동 '광개토 대왕'명 호우

고구려 광개토 대왕은 신라 내물왕의 요청을 받아들여 신라에 침입한 왜를 격퇴하였다. 이를 계기로 신라는 한동안 고구려의 간섭을 받았다.

자료 4 — 삼국의 경쟁과 발전

⬆ 4세기 백제의 발전

⬆ 5세기 고구려의 발전

⬆ 6세기 신라의 발전

삼국은 4~6세기에 서로 경쟁하며 발전하였다. 특히 삼국은 한강 유역을 차지하여 항쟁의 주도권을 잡으려고 하였다. 한강 유역은 농사짓기에 적합하여 인구와 물자가 풍부하였고, 바다를 통해 중국과 직접 교류할 수 있었기 때문이었다. 백제는 4세기 근초고왕 때, 고구려는 5세기 광개토 대왕과 장수왕 때, 신라는 6세기 진흥왕 때 전성기를 누렸는데, 이는 각 나라가 한강 유역을 차지한 시기와도 일치한다.

자료 5 — 신라의 영토 확장과 비석 건립
→ 북한산에 세워진 순수비는 신라가 한강 유역 전체를 장악한 것과 관련이 있어.

→ 한강 중상류 지역에 위치한 적성을 차지하고 세운 비석이야.

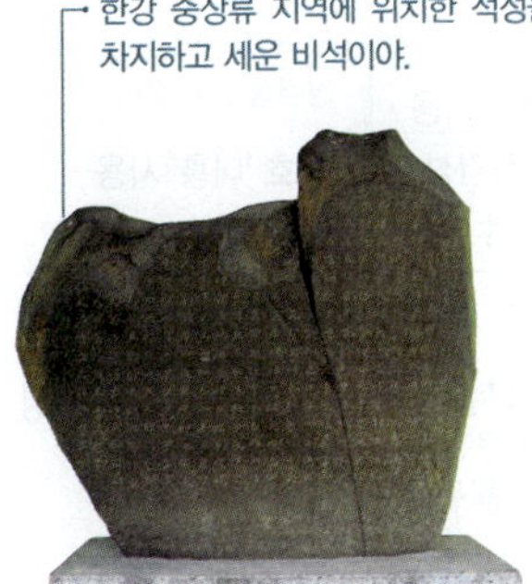
⬆ 단양 신라 적성비

⬆ 서울 북한산 신라 진흥왕 순수비

신라 진흥왕은 백제 성왕과 연합하여 한강 상류 지역을 점령하였으며, 이후 백제를 공격해 한강 하류 지역까지 차지하며 한강 유역을 장악하였다. 또한 대가야를 정복하고 한때 함흥평야까지 진출하였다. 진흥왕은 직접 개척한 영토를 순행하고 이를 기념하기 위해 단양 신라 적성비와 서울 북한산 신라 진흥왕 순수비를 비롯한 순수비를 건립하였다.

문제로 확인할까?

경주 호우총 출토 청동 '광개토 대왕'명 호우를 통해 알 수 있는 사실로 옳은 것은?

① 고구려가 율령을 반포하였다.
② 백제와 신라가 동맹을 맺었다.
③ 신라가 한강 유역 전체를 차지하였다.
④ 백제가 왜와 친밀한 관계를 유지하였다.
⑤ 고구려가 신라에 침입한 왜를 격퇴하였다.

⑤ 🖪

자료 — 하나 더 알고 가자!
가야의 발전

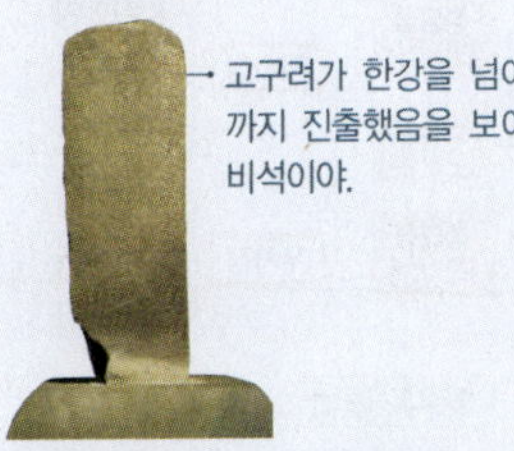

가야는 변한 지역에서 풍부한 철을 토대로 성장하였다. 3세기경 김해의 금관가야가 소국들을 이끌었으나 고구려의 공격을 받은 금관가야가 쇠퇴하자 5세기 후반 고령의 대가야가 가야 연맹을 이끌었다.

자료 — 하나 더 알고 가자!
충주 고구려비

→ 고구려가 한강을 넘어 충주까지 진출했음을 보여 주는 비석이야.

충주 고구려비는 고구려의 한강 유역 차지와 남쪽으로의 영토 확장을 기념하고자 장수왕 때 건립된 것으로 추정된다.

＊ 통일 신라와 발해

통일 신라	・통일 이후: 중앙 통치 체제 정비, 집사부 설치, 시중의 역할 강화, 9주 5소경 정비 → 왕권 강화 ・신라 말: 중앙 왕위 쟁탈전 심화, 농민 봉기 발생
발해	・건국과 발전: 대조영이 건국, 고구려 계승 의식 표방 → 선왕 때 최대 영토 확보 ・통치 체제 정비: 당의 문화를 수용하되 독자적으로 3성 6부제 운영

◆ 신라의 삼국 통일

◆ 호족

지방에서 스스로 성주나 장군을 칭하며 그 지역의 행정과 군사에 대한 실질적인 통치력을 행사하였다. 이들은 신라 사회에 불만을 품은 6두품 지식인, 선종 승려와 함께 새로운 사회를 건설하고자 하였다.

◆ 발해의 중앙 정치 조직

③ 통일 신라와 발해

1. 고구려와 수·당의 전쟁: 수 양제의 고구려 침략 → 을지문덕이 살수에서 격퇴(살수 대첩, 612) → 당 태종의 고구려 침략 → 안시성에서 당군 격퇴(안시성 싸움, 645)

2. 신라의 삼국 통일(676)

└→ 백제의 공격으로 어려움에 처한 신라는 고구려에 도움을 요청하였으나 거절당하자 당과 동맹을 맺었어.

(1) **과정:** 7세기 백제가 신라 공격 → 나당 동맹 성립 → 나당 연합군의 사비성 함락(백제 멸망, 660), 평양성 함락(고구려 멸망, 668), 당의 웅진도독부·안동도호부·계림 대도독부 설치 → 나당 전쟁 발발 → 매소성 전투(675)·기벌포 전투(676)에서 신라군 승리 → ◆신라의 삼국 통일

└→ 당은 백제·고구려의 옛 땅과 신라에 지배 기구를 두고 한반도 전체에 대한 지배 의지를 드러냈어.

(2) **의의와 한계**

① **의의:** 고구려 유민 등과 함께 당을 몰아냄(자주적), 민족 문화 발전의 토대 마련

② **한계:** 통일 과정에 당을 끌어들임, 대동강 이남의 영토만 확보

3. 통일 신라의 발전

└→ 김춘추가 바로 태종 무열왕이야.   └→ 이 과정에서 강력한 왕권을 확립할 수 있었어.

(1) **왕권 강화:** 태종 무열왕(진골 출신, 이후 자손들이 왕위 계승) → 문무왕(삼국 통일 완수) → 신문왕(김흠돌의 난 진압, 진골 귀족 세력 숙청, 국학 설립, 9주 5소경 체제 정비)

(2) **통치 체제 정비:** 넓어진 영토와 늘어난 인구에 대한 효율적인 통치 체제 마련

중앙	・통치 체제: 집사부(국왕 직속 기구) 설치, 집사부 장관인 시중(중시)의 역할 강화, 사정부(관리 비리 감찰) 설치, 국학(유학 교육 기관, 인재 양성) 설립 └→ 지방관을 감찰하고자 외사정을 두기도 하였어. ・6두품: 왕의 정치적 조언, 중앙의 행정 실무 담당
지방	9주 5소경 체제로 정비, 주 아래 군·현 설치, 특수 행정 구역인 향·부곡이 존재 **자료 ⑥**
군사	9서당(중앙군), 10정(지방군) 설치 └→ 9서당에 고구려·백제·말갈인 등을 포함하여 민족 통합을 도모하였어.
관료제	・관료 조직의 규모 확대, 관등제 적용 대상 증가 ・신문왕 때 관료전 지급, 녹읍 폐지

└→ **꼭!** 녹읍은 관리에게 토지에 대한 조세 징수권과 거주민에 대한 노동력 징발권을 부여하여 귀족들의 권력 유지 수단이 되었어. 녹읍의 폐지는 왕권이 강화되었음을 보여 줘.

4. 신라 말 사회의 동요 자료 ⑦

중앙	8세기 후반 혜공왕 피살 후 중앙 진골 귀족 사이의 왕위 쟁탈전 심화
지방	・중앙의 지방 통제력 약화 → 김헌창의 난, 농민 봉기 발생 ・◆호족 성장 → 유력 호족이 후백제와 후고구려를 세움, 후삼국 성립

5. 발해의 성장과 멸망

(1) **발해의 성립과 발전**

성립	고구려 출신 대조영이 고구려 유민과 말갈인을 이끌고 만주 동모산에서 건국(698) → 고구려 계승 의식 표방(외교 문서에 '고(구)려 왕' 표기) **자료 ⑧**
발전	・무왕: 영토 확장(당과 신라를 견제, 당의 산둥 지방 공격), 연호 '인안' 사용 └→ 당의 장안성을 참고하여 상경성을 지었어. ・문왕: 당과 우호 관계, 당의 제도·문물 수용, 신라와 교류(신라도), 상경성 건설, 연호 '대흥' 사용 ・선왕: 9세기경 최대 영토 확보 → 이후 발해는 '해동성국'으로 불리며 전성기를 이룸

└→ 서쪽으로는 랴오허강, 동쪽으로는 헤이룽장강까지 진출하였어.

(2) **통치 체제 정비**

① **중앙 정치:** ◆3성 6부제 운영(당의 제도 모방, 명칭과 운영에서 독자성을 보임), 정당성이 행정 총괄(장관인 대내상이 국정 총괄)

└→ 전략적 요충지에 5경을 설치하고 지방 행정·교통의 중심지에 15부와 62주를 두었어.

② **지방 행정:** 5경 15부 62주로 편제, 도독·자사 등 지방관 파견

(3) **멸망:** 10세기경 국력 쇠퇴 → 거란에 멸망(926)

자료 6 통일 신라의 지방 행정 제도

삼국 통일 후 신라는 전국을 9개의 주로 나누고, 그 중 옛 고구려와 백제 지역을 각각 3주로 편성하였다. 지방 군 '정'은 각 주에 1개씩 배치하고 국경 지역인 한주에만 2개의 정을 두어, 총 10개의 정을 설치하였다. 주 아래에 군과 현을 두어 지방관을 파견하였고, 외사정을 보내 지방관을 감찰하게 하였다. 군·현 아래의 촌은 토착 세력인 촌주가 다스렸으며, 특수 행정 구역에 해당하는 향과 부곡이 존재하였다. 지방의 요충지에는 5소경을 설치하여 수도 금성(경주)이 한반도 동남쪽에 치우쳐 있는 한계를 보완하였다.

◉ 9주 5소경

자료 7 신라 말 사회의 동요

└ 김헌창의 난을 가리켜.

- 웅천주 도독 헌창이 아버지 주원이 왕이 되지 못한 것에 불만을 품고 반란을 일으켰다. …… 관리 및 여러 군현의 수령을 위협하여 자신의 아래에 예속시켰다. — 『삼국사기』
- 진성 여왕 3년(889) 여러 주와 군에서 공물과 조세를 보내지 않아 나라의 창고가 비게 되었다. 왕이 사자를 보내 독촉하니 도적이 벌 떼처럼 일어났다. 이때 원종과 애노 등이 사벌주를 근거로 반란을 일으켰다. — 『삼국사기』
  원종과 애노의 봉기에 대한 내용이야. ┘
- 전쟁과 흉년의 두 재앙이 …… 동쪽에 와서 나쁜 중에 더욱 나쁘지 않은 곳이 없다. 굶어 죽고 싸우다 죽은 시체가 들에 즐비하였다. — 최치원, 「합천 해인사 묘길상탑지」

신라 말 왕위 쟁탈전이 심화하면서 진골 귀족 출신이 반란을 일으키기도 하였는데, 웅천주 도독이던 김헌창의 난이 대표적이다. 이 무렵 농민들의 삶은 중앙 정부의 무거운 조세 수취, 지방 세력들의 횡포, 계속되는 흉년과 전염병 등으로 악화하였다. 이에 농민들은 조직적으로 봉기하여 가혹한 수탈에 저항하였다. 진성 여왕 때 원종과 애노가 사벌주(상주)에서 봉기하였고, 적고적이라고 불린 농민 무리가 수도 금성까지 쳐들어가기도 하였다.

자료 8 발해의 고구려 계승 의식

└ 발해를 세운 대조영은 고구려 출신이었어.

- 대조영은 본래 고구려의 별종이다. 고구려가 멸망하자 영주로 이주하였는데 …… 그 무리를 이끌고 동으로 가서 계루부의 옛 땅을 차지하고 동모산에 웅거하였다. — 『구당서』
- 발해는 고구려 옛 땅에 세운 나라이다. …… 백성에는 말갈이 많고 토인(고구려인)이 적다. 토인이 촌장이 되었다.
  발해의 백성은 주로 말갈인과 고구려인이었는데, 고구려인이 지배층을 이루고 있었음을 알 수 있어. ┘ — 『유취국사』
- 우리나라는 고(구)려의 옛 땅을 회복하였으며 부여의 습속을 가지고 있다. — 발해 무왕이 일본에 보낸 국서, 『속일본기』

발해는 고구려 유민을 중심으로 건국되었고, 고구려인이 지배층의 핵심을 이루어 고구려 계승 의식이 강하였다. 발해의 왕은 일본에 보내는 외교 문서에서 자신을 고(구)려의 왕이라고 불렀으며, 일본도 발해를 고(구)려라고 불렀다.

자료 하나 더 알고 가자!

9주의 설치와 9서당의 편성

- 백제를 멸망시키고, 9주를 설치하였다. 본국(신라) 경계 안에 3주를 …… 옛 백제 경계 안에 3주를 …… 옛 고구려 남쪽 경계 안에 3주를 두었다.
- 셋째는 백제인으로 만든 백금서당이고 …… 다섯째는 고구려인으로 만든 황금서당이고 …… 여섯째는 말갈인으로 만든 흑금서당이다. — 『삼국사기』

신라는 옛 고구려와 백제 지역을 9주에 포함하고 중앙군인 9서당에 고구려와 백제 유민, 말갈인까지 포함하여 민족 융합을 꾀하였다.

문제로 확인할까?

1. 신라 말의 사회 모습에 대한 설명으로 옳지 않은 것은?

① 왕위 쟁탈전이 심화하였다.
② 관료전을 지급하고 녹읍을 폐지하였다.
③ 원종과 애노가 사벌주에서 봉기하였다.
④ 진골 귀족 출신 김헌창이 난을 일으켰다.
⑤ 농민에 대한 지방 세력가들의 수탈이 극심하였다.

2. 9세기 전반 자신의 아버지 김주원이 신라의 왕이 되지 못한 것에 불만을 품고 난을 일으킨 인물은?

정답 1. ② 2. 김헌창

자료 하나 더 알고 가자!

발해와 고구려의 수막새

⬆ 발해 수막새　　⬆ 고구려 수막새

발해의 연꽃무늬 수막새가 고구려의 수막새와 유사한 형태인 것을 보아, 발해가 고구려를 계승한 나라임을 알 수 있다.

STEP 1 핵심 개념 **확인**하기

1 다음 설명이 맞으면 ○표, 틀리면 ✕표를 하시오.

(1) 구석기 시대에는 돌을 갈아 만든 간석기를 사용하였다. ( )

(2) 고조선은 사회 질서를 유지하고자 8조법을 제정하여 운영하였다. ( )

(3) 청동기 시대에는 생산력이 높아져 계급이 발생하고, 군장이 등장하였다. ( )

2 다음 국가와 그 특징을 옳게 연결하시오.

(1) 부여 • • ㉠ 천군이 제사 주관

(2) 삼한 • • ㉡ 가(加)들이 사출도 관할

(3) 고구려 • • ㉢ 제가 회의에서 국가 중대사 논의

3 다음 괄호 안의 내용 중 알맞은 말에 ○표를 하시오.

(1) 고구려 장수왕은 남진 정책을 추진하여 수도를 국내성에서 (평양, 한성)으로 옮겼다.

(2) (고이왕, 근초고왕)은 마한의 잔여 세력을 복속시키고 고구려의 평양성을 공격하였다.

(3) 통일 신라 (문무왕, 신문왕)은 장인인 김흠돌의 반란을 진압하고 진골 귀족 세력을 숙청하였다.

4 (가)에 들어갈 내용을 쓰시오.

> 통일 이후 신라는 전국을 9주로 나누고, 지방 행정의 요충지에 (가) 을 설치하여 수도가 동남쪽에 치우친 점을 보완하고자 하였다.

5 다음 괄호 안에 들어갈 내용을 쓰시오.

(1) ( ) 때 최대 영토를 확보한 후 발해는 '해동성국'이라 불리기도 하였다.

(2) 통일 신라의 중앙군인 ( )에는 신라인뿐 아니라 옛 고구려, 백제, 말갈인도 포함되었다.

(3) 신라 말 ( )이 스스로 성주 또는 장군을 칭하며 그 지역의 실질적인 통치력을 행사하였다.

STEP 2 내신 만점 **공략**하기

01 (가) 시대의 사회 모습으로 옳은 것은?

> **탐구 활동 보고서**
>
> • 탐구 주제: (가) 시대의 대표 유물 조사하기
> • 조사 유물
>
>  
> ↑ 빗살무늬 토기 　↑ 가락바퀴
>
> • 조사 결과: (가) 시대에는 토기를 이용하여 곡물을 저장하였고, 가락바퀴를 이용해 옷을 만들어 입었음을 알 수 있었다.

① 계급이 등장하였다.
② 농경과 목축을 시작하였다.
③ 비파형 동검을 제작하였다.
④ 철제 농기구를 사용하였다.
⑤ 주로 동굴이나 막집에서 생활하였다.

02 밑줄 친 '이 시대'의 문화유산으로 옳은 것은?

> <u>이 시대</u>에는 농업 생산력이 높아져 잉여 생산물이 발생하였고, 이에 따른 빈부 격차로 계급이 분화하였다. 이 과정에서 집단 간의 정복과 통합이 이루어지고, 최고 권력자인 군장이 출현하였다.

① 

② 

③ 

④ 

⑤ 

★중요
03 다음 법이 있었던 나라에 대한 설명으로 옳은 것만을 〈보기〉에서 고른 것은?

> 대개 사람을 죽인 자는 즉시 죽이고, 남에게 상처를 입힌 자는 곡식으로 갚는다. 도둑질을 한 자는 노비로 삼는다. 용서를 받고자 하는 자는 한 사람마다 50만 전을 내게 한다.
> ― 「한서」

| 보기 |
ㄱ. 당의 침략을 받아 멸망하였다.
ㄴ. 철기 문화를 바탕으로 건국하였다.
ㄷ. 단군왕검이라는 지배자가 통치하였다.
ㄹ. 왕 아래 상, 대부, 장군 등의 관직을 두었다.

① ㄱ, ㄴ　　　② ㄱ, ㄷ　　　③ ㄴ, ㄷ
④ ㄴ, ㄹ　　　⑤ ㄷ, ㄹ

하나 데!
03-1 위의 법을 만든 나라의 사회 모습으로 옳지 <u>않은</u> 것은?

① 평등 사회였다.
② 화폐를 사용하였다.
③ 노동력을 중시하였다.
④ 사유 재산을 중시하였다.
⑤ 농업에 기반을 둔 사회였다.

04 (가), (나) 국가에 대한 설명으로 옳은 것은?

> (가) 왕이 있고, 가축의 이름으로 관명을 정하여 마가·우가·저가·구가, 대사·대사자·사자가 있다. …… 제가들은 별도로 사출도를 주관하였다. 큰 곳은 수천 가(家)에 이르렀고, 작은 곳은 수백 가였다.
> ― 「삼국지」, 「위서 동이전」
>
> (나) 다섯 부족이 있었으니, 연노부·절노부·순노부·관노부·계루부가 그것이다. 본래는 연노부에서 왕이 나왔으나 점점 미약해져서 지금은 계루부에서 왕위를 차지하고 있다.
> ― 「삼국지」, 「위서 동이전」

① (가) – 군장인 읍군, 삼로가 다스렸다.
② (가) – 제사를 주관하는 천군이 존재하였다.
③ (나) – 졸본 지역에서 건국되었다.
④ (나) – 마한, 진한, 변한으로 나뉘어져 있었다.
⑤ (가), (나) – 소도라는 신성 지역이 있었다.

05 다음 지도와 같은 형세가 이루어진 시기에 있었던 사실로 옳은 것은?

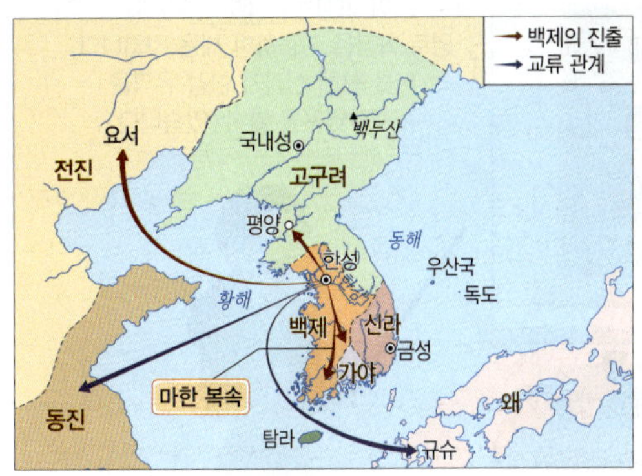

① 성왕이 사비로 천도하였다.
② 태조왕이 옥저를 정복하였다.
③ 근초고왕이 평양성을 공격하였다.
④ 진흥왕이 한강 유역을 차지하였다.
⑤ 장수왕이 광개토 대왕릉비를 세웠다.

06 밑줄 친 '왕'이 누구인지 쓰시오.

> 신라에서 사신을 보내어 왕께 아뢰기를, "왜인이 (신라의) 국경에 가득해 성지를 부수고 노객으로 하여금 왜의 백성으로 삼고자 합니다." …… 왕이 보병과 기병 5만을 보내가서 신라를 구원하게 했다.

★중요
07 밑줄 친 '왕'의 업적으로 옳은 것은?

> 왕 2년(372) 여름 6월, 진왕(秦王) 부견이 사신과 승려 순도를 보내 불상과 경전을 전하였다. 태학을 세우고 자제를 교육하였다.
> ― 「삼국사기」

① 율령을 반포하였다.
② 대가야를 정복하였다.
③ 수도를 평양으로 옮겼다.
④ 9주 5소경 체제를 마련하였다.
⑤ 좌평을 비롯한 관등 체계를 정비하였다.

★중요
08 (가) 왕에 대한 설명으로 옳은 것은?

① 우산국을 정복하였다.
② 관산성 전투에서 전사하였다.
③ 마립간이라는 칭호를 사용하였다.
④ 율령을 반포하고 관복을 제정하였다.
⑤ 화랑도를 국가적인 조직으로 개편하였다.

09 (가), (나) 시기 사이에 있었던 사실로 옳은 것은?

> (가) 금관가야가 전기 가야 연맹을 주도하였다.
> (나) 대가야가 후기 가야 연맹을 주도하였다.

① 나당 연합군이 결성되었다.
② 백제가 사비로 도읍을 옮겼다.
③ 진흥왕이 순수비를 건립하였다.
④ 신문왕이 김흠돌의 난을 진압하였다.
⑤ 고구려가 신라에 침입한 왜를 격퇴하였다.

10 (가)에 들어갈 사건으로 옳은 것은?

> **신라의 삼국 통일 과정**
> 나당 동맹 결성 → [(가)] → 삼국 통일 완성

① 발해 건국　② 살수 대첩　③ 매소성 전투
④ 금관가야 멸망　⑤ 신라의 우산국 정복

★중요
11 밑줄 친 '왕'의 재위 기간에 있었던 사실로 옳은 것은?

> 한국사 신문
>
> **중앙 교육 기관으로 국학 설치!**
>
> 김흠돌이 일으킨 반란을 진압하면서 진골 귀족 세력을 숙청한 왕이 올해에는 중앙에 국학을 설치한다고 발표하였다. 이를 통해 유교적 정치 이념에 따라 인재를 양성할 수 있을 것으로 보인다.

① 김헌창의 난이 일어났다.
② 9주 5소경이 정비되었다.
③ 단양 신라 적성비를 건립하였다.
④ 마한의 잔여 세력을 복속시켰다.
⑤ 나당 연합군에게 백제가 멸망하였다.

하나 더!
11-1 밑줄 친 '왕'의 업적으로 옳은 것은?
① 녹읍을 폐지하였다.
② 병부를 설치하였다.
③ 불교를 공인하였다.
④ 상경성을 건설하였다.
⑤ 삼국 통일을 완수하였다.

12 다음 자료의 상황이 일어난 시기의 사실로 옳은 것은?

> 진성 여왕 3년 여러 주와 군에서 공물과 조세를 보내지 않아 나라의 창고가 비게 되었다. 왕이 사자를 보내 독촉하니 도적이 벌 떼처럼 일어났다. 이때 원종과 애노 등이 사벌주를 근거지로 반란을 일으켰다.　– 「삼국사기」

① 백제의 사비성이 함락되었다.
② 한반도에서 낙랑군이 축출되었다.
③ 지방에서 호족 세력이 성장하였다.
④ 고구려가 안시성에서 당군을 격퇴하였다.
⑤ 위만이 무리를 이끌고 중국에서 건너왔다.

13 (가) 국가에 대한 탐구 활동으로 가장 적절한 것은?

> 고구려의 유민들이 모여 동모산 아래에 의거해 나라 이름을 [(가)](이)라고 했다. — 『삼국사기』

① 궁예가 건국한 나라를 알아본다.
② 기벌포 전투가 일어난 이유를 파악한다.
③ 한의 침략으로 멸망한 국가를 조사한다.
④ 후삼국 시대가 성립되는 과정을 살펴본다.
⑤ 중국에서 '해동성국'이라 불린 국가를 찾아본다.

14 발해 문왕 시기를 주제로 역사 신문을 만들 때 기사 제목으로 적절하지 <u>않은</u> 것은?

① 당에서 들여온 서적 소개
② 상경성과 장안성, 전격 비교
③ 발해, 산둥 지방을 공격하다
④ 신라도로 살펴보는 신라와의 교류
⑤ 연호 '대흥' 사용, 왕권을 드높이다

15 다음과 같이 중앙 정치 조직을 운영한 국가에 대한 설명으로 옳은 것은?

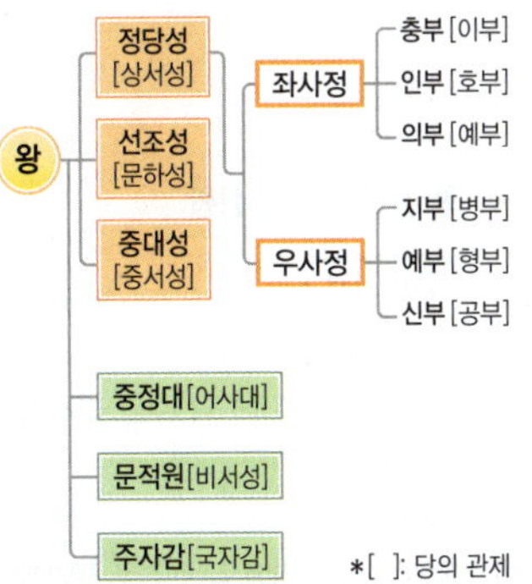

① 상대등이 국정을 총괄하였다.
② 지방 요충지에 5소경을 두었다.
③ 중앙군으로 9서당을 조직하였다.
④ 지방을 5경 15부 62주로 나누었다.
⑤ 제가 회의를 통해 중대사를 결정하였다.

서술형 문제

서술형 감잡기

01 밑줄 친 '왕'이 누구인지 쓰고, 이 왕의 주요 업적을 <u>두 가지</u> 서술하시오.

> • 학생1: 왕이 즉위한 지 얼마 지나지 않아 장인이었던 김흠돌이 반란을 일으켰어.
> • 학생2: 맞아. 이 왕은 그 반란을 진압하면서 진골 귀족을 숙청하고 강력한 왕권을 확립하였어.

(1) 초성을 참고하여 서술형 답안에 들어갈 내용을 써 보자.

| 답안 키워드 | ㅅㅁㅇ | ㄱㅎ | 9ㅈ 5ㅅㄱ |

(2) (1)의 내용을 포함하여 서술형 답안을 작성해 보자.

____

____

실전! 도전하기

02 밑줄 친 '이곳'의 명칭을 쓰고, 이곳을 두고 삼국이 경쟁한 이유를 경제적·문화적 측면에서 각각 서술하시오.

> 백제는 이곳 유역을 수도로 하여 4세기에 전성기를 누렸다. 5세기에는 고구려의 공격으로 백제의 수도가 함락되면서 고구려가 이곳을 차지하게 되었다. 6세기에는 신라의 진흥왕이 이곳 유역을 차지하고 순수비를 건립하기도 하였다.

03 (가)에 들어갈 국가를 쓰고, (가) 국가가 고구려를 계승한 근거를 <u>두 가지</u> 서술하시오.

> • [(가)]은/는 고구려 옛 땅에 세운 나라이다.……백성에는 말갈이 많고 토인(고구려인)이 적다. 토인이 촌장이 되었다. — 『유취국사』
> • [(가)]은/는 고구려의 옛 땅을 회복하였으며 부여의 습속을 가지고 있다. — [(가)]의 왕이 일본에 보낸 국서

STEP 3 1등급 정복하기

최고난도

01 (가), (나) 시기 사이에 있었던 사실로 옳은 것은?

> (가) 진덕왕 태화(太和) 원년에 김춘추는 당나라에 들어가 군사를 요청하였다. …… 황제가 말하기를, "진실로 군자의 나라로구나."라고 하며 이에 청병을 허락하고는 장군 소정방(蘇定方)에게 군사 20만을 이끌도록 하였다. — 「삼국사기」
>
> (나) 보장왕 27년 가을 9월에 이적(李勣)이 평양을 함락시켰다. …… 보장왕은 천남산(泉男産)을 보내 수령 98명을 거느리고 흰 기를 들고 이적에게 나아가 항복하였다. 천남건(泉男建)은 오히려 문을 닫고 항거하여 지키면서, 자주 군사를 내보내 싸웠으나 모두 패하였다. — 「삼국사기」

① 백제의 사비성이 함락되었다.
② 고구려가 수의 침입을 격퇴하였다.
③ 신라가 매소성 전투에서 승리하였다.
④ 진골 귀족 김흠돌이 반란을 일으켰다.
⑤ 고구려가 국내성에서 평양으로 천도하였다.

02 다음 상황이 일어난 시기에 볼 수 있는 모습으로 가장 적절한 것은?

> 웅천주 도독 헌창이 그의 아버지 주원이 왕이 되지 못한 것을 이유로 반란을 일으켜 나라 이름을 장안(長安)이라 하고 연호(年號)를 세워 경운(慶雲) 원년이라고 하였다. 무진·완산·청주·사벌의 네 주 도독과 국원경·서원경·금관경의 사신(仕臣)과 여러 군현 수령을 위협하여 자기 소속으로 삼으려 하였다. — 「삼국사기」

① 반역죄로 처벌받는 왕의 장인
② 전국에 9개의 주를 설치하는 왕
③ 세금 독촉에 반발하여 봉기하는 농민
④ 기벌포에서 당군에 맞서 싸우는 신라군
⑤ 당 태종에게 동맹을 제안하는 신라의 관리

◆ **신라의 삼국 통일 과정**

완자 사전

■ **청병(請兵)**
군사를 요청함 또는 구원병을 요청하는 일

🧑‍🏫 **완자쌤의 시험꿀팁**

신라의 삼국 통일 과정을 묻는 문제가 자주 출제된다. 삼국 통일의 흐름과 주요 전투 등을 순서대로 정리해 두도록 한다. 또한 관련 사료가 어느 나라의 어느 시기에 해당하는지 파악해 두도록 한다.

◆ **통일 신라 말의 상황**

완자 사전

■ **도독(都督)**
통일 신라 시기에 각 주를 다스리던 최고 관직

■ **사신(仕臣)**
통일 신라 시기에 각 소경을 책임지던 최고 관직

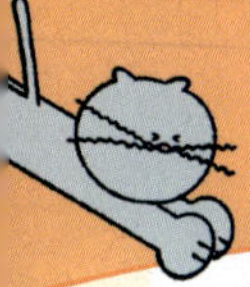

수능 첫걸음

(가) 국가에 대한 설명으로 옳은 것은?

> [(가)] 에서는 왕을 '가독부', '성왕' 또는 '기하'라고도 부른다. 왕의 명령은 '교'라고 한다. 주요 관청으로는 선조성, 정당성 등이 있다. …… [(가)] 의 땅에는 5경 15부 62주가 있다.

① 골품제를 운영하였다.
② 주자감을 설립하였다.
③ 수원 화성을 건설하였다.
④ 대한국 국제를 제정하였다.
⑤ 향·부곡·소를 설치하였다.

대표 유형 | 문제 풀이

※ 단계별로 문제 풀이에 접근해 보세요!

■ 1단계 / 자료 분석하기

제시된 자료에 나타난 선조성·정당성 등 주요 관청의 명칭과 5경 15부 62주 등의 내용을 통해 (가) 국가가 [❶]임을 파악한다.

■ 2단계 / 정답 개념 연결하기

발해는 중앙 교육 기관으로 [❷]을 설립하였다.

■ 3단계 / 오답 개념 피하기

① 골품제는 [❸]의 신분제이다. ③ 수원 화성은 조선 정조 때 건립되었다. ④ 대한국 국제는 대한 제국 시기인 1899년에 제정되었다. ⑤ [❹]의 특수 행정 구역인 향·부곡·소는 조선 시대에 소멸하였다.

📌 정답친해 05쪽

(가) 국가에 대한 설명으로 옳은 것은?

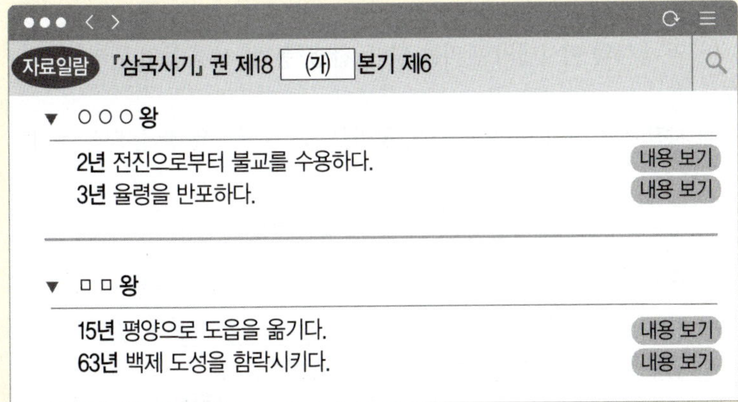

① 태학을 설립하였다.
② 8조법을 마련하였다.
③ 골품제를 시행하였다.
④ 대가야를 복속시켰다.
⑤ 한강 유역에서 성립하였다.

1등급 전략

중앙 집권적 고대 국가로 발전한 삼국의 통치 체제 정비 과정을 비교하여 정리해 두면 좋다. 관등제 정비, 율령 반포, 불교 수용, 영토 확장, 교육 기관 설립 등에 기여한 주요 왕의 업적을 파악해 두도록 한다.

출제 전망

- **전망1** 삼국, 통일 신라, 발해 왕의 주요 업적을 제시하여 해당 국가의 통치 제도 묻는 문제가 출제될 수 있다.
- **전망2** 고대 특정 왕의 재위 기간에 있었던 사실을 묻는 문제가 출제될 수 있다.

고려의 건국과 발전

이것이 핵심!

※ 고려 초 국가 기틀 확립

왕권 강화 노력	• 태조: 호족 통합, 북진 정책 • 광종: 노비안검법·과거제 실시 • 성종: 최승로의 시무 28조 수용 → 통치 질서 확립
통치 체제 정비	• 중앙 정치: 2성 6부 정비, 도병마사·식목도감 운영 • 지방 행정: 경기, 5도, 양계, 주·군·현 정비 • 관리 선발: 과거·음서 실시

◆ **노비안검법**
후삼국 통일 과정에서 포로가 되거나 호족에 의해 불법적으로 노비가 된 사람들을 다시 양인으로 해방한 법이다.

◆ **대간의 권리**
고려 시대 대간은 왕의 잘못을 논하는 간쟁, 잘못된 왕명을 시행하지 않고 되돌려 보내는 봉박, 관리를 임명하거나 법률안의 개정·폐지에 동의하는 등의 권리를 행사하였다.

◆ **고려의 지방 행정 제도**

◆ **향리**
고려 시대의 향리는 조세와 공물 징수, 재판과 죄수 관리 등을 담당하였다. 또한 국가에 위급한 일이 있을 때 지역민의 안전을 지키고자 노력하였다.

1 고려의 성립과 통치 제도 정비

1. 고려의 성립과 후삼국의 통일
중앙의 통제력이 힘을 잃자 지방에서는 호족이 성장하였고, 전국 각지에서 농민 봉기가 빈번히 발생하였어.

(1) **후삼국의 성립**: 신라 말 사회 혼란 → 견훤과 궁예가 정권 수립 → 후삼국 시대 성립
① **후백제**: 견훤이 완산주(전주)에서 건국(900)
② **후고구려**: 궁예가 송악(개성)에서 건국(901) → 철원으로 천도, 국호를 '태봉'으로 개칭
(2) **고려의 성립**: 왕건(태조)이 왕으로 추대되어 고려 건국(918) → 송악으로 천도(919)
(3) **고려의 후삼국 통일**: 후백제의 왕위 다툼으로 견훤이 고려에 귀순(935) → 신라 경순왕의 요청으로 신라 통합(935) → 후백제군 격파, 후삼국 통일(936) **왜?** 태조는 신라와 화친하여 신라의 지지를 얻어왔어.

2. 고려 초기 왕권 강화와 국가 기틀 확립

태조	• 호족 통합 정책: 유력 호족과 혼인, 왕씨 성(姓) 하사, 사심관·기인 제도 실시 • 민생 안정 정책: 신라·후백제 출신을 지배층에 수용, 발해 유민 포용, 지나친 세금 징수 금지, 흑창 설치 • 북진 정책: 고구려 계승 의식 표방, 서경(평양) 중시, 거란 배척, 청천강 유역까지 진출 • 훈요 10조: 후대 왕들에게 정책 방향 제시 **자료 ❶**
광종	◆노비안검법 실시, 과거제 도입, 황제 호칭과 독자적 연호(광덕, 준풍) 사용 **다잡는 자료**
성종	최승로의 시무 28조 수용 → 중앙 관제와 지방 통치 제도 정비, 유학 교육 장려(국자감 정비, 지방에 경학 박사 파견), 국가 행사에 유교 의례 도입 **다잡는 자료**

흑창: 가난한 농민에게 곡식을 빌려주고 추수 시기에 갚도록 한 빈민 구제 기구야.

꼭! '시무'란 당대의 시급한 일을 말해. 최승로는 고려 초기 사회 문제에 대한 자신의 28가지 생각을 성종에게 밝히면서 유교 이념을 바탕으로 한 정치를 주장하였다.

3. 통치 체제 정비와 운영

(1) **중앙 정치 제도** **자료 ❷** 당의 3성 6부제를 참고하되, 고려 실정에 맞게 운영한 거야.
① **2성 6부 체제**: 중서문하성이 국정 총괄, 상서성이 6부 관리 및 정책 집행
② **재신과 추신(추밀)**: 도병마사와 식목도감에서 회의를 열어 정책 결정, 6부 등 관부의 장관을 겸함
③ ◆**대간**: 중서문하성의 낭사와 어사대의 관리를 의미, 간쟁·봉박·서경 등의 권리 행사
(2) ◆**지방 행정 제도**
① **정비 과정**: 성종 때 시작(12목 설치, 지방관 파견, 향리를 둠) → 전국을 경기, 5도, 양계로 정비
고려 성종 때 최승로의 시무 28조를 받아들여 정비한 거야.

| 5도 | 일반 행정 구역, 안찰사 파견, 도 아래 주·군·현과 특수 행정 구역(향·부곡·소) 설치 |
| 양계 | 군사 요충지(북계, 동계), 병마사 파견, 국방상 요충지에 진 설치 |

주로 향·부곡은 농업을 담당하였고 소에서는 특산물을 생산하였어.

② **특징**: 지방관(수령)이 파견된 주현이 지방관이 파견되지 않은 속현을 감독, 진에 파견된 수령은 행정·군사 업무를 함께 처리, ◆향리가 지방 행정 실무 담당
고려에는 지방관(수령)이 파견된 주현보다 지방관이 없는 속현의 수가 더 많았어.
(3) **군사 제도**
① **중앙군**: 2군(국왕 친위 부대), 6위(수도와 국경 방어)
② **지방군**: 주현군(5도에 주둔), 주진군(양계 지역에 주둔)
고려 시대에 무과는 거의 실지되지 않았어.
(4) **관리 선발 제도**: 과거(제술과와 명경과·잡과·승과 실시, 중앙 관리와 일부 향리나 그 자제들이 응시), 음서(공신이나 5품 이상 고관 자손 대상, 과거를 보지 않고 등용) 실시
(5) **교육 기관**: 개경에 국자감(국학) 설립, 지방에 향교 설립

내 옆의 선생님

자료 ① 훈요 10조

발해가 거란에 멸망하였기 때문에 거란을 배척하였어.

1조 불교의 힘으로 나라를 세웠으므로, 사찰을 세우고 주지를 파견하여 불도를 닦도록 하라.
4조 우리나라는 예부터 중국의 문물과 예악을 따랐으나, 지역과 인성이 다르니 꼭 같게 할 필요는 없다. 거란은 짐승과 같은 나라이니 그들의 의관 제도를 본받지 말라.
5조 서경은 우리나라 땅 형세의 근본이 되니 백 일 이상 머물러 왕실의 안녕을 이루도록 하라.
6조 나의 지극한 소원은 연등회와 팔관회를 베푸는 데 있다. 후세에 간신들이 이 행사를 더 하거나 줄이자고 하여도 결코 들어주지 말라. → 연등회와 팔관회 중시   – 『고려사절요』

→ 서경을 중시하고 있어. 이는 태조의 북진 정책과 관련이 있지.

태조는 훈요 10조를 후대 왕들에게 남겨 그들이 지켜야 할 정책 방향을 제시하였다. 훈요 10조에는 불교 숭상, 중국 문화의 선택적·자주적 수용, 거란 배척, 서경 중시, 연등회와 팔관회 중시 등의 내용이 담겨 있다.

자료 하나 더 알고 가자!

사심관과 기인 제도

- 신라 왕 김부(경순왕)가 항복하자 신라국을 없애 경주라 하고, 김부를 경주의 사심관으로 임명하여 부호장 이하 관직 등을 주관하게 하였다.
- 향리의 자제를 뽑아 개경에 인질로 삼고, 그 고을 일을 자문하는 역할을 맡겼는데, 이를 기인이라 하였다.

태조는 중앙 고위 관리를 출신 지역의 사심관에 임명하여 해당 지역을 통제하게 하였고(사심관), 지방 호족의 자제를 인질 삼아 수도에 머물게 하였다(기인).

📧 내 교과서 · 비상, 동아, 리베르, 미래엔, 씨마스, 지학사, 천재, 해냄 교과서에서 '광종과 성종의 정책' 사료를 다루고 있어요.

내신과 수능을 다 잡는 자료 ✦ 광종과 성종의 정책

[광종의 정책]
- 노비를 조사해서 옳고 그름을 분명히 밝히도록 명령하였다. → 노비안검법 시행   – 『고려사절요』
- 삼국 이전에는 과거 제도가 없었다. 고려 태조 때 처음으로 학교를 세웠으나 과거로 인재를 뽑는 데까지는 이르지 못했다. 광종이 쌍기의 의견을 받아들여 과거로 인재를 뽑게 하였다.
  → 과거제 도입   – 『고려사』

[성종의 정책]
7조 국왕이 백성을 다스림은 집집마다 가서 돌보고 날마다 이를 살피는 것이 아닙니다. …… 청컨대 외관을 두소서. → 지방관 파견을 주장하였어.
20조 불교를 믿는 것은 자신을 다스리는 근본이며, 유교를 행하는 것은 나라를 다스리는 근본을 구하는 것입니다.   – 최승로의 시무 28조, 『고려사』

→ 유교에 바탕을 둔 정치 이념을 제시하였어.

광종은 노비안검법과 과거제를 시행하였다. 노비안검법은 호족과 공신의 경제적·군사적 기반을 약화시키는 한편, 조세 수취 대상을 늘려 국가의 재정 기반 마련에 도움이 되었다. 성종은 최승로의 시무 28조를 수용하여 유교 정치 이념을 바탕으로 통치 체제를 정비하였다.

빈출 선택지로 점검하기

» 초성을 참고하여 다음 선택지를 옳게 고쳐 보자.
- 성종은 과거제를 도입하였다.
  → ㄱ ㅈ
- 성종은 12목을 설치하고 그곳에 문하시중을 파견하였다.
  → ㅈ ㅂ ㄱ
- 성종은 최승로의 훈요 10조를 받아들여 고려의 통치 체제를 정비하였다.
  → ㅅ ㅁ 28 ㅈ
- 광종은 카안 제도를 시행하여 불법으로 노비가 된 사람들을 풀어주었다.
  → ㄴ ㅂ ㅇ ㄱ ㅂ

정답 ㉠ 광종, ㉡ 지방관, ㉢ 시무 28조, ㉣ 노비안검법

함께 보기 · 내신 만점 공략하기 02번·03번, 서술형 문제 01번·03번

자료 ② 고려의 중앙 정치 기구

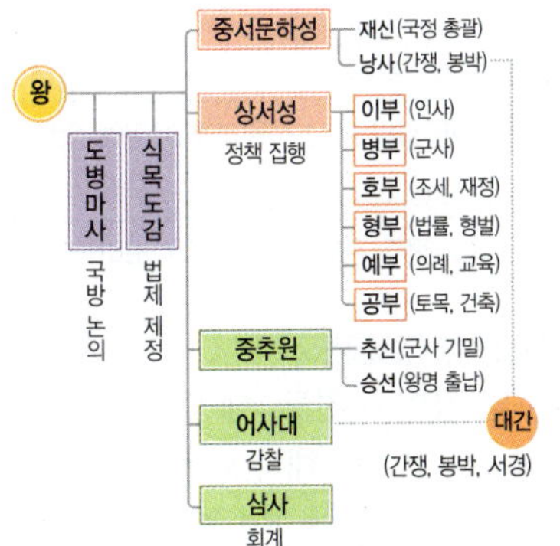

고려는 2성 6부를 중심으로 중앙 정치를 운영하였다. 중서문하성에서는 장관인 문하시중을 중심으로 국정이 논의되었고 상서성은 6부의 행정 집행을 총괄하였다. 중추원은 군사 기밀과 왕명 출납을 담당하며 국왕 비서 기구로 기능하였다. 중서문하성의 재신과 중추원의 추신(추밀)은 도병마사와 식목도감에서 국가 정책을 결정하였다. 어사대 관리는 중서문하성의 낭사와 함께 대간이라 불렸는데 이들은 왕권을 견제하고 관리를 감찰하였다.

문제로 확인할까?

고려의 중앙 정치 제도에 대한 설명으로 옳은 것만을 〈보기〉에서 고른 것은?

| 보기 |
ㄱ. 3성 6부로 운영되었다.
ㄴ. 중서문하성은 왕명 출납을 맡았다.
ㄷ. 도병마사에서 국방 문제를 논의하였다.
ㄹ. 대간은 왕권을 견제하고 관리를 감시하는 역할을 하였다.

① ㄱ, ㄴ ② ㄱ, ㄷ ③ ㄴ, ㄷ
④ ㄴ, ㄹ ⑤ ㄷ, ㄹ

정답 ⑤

2 문벌 사회의 전개

1. 문벌

> 5품 이상의 고위 관료에게 국가가 지급한 토지로 세습이 가능하였어. 공음전은 음서와 함께 문벌이 세력을 유지하는 수단이었지.

형성	여러 세대에 걸쳐 중앙의 고위 관리를 배출한 가문 → 성종 이후 상위 지배층 형성
기반	과거와 음서(정계 진출, 요직 독점), 공음전, 왕실 및 문벌과 중첩 혼인(기득권 유지, 보수화)

2. 문벌 사회의 동요

(1) **문벌 지배 체제의 동요:** 문벌이 대농장 불법 경영, 고리대로 부 축적, 왕실 외척이 되어 국정 농단 → 12세기 이후 금과의 군신 관계 체결 문제와 권력 다툼으로 지배층 분열

(2) **이자겸의 난**

> 이자겸은 예종, 인종에게 연달아 딸들을 시집보내면서 임금의 장인이자 외할아버지로서 막강한 권력을 행사하였어.

배경	외척 이자겸이 막강한 권력 행사 → 인종이 측근 세력을 동원하여 이자겸 공격
과정	이자겸, 척준경 등이 난을 일으켜 정권 장악(1126) → 인종에게 포섭된 척준경이 이자겸 제거, 척준경도 탄핵되면서 반란 종결

(3) **묘청의 서경 천도 운동**

> 이자겸이 몰락한 후 금에 대한 사대를 반대한 인물들이 등장하였어.

배경	칭제 건원을 주장하는 자주적 세력 형성
과정	인종이 서경 세력(묘청, 정지상)을 이용해 개혁 정책 추진 → 묘청 등이 풍수지리설을 앞세워 서경 천도 추진, 칭제 건원과 금국 정벌 주장 → 개경 보수 문벌의 반대로 좌절 → 묘청 등이 서경에서 반란(1135) → 김부식이 이끈 관군에게 진압됨 **자료 ③**

> 황제를 칭하고 연호를 정하자는 주장

3 무신 정권의 성립과 전개

1. 무신 정권의 성립

> 꼭! 정치는 일부 문벌과 문신을 중심으로 운영되었고, 무신은 문신에 비해 낮은 대우를 받았어.

(1) **배경:** 문벌 사회의 분열 심화, 무신 차별에 대한 불만, 의종의 향락

(2) **과정:** 정중부, 이의방 등의 무신이 정변을 일으키고 무신 정권 수립(무신 정변, 1170)

2. 무신 정권의 전개 **자료 ④**

> 많은 문신을 죽이고 사치와 향락에 빠졌던 의종을 폐위하고 명종을 왕으로 옹립하였어.

(1) **초기 무신 정권:** ◆중방 중심의 권력 행사, 무신들이 토지·노비·사병을 늘려 세력 확장 → 무신 내부의 권력 다툼과 잦은 집권자 교체로 정치 불안, 무신의 백성 수탈 심화

(2) **최씨 무신 정권:** 최충헌 집권 이후 무신 정권 안정화 → 4대 60여 년간 최씨가 정권 장악

① 최충헌: 도방(사병 조직) 확대, 교정도감(최고 권력 기구) 설치

② 최우: 정방(인사권 장악)·서방(문신 자문 기구) 설치, ◆야별초(사병 기관) 설치

3. 농민과 천민의 봉기 **자료 ⑤**

> 꼭! 무신 정변으로 문벌 사회가 무너져 이의민, 김준과 같이 하층민이 최고 권력자가 되는 등 신분제가 동요하였어.

배경	신분제 동요, 중앙 무신들의 권력 다툼으로 지방에 대한 통제력 약화, 최씨 무신 정권과 지방관에 의한 하층민 수탈 심화(토지 약탈, 과도한 세금 부과)
내용	망이와 망소이의 난(공주 명학소), 김사미(운문)와 효심(초전)의 봉기, 전주 관노비의 봉기, 사노비 만적이 신분 해방 운동 시도(만적의 난)

> 개경에서 봉기를 계획하였으나 사전에 발각되어 실패하였어.

4. 무신 정권의 몰락:
13세기경 몽골의 고려 침략 → 최우의 강화도 천도, 대몽 항전 전개 → 전쟁이 장기화하자 무신들이 최씨 정권을 무너뜨림 → 고려의 태자 원종이 몽골의 쿠빌라이와 강화 → 고려 정부의 개경 환도(1270)

> 강화를 맺기 전, 무신 정권의 마지막 집권자 임유무가 살해되고 무신 정권은 끝이 났어.

자료 ③ 서경 천도를 둘러싼 대립

→ 서경 세력은 풍수지리설을 근거로 서경 천도를 추진하였어.

> • 서경 임원역의 땅은 음양가들이 말하는 대화세(명당)입니다. 이곳에 궁궐을 짓고 옮겨 가면 천하를 다스릴 수 있습니다. 또한 금이 예물을 가져와 항복하고, 주변 서른여섯 나라가 머리를 조아릴 것입니다. － 「고려사」
>
> • 올해 여름 서경 대화궁에는 30여 군데나 벼락이 떨어졌습니다. 서경이 명당이라면 이럴 리 없습니다. …… 아직 추수가 끝나지 않은 서경에 행차하시면 농작물을 짓밟을 것입니다. 이는 백성을 사랑하고 물건을 아끼는 뜻과 어긋납니다. → 서경 천도에 반대하는 김부식 － 「고려사」

묘청 등의 서경 세력은 풍수지리설(풍수 도참사상)을 내세워 서경 천도와 금 정벌을 주장하였다. 인종도 서경에 대화궁을 짓고 천도 의지를 보였지만 김부식 등 개경 세력의 반대로 포기하였다. 이에 묘청이 서경에서 반란을 일으켰으나 김부식이 이끈 관군에 진압되었다.

자료 ④ 무신 정권의 전개

→ 최씨 무신 정권부터 교정도감이 최고 회의 기구가 되었어.

연도	집권자	기구
1170	이의방	중방
1174	정중부	
1179	경대승	
1183	이의민	
1196	최충헌	교정도감
1219	최우	교정도감·정방
1249	최항	
1257	최의	
1258	김준	
1268	임연	
1270. 2.	임유무	
1270. 5.		

↑ 무신 집권자와 지배 기구

> • 최충헌이 권력을 마음대로 휘두르면서 무릇 시행하려는 것은 반드시 교정도감에서 나오게 하였다.
>
> • 백관들이 최우의 집에 나아가 인사 관련 장부를 올리니 최우가 청사에 앉아서 받았다. …… 이때부터 최우는 정방을 자기 집에 설치하고 문사를 선발하여 소속시켰으니 …… 여기에서 백관들의 인사를 결정하여 써서 올렸다. － 「고려사」

→ 최우는 인사 기구 정방을 자신의 집에 두어 인사권을 장악하였어.

무신 정권 초기의 최고 권력 기구는 중방이었다. 이 시기에는 집권자가 자주 바뀌어 정국이 혼란하였으나 최충헌이 권력을 잡으면서 안정되었다. 그는 사병 조직인 도방을 확대하고 최고 정책 결정 기구로 교정도감을 설치하였다. 최충헌의 뒤를 이은 최우는 정방으로 인사권을 장악하고, 서방에서 문신들에게 정책 자문을 구하였다.

자료 ⑤ 농민과 천민의 봉기

→ 공주 명학소의 망이·망소이 형제의 난

> • 우리 고향(명학소)을 현으로 승격시키고 수령까지 배치하여 백성을 보살피게 하더니, 다시 군사를 되돌려 토벌하러 와서 우리 어머니와 처를 잡아 가두니 그건 무슨 까닭인가? 차라리 싸우다 죽을지언정 끝까지 항복하지 않을 것이며 반드시 개경까지 가고야 말겠다. － 「고려사」
>
> • 사노비 만적 등 6명이 북산에서 땔 나무를 베다가 공·사노비들을 불러 모아 모의하며 말하기를, "장군이나 재상에 어찌 처음부터 씨가 있겠는가. 때가 되면 누구나 차지할 수 있는 것이다. …… 먼저 최충헌을 죽인 뒤 각기 자신의 주인을 죽이고 천적을 불태워 나라에 천인을 없애면, 우리가 장군이나 재상도 할 수 있을 것이다."라고 하였다. → 만적의 난 － 「고려사」

무신 정권기에는 무신들의 수탈로 민생이 어려워졌고 천민 출신 무신 집권자가 등장하여 신분 질서가 동요하였다. 이에 전국에서 농민과 천민이 봉기하였다. 특수 행정 구역인 공주 명학소에서는 망이·망소이 형제가 봉기하여 한때 충청도 일대를 점령하였다. 최충헌 집권기에 사노비였던 만적은 신분 해방을 외치며 개경에서 봉기를 계획하기도 하였다.

구분	서경 세력	개경 세력
인물	묘청, 정지상 등	김부식 등
주장	• 서경 천도 • 금 정벌 • 칭제 건원	• 서경 천도 반대 • 금에 사대 유지
사상	풍수지리설(풍수 도참사상)	유교 사상

문제로 확인할까?

고려 시대 무신 정권에 대한 설명으로 옳지 않은 것은?

① 최고 권력자 중에 천민 출신이 있었다.
② 최충헌은 도방을 확대하여 호위를 강화하였다.
③ 최우는 정방을 설치하여 인사권을 장악하였다.
④ 정권 초기에 교정도감을 최고 회의 기구로 삼았다.
⑤ 최우는 정책 결정에 문신을 적극적으로 참여시켰다.

자료 하나 더 알고 가자!

무신 정권기 농민과 천민의 봉기 지역

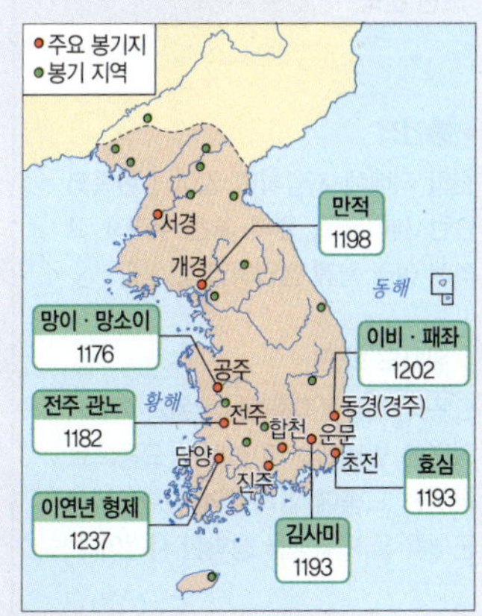

이것이 핵심!

✳ 원의 간섭과 공민왕의 반원 개혁 정치

원 간섭기의 고려
- 왕실 용어·관제 격하, 원의 내정 간섭, 영토·자원 수탈
- 권문세족의 성장과 대농장 경영

↓

공민왕의 개혁 정치
- 반원 개혁: 친원 세력 제거, 정동행성이문소 폐지, 쌍성총관부 공격
- 왕권 강화: 신돈 등용, 전민변정도감 설치, 정방 폐지

◆ 왕실 용어와 관제 격하

원 간섭기 이전		원 간섭기
중서문하성, 상서성	→	첨의부
중추원	→	밀직사
6부	→	4사
폐하	→	전하
태자	→	세자

4 원의 내정 간섭과 반원 개혁 정치

└ 몽골은 고려와 강화를 맺은 이후 나라 이름을 '원'으로 바꾸었어.

1. 원의 간섭과 권문세족의 성장

(1) **원 간섭기의 고려** 자료 6

└ 사위국이라는 의미로, 고려 왕이 원의 공주와 결혼하여 원의 사위국이 되었고, 왕자는 원에서 성장하게 되었어.

① 지위: 몽골과 강화를 맺은 후 고려는 독립국의 지위 유지, 원의 부마국으로 전락 → 고려의 왕자가 원에서 교육받으며 성장, ◆왕실 용어와 관제 격하

② 내정 간섭: 정동행성 유지, 다루가치(감찰관) 파견 ─ 📌 원이 일본을 원정하기 위해 고려에 설치한 기구야.

③ 영토 강탈: 원이 쌍성총관부(화주), 동녕부(서경), 탐라총관부(제주) 설치

④ 자원 수탈: 공녀와 환관 요구, 금·은·인삼·매 등 특산물 수탈, 일본 원정에 고려인 동원

⑤ 문화: 고려에서 몽골풍 유행, 몽골에 고려양 전파 ─ 충렬왕 때 고려의 도병마사가 도평의사사로 개칭되었어. 원 간섭기의 최고 권력 기구로 기능하며 군사 문제뿐 아니라 일반 행정까지도 담당하였지.

(2) **권문세족의 성장**: 친원적 성향 자료 7

① 정치적 기반: 주로 음서를 통해 관직 진출 → 고위 관직을 독점하며 도평의사사 장악

② 경제적 기반: 불법적으로 대농장 경영(가난한 농민의 노비화) → 사회 모순 심화

2. 공민왕의 개혁 정치 자료 8

└ 📌 정동행성의 부속 기구야. 원과 관계된 사건을 조사하고 판결하는 곳이었는데, 고려의 내정 간섭에 앞장섰어.

개혁 내용	• 반원 개혁 정책: 기씨 일족 등 친원 세력 제거, 정동행성이문소 폐지, 쌍성총관부 공격(→ 철령 이북 땅 회복), 왕실 용어와 관제를 고려 전기 체제로 회복, 몽골풍 금지 • 왕권 강화 정책: 신돈 등용, 전민변정도감 설치(권문세족 경제적 기반 약화, 국가 재정 확대), 정방 폐지(인사권 회복), 교육·과거제 정비(성균관 정비, 유학 교육 강화 → 신진 사대부 적극 등용)
결과	홍건적과 왜구의 침입으로 사회 혼란 지속, 개혁에 대한 권문세족의 반발 → 신돈 제거, 공민왕 시해

이것이 핵심!

✳ 새로운 정치 세력의 성장

신진 사대부	신흥 무인 세력
과거로 정계 진출, 성리학 중시, 권문세족 비판	홍건적·왜구 토벌 과정에서 성장(이성계 등)

↓

신진 사대부의 분열(온건파, 급진파) → 이성계와 급진파 신진 사대부의 조선 건국

◆ 홍건적

원의 지배에 저항하여 일어난 한족의 반란 세력으로, 원에 쫓긴 무리가 고려에 여러 차례 침입하였다.

◆ 위화도 회군

요동 지역을 공격하라는 우왕과 최영의 명령에 반대하여 이성계가 요동으로 향하던 도중에 압록강의 위화도에서 군대를 돌려 국정을 장악한 사건이다.

5 새로운 정치 세력의 성장과 고려의 멸망

1. 새로운 정치 세력의 성장

공민왕 때 성균관을 재정비하고 성리학을 본격적으로 교육하면서 신진 사대부가 성장할 수 있는 토대가 마련되었어.

신진 사대부	원에서 활동한 고려 학자들이 성리학 수용 → 새로운 정치 세력 형성 → 공민왕 때 과거로 정계 진출 → 성리학을 근거로 권문세족을 비판, 원·명 교체기에 명과 화친할 것 주장
신흥 무인 세력	14세기 후반 ◆홍건적·왜구 토벌 과정에서 성장 → 신진 사대부와 함께 권문세족 압박

└ 이성계, 최영 등이 있어.

2. 신진 사대부의 분열: 고려 사회를 개혁하기 위한 방법을 놓고 분열

구분	온건파 신진 사대부	급진파 신진 사대부
인물	이색, 정몽주 등	정도전, 조준 등
주장	고려 왕조 유지, 폐단 시정	새 왕조(조선)를 세워 개혁 추진

3. 위화도 회군과 고려의 멸망

(1) **이성계의 ◆위화도 회군** ─ 공민왕은 원·명 교체기 무렵 명과 국교를 맺었어.

① 배경: 외교 관계를 맺은 명의 무리한 공물 요구, 옛 쌍성총관부 지역(철령 이북의 땅) 요구 → 우왕과 최영이 이성계에게 요동 정벌을 명령 ─ 명은 옛 쌍성총관부 지역을 명의 직속령으로 삼겠다고 고려에 통보하였어.

② 과정: 이성계가 요동 정벌에 반대하였으나 받아들여지지 않음 → 이성계의 위화도 회군(1388) → 고려로 돌아와 최영 제거, 우왕 폐위 이후 창왕 옹립, 정치적·군사적 실권 장악

(2) **고려의 멸망**: 이성계가 급진파 신진 사대부와 함께 과전법(1391) 등 개혁 추진 → 정몽주 등 온건파 신진 사대부 제거 → 고려 왕조를 무너뜨리고 조선 건국(1392)

자료 6 원 간섭기의 고려

→ 족두리는 원 간섭기 때 고려에 전해져 우리의 의복 문화로 자리잡았어.

↑ 족두리

↑ 발립을 쓴 관리

↑ 수령 옹주 묘지명

수령 옹주 김씨는 딸을 공녀로 보내고 그 슬픔으로 죽었는데, 최해가 그녀의 묘지명을 쓰며 이를 한탄하여 "고려의 자녀들을 잡아서 서쪽(몽골)으로 가는 것이 거르는 해가 없었다.
– 수령 옹주 묘지명

원 간섭기에 몽골의 풍속(몽골풍)이 고려에 전해졌다. 변발을 한 고려인이 늘고 족두리와 발립 등 몽골식 의복 문화가 유행하였으며 만두와 순대 등 몽골식 식문화도 널리 퍼졌다. 한편, 고려는 원의 부마국이 되어 내정 간섭을 받고 인적·물적 자원을 수탈당하였다. 원은 고려에 금·은·매 등 공물을 요구하였고 많은 고려 사람이 공녀나 환관으로 원에 끌려 갔다.

자료 7 권문세족의 횡포

공녀 출신으로 원의 황후가 된 기황후와 그의 오빠 기철은 대표적인 권문세족이야. 원 황실과 혼인 관계를 맺은 기철의 가문은 왕을 압도하는 권력을 누렸어.

- 기철의 누이동생이 원에 들어가 황후가 되자 기철은 세력을 믿고 방자하였으며, 그의 친척들도 연줄을 믿어 교만하고 횡포하였다. …… 기철 등은 황실과 인척 관계를 맺어 상국의 위엄을 빌려 권세를 떨치면서 임금을 협박하고, 남이 소유한 노비와 토지를 빼앗았다.
  – 『고려사』

→ 권문세족은 불법으로 재산과 토지 소유를 확대해 갔어.

- 권세가들이 민전(民田)을 빼앗아 산천을 경계로 공문서를 만들었소. 한 토지에 주인이 많아 소작료를 받고 또 받아. …… 몸을 시궁창에 박고 죽을 수 없어 산에 올라 도토리며 밤을 줍는다고. 그 말이 처량하고 자세히 듣고 나니 가슴이 미어질 것 같아라. – 윤여형, 「상률가」

원 간섭기의 고려에서는 권문세족이 새로운 지배 세력으로 대두하였다. 이들은 주로 음서를 통해 정계에 진출하여 도평의사사 등 주요 관직을 장악하였다. 또한 권력을 이용하여 불법적으로 토지 소유를 확대하였으며 가난한 농민을 노비로 삼아 대농장을 경영하였다. 권문세족의 횡포가 극심해지면서 민생이 어려워졌고 농민의 노비화 등 사회 모순이 심화하였다.

자료 8 공민왕의 개혁 정치

- 신돈이 전민변정도감을 설치할 것을 청하고 스스로 판사가 되어 전국에 방을 붙여 알렸다. "사람들이 대대로 생계를 유지해 온 토지를 권세 있는 집에서 거의 다 빼앗아 차지하였다. …… 도감을 설치하여 바로잡고자 하니 …… 기한을 넘겨 발각되는 자는 죄를 조사하여 다스릴 것이다." → 신돈 등용과 전민변정도감 설치 – 『고려사』
- 기철 등이 권세를 믿고 임금을 능멸하여 방자하게 위세를 부려 백성에게까지 독을 미쳐 끝이 없었다. …… 다행히 천지와 신령에게 도움을 받아 기철 등을 다 처형하였다. – 『고려사』

→ 공민왕은 기철 등 친원 세력을 숙청하였어.

공민왕은 반원 개혁 정치를 펼쳐 기철 등으로 대표되는 친원 세력을 제거하고 고려의 내정을 간섭하는 정동행성이문소를 폐지하였다. 또한 승려 신돈을 등용하여 전민변정도감을 설치하였다. 이 기구를 통해 권문세족이 불법으로 빼앗은 토지를 본래 주인에게 돌려주고, 강제로 노비가 된 사람을 양인으로 해방하였다.

---

1. 원 간섭기 고려에 대한 설명으로 옳지 않은 것은?

① 많은 수의 여성들이 원에 끌려갔다.
② '폐하'의 호칭이 '전하'로 격하되었다.
③ 공주에서 망이·망소이가 난을 일으켰다.
④ 권문세족이 불법적으로 대농장을 경영하였다.
⑤ 몽골식 복식이 유행하여 머리에 발립을 쓰는 사람이 늘었다.

2. 원 간섭기 고려에 전해진 몽골의 풍속과 문화를 뜻하는 말은?

풍골몽 .2 ③ ① .1 답정

자료 하나 더 알고 가자!

권문세족의 등장

국가에서 영민한 자를 선발하여 몽골어를 익히게 하였는데, 조인규가 여기에 선발되었다. 자기 동료들보다 뛰어나지 않았으나, 3년 동안 바깥에 나가지 않고 주야로 몽골어 공부를 게을리하지 않으니 여러 관직을 거쳐 장군에 올랐다. – 『고려사』

원 간섭기에는 몽골어 통역관이나 환관 등이 원과 관계를 맺으며 친원 세력으로 성장하였다. 이들 중 일부가 이전부터 세력을 유지해 온 집단(문벌, 무신 정권기에 성장한 가문 등)과 함께 권문세족을 이루었다.

자료 하나 더 알고 가자!

공민왕의 쌍성총관부 지역 수복

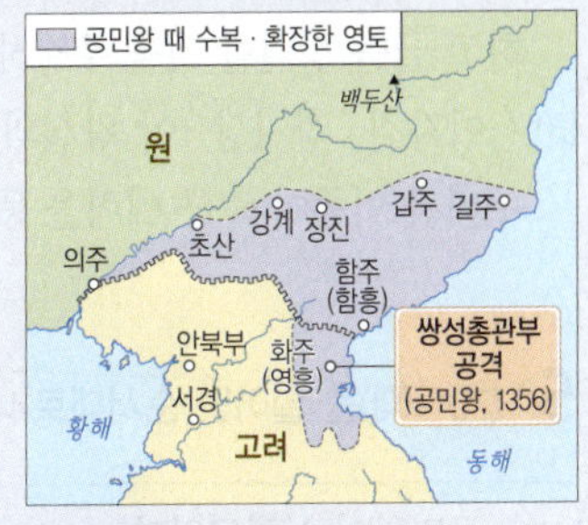

공민왕은 쌍성총관부를 공격하여 원으로부터 철령 이북의 땅을 되찾았다.

STEP 1 핵심 개념 **확인**하기

1 다음에서 설명하는 고려의 왕을 〈보기〉에서 골라 기호를 쓰시오.

┌ 보기 ┐
ㄱ. 광종　　　　　ㄴ. 성종　　　　　ㄷ. 태조

(1) 광덕, 준풍 등의 연호를 사용하였다.　　　　　(　　　)

(2) 훈요 10조를 남겨 통치의 교훈으로 삼게 하였다.
　　　　　　　　　　　　　　　　　　　　　　(　　　)

(3) 최승로의 시무 28조를 수용하여 유교를 바탕으로 통치
　　체제를 정비하였다.　　　　　　　　　　　(　　　)

2 고려의 중앙 정치 기구와 그 역할을 옳게 연결하시오.

(1) 어사대　　　　・　　　　・㉠ 왕명 전달

(2) 중추원　　　　・　　　　・㉡ 최고 중앙 관서

(3) 도병마사　　　・　　　　・㉢ 국방 문제 논의

(4) 중서문하성　・　　　　・㉣ 관리의 비리 감찰

3 (가), (나)에 들어갈 내용을 각각 쓰시오.

┌─────────────────────────────┐
최충헌은 　(가)　 을 두어 정책을 결정하였고, 뒤이어 집
권한 최우는 　(나)　 을 두어 인사권을 장악하였다.
└─────────────────────────────┘

4 다음 괄호 안의 내용 중 알맞은 말에 ○표를 하시오.

(1) 초기 무신 정권은 (중방, 도평의사사)을/를 중심으로
　　권력을 행사하였다.

(2) (묘청, 김부식)은 풍수지리설을 내세워 서경으로 천도
　　하고 금을 정벌할 것을 주장하였다.

(3) (이자겸, 정지상)이 왕실의 외척으로 막강한 권력을
　　누리자 인종이 측근 세력을 동원하여 그를 공격하였다.

5 (가)~(다)를 일어난 순서대로 나열하시오.

┌─────────────────────────────┐
(가) 공민왕이 시해되었다.
(나) 이성계가 위화도 회군을 단행하였다.
(다) 급진파 신진 사대부가 온건파 신진 사대부를 제거하였다.
└─────────────────────────────┘

STEP 2 내신 만점 **공략**하기

중요

01 (가) 왕에 대한 설명으로 옳은 것은?

① 녹읍을 폐지하였다.

② 강화도로 천도하였다.

③ 금관가야를 복속시켰다.

④ 북진 정책을 추진하였다.

⑤ 철원에서 태봉으로 국호를 바꾸었다.

02 교사의 질문에 대한 학생의 답변으로 가장 적절한 것은?

① 국자감을 정비하였어요.

② 노비안검법을 도입하였어요.

③ 전국을 경기, 5도, 양계로 나누었어요.

④ '광덕', '준풍'이라는 연호를 사용하였어요.

⑤ 기인 제도와 사심관 제도를 처음 시행하였어요.

★중요
03 밑줄 친 '왕'에 대한 설명으로 옳은 것은?

> 왕 7년(956)에 노비를 조사하여 옳고 그름을 분명히 가리도록 명하였다. 이 때문에 주인을 등지는 노비가 매우 많아지고 주인을 업신여기는 풍속이 크게 유행하였다. 사람들이 탄식하고 원망하자 왕후가 간곡히 간하였으나 왕은 받아들이지 않았다.
> — 「고려사」

① 흑창을 설치하였다.
② 훈요 10조를 남겼다.
③ 과거제를 도입하였다.
④ 정동행성이문소를 폐지하였다.
⑤ 자신을 미륵이라고 칭하며 권력을 강화하였다.

하나 더!
03-1 위 자료에 나타난 제도의 실시 결과로 옳은 것만을 〈보기〉에서 고른 것은?

┤보기├
ㄱ. 국가 재정 기반이 확충되었다.
ㄴ. 호족의 경제적·군사적 기반이 약해졌다.
ㄷ. 신분제 동요로 농민과 천민이 봉기하였다.
ㄹ. 유교 정치 이념에 따라 통치 체제가 정비되었다.

① ㄱ, ㄴ   ② ㄱ, ㄷ   ③ ㄴ, ㄷ
④ ㄴ, ㄹ   ⑤ ㄷ, ㄹ

04 (가), (나)에 해당하는 기구를 옳게 연결한 것은?

> (가) 중서문하성과 중추원의 고관이 모여 국방과 외교 문제를 논의하던 기구
> (나) 관리의 비리를 감찰하고 중서문하성의 낭사와 함께 대간을 구성하던 기구

	(가)	(나)
①	도병마사	삼사
②	도병마사	어사대
③	도병마사	중추원
④	식목도감	어사대
⑤	식목도감	중추원

05 (가) 국가의 지방 행정 제도에 대한 설명으로 옳은 것만을 〈보기〉에서 고른 것은?

(가) 시대의 주현과 속현의 수			
구분	주현 수	속현 수	주현 1곳당 평균 속현 수
경기	1	12	12
5도	56	340	6.07
양계	73	21	0.29

┤보기├
ㄱ. 지방 22담로에 왕족을 보냈다.
ㄴ. 동계와 북계에 병마사를 파견하였다.
ㄷ. 지방의 요충지에 5소경을 설치하였다.
ㄹ. 향, 부곡, 소라는 특수 행정 구역이 있었다.

① ㄱ, ㄴ   ② ㄱ, ㄷ   ③ ㄴ, ㄷ
④ ㄴ, ㄹ   ⑤ ㄷ, ㄹ

06 다음 주장을 펼친 세력에 대한 설명으로 옳은 것만을 〈보기〉에서 고른 것은?

> 서경 임원역의 땅은 음양가들이 말하는 대화세(명당)입니다. 이곳에 궁궐을 짓고 옮겨 가면 천하를 다스릴 수 있습니다. 또한 금이 예물을 가져와 항복하고, 주변 서른여섯 나라가 머리를 조아릴 것입니다.
> — 「고려사」

┤보기├
ㄱ. 친원적인 성향을 가졌다.
ㄴ. 중방을 권력 기반으로 삼았다.
ㄷ. 황제 칭호와 연호 사용을 주장하였다.
ㄹ. 풍수지리설을 사상적 기반으로 하였다.

① ㄱ, ㄴ   ② ㄱ, ㄷ   ③ ㄴ, ㄷ
④ ㄴ, ㄹ   ⑤ ㄷ, ㄹ

07 다음 사건의 결과로 옳은 것은?

> 왕이 보현원에 행차하였다. …… 왕이 탄 수레가 보현원 가까이 왔을 때 이고가 이의방과 함께 앞서가 거짓 왕명을 꾸미며 순검군을 모으고는 왕이 보현원에 들어서고 신하들이 곧 물러나려고 할 무렵에 이고 등이 임종식, 이복기, 한뢰 등을 죽이니 무릇 문관, 대소 신료, 환관 등이 모두 해를 당하였다.

① 무신 정권이 성립하였다.
② 후삼국 시대가 전개되었다.
③ 신진 사대부 세력이 분화되었다.
④ 이자겸과 척준경이 반란을 일으켰다.
⑤ 이성계 등 신흥 무인 세력이 성장하였다.

08 다음 사건이 일어난 시기를 연표에서 옳게 고른 것은?

> 우리 고향(명학소)을 현으로 승격시키고 수령까지 배치하여 백성들을 보살피게 하더니, 다시 군사를 되돌려 토벌하러 와서 우리 어머니와 처를 잡아 가두니 그건 무슨 까닭인가? 차라리 싸우다가 죽을지언정 끝까지 항복하지 않을 것이며 반드시 개경까지 가고야 말겠다.

(가)	(나)	(다)	(라)	(마)
▲	▲	▲	▲	▲
고려 건국	고려의 후삼국 통일	이자겸의 난	무신 정변	개경 환도

조선 건국

① (가)   ② (나)   ③ (다)   ④ (라)   ⑤ (마)

09 (가)에 들어갈 왕과 (나)에 들어갈 기구를 각각 쓰시오.

> 신돈이 ☐ (가) ☐ 에게 ☐ (나) ☐ 을/를 설치할 것을 청하고 스스로 판사가 되어 전국에 방을 붙여 알렸다. "…… 사람들이 생계를 유지해 온 토지를 권세 있는 집에서 빼앗아 차지하였다. …… ☐ (나) ☐ 을/를 설치하여 바로잡고자 하니 스스로 잘못을 알고 고치는 자는 (죄를) 묻지 않을 것이다. ……"
> – 『고려사』

10 밑줄 친 '이 시기'에 볼 수 있는 모습으로 가장 적절한 것은?

① 집사부에서 일하는 관리
② 태학에서 공부하는 학생
③ 평양 천도를 단행하는 왕
④ 9서당에서 복무하는 군인
⑤ 공녀로 뽑혀 끌려가는 여성

11 밑줄 친 '이 왕'에 대한 설명으로 옳은 것은? 〈중요〉

① 흑창을 설치하였다.
② 12목을 설치하였다.
③ 몽골의 쿠빌라이와 강화를 맺었다.
④ 서방을 두고 문신의 자문을 얻었다.
⑤ 쌍성총관부를 공격하여 영토를 수복하였다.

12 밑줄 친 '이들'에 대한 설명으로 옳은 것만을 〈보기〉에서 고른 것은?

┌ 보기 ┐
ㄱ. 새로운 왕조 건설을 도모하였다.
ㄴ. 대규모의 농장과 노비를 소유하였다.
ㄷ. 도평의사사의 주요 관직을 차지하였다.
ㄹ. 지방에서 스스로 성주, 장군이라고 칭하였다.

① ㄱ, ㄴ　　② ㄱ, ㄷ　　③ ㄴ, ㄷ
④ ㄴ, ㄹ　　⑤ ㄷ, ㄹ

13 (가)에 들어갈 내용으로 가장 적절한 것은?

▶ 지식 Q&A
고려의 멸망 과정을 알려 주세요.

▶ 답변하기
요동 정벌을 떠났던 이성계가 위화도에서 회군하여 최영과 우왕을 몰아냈어요. 정권을 잡은 이성계와 급진파 사대부들은 ______(가)______ 이들은 왕조 교체에 반대하는 온건파 사대부를 제거하고 고려 왕조를 무너뜨렸어요.

① 공민왕을 시해하였어요.
② 과전법을 시행하였어요.
③ 무신 정변을 일으켰어요.
④ 원종과 애노의 난을 진압하였어요.
⑤ 명의 철령 이북 지역 요구를 거절하였어요.

🐱 서술형 문제

서술형 감잡기

01 밑줄 친 '왕'의 주요 정책을 **두 가지** 서술하시오.

> 태조 때 처음으로 학교를 세웠으나 과거로 인재를 뽑는 데까지는 이르지 못하였다. 왕이 쌍기의 의견을 받아들여 과거로 인재를 뽑게 하였다. 이로부터 학문을 숭상하는 풍조가 일어났다.　　— 『고려사』

(1) 초성을 참고하여 서술형 답안에 들어갈 내용을 써 보자.

답안 키워드　[ㄱㅈ]　[ㄱㄱㅈ]　[ㄴㅂㅇㄱㅂ]

(2) (1)의 내용을 포함하여 서술형 답안을 작성해 보자.

____

____

실전! 도전하기

02 다음을 읽고 물음에 답하시오.

> 국초에 향리의 자제를 뽑아 개경에 인질로 삼고, 해당 고을의 일을 자문하는 것에 대비하게 하였다. 이를 [(가)](이)라 하였다.　　— 『고려사』

(1) (가)에 들어갈 제도를 쓰시오.

(2) (가) 제도를 실시한 목적을 **두 가지** 서술하시오.

03 다음을 읽고 물음에 답하시오.

> 7조　국왕이 백성을 다스림은 집집마다 가서 돌보고 날마다 이를 살피는 것이 아닙니다. …… 청컨대 외관을 두소서.　　— 『고려사』

(1) 위 자료를 작성한 인물을 쓰시오.

(2) 자료의 건의를 수용하여 실시된 정책을 서술하시오.

STEP 3 1등급 정복하기

최고난도

01 (가), (나) 시기 사이에 있었던 사실로 옳은 것은?

> (가) 지난 을묘년 봄 정월에 서경이 반역을 계획하므로 신 등은 명령을 받들고 정벌하러 갔으나, 자리가 험하고 성이 견고하여 오랫동안 평정하지 못하였습니다. …… 금년 2월 새벽을 기하여 몰래 군사를 출동시켜 쳐들어가니 적은 달아나고 저항하지 못하였습니다.
> — 「동문선」
>
> (나) 사노비 만적 등이 북산에 나무하러 갔다가 노비들을 모아 놓고 말하길, "경인년과 계사년 이래로 천한 신분에서 높은 관리가 많이 나왔다. 장수와 재상이 될 수 있는 사람이 어찌 따로 있겠는가? 때를 만나면 될 수 있다. 어찌 우리만 채찍 아래에서 고생하겠는가?"라고 하였다.
> — 「고려사」

① 왕건이 후삼국을 통일하였다.
② 이자겸과 척준경이 반란을 일으켰다.
③ 이성계가 홍건적과 왜구를 격퇴하였다.
④ 이의방과 정중부 등이 정변을 일으켰다.
⑤ 신돈이 전민변정도감의 설치를 건의하였다.

02 밑줄 친 '임금'에 대한 설명으로 옳은 것은?

> 기철 등이 권세를 믿고 <u>임금</u>을 능멸하여 방자하게 위세를 부려 백성에게까지 독을 미쳐 끝이 없었다. …… 몰래 반역을 도모하고 사직을 위태롭게 하였다. 다행히 천지와 신령에게 도움을 받아 <u>임금</u>이 기철 등을 다 처형하였다.
> — 「고려사」

① 인사권을 독점했던 정방을 폐지하였다.
② 철원으로 도읍을 옮기고 국호를 변경하였다.
③ 쌍기의 건의를 받아들여 과거제를 실시하였다.
④ 묘청 등의 서경 세력을 등용하여 개혁을 꾀하였다.
⑤ 시무 28조에 따라 주요 지역에 지방관을 파견하였다.

◆ 고려 중기 정치의 흐름

완자 사전

■ 재상(宰相)
왕을 돕고 모든 관원을 지휘·감독하는 2품 이상의 높은 관리

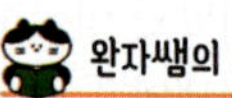 **완자쌤의 시험꿀팁**

문벌 사회, 무신 정권기, 원 간섭기 등 고려의 각 시기별 주요 사건의 흐름을 파악해 두고, 시기별 지배층의 변화도 함께 살펴보도록 한다.

◆ 공민왕의 개혁 정치

완자쌤의 시험꿀팁

공민왕의 개혁 정치가 시험에 자주 출제된다. 공민왕의 반원 개혁 정책과 왕권 강화 정책을 구분하여 정리해 두도록 한다.

대표 유형 — 이렇게 나온대!

| 2024 수능

밑줄 친 '이 왕'에 대한 설명으로 옳은 것은?

① 훈요 10조를 남겼다.
② 과거제를 시행하였다.
③ 평양으로 천도하였다.
④ 4군 6진을 개척하였다.
⑤ 홍범 14조를 반포하였다.

대표 유형 — 문제 풀이

※ 단계별로 문제 풀이에 접근해 보세요!

⚔ 1단계 / 자료 분석하기

고려를 건국하였고, 후삼국을 통일하였다는 내용 등을 통해 밑줄 친 '이 왕'이 고려의 **❶**　　　　　　임을 파악한다.

⚔ 2단계 / 정답 개념 연결하기

고려 태조는 후대 왕들에게 **❷**　　　　　　를 남겨 통치에서 지켜야 할 것들을 당부하였다.

⚔ 3단계 / 오답 개념 피하기

② 고려 **❸**　　　　　　 때 과거제를 도입하였다. ③ 평양으로 천도한 왕은 고구려의 **❹**　　　　　　이다. ④ 4군 6진을 개척한 것은 조선 세종 때의 일이다. ⑤ 홍범 14조는 제2차 갑오개혁 당시 고종이 반포하였다.

답 ❶ 태조(왕건) / ❷ 훈요 10조 ❸ 광종 ❹ 장수왕 ❺ 정답 ① / 오답 ②③④⑤

정답친해 09쪽

실전 문항으로 수능 준비하기

| 2023 수능 응용

밑줄 친 '왕'의 재위 기간에 있었던 사실로 옳은 것은?

후주 사람인 쌍기는 사신 설문우를 따라 고려에 왔다가 병이 들어 돌아가지 못하고 남았다. 왕이 그의 재능을 아껴 후주에 알린 다음 관료로 발탁하였으며, 얼마 뒤 원보 한림학사로 승진시켰다. 쌍기는 왕에게 건의하여 과거제를 신설하게 하고, 과거 시험을 담당하였다. 이 뒤에도 과거 시험을 맡아 후학들에게 학업을 권장하니, 학문을 중시하는 기풍이 일어났다.

① 장용영이 설치되었다.
② 나당 전쟁이 벌어졌다.
③ 『경국대전』이 반포되었다.
④ 노비안검법이 실시되었다.
⑤ 전국에 척화비가 건립되었다.

1등급 전략

왕권 강화에 힘쓴 고려 왕들의 업적을 정리해 두어야 한다. 고려 초기 국가 기틀 확립에 힘쓴 태조, 광종, 성종의 정책과 개혁의 내용이 시험에 자주 출제된다.

출제 전망

- **전망1** 사료에 나타난 고려 초기 왕들의 정책을 묻는 문제가 출제될 수 있다.
- **전망2** 주요 왕의 업적과 관련된 자료를 두 개 제시하고, 그 시기 사이에 일어난 사실을 묻는 문제가 출제될 수 있다.

03 조선 사회의 성립과 발전

1 조선의 건국과 유교 통치 이념의 확립

1. 위화도 회군과 조선의 건국: 명이 철령 이북의 땅을 직접 다스리겠다고 통보 → 요동 정벌 추진 → 이성계의 요동 정벌 반대, 위화도 회군(1388)으로 이성계와 급진파 신진 사대부가 정권 장악 → 과전법 실시(1391) → 정몽주 등 온건파 신진 사대부를 제거하고 조선 건국(1392)
└ 공민왕이 원으로부터 수복한 쌍성총관부 지역이야.

2. 유교 통치 이념의 확립: 유교를 통치 이념으로 채택, 유교적 민본 정치 표방 **자료 ①**
왜? 국가 재정을 늘리기 위해 양전 사업을 추진하여 전세를 확보하고, 호패법을 실시하여 호구를 파악하였어.

태조	'조선'을 국호로 제정, 정도전 중용(재상 중심의 정치 강조), 한양 천도(유교 사상을 바탕으로 도시 정비)
태종	왕자의 난을 일으켜 정도전 등을 제거하고 실권 장악 → 공신과 왕족의 사병 혁파(→ 군사권 장악), 6조 직계제 실시, 양전 사업 추진, 호패법 실시
세종	이상적인 유교 정치 도모 → 의정부 서사제 실시, 인사와 군사 업무는 왕이 직접 처리함, ◆경연 활성화, 집현전 설치(학문 연구 장려), 훈민정음 창제(유교의 덕치와 민본 사상 실현), 각종 편찬 사업 추진(『삼강행실도』, 『농사직설』 등 편찬) 백성에게 유교 윤리를 보급하기 위해 제작한 윤리서야.
세조	6조 직계제 실시, 언론 활동 제한(집현전 폐지, 경연 중단), 『경국대전』 편찬 시작
성종	홍문관 설치(집현전 계승, 경연 활성화), 『국조오례의』 간행(국가적 행사를 유교적 예법에 맞게 정비), ◆『경국대전』 완성·반포(→ 성문법에 바탕을 둔 유교적 통치 체제 확립)

2 조선의 통치 체제 정비

1. 중앙 정치 조직: 유교(성리학)적 이념을 토대로 정비, 의정부와 6조 중심 운영 **자료 ②**

의정부	국정 총괄 기구, 재상들의 합의로 정책 심의·결정
6조	정책 집행, 고위 관리는 국가의 주요 정책과 경연에 참여 → 행정의 전문성과 효율성 증대
3사	사헌부·사간원·홍문관으로 구성, 언론 기능 담당(왕과 대신 견제, 권력 독점과 부정 방지) **자료 ③**
기타	승정원(국왕 비서 기구), 의금부(국왕 직속 사법 기구), 한성부(수도의 행정·치안 담당), 춘추관(역사서 편찬), 성균관(최고 교육 기관) └ 국가의 중죄인을 다스리는 곳이었어.

2. 지방 행정 제도: '8도 – 부·목·군·현'으로 정비, 향·부곡·소 폐지, ◆상피제 실시

관찰사	8도에 파견(도의 행정 총괄), 수령을 지휘·감독 └ 고려와 달리 향·부곡·소가 일반 군현으로 승격되거나 주변 군현에 통합되었어.
수령(지방관)	모든 군현에 파견, 사법권·행정권·군사권 행사 → 꼭! 속현이 소멸되었어.
향리	수령 보좌, 지방 행정 실무 담당 → 고려 시대에 비하여 권한 약화
유향소	지방 ◆사족이 조직한 향촌 자치 기구(수령 보좌·견제, 향리 감찰, 풍속 교화 담당)

└ '향청'이라고도 해.

3. 군사 제도

(1) **군역:** 정군(16세~60세 양인 남성으로 현역 군인)과 보인(정군의 비용 부담)으로 편성

(2) **군사 조직:** 중앙군(5위, 궁궐·수도 방위), 지방군(국방상 주요 지역인 진·영에 배치, 병마절도사와 수군절도사가 지휘), 잡색군(평상시 생업에 종사, 유사시 군사로 동원)
└ 일종의 예비군이야.

옆단 (이것이 핵심!)

※ 조선의 유교 통치 이념 확립

태조	한양 천도, 정도전 중용
세종	의정부 서사제 실시, 집현전 설치, 훈민정음 창제
성종	홍문관 설치, 『경국대전』 완성·반포

◆ **경연**
왕과 신하가 함께 유교 경전과 역사서를 공부하며 학문과 정책에 대해 토론하는 제도이다.

◆ **『경국대전』**
조선의 중앙 정치 조직인 6조 체제에 맞추어 이·호·예·병·형·공전의 6전으로 구성된 조선의 기본 법전이다.

※ 조선의 통치 체제 정비

중앙	의정부(국정 총괄), 6조(정책 집행), 3사(언론 기능) 중심 → 왕권과 신권의 조화
지방	8도에 관찰사 파견, 모든 군현에 수령 파견, 유향소 설치 → 중앙 집권 강화
관리 등용	과거제(문과, 무과, 잡과) 실시 → 유학 교육 강조

↓

유교 이념을 바탕으로 통치 체제 정비

◆ **상피제**
가족이나 가까운 친인척과 같은 관서에 근무하지 않도록 하거나 출신 지역의 지방관으로 임명하지 않는 제도이다.

◆ **사족**
전·현직 관료와 그 가문을 통칭하는 개념으로, 향촌 사회의 지배층이었다.

자료 **1** 6조 직계제와 의정부 서사제

- 의정부의 여러 일을 나누어 6조에 속하게 하였다. …… 의정부가 주관하는 일은 사대문서(事大文書)와 중죄수의 재심에 관한 것뿐이었다. → 6조 직계제 — 「태종실록」
- 6조는 각각 맡은 직무를 의정부에 품의하고, 의정부는 가부를 의논하여 왕에게 아뢴 뒤 (왕의) 분부를 받아 6조에 내려 시행한다. → 의정부 서사제 — 「세종실록」

6조 직계제는 6조에서 의정부를 거치지 않고 왕에게 직접 업무를 보고하게 한 제도로 왕권 강화에 기여하였다. 의정부 서사제는 6조에서 담당하는 일을 의정부에서 논의한 뒤 왕에게 보고하도록 한 제도로 재상의 국정 주도권을 강화하였다. 태종과 세조는 6조 직계제를 채택하여 왕의 국정 주도권을 강화하였다. 세종은 의정부 서사제를 시행하여 재상의 권한을 확대한 반면, 인사와 군사에 관한 일은 왕이 직접 처리함으로써 왕권과 신권의 조화를 추구하였다.

정리 비법을 알려 줄게!

6조 직계제와 의정부 서사제

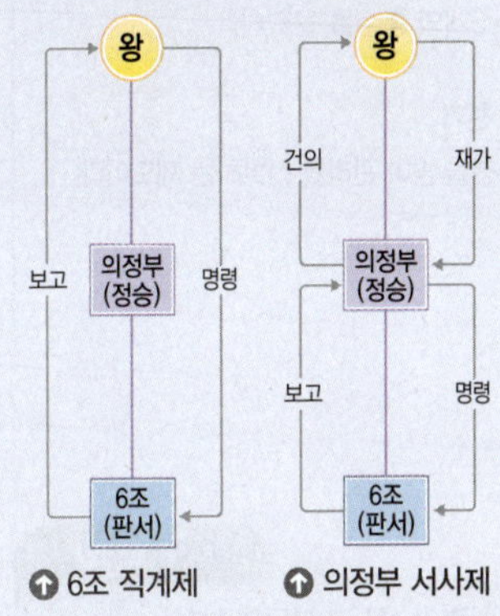

↑ 6조 직계제   ↑ 의정부 서사제

자료 **2** 조선의 중앙 정치 조직

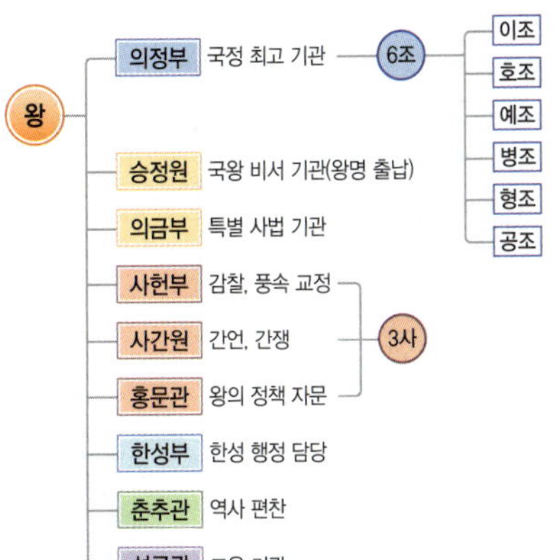

조선은 성리학 이념을 바탕으로 중앙 정치 체제를 운영하였다. 중앙 정치 조직은 의정부와 6조를 중심으로 운영되었다. 의정부는 영의정·좌의정·우의정의 재상이 국정을 총괄하는 최고 기구였고, 6조는 국가 정책과 행정을 분야별로 나누어 맡아 전문성과 효율성을 높였다. 사헌부, 사간원, 홍문관의 3사는 언론 기관으로 권력의 독점과 부정을 방지하는 역할을 하였으며, 국왕의 비서 기관인 승정원과 국가의 큰 죄인을 다스리는 의금부는 왕권을 뒷받침하는 역할을 하였다.

자료 하나 더 알고 가자!

조선의 지방 행정 제도

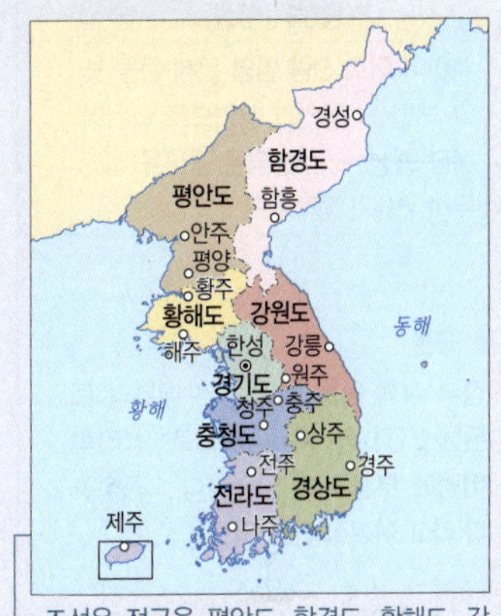

└ 조선은 전국을 평안도, 함경도, 황해도, 강원도, 경기도, 충청도, 전라도, 경상도의 8도로 나누었어.

자료 **3** 3사의 역할

- 재상이 그릇된 일을 따르고 위세를 부리면, 이를 규탄하여 바로잡을 수 있다. …… 또한 이들에게 잘못된 일을 지적하고 문책하며 캐물어 탄핵할 수 있다. → 사헌부 — 「삼봉집」
- 왕이 옳다고 하더라도 간관은 옳지 않다고 할 수 있으며, 왕이 꼭 해야겠다 하더라도 간관은 안 된다고 할 수 있으니, 왕과 더불어 시비를 다툴 수 있는 자가 간관이다. → 사간원 — 「삼봉집」
- 궁궐 안에 있는 경서와 서적, 그리고 정부 기록물의 관리를 담당하며, (유교 경전을 공부하고 옛 제도를 연구하여), 왕이 물을 일을 대비한다. …… 모두 경연을 겸한다. → 홍문관 — 「경국대전」

조선 시대에는 사헌부, 사간원, 홍문관의 3사가 언론 기능을 담당하였다. 사헌부는 관리 비리 감찰, 사간원은 왕의 정책에 대한 간언·간쟁, 홍문관은 학술·자문과 경연을 담당하였다. 이러한 3사의 언론 활동은 권력의 독점과 부정을 방지하려는 것으로 고관은 물론 왕도 함부로 막을 수 없었다.

문제로 확인할까?

조선 시대 3사에 대한 설명으로 옳은 것만을 〈보기〉에서 고른 것은?

┌ 보기 ┐
ㄱ. 언론 기능을 담당하였다.
ㄴ. 홍문관은 왕명 출납을 관장하였다.
ㄷ. 사간원은 왕에 대한 간언을 담당하였다.
ㄹ. 사헌부는 국가의 큰 죄인을 다스리는 일을 맡았다.

① ㄱ, ㄴ   ② ㄱ, ㄷ   ③ ㄴ, ㄷ
④ ㄴ, ㄹ   ⑤ ㄷ, ㄹ

② 립

◆ **봉수제**
산꼭대기의 봉수대에 연기와 불을 피워 국경의 위급 상황을 알리던 통신 제도이다. 위급 상황의 정도에 따라 1~5개의 봉수를 올렸다.

◆ **천거**
추천을 받아 관리를 선발하는 제도이다.

4. 교통·통신 제도: ◆봉수제(국경의 위급 사태 전달), 역참제(공문 전달, 공물 수송), 조운제(각 지방의 조세를 한성으로 운반) 정비 └ 교통·통신 제도의 정비는 조선의 중앙 집권적 행정 운영을 강화하였어.

5. 관리 등용 제도와 교육 제도 → 조선에는 고려와 달리 무과가 있었어. 그러나 여전히 문과가 가장 중요하였지.
(1) **관리 등용 제도:** 과거, 음서, ◆천거 등으로 관리 선발 **자료 4**
① 과거: 문과(문관 선발), 무과(무관 선발), 잡과(기술관 선발, 해당 관청에서 별도 실시)
② 음서: 고려에 비해 혜택 대상 범위 축소, 대과(문과)에 합격해야만 고위직 진출 가능
(2) **교육 제도:** 유학 교육 강조 → 성균관과 4부 학당(중앙)·향교(지방) 설치, 사립 교육 기관 설립(서원, 서당)
└ 서당에서는 기초적인 유학 지식을 가르쳤어.

이것이 핵심!

✱ **사림의 성장과 붕당의 형성**

사림의 성장
사림이 성종 때 3사 언관직 진출 → 사화로 피해를 입음 → 서원·향약을 기반으로 세력 확대

↓

붕당의 형성
사림이 이조 전랑 임명 문제 등을 놓고 대립 → 동인과 서인으로 나뉘어 붕당 형성 → 각 붕당은 공론을 내세우며 16세기 정국 주도

◆ **공론**
정부 정책 등을 놓고 붕당 내부의 토론을 거쳐 형성된 여론으로, 성리학 이념에 부합하여 '당연하다', '공정하다'라고 여겨질 만한 의견을 뜻한다.

◆ **「조의제문」**
항우가 폐위시킨 중국 초의 황제 의제를 애도하는 글이다. 훈구는 김종직이 세조를 항우에 빗대어 세조의 왕위 찬탈을 비판하였다고 주장하였다.

◆ **현량과**
학문과 덕행이 뛰어난 인재를 추천받아 왕 앞에서 시험을 보고 관리로 등용하는 제도이다. 사림의 관직 진출에 도움이 되었다.

◆ **이조 전랑**
문관의 인사를 담당하는 이조의 정랑과 좌랑을 말한다. 이조 전랑은 3사의 관리를 선발하고 자신의 후임자를 추천할 수 있었다.

❸ 사림의 성장과 붕당의 형성

1. 사림의 성장과 사화의 발생
(1) **훈구와 사림**

훈구	세조의 즉위를 주도한 공신 세력을 중심으로 형성, 조선 전기의 국정 주도
사림	• 15세기 이후 지방에서 성장, 정몽주·길재 등의 학통 계승(→ 성리학 연구와 교육에 힘씀), 향촌 자치와 왕도 정치 추구 → 통치자의 인격과 덕으로 백성을 교화하는 것을 강조한 정치 형태야. • 정계 진출: 성종 때 주로 3사 언관직에 진출하여 ◆공론 주도, 훈구의 부정과 비리 비판

(2) **사화의 발생** **자료 5** → 사림은 중앙으로 진출한 후에 공론을 통해 훈구를 비판하였어. 그로 인해 훈구와 사림의 갈등이 깊어져 사림이 화를 입는 사화가 발생하였어.

무오사화(연산군)	연산군의 사림 탄압, 김종직이 쓴 ◆「조의제문」을 문제 삼아 사림 축출

↓

갑자사화(연산군)	연산군이 친어머니의 폐위와 관련된 훈구와 사림 세력 제거

↓ → 훈구 세력은 연산군을 몰아내고 중종을 왕으로 세웠어(중종반정). 이후 훈구 세력이 권력을 잡자, 중종은 이를 견제하고자 조광조 등 사림을 등용하였지.

기묘사화(중종)	조광조의 개혁 추진(◆현량과 실시, 향약 보급, 일부 훈구의 공훈 삭제 시도) → 조광조의 급격한 개혁에 부담을 느낀 중종이 훈구 세력과 함께 조광조를 비롯한 많은 사림 세력 제거

└ 중종반정 때 부당하게 공신에 오른 일부 훈구의 공훈을 삭제하려 하였어.

↓

을사사화(명종)	외척 간 권력 갈등으로 사림이 피해를 입음

2. 사림의 분화와 붕당의 형성 → 꾁 사림은 사화로 피해를 입었지만 서원을 세워 학문적·정치적 결속을 강화하고, 향촌의 자치 규약인 향약을 운영하여 향촌 지배를 강화하였어.
(1) **사림의 세력 확대:** 서원과 향약을 기반으로 향촌 사회에서 세력 확대, 16세기 무렵 중앙 정치의 주도권 장악
(2) **붕당의 형성:** 정치적·학문적 입장, 출신 지역의 차이 등을 배경으로 형성 **자료 6**
① 배경: 선조 즉위 후 외척 정치의 잔재 청산 문제, ◆이조 전랑의 임명 문제 등으로 사림 내부에서 대립
└ '척신 정치'라고도 해. 어린 명종을 대신해 어머니 문정 왕후가 수렴청정을 하면서 외척 출신 관료들이 정치적 영향력을 행사한 것을 뜻해. 외척 정치로 많은 폐단이 발생하였어.
② 동인과 서인의 형성

구분	동인	서인
성격	김효원을 중심으로 한 신진 사림	심의겸을 중심으로 한 기성 사림
주장	외척 정치의 청산과 정치의 도덕성 강조	사림에 우호적인 외척은 등용하자고 주장
학풍	서경덕·이황·조식의 학문 계승	이이·성혼의 문인 중심

(3) **붕당 정치:** 각 붕당이 공론을 형성하고 이를 바탕으로 서로 경쟁하며 정국을 주도함

자료 ④ 조선의 관리 등용 제도

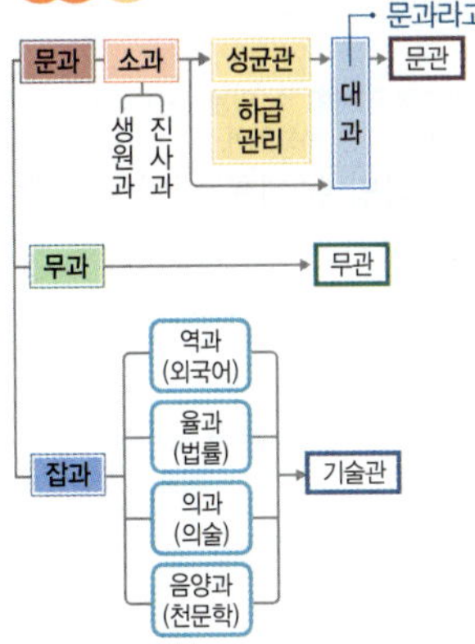

↑ 조선의 과거제

조선의 관리 등용에서 가장 큰 비중을 차지한 제도는 과거이다. 과거는 문관을 뽑는 문과, 무관을 뽑는 무과, 기술관을 뽑는 잡과로 나뉘어 실시되었고, 문과를 가장 중시하였다. 조선은 고려와 달리 무과를 제도화하였으며, 잡과는 해당 관청에서 별도로 실시하였다. 양인이면 누구나 과거에 응시할 수 있었으나, 일반 백성들은 사회·경제적 여건으로 실제 과거에 응시하기는 어려웠다. 과거 외에 음서와 천거로도 관리를 선발하였는데, 음서는 고려에 비해 혜택을 받는 대상이 줄었고, 고위직에 올라가려면 대과인 문과에 합격하여야 했다.

자료 ⑤ 사화의 발생

> 사림인 김일손이 스승 김종직의 「조의제문」을 「실록」의 초안인 「사초」에 기록한 것을 훈구가 문제 삼은 거야.

유자광이 …… 「조의제문」의 내용을 지적하면서 여러 관리에게 "이는 다 세조를 지목한 것이다. 김일손의 잘못은 모두가 김종직이 가르쳐서 이루어진 것이다."라고 했다. 그리고 즉시 스스로 주석을 만들어 글귀마다 풀이해 왕께 아뢰기를 "김종직이 우리 전하(세조)를 헐뜯는 것이 이에 이르렀으니, 그 부도덕한 죄는 마땅히 대역으로 논해야 하고, …… 아울러 모두 불태워 버리소서." 하니 왕이 이를 허락했다.　　　　　　　　　　－「연산군일기」

> 훈구는 사림이 세조의 왕위 찬탈을 비판하였다고 주장하였어.

사림을 우대하였던 성종과 달리, 연산군은 언론 활동으로 왕권을 견제하는 사림을 탄압하였다. 이 과정에서 연산군과 훈구는 김종직이 쓴 「조의제문」을 문제 삼아 사림을 몰아냈다(무오사화). 무오사화를 시작으로 여러 차례 사화를 겪은 사림은 잠시 세력이 약화되었으나, 향촌 사회에서 서원과 향약을 토대로 꾸준히 세력을 확대하였다.

자료 ⑥ 붕당의 형성

- 김효원이 과거에 장원으로 합격하여 (이조) 전랑의 물망에 올랐으나, 그가 윤원형의 문객이었기에 심의겸이 반대하였다. 그 후에 (심의겸의 동생) 심충겸이 장원 급제를 하여 이조 전랑으로 천거되었으나, 외척이라 하여 김효원이 반대하였다. …… 동인, 서인이라는 말이 여기에서 비롯하였다. 효원의 집은 동쪽 건천동에 있고, 의겸의 집은 서쪽 정릉동에 있었기 때문이다. ─ 이긍익, 「연려실기술」

> '동인'과 '서인'의 붕당 이름은 각 붕당 핵심 인물의 집 위치에서 유래하였어.

- 이른바 동인이라는 자들은 대부분 나이 젊은 신진(新進)을 가리키는 바, 국사를 도모함에 용감하고 선(善)을 행하려는 의욕이 강하여 성심이 한창 왕성합니다. …… 서인이라는 자들은 대부분 구신(舊臣)을 가리키는 바, 수많은 변고를 겪고 권력을 남용하던 간신들을 힘써 제거하여 사림에 큰 공로가 있습니다. ─ 성혼, 「우계집」

> 동인은 신진 사림, 서인은 기성 사림 중심으로 형성되었어.

사림은 외척 정치 청산과 이조 전랑 임명 문제를 놓고 대립하다가, 선조 때 동인과 서인으로 나누어지면서 붕당이 형성되었다. 각 붕당은 공론을 내세워 경쟁하였고, 붕당 정치는 권력 다툼의 성격을 띠기도 하였다. 그러나 붕당들은 대체로 서로의 정치적·학문적 견해 차이를 인정하였으며, 비판과 견제를 바탕으로 정치를 운영하였다.

비교해서 살펴볼까?

고려와 조선의 관리 등용 제도

구분	고려	조선
공통점	• 과거에서 문과와 잡과 실시 • 음서 실시	
차이점	• 무과는 거의 실시되지 않음 • 공신이나 5품 이상 고관의 자손은 과거를 거치지 않고 음서로 관직 진출	• 무과 제도화 • 음서의 혜택 대상 범위 축소, 문과(대과)에 합격해야 고관으로 승진 가능

문제로 확인할까?

다음 〈보기〉의 사화를 일어난 순서대로 나열하시오.

┌ 보기 ─────────────
(가) 조광조의 개혁에 대한 반발로 사림 세력 제거
(나) 외척 간의 대립 과정에서 사림이 피해를 입음
(다) 김종직이 쓴 「조의제문」을 문제 삼아 사림 축출
(라) 연산군이 친어머니 폐위와 관련된 훈구·사림 세력 제거
──────────────────

(다) － (가) － (라) － (나) 🔒

자료 하나 더 알고 가자!

공론의 기능

임금이 말하길 "근일 대간의 말을 받아들인 것이 한두 가지가 아니다. 들을 만하면 듣고 의논할 만하면 의논한다. 들을 만하지 못한 것을 어찌 반드시 좇겠는가?" 대간이 또 아뢰기를 "공론은 국가의 원기이며, 대간은 공론을 제기하는 관리입니다. 원기가 쇠하면 사람이 병들고 공론이 폐지되면 나라가 위태롭습니다. 전하께서 즉위한 이래 신 등이 공론을 잡고 연달아 대궐 아래 엎드렸습니다." ─「중종실록」

공론 형성은 3사의 관리들이 이끌었으며, 재야 산림의 의견까지 폭넓게 수렴하여 정책에 반영하였다. 이러한 공론 정치를 바탕으로 붕당 간 상호 비판과 견제가 이루어졌다.

4 왜란과 호란의 전개

1. 왜란의 전개와 극복 다 잡는 자료

(1) 왜란 이전의 상황

① 조선: 16세기 이후 3포 왜란(1510) 등 왜구가 소란을 일으키자 국방 문제를 대비하기 위한 임시 기구로 비변사 설치, 군역 제도의 문란 등으로 국방력 약화 └ 국방력을 강화할 수 있는 근본적인 대책이 되지는 못하였어.

② 일본: 도요토미 히데요시가 오랜 내전을 끝내고 전국 시대 통일 → 내부 불만 세력의 관심을 밖으로 돌리고 대륙으로 진출하고자 조선 침략 도모

(2) 왜란의 전개

└ 지역 지리에 익숙했던 의병은 적은 병력으로 일본군에 큰 피해를 주었어. 당시 고경명, 조헌, 휴정, 유정, 곽재우 등의 의병장들이 의병을 이끌었어.

임진왜란	• 임진왜란의 발발: 일본의 조선 침략(1592) → 전쟁 초기 한성(수도)과 평양을 빼앗김, 광해군을 세자로 책봉하여 별도의 조정 구성, 선조는 의주로 피란하여 명에 지원군 요청 • 조선 수군의 활약: 이순신이 이끄는 수군이 한산도 등에서 여러 차례 승리 → 남해 해상권 장악 • 의병의 항쟁: 전국 각지에서 유생, 양반, 승려들이 이끄는 의병이 일어나 활약 • 조선의 반격: 조명 연합군의 ◆평양성 탈환 → 명과 일본 사이의 휴전 협상 시작
정유재란	3년에 걸친 휴전 협상 결렬 → 일본의 재침입(1597) → 조명 연합군이 일본군의 북진 방어, 이순신의 명량 대첩 승리

(3) 왜란의 종결: 도요토미 히데요시 사망, 일본군이 조선에서 철수(1598)

(4) 왜란 이후 동아시아 정세의 변화

└ 퇴각하는 일본군을 이순신이 노량에서 무찔렀는데(노량 해전), 이 전투에서 이순신이 전사하였어.

조선	국토 황폐화, 인구 감소, 국가 재정 악화, 문화유산 소실 및 약탈 → 일본에 대한 적개심을 가짐, 명에 대한 숭상 의식 확대
일본	도쿠가와 이에야스의 에도 막부 수립, 왜란 때 끌려간 조선의 기술자와 도공, 학자 등을 통해 인쇄술·도자기 제조법·성리학 등 수용(→ 문화 발전)
중국	명의 국력 약화, 명이 약화된 틈을 타 여진 성장 → 후금 건국(1616)

조선: └ 지원군을 보내 준 명에 대해 '망해 가던 나라를 다시 세워준 은혜'를 입었다며 숭상하였어.

2. 왜란 이후 정치 변동

(1) 광해군의 정책

꼭! 광해군은 명이 쇠약해지고 후금이 강성해지는 국제 정세 속에서 후금과의 충돌을 피하기 위해 중립 외교를 펼쳤어.

전후 복구 정책	토지 대장·호적 정비, 성곽·무기 수리, 대동법 실시 → 농민 생활 안정, 국가 재정 확충 도모
중립 외교 정책	후금의 명 공격, 명이 조선에 지원군 요청 → 강홍립 파견(상황에 따른 대처 지시) → 강홍립이 후금에 항복 → 명과 관계를 유지하면서 후금과 친선 유지 자료⑦

(2) 인조반정(1623): 서인이 중립 외교를 비판하며 광해군 축출 → 인조 옹립

3. ◆호란의 전개

(1) 정묘호란(1627)

→ 후금은 평안도 가도에 주둔 중인 명군을 제거하고 조선으로부터 경제적 이득을 얻기 위해 조선을 침략하였어.

배경	서인의 친명배금 정책 추진, 명군의 가도 주둔
전개	후금의 조선 침략(정묘호란 발발) → 인조가 강화도로 피신, 의병장 정봉수·이립의 활약 → 후금과 조선 정부의 화의(형제 관계 체결)

(2) 병자호란(1636)

왜? 명과의 전쟁을 앞두고 있던 후금은 조선과의 전쟁을 오래 끌 수 없어 형제 관계를 맺고 돌아갔어.

배경	후금이 국호를 '청'으로 바꾸고 조선에 군신 관계 요구 → 조선에서 주전론(척화론)과 주화론의 대립 → 주전론의 우세로 청의 군신 관계 요구 거절 자료⑧
전개	청 태종의 침략(병자호란 발발) → 인조가 남한산성에서 항전 → 청에 항복(◆삼전도에서 청과 강화, 군신 관계 체결)
결과	왕자(소현 세자와 봉림 대군)·신하들·백성이 청에 끌려가 고통을 겪음, 청에 많은 공물을 바침

└ 훗날의 효종이야. 효종은 청에 대한 적개심을 가지고 북벌 운동을 추진하였어.

◆ 「평양성 전투도」

조선과 명의 연합군이 평양성 전투에서 승리하는 모습을 그린 그림이다.

◆ 호란의 전개

◆ 서울 삼전도비

병자호란 때 인조가 삼전도에서 청에 항복하여 굴욕적인 화의를 맺은 이후 청 태종은 자신의 공덕을 기록한 비석을 세우도록 하였다.

내 교과서 · 비상, 동아, 리베르, 미래엔, 씨마스, 지학사, 천재, 해냄 교과서에서 '왜란의 전개' 자료를 다루고 있어요.

내신과 수능을 다 잡는 자료 왜란의 전개

1592년 일본의 도요토미 히데요시가 조선을 침략하였다(임진왜란). 조선은 전쟁 초기에 일본군을 막아 내지 못하고 20일 만에 수도인 한성을 빼앗겼다. 그러나 이순신이 이끄는 수군과 각지에서 일어난 의병의 활약으로 일본군은 큰 타격을 받았고, 전열을 정비한 조명 연합군은 평양성을 탈환하며 전세를 회복하였다. 이후 명과 일본이 휴전 회담을 벌였으나 협상이 결렬되자 일본이 다시 조선을 침략하였다(정유재란). 이에 맞서 조명 연합군과 이순신 등이 활약하였다. 결국 전세가 불리해진 일본군은 도요토미 히데요시가 죽자 조선에서 철수하였고, 노량 해전을 끝으로 7년에 걸친 전쟁은 끝이 났다(1598).

빈출 선택지로 점검하기

≫ 초성을 참고하여 왜란에 대한 선택지를 완성해 보자.

- 조명 연합군이 ㅍㅇㅅ을 탈환하였다.
- 휴전 협상의 결렬로 ㅈㅇㅈㄹ이 일어났다.
- ㅇㅅㅅ이 이끄는 수군이 한산도 등에서 일본군에 대승을 거두었다.
- 왜란 이후 중국에서는 명이 약화된 틈을 타 ㅇㅈ이 급속히 성장하였다.
- 전국 각지에서 유생, 승려들이 이끄는 ㅇㅂ이 일어나 일본군에 타격을 주었다.

정답 유응유 '유영상재' '이곽재우' '이순신' '후금' '의병'

함께 보기 · 내신 만점 공략하기 09번

자료 7　광해군의 중립 외교

→ 광해군은 강홍립에게 명과 후금 사이에서 유연하게 대처하도록 지시하였어.

- 국왕이 도원수 강홍립에게 지시하였다. " …… 그대는 명군 장수들의 명령을 그대로 따르지만 말고 신중하게 처신하여 오직 패하지 않는 전투가 되도록 최선을 다하라." – 『광해군일기』
- 광해는 배은망덕하여 천명을 두려워하지 않고 속으로 다른 뜻을 품고 오랑캐에게 성의를 베풀었다. 기미년 오랑캐를 정벌할 때에는 은밀히 장수에게 동태를 보아 행동하게 하였다. 이에 전군이 오랑캐에게 투항하여 추한 소문이 사방에 퍼지게 하였다. – 『인조실록』

→ 강홍립의 군대가 후금에 투항한 사건을 비판하고 있어.

후금의 공격을 받은 명이 조선에 지원군을 요청하자, 광해군은 명과 후금 사이에서 중립 외교를 펼쳤다. 그는 강홍립을 주축으로 한 군대를 파견하여 명과 후금 사이에서 유연하게 대처하도록 지시하였다.

자료 8　주전론(척화론)과 주화론

→ 임진왜란 때 명이 지원군을 보내 준 일을 가리켜.

- 명은 우리나라에게 부모의 나라이고, 노적(청)은 부모의 원수입니다. 신하가 되어서 부모의 원수와 형제를 맺고 부모의 은혜를 저버려서야 되겠습니까. 더구나 임진년의 일은 작은 것까지도 모두 황제의 힘입니다. 우리나라가 살아서 숨을 쉬는 한 은혜를 잊으면 안 됩니다. …… 나라가 없어지더라도 의리는 저버릴 수 없습니다. → 주전론(척화론)　– 『인조실록』
- 자기 힘을 헤아리지 않고 가볍게 큰소리를 쳐서 오랑캐의 분노를 사, 백성을 도탄에 빠뜨리고 종묘와 사직에 제사 지내지 못하게 되는 것보다 큰 잘못이 있겠습니까. …… 그리고 군사를 모아 기다리다가 적의 허점을 노리는 것이 우리나라를 위한 계책일 것입니다. → 주화론
– 최명길, 『지천집』

후금이 청을 세우고 조선에 군신 관계를 요구하자 조선에서는 주전론(척화론)과 주화론이 대립하였다. 그중 주전론(척화론)이 힘을 얻어 조선은 청의 군신 관계 요구를 거절하였다.

자료 하나 더 알고 가자!

「양수투항도」

조명 연합군이 후금에 패하자, 강홍립이 후금에 항복하는 모습을 그린 것이다.

정리 비법을 알려 줄게!

주전론(척화론)과 주화론

주전론(척화론)	오랑캐인 청에 굴복할 수 없으니 청에 무력으로 대응하자는 주장
주화론	청의 세력이 강성하니 청과 화의를 맺자는 주장

↓

주전론의 우세로 청의 군신 관계 요구 거절, 청이 조선을 침략함(병자호란)

STEP 1 핵심 개념 **확인**하기

1 다음 조선의 왕과 그 활동을 옳게 연결하시오.

(1) 태조 • •㉠ 경연 폐지
(2) 태종 • •㉡ 한양 천도
(3) 세종 • •㉢ 호패법 실시
(4) 세조 • •㉣ 훈민정음 창제
(5) 성종 • •㉤ 『경국대전』 반포

2 다음 괄호 안의 내용 중 알맞은 말에 ○표를 하시오.

(1) (6조, 의정부)는 국정을 총괄하였다.
(2) 조선은 각 도에 (관찰사, 안찰사)를 보내 수령을 지휘하게 하였다.
(3) (3사, 승정원)은/는 왕과 대신들을 견제하는 언론 기능을 담당하였다.
(4) 왕의 직속 사법 기구인 (의금부, 한성부)는 국가의 중죄인을 다스렸다.

3 정몽주·길재의 학통을 이어받은 지방 사족인 (　　　　　)은 향촌 자치와 왕도 정치를 강조하였다.

4 다음 설명이 맞으면 ○표, 틀리면 ×표를 하시오.

(1) 임진왜란의 영향으로 일본의 도자기 문화가 발전하였다. (　　)
(2) 김종직이 쓴 「조의제문」을 문제 삼아 기묘사화가 일어났다. (　　)
(3) 정묘호란 당시 인조는 남한산성에서 후금의 군대에 항전하였다. (　　)
(4) 병자호란은 조선이 청의 군신 관계 요구를 거절한 것을 계기로 발발하였다. (　　)
(5) 비슷한 정치적 입장과 학문적 성향을 가진 사림이 모여 붕당을 형성하였다. (　　)

5 광해군은 왜란 이후 쇠퇴한 명과 강성해진 후금 사이에서 (　　　　　) 정책을 펼쳤다.

STEP 2 내신 만점 **공략**하기

01 (가)에 들어갈 내용으로 가장 적절한 것은?

① 시무 28조를 제안하였습니다.
②「조의제문」을 작성하였습니다.
③ 재상 중심의 정치를 강조하였습니다.
④ 훈구의 공훈 삭제를 시도하였습니다.
⑤ 서경 천도와 금 정벌을 내세웠습니다.

02 밑줄 친 '이 왕'의 업적으로 옳은 것만을 〈보기〉에서 고른 것은?

이것은 16세 이상의 남성들에게 발급한 호패이다. 호패에는 주인의 이름과 출생 연도, 과거 급제 사실, 직위 등의 정보가 포함되었다. <u>이 왕</u>은 신분증에 해당하는 호패를 처음으로 발급하여 세금을 거두거나 군역을 부과하는 등의 근거로 활용하였다.

〈보기〉
ㄱ. 훈요 10조를 남겼다.
ㄴ. 홍문관을 설치하였다.
ㄷ. 양전 사업을 실시하였다.
ㄹ. 공신과 왕족의 사병을 없앴다.

① ㄱ, ㄴ　　② ㄱ, ㄷ　　③ ㄴ, ㄷ
④ ㄴ, ㄹ　　⑤ ㄷ, ㄹ

★중요
03 (가), (나) 왕의 정책에 대한 설명으로 옳은 것은?

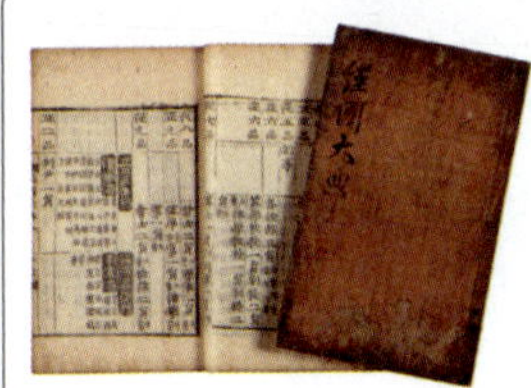

이 책은 이·호·예·병·형·공전의 6전으로 구성된 조선의 기본 법전으로, (가) 때부터 편찬하기 시작하여 (나) 때 완성·반포하였다.

① (가) - 『농사직설』을 편찬하였다.
② (가) - 6조 직계제를 실시하였다.
③ (나) - 집현전을 폐지하였다.
④ (나) - 요동 정벌을 단행하였다.
⑤ (나) - 의정부 서사제를 실시하였다.

하나 더!
03-1 (나) 왕 재위 기간에 있었던 사실로 옳은 것은?

① 한양 천도
② 과전법 제정
③ 경연 활성화
④ 을사사화 발발
⑤ 제1차 왕자의 난 발생

04 지도의 지방 행정 조직을 갖춘 나라에 대한 설명으로 옳지 <u>않은</u> 것은?

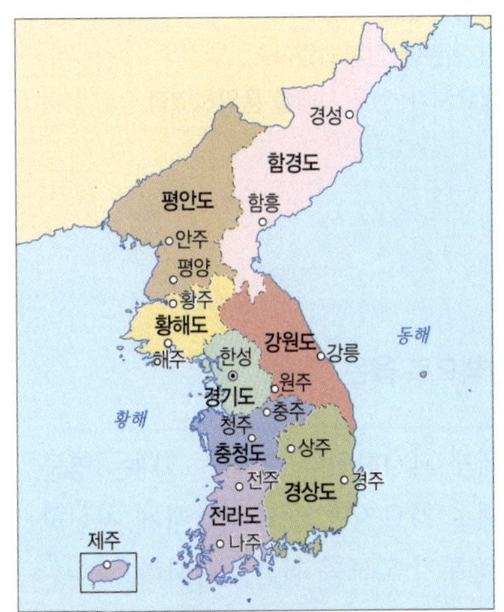

① 상피제를 시행하였다.
② 각 도에 관찰사를 보냈다.
③ 향·부곡·소를 설치하였다.
④ 모든 군현에 수령을 파견하였다.
⑤ 유력 양반들이 유향소를 설치하였다.

05 다음과 같은 계보를 가진 세력에 대한 설명으로 옳은 것만을 〈보기〉에서 고른 것은?

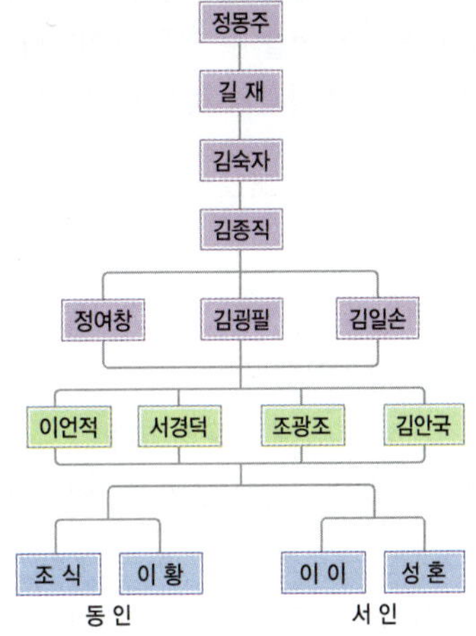

ㄱ 보기
ㄱ. 중종반정을 주도하였다.
ㄴ. 세조 즉위 과정에서 공을 세웠다.
ㄷ. 사화로 인해 많은 피해를 입었다.
ㄹ. 서원과 향약을 바탕으로 세력을 확장하였다.

① ㄱ, ㄴ 　② ㄱ, ㄷ 　③ ㄴ, ㄷ
④ ㄴ, ㄹ 　⑤ ㄷ, ㄹ

06 (가), (나) 기구에 대한 설명으로 옳은 것은?

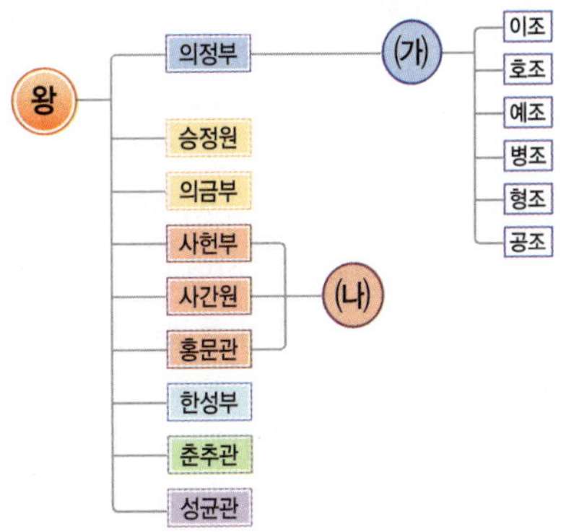

↑ 조선의 중앙 정치 기구

① (가) - 국왕의 비서 기구였다.
② (가) - 국정을 총괄하는 최고 기구였다.
③ (나) - 수도 행정과 치안을 담당하였다.
④ (나) - 권력의 독점과 부정을 방지하였다.
⑤ (나) - 국가 정책과 행정을 분야별로 나누어 맡았다.

★중요

07 다음과 같이 주장한 인물에 대한 설명으로 옳지 <u>않은</u> 것은?

> 재행(才行)이 있어 임용할 만한 사람을 천거하여, …… 대책(對策)하게 한다면 인물을 많이 얻을 수 있을 것입니다. 이는 …… 중국 한에서 실시한 현량과의 뜻을 이은 것입니다.
> — 「중종실록」

① 향약을 보급하였다.
② 왕도 정치의 실현을 내세웠다.
③ 외척 정치의 잔재 청산을 강조하였다.
④ 중종이 훈구 세력을 견제하기 위해 등용하였다.
⑤ 부당하게 공신이 된 자의 공훈을 삭제할 것을 주장하였다.

하나 더!

07-1 위 자료와 관련된 인물이 죽임을 당한 사화가 일어난 시기를 연표에서 옳게 고른 것은?

1498	1506	1545	1592	1597	1623
(가)	(나)	(다)	(라)	(마)	

무오사화 ▲ 중종반정 ▲ 을사사화 ▲ 임진왜란 ▲ 정유재란 ▲ 인조반정 ▲

① (가) ② (나) ③ (다) ④ (라) ⑤ (마)

08 (가)에 들어갈 내용으로 가장 적절한 것은?

> **수행 평가 보고서**
>
> • 탐구 주제: (가)
> • 조사 자료
>
> > 김효원이 과거에 장원으로 합격하여 (이조) 전랑의 물망에 올랐으나, 그가 윤원형의 문객이었기에 심의겸이 반대하였다. 그 후에 (심의겸의 동생) 심충겸이 장원 급제를 하여 이조 전랑으로 천거되었으나, 외척이라 하여 김효원이 반대하였다. …… 동인, 서인이라는 말이 여기에서 비롯하였다. 효원의 집은 동쪽 건천동에 있고, 의겸의 집은 서쪽 정릉동에 있었기 때문이다.
> > — 「연려실기술」

① 중종반정의 결과
② 붕당의 형성 배경
③ 광해군 축출의 원인
④ 신진 사대부의 분화
⑤ 훈구와 사림의 대립

★중요

09 다음 지도와 같이 전개된 전쟁 중에 있었던 사실로 옳지 <u>않은</u> 것은?

① 3년에 걸쳐 휴전 회담을 벌였다.
② 전국 각지에서 의병이 일어났다.
③ 인조가 남한산성으로 피신하였다.
④ 조명 연합군이 평양성을 탈환하였다.
⑤ 이순신이 명량에서 일본군을 물리쳤다.

하나 더!

09-1 위 지도와 같이 전개된 전쟁이 국내외에 끼친 영향으로 옳지 <u>않은</u> 것은?

① 명의 국력이 약화되었다.
② 조선의 문화유산이 소실되었다.
③ 여진이 급속히 성장하여 후금을 세웠다.
④ 조선의 도자기 기술이 일본에 전파되었다.
⑤ 일본의 도요토미 히데요시가 전국 시대를 통일하였다.

10 밑줄 친 '왕'의 정책으로 옳은 것은?

> 왕이 도원수 강홍립에게 지시하였다. " …… 그대는 명군 장수들의 명령을 그대로 따르지만 말고 신중하게 처신하여 오직 패하지 않는 전투가 되도록 최선을 다하라."

① 북벌 추진
② 대동법 실시
③ 조광조 등용
④ 「경국대전」 반포
⑤ 「국조오례의」 간행

11 ㉠~㉤ 중 옳은 것만을 있는 대로 고른 것은?

정묘호란은 인조와 서인 정권이 ㉠ 중립 외교 정책을 펼치는 상황에서, 후금이 가도에 주둔한 ㉡ 일본군을 제거하고자 조선을 침략하며 일어났다. 후금이 침략하자 인조는 ㉢ 강화도로 피란하였고, ㉣ 곽재우, 고경명 등이 의병을 일으켜 후금에 저항하였다. 명과의 대립으로 전쟁을 오래 끌 수 없었던 후금은 조선과 ㉤ 형제 관계를 맺고 돌아갔다.

① ㉠, ㉡
② ㉡, ㉣
③ ㉢, ㉤
④ ㉠, ㉡, ㉢
⑤ ㉢, ㉣, ㉤

12 (가) 전쟁에 대한 설명으로 옳은 것만을 〈보기〉에서 모두 고른 것은?

> **답사 보고서**
>
> • 답사 주제: (가) 의 흔적을 찾아서
> • 답사 일자: 20○○년 △△월 ◇◇일
> • 답사 지역: 경기도 광주시 및 서울특별시 송파구 일대
> • 시각 자료
>
> 
> ↑ 남한산성
>
> 
> ↑ 서울 삼전도비

보기
ㄱ. 명에 지원군을 요청하였다.
ㄴ. 의병장 곽재우가 활약하였다.
ㄷ. 주전론이 우세해지면서 일어났다.
ㄹ. 왕자, 신하, 백성들이 청에 포로로 끌려갔다.

① ㄱ, ㄴ   ② ㄱ, ㄷ   ③ ㄴ, ㄷ
④ ㄴ, ㄹ   ⑤ ㄷ, ㄹ

서술형 문제

서술형 감잡기

01 (가) 기구의 명칭을 쓰고, 이 기구의 역할을 **두** 가지 서술하시오.

> (가) 은/는 고려 시대 사심관 제도에서 분화·발전한 것으로 조선 시대 양반 사족이 조직한 향촌 자치 기구이다. (가) 은/는 지방 통치의 효율성을 높이는 역할을 하였으며, 향청이라 불리기도 하였다.

(1) 초성을 참고하여 서술형 답안에 들어갈 내용을 써 보자.

답안 키워드   ㅇㅎㅅ   ㅅㄹ   ㅎㄹ

(2) (1)의 내용을 포함하여 서술형 답안을 작성해 보자.

실전! 도전하기

02 다음 자료에 나타난 정치 체제가 무엇인지 쓰고, 이를 실시한 목적을 서술하시오.

> 의정부의 여러 일을 나누어 6조에 속하게 하였다. …… 처음에 왕(태종)은 의정부의 권한이 무거울 것을 염려하여 이를 없앨 생각이었지만, 신중히 여겨 서두르지 않았다가 이때에 이르러 행하였다. …… 의정부가 주관한 일은 사대문서(事大文書)와 중죄수의 재심에 관한 것뿐이었다.
> – 『태종실록』

03 다음 자료의 주장이 무엇인지 쓰고, 이 주장이 우세해지면서 나타난 결과를 서술하시오.

> 화의로 백성과 나라를 망치기가 …… 오늘날과 같이 심한 적이 없습니다. 중국은 우리나라에 있어서 곧 부모요, 오랑캐는 우리나라에 있어서 곧 부모의 원수입니다. 신하된 자로서 부모의 원수와 형제가 되어서 부모를 저버리겠습니까. …… 차라리 나라가 없어질지라도 의리는 저버릴 수 없습니다.
> – 『인조실록』

STEP 3 1등급 정복하기

01 교사의 질문에 대한 학생의 답변으로 적절한 것만을 〈보기〉에서 고른 것은?

> 6조는 각각 맡은 직무를 의정부에 품의하고, 의정부는 가부를 의논하여 왕에게 아뢴 뒤 (왕의) 분부를 받아 6조에 내려 시행한다. 다만 이조·병조의 관직 제수, 병조의 군사 업무, 형조의 사형수를 제외한 판결 등은 종래와 같이 각 조에서 직접 아뢰어 시행하고 의정부에 보고한다.

⌐ 보기 ⌐

ㄱ. 이 제도는 의정부의 기능을 축소하였어요.
ㄴ. 이 제도는 재상의 권한을 확대하는 역할을 하였어요.
ㄷ. 무력으로 집권한 태종과 세조는 이 제도를 채택하여 불안한 왕권을 안정시켰어요.
ㄹ. 세종은 이 제도를 실시하면서도 인사와 군사에 관한 일은 왕이 직접 처리하게 하였어요.

① ㄱ, ㄴ ② ㄱ, ㄷ ③ ㄴ, ㄷ
④ ㄴ, ㄹ ⑤ ㄷ, ㄹ

◆ 중립 외교의 추진

완자 사전

■ **품의(稟議)**
웃어른이나 상사에게 말이나 글로 여쭈어 의논함

■ **가부(可否)**
옳고 그름

■ **제수(除授)**
추천의 절차를 밟지 않고 임금이 직접 벼슬을 내리던 일

완자쌤의 시험꿀팁

세종 때 실시한 의정부 서사제의 운영 방식과 실시 목적을 파악하고, 6조 직계제와 비교하여 정리해 두도록 한다.

[최고난도]

02 다음 글에 나타난 정치에 대한 설명으로 적절한 것만을 〈보기〉에서 고른 것은?

> 임금이 말하길 "근일 대간의 말을 받아들인 것이 한두 가지가 아니다. 들을 만하면 듣고 의논할 만하면 의논한다. 들을 만하지 못한 것을 어찌 반드시 좇겠는가?" 대간이 또 아뢰기를 "공론은 국가의 원기이며, 대간은 공론을 제기하는 관리입니다. 원기가 쇠하면 사람이 병들고 공론이 폐지되면 나라가 위태롭습니다. 전하께서 즉위한 이래 신 등이 공론을 잡고 연달아 대궐 아래 엎드렸습니다."
> — 「중종실록」

⌐ 보기 ⌐

ㄱ. 훈구 세력이 이상적인 정치로 추구하였다.
ㄴ. 중앙 관리들의 의견만 반영된다는 한계가 있었다.
ㄷ. 붕당에서 토론으로 형성된 여론이 정치에 반영되었다.
ㄹ. 3사의 관리들이 중앙 정치에 공론이 반영되도록 하였다.

① ㄱ, ㄴ ② ㄱ, ㄷ ③ ㄴ, ㄷ
④ ㄴ, ㄹ ⑤ ㄷ, ㄹ

◆ 공론 정치의 실시

완자 사전

■ **대간(臺諫)**
조선 시대 사헌부의 대관과 사간원의 간관을 아울러 이르던 말

■ **원기(元氣)**
만물이 자라는 데 근본이 되는 정기

수능 첫걸음

─ 2024 수능 ─

(가)에 들어갈 내용으로 가장 적절한 것은?

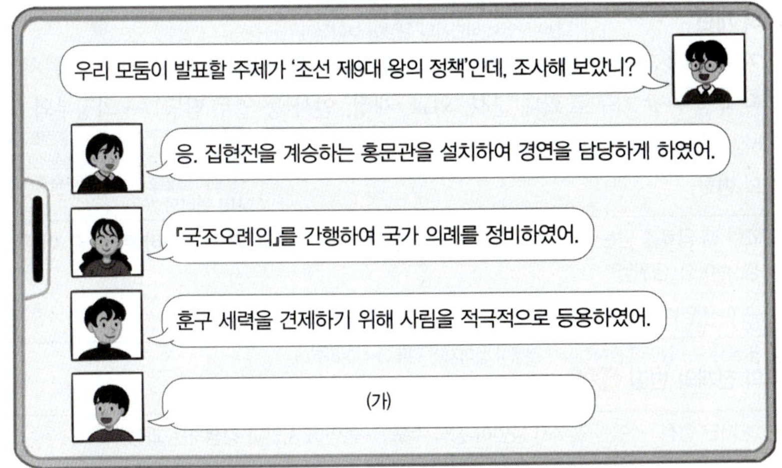

① 대가야를 정복하였어.
② 『경국대전』을 반포하였어.
③ 노비안검법을 실시하였어.
④ 전국에 척화비를 건립하였어.
⑤ 한성 사범 학교를 설립하였어.

대표 유형 **문제 풀이**

※ 단계별로 문제 풀이에 접근해 보세요!

1단계 / 자료 분석하기

자료에서 홍문관 설치, 『국조오례의』 간행 등을 통해 해당 왕이 조선 **①** 임을 알 수 있다.

2단계 / 정답 개념 연결하기

조선 성종은 **②** 을 완성·반포하여 조선의 기본 통치 방향을 확립하였다.

3단계 / 오답 개념 피하기

① 대가야는 신라 **③** 이 정복하였다. ③ 고려 **④** 은 노비안검법을 실시하였다. ④ 신미양요 이후 흥선 대원군은 전국 각지에 척화비를 세웠다. ⑤ 제2차 갑오개혁 때 조선 정부는 교육 입국 조서를 반포하여 한성 사범 학교 등 각종 근대적 관립 학교를 세웠다.

정답 ② / 곰제 풀이 ① 성종 ② 경국대전 ③ 진흥왕 ④ 광종 ⑤ 『국조오례의』

─────────

📕 정답친해 12쪽

─ 2025 9월 모평 응용 ─

(가), (나) 시기 사이에 있었던 사실로 옳은 것은?

(가) 이성계가 여러 장수에게 "내가 글을 올려 위화도에서 회군하기를 청하였으나, 왕이 살펴보지 않고 최영도 듣지 않는다."라고 하였다. …… 여러 장수가 모두 말하기를 "우리나라의 안위가 공의 한 몸에 달려 있으니, 감히 명령대로 따르지 않겠습니까."라고 하였다. 이에 군사를 돌려 압록강을 건넜다.

(나) 국왕이 승정원에 전교하기를 "『경국대전』을 교정한 후에는 『대명률』의 예에 따라 가볍게 고치지 못하도록 하고, 만약 고치기를 청하는 자가 있으면 죄를 논하는 것이 어떠한가?"라고 하였다. …… 국왕이 예조에 전지하기를 "『경국대전』을 다가오는 을사년 1월 1일에 반포하여 시행하라."라고 하였다.

① 조선이 건국되었다.
② 중종반정이 일어났다.
③ 무오사화가 발생하였다.
④ 교정도감이 설치되었다.
⑤ 동인과 서인의 붕당이 형성되었다.

1등급 전략

조선 건국 과정과 조선 초기 왕들의 활동을 묻는 문제가 시험에 자주 출제된다. 고려 말부터 조선 건국으로 이어지는 정세 변화와 조선 초기 통치 체제의 정비 과정을 정리해 두도록 한다.

출제 전망

• **전망1** 태조 이성계와 급진파 신진 사대부의 조선 건국 과정을 묻는 문제가 출제될 수 있다.
• **전망2** 조선 초 체제를 정비한 왕들과 그들의 정책을 묻는 문제가 출제될 수 있다.

04 조선 후기의 새로운 흐름

이것이 핵심!

❋ 조선 후기 정치 운영의 변화

선조~숙종	붕당 정치 전개, 숙종 시기 일당 전제화 대두	비변사의 국정 총괄
영조~정조	탕평 정치 실시, 왕권 강화를 위한 개혁 정치 추진	

◆ 훈련도감

임진왜란 중에 설치된 군대이다. 포수(조총 부대), 사수(활로 무장한 부대), 살수(칼이나 창을 쓰는 부대)의 삼수병으로 구성되었다.

◆ 예송

현종 때의 예법 논쟁으로, 효종과 효종비가 죽은 후 효종의 계모인 자의 대비가 상복을 몇 년 입어야 하는지를 놓고 서인과 남인 사이에 벌어졌다. 효종 사후 1차 예송에서는 서인의 주장이 받아들여졌고, 효종비 사후 2차 예송에서는 남인의 주장이 수용되었다.

◆ 규장각

일종의 왕실 도서관이다. 정조 때 이곳에 비서실 기능이 부여되어 정책을 개발하는 정치 기구이자 과거 시험과 관리 교육을 담당하는 교육 기관으로 기능하였다.

◆ 초계문신제

젊고 재능 있는 관료들을 선발하여 규장각에서 학문을 연구하도록 한 제도이다.

◆ 수원 화성

정조의 정치적 이상이 담긴 건축물로, 화성의 설계를 맡은 정약용은 도르래의 원리를 적용한 거중기 등을 사용하여 공사 시간을 단축하였다.

---

1 양 난 이후 정치 운영의 변화

1. 통치 체제의 개편

↳ 왜란 때 3정승 등 고위 관리가 비변사에 참여하면서 비변사의 위상이 높아졌어.

(1) **비변사의 기능 강화**: 16세기 초 여진과 왜구의 침입에 대비하고자 임시 기구로 설치 → 양 난 이후 국정 총괄 기구로 확대(군사, 외교, 재정, 인사 등 업무 담당) → 의정부와 6조 중심의 행정 체계 유명무실화, 왕권 약화 **자료①**

↳ 조선 후기 5군영 체제는 '훈련도감(선조) → 어영청(인조) → 총융청(인조) → 수어청(인조) → 금위영(숙종)'의 순서로 완비되었어.

(2) **군사 제도의 변화**

중앙군	임진왜란 때 급료를 받는 상비군인 ◆훈련도감 설치 → 17세기 말 5군영 체제 완비(훈련도감, 어영청, 총융청, 수어청, 금위영)
지방군	속오군 편성(양반에서 노비까지 포함)

↳ 평상시에는 생업에 종사하다가 전쟁이 벌어지면 전투에 참여하였어.

2. 붕당 정치의 전개와 변질 **자료②**

선조	동인과 서인 형성 → 왜란 전까지 동인이 정국 주도 → 동인이 서인과 경쟁하는 과정에서 북인과 남인으로 분화	붕당 간 공존 관계 유지
광해군	북인이 정국 주도(광해군과 함께 전후 복구 사업, 제도 개편 추진)	
인조	인조반정으로 북인 몰락 → 서인이 정국 주도, 일부 남인의 참여	
현종	왕실의 상복을 입는 기간을 둘러싸고 두 차례의 ◆예송 발생 → 학문적 논쟁에서 붕당 간 정치적 대립 심화로 이어짐	
숙종	• 환국 단행: 숙종이 왕권 강화를 위해 여러 차례의 환국을 일으킴(집권 붕당이 급격히 교체됨, 상대 붕당에 대한 탄압 심화) • 환국의 영향: 붕당 공존의 원리 붕괴, 일당 전제화 경향 대두(특정 붕당의 권력 독점), 3사의 언론 기능 마비, 서인은 남인에 대한 대응 문제를 두고 노론과 소론으로 분화, 국왕과 관련된 외척이나 종친의 정치적 비중이 커지고 붕당 간 대립이 왕위 계승과 연결되면서 붕당 정치의 폐단 심화 → 숙종 말기 탕평론 제기	

현종 행: ↳ 예 경신환국, 기사환국, 갑술환국

3. 영조와 정조의 탕평 정치 **다 잡는 자료**

왜? 붕당의 힘을 누르기 위해서야. 영조는 붕당의 근거지였던 서원을 대폭 정리하였고, 재야의 산림을 인정하지 않음으로써 공론의 힘을 약화하려 하였어.

(1) **영조의 정치**

↳ 붕당을 없애자는 영조의 주장에 동의하였어.

탕평책	탕평파 육성(소론과 노론의 온건파 등용)과 탕평비 건립, 서원 정리, 재야의 산림 존재 부정, 이조 전랑의 권한 약화(3사 관리 추천권 폐지)
개혁책	• 민생 안정: 균역법 시행(군역 부담 감소), 가혹한 형벌 금지, 신문고 부활 • 문물제도 정비: 『속대전』, 『동국문헌비고』 편찬

(2) **정조의 정치**

↳ 영조의 탕평책을 계승한 정조는 노론의 견제에도 불구하고 권력에서 소외되었던 소론과 남인을 등용하였어.

탕평책	노론·소론·남인 고루 등용
개혁책	• 왕권 강화: ◆규장각 설치, ◆초계문신제 실시(유능한 관리의 재교육), 장용영(국왕 친위 부대) 설치, ◆수원 화성을 건설하여 개혁 정치의 중심으로 삼으려 함, 수령이 향약을 주관하게 함(→ 사족의 향촌 지배 억제, 국가의 통치력 강화) • 사회적 규제 완화: 서얼·노비 차별 완화(서얼 출신을 규장각 검서관으로 중용, 공노비 해방 추진), 통공 정책 실시(시전 상인의 특권 축소 → 사상들의 자유로운 상업 활동 보장) • 법령 정비: 『대전통편』 편찬

개혁책 행: ↳ 예 박제가, 유득공, 이덕무 등

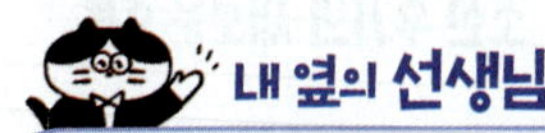

자료 ① 비변사의 기능 강화

임시로 비변사를 설치하였는데, …… 일시적인 전쟁 때문에 설치한 것으로서, 오늘에 와서는 큰일이건 작은 일이건 중요한 것으로 취급하지 않는 것이 없습니다. 의정부는 한갓 이름만 지니고 6조는 모두 맡은 임무를 상실하였습니다. 명칭은 '변방 방비를 담당하는 것'이라 하면서 과거 시험에 대한 판정이나 왕비와 세자빈을 간택하는 등의 일까지도 모두 여기를 경유하여 나옵니다.
└ 비변사가 국가의 모든 업무를 총괄하면서 의정부와 6조는 유명무실해졌어.

― 「효종실록」

비변사는 16세기 초 국방 문제를 논의하고자 설치된 임시 기구였으나, 왜란을 거치면서 그 역할과 위상이 강화되었다. 왜란 이후에도 전후 복구 사업, 후금(청)의 침략, 사회적·경제적 변화에 대응하기 위해 비변사의 위상은 그대로 유지되었다. 그 결과 의정부와 6조 중심의 행정 체계는 제구실을 하지 못하였고, 왕권도 약해졌다.

정리 비법을 알려 줄게!

비변사의 기능 강화

- 16세기 초: 임시 회의 기구로 군사와 국방 문제 담당
- 왜란과 호란 이후: 고위 관리로 구성원 확대, 국정 총괄

↓

영향

의정부와 6조 중심의 행정 체계 유명무실화, 왕권 약화

자료 ② 붕당 정치의 전개와 변질

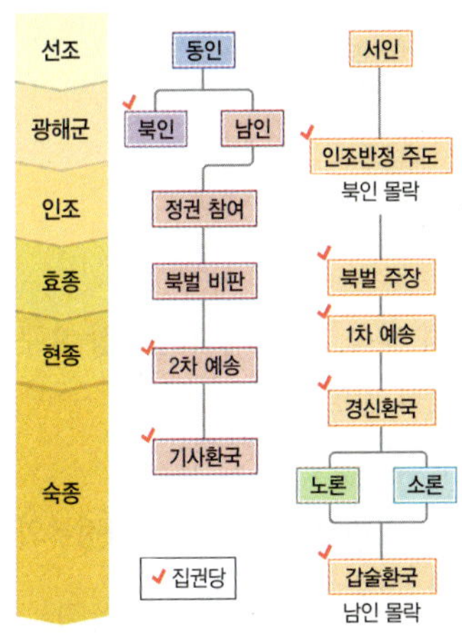

왜란 이후 북인은 광해군과 함께 제도 개편을 추진하였다. 인조반정으로 북인이 몰락한 이후에는 서인이 주도하는 가운데 일부 남인이 참여하는 형태로 붕당 정치가 전개되었다. 현종 때에는 두 차례 예송이 일어나면서 붕당 간 대립이 치열해졌다. 이어 숙종 때에는 잦은 환국이 일어나 서인과 남인이 번갈아 권력을 장악하였다. 그 과정에서 상대 붕당에 대한 탄압과 보복이 이어져 남인이 몰락하였고, 서인은 노론과 소론으로 갈라졌다. 그 결과 특정 붕당이 권력을 독점하는 일당 전제화 경향이 나타나면서 자기 붕당의 이해관계를 대변하고 상대 붕당을 비난하는 형태로 붕당 정치가 변질되었다.

자료 하나 더 알고 가자!

붕당 정치의 변질과 폐해

조정에서 노론, 소론, 남인의 삼색이 날이 갈수록 사이가 나빠져, …… 영향이 시골에까지 미쳐 …… 서로 혼인하지 않을 뿐 아니라 다른 당색끼리는 서로 용납하지 않는 지경에까지 이르렀다.
― 이중환, 「택리지」

자료는 환국 이후 사회 전반에 걸쳐 붕당 대립이 심각해진 상황을 보여 준다. 각 붕당은 상대 붕당을 인정하지 않고 권력을 독점하려 하였으며, 정권을 잡으면 상대 붕당을 탄압하였다.

내 교과서 · 비상, 동아, 리베르, 미래엔, 씨마스, 지학사, 천재, 해냄 교과서에서 '영조의 탕평 정치' 자료를 다루고 있어요.

내신과 수능을 다 잡는 자료⁺

영조의 탕평 정치

- 두루 사랑하고 편당하지 않는 것은 군자의 공정한 마음이요, 편당하고 두루 사랑하지 않는 것은 곧 소인의 마음이다. ― 탕평비
- 붕당의 폐해가 요즈음보다 심한 적이 없었다. …… 근래에 와서 인재 임용이 같은 당에 속해 있는 사람만으로 이루어지니 …… 관리의 인사를 담당하는 부서에서는 탕평의 정신을 잘 받들도록 하라. ― 「영조실록」

붕당 간 세력 균형이 무너져 정치가 불안해지자, 영조는 왕을 중심으로 정치 세력 간 균형을 유지하는 탕평 정치를 실시하였다. 그는 탕평파를 육성하여 이들을 중심으로 국정을 이끌었고, 성균관에 탕평비를 세워 자신의 탕평 의지를 널리 알렸다. 또한 붕당의 기반인 서원을 대폭 정리하고 이조 전랑의 권한을 약화시켰다.

빈출 선택지로 점검하기

» 초성을 참고하여 다음 선택지를 완성해 보자.

- 영조는 성균관에 ㅌ ㅍ ㅂ 를 세웠다.
- 영조는 ㅌ ㅍ ㅍ 를 육성하여 이들을 중심으로 정치를 운영하였다.
- 영조는 붕당의 기반인 ㅅ ㅇ을 정리하고 ㅇ ㅈ ㅈ ㄹ의 권한을 약화시켰다.

탕평비, 탕평파, 서원, 이조 전랑

함께 보기 · 내신 만점 공략하기 07번

이것이 핵심!

* 세도 정치와 농민 봉기

세도 정치의 전개
소수 외척 가문의 정권 장악, 비변사 독점 → 왕권 약화, 3사의 언론 활동 약화, 정치 기강 문란, 삼정의 문란 심화

↓

19세기 농민 봉기
• 홍경래의 난(1811): 평안도민 차별과 지배층 수탈에 반발 • 임술 농민 봉기(1862): 진주에서 봉기 시작, 전국으로 확산

◆ 삼정이정청

철종 때 삼정의 문란을 바로잡기 위해 설치된 임시 기구였으나, 근본적인 해결책은 마련하지 못하였다.

② 세도 정치와 농민 봉기

1. 세도 정치의 전개

(1) **배경**: 영조·정조의 탕평 정치 이후 왕과 소수 정치 집단에 권력 집중 → 정조 사후 세력 균형 붕괴 → 어린 순조 즉위, 소수의 외척 가문이 정권 장악

> 안동 김씨, 풍양 조씨 등 소수의 외척 가문은 여러 군영의 지휘권도 장악하여 자신들의 정권을 유지하는 기반으로 삼았어.

(2) **전개**: 순조, 헌종, 철종의 3대 60여 년 동안 세도 정치 지속

(3) **특징**: 세도 가문이 비변사 등 주요 관직 독점 → 왕권 약화, 3사의 언론 활동 약화

(4) **폐단**: 정치 기강 문란, 관리들의 백성 수탈 심화, 삼정의 문란 심화

2. 19세기 농민 봉기 [자료 ③]

> 농민들은 처음에 소극적으로 관청에 가서 억울함을 호소하는 소청이나 벽에 글을 써 붙이는 벽서 등으로 자신들의 불만을 표출하였어.

(1) **배경**: 세도 정치기 수탈 심화 → 지배 체제에 대한 농민들의 불만 표출(소청, 벽서 등) → 납세 거부, 집단 시위 등의 형태로 변화 → 대규모 농민 봉기로 발전

(2) **홍경래의 난(1811)**: 평안도민 차별·상공업 통제·지배층의 수탈에 반발 → 평안도 지역의 몰락 양반 홍경래가 봉기 주도 → 청천강 이북 점령 → 약 5개월 만에 관군에 진압됨

(3) **임술 농민 봉기(1862)**: 세도 정권의 수탈 지속 → 경상 우병사 백낙신의 부정부패에 항의하며 진주에서 농민 봉기 발생(진주 농민 봉기) → 진주성 점령, 봉기가 전국으로 확산(임술 농민 봉기) → 정부의 암행어사·안핵사 파견, ◆삼정이정청 설치

> 조선 후기 지방에서 일어난 농민 봉기를 수습하기 위해 중앙에서 파견하던 임시 벼슬이야.

이것이 핵심!

* 흥선 대원군의 개혁 정책

통치 체제 재정비	• 세도 가문 혁파 • 인재 고루 등용 • 비변사 축소·폐지 • 법전 편찬
왕실 권위 회복	경복궁 중건
민생 안정	• 양전 사업 실시 • 호포제 시행 • 사창제 실시

◆ 삼군부

조선 초에 설치된 군사 업무 총괄 기관으로, 세종 때 폐지되었다가 흥선 대원군 때 부활하였다.

◆ 사창제

곡식을 저장해 두었다가 빈농에게 대여해 주던 민간 자치적 구휼 제도이다. 인구가 많은 리(里)에 지역민 스스로 사창을 설치하고, 덕망 높은 사람에게 운영을 맡겼다.

③ 흥선 대원군의 집권과 개혁 정책

1. 흥선 대원군의 집권
세도 정치와 삼정의 문란으로 농민 봉기 지속, 서양 세력의 통상 요구 → 1863년 어린 고종 즉위, 흥선 대원군이 고종 대신 정치적 영향력 행사

2. 흥선 대원군의 개혁 정책

> **왜?** 비변사는 세도 가문의 세력 기반이자 왕권을 제약하는 기구였기 때문이야.

(1) **세도 정치 타파**: 세도 가문 혁파, 당파와 관계없이 인재 등용, 비변사 축소·폐지, 의정부와 ◆삼군부의 기능 부활(→ 정치와 군사 업무를 나누어 맡게 하여 독점 견제)

(2) **법전 정비**: 『대전회통』, 『육전조례』 등 법전 편찬 → 국가의 통치 제도 재정비

(3) **경복궁 중건**: 왕실의 권위 회복 도모 [자료 ④]

> 경복궁은 임진왜란 때 소실되었다가 흥선 대원군 때 다시 지어졌어.

과정	원납전(기부금) 강제 징수, 도성문을 통과할 때 통행세 부과, 당백전 발행, 양반 묘지림 벌목, 토목 공사에 백성 동원
결과	무리한 중건으로 양반과 백성 모두의 불만 고조, 당백전 남발로 물가 폭등(경제 혼란)

(4) **서원 철폐** [자료 ⑤]

> **왜?** 당백전의 법정 가치는 상평통보의 100배지만, 실제 거래되는 가치는 5~6배에 불과하였어.

배경	서원이 지방 양반의 세력 기반이 됨(면세·면역의 특권을 누리고 제사 비용을 핑계로 백성 수탈)
과정	전국 47개소만 남기고 서원 철폐
결과	백성 생활 안정과 국가 재정 확충에 기여, 지방 유생들과 양반들의 반발

> 서원 철폐에 대한 양반과 유생들의 반발은 이후 흥선 대원군이 물러나는 배경으로 작용하였어.

(5) **수취 체제의 개편**: 삼정을 개혁하여 민생 안정과 국가 재정 확충을 도모

전정 개혁	양전 사업 실시(토지 대장에서 누락된 땅을 찾아 세금 징수) → 국가 재정 확충
군정 개혁	호포제 실시(군포 징수 대상을 양반까지 확대) → 상민의 군포 부담 완화, 양반의 반발 초래
환곡 개혁	◆사창제 실시 → 환곡의 고리대적인 성격 완화

> 농지를 조사하여 토지 소유자 및 조세 부담자를 파악하는 일을 말해.

자료 3 조선 후기의 농민 봉기

홍경래의 난은 평안도민에 대한 조선 정부의 차별에 반발하여 일어났어.

• 조정에서는 관서 지역을 썩은 흙과 같이 버렸다. 심지어 권세 있는 집의 노비들도 서토(평안도) 사람을 보면 반드시 '평안도 놈'이라 말한다. …… 이제 격문을 띄워 먼저 여러 고을의 군후에게 알리노니, 절대로 동요하지 말고 성문을 활짝 열어 우리 군대를 맞으라. — 『패림』
홍경래의 난(1811)

• 진주의 난민들이 소동을 일으킨 것은 오로지 전 우병사 백낙신이 탐욕을 부려 수탈하였기 때문이다. 경상 우병영의 환곡 결손과 도결에 대해 한꺼번에 6만 냥의 돈을 집집마다 배정하여 억지로 받으려 하였다. 이에 …… 변란이 일어난 것이다. → 진주 농민 봉기(1862) — 『철종실록』

• 농민들이 스스로 죄에 빠진 데는 까닭이 있습니다. 그것은 삼정이 모두 문란해져서입니다.
안핵사 박규수가 파악한 임술 농민 봉기의 원인이야. — 『철종실록』

세도 정치기에 수탈이 심해지자 전국 각지에서 농민 봉기가 일어났다. 1811년 홍경래는 평안도민에 대한 정부의 차별과 지배층의 수탈에 저항하며 봉기하였다. 1862년에는 진주를 시작으로 전국에서 봉기가 일어났다. 세도 정권은 주동자를 처벌하고 사건의 진상을 조사하기 위해 안핵사 박규수를 파견하였는데, 그는 삼정의 문란을 농민 봉기의 원인으로 파악하였다.

자료 4 경복궁 중건

원납전에 사용되는 원래 글자 '원(願)'은 '원하다'라는 뜻이지만, 백성들이 바꾸어 부른 '원(怨)'은 '원망하다'라는 뜻이야.

• (경복궁 중건의) 재정이 메말라 일을 할 수 없게 되자 8도의 부자 명단을 뽑아서 돈을 거두어들였다. …… 거두어들인 돈을 원납전이라 하였는데, 백성은 입을 비쭉거리면서 "원납전(願納錢)이 아니라 원납전(怨納錢)이다."라고 말하였다. — 황현, 『매천야록』

• 당백전을 혁파해야 합니다. 전하께서 경비가 부족한 것을 근심하시어 이렇게 의로운 뜻을 펼친 것은 훌륭한 조치입니다. 그러나 …… 사·농·공·상 모두 그 해를 입었는데, 그 피해가 되풀이되어 온갖 물건이 축나고 손상을 입었습니다. — 최익현의 상소, 『고종실록』

당백전은 실제 화폐 가치에 비하여 낮은 가치로 거래되었고, 이 탓에 경제가 혼란해졌어.

흥선 대원군은 경복궁 중건의 재원을 마련하고자 원납전을 거두어들이고 당백전을 발행하였다. 원납전은 기부금 형태의 돈이지만 실제로는 백성들에게 강제로 징수되었다. 당백전은 상평통보 100배 가치의 돈이나 실제 가치는 5~6배에 불과하여 물가 폭등의 원인이 되었다.

자료 5 서원 철폐

서원은 지방 사족 세력의 기반이었기 때문에 유생들은 흥선 대원군의 서원 철폐 명령에 강력히 반대하였지.

대원군이 영을 내려 나라 안의 서원을 죄다 허물고 서원 유생들을 쫓아내도록 하였다. …… 조정에서는 어떤 변이라도 있을까 하여 대원군에게 "선현의 제사를 받드는 것은 선비의 기풍을 기르는 것이므로 이 명령만은 거두기를 청합니다."라고 간언하였다. 대원군이 크게 노하여 "진실로 백성에게 해되는 것이 있으면 비록 공자가 다시 살아난다 하더라도 나는 용서하지 않겠다. 하물며 서원은 우리나라 선현께 제사하는 곳인데 지금은 도둑의 소굴이 되지 않았더냐."라고 말하였다. 흥선 대원군은 부패한 서원을 도둑의 소굴에 빗대었어. — 박제형, 『근세조선정감』

조선 후기 서원은 면세와 면역의 특권을 누렸고 제사 비용을 핑계로 농민을 수탈하였다. 이러한 상황에서 흥선 대원군은 서원을 47개만 남기고 정리하는 서원 철폐를 단행하여 백성들의 생활을 안정시키고 국가의 재정을 확충하려 하였다. 백성들은 서원 철폐를 환영하였지만, 양반 유생은 크게 반발하였다.

자료 하나 더 알고 가자!

19세기 농민 봉기가 일어난 지역

진주 농민 봉기를 시작으로 전국에서 일어난 봉기를 임술 농민 봉기라고 해.

문제로 확인할까?

흥선 대원군이 실시한 경복궁 중건에 대한 설명으로 옳지 않은 것은?

① 탕평 정치의 일환이었다.
② 토목 공사에 백성을 동원하였다.
③ 양반과 백성 모두의 불만을 샀다.
④ 원납전을 징수하여 재정을 마련하였다.
⑤ 양반의 묘지림을 벌목하여 목재를 마련하였다.

① 답

자료 하나 더 알고 가자!

호포제의 실시

근래에 각 고을 군정의 폐단이 매우 심하다고 한다. 작년부터 흥선 대원군의 분부가 있었기 때문에 양반호는 노비의 이름으로 포를 내게 하였고 …… 지금은 죽은 사람과 어린아이에게도 군포를 징수함으로 인한 원성이 없으니, …… 각 도에 알려 길고 오랜 법식으로 삼는 것이 좋겠다. — 『고종실록』

호포제는 상민에게만 거두던 군포를 양반에게까지 징수하는 제도로, 흥선 대원군이 군정의 문란을 해결하고자 1871년부터 시행하였다.

1 다음 설명이 맞으면 ○표, 틀리면 ×표를 하시오.

(1) 비변사는 양 난을 거치면서 국정 운영의 최고 기구가 되었다. ( )

(2) 왜란 이후 조선은 군제를 개편하여 양반부터 노비까지 포함된 속오군을 중앙군으로 편제하였다. ( )

2 다음에서 설명하는 사건을 쓰시오.

> 조선 현종 때 효종과 효종비가 죽자 효종의 계모인 자의 대비의 상복을 입는 기간을 둘러싸고 서인과 남인 사이에 벌어진 논쟁이다.

3 다음 설명에 해당하는 것을 〈보기〉에서 골라 기호를 쓰시오.

> **보기**
> ㄱ. 규장각   ㄴ. 장용영   ㄷ. 탕평비

(1) 정조 때 창설된 국왕의 친위 부대 ( )

(2) 영조가 특정 붕당에 치우치지 않겠다는 의지를 알리고자 성균관에 세운 것 ( )

(3) 일종의 왕실 도서관이었으나 정조 때 정책 연구 기관으로 기능이 확대된 기구 ( )

4 다음 빈칸에 들어갈 말을 쓰시오.

(1) 순조 즉위 이후 왕실의 외척 세력이 정권을 장악하는 ( )가 나타났다.

(2) 1811년 평안도 지역에 대한 차별 대우 등을 배경으로 ( )이 발생하였다.

5 다음 괄호 안의 내용 중 알맞은 말에 ○표를 하시오.

(1) 흥선 대원군은 법전인 (『속대전』, 『대전회통』)을 편찬하였다.

(2) 흥선 대원군은 (사창제, 호포제)를 실시하여 양반층에게도 군포를 징수하였다.

STEP 2 · 내신 만점 **공략**하기

중요

01 (가) 기구에 대한 설명으로 옳은 것만을 〈보기〉에서 고른 것은?

> 임시로 [(가)]을/를 설치하였는데, …… 오늘에 와서는 큰일이건 작은 일이건 중요한 것으로 취급하지 않는 것이 없습니다. …… 왕비와 세자빈을 간택하는 등의 일까지도 모두 여기를 경유하여 나옵니다.
> – 「효종실록」

> **보기**
> ㄱ. 수도의 행정과 치안을 담당하였다.
> ㄴ. 사헌부, 사간원과 함께 3사로 불렸다.
> ㄷ. 양 난을 거치며 국정 전반을 관장하게 되었다.
> ㄹ. 기능이 강화되면서 의정부와 6조 중심의 행정 체계가 유명무실해졌다.

① ㄱ, ㄴ   ② ㄱ, ㄷ   ③ ㄴ, ㄷ
④ ㄴ, ㄹ   ⑤ ㄷ, ㄹ

하나 더!

01-1 (가) 기구가 축소·폐지된 시기에 볼 수 있는 모습으로 가장 적절한 것은?

① 환국으로 유배가는 관리
② 균역법 실시를 명령하는 왕
③ 장용영에 소속되어 훈련받는 무관
④ 경복궁 중건 공사에 동원되는 백성
⑤ 농민 봉기를 수습하고자 파견되는 안핵사

02 밑줄 친 '도감'에 대한 설명으로 옳은 것은?

> 임금께서 도감을 설치하여 군사를 훈련시키라고 명하시고 나를 도제조로 삼으셨다. 나는 청하기를 "당속미(唐粟米) 1천 석을 군량으로 하되 한 사람당 하루에 2되씩 준다 하여 군인을 모집하면 이에 응하는 자가 사방에서 모여들 것입니다."라고 하였다.
> – 유성룡, 「서애집」

① 농민들이 군역으로 복무하였다.
② 윤관의 건의에 따라 설치되었다.
③ 망이·망소이의 봉기를 진압하였다.
④ 포수, 사수, 살수의 삼수병으로 조직되었다.
⑤ 신분 구분 없이 양반에서 노비까지 편성되었다.

03 (가), (나) 붕당에 대한 설명으로 옳은 것만을 〈보기〉에서 고른 것은?

(가)	(나)
• 동인에서 분화됨 • 광해군 때 정국을 주도함	• 인조반정으로 정국을 장악함 • 남인과 예송을 벌임

보기
ㄱ. (가) – 세조의 즉위 과정에서 공을 세웠다.
ㄴ. (가) – 왜란 이후 전후 복구 정책에 앞장섰다.
ㄷ. (나) – 숙종 시기 노론과 소론으로 나뉘었다.
ㄹ. (나) – 주로 서경덕과 이황의 학문을 계승하였다.

① ㄱ, ㄴ   ② ㄱ, ㄷ   ③ ㄴ, ㄷ
④ ㄴ, ㄹ   ⑤ ㄷ, ㄹ

★중요
04 다음 논쟁을 주제로 보고서를 작성할 때, 그 제목으로 가장 적절한 것은?

① 붕당 간 대립의 심화
② 여러 차례 발생한 사화
③ 이자겸의 난이 갖는 의미
④ 원 간섭 극복을 위한 노력
⑤ 잦은 환국과 붕당 정치의 변질

[05~06] 다음을 읽고 물음에 답하시오.

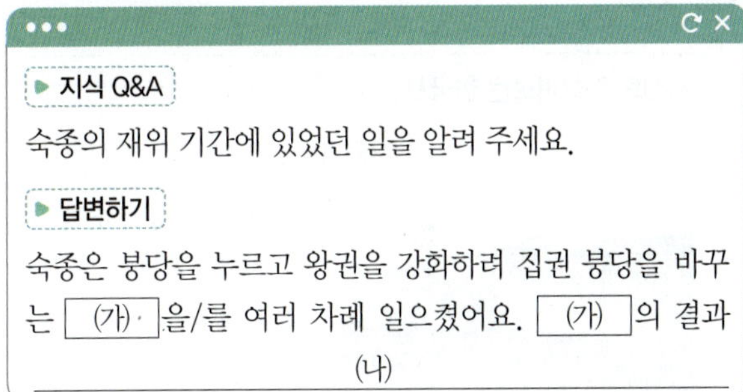

▶ 지식 Q&A
숙종의 재위 기간에 있었던 일을 알려 주세요.

▶ 답변하기
숙종은 붕당을 누르고 왕권을 강화하려 집권 붕당을 바꾸는 (가) 을/를 여러 차례 일으켰어요. (가) 의 결과 (나)

05 (가)에 들어갈 내용으로 옳은 것은?

① 경연   ② 공론   ③ 사화
④ 예송   ⑤ 환국

06 (나)에 들어갈 내용으로 적절한 것은?

① 동·서 붕당이 형성되었어요.
② 중립 외교 정책이 전개되었어요.
③ 동인이 북인과 남인으로 나뉘었어요.
④ 훈구가 중앙 정치를 장악하게 되었어요.
⑤ 특정 붕당이 권력을 독점하는 경향이 나타났어요.

★중요
07 다음과 같이 교서를 내린 왕의 업적으로 옳은 것은?

붕당의 폐해가 요즈음보다 심한 적이 없었다. …… 근래와 와서 인재 임용이 같은 당에 속해 있는 사람만으로 이루어지니 …… 관리의 인사를 담당하는 부서에서는 탕평의 정신을 잘 받들도록 하라.
– 1725. 1.

① 『경국대전』을 완성하였다.
② 초계문신제를 실시하였다.
③ 성균관에 탕평비를 건립하였다.
④ 서얼 출신을 규장각에 등용하였다.
⑤ 명과 후금 사이에서 중립 외교를 추진하였다.

08 밑줄 친 '이 왕'에 대한 설명으로 옳은 것만을 〈보기〉에서 고른 것은?

사진으로 살펴보는 한국사

거중기

↑ 다산 유적지의 거중기(남양주)

거중기는 정약용이 서양에서 도입된 『기기도설』을 참고하여 만든 것이다. 거중기는 도르래의 원리를 이용하여 무거운 것을 들어올리는 기구로, 이 왕이 정치적 이상을 실현하고자 세운 수원 화성을 건설할 때 활용되었다. 거중기 덕분에 수원 화성은 효율적으로 축조될 수 있었다.

| 보기 |

ㄱ. 『대전통편』을 편찬하였다.
ㄴ. 원납전을 강제로 징수하였다.
ㄷ. 친위 부대인 장용영을 설치하였다.
ㄹ. 최영과 우왕을 제거하고 실권을 장악하였다.

① ㄱ, ㄴ ② ㄱ, ㄷ ③ ㄴ, ㄷ
④ ㄴ, ㄹ ⑤ ㄷ, ㄹ

09 다음 격문이 발표된 배경으로 적절한 것은?

평서 대원수는 급히 격문을 띄우노니 …… 조정에서는 관서 지역을 썩은 흙과 같이 버렸다. 심지어 권세 있는 집의 노비들도 서쪽 사람을 보면 반드시 '평안도 놈'이라고 말한다. 어찌 억울하고 원통하지 않은 자 있겠는가. …… 이제 격문을 띄워 먼저 여러 고을의 군후(君侯)에게 알리노니, 절대로 동요하지 말고 성문을 활짝 열어 우리 군대를 맞으라.

— 『패림』

① 서경 천도의 좌절
② 무신에 대한 차별 대우
③ 요동 정벌에 대한 반대
④ 광해군의 중립 외교 추진
⑤ 세도 정치기 지배층의 수탈

10 밑줄 친 '소동'에 대한 설명으로 옳은 것은?

금번 진주의 난민들이 소동을 일으킨 것은 오로지 전 우병사 백낙신이 탐욕을 부려 수탈하였기 때문이다. 경상 우병영의 환곡 결손과 도결에 대해 한꺼번에 6만 냥의 돈을 집집마다 배정하여 억지로 받으려 하였다. 이에 고을 인심이 들끓고 여러 사람의 노여움이 폭발해서 전에 듣지 못하던 변란이 일어난 것이다.

— 『철종실록』

① 왕실의 외척인 이자겸이 주도하였다.
② 평안도 지역에 대한 차별이 원인이었다.
③ 노비들의 신분 해방 운동 성격을 띠었다.
④ 삼정이정청이 설치되는 결과를 가져왔다.
⑤ 김부식이 이끄는 관군에 의해 진압되었다.

10-1 밑줄 친 '소동'이 일어난 시기에 있었던 사실로 옳지 <u>않은</u> 것은?

① 공론 정치가 제 기능을 못하였다.
② 의정부와 삼군부의 기능이 부활하였다.
③ 과거 시험에 있어 부정행위가 만연하였다.
④ 안동 김씨 등 일부 가문이 권력을 장악하였다.
⑤ 삼정의 문란으로 농민들의 생활이 어려워졌다.

11 교사의 질문에 대한 학생의 답변으로 가장 적절한 것은?

① 신문고를 부활시켰어요.
② 전민변정도감을 두었어요.
③ 훈련도감을 설치하였어요.
④ 비변사의 권한을 축소시켰어요.
⑤ 훈구의 공훈 삭제를 추진하였어요.

12 다음 자료를 활용한 탐구 활동으로 가장 적절한 것은?

○○ 화폐 박물관 전시 안내

제3전시실(조선 후기)

당백전은 명목상 상평통보 1문전의 100배의 가치를 지닌 고액 화폐이지만 실제 가치는 5, 6배에 지나지 않았다. 그리하여 당백전의 발행으로 물가가 크게 오르기도 하였다.

① 균역법을 실시한 배경을 알아본다.
② 양전 사업을 실시한 이유를 살펴본다.
③ 대동법의 시행이 미친 영향을 찾아본다.
④ 경복궁 중건 사업의 추진 과정을 조사한다.
⑤ 삼정의 문란을 해결하려는 노력을 파악한다.

13 (가)에 들어갈 내용을 쓰시오.

대원군이 크게 노하여 "진실로 백성에게 해되는 것이 있다면 비록 공자가 다시 살아난다 하더라도 나는 용서하지 않겠다. 하물며 ___(가)___ 은/는 우리나라 선현께 제사하는 곳인데 지금은 도둑의 소굴이 되지 않았더냐."라고 말하였다.

– 박제형, 『근세조선정감』

14 다음과 같은 변화가 나타난 배경으로 적절한 것은?

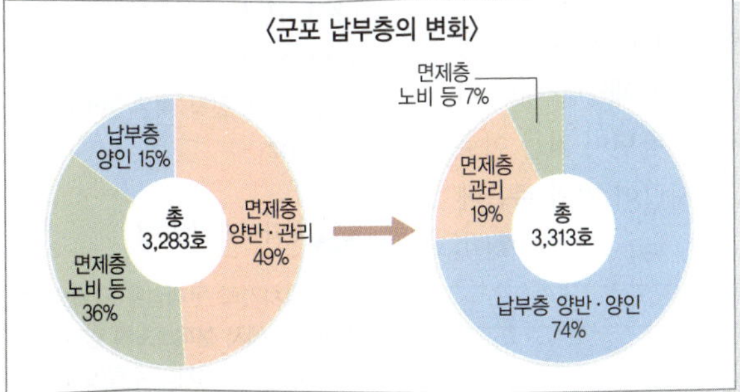

① 녹읍이 폐지되었다.
② 호포제가 시행되었다.
③ 통공 정책이 추진되었다.
④ 노비안검법이 실시되었다.
⑤ 여러 차례 환국이 단행되었다.

서술형 문제

01 밑줄 친 '이 왕'의 업적을 세 가지 서술하시오.

이 그림은 조선 후기 화가인 김홍도가 규장각을 그린 것이다. 본래 왕실의 도서관으로 선대왕의 글씨나 그림을 보관하는 곳이었던 규장각은 이 왕 때 학문과 주요 정책을 연구하는 기구로 발전하였다.

(1) 초성을 참고하여 서술형 답안에 들어갈 내용을 써 보자.

답안 키워드   ㅌㅍㅊ   ㅊㄱㅁㅅㅈ   ㅅㅇㅎㅅ

(2) (1)의 내용을 포함하여 서술형 답안을 작성해 보자.

02 다음 자료에 나타난 사건을 쓰고, 이 사건에 대한 정부의 대응책을 두 가지 서술하시오.

임술년 2월 19일, 진주 사람 수만 명이 머리에 흰 수건을 두르고 손에 몽둥이를 들고 무리를 지어 진주 읍내에 모였다. …… 백성들의 재산을 함부로 거둔 것과 아전이 세금을 빼돌리고 강제로 거둔 것들을 보는 앞에서 거듭 질책하는데 업신여기고 위협함이 조금도 거리낌이 없었다.

– 『임술록』

03 다음과 같이 운영된 정책을 쓰고, 이 정책의 시행 배경과 효과를 서술하시오.

사창에는 관장할 사람이 없어서는 안 되는 반드시 면에서 근면 성실하고 넉넉한 자를 택하여 관에 보고한 뒤 뽑는다. 또한 관에서 강제로 정하지는 않는다. 사창을 관장하는 자를 '사수'라고 하는데, 사수는 환곡을 나누어 주고 수납할 때 맡아서 검사한다.

– 『일성록』

1등급 **정복**하기

최고난도 ✦

01 (가), (나) 시기 사이에 있었던 사실로 옳은 것은?

> (가) 예조가 아뢰기를 "자의 대비께서 선왕의 상에 입어야 할 복제를 결정해야 하는데, 어떤 사람은 삼년복을 입어야 한다고 하고, 어떤 사람은 기년복을 입어야 한다고 하니 어떻게 결정해야 할지 모르겠습니다."라고 하였다.
>
> (나) 신하들이 말하기를, "붕당이 나뉘는 것은 전랑으로부터 비롯되었으므로 그 권한을 없애야 합니다."라고 하였다. 왕도 역시 이를 인정하여 이조 낭관들이 자신의 후임을 스스로 추천하는 제도를 폐지하도록 명하였다.

① 임진왜란이 일어났다.

② 북인이 정권을 주도하였다.

③ 서인이 노론과 소론으로 분화되었다.

④ 왕자의 난으로 정도전 등이 제거되었다.

⑤ 안동 김씨 등 소수 가문이 권력을 장악하였다.

02 다음과 같은 상황이 전개된 시기에 있었던 사실로 옳은 것만을 〈보기〉에서 고른 것은?

> 지금 나이 어린 임금이 위에 있어서 권세 있는 간신배가 날로 성장하여 (왕의 외척인) 김조순, 박종경 무리가 나라의 권력을 독점하고 제 마음대로 이용하였다. 어진 하늘이 재앙을 내려 겨울 번개와 지진이 일어나고 바람과 우박이 없는 해가 없었다. 이 때문에 큰 흉년이 거듭 이르고 굶어 부황난 무리가 길에 널려 늙은이와 어린이가 구렁에 빠져서 산 사람이 거의 죽음에 임박하였다.
>
> – 『패림』

보기
ㄱ. 언론 기관의 비판과 견제 기능이 무너졌다.
ㄴ. 전정, 군정, 환곡 등에서 폐단이 발생하였다.
ㄷ. 외척 간의 권력 갈등으로 인해 사화가 발생하였다.
ㄹ. 청의 군신 관계 요구에 대하여 주전론과 주화론이 대립하였다.

① ㄱ, ㄴ   ② ㄱ, ㄷ   ③ ㄴ, ㄷ

④ ㄴ, ㄹ   ⑤ ㄷ, ㄹ

◆ **붕당 정치의 전개**

완자 사전

■ 기년복(朞年服)

일 년 동안 입는 상복

🐾 **완자쌤의 시험꿀팁**

붕당 정치의 전개가 시험에 자주 출제된다. 잦은 예송과 환국, 특정 붕당의 일당 전제화, 붕당 정치의 변질 등에 주목하여 붕당 정치의 전개 과정을 정리해 두도록 한다.

◆ **정조의 개혁 정치**

완자 사전

■ 외척(外戚)

어머니 쪽의 친척, 혹은 왕비쪽 가문의 사람들

🐾 **완자쌤의 시험꿀팁**

세도 정치기의 문제점을 사회, 정치, 경제 측면에서 살펴보도록 한다. 또한 농민들이 세도 정치의 수탈에 맞서 일으킨 여러 봉기의 내용을 같이 정리해 두도록 한다.

01 국제 관계와 대외 교류

이것이 핵심!

❋ **고대 국가의 국제 관계**

고구려	남조·북조와 각각 교류
백제	주로 남조와 교류
신라	한강 유역 차지 후 중국과 직접 교류
통일 신라	당과 교류 활발, 장보고의 청해진 설치
발해	당·일본·신라와 교류

◆ **독자적 천하관**
고구려는 '영락'이라는 연호를 사용하고 광개토 대왕을 '태왕'으로 칭하는 등 중국과 구별되는 독자적인 천하관을 지녔다. 또한 고구려 사람들은 스스로를 하늘의 자손이라 여기고 백제와 신라를 속국으로 인식하였는데, 이러한 고구려의 천하관은 광개토 대왕릉비의 비문에서도 알 수 있다.

◆ **나당 전쟁**
신라가 한반도 전체를 지배하려는 당과 벌인 전쟁으로, 매소성·기벌포 전투에서 승리하여 당군을 축출하였다.

① 고대 국가들의 국제 관계와 대외 교류

1. 삼국과 가야의 국제 관계와 대외 교류

(1) **특징**: 중국, 왜(일본), 북방 유목 민족, 중앙아시아 등 여러 지역과 교류

(2) **각국의 국제 관계와 대외 교류**

고구려	5세기 중국 남조·북조와 각각 교류, 북방 유목 민족과도 교류, ◆독자적 천하관 형성
백제	주로 중국 남조와 교류, 왜와 긴밀한 관계 형성 └ 4세기경 중국 동진과 우호 관계를 맺고 교류하였어.
신라	초기에 고구려·백제를 통해 중국과 교류 → 한강 유역 차지 이후 중국과 직접 교류
가야	5세기 후반 중국 남조에 사신 파견, 철을 매개로 중국·낙랑·왜 등과 교역

2. 고구려와 수·당의 전쟁과 삼국 통일

(1) **고구려와 수·당의 전쟁**: 6세기 말 수의 중국 통일 → 수 양제의 고구려 침략 → 을지문덕이 살수에서 격퇴(살수 대첩, 612) → 당 태종의 고구려 침략 → 안시성에서 당군 격퇴(안시성 싸움, 645) → 고구려의 국력 쇠퇴

(2) **신라의 삼국 통일**: 나당 동맹 체결 → 나당 연합군이 백제와 고구려를 차례로 멸망시킴 → 당의 한반도 지배 야욕 → ◆나당 전쟁 발발 → 삼국 통일(676)

콕 당은 백제와 고구려의 옛 땅에 각각 웅진도독부와 안동도호부를 두고 신라 금성에도 계림 대도독부를 두어 한반도 전체를 지배하려고 하였어.

3. 통일 신라와 발해의 국제 관계와 대외 교류 **자료①**

통일 신라	당과 조공·책봉 관계, 당과 활발한 교류(신라방·신라촌·신라소·신라원 형성), 당항성·사포(울산)가 국제 무역항으로 번성, 장보고가 청해진 설치(해상 무역권 장악) └ 신라방과 신라촌은 거주지, 신라소는 감독 기관, 신라원은 사원이야.
발해	• 무왕 때 당과 대립 → 문왕 이후 우호 관계, 당이 산둥반도에 발해관 설치 • 일본과 외교 관계를 맺어 교류, 신라와 교통로를 이용하여 교류 └ 발해 사신들이 머물던 숙소야.

이것이 핵심!

❋ **고려의 국제 관계**

송	친선 관계
거란	• 1차 침입: 강동 6주 획득 • 2차 침입: 개경 함락 • 3차 침입: 귀주 대첩 승리
여진	윤관이 별무반을 이끌고 정벌
몽골	몽골의 침략 → 고려의 항쟁 → 삼별초의 항쟁

◆ **별무반**
여진을 정벌하고자 편성한 기병 중심의 특수 부대이다. 신기군(기병), 신보군(보병), 항마군(승병)으로 구성되었다.

② 고려의 국제 관계와 대외 교류

1. 고려 전기의 국제 관계와 대외 교류
예 고려 왕은 '해동 천자'를 자처하였고 여진, 탐라 등을 제후국으로 삼아 '해동 천하'를 형성하였어.

(1) **독자적 천하관**: '해동 천하' 관념 형성 → 대내적으로 황제국 체제 사용

(2) **다원적 국제 질서 형성**: 송·거란·여진 등과 세력 균형을 이루며 다원적 국제 질서 구축

송	친선 관계(조공·책봉 관계 → 송으로부터 선진 문물 수용)
거란 (요)	• 1차 침입: 거란의 침략(993) → 서희의 외교 담판으로 강동 6주 획득 **자료②** • 2차 침입: 고려와 송의 친선 지속, 강조의 정변 → 거란의 재침략(1010), 개경 함락 → 고려의 저항 • 3차 침입: 거란의 강동 6주 반환 요구 → 강감찬의 고려군이 귀주에서 거란군 격파(귀주 대첩, 1019) • 이후의 상황: 고려·거란·송 사이의 세력 균형 형성, 나성(개경 주변)과 천리장성(국경 지역) 축조
여진 (금)	• 여진 정벌: 12세기 여진의 국경 침범 → 윤관의 ◆별무반 편성, 여진 정벌 → 동북 지역에 9개의 성 축조 → 여진의 요구와 방어의 어려움으로 9성 반환 • 금과 군신 관계: 여진의 금 건국, 고려에 군신 관계 요구 → 이자겸 등이 금의 요구 수용

(3) **대외 교류**: 송·거란·여진과 교역, 일본 및 아라비아 상인과 교류, 벽란도 번성 **자료③**

왜? 여진(금)이 강성해진 상황에서 정권을 유지하기 위해 금과 군신 관계를 체결해야 한다고 생각하였기 때문이야.

자료 ❶ 신라와 발해의 무역 활동

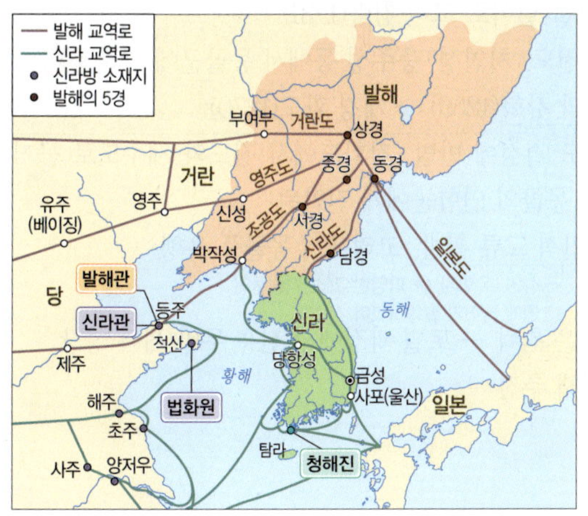

통일 신라 시기 당항성과 사포(울산)가 국제 무역항으로 번성하였다. 사포(울산)에는 이슬람 상인까지 들어와 무역하였다. 9세기에는 장보고가 완도의 청해진을 근거지로 당과 신라, 일본을 연결하는 해상 무역을 장악하였다. 발해는 다양한 교통로를 이용하여 당, 신라, 거란, 일본 등과 무역을 하였다. 당과는 문왕 이후에 우호 관계를 맺고 활발하게 교류하기 시작하였다.

문제로 확인할까?

신라와 발해의 대외 교류에 대한 설명으로 옳지 <u>않은</u> 것은?

① 발해는 무왕 때 당과 활발히 교류하였다.
② 신라와 당 사이에 유학생·승려·상인 등이 활발히 오갔다.
③ 발해는 신라와 신라도라는 교통로를 이용해 교류하였다.
④ 신라의 장보고는 청해진을 두고 해상 무역의 거점으로 삼았다.
⑤ 당은 산둥반도에 발해관을 설치하여 발해인이 이용하도록 하였다.

① 답

자료 ❷ 고려와 거란의 외교 담판

고려가 송과 긴밀한 관계를 유지하자 거란이 고려를 침략하였어.

소손녕이 말하기를, "고려는 신라 땅에서 일어났으니 고구려 땅은 우리 거란의 것이오. 그런데 고려가 침범해 왔소. 또 고려는 우리 거란과 국경을 접하고 있으면서 바다 건너 송을 섬기고 있소. ……"라고 하였다. 서희가 말하기를, "고구려의 옛 땅이 곧 고려의 땅이오. 그래서 나라 이름도 고려라 하였소. …… 거란과 교류하지 못하는 것은 여진 때문이오."라고 하였다.

– 『고려사』

거란은 고려가 차지하고 있는 옛 고구려 땅을 내놓을 것과 송과의 외교 관계를 단절할 것을 요구하며 고려를 침략하였다. 이때 거란의 침략 의도를 파악한 고려의 서희는 거란의 장수 소손녕과 회담하여 고려가 고구려를 계승하였고, 거란과 교류하지 못하는 것은 여진 때문이라고 반박하였다. 서희의 외교 담판으로 고려는 송과 관계를 끊고 거란과 외교 관계를 맺을 것을 약속하였고, 그 대가로 압록강 동쪽 지역을 확보하고 강동 6주를 설치하였다.

자료 하나 더 알고 가자!

거란의 침입과 격퇴

거란의 1차 침입 때 서희, 2차 침입 때 양규, 3차 침입 때 강감찬이 활약하였다.

자료 ❸ 고려 전기의 대외 교류

고려 전기에는 안정된 국제 관계를 바탕으로 대외 무역이 활발하였다. 송과 적극적으로 교류하면서 다양한 문물을 받아들였으며, 거란, 여진, 일본 등과 교류하였다. 아라비아 상인들도 고려를 왕래하면서 예성강 하구의 벽란도가 국제 무역항으로 번성하였다. 아라비아 상인은 향료, 수은 등을 고려에 가져와 금과 비단 등으로 교환하였다. 이렇게 벽란도를 통해 개경에 들어온 아라비아 상인들을 통해 고려가 '코리아'라는 이름으로 서방 세계에 알려졌을 것으로 전해진다.

비교해서 살펴볼까?

통일 신라와 고려의 대외 교류

구분	통일 신라	고려
무역항	당항성과 사포(울산)	벽란도(예성강 하구)
교류	당과 활발히 교류, 당과 일본 사이에서 중계 무역 전개, 이슬람(아라비아) 상인 왕래	송과 활발히 교류, 거란·여진·일본과 무역, 아라비아 상인 왕래

◆ 몽골의 침입과 대몽 항쟁

2. 고려 후기의 국제 관계와 대외 교류

(1) 몽골의 침략과 항전

왜? 몽골과의 전쟁으로 국토가 황폐해지고 일반 백성의 고통은 커진 상황에서 몽골이 강화를 제안하였기 때문이야.

① ◆몽골의 침략: 몽골이 자국 사신 피살을 빌미로 고려 침략(1231)

② 대몽 항전: 최씨 무신 정권의 강화도 천도, 처인성·충주성 등에서 몽골군에 항전 **자료 ④**

③ 몽골과 강화: 최씨 정권 붕괴 후 몽골과 강화(1259) → 개경 환도(1270)

④ 삼별초의 항쟁: 고려 정부의 개경 환도 결정에 반발, 강화도에서 진도와 제주도로 근거지를 옮겨 가며 저항 → 고려 정부와 몽골의 연합군에게 진압됨

(2) 원 간섭기 원과의 교류: 원과의 물적·인적 교류 활발, 고려에서 몽골풍 유행

(3) 원·명 교체기의 국제 관계

상인, 유학자 등 다양한 고려 사람들이 원에 들어가 활동하였어.

① 홍건적과 왜구의 침입: 14세기 후반 잦은 침략 → 토벌 과정에서 신흥 무인 세력 성장

② 대외 정책: 위화도 회군 이후 친명 정책 추진

✳ **조선의 국제 관계와 대외 교류**

조선 전기
• 명: 사대 외교 추진
• 여진·일본: 교린 정책 추진

↓

양 난 이후
• 일본: 국교 재개, 통신사 파견
• 청: 연행사 파견, 북벌론과 북학론 대두

◆ **사대교린**

'사대'는 작은 나라가 큰 나라를 섬긴 다는 뜻이고, '교린'은 이웃 나라와 대등한 관계에서 친하게 지낸다는 뜻이다. 조선은 건국 초부터 중국과는 사대 외교로 관계를 맺고, 주변국들에는 교린 정책을 펼쳤다.

◆ **계해약조(1443)**

세종 때 대마도 도주와 맺은 조약으로, 무역선의 수와 체류 기간 등을 명시하였다.

◆ **통신사**

조선은 에도 막부의 요청을 받아들여 19세기 초까지 여러 차례 통신사를 파견하였다. 통신사는 외교 사절의 역할과 함께 조선의 문물을 전파하여 일본의 문화 발전에도 기여하였다.

◆ **연행사**

청의 수도 북경(연경)에 정기적으로 파견하였던 사신을 말한다.

---

③ 조선의 국제 관계와 대외 교류

1. 조선 전기 ◆사대교린의 외교 관계 **자료 ⑤**

(1) 명과의 사대 외교

꼭! 조선은 사대 외교로 중국과의 관계를 안정시키고, 중국의 문물을 수용하는 등 경제적·문화적 실리를 취하였어.

① 건국 초: 태조와 정도전의 요동 정벌 추진 → 명과 긴장 관계 형성

② 태종 이후: 조공·책봉 체제를 바탕으로 사대 외교 → 명과 친선 관계 유지

조공	조선이 명에 사신 파견·조공품 전달, 명은 답례품 하사 → 경제적·문화적 교류
책봉	명이 조선의 왕 책봉, 명의 연호 사용 → 왕권의 안정, 국제적 지위 확보

(2) 주변국과의 관계

① 여진·일본: 교린 정책(회유책과 강경책 병행)

사민 정책을 실시하여 남쪽 지역의 주민을 개척한 지역으로 이주시키고, 그 지역의 토착민을 토관으로 임명하는 토관 제도를 실시하였어.

여진	• 회유책: 국경 지역에 무역소 설치(제한적 교류 허용), 귀순 장려 • 강경책: 국경 침범 시 군대를 동원하여 토벌, 세종 때 4군 6진 개척(사민 정책, 토관 제도 실시)
일본	• 회유책: 3포(부산포, 염포, 제포) 개방, ◆계해약조 체결 → 왜관 중심의 제한적 교역 허용 • 강경책: 세종 때 이종무가 왜구의 근거지인 쓰시마섬(대마도) 토벌

② 동남아시아 및 류큐: 시암(태국), 자와(인도네시아), 류큐(오키나와) 등과 교류

2. 양 난 이후 일본·청과의 관계

(1) 왜란 이후 일본과의 관계

광해군 때 일본과 통교를 허용하고자 대마도 도주와 맺은 조약이야. 세종 때 체결한 계해약조보다 일본에 제한을 가하는 내용이 많았어.

① 국교 재개: 에도 막부의 요청으로 국교 재개, 기유약조 체결(제한된 범위 내에서 무역 허용)

② 통신사 파견: 에도 막부의 사절 파견 요청으로 ◆통신사 파견(일본에 조선의 문물 전파)

(2) 호란 이후 청과의 관계

① 조선 중화주의 대두: 조선이 중화 문명의 후계자라고 자부하는 조선 중화주의 대두

② 북벌론과 북학론의 대두 **다잡는 자료**

왜? 청이 강성해지는 상황에서 효종이 죽자 북벌론이 점차 쇠퇴하였기 때문이야.

북벌론	효종이 송시열·이완 등과 함께 청을 정벌하고 명에 대한 의리를 지키자는 북벌 운동 준비 → 실행에 옮기지 못함
북학론	◆연행사 파견, 연행사로부터 청의 문물이 조선에 소개됨 → 일부 실학자들이 청의 선진 문물을 수용하자고 주장　　예 박지원, 박제가, 홍대용 등 북학파

③ 국경 분쟁: 청과 조선 사이에 국경 분쟁 발생 → 백두산정계비 건립(국경선 확정, 1712)

만주 일대에서 생활하는 조선인이 증가하자 청과 조선 사이에 국경 분쟁이 발생하였어.

자료 ④ 대몽 항전의 전개

김윤후는 고종 때의 사람이다. 일찍이 승려가 되어 백현원에 살았는데 몽골군이 침입하자 처인성으로 피난하였다. 몽골의 원수 살리타가 와서 성을 치자 김윤후가 활을 쏘아 죽였다.
– 『고려사』

몽골은 여러 차례 고려를 침략하였다. 몽골의 침입 당시 김윤후는 처인성에서 부곡민을 이끌고 몽골 장수 살리타를 사살하였다. 이후 충주성에서는 노비 문서를 불태우며 백성들의 사기를 높여 몽골군을 무찔렀다.

정리 비법을 알려 줄게!

고려의 대몽 항쟁

귀주성 (1231)	관군과 백성들이 약 한 달 동안의 항전을 벌인 끝에 몽골군 격퇴
처인성 (1232)	김윤후가 부곡민을 이끌고 몽골 장수 살리타 사살
충주성 (1231, 1253)	노비가 주축이 된 군대가 몽골군 격퇴

자료 ⑤ 조선 전기의 대외 관계

압록강 지역에 4군을, 두만강 지역에 6진을 개척하여 압록강과 두만강을 경계로 하는 국경선을 확정하였어.

조선은 명과 사대 외교를 전개하여 왕권을 안정시키고 경제적·문화적 실리를 취하였다. 여진, 일본 등과는 교린 관계를 맺어 회유책과 강경책을 함께 펼쳤다. 여진에는 무역소를 설치하여 교역을 허용하였고, 세종 때 4군 6진을 개척하여 압록강과 두만강 지역까지 영토를 넓혔다. 한편, 왜구의 침략이 심해지자 세종 때 이종무를 보내 왜구의 근거지인 쓰시마섬을 토벌하였다. 이후 일본이 교역을 요청하자 3포를 열어 제한적으로 교역을 허용하였다.

문제로 확인할까?

조선이 여진에 대해 추진한 강경책으로 옳은 것은?

① 3포를 개항하였다.
② 무역소를 설치하였다.
③ 4군 6진을 개척하였다.
④ 계해약조를 체결하였다.
⑤ 쓰시마섬을 토벌하였다.

③

내 교과서 / 비상, 동아, 미래엔, 천재 교과서에서 '북벌론과 북학론' 사료를 다루고 있어요.

내신과 수능을 다 잡는 자료⁺　북벌론과 북학론

[북벌론]
정예한 포병 10만을 길러 결사적으로 싸우는 용감한 병사로 만든 다음, 기회를 봐서 저들이 예기치 못할 때 곧장 청의 산해관(산하이관)으로 쳐들어갈 계획이오. 그러면 중원의 의사와 호걸 가운데 어찌 호응하는 자가 없겠소.
– 송시열, 『송서습유』

[북학론]
청을 가리켜.
혹자는 "지금의 중국을 차지하고 있는 주인은 오랑캐들이다."라고 하면서 배우기를 부끄러워하며, 중국의 옛 법마저도 다 함께 얕잡아 무시해 버린다. …… 진실로 법이 훌륭하고 제도가 아름답다면 오랑캐에게라도 나아가 배워야 하는 법이다.
– 박지원, 『연암집』

병자호란 때 굴욕적인 강화를 맺은 조선에서 청에 대한 반감이 높아졌다. 청에 볼모로 끌려갔다가 돌아온 효종은 서인 정권의 지지를 받아 군대를 양성하고 성곽을 수리하는 등 북벌 운동을 준비하였다. 한편, 호란 이후 청의 국력이 신장되고 문화도 융성하자 조선은 청에 정기적으로 연행사를 파견하였다. 청에 간 사신들은 조선에 청과 서양의 선진 문물을 소개하였고, 이 과정에서 일부 실학자들을 중심으로 청의 선진 문물을 수용해 국가 발전을 이루어야 한다는 북학론이 제기되었다.

빈출 선택지로 점검하기

» 초성을 참고하여 호란 이후 조선과 청의 관계에 대한 선택지를 완성해 보자.

· 효종은 송시열, 이완 등과 함께 ㅂㅂ 운동을 준비하였다.
· 일부 실학자들은 청의 선진 문물을 받아들이자는 ㅂㅎㄹ을 주장하였다.
· 청이 강성해지면서 조선은 청의 수도에 ㅇㅎㅅ를 정기적으로 파견하였다.
· 조선이 중화 문명의 후계자라고 자부하는 ㅈㅅㅈㅎㅇ가 대두되었다.

북벌, 북학론, 연행사, 조선중화의식

함께 보기 · 서술형 문제 03번, 1등급 정복하기 02번

STEP 1 핵심 개념 **확인**하기

1 백제의 공격으로 위협을 느낀 신라 김춘추의 동맹 제안을 당이 받아들이면서 (　　　　　)이 체결되었다.

2 다음 괄호 안의 내용 중 알맞은 말에 ○표를 하시오.

(1) 신라는 (김윤후, 김춘추)를 당에 보내 나당 동맹을 체결하였다.

(2) 신라는 (기벌포 전투, 안시성 싸움)에서 승리하여 당군을 몰아내고 삼국 통일을 달성하였다.

(3) 신라의 장보고는 (벽란도, 청해진)을/를 근거지로 당, 신라, 일본을 잇는 해상 무역을 장악하였다.

3 다음 인물과 각 인물의 활동을 옳게 연결하시오.

(1) 서희　　　　　•　　　•㉠ 강동 6주 확보

(2) 강감찬　　　•　　　•㉡ 쓰시마섬 토벌

(3) 이종무　　　•　　　•㉢ 귀주 대첩 승리

(4) 을지문덕•　　　•㉣ 살수 대첩 승리

4 다음 설명이 맞으면 ○표, 틀리면 ×표를 하시오.

(1) 고려는 '해동 천자' 칭호를 사용하는 등 독자적인 천하관을 형성하였다.　　　　　　　　　　　(　　　)

(2) 몽골이 고려를 침략하자 최우는 수도를 개경으로 옮기고 대몽 항쟁을 준비하였다.　　　　　　　　(　　　)

(3) 왜란 이후 일본 에도 막부가 조선에 사절 파견을 요청하면서 연행사가 파견되었다.　　　　　　　(　　　)

5 (가), (나)에 들어갈 내용을 각각 쓰시오.

여진의 약탈이 계속되자 세종 때 여진을 내몰고 압록강 지역에 최윤덕을 파견하여 　(가)　을 설치하고, 두만강 지역에 김종서를 파견하여 　(나)　을 개척하였다.

6 병자호란 이후 효종은 청을 정벌하고 명에 대한 의리를 지키자는 (　　　　　)을 추진하였다.

STEP 2 내신 만점 **공략**하기

01 다음 자료를 활용한 탐구 활동으로 가장 적절한 것은?

시조 추모왕이 나라를 세웠는데 …… 17세손에 이르러 국강상광개토경평안호태왕이 18세에 왕위에 올라 칭호를 영락 태왕이라 하였다. …… 백잔(百殘, 백제)과 신라는 예로부터 고구려의 속민으로 조공을 해 왔다.　– 광개토 대왕릉비

① 고구려의 멸망 원인을 알아본다.

② 고구려의 독자적 천하관을 파악한다.

③ 고구려와 수의 전쟁 결과를 찾아본다.

④ 신라와 당의 외교 관계 변화를 살펴본다.

⑤ 한반도 문화의 일본 전파 사례를 조사한다.

02 (가) 국가에 대한 설명으로 옳은 것만을 〈보기〉에서 고른 것은?

보기

ㄱ. 살수에서 고구려군에 패배하였다.

ㄴ. 매소성과 기벌포 전투에서 승리하였다.

ㄷ. 신라와 연합하여 백제와 고구려를 멸망시켰다.

ㄹ. 한반도에 웅진도독부, 안동도호부 등을 설치하였다.

① ㄱ, ㄴ　　　② ㄱ, ㄷ　　　③ ㄴ, ㄷ

④ ㄴ, ㄹ　　　⑤ ㄷ, ㄹ

03 (가) 지역에 대한 탐구 활동으로 가장 적절한 것은?

① 발해의 수도 이동을 찾아본다.
② 수 양제가 침입한 지역을 살펴본다.
③ 나당 전쟁이 시작된 곳을 파악한다.
④ 장보고가 청해진을 건설한 곳을 조사한다.
⑤ 당이 계림 대도독부를 설치한 위치를 알아본다.

04 다음 지도와 같이 교류한 국가에 대한 설명으로 옳은 것만을 〈보기〉에서 고른 것은?

┌ 보기 ┐
ㄱ. 사대교린의 원칙으로 교류하였다.
ㄴ. 문왕 이후 당과의 관계를 회복하였다.
ㄷ. 사포(울산)가 무역 거점으로 번성하였다.
ㄹ. 일본과 외교 관계를 맺어 문물을 교류하였다.
└─────────────────────┘

① ㄱ, ㄴ　　② ㄱ, ㄷ　　③ ㄴ, ㄷ
④ ㄴ, ㄹ　　⑤ ㄷ, ㄹ

★중요 05 다음 자료에 나타난 사건의 결과로 확보한 지역을 지도에서 옳게 고른 것은?

> 소손녕이 말하기를, "고려는 신라 땅에서 일어났으니 고구려 땅은 우리 거란의 것이오. 그런데 고려가 침범해 왔소. 또 고려는 우리 거란과 국경을 접하고 있으면서 바다 건너 송을 섬기고 있소. ……"라고 하였다. 서희가 말하기를, "고구려의 옛 땅이 곧 고려의 땅이오. 그래서 나라 이름도 고려라 하였소. …… 거란과 교류하지 못하는 것은 여진 때문이오."라고 하였다.　　　　－「고려사」

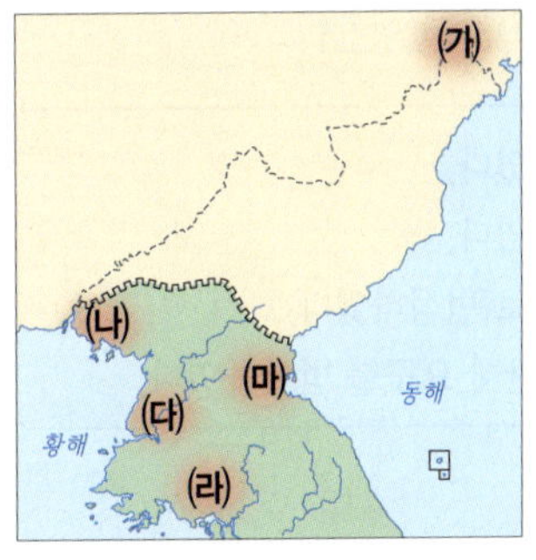

① (가)　　② (나)　　③ (다)　　④ (라)　　⑤ (마)

06 (가) 인물에 대한 설명으로 옳은 것은?

┌─────────────────────┐
수행 평가 보고서

• 탐구 주제: [(가)]의 여진 정벌
• 수집 자료

[(가)] 휘하의 군사와 좌군이 힘을 합쳐 공격하여 목숨을 걸고 싸워서 대패시켰다. …… 대내파지촌부터 37촌을 격파하여 2,120명의 목을 베고 500명을 사로잡았다.　　　　－「고려사절요」

• 자료 분석: [(가)]은/는 별무반을 이끌고 여진 정벌에 나섰다.
└─────────────────────┘

① 귀주에서 대승을 거두었다.
② 서경 천도 운동을 주도하였다.
③ 동북 지역에 9개의 성을 쌓았다.
④ 처인성에서 살리타의 군대를 물리쳤다.
⑤ 외교 담판을 통해 압록강 동쪽의 땅을 확보하였다.

★중요
07 (가) 국가에 대한 설명으로 옳은 것만을 〈보기〉에서 고른 것은?

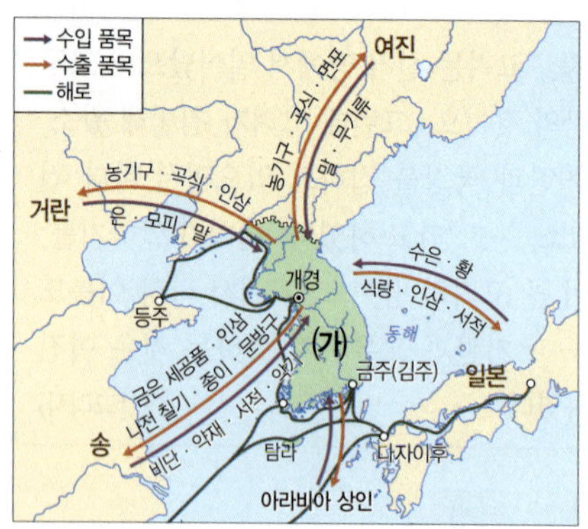

┌ 보기 ┐
ㄱ. 일본에 통신사를 파견하였다.
ㄴ. 여진족의 귀순을 장려하였다.
ㄷ. 벽란도가 국제 무역항으로 번성하였다.
ㄹ. 이자겸 등이 금의 군신 관계 요구를 받아들였다.

① ㄱ, ㄴ   ② ㄱ, ㄷ   ③ ㄴ, ㄷ
④ ㄴ, ㄹ   ⑤ ㄷ, ㄹ

07-1 위 지도의 형세가 이루어진 시기 (가) 국가의 국제 관계에 대한 설명으로 옳은 것만을 〈보기〉에서 있는 대로 고르시오.

┌ 보기 ┐
ㄱ. 몽골풍 유행   ㄴ. 삼별초의 항쟁
ㄷ. '해동 천하' 관념 형성   ㄹ. 다원적 국제 질서 형성

08 (가) 부대에 대한 설명으로 옳은 것은?

원종 11년(1270), 도읍을 다시 개경으로 옮기면서 정한 날짜 내에 모두 복귀하라는 방을 걸었다. ☐(가)☐ 이/가 딴마음을 품고 복종하지 않았다. 왕이 장군 김지저에게 강화로 가 ☐(가)☐ 을/를 혁파하고 그 명단을 가지고 돌아오게 하였다. ☐(가)☐ 은/는 그 명단이 몽골에게 알려질까 염려하여 반란할 마음을 더욱 갖게 되었다.   – 「고려사」

① 요동 정벌에 동원되었다.
② 쌍성총관부를 수복하였다.
③ 윤관의 건의로 편성되었다.
④ 최씨 정권의 사병 역할을 하였다.
⑤ 대마도(쓰시마섬) 정벌을 주도하였다.

★중요
09 (가), (나) 지역에 대한 탐구 활동으로 가장 적절한 것은?

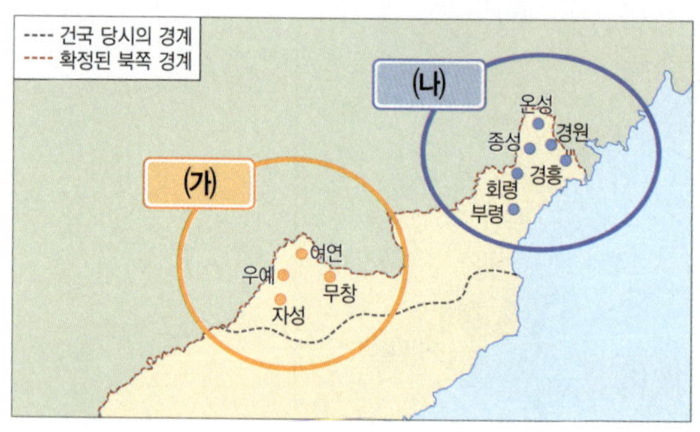

① 임진왜란의 영향을 파악한다.
② 청과 조선의 대립을 살펴본다.
③ 3포 왜란이 일어난 지역을 찾아본다.
④ 세종 시기의 영토 확장 내용을 조사한다.
⑤ 공민왕의 반원 개혁 정책 사례를 정리한다.

09-1 (가), (나) 지역을 확보한 왕의 업적으로 옳은 것은?

① 3포 개방   ② 강화도 천도
③ 기유약조 체결   ④ 천리장성 축조
⑤ 백두산정계비 건립

10 (가) 사절단에 대한 설명으로 옳은 것은?

조선에서는 일본에 1607년부터 1811년까지 12회에 걸쳐 ☐(가)☐ (이)라는 이름으로 사절을 파견하였다. 사절단 일행은 적을 때에는 300여 명, 많을 때에는 400~500여 명이나 되었고, 일본에서는 이들을 국빈으로 예우하였다.

⬆ 사절단의 행렬도

① 일본에 조선의 문물을 전파하였다.
② 북학 운동이 일어나는 계기가 되었다.
③ 왕실의 호칭이 낮아지는 원인이 되었다.
④ 백두산정계비가 설치되는 배경이 되었다.
⑤ 조선 정부가 권위를 인정받고자 파견하였다.

11 다음 대화에 나타난 대외 정책으로 가장 적절한 것은?

> • 신하1: 오랑캐에 당한 치욕을 씻어야 한다는 여론이 커지고 있네!
> • 신하2: 전하께서 송시열, 이완 등을 불러 무기 개량과 군대 양성을 명하셨다는군.

① 몽골과의 강화
② 북벌 운동 준비
③ 요동 정벌 추진
④ 친명배금 정책 시행
⑤ 반원 개혁 정책 실시

12 (가)에 들어갈 세력으로 옳은 것은?

> 박지원, 박제가, 홍대용 등의 실학자들은 사절단을 따라 청에 파견되어 청의 문물을 직접 접하고 다양한 사람들과 교류하였다. 이들은 청을 오랑캐로만 바라보는 시각에서 벗어나, 청과 서양의 문물을 받아들여 상공업 진흥, 기술 혁신 등을 통해 조선을 개혁할 것을 주장하였기 때문에 ꇐ (가) ꇑ(이)라고도 하였다.

① 서얼　　　② 북학파　　　③ 권문세족
④ 서경 세력　　⑤ 신진 사대부

13 밑줄 친 '사절단'이 처음 파견된 시기를 연표에서 옳게 고른 것은?

이 그림은 청의 수도 북경에 도착한 사절단의 모습을 표현한 그림이다. 청에 간 사신들은 청과 서양의 선진 문물을 조선에 소개하기도 하였다.

↑「연행도」

1419	1510	1592	1627	1636	1712
(가)	(나)	(다)	(라)	(마)	
▲	▲	▲	▲	▲	▲
쓰시마섬 토벌	3포 왜란 발발	임진왜란 발발	정묘호란 발발	병자호란 발발	백두산정계비 건립

① (가)　② (나)　③ (다)　④ (라)　⑤ (마)

🐱 서술형 문제

01 밑줄 친 ㉠에 해당하는 외교 정책을 세 가지 서술하시오.

> 조선은 명을 중심으로 한 국제 질서 속에서 사대교린의 원칙에 따라 이웃 나라와 관계를 맺었다. 이에 따라 조선은 명과는 사대 관계를 확고히 하고, ㉠ 여진, 일본과 교린 관계를 맺어 회유책과 강경책을 병행하였다.

(1) 초성을 참고하여 서술형 답안에 들어갈 내용을 써 보자.

답안 키워드　　4ㄱ6ㅈ ㄱㅊ　　3ㅍ ㄱㅂ　　ㅆㅅㅁㅅ ㅌㅂ

(2) (1)의 내용을 포함하여 서술형 답안을 작성해 보자.

____

____

02 밑줄 친 '특수 부대'의 명칭을 쓰고, 이 부대를 활용하여 실시한 대외 정책을 서술하시오.

> 여진에 대항하기 위해 고려 예종 때 편성한 기병 중심의 특수 부대이다. 기병인 신기군, 보병인 신보군, 승병인 항마군으로 편성되었다.

03 호란 이후 제기된 (가), (나) 주장을 비교하여 서술하시오.

> (가) 청에 원수를 갚고 치욕을 씻어야 한다. 정예화된 포병 10만을 길러 자식처럼 아끼고 돌보아 모두 결사적으로 싸우는 용감한 병사로 만들려 한다. 이후 청의 산하이관으로 쳐들어갈 계획이다.
> (나) 현재 백성의 생활은 날이 갈수록 곤궁해지고, 국가의 재정은 날이 갈수록 고갈되고 있다. 명을 위해 원수를 갚아 주고 우리의 부끄러움을 씻으려면 힘껏 중국을 배운 다음 함께 의논하여도 늦지 않을 것이다.

STEP 3 1등급 정복하기

최고난도 ✦

01 (가)에 들어갈 내용으로 적절한 것은?

시간순으로 정리한 고려의 대외 관계

강조의 정변을 구실로 거란 황제가 직접 고려를 침입하였다. 개경이 함락되어 현종이 나주로 피난하였지만, 고려군의 반격으로 거란군은 소득 없이 물러났다.

⬇

(가)

⬇

금이 고려에 군신 관계를 요구하자, 당시 고려의 집권자였던 이자겸은 이를 수용하였다.

① 무신 정권이 수립되었다.
② 강감찬이 귀주에서 거란군을 격파하였다.
③ 삼별초가 고려와 몽골 연합군에게 진압되었다.
④ 신라가 항복해 오자 경순왕을 사심관으로 삼았다.
⑤ 금 정벌을 주장하면서 서경 천도 운동이 일어났다.

◆ **고려의 대외 관계**

완자 사전

■ **강조의 정변(1009)**
고려 전기 목종 때 서북면 도순검사였던 강조가 목종을 폐위하고 현종을 즉위시킨 사건이다. 거란이 강조의 정변을 구실로 다음 해에 40만 대군을 이끌고 고려를 다시 침입하였다.

완자쌤의 시험꿀팁

고려는 거란, 여진, 몽골 등 여러 주변 국가와 잦은 다툼을 벌였다. 각 시기별 주요 사건을 일어난 순서대로 정리하고 각 국가와의 전쟁이 고려에 끼친 영향을 파악해 둔다.

02 (가), (나) 주장에 대한 설명으로 옳은 것은?

(가) 정예한 포병 10만을 길러 결사적으로 싸우는 용감한 병사로 만든 다음, 기회를 봐서 저들이 예기치 못할 때 곧장 청의 산해관(산하이관)으로 쳐들어갈 계획이오. 그러면 중원의 의사와 호걸 가운데 어찌 호응하는 자가 없겠소. ─ 송시열, 「송서습유」

(나) 혹자는 "지금의 중국을 차지하고 있는 주인은 오랑캐들이다."라고 하면서 배우기를 부끄러워하며, 중국의 옛 법마저도 다 함께 얕잡아 무시해 버린다. …… 진실로 법이 훌륭하고 제도가 아름답다면 오랑캐에게라도 나아가 배워야 하는 법이다. ─ 박지원, 「연암집」

① (가) – 북인의 지지를 받았다.
② (가) – 금국 정벌을 주장하였다.
③ (나) – 인조반정의 원인이 되었다.
④ (나) – 청의 발달된 문물 수용을 주장하였다.
⑤ (가), (나) – 광해군의 중립 외교 정책을 뒷받침하였다.

◆ **북벌론과 북학론**

완자 사전

■ **산해관(山海關)**
중국 만리장성의 관문 중 하나로, 가장 동쪽 끝에 위치하고 있다.

완자쌤의 시험꿀팁

조선 후기 북벌론과 북학론의 주요 주장을 비교하여 학습해야 한다. 이와 함께 각각의 주장이 대두한 배경과 주장을 펼친 세력에 대해서도 알아두는 것이 좋다.

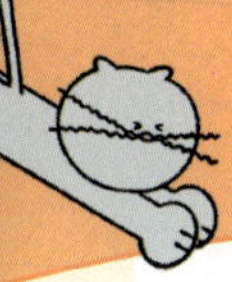
수능 첫걸음

밑줄 친 '침략'의 영향으로 가장 적절한 것은?

문학 작품으로 본 한국사

철주(鐵州)를 지나며

그해에 성난 도적이 국경을 침략하여
40여 개의 성이 불에 탄 벌판처럼 되었다.
……
처자와 함께 기꺼이 불에 뛰어들어
재가 되었네.
충성스럽고 장한 혼과 넋은 어디로
향해 갔는가.
오랜 세월 고을 이름 철주라 기억하네.

- 지금의 평안북도 철산군 일대이다. 강동 6주 중의 한 곳으로 서북면 방어의 요충지였다.
- 자국 사신의 피살을 구실로 침략해 온 몽골군을 말한다.
- 방어사 이원정의 아내와 자식을 말한다. 성이 함락 위기에 처하자 이들 가족은 모두 자결하였다.
- 몽골군의 침략을 방어하다 몰살당한 철주의 군인 및 백성의 혼과 넋을 의미한다.

① 대가야가 병합되었다.
② 균역법이 실시되었다.
③ 수원 화성이 건설되었다.
④ 수도가 강화도로 옮겨졌다.
⑤ 나당 연합군이 결성되었다.

대표 유형   문제 풀이

※ 단계별로 문제 풀이에 접근해 보세요!

1단계 / 자료 분석하기
자료에서 몽골군의 침략을 방어하다 몰살 당하였다는 내용을 통해 밑줄 친 '침략'이 [❶]이 고려를 침략해 온 사건임을 파악한다.

2단계 / 정답 개념 연결하기
몽골의 침략에 대응하여 장기 항전을 준비하기 위해 고려가 수도를 [❷]로 옮겼음을 연결한다.

3단계 / 오답 개념 피하기
① 대가야는 6세기 신라 [❸] 때 병합되었다. ② 균역법은 조선 영조 때 실시되었다. ③ 수원 화성은 조선 정조 때 건설되었다. ⑤ 7세기 신라와 당은 [❹]을 결성하여 백제와 고구려를 멸망시켰다.

❸ 진흥왕   ❹ 나당 연합군 / 곰비 풀이   ❶ 몽골   ❷ 강화도

정답친해 21쪽

실전 문항으로 수능 준비하기   2023 9월 모평 응용

밑줄 친 '전쟁' 중에 있었던 사실로 옳은 것은?

- 을유년 1월 계미일에 몽골 사신이 압록강을 건너 돌아가다가 도적에게 죽임을 당하였다. 신묘년 8월 임오일에 몽골이 이를 구실로 전쟁을 시작하였다.
- 신해년 9월 임오일에 새로 만든 팔만대장경판에 분향하였다. 몽골과의 전쟁이 이어지던 중 임진년에 초조대장경판이 불타 없어져 새로운 대장경판을 만들고자 하였는데, 16년 만에 완성한 것이다.

① 대가야가 멸망하였다.
② 윤관이 동북 9성을 쌓았다.
③ 김윤후가 살리타를 사살하였다.
④ 특수 부대인 별무반이 편성되었다.
⑤ 강감찬이 이끄는 부대가 귀주에서 대승을 거두었다.

1등급 전략

몽골의 고려 침입 과정과 당시 고려의 대응, 몽골과의 강화 이후 고려 사회의 변화 모습을 파악해야 한다.

출제 전망

- **전망1** 팔만대장경과 관련하여 몽골의 침입에 대해 묻는 문제가 출제될 수 있다.
- **전망2** 김윤후와 관련된 사료를 제시하고 당시 상황을 묻는 문제가 출제될 수 있다.

02 수취 체제와 경제생활

이것이 핵심!

❋ 고대 국가의 경제생활

삼국	• 농업 장려 • 조세, 공물, 역 징수
통일 신라	• 토지 제도: 식읍과 녹읍 지급 → 관료전 지급, 녹읍 폐지 → 녹읍 부활 • 조세, 공물, 역 징수
발해	농업과 목축 발달, 조세·공물·역 징수

◆ 수취 제도

조세	토지에 부과한 세금
공납	토산물을 거두는 것
역	남성을 각종 공사나 군대에 동원하는 것

◆ 식읍

왕족과 공신 등에게 준 토지와 가호로, 조세를 징수하고 노동력을 징발할 수 있었다. 관직 복무의 대가로 지급하는 녹읍과 함께 귀족의 권력을 뒷받침하였다.

1 고대 국가의 경제 정책과 경제생활

1. 삼국의 경제 활동

왜? 농업 생산력을 높여 국가에 필요한 재정을 확보하기 위해 농업을 장려하였어.

경제생활	• 농업: 철제 농기구 보급, 우경(소를 이용한 농사법) 장려, 수리 시설 확충, 황무지 개간 권장 • 상업: 대도시를 중심으로 상업 활동, 수도에 시장 개설 → **예** 신라 지증왕 때 금성(경주)에 개설한 동시가 대표적이야. • 수공업: 관청에 수공업자를 두어 물품 생산
◆ 수취 제도	조세(재산 정도에 따라 호를 나누어 징수), 공물(지역의 특산물 징수), 역(15세 이상의 남성은 군인으로 복무, 궁궐·성곽·저수지 등 건축 시 동원)

2. 통일 신라와 발해의 경제 활동

(1) 통일 신라의 경제 활동

① 토지 제도와 수취 제도 정비

꼭! 녹읍은 노동력과 수조권을 모두 징발할 수 있었는데, 관료전은 수조권만을 인정해서 귀족의 농민 지배력이 약화되었어.

토지 제도 **자료①**	귀족에게 **◆**식읍과 녹읍 지급 → 신문왕 때 수조권만을 부여하는 관료전 지급·녹읍 폐지(→ 왕권 강화) → 성덕왕 때 백성에게 정전 지급 └ 토지에서 조세를 거둘 수 있는 권리야.
수취 제도	조세(생산량의 1/10), 공물(촌락 단위로 특산물 징수), 역(15~59세 남성, 군역과 요역)

② 신라 촌락 문서 작성 **자료②**

작성 목적	정책 집행과 재정 운영에 필요한 조세와 역(노동력) 부과
작성 내용	촌주가 인구수, 토지 종류와 면적, 소와 말의 수, 뽕나무·잣나무 수 등을 조사하여 3년마다 작성

③ 경제생활: 농업 생산량 향상으로 인구 및 상품 생산의 증가 → 시장인 동시 외에 남시와 서시 추가 설치(시전 설치), 당·일본과의 활발한 교역 전개

(2) 발해의 경제 활동: 농업(밭농사 중심)과 목축 발달, 말과 모피 등 수출, 조세·공물·역 징수 └ 시장을 감독하는 관청이야.

이것이 핵심!

❋ 고려의 경제 정책과 경제생활

토지 제도	전시과 운영(시정 전시과 → 개정 전시과 → 경정 전시과)
경제 생활	농업 장려, 도시를 중심으로 상업 발달, 관청·소 수공업 발달

◆ 전시과의 토지 종류

과전(문무 관리), 공음전(5품 이상 관리, 세습 가능), 한인전(하급 관리의 자제 중 관직에 오르지 못한 사람), 군인전(직업 군인), 구분전(하급 관리와 군인의 유가족) 등

2 고려의 경제 정책과 경제생활

1. 고려의 토지 제도

(1) 역분전 지급: 태조 때 후삼국 통일에 공을 세운 신하들에게 지급

(2) ◆전시과 제도 자료③ ┌ 관리가 죽거나 관직에서 물러나면 국가에 반납하는 것이 원칙이었어.

꼭! 지급할 토지가 부족해지면서 지급 대상과 지급 액수가 점차 줄어들었어.

① 운영: 관리나 직역 담당자를 18등급으로 구분하여 전지와 시지 지급, 수조권 행사

② 정비: 시정 전시과(경종, 전·현직 관리에게 지급, 인품과 관직 기준) → 개정 전시과(목종, 전·현직 관리에게 지급, 관품 기준) → 경정 전시과(문종, 현직 관리에게만 지급)

③ 붕괴: 12세기 이후 문벌의 토지 독점·세습 → 무신 집권자들의 대토지 차지로 붕괴

2. 고려의 수취 제도: 양안(토지 대장)과 호적(인구 대장)을 토대로 조세·공물·역 부과

조세(전세)	토지의 비옥도에 따라 3등급으로 구분 → 생산량의 1/10 징수
공물(공납)	중앙에서 군현 단위로 할당 → 각 군현에서 호(戶) 단위로 특산물(토산물) 징수
역	군역과 요역으로 구분, 16~59세 양인 남성에게 부과

내 옆의 선생님

자료 1 통일 신라 토지 제도의 변화

→ 관료전을 지급한 거야.

- 신문왕 7년(687) 5월에 교서를 내려 문무 관료들에게 토지를 차등 있게 하사하였다.
- 신문왕 9년(689) 봄 정월에 중앙과 지방 관리들의 녹읍을 폐지하고 해마다 조를 차등 있게 주고 이를 법으로 삼았다.
- 경덕왕 16년(757) 3월에 중앙과 지방의 여러 관리에게 매달 주던 녹봉을 없애고 다시 녹읍을 주었다. → 경덕왕 때 녹읍이 부활하였어. ─ 『삼국사기』

신문왕은 관료에게 조세만 거둘 수 있는 관료전을 지급하고 녹읍을 폐지하여 귀족들의 경제적 기반을 약화시키고 왕권을 강화하였다. 그러나 8세기 중반 왕권이 약해졌던 경덕왕 때는 녹읍이 부활하여 귀족들의 경제적 기반이 강화되었다.

비교해서 살펴볼까?!

녹읍과 관료전

구분	녹읍	관료전
특징	수조권과 노동력 징발권 인정	수조권만 인정
영향	귀족의 경제적 기반 강화	왕권 강화, 귀족의 농민 지배력 약화

자료 2 신라 촌락 문서

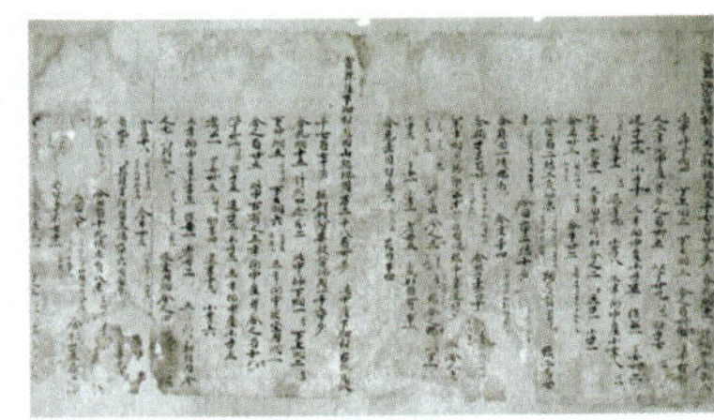
↑ 신라 촌락 문서(일본 도다이사 쇼소인)

[신라 촌락 문서에 기록된 내용]

(사해점촌은) 둘레가 5,725보이다. 호수는 모두 11호이다. …… 이 중 3년 전부터 살아온 사람과 지난 3년 사이에 태어난 사람을 합하면 145명이다. …… 말은 모두 25마리인데 이전부터 있었던 것이 22마리이고 지난 3년 사이에 늘어난 말이 3마리다.

신라 촌락 문서는 통일 이후 신라 촌락의 경제 상황과 조세 행정을 보여 주는 자료로, 이 문서에는 각 촌락의 둘레, 인구수, 말과 소 등 가축의 수, 토지의 종류와 면적, 뽕나무·잣나무·가래나무의 수 등이 상세히 기록되어 있다. 특히 인구는 남녀로 구분하고 연령별로 상세히 기록하였는데, 이를 통해 국가가 노동력 수취를 중시하였음을 알 수 있다.

문제로 확인할까?

신라 촌락 문서에 대한 설명으로 옳은 것만을 〈보기〉에서 고른 것은?

┤ 보기 ├
ㄱ. 촌주가 작성하였다.
ㄴ. 조사 대상에서 성인 여성은 제외되었다.
ㄷ. 신라 정부가 조세를 거두는 데 활용하였다.
ㄹ. 촌락 단위로 5년에 한 번씩 조사하여 기록하였다.

① ㄱ, ㄴ   ② ㄱ, ㄷ
③ ㄴ, ㄷ   ④ ㄴ, ㄹ
⑤ ㄷ, ㄹ

자료 3 전시과 제도의 운영

→ 전지는 곡식을 거둘 수 있는 논밭(농경지)이고, 시지는 땔감을 얻을 수 있는 땅(임야)이야.

고려의 토지 제도는 대개 당의 그것과 비슷하였다. 개간한 토지의 넓이를 헤아려 기름지고 메마른 것을 나누고 문무 관리, 군인, 한인에게 등급에 따라 모두 전지를 나누어 주었다. 또 그 등급에 따라 시지를 주었다. 이를 전시과라 한다. 죽은 다음에는 모두 나라에 다시 바쳐야 하였다. 문종 3년(1049) 5월 양반 공음 전시법을 제정하였다. 1품은 문하시랑평장사 이상으로 전지 25결, 시지 15결이다. …… 5품은 전지 15결, 시지 5결이다. 이를 자손에게 전하여 주게 한다. ─ 『고려사』

전시과는 관리나 직역 담당자들에게 토지를 지급하고 수조권을 행사하게 한 제도로, 경종 때 처음 실시되었다(시정 전시과). 처음에는 인품과 관품을 기준으로 토지를 지급하다가 목종 때 인품을 제외하고 관품에 따라 18등급을 나누어 토지를 지급하였고(개정 전시과), 문종 때에는 나누어 줄 수 있는 토지가 부족해지자 현직 관리에게만 토지를 지급하도록 수정하였다(경정 전시과).

자료 하나 더 알고 가자!

전시과 개정에 따른 등급별 지급 액수 변화

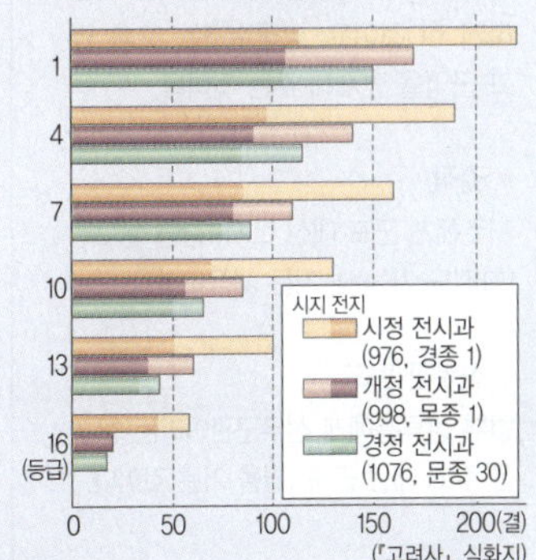

전시과 제도를 개정하면서 전지와 시지의 지급 액수가 감소하였다.

◆ **시비법**
비료 성분을 토양에 공급하는 방식이다. 시비법의 발달로 휴경지가 줄어들고 농사지을 수 있는 땅이 늘어났다.

3. 고려의 경제생활

백성에게 곡식을 빌려주었다가 추수한 다음 갚도록 한 빈민 구제 기관이야.
물가 조절을 담당한 기관이야.

농업	• 농업 장려: 경작지 개간, 수리 시설 확충, 농번기 잡역 동원 금지, 의창·상평창 설치 • 농업 기술 발달: 후기에 소를 이용한 깊이갈이 일반화, ◆시비법 발달(휴경지 감소), 2년 3작의 돌려짓기 확산, 고려 말 남부 일부 지역에 모내기 보급, 고려 후기에 목화 재배(원에서 도입)
상업	도시를 중심으로 발달, 대도시에 관영 상점 설치, 사원이 상업 활동 전개, 건원중보·은병(활구)·해동통보·삼한통보 등 화폐 발행(널리 유통되지는 못함), 벽란도가 국제 무역항으로 번성
수공업	전기에 관청 수공업과 소(所) 수공업 발달 → 후기에 민간이나 사원을 중심으로 수공업 발달

전문 기술자를 공장안에 등록해 국가와 왕실에서 필요로 하는 물품을 생산하게 하였어.

고려 성종 때 철전인 건원중보를 제작하였고, 숙종 때 해동통보, 삼한통보 등의 동전을 주조하였어.

이것이 핵심!

✱ 조선 후기 수취 체제의 개편과 상품 화폐 경제의 발달

수취 체제의 개편	전세(영정법), 공납(대동법), 역(균역법)
상품 화폐 경제의 발달	농업(모내기법 확산), 수공업(민영 수공업 발달), 광업(민영 광산 증가), 상업(공인과 사상의 성장, 장시와 포구의 발달)

◆ **공법**

전분 6등법	토지를 비옥도에 따라 6등급으로 구분
연분 9등법	수확한 해의 풍흉의 정도에 따라 9등급으로 구분

◆ **공인**
대동법이 실시되면서 시장에서 물품을 대량으로 구매하여 정부에 관수품을 조달한 특허 상인이다.

◆ **대립과 방군수포**
대립은 다른 사람을 사서 군역을 대신하게 한 것이고, 방군수포는 포를 받고 군역을 면제해 주는 것이다.

◆ **결작**
지주에게 군포 대신 토지 1결당 쌀 2두(화폐도 가능)씩 거둔 세금이다.

◆ **선무군관포**
일부 상류층에게 선무군관이라는 칭호를 주고 매년 군포 1필을 거둔 것이다.

③ 조선의 경제 정책과 경제생활

1. 조선 전기의 토지 제도와 경제 정책

(1) **토지 제도:** 고려 말 과전법 마련 자료④

꾁 지급할 토지가 부족해지자 직전법을 실시하였고, 관리들이 수조권을 남용하여 과다 수취가 빈번해지자 관수 관급제를 실시하였다.

운영	경기 지역에 한해 전·현직 관리에게 수조권 지급, 사후 국가에 반납, 일부 세습 가능(수신전, 휼양전) → 점차 토지 부족 현상 심화
변화	직전법(세조, 현직 관리에게만 수조권 지급) → 관수 관급제(성종, 지방 관청에서 조세를 거두어 관리에게 지급) → 직전법 폐지, 녹봉만 지급(16세기 중엽, 지주제 확산)

(2) **경제 정책:** 건국 초부터 농업 장려, 경작지 확대 노력, 『농사직설』 간행, 상공업 통제

2. 조선의 수취 체제 운영과 개편

지주들의 부담은 줄었지만 소작농들은 각종 부가세를 내면서 부담이 늘기도 하였어.

구분	조선 전기	폐단	양 난 이후
전세	수확량의 1/10 수취, 세종 때 ◆공법 시행	소작인에게 지주들이 조세를 전가	영정법(인조 때 실시): 풍흉에 관계없이 토지 1결당 쌀 4~6두 수취
공납	호 기준, 왕실과 관청에 필요한 지방의 토산물 수취	방납 만연	대동법(광해군 때 처음 실시): 토지 결 수를 기준으로 쌀·무명·베·동전 등으로 수취(→ ◆공인 등장, 농민 부담 감소), 지주의 반대로 전국적 확대 시행에 100여 년 소요 **다 잡는 자료**
역	군역(16세 이상 정남에게 부과), 요역(가호 기준)	군역에서 ◆대립과 방군수포 성행	균역법(영조 때 실시): 군포 1필로 경감, 줄어든 군포 수입은 ◆결작과 ◆선무군관포로 보충

3. 조선 후기 농업·수공업·광업의 변화

꾁 일부 농민이 부농이 된 반면, 많은 농민은 부세와 고리대의 부담 등으로 토지를 잃었어.

농업	모내기법의 전국 확산(벼와 보리의 이모작 가능, 광작 유행 → 농민층 분화), 지대 납부 방식 변화, 상품 작물 재배(인삼, 면화, 담배, 채소 등)
수공업	전기에 관영 수공업 발달 → 후기에 민영 수공업 발달, 선대제 활발, 공장제 수공업 확산
광업	민간 광산의 채굴 활발, 은광 개발 활발, 몰래 채굴하는 잠채 성행, 덕대(전문 경영인)가 광산 운영

상인이 농민이나 수공업자에게 생산에 필요한 원료, 자금을 빌려주고 물품을 생산하게 한 방식이야.

4. 조선 후기 상품 화폐 경제의 발달 자료⑤

(1) **공인과 사상의 성장:** 대동법 실시에 따라 공인 성장, 통공 정책으로 육의전을 제외한 시전 상인의 금난전권을 폐지하면서 사상의 활동이 활발해짐, 사상이 독점적 도매상인인 도고로 성장

(2) **장시와 포구의 발달:** 전국에 장시 활성화, 보부상·객주·여각이 활발하게 활동

(3) **대외 무역 발달:** 대청(만상 활약), 대일(내상 활약) 무역 활발 → 개시 무역·후시 무역 활발

(4) **화폐 유통:** 활발한 상품 유통으로 화폐 사용 확대 → 상평통보의 전국적 유통

자료 ④ 과전법의 시행

> 수신전은 죽은 관리의 아내에게 준 토지이고, 휼양전은 죽은 관리의 어린 자식에게 준 토지야.

> 경기는 전국의 근본이 되는 땅이니 마땅히 과전을 설치해 사대부를 우대한다. 무릇 경성에 거주해 왕실을 시위하는 자는 직위의 고하에 따라 과전을 받는다. 토지를 받은 자가 죽은 후 그의 아내가 자식이 있고 수신하면 남편의 과전을 모두 물려받고 자식이 없이 수신하는 자는 반을 물려받는다. 부모가 모두 사망하고 그 자손이 유약한 자는 휼양전으로 아버지의 과전을 전부 물려받고, 20세가 되면 본인의 과에 따라 받게 한다.　　　　－「고려사」

고려 말 관리들에게 수조권을 지급하는 과전법이 마련되었다. 과전은 받은 사람이 죽으면 국가에 반납하는 것이 원칙이었으나 수신전과 휼양전은 세습이 가능하였다. 세조 때 현직 관리에게만 수조권을 지급하는 직전법이 실시되면서 수신전과 휼양전이 폐지되었다.

정리 비법을 알려 줄게!

조선 전기 토지 제도의 변화

과전법 (고려 공양왕)	전·현직 관리에게 수조권 지급
직전법(세조)	현직 관리에게만 지급
관수 관급제 (성종)	관리들이 직접 전세를 거두는 것 금지
직전법 폐지 (명종)	수조권 지급 제도를 폐지하고 녹봉만 지급

> 📖 **내 교과서** · 비상, 동아, 리베르, 미래엔, 씨마스, 천재, 해냄 교과서에서 '대동법' 자료를 다루고 있어요.

내신과 수능을 다 잡는 자료 — 대동법의 실시

> 여러 도의 공물은 지금 쌀과 면포로 환산하여 상납한다. …… 강원도에는 대동법을 싫어하는 자가 없는데, 충청도, 전라도에는 좋아하는 자와 싫어하는 자가 있다. 그 까닭은 강원도에는 토호(지주)가 없으나 충청도, 전라도에는 토호가 있기 때문이다. …… 백성은 모두 대동법을 좋아한다.　－ 조익, 「포저집」

공인이 관수품 조달을 위해 시장에서 물품을 대량으로 구매하면서 상품 수요가 크게 늘어 수공업 생산 발달과 장시 활성화에 기여하였어.

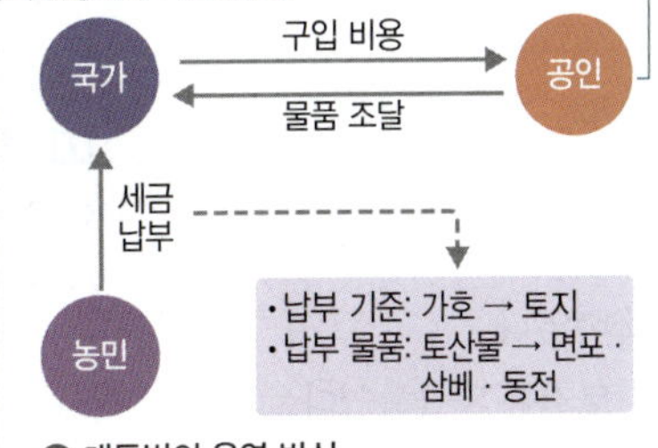

↑ 대동법의 운영 방식

대동법은 집집마다 토산물을 징수하던 공물 대신 소유한 토지 결 수에 따라 쌀·무명·베·동전 등으로 납부하게 한 제도이다. 농민들 중 소유한 토지가 적거나 없는 경우 기존보다 적은 세금을 내거나 내지 않아도 되었기 때문에 대동법 시행에 찬성하였다. 그러나 토지를 많이 소유한 양반 지주들의 반대로 전국적으로 시행되는 데 100여 년이 걸렸다.

빈출 선택지로 점검하기

》 초성을 참고하여 다음 선택지를 옳게 고쳐 보자.

· 인조 때 경기도에서 대동법이 처음 실시되었다.
　→ ㄱㅎㄱ

· 대동법은 가호를 기준으로 면포, 삼베, 쌀, 동전 등을 납부하게 하였다.
　→ ㅌㅈ

· 대동법의 시행으로 국가나 관청에 물품을 공급하는 사상이 등장하였다.
　→ ㄱㅇ

光海君, 토지, 공인

함께 보기 · 서술형 문제 01·02번

자료 ⑤ 상품 화폐 경제의 발달

↑ 조선 후기 상업과 무역

조선 후기에는 상업이 크게 발달하면서 사상이 성장하였다. 사상은 시전 상인과 보부상, 공인 등과 경쟁을 벌이며 상권을 점차 확대하였다. 18세기 말 정부가 통공 정책을 시행하면서 사상의 상업 활동은 더욱 활발해져 한성의 경강상인, 개성의 송상, 평양의 유상, 의주의 만상, 동래의 내상 등이 성장하였다. 국내 상업이 발달하면서 청, 일본과의 무역도 활기를 띠어 개시와 후시가 이루어졌다. 특히 후시 무역이 확대되면서 청과의 무역에 관여한 만상, 일본과의 무역에 종사한 내상, 이들을 연결한 송상 등이 큰 부를 축적하였다.

자료 하나 더 알고 가자!

도고의 성장

> (허생은) 대추, 밤, 감, 배, 석류, 귤, 유자 등의 과실을 모두 두 배 값으로 사서 저장하였다. 허생이 과실을 몽땅 사들이자 온 나라가 잔치나 제사를 치르지 못하게 되었다. 그런 지 얼마 아니 되어서 두 배 값을 받은 장사꾼들이 도리어 10배의 값을 치렀다.　－ 박지원, 「허생전」

소설 「허생전」 속 허생은 조선 후기 독점적 도매상인인 도고의 모습을 보여 준다. 조선 후기에 일부 사상은 주요 도시를 거점으로 하여 특정 물품을 대량으로 거래하며 도고로 성장하였다.

STEP 1 핵심 개념 **확인**하기

1 (가), (나)에 들어갈 내용을 각각 쓰시오.

> 신문왕은 관리에게 (가) 을 지급하고 (나) 을 폐지하였다. 그 결과 왕권이 강화되고 귀족의 농민 지배력이 약화되었다.

2 신라는 정책 집행과 재정 운영 등에 필요한 조세와 역을 부과하고자 ( )를 작성하였다.

3 다음에서 설명하는 전시과 제도를 〈보기〉에서 골라 기호를 쓰시오.

> ┤보기├
> ㄱ. 시정 전시과   ㄴ. 개정 전시과   ㄷ. 경정 전시과

(1) 현직 관리에게만 토지를 지급하였다. ( )
(2) 인품과 관품을 기준으로 토지를 지급하였다. ( )
(3) 전·현직 관리에게 관품만을 기준으로 토지를 지급하였다. ( )

4 다음 괄호 안의 내용 중 알맞은 말에 ○표를 하시오.

(1) 고려의 전시과 체제에서는 5품 이상의 관리에게 (공음전, 한인전)이 지급되었다.
(2) 고려 말에 신진 사대부의 경제적 기반을 확보하고자 (과전법, 역분전)을 실시하였다.

5 다음 설명이 맞으면 ○표, 틀리면 ×표를 하시오.

(1) 조선 세종 때 『농사직설』이 간행되었다. ( )
(2) 직전법이 폐지되면서 지주제가 더욱 확산하였다. ( )
(3) 대동법은 전국으로 확대되는 데 100여 년이 걸렸다. ( )
(4) 조선 영조 때 방납의 폐단을 개선하고자 균역법을 실시하였다. ( )
(5) 영정법의 실시 결과 국가에 필요한 물품을 조달하는 공인이 등장하였다. ( )

STEP 2 내신 만점 **공략**하기

01 통일 신라의 토지 제도가 (가)에서 (나)로 변화하면서 나타난 결과로 옳은 것은?

> (가) 관리에게 수조권뿐만 아니라 노동력을 징발할 수 있는 권한을 부여하였다.
> (나) 관리에게 수조권만을 인정하였고, 노동력을 징발할 수 있는 권한은 인정하지 않았다.

① 왕권이 강화되었다.
② 방납이 유행하게 되었다.
③ 상품 화폐 경제가 발달하였다.
④ 귀족의 농민 지배력이 강화되었다.
⑤ 국가가 수취하는 세금이 줄어들었다.

01-1 (나)를 지급하고, (가)를 폐지한 왕의 업적으로 옳은 것만을 〈보기〉에서 고른 것은?

> ┤보기├
> ㄱ. 삼국 통일   ㄴ. 국학의 설립
> ㄷ. 대가야 병합   ㄹ. 김흠돌의 반란 진압

① ㄱ, ㄴ   ② ㄱ, ㄷ   ③ ㄴ, ㄷ
④ ㄴ, ㄹ   ⑤ ㄷ, ㄹ

02 다음 문서를 작성한 국가의 경제 활동으로 옳은 것만을 〈보기〉에서 고른 것은?

> (사해점촌은) 둘레가 5,725보이다. 호수는 모두 11호이다. …… 이 중 3년 전부터 살아온 사람과 지난 3년 사이에 태어난 사람을 합하면 145명이다. …… 말은 모두 25마리인데 이전부터 있었던 것이 22마리이고 지난 3년 사이에 늘어난 말이 3마리다.

> ┤보기├
> ㄱ. 활구(은병)가 발행되었다.
> ㄴ. 말과 모피를 주로 수출하였다.
> ㄷ. 당, 일본과 활발하게 교역하였다.
> ㄹ. 서시와 남시 등의 시장이 설치되었다.

① ㄱ, ㄴ   ② ㄱ, ㄷ   ③ ㄴ, ㄷ
④ ㄴ, ㄹ   ⑤ ㄷ, ㄹ

03 (가) 제도에 대한 설명으로 옳은 것은?

> 고려의 토지 제도는 …… 개간한 토지의 넓이를 헤아려 기름지고 메마른 것을 나누고 문무 관리, 군인, 한인에게 등급에 따라 모두 전지를 나누어 주었다. 또 그 등급에 따라 시지를 주었다. 이를 [(가)](이)라고 한다. ─「고려사」

① 정도전, 조준 등의 건의로 실시되었다.
② 수신전, 휼양전의 명목으로 세습되었다.
③ 직역의 대가로 수조권을 나누어 주었다.
④ 지급 대상 토지를 경기 지역에 한정하였다.
⑤ 후삼국 통일 과정에서 공을 세운 신하들에게 지급하였다.

중요
04 다음은 전시과 개정에 따른 등급별 지급 액수 변화를 나타낸 그래프이다. (가)~(다) 전시과에 대한 설명으로 옳은 것은?

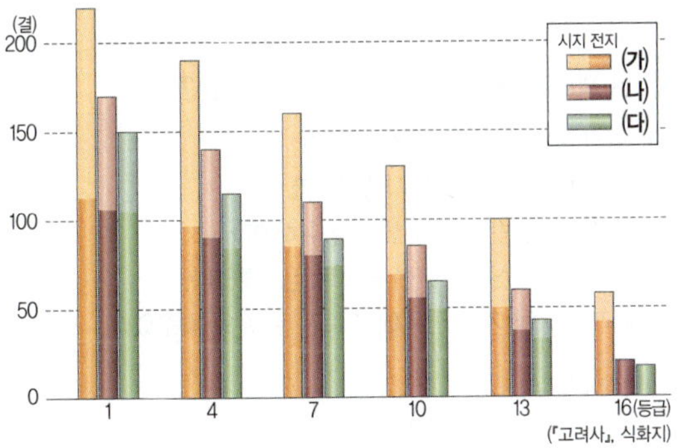

① (가)는 원칙적으로 세습이 가능하였다.
② (나)는 노동력 징발권을 함께 부여하였다.
③ (다)는 관리에게 토지의 소유권을 지급하였다.
④ (가)에서 (나)로 개정하여 지급 기준의 주관적 요소를 배제하였다.
⑤ (나)에서 (다)로 개정하면서 지급 대상자를 줄여 토지 지급량을 늘렸다.

하나 더!
04-1 위 토지 제도를 시행한 국가의 경제 상황으로 옳지 않은 것은?

① 소 수공업이 발달하였다.
② 민간의 광산 개발이 허용되었다.
③ 소를 이용한 깊이갈이가 일반화되었다.
④ 벽란도가 국제 무역항으로 번성하였다.
⑤ 국가 주도로 해동통보, 삼한통보가 발행되었다.

05 (가) 국가에 대한 설명으로 옳은 것만을 〈보기〉에서 고른 것은?

> [(가)]은/는 도시를 중심으로 상업이 발달하였다. 또한 개경과 가까운 예성강 하구의 벽란도는 국제 무역항으로 발전하였다. 이러한 상업의 발달로 다양한 화폐를 만들었으나, 널리 유통되지는 못하였다.

⌐보기┐
ㄱ. 우경을 최초로 시작하였다.
ㄴ. 일부 남부 지역에서 모내기가 이루어졌다.
ㄷ. 밭농사에서 2년 3작의 돌려짓기가 확산하였다.
ㄹ. 전분6등법과 연분9등법의 공법을 시행하였다.

① ㄱ, ㄴ ② ㄱ, ㄷ ③ ㄴ, ㄷ
④ ㄴ, ㄹ ⑤ ㄷ, ㄹ

06 (가) 왕의 재위 기간에 있었던 사실로 옳은 것은?

> 이 책은 조선의 [(가)] 때 농민들의 실제 경험을 바탕으로 지역마다 적합한 농법을 모아 편찬한 농업 서적이다. 우리나라 풍토에 알맞은 농사법을 정리하였다는 점에서 의의가 있다.

① 과전법을 최초로 시행하였다.
② 5품 이상의 관리에게 공음전을 지급하였다.
③ 녹읍을 부활시켜 귀족의 경제력을 강화하였다.
④ 관청에서 조세를 거두어 관리에게 지급하였다.
⑤ 토지의 비옥도, 풍흉에 따라 전세를 차등 징수하였다.

07 (가)에 들어갈 제도의 명칭으로 옳은 것은?

> 관리에게 수조권을 나누어 줄 토지가 점차 부족해지자, 조선의 세조는 현직 관리에게만 수조권을 나누어 주는 [(가)]을/를 시행하였다.

① 과전법 ② 대동법
③ 직전법 ④ 호포제
⑤ 관수 관급제

중요

08 다음 자료에 나타난 토지 제도에 대한 설명으로 옳은 것은?

경기는 전국의 근본이 되는 땅이니 마땅히 과전을 설치해 사대부를 우대한다. 무릇 경성에 거주해 왕실을 시위하는 자는 직위의 고하에 따라 과전을 받는다. 토지를 받은 자가 죽은 후 그의 아내가 자식이 있고 수신하면 남편의 과전을 모두 물려받고 자식이 없이 수신하는 자는 반을 물려받는다. 부모가 모두 사망하고 그 자손이 유약한 자는 휼양전으로 아버지의 과전을 전부 물려받고, 20세가 되면 본인의 과에 따라 받게 한다. — 「고려사」

① 현직 관리에게만 지급하였다.
② 직업 군인에게 군인전을 주었다.
③ 전국의 토지에 대한 수조권을 지급하였다.
④ 점차 세습되는 토지가 늘어나는 문제가 생겼다.
⑤ 관리의 등급에 따라 전지와 시지를 각각 지급하였다.

하나 더!

08-1 위 자료의 토지 제도가 처음 시행된 시기를 연표에서 옳게 고른 것은?

(가)	(나)	(다)	(라)	(마)
▲	▲	▲	▲	▲
공민왕 즉위	위화도 회군	조선 건국	세종 즉위	세조 즉위 · 광해군 즉위

① (가)　② (나)　③ (다)　④ (라)　⑤ (마)

09 (가)에 들어갈 내용으로 가장 적절한 것은?

장면 #1. 궁궐(낮)
(막이 오르면 임금과 신하1, 2가 무대 중앙에 등장한다.)
• 성종: 지금 토지 제도와 관련하여 어떤 문제가 있는가?
• 신하1: 관리들이 수조권을 남용하여 과다 수취가 빈번하다고 하옵니다.
• 신하2: 수조권을 받은 관리가 직접 세금을 거두는 것은 문제가 있습니다.
• 성종: _______________________(가)

① 우리의 기후에 적합한 농서를 편찬하라.
② 현직 관리에게만 수조권을 지급하도록 하라.
③ 관청에서 세금을 거두어 관리에게 주도록 하라.
④ 신진 사대부의 경제적 기반을 마련하도록 하라.
⑤ 관리에게 노동력을 징발할 수 있는 권한을 부여하라.

중요

10 다음 지도와 같이 실시된 제도가 끼친 영향으로 옳은 것은?

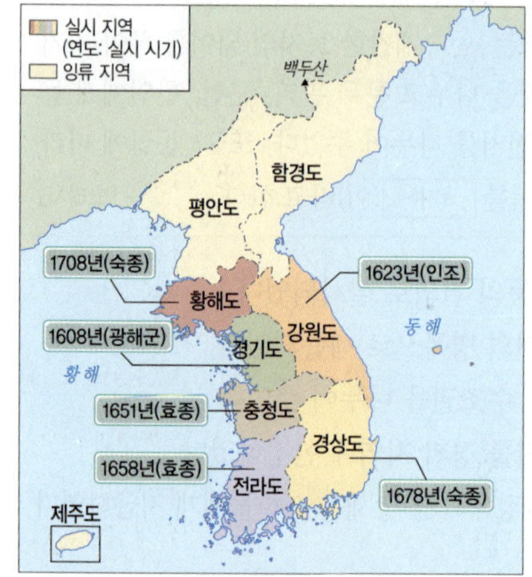

① 당백전이 발행되었다.
② 선무군관포가 징수되었다.
③ 관영 수공업이 발달하였다.
④ 수신전과 휼양전이 폐지되었다.
⑤ 특허 상인인 공인이 등장하였다.

하나 더!

10-1 위 제도에 대한 설명으로 옳지 <u>않은</u> 것은?

① 토지 1결당 쌀 4~6두를 내게 하였다.
② 방납의 폐단을 개선하고자 시행하였다.
③ 시행 과정에서 양반 지주의 반대가 심하였다.
④ 공물을 토산물 대신 쌀, 동전 등으로 징수하였다.
⑤ 세금 부과 기준을 가호 단위에서 토지 결 수로 바꾸었다.

11 다음과 같은 문제점을 해결하기 위해 시행된 제도에 대한 설명으로 옳은 것은?

현재 10여 만 호로써 50만 호가 져야 할 양역을 감당해야 합니다. …… 군포를 마련할 길이 없어 마침내 죽거나 도망을 가게 되고, 이러한 자의 몫을 채우기 위해 *백골징포, 황구첨정의 폐단이 생겨나는 것입니다. — 「영조실록」
* 백골징포, 황구첨정: 죽은 자나 어린아이에게도 군포를 징수하는 일

① 광해군 때 처음 시행하였다.
② 양반에게도 군포를 부과하였다.
③ 상품 화폐 경제가 발달하는 배경이 되었다.
④ 전국적으로 실시되는 데 100여 년이 걸렸다.
⑤ 군포를 기존의 2필에서 1필만 내도록 하였다.

12 밑줄 친 '이 제도'가 처음 시행된 시기를 연표에서 옳게 고른 것은?

> 조선에서는 토지의 비옥도와 매해의 풍흉을 기준으로 전세액을 정하였다. 그러나 이러한 기준은 객관적이지 못하고 운영이 어려워 실제로 적용하기가 힘들었다. 이 때문에 풍흉에 관계없이 토지 1결당 쌀 4~6두를 전세로 징수하는 이 제도를 시행하였다.

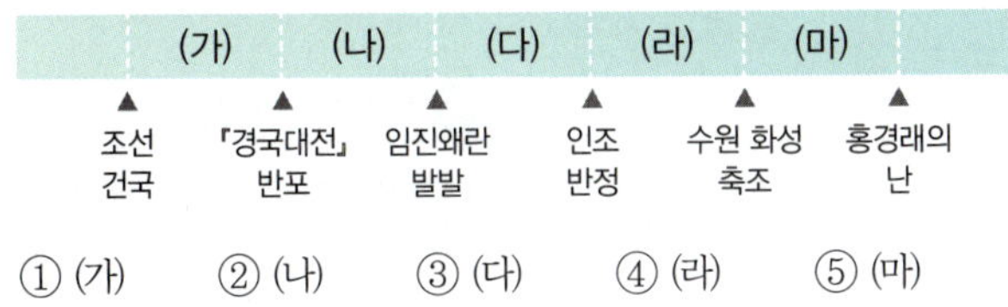

① (가) ② (나) ③ (다) ④ (라) ⑤ (마)

13 (가) 농법의 영향으로 옳지 <u>않은</u> 것은?

> 부유한 백성은 토지를 겸병하여 한꺼번에 많은 농사를 짓고 있는데, 적게는 3·4석씩, 많게는 6·7석씩 모를 한꺼번에 붓고 ___(가)___ 을/를 하여 노동력을 절약하고 수고를 덜고 있다.
> ─ 『정조실록』

① 곡물 수확량이 크게 늘었다.
② 벼와 보리의 1년 2모작이 가능해졌다.
③ 대부분의 농민이 부농으로 성장하였다.
④ 잡초 제거에 드는 노동력이 절약되었다.
⑤ 한 사람이 경작할 수 있는 면적이 늘어났다.

14 다음 대화에 나타난 시기에 있었던 사실로 옳은 것은?

① 정전이 지급되었다.
② 벽란도가 번성하였다.
③ 청해진이 설치되었다.
④ 경정 전시과가 운영되었다.
⑤ 상평통보가 널리 유통되었다.

서술형 문제

서술형 감잡기

01 밑줄 친 '이 제도'의 명칭을 쓰고, 이 제도를 실시하면서 변화한 세금 납부 기준과 물품을 서술하시오.

> 여러 도의 공물은 지금 쌀과 면포로 환산하여 상납한다. …… 강원도에는 이 제도를 싫어하는 자가 없는데, 충청도, 전라도에는 좋아하는 자와 싫어하는 자가 있다. 그 까닭은 강원도에는 토호(지주)가 없으나 충청도, 전라도에는 토호가 있기 때문이다. …… 백성은 모두 이 제도를 좋아한다.
> ─ 조익, 『포저집』

(1) 초성을 참고하여 서술형 답안에 들어갈 내용을 써 보자.

답안 키워드   ㄷㄷㅂ   ㅌㅅㅁ   ㅌㅈ

(2) (1)의 내용을 포함하여 서술형 답안을 작성해 보자.

____

____

실전! 도전하기

02 (가)에 들어갈 상인을 쓰고, (가)의 활동이 조선 후기 경제에 미친 영향을 서술하시오.

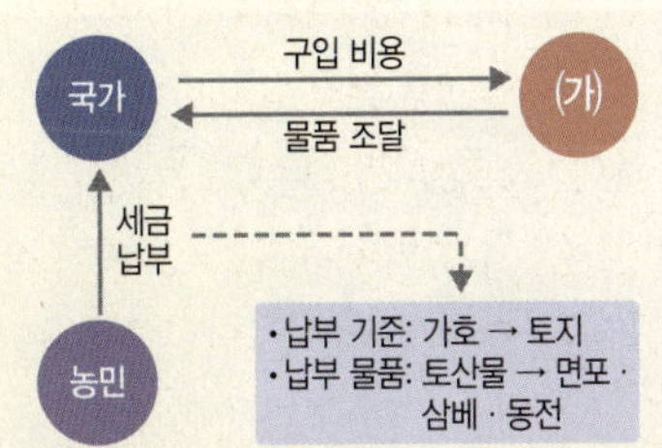

↑ 대동법의 운영 방식

03 다음 자료에 나타난 시기 정부의 광업 정책과 광산 운영 방식을 서술하시오.

> 올여름에 새로 판 금광이 39곳이고, 비가 와서 채굴을 중지한 금광이 99곳입니다. …… 이번 여름 장마로 대부분이 흩어졌는데도 아직 7백여 곳, 1천5백여 명이 남아 있습니다.
> ─ 『비변사등록』

STEP 3 1등급 정복하기

01 (가), (나) 제도를 시행한 공통적인 배경으로 옳은 것은?

> (가) 고려 문종 때 현직 관리가 아닌 자를 지급 대상에서 제외하였다. 또한 전시의 지급 액수를 줄이고, 15과부터는 시지를 지급하지 않았다.
> (나) 조선 세조 때 과전을 혁파하고 직전을 지급하였으며, 수신전과 휼양전을 폐지하였다.

① 관리에게 지급할 토지가 부족하였다.
② 지주제가 확산되어 소작농이 증가하였다.
③ 화폐가 널리 유통되어 상업이 발달하였다.
④ 오랜 전쟁으로 인하여 토지가 황폐화되었다.
⑤ 토지 대장에 기록되지 않은 토지가 증가하였다.

◆ **고려와 조선의 토지 제도**

완자 사전

■ 수신전(守信田)과 휼양전(恤養田)
관리가 죽으면 그 부인에게 생활 대책으로 준 토지를 수신전, 죽은 관리의 어린 자녀에게 준 토지를 휼양전이라고 한다.

완자쌤의 시험꿀팁

각 국가별 토지 제도와 관련된 사료를 제시하고 시행 과정과 공통점, 차이점 등을 묻는 문제가 출제될 수 있다. 국가별로 토지 제도의 변화를 흐름에 맞게 비교해 두는 것이 좋다.

최고난도

02 ㉠~㉤에 대한 설명으로 옳지 <u>않은</u> 것은?

조선 후기 수취 제도의 개편
1. 배경: 농민의 조세 부담 가중, 재정 악화
 • 전쟁으로 인한 인구 감소 및 농경지 황폐화
 • ㉠ 방납의 폐단과 농민의 토지 이탈
 • 관리의 부정 등으로 인한 농민의 군포 부담 가중
2. 정부 대책
 • 전세: ㉡ 토지 1결당 쌀 4~6두 고정
 • 공납
  − 부과 기준: ㉢ 토지 결 수로 변경
  − 납부 방식: ㉣ 쌀·무명·베·동전 등으로 납부
 • 군역: ㉤ 1년에 군포 2필에서 1필로 경감

① ㉠ − 관리나 상인이 공물을 대신 바치고 대가를 받았다.
② ㉡ − 토지를 소작하는 농민의 소작료 부담이 줄어들었다.
③ ㉢ − 토지가 없거나 적은 농민의 세금 부담이 줄어들었다.
④ ㉣ − 공인이 출현하여 상품 화폐 경제 발달에 영향을 주었다.
⑤ ㉤ − 부족해진 군포 수입을 보충하기 위해 결작 등을 징수하였다.

◆ **조선 후기 수취 제도의 개편**

완자 사전

■ 방납(防納)
관청의 하급 관리나 상인이 농민을 대신하여 국가에 공물을 바치고 농민에게서 높은 대가를 받아 내던 행위이다. 방납의 폐단으로 농민의 삶이 어려워졌다.

완자쌤의 시험꿀팁

조선 후기 수취 제도의 개편은 시험에 자주 출제되는 주제이다. 영정법(전세), 대동법(공납), 균역법(군역)의 시행 배경과 시기, 구체적인 내용과 영향을 구분하여 알아 두도록 한다.

대표 유형 이렇게 나온다!

— 2025 9월 모평 응용 —

(가)에 대한 설명으로 옳은 것은?

> 지난 무신년 문충공 이원익이 경기도에 처음 [(가)] 을/를 시행하였다. …… 그 후 김육이 충청도 관찰사로 부임하여 [(가)] 을/를 충청도에 시행할 계획을 밤낮으로 궁리하였다. …… 토산물 대신 토지 결 수에 따라 쌀을 걷었으며, 깊은 산이나 먼바다에 있는 고을은 쌀에 준하여 옷감을 징수하였다. 이로써 조정은 종묘와 사직의 제사에 쓰이는 물품부터 여물이나 땔감 같은 세세한 것까지 직접 마련하게 되었다.

① 광해군 때 처음 시행되었다.
② 광작을 하는 농민들이 생겨났다.
③ 녹읍이 폐지되는 결과를 가져왔다.
④ 관리들에게 전지와 시지가 지급되었다.
⑤ 전세를 미곡 4두로 고정하도록 하였다.

대표 유형 문제 풀이

※ 단계별로 문제 풀이에 접근해 보세요!

✖ 1단계 / 자료 분석하기
자료에서 경기도에 처음 시행함, 토산물 대신 토지 결 수에 따라 쌀을 징수함 등을 통해 (가)가 [❶] 임을 파악한다.

✖ 2단계 / 정답 개념 연결하기
대동법은 조선 [❷] 때 경기도에서 처음 시행되었음을 연결한다.

✖ 3단계 / 오답 개념 피하기
② [❸] 의 확산으로 광작이 성행하였다. ③ 녹읍은 통일 신라 신문왕이 폐지하였다. ④는 고려의 전시과 제도, ⑤는 조선 인조 때 시행한 [❹] 에 대한 설명이다.

정답 ❶ 대동법 / 곰세 이 ❷ 광해군 ❸ 모내기법 ❹ 영정법

정답친해 25쪽

실전 문항으로 수능 준비하기

— 2024 6월 모평 응용 —

(가) 제도에 대한 설명으로 옳은 것은?

> ▶ 한국사 묻고 답하기
>
> [(가)] 에 대해 알려 주세요.
>
> ▶ 답변하기
>
> └ 공물을 토산물 대신 토지 결 수에 따라 쌀 등으로 징수하였어요.
> └ 방납의 폐단을 바로잡기 위해 실시되었어요.
> └ 광해군 대에 시작되어 숙종 대에 평안도·함경도 등을 제외한 전국에서 시행되었어요.

① 군포 1필을 징수하였다.
② 공인이 성장하는 계기가 되었다.
③ 권문세족의 경제적 기반을 약화시켰다.
④ 지주에게 결작으로 1결당 쌀 2두를 부과하였다.
⑤ 풍흉에 관계없이 전세를 일정액으로 고정하였다.

1등급 전략

대동법의 실시 배경과 과정, 결과를 파악해야 한다. 특히 대동법의 실시 과정에서 성장한 공인의 역할을 알아 두도록 한다.

출제 전망

- **전망1** 대동법과 관련된 사료나 지도, 도표를 제시하고 실시 배경이나 내용을 묻는 문제가 출제될 수 있다.
- **전망2** 대동법의 실시로 나타난 조선 후기 경제의 변화에 대해 묻는 문제가 출제될 수 있다.

03 신분제와 사회 구조

이것이 핵심!

※ 고대 국가의 사회 모습

삼국	• 고구려: 진대법 실시 • 신라: 골품제 운영
통일 신라	골품제 유지
발해	고구려 유민(지배층)과 말갈인(피지배층)으로 구성

◆ 삼국의 신분

귀족 및 관인층	정치권력 장악, 사회적·경제적 특권을 누림
평민	대부분 농민, 조세와 공물 납부, 노동력 제공, 귀족의 수탈 대상이 됨
천민	대부분 노비, 왕실·관청·귀족에 예속됨

① 고대 신분제의 형성과 사회 모습

1. 삼국의 신분 구성과 사회 모습 └ 고대 사회에서는 여러 부족이 통합되는 과정에서 지배층 사이에 위계 서열이 만들어졌고, 이 서열은 신분제로 발전하였어.

(1) 신분 구성

구분	크게 귀족 및 관인층(지배층), 평민과 천민(피지배층)으로 구분
특징	신분 세습, 개인의 능력보다 혈통이나 가문에 따라 신분 결정

└ 예 신라의 골품제가 대표적이야.

(2) 삼국의 사회 모습

고구려	엄격한 형벌(전쟁에서 항복하거나 패한 자는 사형), 왕족인 고씨와 5부 출신 귀족들로 지배층 구성, 진대법 실시(봄에 곡식을 빌려주고 가을에 갚게 한 빈민 구제 제도, 농민 몰락 방지, 국가 재정 유지)
백제	엄격한 형벌(반역자나 전쟁에서 패한 자는 사형), 왕족인 부여씨와 8성의 귀족들로 지배층 구성
신라	• 초기 부족 사회 전통 유지: 화백 회의(귀족 회의체), 화랑도(원시 사회의 청소년 집단에서 유래) • 골품제 운영: 골품에 따라 개인의 정치적·사회적 활동 범위 제한 자료①

└ 만장일치제로 운영된 귀족 회의체야.

2. 통일 신라와 발해의 사회 모습

통일 신라	골품제가 유지되었으나 골품 간 구분이 희미해져 3~1두품 평민화(평민과 동등하게 간주)
발해	고구려 유민과 다수의 말갈인으로 구성, 고구려계가 지배층의 핵심으로 주요 관직 차지

이것이 핵심!

※ 고려의 신분 구성과 사회 모습

신분 구성	• 양인: 지배층, 중간 계층, 양민(평민) • 천인: 대다수 노비
신분제의 특징	제한적 신분 상승 가능, 지역 간 차별 존재
가족 관계	남성과 여성의 관계가 비교적 수평적

◆ 정호

향리, 하급 장교, 기인 등 특정한 역(役)을 담당한 사람들이다. 직역을 부담하는 대가로 국가로부터 일정 단위의 토지인 전정을 받았다.

◆ 향·부곡·소민의 생활

거주지 이전이 제한되었고, 과거 응시, 군현 주민과의 결혼, 승려가 되는 것이 금지되었으며, 형벌을 받을 때 노비와 동등하게 취급되었다.

② 고려의 신분 구성과 사회 모습

1. 고려의 신분 구성: 법제적으로 양인(지배층, 중간 계층, 피지배층), 천인으로 구분

(1) 신분별 특징 자료②

└ 호장·부호장이 되어 지방 행정을 장악하고 과거를 치러 중앙 관직에 진출하였어.

양인	지배층	왕족, 고위 문무 관리(일부 가문은 문벌 형성), 상급 향리
	중간 계층	• 구성: 서리, 남반, 하급 향리, 하급 장교 등 • 특징: 말단 행정 실무 담당, 직역에 대한 대가로 토지를 받음, 직역과 토지 세습
	양민(평민)	• 군현민: 농민(백정, 조세·공납·역 부담, 과거 응시 가능), 상인, 수공업자 • 향·부곡·소 주민: 특수 행정 구역 거주, 백정에 비해 많은 조세와 역 부담, 향·부곡민은 주로 농업에 종사, 소민은 국가가 필요로 하는 수공업품과 광산물 등 생산
천인		• 구성: 대다수 노비 → 재산으로 간주(매매, 상속, 증여 가능), 일천즉천의 원칙 적용 • 노비의 구분: 사노비(솔거 노비, 외거 노비), 공노비(입역 노비, 외거 노비)

(2) 신분의 개방성과 유동성: 신라 골품제보다 개방적, 제한적 신분 상승 가능 자료③

정호	과거에 합격하여 고위 관리에 등용되거나 군공을 세워 무관으로 출세 가능
백정	과거를 통해 하급 관리가 되거나 군공으로 정호가 되기도 함
노비	주인에게 재물을 주거나 큰 공을 세워 양인이 되기도 함

(3) 지역 간 위상 차이: 군현민과 향·부곡·소민 차별, 주현과 속현 차별(→ 승격이나 강등 가능), 본관제 시행

└ 성 앞에 출신지를 표기하게 한 제도야. 고려는 다른 지역으로 이주해도 호적에는 본관을 기재하였어.

└ 적에게 항복하거나 반란을 일으킨 군현은 특수 행정 구역으로 낮추었고, 특수 행정 구역이 공을 세우면 군현으로 승격하기도 하였어.

자료 ① 신라의 골품제

→ 신라에서는 골품에 따라 정치 활동의 범위와 일상생활에 규제를 받았어. 골품제에서는 신분 상승이 불가능하였지.

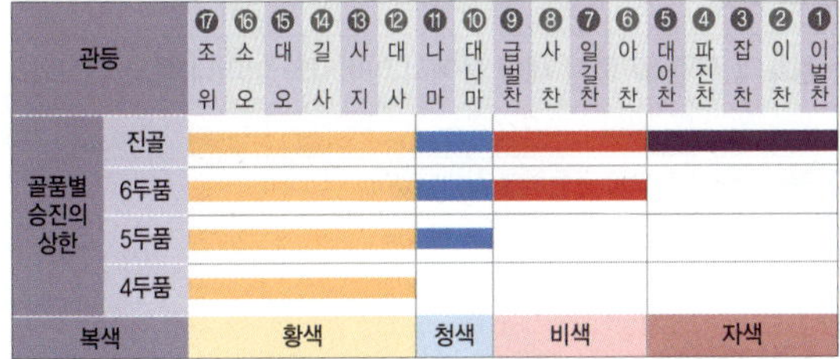

관등		⑰ 조위	⑯ 소오	⑮ 대오	⑭ 길사	⑬ 사지	⑫ 대사	⑪ 나마	⑩ 대나마	⑨ 급벌찬	⑧ 사찬	⑦ 일길찬	⑥ 아찬	⑤ 대아찬	④ 파진찬	③ 잡찬	② 이찬	① 이벌찬
골품별 승진의 상한	진골																	
	6두품																	
	5두품																	
	4두품																	
복색		황색						청색		비색				자색				

골품제는 신라가 고대 국가로 발전하는 과정에서 형성된 신분제로, 수도 금성의 지배층을 왕족인 성골, 진골과 6~1두품으로 구분하였다. 골품제는 관등제와 밀접하게 관련되어 골품에 따라 관등 승진의 상한선이 정해졌다. 진골은 최고 관등까지 올라갈 수 있었으나, 1~3두품은 관직에 오를 기회조차 가지지 못하였다. 신라 말 이러한 골품제의 한계에 불만을 느낀 6두품 세력은 지방 호족 세력과 결탁하여 새로운 사회 건설을 도모하였다.

자료 ② 고려의 신분제

→ 서리는 관청에서 말단 행정을 담당하였고, 남반은 궁중 실무를 담당하였어. 하급 향리는 지방 행정의 실무를 담당하였어.

↑ 고려의 신분 구성

→ 솔거 노비는 주인집에서 같이 살았고, 외거 노비는 떨어져 살면서 신공을 바쳤어.

고려의 신분제는 법제적으로 양인과 천인으로 나누는 양천제로 운영되었다. 양인은 국가에서 필요로 하는 직역을 수행하는 정호와 직역을 수행하지 않고 조세·공납·역의 의무를 지는 백정으로 구분되었다. 양인 지배층에는 왕족, 문무 관리, 상급 향리가 포함되었고, 중간 계층에는 서리, 남반, 하급 향리, 하급 장교 등이 포함되었다. 천인의 대부분은 노비로, 재산으로 간주되었다.

자료 ③ 고려 시대 신분 이동의 개방성과 유동성

→ 정호의 신분 상승 사례야.

- 이영의 아버지 이중선은 안성군 호장(향리의 최고 직책)으로 있었다. …… 이영이 …… 숙종 때 과거 시험 을과에 급제하고 직사관(춘추관의 관원, 중앙 관리)으로 임명되었다. - 『고려사』
- 평량은 평장사 김영관의 집안 노비로 …… 농사에 힘써 부유하게 되었다. 그는 권세가 있는 중요한 길목에 뇌물을 바쳐 천인에서 벗어나 산원동정의 벼슬을 얻었다. 그의 처는 소감 왕원지의 집안 노비인데, …… 평량이 …… 처남과 함께 원지 부처와 아들을 죽이고, 스스로 그 주인이 없어졌으므로 계속해서 양인으로 행세할 수 있음을 다행으로 여겼다. - 『고려사』

↳ 평량은 사노비 중 외거 노비였어.   노비의 신분 상승 사례야.

고려 시대에는 제한적이나마 지위와 신분을 상승시킬 수 있는 가능성이 열려 있었다. 향리나 하급 장교 등으로 구성된 정호는 과거에 급제하여 중앙 관리가 되거나 군공을 세워 출세할 수 있었고, 양인 피지배층인 백정도 과거에 합격하여 하급 관리가 되거나 군공으로 정호가 되기도 하였다. 노비들도 주인에게 재물을 바치거나 큰 공을 세워 신분을 상승하기도 하였다.

자료 하나 더 알고 가자!

골품제에 대한 반발

> 설계두가 말하였다. "신라에서는 사람을 등용하는 데 골품을 따진다. 그 족속이 아니면 큰 재주와 뛰어난 공이 있어도 (신분을) 넘을 수가 없다. 나는 서쪽 중국으로 가서 뛰어난 지략으로 큰 공을 세워 내 힘으로 영광스러운 관직에 오를 것이다. 그리고 높은 관리의 옷을 입고 칼을 차고서 천자의 곁을 드나들면 만족하겠다." – 『삼국사기』

신라인 설계두는 6두품으로, 골품에 따라 관등 승진의 제한을 받는 골품제에 불만을 느꼈다. 이에 설계두는 골품제에 반발하며 중국으로 건너갔다.

문제로 확인할까?

고려 시대의 백정에 대한 설명으로 옳은 것은?

① 천인에 속하였다.
② 고위 관직을 차지하였다.
③ 조세, 공납, 역을 부담하였다.
④ 매매, 상속, 증여가 가능하였다.
⑤ 직역에 대한 대가로 국가로부터 토지를 지급받았다.

③ 圖

자료 하나 더 알고 가자!

군공으로 신분을 상승한 사례

> 백임지는 남포현 사람으로 농사를 짓고 살았다. 날래고 용맹하여 군인으로 선발되었는데, …… 정중부의 변란으로 무인들이 세력을 얻자 드디어 높은 지위에 오르게 되었다. – 『고려사』

제시된 사례는 군졸이었다가 군공을 세워 무관으로 신분을 상승한 사례이다. 군졸이었던 백임지는 무신 정변 때 공을 세워 무관으로 출세하였다.

◆ **호주**
한집안을 대표하는 자로서 가족을 거느리며 부양하는 일에 대한 권리와 의무가 있는 사람을 이르는 말이다.

2. 고려의 가족 제도 자료④ → 꼭! 고려 사회에서는 가족 제도에서 남성과 여성의 관계가 비교적 수평적이었다.

여성의 지위	여성도 ◆호주 가능, 일부일처제가 일반적, 호적에 태어난 순서대로 기재, 이혼과 재혼 가능, 사위의 처가살이가 일반적, 자녀 균분 상속
가족 관계	상피제 적용 범위·음서의 혜택·정호의 직역 및 토지 세습 등에서 아버지와 어머니 쪽의 권리와 의무 동등, 친족 용어 동일

└→ 삼촌과 외삼촌, 고모부와 이모부, 모든 사촌으로 균등하게 확대되었어.

이것이 핵심!

❋ **조선 시대 신분 질서의 변화**

조선 전기 신분 질서
• 양천제(법제적): 양인과 천인으로 구분
• 반상제(실제적): 양반, 중인, 상민, 천민으로 구분

↓

조선 후기 신분 질서의 변화
몰락 양반 증가, 중인의 신분 상승 운동 전개, 싱만과 노비의 신분 상승 증가, 향전 발생

◆ **신량역천**
신분은 양인이지만 관청의 잡일, 수군, 봉수·조운·역의 업무 등 천역을 담당하던 계층이다.

◆ **향회**
향안에 이름이 올라 있는 지방 양반들의 총회이다. 이를 통해 사족 간 결속력을 강화하고 향촌에서 영향력을 행사하였다.

◆ **납속**
나라에 곡물을 바치게 하고 그 대가로 상이나 벼슬을 주던 정책이다.

◆ **노비종모법**
아버지가 천인이라도 어머니가 양인이면 자식은 양인이 될 수 있게 한 법이다.

◆ **향전**
조선 후기 향촌 사회의 권력을 장악하기 위해 전통 사족인 구향과 신향이 대립한 것을 말한다.

③ 조선 시대의 신분 질서와 사회 변화

1. 조선 전기의 신분 질서

(1) **양천제**: 법제상 신분제 → 양인(자유민, 조세·공납·역 부담, 과거 응시와 관직 진출 가능)과 천인(비자유민, 천역 담당, 관직 진출 불가능)으로 구분

(2) **반상제**: 양반, 중인, 상민, 천민의 네 신분층으로 점차 정착

양반의 첩에게서 태어난 서얼은 문과에 응시할 수 없었고, 중인과 같은 신분으로 대우받았어.

양반	주요 관직 차지, 국역 면제, 많은 토지와 노비 소유, 과전과 녹봉으로 풍요로운 생활
중인	하급 관리(서리, 향리 등)·역관·의원 등(직역 세습), 서얼 차별(문과 응시 불가능)
상민	농민·수공업자·상인, 조세·공납·역 부담, 법제상 과거 응시 가능, ◆신량역천 존재
천민	대부분 노비(재산으로 취급되어 매매·상속·증여 가능), 백정, 광대, 무당 등

└→ 꼭! 고려에서 직역이 없는 양인을 뜻했던 것과 달리, 조선에서는 도살업에 종사하는 계층을 백정이라 했어.

2. 조선 전기 양반 중심의 향촌 지배 체제

(1) **유향소 설치**: 수령 보좌·견제, 백성의 풍속 교화, 향안 제작, ◆향회 개최

(2) **서원 설립과 향약 운영**: 서원 설립(여론 형성, 학문의 기반 마련), 향약 운영(풍속 교화, 향촌 질서 유지) → 사족들의 향촌 지배 체제 공고화
└→ 유향소를 운영하는 향촌 사족의 명부야.

3. 조선 후기 신분 질서의 변화 다잡는 자료

→ 향반은 향촌에서 겨우 위세를 유지하는 양반, 잔반은 농민과 경제적 처지가 다를 바 없는 양반을 가리켜.

양반	양반층의 분화 → 몰락 양반 증가(향반, 잔반 등)
중인	서얼들의 집단 상소 운동 전개, 정조가 서얼을 규장각 검서관으로 임용, 기술직 중인들의 대규모 소청 운동 전개 → 큰 성과를 거두지 못함 └→ 예 유득공, 박제가, 이덕무 등
상민	농민층 분화(일부는 광작과 상품 작물 재배 등으로 부농층 형성, 다수는 소작농·임노동자·영세 상인으로 몰락), ◆납속과 공명첩 등을 통해 신분 상승, 양반의 족보를 위조하여 양반 행세
천민	도망·납속·군공 등으로 신분 상승, ◆노비종모법 시행, 공노비 해방

└→ 양인의 수를 늘리고자 조선 후기 영조 때 노비종모법을 시행하고, 순조 때 공노비를 해방하였어.

4. 조선 후기 가족 제도의 변화

(1) **가족 제도의 변화**: 성리학적 지배 질서가 강화되며 부계 중심의 가족 제도 확산

(2) **부계 중심의 가족 제도**: 장자 중심의 제사와 재산 상속, 양자 제도의 보편화, 시집살이의 보편화, 과부의 재가가 어려워짐
└→ 조선 전기에는 가족 제도에서 부계와 모계가 모두 중시되었어.

5. 조선 후기 향촌 지배 체제의 변화 자료⑤

(1) ◆**향전의 전개**

배경	양반 사족 중심의 향촌 질서 약화, 양반으로 신분 상승한 일부 부농층이 신향 형성
전개	신향이 향촌 사회의 지배권에 도전 → 구향과 신향 사이에 향전 발생 → 수령의 신향 지원
영향	구향의 세력 약화, 향회의 역할 변화(수령이 세금을 부과할 때 자문하는 기구로 전락), 수령의 권한 강화 (→ 세도 정치기 수령과 향리가 농민을 수탈하는 배경이 됨)

(2) **양반들의 지위 유지 노력**: 양반들의 동족 마을 형성, 동약 시행
└→ 동 단위 자치 조직이야.

자료 ④ 고려 시대 여성의 지위

- 어머니가 일찍이 재산을 나누면서 별도로 노비 40명을 아들인 나익희에게 주려 하였다. 나익희가 말하기를 "한 아들이 다섯 딸 사이에 끼어 있는데, 어떻게 차마 재산을 더 받아서 여러 자식에게 고르게 나누어 주려는 어머니의 사랑에 누를 끼치겠습니까?"라고 말하였다. 어머니가 의롭게 여겨 이에 따랐다. → 아들과 딸에게 재산을 균등하게 상속하였음을 보여 줘. — 『고려사』
- (이승장의 어머니가) 말하기를 "…… 전남편의 자식이 다행히 성장하여 이제 학문에 뜻을 두었으니, 반드시 친아버지가 다니던 사학에 입학시켜 뒤를 잇게 해야 합니다."라고 하였다. 마침내 이승장을 솔성재에 입학시켰다. → 재혼한 여성의 자식도 차별받지 않았음을 보여 줘. — 이승장 묘지명

고려의 가족 제도에서 남성과 여성의 관계는 비교적 수평적이었다. 아들과 딸에게 재산을 균등하게 상속하는 것이 일반적이었고, 여성의 이혼과 재혼이 비교적 자유로웠으며, 재혼으로 태어난 자녀도 차별을 받지 않았다.

고려의 일부일처제

(박유가) "청컨대, 여러 신하·관료들에게 여러 처를 두게 하되 ……." 연등회 날 저녁 박유가 왕의 행차를 호위하여 따라갔는데, 어떤 노파가 그를 손가락질하면서 "첩을 두고자 요청한 자가 저놈의 늙은이다."라고 하였다. …… 당시 재상 중에 부인을 무서워하는 자들이 있었기 때문에 그 건의를 정지하여, 결국 실행하지 못하였다. — 『고려사』

자료는 박유가 일부다처제를 제안하였으나 당시 사회 분위기와 여성의 반대로 시행되지 못한 상황을 보여 준다.

📖 **내 교과서** · 비상, 동아, 리베르, 미래엔, 씨마스, 지학사, 천재, 해냄 교과서에서 '조선 후기 신분 질서의 변화' 자료를 다루고 있어요.

내신과 수능을 다 잡는 자료

조선 후기 신분 질서의 변화

관직을 받는 사람의 이름을 적는 부분이 비어져 있었어.

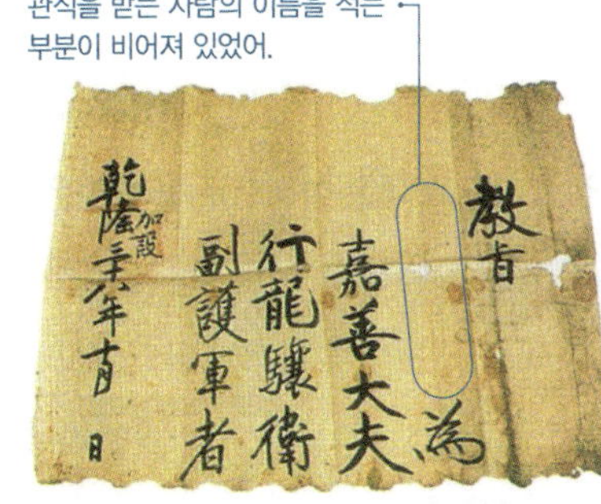

↑ 공명첩

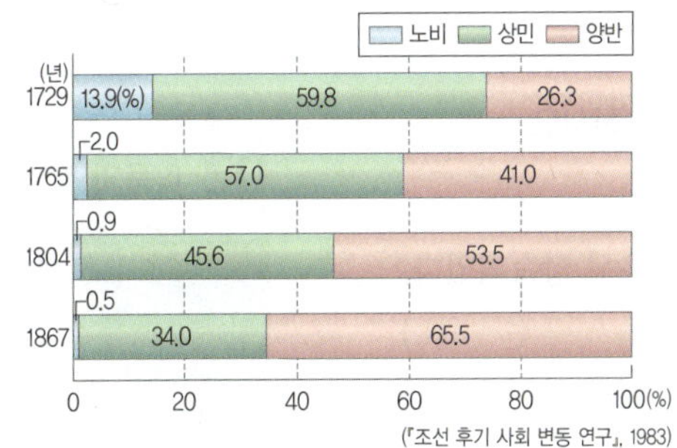

↑ 신분별 호구 구성비(울산 호적)

(년)	노비	상민	양반
1729	13.9(%)	59.8	26.3
1765	2.0	57.0	41.0
1804	0.9	45.6	53.5
1867	0.5	34.0	65.5

(『조선 후기 사회 변동 연구』, 1983)

양 난 이후 양반 중심의 신분 질서가 동요하였다. 많은 양반이 권력에서 밀려나 향반이나 잔반으로 몰락한 한편, 재산을 모은 상민층은 공명첩을 사서 양반이 되거나 몰락한 양반의 족보를 매입·위조하여 양반으로 행세하기도 하였다. 이에 따라 상민과 노비의 수가 줄고 군역을 면제받는 양반의 수가 크게 늘었다.

빈출 선택지로 점검하기

» 초성을 참고하여 조선 후기 신분 질서의 변화에 대한 선택지를 옳게 고쳐 보자.

- 천민들이 집단 상소 운동을 벌였다.
  → ㅅ ㅇ
- 상민의 수가 크게 늘고 양반과 노비의 수가 줄었다.
  → ㅇ ㅂ, ㅅ ㅁ
- 상민층이 납속과 노비종모법을 이용하여 신분을 상승하였다.
  → ㄱ ㅁ ㅊ

📖 사실, 양반·상민, 공명첩

함께 보기 · 내신 만점 공략하기 11번, 서술형 문제 01번

자료 ⑤ 향전의 전개

재산을 모아 신분이 상승된 신향은 수령과 결탁해 사족 모임인 향회에 적극 참여하면서 향촌 사회에서 영향력을 확대하였어.

영덕의 오래된 가문은 사족으로 모두 남인이며, 이른바 신향(新鄕)은 모두 서리와 품관의 자손으로 자칭 서인이라고 하는 자들입니다. 근래 신향들이 향교를 주관하면서 구향들과 서로 마찰을 빚었습니다. 주자의 영정 그림이 비로 인해 훼손되자 신향의 무리가 혹여 구향이 죄를 물을까 염려하여 남인에게 죄를 전가할 계책을 세웠습니다. — 『승정원일기』

조선 후기 재산을 모아 신분을 상승한 신향은 구향과 향전을 벌였다. 수령은 재정 위기를 해결하기 위해 신향을 지원하였다. 이 과정에서 구향의 세력이 약화되었으나 신향이 향촌 사회를 완전히 장악하지 못하면서 수령의 권한이 강해졌다.

정리 비법을 알려 줄게!

향촌 지배 체제의 변화

조선 전기
지방 사족이 유향소를 기반으로 향촌 지배, 서원과 향약을 통해 세력 확대

↓

조선 후기
신향 등장 → 향전 전개 → 향촌 사회에서 구향의 영향력 감소, 수령권 강화

1 다음 제도와 이를 운영한 국가를 옳게 연결하시오.

(1) 진대법 •　　　　　　• ㉠ 신라
(2) 화랑도 •　　　　　　• ㉡ 고구려

2 신라의 신분제인 (　　　　　)는 개인의 정치적·사회적 활동 범위를 엄격히 제한하였으며, 일상생활도 규제하였다.

3 다음 괄호 안의 내용 중 알맞은 말에 ○표를 하시오.

(1) 고려의 특수 행정 구역인 향·부곡·소에 거주하는 주민의 신분은 (양인, 천인)이었다.
(2) 고려에서는 양인 중에 관직이나 직역이 없는 대부분의 농민을 (남반, 백정)이라 불렀다.

4 다음 설명이 맞으면 ○표, 틀리면 ×표를 하시오.

(1) 고려 시대에 여성은 호주가 될 수 없었다.　　（　　）
(2) 고려 시대에 부모의 재산은 장남에게 우선 상속되었다.　　（　　）
(3) 조선은 법적으로 양천제를 시행하여 신분을 양인과 천인으로 구분하였다.　　（　　）

5 다음에서 설명하는 조선의 신분을 〈보기〉에서 골라 기호를 쓰시오.

┌ 보기 ┐
ㄱ. 상민　　　　ㄴ. 양반　　　　ㄷ. 중인
└──────┘

(1) 좁은 의미로는 잡과로 선발된 기술관을 의미하였다.　　（　　）
(2) 농민, 수공업자, 상인 등 생산 활동을 담당한 계층이다.　　（　　）
(3) 문반과 무반을 함께 부르던 말이었으나, 그 가족까지 포함하는 지배층의 호칭이 되었다.　　（　　）

6 군역을 면제받는 양반의 수가 크게 늘자, 영조는 양인의 수를 늘리고자 (　　　　　)을 실시하였다.

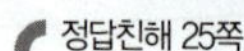

01 (가)에 들어갈 제도로 적절한 것은?

> **한국사 퀴즈 대본**
>
> # ○○번입니다.
> 다음에서 설명하는 제도는 무엇일까요?
> 힌트 1. 고구려 고국천왕 때 농민의 몰락을 방지하고자 실시한 구휼 제도입니다.
> 힌트 2. 봄에 곡식을 빌려주었다가 가을에 갚도록 하였습니다.
> 　　　　　　정답은 [　(가)　]입니다.

① 전시과　　② 진대법　　③ 상피제
④ 화랑도　　⑤ 기인 제도

중요
02 다음과 같이 운영된 제도에 대한 설명으로 옳은 것은?

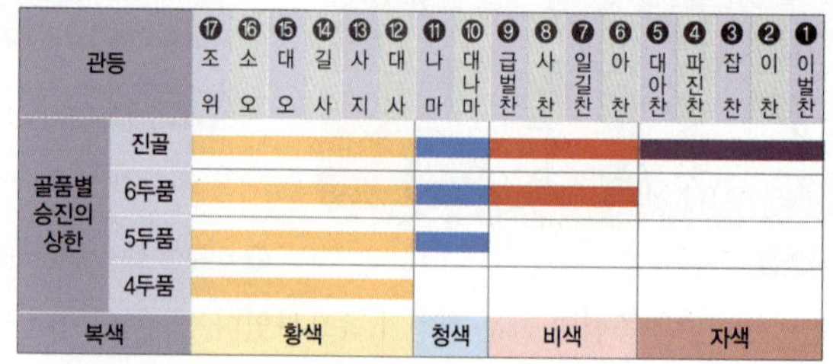

관등		㉗ 조위	㉖ 소오	㉕ 대오	㉔ 길사	㉓ 사지	㉒ 대사	⑪ 나마	⑩ 대나마	⑨ 급벌찬	⑧ 사찬	⑦ 일길찬	⑥ 아찬	⑤ 대아찬	④ 파진찬	③ 잡찬	② 이찬	① 이벌찬
골품별 승진의 상한	진골																	
	6두품																	
	5두품																	
	4두품																	
복색		황색						청색		비색				자색				

① 광종 때 쌍기의 건의로 도입되었다.
② 신라의 삼국 통일 이후에 제정되었다.
③ 사림 세력의 향촌 지배력을 강화시켰다.
④ 신진 사대부의 경제적 기반을 마련해 주었다.
⑤ 골품에 따라 개인의 일상생활도 규제를 받았다.

하나 더!
02-1 위 자료를 옳게 해석한 것만을 〈보기〉에서 고른 것은?

┌ 보기 ┐
ㄱ. 파진찬은 진골 출신만 할 수 있었다.
ㄴ. 6두품은 대아찬까지 승진할 수 있었다.
ㄷ. 관리의 복색은 골품에 의해 결정되었다.
ㄹ. 독서삼품과를 통해 골품이 승격되는 모습을 보여 준다.
└──────┘

① ㄱ, ㄴ　　　② ㄱ, ㄷ　　　③ ㄴ, ㄷ
④ ㄴ, ㄹ　　　⑤ ㄷ, ㄹ

03 다음은 고려의 신분 구성을 나타낸 것이다. (가) 계층에 대한 설명으로 옳은 것은?

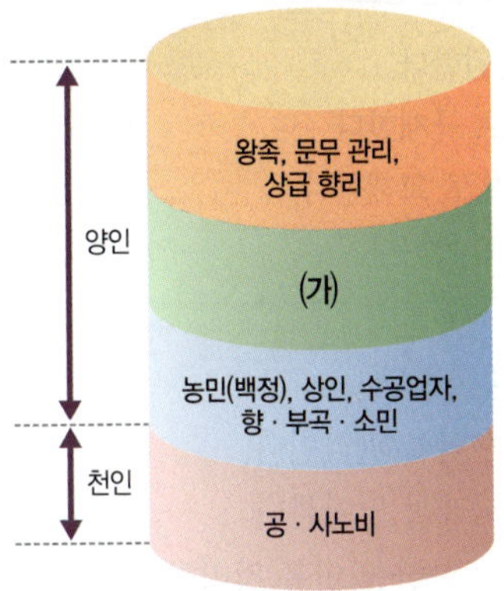

① 음서와 공음전의 혜택을 받았다.
② 과거에 응시하는 것이 금지되었다.
③ 신공을 바쳐 신분을 상승하기도 하였다.
④ 재산으로 간주되어 매매·증여·상속의 대상이 되었다.
⑤ 중앙과 지방 통치 기구의 행정 실무를 주로 담당하였다.

04 밑줄 친 지역에 거주하던 고려 시대 사람들에 대한 설명으로 옳은 것은?

신라가 주·군을 설치할 때 그 전정(田丁)이나 호구(戶口)가 현에 미달하는 곳에는 향이나 부곡을 설치하여 소재읍에 속하게 하였다. 고려 때에는 소라고 칭하는 것이 있었다.

① 백정이라 불렸다.
② 일천즉천의 원칙이 적용되었다.
③ 직역에 대한 대가로 토지를 받았다.
④ 고위 관직에 진출하여 문벌을 형성하였다.
⑤ 일반 군현민보다 더 많은 세금을 부담하였다.

⭐중요
05 다음 자료를 활용한 탐구 주제로 가장 적절한 것은?

평량은 평장사 김영관의 집안 노비로 …… 뇌물을 바쳐 천인에서 벗어나 산원동정의 벼슬을 얻었다.

① 반상제의 일반화　　　② 구향과 신향의 대립
③ 고려 시대 여성의 지위　④ 고려 시대 신분의 유동성
⑤ 골품제의 한계와 6두품의 활동

06 다음 상황이 나타난 시기의 사회 모습으로 옳지 <u>않은</u> 것은?

• 차라리 아들로 하여금 따로 살게 할지언정 딸은 내보내지 않습니다. …… 무릇 부모를 봉양하는 것은 딸이 맡아 하는 일입니다.
• 순비 허씨는 공암현 사람으로 중찬 허공의 딸이다. 일찍이 평양공왕현에게 시집가서 3남 4녀를 낳았다. 남편이 죽자 충선왕이 부인으로 맞이하여 순비로 책봉하였다.

① 여성이 호주가 될 수 있었다.
② 부모의 재산이 자녀에게 고르게 상속되었다.
③ 사위가 처가로 장가들어 사는 일이 일반적이었다.
④ 호적은 남녀 구분 없이 태어난 순서대로 기재하였다.
⑤ 아들이 없는 경우 양자를 들이는 것이 일반적이었다.

07 밑줄 친 '이들'에 대한 설명으로 옳은 것만을 〈보기〉에서 고른 것은?

• 무릇 이들의 매매는 관청에 신고하여야 한다. 사사로이 몰래 매매하였을 경우에는 관청에서 그 대가로 받은 물건을 모두 몰수한다. 나이 16세 이상 50세 이하는 가격이 최하 4천 장이고 15세 이하 50세 이상은 3천 장이다.
• 이들 1년의 신공은 남자의 경우 면포 2필이고, 여자의 경우에는 면포 1필이다.　　－『경국대전』

┌ 보기 ├
ㄱ. 국가에 세금을 납부할 의무가 있었다.
ㄴ. 재산을 소유할 수 있는 사람들도 있었다.
ㄷ. 신분적으로 양인이었지만 천역을 담당하였다.
ㄹ. 주인에게 예속되어 상속, 증여의 대상이 되었다.

① ㄱ, ㄴ　　　② ㄱ, ㄷ　　　③ ㄴ, ㄷ
④ ㄴ, ㄹ　　　⑤ ㄷ, ㄹ

★중요
08 다음은 조선의 신분 구성을 나타낸 표이다. (가)~(라) 신분에 대한 설명으로 옳지 <u>않은</u> 것은?

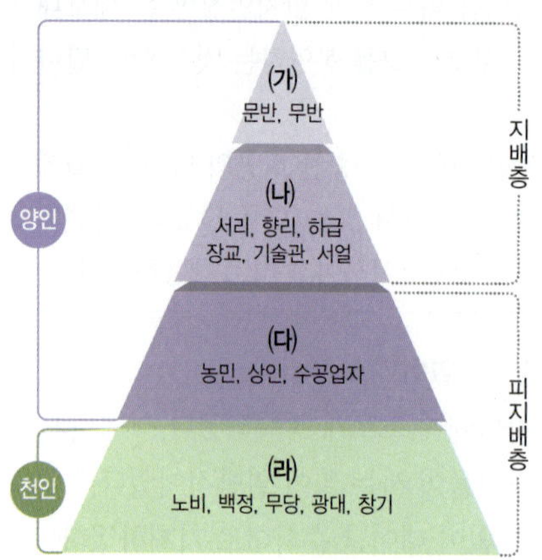

① (가) - 과거, 음서, 천거로 주요 관직을 차지하였다.
② (나) - 향촌에서 유향소를 조직하여 수령을 보좌하였다.
③ (다) - 법적으로 과거 응시가 가능하였다.
④ (다) - 대부분 농민으로 조세와 역을 부담하였다.
⑤ (라) - 재산으로 취급되어 매매가 가능하였다.

참나 더!
08-1 (나) 신분에 대한 설명으로 옳은 것은?

① 직역을 물려받았다.
② 국역을 면제받았다.
③ 소속 관청에 신공을 바쳤다.
④ 수군, 역졸과 같은 천한 일을 담당하였다.
⑤ 지방에 서원을 세우고 향약을 보급하였다.

09 (가)에 대한 설명으로 옳은 것은?

> 16세기 이후 지방에 [(가)]이/가 많이 세워졌다. 사족들은 [(가)]을/를 중심으로 결속을 다지고, 권위를 강화하였다. 정부도 성리학 이념을 보급하고자 [(가)]에 사액과 함께 토지, 노비 등을 내려 주었다.

① 집현전을 계승하여 설치되었다.
② 선현에 대한 제사와 교육을 담당하였다.
③ 흥선 대원군의 주도로 전국적으로 설립되었다.
④ 점차 수령의 조세 부과를 자문하는 기구로 변하였다.
⑤ 수령을 보좌하고 향리를 감시하는 기구로 설치하였다.

10 다음 자료를 활용한 탐구 활동으로 가장 적절한 것은?

> **향약의 4대 덕목**
> · 덕업상권: 좋은 일은 서로 권한다.
> · 과실상규: 잘못된 것은 서로 규제한다.
> · 예속상교: 예의 바른 풍속으로 교제한다.
> · 환난상휼: 어려운 일은 서로 돕는다.   - 『여씨향약』

① 문벌의 경제적 기반을 조사한다.
② 지방 사족의 농민 통제 수단을 파악한다.
③ 중앙 집권적 국가 운영 사례를 알아본다.
④ 6두품 세력이 골품제를 비판한 원인을 정리한다.
⑤ 불교와 도교가 향촌 질서에 미친 영향을 분석한다.

★중요
11 교사의 질문에 대한 학생의 답변으로 가장 적절한 것은?

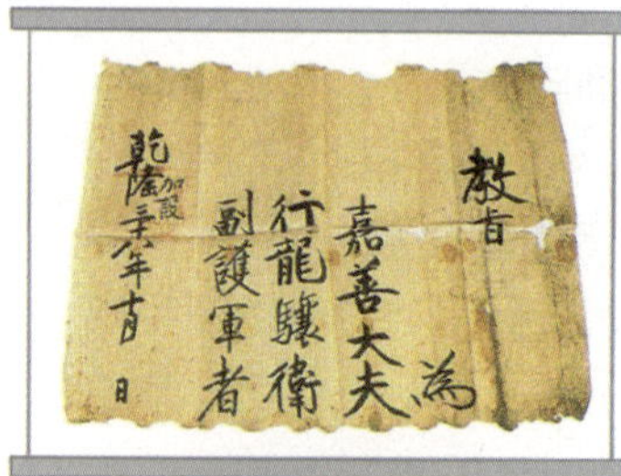

① 양반 중심의 신분제가 동요하였어요.
② 성리학의 보급과 확산이 이루어졌어요.
③ 훈구 세력과 사림 세력이 대립하였어요.
④ 노비종모법이 실시되고 공노비가 해방되었어요.
⑤ 향회가 강력한 권한을 행사하여 수령을 견제하였어요.

12 다음 상황이 나타난 시기를 연표에서 옳게 고른 것은?

(가)	(나)	(다)	(라)	(마)
과전법 실시	훈민정음 반포	노비종모법 실시	정조 즉위	순조 즉위	임술 농민 봉기 발발

① (가) ② (나) ③ (다) ④ (라) ⑤ (마)

13 다음 상황이 나타난 시기의 사회 모습으로 옳은 것은?

> (딸은) 생전에 봉양할 방법이 없고 사후에 제사의 예마저 차리지 않으니 어찌 유독 토지와 노비만 남자 형제와 균등하게 나누어 줄 수 있겠느냐. 딸은 토지와 노비를 3분의 1만 나누어 주겠다.   – 「부안 김씨 우반 고문서」

① 과부의 재가가 비교적 자유로웠다.
② 모계를 중심으로 사회 질서가 편성되었다.
③ 제사와 재산 상속이 장자 중심으로 이루어졌다.
④ 혼인 후 신랑이 신부 집에서 사는 경우가 많았다.
⑤ 남녀 구분 없이 태어난 순서대로 호적에 기재하였다.

14 다음 상황이 조선 사회에 끼친 영향으로 적절한 것은?

> 영덕의 오래된 가문은 사족으로 모두 남인이며, 이른바 신향(新鄕)은 모두 서리와 품관의 자손으로 자칭 서인이라고 하는 자들입니다. 근래 신향들이 향교를 주관하면서 구향들과 서로 마찰을 빚었습니다.   – 「승정원일기」

① 구향의 세력이 강화되었다.
② 수령의 권한이 강화되었다.
③ 신향이 향촌 사회의 지배권을 장악하였다.
④ 사족의 향촌 사회에 대한 영향력이 강화되었다.
⑤ 향회가 사족의 이익을 대변하는 기구로 자리 잡았다.

📝 서술형 문제

서술형 감잡기

01 다음 그래프와 같은 변화를 가져온 신분 상승의 방법을 **세 가지** 서술하시오.

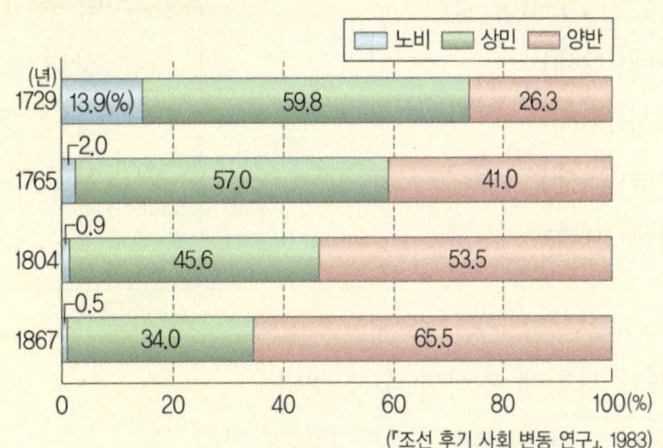

↑ 신분별 호구 구성비(울산 호적)

(1) 초성을 참고하여 서술형 답안에 들어갈 내용을 써 보자.

답안 키워드 ㄴㅅ   ㄱㅁㅊ   ㅈㅂ ㅇㅈ

(2) (1)의 내용을 포함하여 서술형 답안을 작성해 보자.

실전! 도전하기

02 다음 사례로 알 수 있는 고려 사회의 특징을 신라와 비교하여 서술하시오.

> 백임지는 남포현 사람으로 농사를 짓고 살았다. 날래고 용맹하여 군인으로 선발되었는데, …… 정중부의 변란으로 무인들이 세력을 얻자 드디어 높은 지위에 오르게 되었다.   – 「고려사」

03 밑줄 친 ⊙이 가리키는 제도를 쓰고, 이 제도가 신분 질서에 끼친 영향을 서술하시오.

> 김상성이 …… 올해 이후로는 ⊙ 모든 노비의 양인 처의 자식은 어머니의 신분을 따르게 하여 양인 장정의 수를 늘리자고 하였다.   – 「영조실록」

STEP 3 1등급 정복하기

최고난도

01 다음과 같은 호적이 작성된 시기의 사회 모습으로 적절한 것만을 〈보기〉에서 고른 것은?

〈호적1〉
호주 낙랑군 부인 최씨(60세)
장남 윤배(32세)
차남 윤성(28세)
삼남 윤방(24세)
사남 혜근(19세)

〈호적2〉	
호주 박송(61세)	처 소사(58세)
장녀 소사(37세)	사위 황문(40세)
장남 박성(30세)	며느리 가질구지(?세)
차남 구잘달(29세)	며느리 원지(24세)

보기

ㄱ. 여성도 과거 시험에 응시할 수 있었다.

ㄴ. 부모의 재산은 자녀에게 골고루 분배되었다.

ㄷ. 사위와 외손자에게까지 음서의 혜택을 주었다.

ㄹ. 아들이 없는 경우 양자를 들이는 것이 일반적이었다.

① ㄱ, ㄴ ② ㄱ, ㄷ ③ ㄴ, ㄷ
④ ㄴ, ㄹ ⑤ ㄷ, ㄹ

◆ **고려의 가족 관계**

완자 사전

■ 호적(戶籍)

호주를 중심으로 하여 그 집에 속하는 사람의 본적지, 성명, 생년월일 따위의 신분에 관한 사항을 기록한 공문서이다.

완자쌤의 시험꿀팁

고려의 가족 제도와 관련해서 여성의 지위가 다른 시대보다 높았음을 파악하고, 그 대표적인 사례를 정리해 둔다. 가정에서 여성의 지위가 높았던 것으로, 여성의 정치적 활동이 자유로웠던 것은 아님에 유의한다.

02 (가)에서 (나)로 노비의 신분 세습 방법을 변화시킨 목적으로 적절한 것은?

(가) 무릇 천인(노비)의 자녀는 어머니 쪽의 역을 따른다. 다만 천인이 양인 여자와 결혼하여 태어난 자녀는 아버지의 역을 따른다.
　　　　　　　　　　　　　　　　　　　　　　　　　　　　　　　　　－『경국대전』

(나) 암행어사가 군역에서 인징과 족징의 폐단을 통절히 아뢰기를 올해부터 모든 노비의 양인 아내에게서 태어난 자녀는 어머니의 역을 따르게 하여, 양인 장정의 숫자를 늘릴 것을 청하였다. 임금(영조)이 말하기를, "양민이 계속 줄어드는 문제는 여기에서 비롯된 것이다. 올해부터 태어난 자녀는 공노비, 사노비를 따지지 않고 어머니의 역을 따르게 하라."라고 하였다.
　　　　　　　　　　　　　　　　　　　　　　　　　　　　　　　　　－『영조실록』

① 서원을 철폐하기 위해

② 신분제를 폐지하기 위해

③ 노비의 숫자를 늘리기 위해

④ 국가의 재정을 확보하기 위해

⑤ 성리학적 질서를 확립하기 위해

◆ **조선 후기 신분제의 동요**

완자 사전

■ 인징(隣徵)과 족징(族徵)

인징은 이웃이 도망칠 경우 주변 이웃이 대신 군포를 납부하는 것을 말하며, 족징은 친적이 대신 납부하도록 하는 것을 의미한다.

완자쌤의 시험꿀팁

조선 후기 신분 질서의 동요는 자주 출제되는 주제이다. 신분 상승의 방법, 양반층의 분화, 노비 제도의 변화 등을 관련 사료와 함께 살펴보고, 조선 전기와 비교해서 파악해 두도록 한다.

수능 첫걸음

대표 유형 이렇게 나온다!

2022 9월 모평

(가)에 들어갈 내용으로 가장 적절한 것은?

① 신라 골품제의 모순
② 고려 전기 문벌 사회의 특징
③ 조선 후기 신분 질서의 동요
④ 일제 강점기 형평 운동의 의의
⑤ 고려 무신 정권 시기 하층민의 봉기

대표 유형 문제 풀이

※ 단계별로 문제 풀이에 접근해 보세요!

1단계 / 자료 분석하기

자료에서 몰락한 양반, 일부 상민들의 양반 신분 획득 등을 통해 (가)와 관련된 시기가 ❶ ________ 임을 파악한다.

2단계 / 정답 개념 연결하기

몰락한 양반, 상민들의 양반 신분 획득은 모두 조선 후기 ❷ ________ 의 동요를 보여 주는 것임을 연결한다.

3단계 / 오답 개념 피하기

① 신라 말 ❸ ________ 이 골품제의 모순을 비판하였다. ② 고려 전기에 대를 이어 고위 관리를 배출한 가문이 ❹ ________ 을 형성하였다. ④ 1920년대에 백정들이 형평 운동을 전개하였다. ⑤는 김사미, 효심의 봉기 등과 관련이 있다.

정답 ❶ 조선 후기 / 개념 풀이 ❷ 신분제 ❸ 6두품 ❹ 문벌

정답친해 28쪽

실전 문항으로 수능 준비하기

2021 9월 모평

(가)에 들어갈 내용으로 가장 적절한 것은?

<수행 평가 보고서>

3학년 ○○반 ○○번 이름: ○○○

- 조사 주제: (가)
- 조사 내용: 납속책과 공명첩, 서얼의 집단 상소 운동
- 조사 자료

#사례 1
경상도 단성현의 16△△년 호적 대장에 등장하는 수봉은 본래 사노비였다. 39년 뒤에 만들어진 호적 대장에는 수봉이 납속으로 정3품에 해당하는 명예관직을 얻은 것으로 나오고, 그의 아들은 어영청에 군포를 바치는 양인으로 기록되었다.

① 신라 말 농민 봉기의 배경
② 조선 전기 수취 체제의 변화
③ 조선 후기 신분 질서의 동요
④ 고려 무신 집권기 하층민의 저항
⑤ 고려 전기 문벌 사회의 형성

1등급 전략

조선 후기 신분제의 동요를 보여 주는 사례를 공명첩, 납속, 군공, 족보 위조, 서얼의 신분 상승 운동 등을 통해 정리한다. 상민의 신분 상승이 조선 경제에 끼친 영향도 함께 알아두는 것이 좋다.

출제 전망

- **전망1** 공명첩 등의 자료를 제시하고 이와 관련된 조선 후기 신분제의 동요에 대해 묻는 문제가 출제될 수 있다.
- **전망2** 조선 후기 신분제의 동요와 경제적 변화를 연관시켜 묻는 문제가 출제될 수 있다.

04 사상과 문화

학습 내용
▶ 고대 국가의 사상과 문화
▶ 고려 시대 종교와 학문의 발달
▶ 조선 전기 성리학의 발달
▶ 조선 후기 새로운 문화 경향

이것이 핵심!

✸ 고대 국가의 불교와 유학 발달

불교	• 삼국: 왕권 강화에 기여, 호국 불교 발달 • 통일 신라: 원효와 의상의 활동 → 불교의 대중화 • 발해: 고구려 불교 계승
유학	• 삼국: 유학 교육 • 통일 신라: 국학 설치, 독서삼품과 실시 • 발해: 주자감 설치, 6부 명칭에 유교 덕목 반영

◆ 임신서기석의 기록

임신년 6월 16일에 두 사람이 함께 맹세하고 기록한다. …… 따로 앞서 신미년 7월 22일에 …… 『시경』, 『상서』, 『예기』, 『춘추전』 등을 차례로 3년 안에 습득할 것을 맹세하였다.

신라 젊은이들이 유교 경전을 익힐 것을 맹세하고 돌에 새긴 것이다. 신라의 유학 교육을 뒷받침하는 자료이다.

1 고대 국가의 사상과 문화

1. 불교의 수용과 발달
　꼭 고구려는 4세기 소수림왕 때 중국의 전진으로부터, 백제는 4세기 침류왕 때 중국의 동진으로부터 불교를 수용하였다. 신라는 고구려로부터 불교가 전해져 6세기 법흥왕 때 이차돈의 순교를 계기로 불교를 공인하였다.

(1) **삼국 시대의 불교:** 왕권 강화(왕즉불 사상)와 신분 질서 정당화에 이용, 호국 불교 발달

(2) **통일 신라의 불교**　경전과 교리의 이해를 중시하였다.　예 백제의 미륵사, 신라의 황룡사 9층 목탑 등 호국적 성격을 띤 대규모 사찰과 탑이 세워졌다.

① 삼국 통일 전후: 불교의 대중화, 교종 중심, 불교문화 융성(불국사, 석굴암 등) 자료 ①

원효	일심 사상과 화쟁 사상 주장, 아미타 신앙 전파(→ 불교의 대중화에 기여)　현세에서 겪는 고난을 구제받으려는 신앙이야.
의상	신라 화엄종 개창(화엄 사상 강조), 부석사 등 사찰 건립(제자 양성), 관음 신앙 전파

② 신라 말 선종의 유행: 참선 수행을 통한 깨달음 추구, 지방 호족의 지원, 승탑과 탑비 유행

(3) **발해의 불교:** 왕실과 귀족 중심으로 유행, 고구려 불교 계승(발해 석등, 이불 병좌상 등)

2. 유학의 수용과 학문의 발달　꼭 역사서를 편찬하여 국력을 과시하고, 왕실의 권위를 높이기도 하였다.　연꽃무늬 등에서 고구려의 영향을 엿볼 수 있어.

(1) **삼국 시대 유학 교육:** 고구려(수도에 태학 설립, 지방에 경당 설립), 백제(오경박사가 유학 교육 담당), 신라(◆임신서기석에 유학 공부를 한 사실 기록)

(2) **통일 신라와 발해의 유학 발달**　통일 신라와 발해의 유학생들이 당의 빈공과에 합격하기도 하였어.

통일 신라	신문왕 때 국학 설립, 원성왕 때 독서삼품과 실시(관리 선발) → 6두품 출신 지식인들의 활약(강수, 설총 등), 일부 신라인이 당의 빈공과 합격　유교 경전의 이해 수준을 평가하여 관리를 선발한 제도야.
발해	유학을 통치 이념에 반영, 주자감에서 유학 교육, 6부의 명칭에 유교 덕목 반영

3. 도교와 풍수지리설　풍수지리설은 수도 금성(경주) 중심의 국토관에 변화를 가져왔고, 지방 호족의 세력 확대에 이용되었어.

도교	신선 사상을 바탕으로 산천 숭배·민간 신앙 등 결합, 불로장생과 현세의 복 추구 자료 ②
풍수지리설	신라 말 도선 등이 수용, 도참사상과 결합

4. 국제적인 문화 교류

(1) **문화 교류:** 중국 및 서역의 여러 나라와 교류　예 중국 남조의 영향을 받은 무령왕릉, 신라 무덤에서 발견된 서역 유리병 등

(2) **일본에 문화 전파:** 백제(한자·유학 전파, 화가·공예 기술자의 활약), 고구려(담징이 종이·먹 제조법 전파), 신라(배 만드는 기술 전파), 가야(가야 토기가 스에키에 영향)
　꼭 삼국과 가야의 문화는 일본 아스카 문화 발전에 영향을 미쳤고, 통일 신라의 유교 문화와 불교 사상은 일본 하쿠호 문화에 영향을 주었어.

이것이 핵심!

✸ 고려 시대 불교와 유교의 발달

불교	숭불 정책, 불교 통합 운동(의천, 지눌), 대장경 조판
유교	정치 이념화, 성리학 수용

2 고려 시대 종교와 학문의 발달

불교의 이론적 교리 공부(교)와 실천적 수행(관)을 함께 닦아야 한다는 이론이야.

1. 불교의 발달: 국가의 지원 → 국사와 왕사 제도 마련, 승과 제도 실시, 불교 행사 개최

(1) **불교 통합 운동:** 불교의 형식화, 교종과 선종의 분열 극복 노력 자료 ③　예 연등회, 팔관회 등

의천	화엄종 중심의 교종 통합, 해동 천태종 창시(교종 중심의 선종 통합 도모), 교관겸수 주장
지눌	불교계의 세속화 비판, 정혜결사(수선사 결사) 조직, 선교 일치 주장, 정혜쌍수·돈오점수 주장
요세	천태종 중심, 백련결사(백련사 결사) 결성, 참회와 염불 수행 강조

(2) **원 간섭기의 폐단:** 불교의 세속화, 폐단 심화, 개혁적 성향 약화 → 신진 사대부의 비판
　불교 사찰이 원과 왕실의 후원을 얻어 막대한 토지와 노비를 소유하고 고리대를 일삼았어.

자료 ❶ 원효와 의상의 사상

> 원효는 누구나 '나무아미타불'만 지극한 마음으로 외우면 내세에 구원을 받을 수 있다고 주장하였어.

- 원효는 설총을 낳은 이후 속인의 옷으로 갈아입고 스스로 소성거사라고 칭하였다. 수많은 촌락에서 노래하고 춤추며 교화하고 읊고 돌아오니, 가난하고 무지몽매한 무리도 모두 부처의 이름을 알고 '나무아미타불'을 칭하였다. — 일연, 『삼국유사』
- 하나 가운데 일체의 만물이 있고, 만물 속에 하나가 자리 잡고 있으니, 하나가 곧 일체의 만물이고, 만물은 곧 하나에 귀속된 것이다. 한 작은 티끌 속에서 시방(十方)이 있는 것이요, 한 찰나가 곧 영원이다. — 의상, 『화엄일승법계도』

> 의상은 모든 우주 만물이 상호 의존적인 관계에 있다는 화엄 사상을 정립하였어.

원효는 일심 사상을 바탕으로 여러 종파의 대립을 없애고자 화쟁 사상을 주장하였다. 더불어 아미타 신앙을 전파하여 불교의 대중화에 기여하였다. 의상은 모든 존재가 서로 의존하며 조화를 이루고 있다는 화엄 사상을 바탕으로 신라 화엄종을 열고 『화엄일승법계도』로 교리를 체계화하였다.

자료 ❷ 삼국 시대의 도교 문화유산

↑ 강서대묘의 사신도 중 현무도

> 자연과 더불어 살아가고자 하는 도교의 관념이 담겨 있어.

↑ 백제의 산수무늬 벽돌

> 연꽃무늬 등의 불교적 요소와 신선, 용, 봉황 등의 도교적 요소가 나타나 있어.

↑ 백제 금동 대향로

삼국 시대에 중국으로부터 도교가 들어와 왕실과 귀족 사회를 중심으로 유행하였다. 고구려 고분 벽화에는 도교의 상상 속 동물인 사신이 그려져 있고, 백제의 산수무늬 벽돌과 백제 금동 대향로에는 도교에서 추구하는 이상 세계가 표현되어 있다.

자료 ❸ 의천과 지눌의 불교 통합 운동

[의천의 주장]
- 교리만 강조하거나 참선만 주장하는 사람은 한쪽에 치우친 것이다.
- 교학(불교의 이론적 교리 공부)과 선(실천적 수행)을 함께해야 한다(교관겸수).

[지눌의 주장]
- 항상 선정을 익히고 지혜를 고르게 하기에 힘써야 한다.
- 선과 교학을 치우침 없이 고루 닦아야 한다(정혜쌍수). 한순간에 깨달음을 얻더라도, 꾸준히 수행해야 한다(돈오점수).

고려 불교계가 교종과 선종으로 나뉘어 대립하자 불교 통합 노력이 전개되었다. 의천은 해동 천태종을 창시하고 교관겸수를 주장하여 교종을 중심으로 선종을 통합하려고 하였다. 그러나 의천이 죽은 후 교단은 다시 분열하였다. 무신 정권기 지눌은 불교계의 세속화를 비판하며 개혁을 위한 결사 운동을 펼쳤고, 돈오점수와 정혜쌍수를 주장하며 선종을 중심으로 교종을 통합하고자 하였다.

◆ 『삼국사기』

현존하는 가장 오래된 역사서로, 신라 중심의 역사의식이 담겼다.

◆ 『삼국유사』

일연이 쓴 역사서로, 고조선부터 후삼국 시대까지의 역사와 함께 불교, 설화 등의 내용을 담고 있다.

2. 불교문화의 발달 ┌ 부처의 힘으로 외적의 침입을 물리치고자 하는 염원이 담겨 있어.

(1) **대장경의 조판과 서적 편찬:** 대장경 조판(거란 침입 때 초조대장경, 몽골 침입 때 팔만대장경), 『직지심체요절』 간행 **자료 4**

(2) **불교문화:** 불화와 불상(철불, 거대한 불상 등) 제작, 사원·석탑 건축 ┌ 예 개성 경천사지 10층 석탑
└ 예 안동 봉정사 극락전, 영주 부석사 무량수전 등

3. 도교와 풍수지리설, 유교(유학)의 발달

도교	귀족과 왕실을 중심으로 발달, 도교 사원 건립, 초제(도교식 제사) 거행
풍수지리설	도참사상과 결합하여 유행, 서경 길지설이 북진 정책과 서경 천도 운동 등에 영향
유교(유학)	• 정치 이념화, 유학 교육(국자감·향교 설립, 최충의 9재 학당 등 사학 12도 융성, 12목에 경학박사 파견) • 성리학: 원 간섭기 안향이 수용 → 신진 사대부가 개혁 사상으로 수용

4. 역사서 편찬 ┌ 전기에는 7대 실록, 『삼국사』 등이 편찬되었지만 전해지지 않아.

┌ 꼭! 이색, 정몽주, 정도전 등이 고려에 성리학을 퍼뜨리면서 성리학이 개혁 정치의 사상적 기반이 되었어.

| 중기 | 김부식의 ◆『삼국사기』 편찬(유교적 합리주의 사관, 기전체 형식) |
| 후기 | 무신 정변과 몽골의 침입 이후 자주 의식을 강조한 역사서 편찬 → 이규보의 「동명왕편」(고구려 계승 의식 표방), 일연의 ◆『삼국유사』·이승휴의 『제왕운기』(단군을 민족의 시조로 서술) 등 → 고려 말 성리학적 유교 사관 대두(이제현의 『사략』 등) |

└ 정통성과 대의명분을 강조하였어.

❋ **조선의 사상과 문화**

| 조선 전기 | 성리학의 지배 이념화 → 성리학의 절대화 경향 |
| 조선 후기 | 실학의 등장, 천주교의 확산, 동학의 등장, 서민 문화의 발달 |

◆ **토지 개혁론**

유형원의 균전론	신분에 따라 차등을 두어 일정한 면적의 토지 분배
이익의 한전론	생활에 필요한 최소한의 토지 매매 금지
정약용의 여전제	토지를 공동 경작한 후 그 수확량 분배

◆ **동학의 교리**

| 시천주 | 사람의 마음속에 한울님을 모시고 있다는 사상 |
| 후천개벽 | 낡은 세계가 끝나고 곧 새로운 세상이 열린다는 주장 |

③ 조선 시대 성리학의 발달과 새로운 문화 경향

┌ 이황의 사상이 일본에 전파되어 일본에서는 그를 '동방의 주자'로 부르기도 하였어.

1. 성리학의 발달: 통치와 일상생활 지배, 유교를 토대로 자주적 문화 발전

| 이황 | 도덕적 행위의 근거로 심성 중시, 근본적·이상주의적 경향, 『주자서절요』·『성학십도』 저술 |
| 이이 | 현실적·개혁적 경향, 『동호문답』·『성학집요』 저술, 다양한 개혁 방안 제시 |

└ 통치 체제의 정비와 수취 제도의 개혁 등 다양한 개혁 방안을 제시하였어.

2. 성리학의 절대화: 양 난 이후 서인이 성리학적 명분론 강화, 주자학설의 절대적 가치화 → 윤휴·박세당 등이 유교 경전의 재해석 시도, 사문난적으로 배척

3. 새로운 사상의 발달 왜? 당시 지배층은 성리학 이론에 치우쳐 사회 변동에 적절히 대응하지 못하였기 때문이야. ┌ 성리학에서 교리를 어지럽히는 사람을 이르는 말이야.

(1) **실학의 발달:** 실증적 연구 방법으로 사회 모순을 해결하려는 학문 **다 잡는 자료**

① **농업 중심의 개혁론:** 토지 제도 개혁을 통한 농촌 사회의 안정 추구 → ◆유형원의 균전론, 이익의 한전론, 정약용의 여전제 주장

② **상공업 중심의 개혁론:** 청의 문물 수용과 상공업 진흥 주장 → 유수원(직업의 평등 강조), 홍대용(기술 혁신과 문벌제도 폐지 주장), 박지원(수레와 선박, 화폐 유통의 필요성 강조), 박제가(수레와 선박 이용 주장, 소비 촉진을 통한 경제 활성화 강조)

③ **국학의 발달:** 우리의 역사(안정복의 『동사강목』), 지리(이중환의 『택리지』, 김정호의 「대동여지도」 등), 언어 연구 활발 ┌ 중국 중심의 사관에서 벗어나 한국사의 독자적 정통성을 내세웠어.

(2) **천주교의 확산과 동학의 등장**

| 천주교 | 17세기 서학으로 수용 → 18세기 후반 신앙으로 수용(인간 평등 주장, 제사 거부) |
| ◆동학 | 최제우가 창시(1860), 시천주 사상(인간 평등 강조)·후천 개벽 주장(→ 하층민이 호응), 최시형의 교단과 교리 정리(『동경대전』·『용담유사』 편찬) |

4. 서민 문화의 발달: 조선 후기 서민들의 사회적 지위 향상, 서당 교육 확대 → 한글 소설(『홍길동전』, 『춘향전』), 사설시조, 판소리, 탈놀이, 풍속화, 민화 유행 **자료 5**

└ 서민들이 참여하여 만든 문화야.

자료 ④ 고려 시대 대장경의 조판과 불교 서적

— 합천 해인사 장경판전에 보관 중이야.

⬆ 팔만대장경판

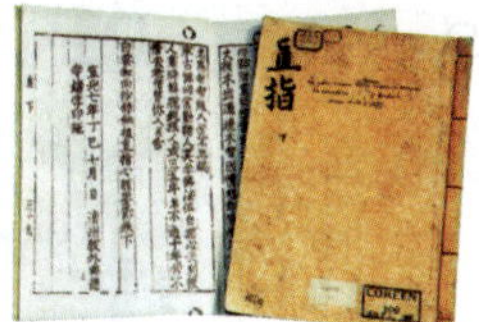

⬆ 『직지심체요절』

고려에서는 부처의 힘으로 외적의 침입을 극복하고자 대장경을 조판하였다. 거란의 침략을 물리치기 위해 초조대장경을 조판하였고, 몽골의 침략으로 초조대장경이 불타자 팔만대장경을 완성하여 몽골의 침입을 물리치고자 하였다. 한편, 고려는 세계 최초로 금속 활자를 발명하였다. 1377년 청주 흥덕사에서 인쇄된 『직지심체요절』은 세계에서 현존하는 것 중 가장 오래된 금속 활자 인쇄본으로 인정받고 있다.

— 1377년 청주 흥덕사에서 금속 활자로 인쇄하였다.

문제로 확인할까?

팔만대장경에 대한 설명으로 옳은 것만을 〈보기〉에서 고른 것은?

┤ 보기 ├
ㄱ. 불교 경전을 집대성하였다.
ㄴ. 거란의 침입 당시 만들어졌다.
ㄷ. 몽골의 침입을 부처의 힘으로 극복하기 위해 만들었다.
ㄹ. 세계에서 가장 오래된 금속 활자본으로 인정받고 있다.

① ㄱ, ㄴ   ② ㄱ, ㄷ
③ ㄴ, ㄷ   ④ ㄴ, ㄹ
⑤ ㄷ, ㄹ

② 🔖

📖 **내 교과서** ✓ 비상, 동아, 리베르, 미래엔, 씨마스, 지학사, 천재, 해냄 교과서에서 '실학의 발달'과 관련된 사료를 다루고 있어요.

내신과 수능을 다 잡는 자료 — 실학의 발달

— 정약용은 토지 분배의 원칙으로 농업에 종사하는 자만이 토지를 소유해야 한다고 주장하였어.

• 농사를 짓는 사람에게는 토지를 갖게 하고 농사를 짓지 않는 사람에게는 토지를 갖지 못하게 하려면 여전제를 실시하여야 한다. …… 무릇 1여의 토지는 1여의 인민이 공동으로 경작하도록 한다. …… 여장은 매일 개개인의 노동량을 장부에 기록해 두었다가 …… 노동 일수에 따라 여민들에게 분배한다. — 정약용, 『여유당전서』

— 소비를 통해 생산을 자극해야 한다고 주장하였어.

• 대체로 재물은 비유하건대 샘과 같은 것이다. 퍼내면 차고, 버려두면 말라 버린다. …… 기교를 숭상하지 않아서 공장(수공업자)이 기술을 익히지 않게 되면 기예가 사라지게 되며, 농사가 황폐해져서 그 법을 잃게 되므로 사농공상의 사민이 곤궁하여 서로 구제할 수 없게 된다. — 박제가, 『북학의』

성리학이 현실의 모순을 해결하는 역할을 못하자, 실학자들은 실증적인 연구 방법으로 사회 모순을 해결하고자 하였다. 실학은 크게 토지 제도 개혁을 중시하는 방향과 상공업 진흥을 적극 주장하는 방향에서 전개되었다. 농업 중심 개혁론자들은 토지 제도의 개혁을 우선 과제로 내세웠고, 상공업 중심 개혁론자들은 상공업 발전과 청 문물 수용을 주장하였다.

빈출 선택지로 점검하기

» 초성을 참고하여 다음 선택지를 옳게 고쳐 보자.

• 김정호는 소비 촉진을 통한 경제 활성화를 주장하였다.
  → ㅂㅈㄱ

• 상공업 중심 개혁론자들은 일본 문물을 수용하자고 주장하였다.
  → ㅊ

• 어익은 토지를 공동으로 경작한 뒤 그 수확량을 분배하는 여전제를 주장하였다.
  → ㅈㅇㅇ

박제가, 청, 정약용 🔖

함께 보기 • 내신 만점 공략하기 07번

자료 ⑤ 서민 문화의 발달

— 풍속화는 당시 사람들의 생활 모습을 생동감 있게 표현한 그림이고, 민화는 다양한 소재로 서민들의 복을 기원한 그림이야.

⬆ 김홍도의 「씨름」(풍속화)

⬆ 「까치와 호랑이」(민화)

조선 후기에는 농업 생산력의 증대와 상품 화폐 경제의 발달로 서민의 경제력과 사회적 지위가 향상되었다. 또한 서당 교육의 확대로 서민들의 의식 수준이 높아져 서민들이 문화를 누리는 주체로 성장하였다. 이를 배경으로 『홍길동전』, 『춘향전』 등의 한글 소설, 사설시조, 판소리, 탈놀이, 풍속화, 민화와 같이 서민을 중심으로 하는 문화가 발달하였다.

자료 하나 더 알고 가자!

한글 소설의 유행

낳아 길러 주신 부모님의 은혜를 입었음에도, 아버지를 아버지라 못 하옵고, 형을 형이라 못 하오니, 어찌 사람이라 하겠습니까? — 허균, 『홍길동전』

조선 후기에는 현실 사회와 양반의 부조리를 비판하고 서민의 감정을 솔직하게 표현한 한글 소설이 유행하였다.

STEP 1 핵심 개념 **확인**하기

1 다음 괄호 안의 내용 중 알맞은 말에 ○표를 하시오.

(1) 원효는 (화쟁 사상, 왕즉불 사상)을 주장하여 여러 불교 종파의 대립을 없애고자 하였다.

(2) 당에서 유학한 의상은 (천태종, 화엄종)을 개창하였으며, 부석사를 비롯한 여러 사찰을 세웠다.

2 다음 교육 기관과 이를 설립한 국가를 옳게 연결하시오.

(1) 태학 •　　　　　• ㉠ 고려
(2) 주자감 •　　　　• ㉡ 발해
(3) 국자감 •　　　　• ㉢ 고구려

3 다음에서 설명하는 인물을 〈보기〉에서 골라 기호를 쓰시오.

┌ 보기 ┐
ㄱ. 일연　　　ㄴ. 의천　　　ㄷ. 지눌　　　ㄹ. 김부식

(1) 유교적 합리주의 사상을 바탕으로 『삼국사기』를 편찬하였다. 　　　　　(　　)

(2) 원 간섭기에 단군을 민족의 시조로 기록한 『삼국유사』를 편찬하였다. 　　　　　(　　)

(3) 불교계의 세속화를 비판하고 선교 일치를 주장하며 수선사 결사를 결성하였다. 　　　　　(　　)

(4) 화엄종을 중심으로 교종을 통합하고 해동 천태종을 창시하여 선종까지 포섭하려 하였다. 　　　　　(　　)

4 다음 설명이 맞으면 ○표, 틀리면 ×표를 하시오.

(1) 조선 후기에는 『홍길동전』, 『춘향전』 등의 한글 소설이 유행하였다. 　　　　　(　　)

(2) 유형원, 이익, 정약용 등의 실학자는 청의 문물 수용과 상공업 진흥을 주장하였다. 　　　　　(　　)

(3) 안정복은 『동사강목』을 저술하여 중국 중심의 역사 인식에서 벗어나 우리 역사를 체계화하였다. 　　　　　(　　)

5 19세기 후반 최제우는 지배층의 수탈이 심해지고 천주교가 확산하는 가운데 (　　　　　)을 창시하였다.

STEP 2 내신 만점 **공략**하기

01 다음 문화유산을 만든 나라에 대한 설명으로 옳은 것은?

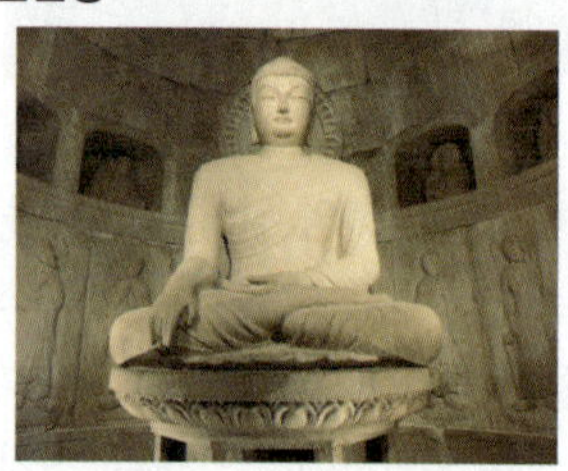

석굴암은 화강암을 쌓아 만든 인공 석굴이다. 사각형의 전실과 원형의 주실로 이루어졌는데, 주실의 둥근 천장은 하늘 세계를 나타낸다. 석굴 안에는 본존상과 여러 조각들이 조화를 이루고 있다.

① 성균관을 설치하였다.
② 성리학을 수용하였다.
③ 『삼국사기』를 편찬하였다.
④ 팔만대장경을 조판하였다.
⑤ 선종의 유행으로 승탑이 많이 세워졌다.

02 (가)에 들어갈 내용으로 적절한 것은?

한국사 인물 카드
- 생몰: 617~686년
- 주요 활동
  - 일심 사상을 주장함
  - ＿＿＿＿＿＿＿ (가)
- 기타: 요석 공주와 설총을 낳았다는 이야기가 전해짐

① 화엄종을 개창함
② 석굴암을 조성함
③ 『삼국유사』를 편찬함
④ 고려에 성리학을 소개함
⑤ 불교의 대중화를 위해 힘씀

03 다음 비석에 대한 설명으로 옳은 것은?

① 신라의 유학 교육 상황을 짐작하게 한다.
② 신라의 한강 유역 장악 과정을 보여 준다.
③ 신라가 불교를 공인한 과정을 알 수 있다.
④ 고구려 태학과 경당의 운영 방식을 알려 준다.
⑤ 삼국 시대에 도교가 전래된 사실을 담고 있다.

04 (가)에 들어갈 주제로 가장 적절한 것은?

한국사 수행 평가 보고서

□학년 △반 ○○○

- 탐구 주제: ________________ (가)
- 조사 내용

사진	설명
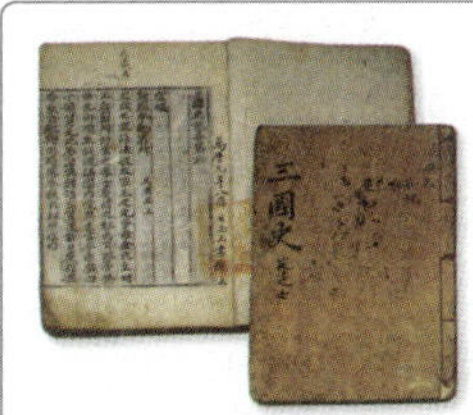	왼쪽의 금동 미륵보살 반가 사유상은 삼국 시대에 만들어진 우리나라의 불상이고, 오른쪽의 고류사 목조 미륵보살 반가 사유상은 7세기에 한반도에서 만들어져 현재 일본에 남아 있는 불상이다.

① 고대 우리 문화의 일본 전파
② 조선 후기 서민 문화의 발달
③ 우리나라와 일본의 유교 교육 기관
④ 성리학이 동아시아 각국에 미친 영향
⑤ 임진왜란 이후 일본의 도자기 기술 발전

★중요 05 (가), (나) 문화유산에 대한 설명으로 옳은 것은?

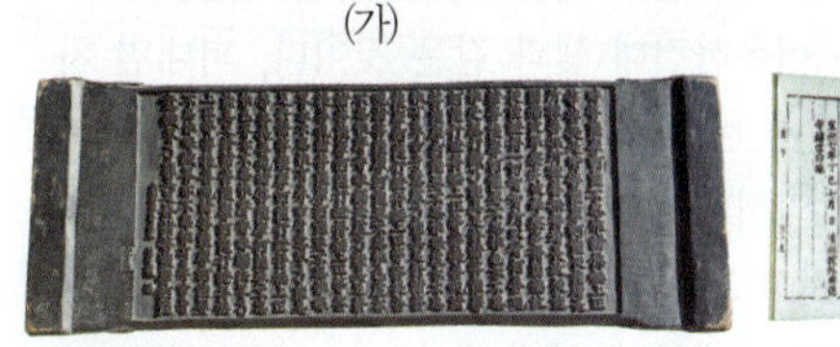

(가)

(나)

↑ 몽골의 침입을 부처의 힘으로 극복하고자 만들었다.

↑ 1377년 청주 흥덕사에서 제작된 금속 활자본이다.

① (가) – 이자겸의 난 이전에 만들어졌다.
② (가) – 고려가 최초로 제작한 대장경이다.
③ (나) – 고려 시대 일연이 기록한 역사서이다.
④ (나) – 세계에서 가장 오래된 금속 활자본이다.
⑤ (가), (나) – 조선 후기 서민 문화의 발달을 보여 준다.

한 걸음 더! 05-1 (가) 문화유산이 제작된 시기를 연표에서 옳게 고른 것은?

(가)	(나)	(다)	(라)	(마)
▲	▲	▲	▲	▲
후삼국 통일	노비안검법 실시	무신 정변	위화도 회군	훈민정음 반포

▲ 영정법 실시

① (가) ② (나) ③ (다) ④ (라) ⑤ (마)

06 다음 역사서에 대한 설명으로 옳은 것은?

이 책은 고려 시대에 편찬된 역사서로, 사마천이 쓴 『사기』의 역사 서술 방식인 기전체에 따라 본기(제왕), 지(주제), 열전(인물), 표(연표)로 구성되었다.

① 김부식이 편찬을 주도하였다.
② 단군을 우리 민족의 시조로 기록하였다.
③ 성리학적 유교 사관에 근거하여 작성되었다.
④ 주로 동명왕을 칭송하는 내용으로 구성되었다.
⑤ 몽골의 침략 이후 강화된 자주 의식이 반영되었다.

07 다음 주장을 한 인물의 활동으로 옳은 것은?

> 대체로 재물은 비유하건대 샘과 같은 것이다. 퍼내면 차고, 버려두면 말라 버린다. …… 기교를 숭상하지 않아서 공장이 기술을 익히지 않게 되면 기예가 사라지게 되며, 농사가 황폐해져서 그 법을 잃게 되므로 사농공상의 사민이 곤궁하여 서로 구제할 수 없게 된다. ─ 「북학의」

① 동학을 창시하였다.
② 시무 28조를 올렸다.
③ 별무반을 편성하였다.
④ 수원 화성을 축조하였다.
⑤ 청 문물의 수용을 주장하였다.

08 (가), (나) 종교에 대한 설명으로 옳은 것은?

> 조선 후기에는 청을 통해 │ (가) │ 이/가 전해졌다. 처음에는 서양의 학문인 서학으로 연구되었으나, 점차 신앙으로 받아들여졌다. 그러나 제사를 거부한다는 이유로 조선 정부의 탄압을 받았다. 한편, 19세기 최제우가 │ (나) │ 을/를 창시하였다. 조선 정부는 세상을 어지럽힌다는 죄목으로 최제우를 처형하였다.

① (가) ─ 인간의 심성과 우주를 탐구하는 신유학이다.
② (가) ─ 신선 사상을 바탕으로 불로장생을 추구하였다.
③ (나) ─ 청 문물 수용과 상공업 진흥을 강조하였다.
④ (나) ─ 팔관회와 연등회 등 대규모 행사를 열었다.
⑤ (가), (나) ─ 인간 평등사상을 강조하였다.

09 (가)에 들어갈 내용으로 적절하지 <u>않은</u> 것은?

> **수행 평가 활동지**
>
> 1. 학습 주제: 조선 후기 서민 문화의 발달
> 2. 작품: │ (가) │

① 「춘향전」　　② 봉산 탈춤
③ 김홍도의 「씨름」　　④ 신윤복의 「단오풍정」
⑤ 김정호의 「대동여지도」

서술형 문제

서술형 감잡기

01 (가), (나) 역사서의 명칭을 쓰고, 두 역사서에 담긴 공통적인 역사 인식을 서술하시오.

> (가) 무신 집권기에 이규보가 고구려 시조인 동명왕의 업적을 칭송한 역사서이다.
> (나) 원 간섭기에 일연이 단군을 민족의 시조로 기록한 역사서이다.

(1) 초성을 참고하여 서술형 답안에 들어갈 내용을 써 보자.

답안 키워드　　　ㄷㅁㅇㅍ　　　ㅅㄱㅇㅅ

(2) (1)의 내용을 포함하여 서술형 답안을 작성해 보자.

실전! 도전하기

02 (가)에 들어갈 사상을 쓰고, ㉠과 ㉡ 세력의 대표적인 주장을 각각 서술하시오.

> 조선 후기 지배층은 성리학 이론에 치우쳐 당시 사회 변동에 적절히 대응하지 못하였다. 이에 실증적 연구 방법으로 사회 모순을 해결하려는 │ (가) │ 이/가 제기되었다. 이들은 크게 ㉠ 농업 중심 개혁론자들과 ㉡ 상공업 중심 개혁론자들로 구분하기도 한다.

03 (가)에 들어갈 문화를 쓰고, (가) 문화가 등장한 배경을 서술하시오.

> 조선 후기에는 │ (가) │ 이/가 발달하였다. 한글 소설에는 서민들의 소망이 담겼고, 기존의 시조 형식에 구애받지 않는 사설시조는 서민들의 감정을 사실적으로 묘사하였다. 판소리와 탈놀이에는 양반의 위선을 비판하거나 사회 부정과 비리를 풍자하는 내용이 많았다. 또한 사람들의 일상생활을 그린 풍속화와 생활 공간을 장식한 민화가 유행하였다.

1등급 정복하기

최고난도

01 (가), (나) 인물에 대한 설명으로 옳은 것은?

(가)

(나)

① (가) – 부석사를 건립하였다.
② (가) – 해동 천태종을 창시하였다.
③ (나) – 백련결사를 조직하였다.
④ (나) – 서경으로 천도할 것을 주장하였다.
⑤ (가), (나) – 교종을 중심으로 선종을 통합하려 하였다.

02 다음 소설이 유행한 시기에 대한 설명으로 옳지 <u>않은</u> 것은?

> 춘향이 이방에게 말하였다. "열녀에도 양반 상놈이 있더이까? …… 진주 기생 논개는 충신으로 충렬문에 모셔졌고, 평양 기생 원선이도 충렬문에 들어 있소. 기생이라도 더는 무시하지 마오." 춘향이 사또를 향해 아뢰었다. "사또는 양반이니 예절을 아실 것 아니오? 수절하는 아녀자에게 수청 들라 하시면 삼강오륜의 도리에 어긋나는 것이오."
> – 「춘향전」

① 세계 최고의 금속 활자 인쇄본이 제작되었다.
② 형식에 얽매이지 않는 사설시조가 유행하였다.
③ 서민이 향유하고 창작하는 문화 활동이 활기를 띠었다.
④ 농민들이 경제적 여유가 생기면서 자녀 교육에도 관심이 높아졌다.
⑤ 양반의 위선을 비판하거나 비리를 풍자하는 공연이 인기를 끌었다.

◆ **고려 시대 불교 통합 운동**

완자 사전

■ **교관겸수**
교종과 선종을 함께 수행하되 교종을 중심으로 선종을 포용하려는 통합 이론이다.

■ **정혜쌍수**
선종을 중심으로 교종을 포용하려는 이론이다.

완자쌤의 시험꿀팁

승려의 주요 주장은 자주 출제된다. 통일 신라의 원효와 의상, 고려의 의천과 지눌이 주장한 주요 내용과 이들의 활동을 비교하여 정리해 두어야 한다.

◆ **조선 후기 서민 문화의 발달**

완자 사전

■ **삼강오륜(三綱五倫)**
유교에서 기본이 되는 세 가지 강령과 지켜야 할 다섯 가지 도리로, 군위신강, 부위자강, 부위부강과 부자유친, 군신유의, 부부유별, 장유유서, 붕우유신을 통틀어 이른다.

완자쌤의 시험꿀팁

조선 후기 서민 문화의 발달은 다양한 문제 형태로 출제되고 있는 주제이다. 이 시기 서민 문화의 발달 배경, 각 분야별 유행 사례 등을 중심으로 다양한 문항에 대비해야 한다.

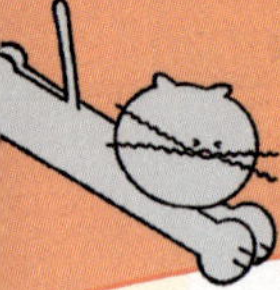

| 2025 6월 모평 |

밑줄 친 '이 왕조'의 문화에 대한 설명으로 옳은 것은?

① 동학이 창시되었다.
② 『삼국사기』가 편찬되었다.
③ 수원 화성이 건설되었다.
④ 조선어 학회가 조직되었다.
⑤ 석굴암 본존상이 조성되었다.

※ 단계별로 문제 풀이에 접근해 보세요!

※ 1단계 / 자료 분석하기

제시된 자료에서 후삼국을 통일한 태조 왕건, 팔만대장경 제작 등을 통해 밑줄 친 '이 왕조'가 ❶ 〔   〕임을 파악한다.

※ 2단계 / 정답 개념 연결하기

고려 시대에 김부식 등이 편찬한 역사서가 ❷ 〔   〕임을 연결한다.

※ 3단계 / 모답 개념 피하기

① 조선 후기에 ❸ 〔   〕이 창시되었다. ③ 조선 후기 정조가 수원 화성을 건설하였다. ④ 일제 강점기에 ❹ 〔   〕가 조직되었다. ⑤ 통일 신라 시대에 경주 석굴암 본존상이 조성되었다.

❶ 고려 ❷ 『삼국사기』 ❸ 동학 ❹ 조선어 학회

📌 정답친해 30쪽

| 2023 6월 모평 |

(가) 국가에 대한 설명으로 옳은 것은?

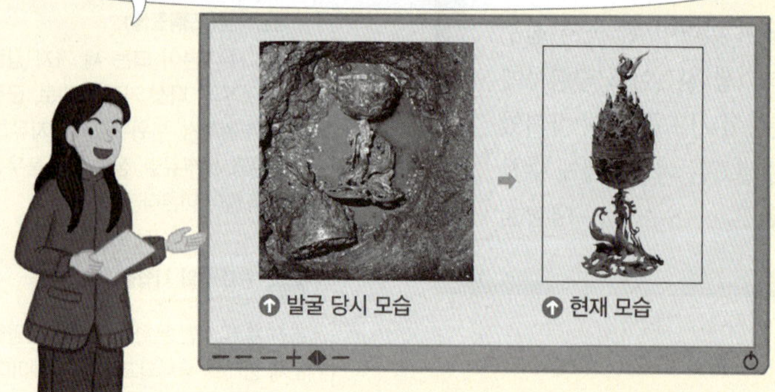

① 왕건이 건국하였다.
② 상평통보를 발행하였다.
③ 홍범 14조를 반포하였다.
④ 웅진에서 사비로 천도하였다.
⑤ 제가들이 사출도를 다스렸다.

1등급 전략

각 시대별 대표 문화유산을 파악해 두어야 한다. 특히 각 나라의 불교, 유교, 도교와 관련한 유물과 유적을 정리해 두도록 한다.

출제 전망

- **전망1** 고대 국가의 문화유산을 제시하고 해당 나라의 특징을 묻는 문제가 출제될 수 있다.
- **전망2** 고대 국가의 문화유산을 제시하고 이를 통해 알 수 있는 문화적 특징을 묻는 문제가 출제될 수 있다.

1 국제 관계와 대외 교류

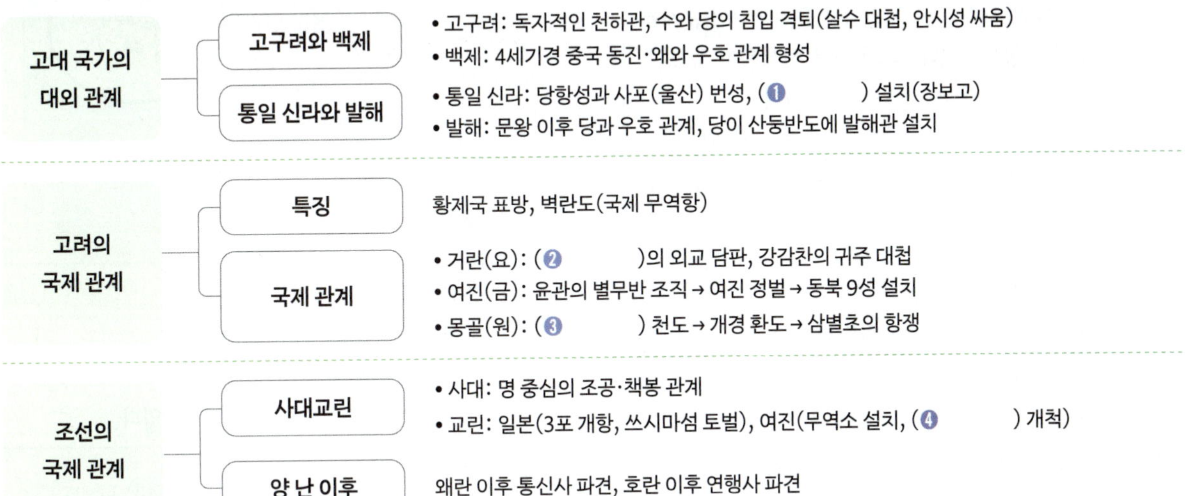

고대 국가의 대외 관계	고구려와 백제	• 고구려: 독자적인 천하관, 수와 당의 침입 격퇴(살수 대첩, 안시성 싸움) • 백제: 4세기경 중국 동진·왜와 우호 관계 형성
	통일 신라와 발해	• 통일 신라: 당항성과 사포(울산) 번성, (❶　　　) 설치(장보고) • 발해: 문왕 이후 당과 우호 관계, 당이 산동반도에 발해관 설치

고려의 국제 관계	특징	황제국 표방, 벽란도(국제 무역항)
	국제 관계	• 거란(요): (❷　　　)의 외교 담판, 강감찬의 귀주 대첩 • 여진(금): 윤관의 별무반 조직 → 여진 정벌 → 동북 9성 설치 • 몽골(원): (❸　　　) 천도 → 개경 환도 → 삼별초의 항쟁

조선의 국제 관계	사대교린	• 사대: 명 중심의 조공·책봉 관계 • 교린: 일본(3포 개항, 쓰시마섬 토벌), 여진(무역소 설치, (❹　　　) 개척)
	양 난 이후	왜란 이후 통신사 파견, 호란 이후 연행사 파견

2 수취 체제와 경제생활

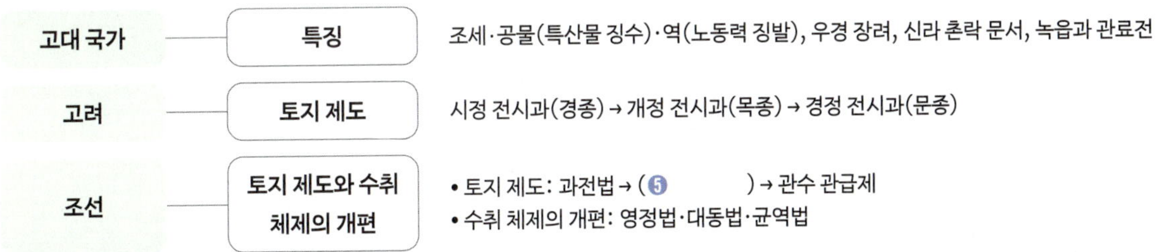

고대 국가	특징	조세·공물(특산물 징수)·역(노동력 징발), 우경 장려, 신라 촌락 문서, 녹읍과 관료전
고려	토지 제도	시정 전시과(경종) → 개정 전시과(목종) → 경정 전시과(문종)
조선	토지 제도와 수취 체제의 개편	• 토지 제도: 과전법 → (❺　　　) → 관수 관급제 • 수취 체제의 개편: 영정법·대동법·균역법

3 신분제와 사회 구조

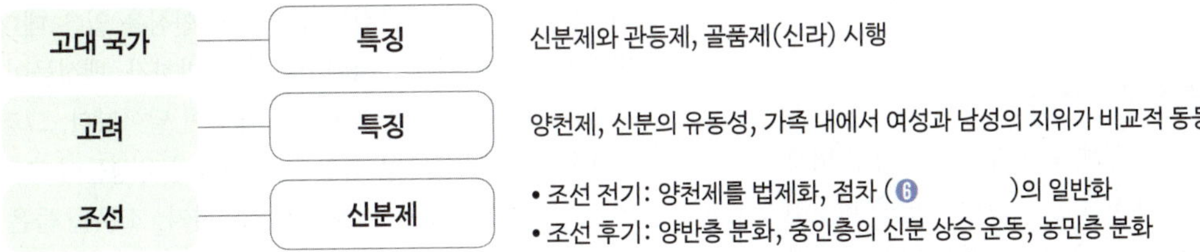

고대 국가	특징	신분제와 관등제, 골품제(신라) 시행
고려	특징	양천제, 신분의 유동성, 가족 내에서 여성과 남성의 지위가 비교적 동등
조선	신분제	• 조선 전기: 양천제를 법제화, 점차 (❻　　　)의 일반화 • 조선 후기: 양반층 분화, 중인층의 신분 상승 운동, 농민층 분화

4 사상과 문화

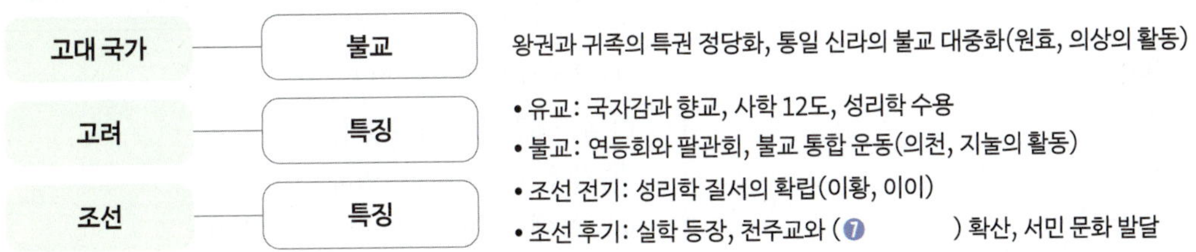

고대 국가	불교	왕권과 귀족의 특권 정당화, 통일 신라의 불교 대중화(원효, 의상의 활동)
고려	특징	• 유교: 국자감과 향교, 사학 12도, 성리학 수용 • 불교: 연등회와 팔관회, 불교 통합 운동(의천, 지눌의 활동)
조선	특징	• 조선 전기: 성리학 질서의 확립(이황, 이이) • 조선 후기: 실학 등장, 천주교와 (❼　　　) 확산, 서민 문화 발달

답　❶ 청해진　❷ 서희　❸ 강화도　❹ 4군 6진　❺ 직전법　❻ 반상제　❼ 동학

01 (가), (나) 시기 사이에 있었던 사실로 옳은 것은?

> (가) 수나라 군대가 살수를 반쯤 건너자 을지문덕이 군사를
>   보내 후방을 공격하였다. 적의 장군 신세웅이 죽으니,
>   수나라의 장수와 병졸이 도망쳐 돌아갔다.
> (나) 백제의 군대가 신라의 영토를 공격하는 상황에서 당으
>   로 건너간 신라의 김춘추가 당의 황제를 설득하여 신
>   라와 당이 연합을 결성하였다.

① 대가야가 신라에 병합되었다.
② 고구려와 백제가 불교를 수용하였다.
③ 백제가 멸망하고 부흥 운동이 일어났다.
④ 고구려가 당의 군대를 안시성에서 물리쳤다.
⑤ 신라 진흥왕이 영토를 확장하고 순수비를 세웠다.

02 (가) 인물에 대한 설명으로 옳은 것은?

한국사 신문

동북 9성을 개척하다

고려의 [(가)]은/는 특수 부대를 이끌고 천리장성 밖으
로 진출하여 동북 9성을 개척하였다. 그러나 땅을 빼앗긴
북방 민족이 크게 반발하고 있으며, 그 땅을 다시 돌려달
라고 애원하고 있다. 9성을 지키는 데에도 어려움이 많아
조정에서 의견이 나누어지고 있다.

① 별무반을 조직하였다.
② 개경 환도에 반대하였다.
③ 3포 왜란을 진압하였다.
④ 병자호란에서 활약하였다.
⑤ 외교 담판으로 강동 6주를 획득하였다.

03 (가), (나) 지역에 대한 설명으로 옳은 것만을 〈보기〉에서 고른 것은?

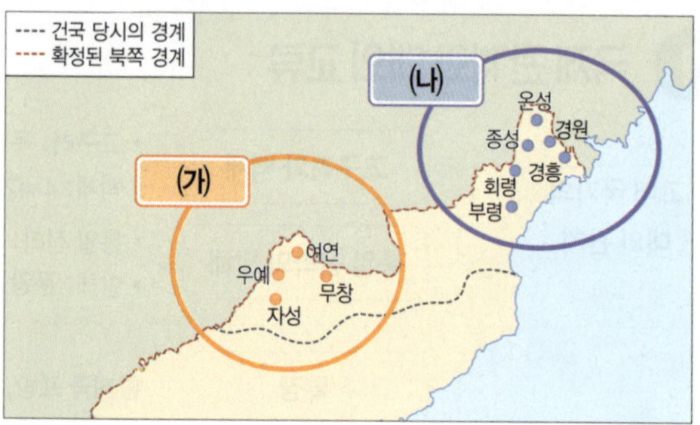

┌ 보기 ┐
ㄱ. 통신사가 파견되었던 곳이다.
ㄴ. 조선 세종 시기에 개척되었다.
ㄷ. 임진왜란 직후에 차지한 곳이다.
ㄹ. 여진족에 대한 강경책으로 개척되었다.

① ㄱ, ㄴ   ② ㄱ, ㄷ   ③ ㄴ, ㄷ
④ ㄴ, ㄹ   ⑤ ㄷ, ㄹ

04 밑줄 친 '변란' 이후에 있었던 사실로 옳은 것은?

> 왜군이 침략하자 여러 도에서 의병이 일어났다. 당시 삼도
> 의 병마절도사와 수군절도사가 모두 인심을 잃은 데다가
> 변란이 일어난 뒤에 군사와 식량을 징발하자, 백성들이 모
> 두 밉게 보아 적을 만나면 모두 패하여 달아났다. 그러나
> 도내의 거족(巨族)으로 명망 있는 사람과 유생들이 조정의
> 명을 받들어 의(義)를 내세우며 일어나자, 소문을 들은 자
> 들이 원근에서 응모하였다. 호남의 고경명과 김천일, 영남
> 의 곽재우와 정인홍, 호서의 조헌이 가장 먼저 의병을 일
> 으켰다.

① 통신사가 파견되었다.
② 4군 6진이 개척되었다.
③ 강동 6주를 확보하였다.
④ 3포에서 왜인들의 반란이 일어났다.
⑤ 귀주에서 거란의 침입을 격퇴하였다.

05 (가)에 들어갈 탐구 활동 주제로 가장 적절한 것은?

> **주제:** ______ (가)
>
> 병자호란 이후 청을 정벌하고 명에 대한 의리를 지키자는 주장이 제기되는 한편, 일부 지식인들은 청의 선진 문물을 수용해야 한다고 주장하기도 하였다.

① 훈구와 사림의 마찰
② 북벌론과 북학론의 대두
③ 개경 세력과 서경 세력의 대립
④ 급진 개화파와 온건 개화파의 대립
⑤ 신진 사대부의 분열과 새로운 왕조의 개창

06 (가)에 들어갈 내용으로 적절한 것은?

> 신라에서 귀족에게 지급된 녹읍은 수조권뿐만 아니라 노동력을 징발할 수 있는 권한을 부여하여 귀족의 농민 지배력을 강화하였다. 이에 신문왕은 왕권을 강화하고자 ______ (가) ______ 하고 녹읍을 폐지하였다.

① 결작을 징수 　　② 관료전을 지급
③ 균역법을 실시 　　④ 전시과를 실시
⑤ 관수 관급제를 실시

07 다음 자료를 활용한 탐구 활동으로 가장 적절한 것은?

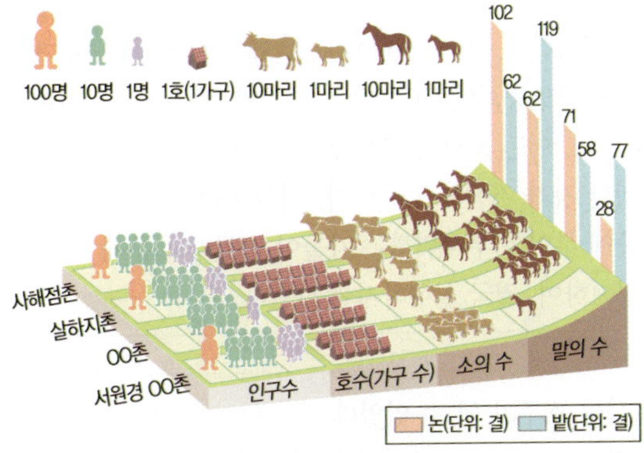

① 녹읍과 관료전의 차이를 비교한다.
② 전시과의 지급 기준 변화를 조사한다.
③ 신진 사대부의 경제적 기반을 알아본다.
④ 고려의 토지 제도 변천 과정을 정리한다.
⑤ 조세와 역을 부과하기 위해 만든 문서를 찾아본다.

08 다음은 고려의 토지 제도를 설명한 것이다. 이를 시행된 순서대로 나열한 것은?

> (가) 현직 관리에게만 관직의 고하에 따라 18과로 나누어 전지와 시지를 지급하였다.
>
> (나) 현직 관리와 전직 관리에게 관품과 인품을 기준으로 전지와 시지를 지급하였다.
>
> (다) 현직 관리와 전직 관리에게 관직의 높고 낮음에 따라 18과로 나누어 전지와 시지를 지급하였다.

① (가) – (나) – (다)
② (가) – (다) – (나)
③ (나) – (가) – (다)
④ (나) – (다) – (가)
⑤ (다) – (가) – (나)

09 (가) 제도가 시행된 배경으로 적절한 것은?

① 수조권을 나누어 줄 토지의 부족 현상
② 구향과 신향의 대립으로 인한 향전 발생
③ 신진 사대부의 경제적인 기반 마련 필요
④ 서원과 향약을 통한 사림의 향촌 사회 장악
⑤ 공인의 등장으로 인한 상품 화폐 경제 발달

10 (가) 수취 제도에 대한 설명으로 옳지 <u>않은</u> 것은?

> (광해군이 즉위하자) 좌의정 이원익의 건의로 [(가)] 을/
> 를 비로소 시행하여 미곡을 거두어 서울로 옮기게 하였다.
> 먼저 경기에서 시작하고 드디어 선혜청을 설치하였다.
> 　　　　　　　　　　　　　　　　　　 – 『만기요람』

① 공인이 등장하는 계기가 되었다.
② 상품 화폐 경제의 발달에 기여하였다.
③ 전국에서 시행되는 데 100여 년이 소요되었다.
④ 권문세족이 대농장을 확대하는 결과를 가져왔다.
⑤ 토산물 대신 쌀, 무명이나 베, 동전으로 납부하게 하였다.

11 밑줄 친 '이 농법'의 영향으로 적절한 것은?

> <u>이 농법</u>은 노동력을 크게 덜어 주기 때문에 지금은 삼남
> 지방 외에 다른 도에서도 모두 이를 본받아 하나의 풍속을
> 이룬다. 　　　　　　　　　　　　　　 – 『증보문헌비고』

① 광작이 확산되었다.
② 화백 회의가 열렸다.
③ 진대법이 시행되었다.
④ 수리 시설이 축소되었다.
⑤ 대다수의 농민이 부농이 되었다.

12 (가), (나) 신분에 대한 설명으로 옳은 것은?

관등	⑰ 조위	⑯ 소오	⑮ 대오	⑭ 길사	⑬ 사지	⑫ 대사	⑪ 나마	⑩ 대나마	⑨ 급벌찬	⑧ 사찬	⑦ 일길찬	⑥ 아찬	⑤ 대아찬	④ 파진찬	③ 잡찬	② 이찬	① 이벌찬
골품 (가)																	
골품 (나)																	
복색		황색				청색			비색					자색			

① (가) – 제가 회의에 참여하였다.
② (가) – 관품에 따라 전지와 시지를 받았다.
③ (나) – 아찬까지만 승진할 수 있었다.
④ (나) – 무과 시험에 합격자를 배출한 가문이다.
⑤ (나) – 능력에 따라 (가)로 신분을 상승할 수 있었다.

13 (가)에 들어갈 내용으로 가장 적절한 것은?

① 문벌을 형성하였지.
② 주인집과 따로 살며 신공을 바쳤어.
③ 조세·공납·역 등의 의무가 있었어.
④ 호장, 부호장 등의 직위로 구분되었지.
⑤ 재산처럼 취급되어 매매와 상속의 대상이 되었어.

14 다음 상황이 나타난 시기의 사회 모습으로 옳은 것만을
〈보기〉에서 고른 것은?

> (박유가) "청컨대, 여러 신하·관료들에게 여러 처를 두게
> 하되 ……." 연등회날 저녁 박유가 왕의 행차를 호위하여
> 따라갔는데, 어떤 노파가 그를 손가락질하면서 "첩을 두고
> 자 요청한 자가 저놈의 늙은이다."라고 하였다. …… 당시
> 재상 중에 부인을 무서워하는 자들이 있었기 때문에 그 건
> 의를 정지하여, 결국 실행하지 못하였다.

┌ 보기 ┐
ㄱ. 여성이 호주가 될 수 있었다.
ㄴ. 호적에는 아들부터 순서대로 적었다.
ㄷ. 아들이 없을 경우 딸이 제사를 지냈다.
ㄹ. 부모의 재산은 큰아들에게 대부분 상속되었다.

① ㄱ, ㄴ　　　② ㄱ, ㄷ　　　③ ㄴ, ㄷ
④ ㄴ, ㄹ　　　⑤ ㄷ, ㄹ

15 (가)에 대한 설명으로 옳은 것만을 〈보기〉에서 고른 것은?

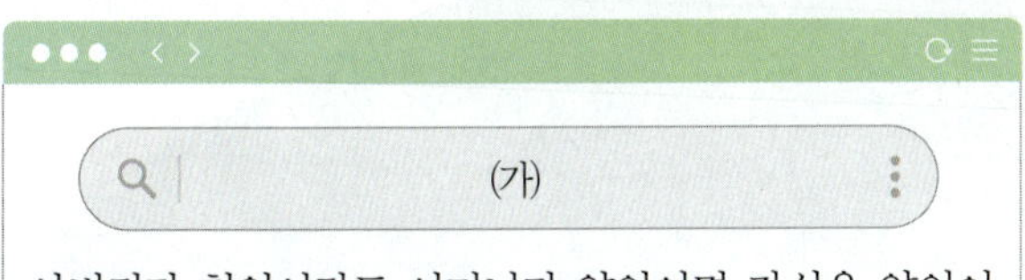

아버지가 천인이라도 어머니가 양인이면 자식은 양인이 될 수 있게 한 법으로, 조선 영조 때 실시하였다.

┌ 보기 ┐
ㄱ. 노비의 수가 감소하는 데 영향을 미쳤다.
ㄴ. 조선 전기 양천제가 성립하는 계기가 되었다.
ㄷ. 양인의 수가 증가하여 국가 재정이 확충되었다.
ㄹ. 서얼이 신분 상승 운동을 전개하는 계기가 되었다.

① ㄱ, ㄴ ② ㄱ, ㄷ ③ ㄴ, ㄷ
④ ㄴ, ㄹ ⑤ ㄷ, ㄹ

16 다음 자료를 활용한 탐구 활동 주제로 가장 적절한 것은?

⬆ 강서대묘의 사신도 중 현무도

⬆ 백제 금동 대향로

① 발해 문화의 특징
② 삼국 시대 불교의 특징
③ 삼국 시대 도교의 발달
④ 조선 후기 실학의 등장
⑤ 조선 전기 성리학의 발달

17 (가) 인물의 활동으로 옳은 것은?

 (가) 은/는 불경, 수행, 노동에 힘쓰자는 불교 개혁 운동을 펼쳤다. 그는 깨달은 뒤에도 꾸준히 수행할 것을 강조하여 돈오점수, 참선 수행과 교학 공부를 함께해야 한다는 정혜쌍수를 주장하였다.

① 부석사 창건 ② 화엄종 개창
③ 정혜결사 결성 ④ 해동 천태종 창시
⑤ 『왕오천축국전』 저술

18 (가), (나) 문화유산에 대한 설명으로 옳은 것은?

(가) (나)

① (가) – 임진왜란 이전에 제작되었다.
② (가) – 고려 무신 정권 시기에 유행하였다.
③ (나) – 신분제를 옹호하는 수단이 되었다.
④ (나) – 양반의 생활을 자세하게 묘사하였다.
⑤ (가), (나) – 조선 후기에 서민들이 주로 즐겼다.

19 (가)에 들어갈 학생의 답변으로 가장 적절한 것은?

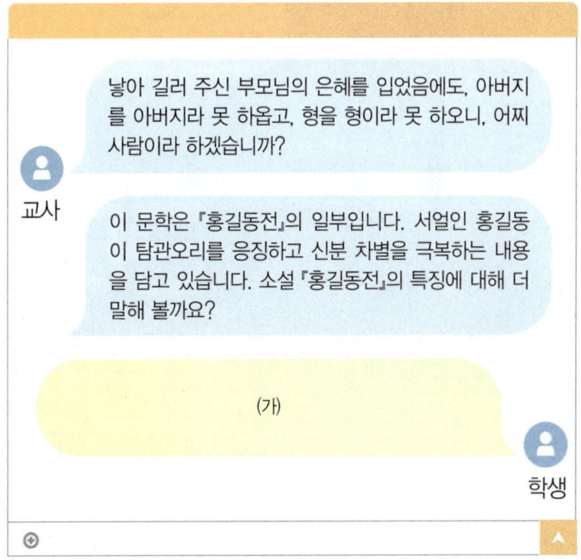

① 한글로 쓰인 작품입니다.
② 왕권 강화에 기여하였습니다.
③ 양반 중심 사회를 찬양하였습니다.
④ 서민들의 신분 상승을 부정하였습니다.
⑤ 조선이 건국되는 데 영향을 주었습니다.

Ⅲ

근대 국가
수립의 노력

국제 질서의 변동과 개항

이것이 핵심!

❋ 청과 일본의 개항

청	• 제1차 아편 전쟁 → 난징 조약 (광저우 등 개항) • 제2차 아편 전쟁 → 톈진 조약(외국 공사의 베이징 주재)
일본	• 미일 화친 조약(개항, 최혜국 대우 인정) • 미일 수호 통상 조약(영사 재판권 인정)

1 제국주의 열강의 동아시아 침략과 개항

왜? 열강들은 해외 식민지를 건설하여 원료 공급지와 상품 판매 시장을 확보하고 잉여 자본을 투자하려 하였어.

1. 제국주의의 등장 : 19세기 후반 독점 자본주의 성장 → 서구 열강이 제국주의적 대외 팽창 정책 추진, 사회 진화론과 백인 우월주의로 식민지 지배를 정당화

2. 청과 일본의 개항 **자료 ❶**

→ 영국은 청으로부터 차, 비단 등을 수입하면서 적자가 발생하였어.

청	• 제1차 아편 전쟁: 18세기 중반 청과의 무역에서 영국에 적자 발생 → 영국이 인도산 아편을 청에 밀수출 → 청의 아편 단속 → 아편 전쟁 발발 → 청의 패배, 난징 조약 체결 • 제2차 아편 전쟁: 영국·프랑스의 청 공격 → 톈진 조약과 베이징 조약 체결
일본	1853년 페리 제독의 함대가 에도 앞바다에서 무력시위를 벌이며 개항 요구 → 에도 막부의 항복 → 미일 화친 조약 체결(1854, 일본의 개항, 미국에 최혜국 대우 인정), 미일 수호 통상 조약 체결(1858, 미국의 영사 재판권 허용)

꼭! 이 조약으로 청이 러시아에 연해주를 할양하면서 조선은 러시아와 국경을 접하게 되었어.

이것이 핵심!

❋ 외세의 침략과 척화비 건립

병인박해	병인양요	신미양요

제너럴셔먼호 사건	오페르트의 남연군 묘 도굴 시도

↓

척화비 건립

흥선 대원군의 통상 수교 거부 정책 천명

◆ 척화비

→ "서양 오랑캐가 침범하였을 때 싸우지 않는 것은 화친하는 것이요, 화친을 주장하는 것은 나라를 파는 것이다." 라고 쓰여 있다.

신미양요 이후 흥선 대원군은 통상 수교 거부 정책을 알리고자 전국에 척화비를 세웠다.

2 양요의 발발과 통상 수교 거부 정책

1. 병인박해와 병인양요(1866) **자료 ❷**

'모양이 다른 배'라는 뜻이야. 조선의 배와 생김새가 다른 서양의 배를 의미해.

(1) **병인박해(1866):** 이양선 출몰, 19세기 서구 열강의 통상 요구, 제2차 아편 전쟁 이후 서양 세력에 대한 위기의식 증가 → 흥선 대원군은 러시아의 남하를 막고자 프랑스 세력을 끌어들임(→ 계획 실패) → 천주교 금지에 대한 여론 고조 → 프랑스 선교사들과 많은 신자를 처형

이때 흥선 대원군은 프랑스 선교사와도 교섭하였어. 이 사실이 알려지자 흥선 대원군은 정치적 위기를 맞았어.

(2) **병인양요(1866)**

→ 병인박해 소식은 중국으로 피신하였던 프랑스 선교사에 의하여 프랑스에 전해졌어.

배경	병인박해를 구실로 프랑스 로즈 제독이 강화도 공격, 문호 개방 요구 → 강화부 점령, 재물 약탈
전개	문수산성에서 한성근 부대, 정족산성에서 양헌수 부대가 활약 → 퇴각하던 프랑스군이 외규장각 의궤를 비롯한 문화유산 약탈
결과	흥선 대원군은 통상 수교 거부 정책과 천주교 박해 강화, 강화도에 포대·포군 설치

이 과정에서 5,000여 권의 왕실 도서가 불탔어.

2. 제너럴셔먼호 사건(1866): 미국 상선 제너럴셔먼호가 평양까지 들어와 통상 요구 → 평안도 관찰사 박규수의 거절 → 미국 선원들이 조선의 관리를 감금하며 난동, 조선인 사상자 발생 → 분노한 평양 관군과 주민들이 제너럴셔먼호를 불태워 침몰시킴

3. 오페르트의 도굴 시도(1868): 독일 상인 오페르트가 흥선 대원군의 아버지인 남연군의 묘 도굴 실패 → 서양에 대한 조선의 반감 고조, 흥선 대원군의 통상 수교 거부 의지 강화

4. 신미양요(1871) **자료 ❸**

꼭! 평안도 관찰사 박규수가 통상 거절 의사를 밝혔음에도 제너럴셔먼호 선원들은 무력을 동원해 횡포를 부렸어.

배경	제너럴셔먼호 사건(1866) 발생 → 흥선 대원군이 미국의 통상 요구 거절 → 로저스 제독의 미국 함대가 강화도 침략, 초지진·덕진진 점령, 광성보 공격
전개	어재연 중심의 조선 수비대가 광성보에서 항전 → 미군이 광성보 함락 → 흥선 대원군이 통상 수교 협상에 불응하자 미군 퇴각, 전리품으로 수(帥)자기 약탈
영향	흥선 대원군이 서양과의 통상 수교 거부 의지를 널리 알리기 위해 전국 각지에 ◆척화비 건립(1871)

자료 ① 청과 일본의 개항

[난징 조약(1842)]
• 5개 항구의 통상을 허용한다.
• 홍콩을 영국에 할양한다.
• 공행을 폐지하고 자유롭게 통상한다.

[미일 화친 조약(1854)]
• 미국 선박에 연료 및 식량을 공급한다.
• 2개 항구의 개항과 영사의 주재를 인정한다.
• 미국에 최혜국 대우를 인정한다.

[미일 수호 통상 조약(1858)]
• 5개의 항구를 개항한다.
• 미국의 영사 재판권을 인정한다.
    └ '치외법권'이라고도 해.

→ 공행은 청이 공식적으로 교역을 허가하였던 상인이야. 열강은 자유로운 상업 활동을 원하였기 때문에 공행 제도가 폐지되기를 바랐어.

동아시아 국가들은 제국주의 열강과 조약을 체결하고 문호를 개방하였다. 제1차 아편 전쟁에서 패한 청은 영국과 난징 조약을 맺어 상하이를 비롯한 5개 항구를 열었다. 이후 청은 추가 조약으로 영국에 영사 재판권과 최혜국 대우를 인정하였다. 한편, 일본은 1853년 미국 페리 제독의 무력시위를 계기로 개항하였다. 이때 미일 화친 조약으로 미국에 최혜국 대우를 약속하였고, 4년 뒤에는 미일 수호 통상 조약을 맺어 미국의 영사 재판권도 인정하였다.

자료 하나 더 알고 가자!

「만국 공법」

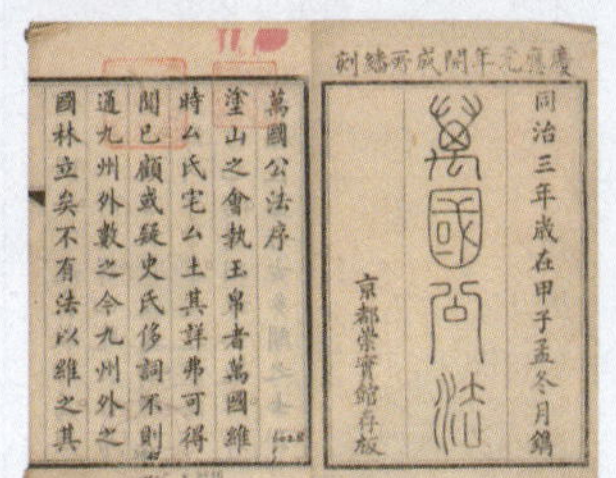

「만국 공법」은 서구의 국제법으로, 조약을 통한 주권 국가 사이의 대등한 관계를 지향한다. 「만국 공법」은 열강이 약소국과 불평등한 조약을 체결할 때 이를 합리화하는 수단이 되기도 하였다.

자료 ② 병인박해와 병인양요

→ 병인박해(1866)를 말해. 이때 프랑스 신부 9명과 수많은 천주교 신자가 처형당하였어.

• 조선 국왕이 프랑스 신부를 잔인하게 살해한 날이 곧 조선국 최후 멸망의 날이 될 것이다. 수일 내로 조선 정복을 위해 출정할 것이다. …… 이에 본관(베이징 주재 프랑스 공사 벨로네)은 청이 조선 문제에 간섭하지 않는다고 믿으며, 이후부터 본국과 조선 간에 전쟁이 있더라도 간섭하지 않기를 바란다.   – 「사료 고종 시대사」, 1866

    외규장각을 가리켜.

• 조선 국왕이 간혹 거처하는 저택에는 아주 중요한 것들로 여겨지는 수많은 서적으로 가득 찬 도서실이 있습니다. 위원회는 공들여 포장한 340권을 수집하였는데, 기회가 닿는 대로 프랑스로 발송하겠습니다.   – 「한프 관계 자료」
    └ 외규장각에 있던 왕실 의궤가 프랑스로 유출되었음을 알 수 있어.

1866년 프랑스는 흥선 대원군이 프랑스 선교사와 수많은 천주교 신자를 처형한 병인박해를 구실로 강화도를 침략하였다. 한성근 부대(문수산성)와 양헌수 부대(정족산성)의 활약으로 프랑스군은 약 1개월 만에 물러났다. 그러나 퇴각하면서 강화도 주요 시설에 불을 지르고 외규장각에 보관하고 있던 의궤 등의 문화유산을 약탈하였다.

정리 비법을 알려 줄게!

병인박해와 병인양요

병인박해(1866)
러시아와 조선이 국경을 접함, 프랑스 세력과의 교섭 실패 → 흥선 대원군이 프랑스 신부와 천주교 신자들을 처형

↓

병인양요(1866)
프랑스 로즈 제독이 강화도 공격 → 문수산성에서 한성근 부대, 정족산성에서 양헌수 부대가 활약 → 프랑스군의 외규장각 의궤 약탈 → 흥선 대원군의 통상 수교 거부 정책 강화

자료 ③ 병인양요와 신미양요의 전개

프랑스군이 침입한 병인양요와 미군이 침입한 신미양요는 모두 강화도에서 일어났다. 프랑스가 병인박해를 구실로 조선을 침입한 당시 프랑스군은 양화진까지 와서 한강의 수로 등을 정찰한 후 강화도를 침략하였다(병인양요). 이후 로저스 제독이 이끄는 미국 함대가 강화도의 초지진을 함락하고 광성보를 공격하여 신미양요를 일으켰다.

자료 하나 더 알고 가자!

수(帥)자기

→ 깃발에 쓰인 한자 '帥'는 장수 '수' 자로, 군을 통솔하는 장군을 말해.

어재연 장군의 깃발이다. 신미양요 이후 미군이 빼앗아 갔다가 2007년 장기 임대 형식으로(2년마다 갱신) 국내에 반환되었지만 2024년 미국으로 도로 회수되었다.

✳ 조선이 외국과 맺은 불평등 조약

조약	불평등 조항
강화도 조약	• 해안 측량권 허용 • 영사 재판권 인정
강화도 조약 부속 조약	• 일본 화폐 유통 허용 (조일 수호 조규 부록) • 일본인의 양곡 수출입 허용(조일 무역 규칙)
조미 수호 통상 조약	• 최혜국 대우 인정 • 영사 재판권 인정

◆ 포함 외교

강대국이 군함을 이용하여 다른 나라에 압력을 가함으로써 유리한 조건을 얻어 내는 외교 방식이다.

◆ 일본의 군함 운요호

미국 페리의 무력시위로 개항하게 된 일본은 미국의 방식을 본떠 조선을 개항하려 하였다. 일본은 빌미를 마련하기 위해 운요호를 강화도에 보냈고, 운요호는 영종도에 상륙해 살상을 저질렀다.

◆ 영사 재판권

영사가 주재국에서 자국민이 저지른 범죄를 자기 나라 법률로 재판하는 권리이다.

◆ 거중 조정

조약을 맺은 국가가 제3국과 분쟁이 발생하였을 때 조약 상대국이 중간에서 해결을 주선해 주는 것을 말한다.

◆ 최혜국 대우

조약 당사국의 한쪽이 제3국 국민에게 무역 기회를 부여하면 그와 똑같은 기회를 조약 당사국 국민에게 보장하는 것이다.

③ 문호 개방과 서구 열강과의 수교

1. 중국과 일본의 근대화 운동

→ 중국의 정신과 문화(유교)를 유지하되 서양의 과학 기술을 도입하여 부국강병을 이루자는 주장이야.

→ 왕을 내세우고 외세를 배격하자는 운동이야.

양무운동(1861)	이홍장 등 한인 관료들이 중체서용을 원칙으로 서양의 선진 기술 도입
메이지 유신(1868)	반막부 세력의 막부 타도 운동, 존왕양이 운동 → 국왕 중심의 새 정부 수립(메이지 유신) → 입헌 군주제 수립, 부국강병과 문명개화를 목표로 정치·경제·사회·문화 전 분야에 걸쳐 근대 개혁 실시, 미국과 유럽에 이와쿠라 사절단 파견

→ 왜? 서양과 맺은 불평등 조약을 개정하고 서구 문물을 시찰하고자 파견되었어.

2. 통상 개화(수교)론의 대두

(1) **배경**: 청과 일본이 서구 열강과 수교 → 조선도 문호를 개방하여 서양과 통상해야 한다는 주장이 등장

(2) **사상**: 북학파 실학자의 사상 계승

→ 두 권 모두 세계 지리를 다룬 서적이야.

(3) **주요 인물들의 활동**: 박규수(사신으로 청 왕래, 서양 기술의 우수성 경험), 오경석(역관 출신, 청으로부터 『해국도지』, 『영환지략』을 국내에 반입), 유홍기(문호 개방의 필요성에 공감) → 김옥균, 박영효, 김윤식 등 양반 자제에게 세계정세와 서구 문물 소개

→ 꼭! 조선 개항 이후 이들은 정부가 추진하는 개화 정책에 실무 관료로 참여하면서 개화파를 형성하였어.

3. 강화도 조약(조일 수호 조규)의 체결

(1) **배경**

→ 흥선 대원군이 물러난 이후 통상 수교 거부 정책이 완화되었어.

① **국내**: 통상 개화론 대두, 1873년 고종이 직접 통치 → 개화파 인물이 중앙 관료로 진출

② **국외**: 메이지 유신 이후 일본이 국가 간 대등한 외교 관계 수립을 조선에 요구 → 조선의 거부 → 일본 내부에 정한론 대두

→ 조선을 정벌하자는 주장이야.

(2) **발단**: 일본은 미국의 ◆포함 외교를 본떠 강화도에 ◆운요호를 파견 → 강화도 수비대가 운요호를 향해 포격 → 일본은 운요호 포격을 구실로 대규모 군함을 이끌고 와 조선에 문호 개방 요구(운요호 사건, 1875) → 조선 정부가 문호 개방에 찬성하는 통상 개화론을 수용

(3) **강화도 조약(조일 수호 조규, 1876)** 다잡는 자료

내용	• 조선을 자주국으로 명시 → 왜? 조선에 대한 청의 간섭을 배제하고자 한 거야. • 부산 외 2개 항구 개항(부산, 원산, 인천 순서로 개항, 일본 상인의 자유로운 무역 보장) • 해안 측량권 허용(일본인 항해자가 조선 해안을 측량하도록 허용) • ◆영사 재판권 인정(일본인이 조선에서 행한 범죄를 일본 영사가 일본법으로 재판하도록 허용)
성격	조선이 외국과 맺은 최초의 근대적 조약, 불평등 조약 → 꼭! 조선에 대한 일본의 침략 의도가 담겨 있었어.

(4) **부속 조약** 자료 4

→ '조계'라고도 해.

① 조일 수호 조규 부록(개항장에 일본인 거류지 설정, 일본 화폐 유통 허용 등)

② 조일 무역 규칙(양곡의 수출입 허용, 사실상 무관세 허용 등)을 차례로 체결

→ 조일 무역 규칙은 조선이 일본 정부의 선박에 항세를 부과하지 못하도록 하였어. 그 결과 사실상 무관세 교역이 이루어졌지.

4. 서구 열강과의 수교

(1) **조미 수호 통상 조약(1882)** 자료 5 → 왜? 청은 일본과 러시아를 견제하려고 조선에 미국과의 수교를 권유하였어.

① **체결**: 청의 수교 권유, 국내에 『조선책략』 유포 → 청의 알선으로 조미 수호 통상 조약 체결

→ 강화도 조약에는 없던 내용이야.

→ 꼭! 최혜국 대우 조항은 조미 수호 통상 조약에서 처음 포함되었어. 이 조항은 대표적인 불평등 조항이야.

② **내용**: ◆거중 조정 명시, 관세 부과, ◆최혜국 대우 인정, 영사 재판권 허용

③ **성격**: 조선이 서양과 맺은 최초의 조약, 불평등 조약

→ 조선은 프랑스와의 조약 체결 이후 천주교 선교 활동을 인정하였어.

(2) **서양 각국과의 조약**: 영국(1883), 독일(1883), 러시아(1884), 프랑스(1886)와 차례로 조약 체결 → 조선은 서구적 조약 체제에 따른 근대적 국제 질서에 편입

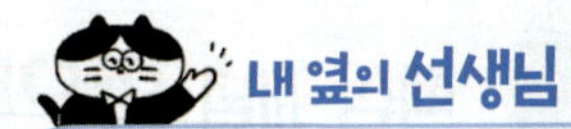

📋 **내 교과서** · 비상, 동아, 리베르, 미래엔, 씨마스, 지학사, 천재, 해냄 교과서에서 '강화도 조약(조일 수호 조규)' 사료를 다루고 있어요.

내신과 수능을 다 잡는 자료

강화도 조약(조일 수호 조규, 1876)

제1조	조선은 자주국이며 일본과 평등한 권리를 가진다.
제4조	부산 이외에 …… 2개 항구를 개항하고 일본인이 왕래 통상함을 허가한다.
제7조	조선 연해 도서는 위험하므로 일본 항해자가 자유로이 해안을 측량함을 허가한다.
제10조	일본인이 조선이 지정한 각 항구에서 죄를 범한 것이 조선인과 관계되는 사건일 때는 모두 일본 관원이 재판한다.

- 조선의 영토 주권을 침해하는 불평등한 내용이야.
- 일본 영사의 재판권을 허용한 거야. 조선의 사법 주권을 침해하는 조항이야.

– 「고종실록」

일본은 조선에 대한 청의 간섭을 피하기 위해 조선을 자주국이라 규정하면서 조선의 주권을 침해하는 불평등 조약을 체결하였다. 조선은 부산 등 3개 항구를 개항하고 일본에 조선의 연안에 대한 측량권과 영사 재판권(치외법권)을 인정하여 일본의 정치적·경제적·군사적 침략 의도를 드러냈다.

빈출 선택지로 점검하기

≫ 초성을 참고하여 강화도 조약에 대한 선택지를 완성해 보자.

- 조선이 ㅈ ㅈ ㄱ임을 명시하였다.
- 일본에 유리한 ㅂ ㅍ ㄷ 조약이었다.
- 일본의 ㅇ ㅅ ㅈ ㅍ ㄱ을 인정하여 조선의 사법 주권을 침해하였다.

答 자주국, 불평등, 영사 재판권

함께 보기 · 내신 만점 공략하기 12번, 서술형 문제 02번, 1등급 정복하기 02번

자료 ④ 강화도 조약의 부속 조약

[조일 수호 조규 부록(1876)]
제7관　일본인은 본국에서 통용되는 여러 화폐로 조선의 물품과 교환할 수 있다.
└ 일본 화폐 유통을 허락한 거야.

[조일 무역 규칙(1876)]
제6칙　조선 항구에 거주하는 일본인은 쌀과 잡곡을 수출입할 수 있다.
└ 수출입량에 제한을 두지 않았어.

조선과 일본은 강화도 조약 체결에 이어 부속 조약을 체결하게 되었다. 조일 수호 조규 부록에서는 일본인의 거류지 설정과 개항장에서 일본 화폐의 유통을 허용하였다. 조일 무역 규칙에서는 일본인이 조선에서 양곡을 유출하는 것이 허용되었고, 일본 상품에 관세를 부과하는 규정은 마련되지 못하였다.

문제로 확인할까?

강화도 조약의 부속 조약으로 일본에 허용된 것이 아닌 것은?

① 영사 재판권
② 일본 화폐 유통
③ 조선 양곡 수출입
④ 일본인 조계(거류지)
⑤ 일본 정부 선박의 항세 면제

答 ①

자료 ⑤ 조미 수호 통상 조약(1882)

제1조	만약 상대국이 어떤 불공평하고 경시당하는 일이 있으면 한 번 통지를 거쳐 반드시 서로 도와준다.
제5조	조선에 오는 미국 상인과 상선은 모든 수출입 상품에 대해 관세를 지불해야 한다.
제14조	조선이 어느 때든지 어느 국가에 항해, 통상, 기타 어떤 것을 막론하고 본 조약에 부여되지 않은 어떤 권리 또는 특혜를 허가할 때에는 이와 같은 권리, 특권 및 특혜는 미국의 관민 상인에게도 무조건 균점된다.

- 거중 조정에 대한 내용이야.
- 조선의 관세 자주권을 인정한 거야.
- 조미 수호 통상 조약에서 최혜국 대우가 최초로 포함되었어.

1882년 조선은 청의 알선으로 미국과 조미 수호 통상 조약을 체결하여 강화도 조약에 없는 거중 조정과 관세 부과 조항을 포함하였고, 최혜국 대우와 영사 재판권을 허용하였다. 수교 후 미국 공사가 한성에 부임하였으며 조선은 이에 대한 답례 차원에서 유길준 등을 미국에 파견하였다. 이들은 우편, 전기, 전신 등 미국의 근대 시설을 둘러보고 귀국하여 조선이 추진하는 개혁 정치에 참여하였다.

자료 하나 더 알고 가자!

황준헌의 『조선책략』

러시아가 영토를 넓히려고 한다면 반드시 조선이 첫 번째 대상이 될 것이다. …… 러시아를 막는 책략은 무엇인가? 중국과 친하고(親中國), 일본과 맺고(結日本), 미국과 이어짐(聯美國)으로써 자강을 도모할 뿐이다.

김홍집이 일본에 제2차 수신사로 다녀오면서 가져온 『조선책략』에 미국과 연합하라는 내용이 실려 있어 미국과의 수교 주장을 뒷받침하였다. 이에 조선은 청의 알선으로 미국과 조미 수호 통상 조약을 체결하였다.

STEP 1 핵심 개념 **확인**하기

1 (가), (나)에 들어갈 조약을 각각 쓰시오.

> • 영국은 청 정부의 아편 단속을 빌미로 제1차 아편 전쟁을 일으켰다. 전쟁에서 패한 청은 영국과 [(가)]을 체결하였다.
> • 페리 함대의 개항 요구에 에도 막부는 [(나)]을 체결하고 개항하였다.

2 다음 설명이 맞으면 ○표, 틀리면 ×표를 하시오.

(1) 일본은 미일 화친 조약을 맺어 개항하고 미국에 영사 재판권을 인정하였다. ( )
(2) 평안도 관찰사였던 박규수는 평양에 들어온 미국 상선 제너럴셔먼호의 통상 요구를 거절하였다. ( )

3 다음 근대화 운동과 그 특징을 옳게 연결하시오.

(1) 양무운동 •　　　• ㉠ 문명개화 목표
(2) 메이지 유신 •　　　• ㉡ 중체서용 원칙

4 다음 괄호 안의 내용 중 알맞은 말에 ○표를 하시오.

(1) 조선에서는 (북학파, 중농학파)의 사상을 이어받은 박규수, 오경석 등이 통상 개화론을 주장하였다.
(2) 메이지 유신 이후 조선이 일본의 대등한 외교 관계 요구를 거절하자 일본 내에서 (정한론, 존왕양이 운동)이 거세게 일어났다.

5 다음에서 설명하는 조약을 〈보기〉에서 골라 기호를 쓰시오.

> **보기**
> ㄱ. 강화도 조약
> ㄴ. 조일 무역 규칙
> ㄷ. 조일 수호 조규 부록

(1) 양곡의 수출입이 허용되었다. ( )
(2) 일본인 조계(거류지)가 설정되었다. ( )
(3) 일본 항해자의 조선 해안 측량을 허용하였다. ( )

STEP 2 내신 만점 **공략**하기

01 밑줄 친 '여러 국가'에 대한 설명으로 옳은 것만을 〈보기〉에서 고른 것은?

> 19세기 후반에 독점 자본주의와 배타적·침략적 민족주의가 결합하면서 여러 국가들의 대외 팽창 정책이 확산되었다.

> **보기**
> ㄱ. 약소국을 식민지로 점령하였다.
> ㄴ. 해외 시장 개척에 소극적이었다.
> ㄷ. 사회 진화론을 통해 침략을 정당화하였다.
> ㄹ. 산업 혁명 과정에서 자본주의가 쇠퇴하였다.

① ㄱ, ㄴ　　　② ㄱ, ㄷ　　　③ ㄴ, ㄷ
④ ㄴ, ㄹ　　　⑤ ㄷ, ㄹ

중요
02 (가) 조약이 체결된 배경으로 옳은 것은?

> **수행 평가 보고서**
> • 탐구 주제: [(가)] 내용 조사
> • 조사 내용
>   – 5개 항구의 통상을 허용한다.
>   – 홍콩을 영국에 할양한다.
>   – 공행을 폐지하고 자유롭게 통상한다.

① 전국에 척화비가 건립되었다.
② 제너럴셔먼호 사건이 일어났다.
③ 아편 문제로 전쟁이 발발하였다.
④ 페리 제독이 무력시위를 벌였다.
⑤ 영국과 프랑스 연합군이 청을 공격하였다.

하나 더!
02-1 (가) 조약의 결과로 옳은 것은?
① 청이 개항하였다.
② 조선에서 일본 화폐가 유통되었다.
③ 청이 러시아에 연해주를 할양하였다.
④ 일본이 이와쿠라 사절단을 파견하였다.
⑤ 베이징에 외교 사절이 머무는 것을 허용하였다.

03 밑줄 친 '사건'에 대한 설명으로 옳은 것은?

> 조선 국왕이 프랑스 신부를 잔인하게 살해한 <u>사건</u>으로 인해 조선국 최후 멸망의 날이 곧 올 것이다. 수일 내로 조선 정복을 위해 출정할 것이다. …… 이에 본관(베이징 주재 프랑스 공사 벨로네)은 청이 조선 문제에 간섭하지 않는다고 믿으며, 이후부터 본국과 조선 간에 전쟁이 있더라도 간섭하지 않기를 바란다.

① 병인양요의 배경이 되었다.
② 난징 조약 체결에 영향을 주었다.
③ 러시아가 연해주를 획득하게 되었다.
④ 미일 수호 통상 조약 체결의 계기가 되었다.
⑤ 미국 함대가 강화도를 침략하는 배경이 되었다.

04 지도와 같이 전개된 사건으로 옳은 것은?

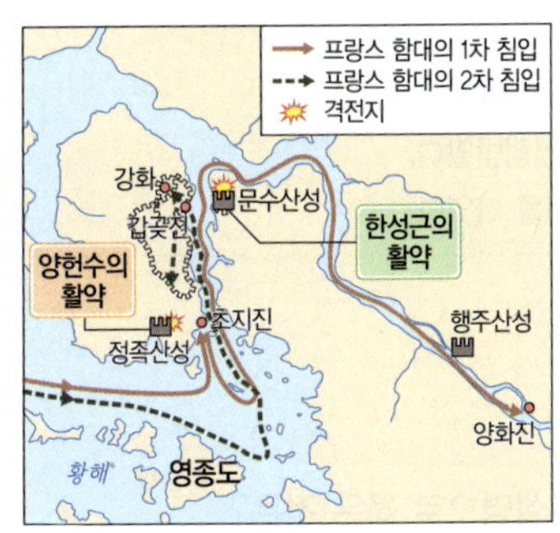

① 병인박해
② 병인양요
③ 신미양요
④ 제너럴셔먼호 사건
⑤ 오페르트의 남연군 묘 도굴 미수 사건

05 (가), (나) 사건 사이에 있었던 사실로 옳은 것은?

> (가) 대포로 무장한 제너럴셔먼호가 평양까지 들어와 통상을 요구하였다.
> (나) 독일 상인 오페르트가 흥선 대원군의 아버지인 남연군의 묘를 도굴하려 하였다.

① 조선 정부가 러시아를 막기 위해 프랑스와 접촉하였다.
② 문수산성에서 한성근 부대가 프랑스군을 공격하였다.
③ 광성보에서 어재연의 수비대가 미국군에게 항전하였다.
④ 통상 수교 거부 정책을 알리는 척화비가 전국에 세워졌다.
⑤ 흥선 대원군이 프랑스 선교사와 천주교 신자를 처형하였다.

06 밑줄 친 '침략' 과정에서 있었던 사실로 옳은 것은?

> **외규장각 의궤**
>
> 의궤는 조선 시대 왕실과 국가의 주요 행사 내용을 글과 그림으로 생생하게 기록한 책을 말한다. 왼쪽의 사진은 영조가 정순 왕후를 맞는 과정을 기록한 책이다. 강화도 외규장각에 보관되어 있었으나, 외국 군대가 강화도를 <u>침략</u>한 후 퇴각하면서 약탈해 갔다.

① 전국에 척화비를 건립하였다.
② 제너럴셔먼호가 통상을 요구하였다.
③ 조선과 러시아가 국경을 접하게 되었다.
④ 정족산성에서 양헌수 부대가 활약하였다.
⑤ 오페르트가 남연군의 묘를 도굴하려고 하였다.

07 (가) 사건 이후 조선의 정세에 대한 설명으로 옳은 것은?

① 프랑스 로즈 제독의 함대가 강화도를 침공하였다.
② 오페르트 일당이 남연군 묘의 도굴을 시도하였다.
③ 평양 관군과 주민들이 제너럴셔먼호를 침몰시켰다.
④ 로저스 제독의 함대가 초지진, 덕진진을 점령하였다.
⑤ 척화비가 세워지는 등 통상 수교 거부 정책이 강화되었다.

08 다음 주장에 따라 추진된 근대화 운동에 대한 설명으로 옳은 것은?

> 서양식 기계는 …… 백성의 생계와 일상 용품에 도움이 되는 것입니다. …… 나라를 잘 다스려 유지하고 제왕의 업적을 튼튼히 유지하는 방법은 원래부터 (중국에) 있었습니다. 하지만 위기를 안정시키고, 허약함을 강력함으로 바꾸는 길은 오직 기기를 모방하여 제조하는 것에서 비롯됩니다.

① 조선의 개항 후에 실시되었다.
② 아편 전쟁에 패배하며 중단되었다.
③ 메이지 유신의 영향으로 실시되었다.
④ 정치 체제 개혁을 목표로 실시되었다.
⑤ 중체서용의 원칙을 내세워 실시하였다.

09 다음 내용에 해당하는 정부에 대한 설명으로 옳은 것은?

> • 막부를 무너뜨리고 국왕을 앞세워 정부를 수립하였다.
> • 입헌 군주제를 수립하고 신분제를 폐지하고, 의무 교육을 실시하였다.

① 병인양요를 일으켰다.
② 양무운동을 전개하였다.
③ 이와쿠라 사절단을 파견하였다.
④ 미일 수호 통상 조약을 체결하였다.
⑤ 이홍장 등 한인 관료들이 개혁을 추진하였다.

10 조선의 통상 개화론에 대한 설명으로 옳지 **않은** 것은?

① 개화파 형성에 영향을 주었다.
② 강화도 조약 체결에 반대하였다.
③ 박규수, 오경석 등이 대표적이다.
④ 북학파 실학자들의 영향을 받았다.
⑤ 『해국도지』, 『영환지략』 등의 서적에서 영향을 받았다.

11 ★중요 밑줄 친 '이 조약'에 대한 설명으로 옳은 것은?

> 한국사 신문 　　　　　　　　　　1876년 ○○월 ○○일
> **조선, 최초의 근대적 조약 체결**
> 조선 최초의 근대적 조약이 강화도에서 체결되었다. 그간 조선 조정에서 문호를 개방하자는 주장이 지속적으로 제기되고 있었다. 이러한 상황에서 일본의 운요호 파견을 계기로 조선과 일본이 이 조약을 체결하였다.

① 거중 조정이 포함되었다.
② 일본인 조계 거류지를 설정하였다.
③ 조선과 일본 모두에 평등한 조약이었다.
④ 일본의 조선 해안에 대한 측량권을 규정하였다.
⑤ 일본인 거류지에서 일본 화폐의 유통을 허용하였다.

11-1 하나 더! 밑줄 친 '이 조약' 체결의 결과로 옳은 것만을 〈보기〉에서 있는 대로 골라 기호를 쓰시오.

> ┤보기├
> ㄱ. 정한론이 제기되었다.
> ㄴ. 부산, 인천, 원산을 개항하였다.
> ㄷ. 일본이 영사 재판권을 인정받았다.
> ㄹ. 일본이 조선에 무력시위를 하였다.

12 (가), (나) 조약에 대한 설명으로 옳은 것은?

> (가) 제1조　　조선은 자주국이며 일본과 평등한 권리를 보유한다.
> 　　　제10조　일본 인민이 조선이 지정한 각 항구에서 죄를 범한 것이 조선 인민과 관계되는 사건일 때는 모두 일본 관원이 재판할 것이다.
> (나) 제6칙　　조선국 항구에 거주하는 일본인은 쌀과 잡곡을 수출, 수입할 수 있다.
> 　　　제7칙　(상선을 제외한) 일본국 정부에 속한 모든 선박은 항세를 납부하지 않는다.

① (가) – 청의 알선으로 체결하였다.
② (가) – 일본에 영사 재판권을 허용하였다.
③ (가) – 『조선책략』의 영향으로 성사되었다.
④ (나) – 일본 화폐 사용을 허가하였다.
⑤ (나) – 개항장 내 일본인 거류지를 설정하였다.

13 다음 조선의 개항 과정에서 있었던 사건들을 일어난 순서대로 나열한 것은?

(가) 조일 수호 조규를 체결하였다.
(나) 흥선 대원군이 물러나고 고종이 직접 정치에 나섰다.
(다) 일본 군함 운요호가 강화도에서 포함 외교를 시도하였다.
(라) 조선이 청의 알선으로 미국과 근대적 조약을 체결하였다.

① (가) - (나) - (다) - (라) ② (가) - (다) - (라) - (나)
③ (나) - (가) - (다) - (라) ④ (나) - (가) - (라) - (다)
⑤ (나) - (다) - (가) - (라)

14 (가) 조약에 대한 설명으로 옳은 것만을 〈보기〉에서 고른 것은?

↑ 강화부 회담장 주변

1876년 강화부 연무당에서 (가) 이/가 체결되었다. 일본은 이곳에 군인과 무기를 배치하여 위협적인 분위기를 조성한 후 조선에 조약 체결을 강요하였다.

⌐ 보기 ┐
ㄱ. 척화비 건립의 배경이 되었다.
ㄴ. 운요호 사건을 계기로 체결되었다.
ㄷ. 수신사가 체결에 주도적인 역할을 하였다.
ㄹ. 조선에 대한 청의 간섭을 배제하는 내용이 담겨 있다.

① ㄱ, ㄴ   ② ㄱ, ㄷ   ③ ㄴ, ㄷ
④ ㄴ, ㄹ   ⑤ ㄷ, ㄹ

15 밑줄 친 '조약'에 대한 설명으로 옳은 것은?

1880년 김홍집이 수신사로 일본에 다녀오면서 황준헌의 『조선책략』을 조선에 들여왔다. 책의 내용이 조선에 퍼지자 이 나라와의 수교 주장이 힘을 얻었다. 이 나라는 서양 국가 중 최초로 조선과 근대적 조약을 체결하였다.

① 프랑스와 체결하였다.
② 거중 조정 조항이 포함되었다.
③ 관세 부과를 규정하지 못하였다.
④ 거류지에서 일본 화폐의 통용을 허용하였다.
⑤ 천주교 선교 활동을 인정하는 내용을 담고 있다.

서술형 문제

01 다음 자료에 나타난 사건을 쓰고, 사건의 결과를 흥선 대원군의 정책 측면에서 서술하시오.

조선군은 낡은 무기를 가지고 근대적인 미국 대포에 맞서 싸워 이기려 하였다. 광성보에서 그들이 제압당하기 전까지 결사적으로 싸웠고, 아무런 두려움 없이 진지에서 영웅적으로 전사하였다.

(1) 초성을 참고하여 서술형 답안에 들어갈 내용을 써 보자.

답안 키워드   ㅅㅁㅇㅇ   ㅌㅅ ㅅㄱ ㄱㅂ   ㅊㅎㅂ

(2) (1)의 내용을 포함하여 서술형 답안을 작성해 보자.

02 다음 조약을 쓰고, 이 조약이 조선에 불평등한 이유를 서술하시오.

제1조	조선은 자주국이며 일본과 평등한 권리를 보유한다.
제7조	조선의 연해 도서는 위험하므로 일본의 항해자가 자유로이 해안을 측량함을 허가한다.
제10조	일본 인민이 조선이 지정한 각 항구에서 죄를 범한 것이 조선 인민과 관련되는 사건일 때는 모두 일본 관원이 재판할 것이다.

03 다음 내용이 담긴 비석을 쓰고, 이를 통해 알 수 있는 당시 대외 정책의 방향을 서술하시오.

서양 오랑캐가 쳐들어왔는데 싸우지 않는 것은 곧 화의하는 것이요, 화의를 주장하는 것은 나라를 파는 일이다. 우리 만대의 자손에게 경고한다. 병인년에 만들어, 신미년에 세운다.

STEP 3 · 1등급 정복하기

01 다음 자료의 주장에 대한 설명으로 옳은 것은?

> 선생(박규수)은 한숨을 쉬면서 탄식하며 말하였다. "생각건대, 지금 세계정세는 날로 변하여 동서 열강이 서로 대치하여 그 옛날 춘추 열국의 때와 비슷하며, 정벌과 회맹의 복잡 혼란함을 장차 감당치 못할 것이다. 우리나라는 비록 작지만 동양의 중심지에 있어 …… 외교에 있어서 기민하게 대응해야 스스로 보존할 수 있다. 그렇지 않으면 우매하고 약한 자가 먼저 망하는 것이 하늘의 이치이니, 또 누구를 탓할 것인가?"
> — 『환재집』

① 개화파 형성에 영향을 주었다.
② 신미양요가 일어나는 배경이 되었다.
③ 입헌 군주제를 수립하자고 주장하였다.
④ 흥선 대원군의 통상 수교 거부 정책을 지지하였다.
⑤ 잉여 자본을 투자하기 위해 식민지를 건설해야 한다고 주장하였다.

최고난도

02 (가), (나) 국가에 대한 설명으로 옳지 <u>않은</u> 것은?

> - 제1조   조선은 자주국이며 [(가)] 과/와 평등한 권리를 보유한다.
>   제4조   부산 이외에 …… 2개 항구를 개항하고 [(가)] 인이 왕래 통상함을 허가한다.
> - 제1조   조선과 [(나)] 은/는 …… 만약 조약 상대국이 어떤 불공평하고 경시당하는 일이 있으면 한 번 통지를 거쳐 반드시 서로 도와준다.
>   제14조 조선이 어느 때든지 어느 국가에 항해, 통상, 기타 어떤 것을 막론하고 본 조약에 부여되지 않은 어떤 권리 또는 특혜를 허가할 때에는 이와 같은 권리, 특권 및 특혜는 [(나)] 의 관민 상인에게도 무조건 균점된다.

① (가) – (나)에 의해 개항되었다.
② (가) – 운요호 사건을 일으켰다.
③ (가) – 17세기부터 네덜란드 상인에게 통상을 허용하였다.
④ (나) – 병인박해를 구실로 조선을 침략하였다.
⑤ (나) – 조선으로부터 최혜국 대우를 인정받았다.

◆ **통상 개화론의 대두**

완자 사전

■ 열국(列國)
여러 나라

■ 회맹(會盟)
모여서 서로 맹세함

완자쌤의 시험꿀팁

조선에 통상 개화론이 등장한 대내외적 배경에 주목하여 통상 개화론을 펼친 대표 인물들이 국내에 미친 영향을 정리해 두도록 한다.

◆ **근대적 조약의 체결**

완자 사전

■ 균점(均霑)
국제법에서 다른 나라와 똑같은 혜택을 받는 일을 말한다.

완자쌤의 시험꿀팁

강화도 조약과 조미 수호 통상 조약의 내용과 성격을 비교하는 문제가 시험에 자주 출제된다. 각 조약의 체결 의의, 배경, 영향을 정리해 두도록 한다. 특히 강화도 조약에는 포함되지 않았지만 조미 수호 통상 조약에서 처음 명시된 거중 조정과 최혜국 대우 조항을 기억해 두도록 한다.

수능 첫걸음

─ 2024 수능 ─

(가)에 들어갈 내용으로 가장 적절한 것은?

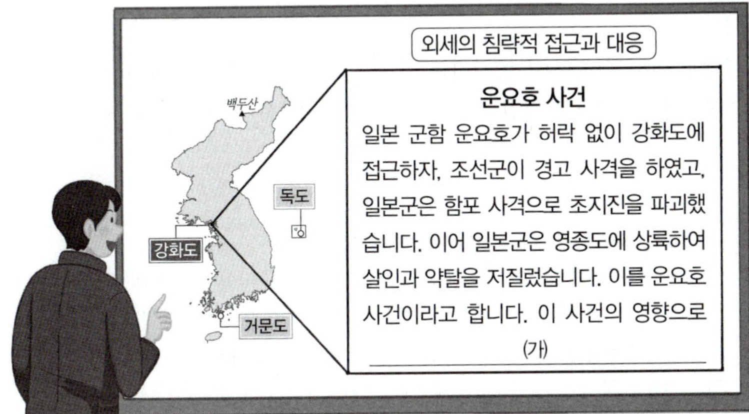

① 인조반정이 일어났습니다.
② 병인양요가 발발하였습니다.
③ 조일 수호 조규가 체결되었습니다.
④ 정동행성이문소가 폐지되었습니다.
⑤ 제너럴셔먼호 사건이 발생하였습니다.

대표 유형   문제 풀이

※ 단계별로 문제 풀이에 접근해 보세요!

1단계 / 자료 분석하기

자료에 나타난 운요호 사건, 강화도 등의
내용을 통해 조선의 ❶ [   ] 과정
과 관련된 문제임을 파악한다.

2단계 / 정답 개념 연결하기

일본은 운요호 사건(1875)을 구실로 대규모
군함과 병력을 보내 조선에 문호 개방을 요
구하였다. 그 결과 ❷ [   ] 가 체결
되었다.

3단계 / 오답 개념 피하기

① 인조반정은 병자 호란 발발 전인 17세기에
일어났다. ② 병인양요는 ❸ [   ]
를 구실로 일어났다. ④ 정동행성이문소가
폐지된 것은 고려 ❹ [   ] 시기의
일이다. ⑤ 제너럴셔먼호 사건은 1866년에
일어났다.

🖋 정답친해 36쪽

실전 문항으로 **수능 준비하기**

─ 2025 6월 모평 ─

밑줄 친 '이 조약'에 대한 설명으로 옳은 것은?

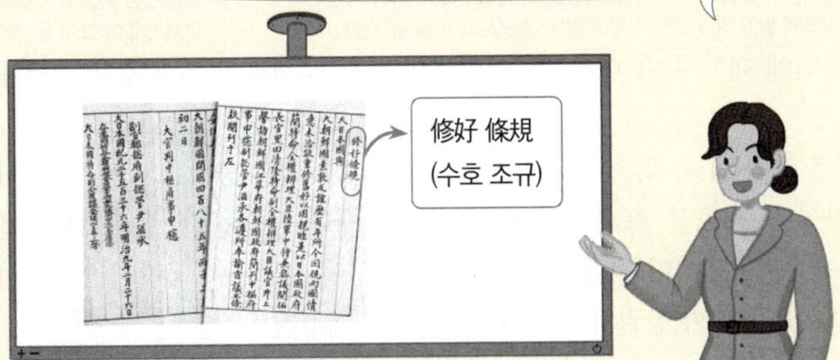

① 집강소 설치를 규정하였다.
② 척화비 건립의 배경이 되었다.
③ 임술 농민 봉기의 원인이 되었다.
④ 운요호 사건을 계기로 체결되었다.
⑤ 북벌론이 대두하는 데 영향을 끼쳤다.

1등급 전략

두 번의 양요, 통상 수교 거부 정책의 시
행, 통상 개화론의 대두, 강화도 조약의 체
결 등 조선 개항 전후로 벌어진 여러 사건
들을 시간 순서와 성격에 따라 파악해 두
도록 한다. 조선이 외국과 맺은 근대적 조
약에 대한 문제가 자주 출제되므로 사료와
연계하여 조약의 내용과 성격을 정리해 두
면 좋다.

출제 전망

- **전망1** 통상 수교 거부 정책과 통상 개화
  론을 대비하는 문제가 출제될 수 있다.
  상반된 두 주장의 근거를 파악해 두도록
  한다.
- **전망2** 두 번의 양요가 발생하고 강화도
  조약(조일 수호 조규)이 체결된 강화도가
  시험 문제의 소재로 활용될 수 있다.

근대 국가 수립을 위한 노력(1)

이것이 핵심!

＊ 개화 정책의 추진과 반발

개화 정책	• 통리기무아문: 개화 정책 총괄 • 사절단 파견: 수신사와 조사 시찰단(일본), 영선사(청), 보빙사(미국) • 별기군 창설, 기기창 설치
반발	• 위정척사 운동 전개(영남 만인소 등 개화 반대 운동) • 임오군란 발발

◆ **왜양일체론**

서구 문물을 받아들여 근대화한 일본을 서양과 같은 오랑캐로 보는 입장이다. 최익현은 왜양일체론을 바탕으로 개항 이후 일본의 경제 침탈을 경계하였다.

◆ **민씨 세력**

명성 황후의 친족을 중심으로 한 세력이다. 1873년 고종이 친정을 시작하면서 이들은 정부의 주요 관직을 독점하고 권력을 누렸다.

◆ **청의 내정 간섭**

임오군란 이후 청이 조선의 내정에 간섭하는 상황을 풍자한 그림이다.

---

① 개화 정책의 추진과 반발

1. 개화 정책의 추진

(1) **통리기무아문 설치(1880)**: 개화 정책을 총괄하는 기구, 아래에 12사 설치, 개화파 인사 중용 ← 외교, 통상, 군사 등 실무를 담당하였어.

(2) **군제 개편**: 중앙군 5군영을 2영(무위영·장어영)으로 개편, 신식 군대인 별기군(교련병대) 창설

(3) **사절단 파견**

수신사	• 1차 수신사 김기수(1876): 일본의 근대 기술과 정보 시찰 • 2차 수신사 김홍집(1880): 강화도 조약 내용 개정 시도(→ 실패), 일본의 발전상 시찰, 『조선책략』을 들여옴 ← 꼭! 조미 수호 통상 조약을 체결하는 배경이 되기도 하였지.
조사 시찰단(1881)	조선 정부가 박정양·어윤중·홍영식 등을 일본으로 비밀리에 파견 → 일본의 정부 기관·제도·법률·공장·군사 등 근대 시설을 시찰 → 귀국 후 보고서 작성 **자료①**
영선사(1881)	김윤식이 이끄는 유학생과 기술자들을 청에 파견 → 근대 무기 제조 기술, 군사 훈련법, 탄약 제조 기술 시찰 → 귀국 후 기기창(무기 공장), 번사창(무기 창고) 등 설립
보빙사(1883)	미국의 주한 공사 파견에 대한 답례로 민영익, 유길준, 홍영식 등을 파견 → 미국의 근대 시설 시찰

2. 위정척사 운동

(1) **의미**: 성리학과 성리학적 사회 질서를 지키고, 성리학 이외의 종교와 사상을 배격해야 한다는 주장

(2) **전개**: 19세기 중후반 보수적 양반 유생 중심 **자료②** ← 당시 흥선 대원군의 통상 수교 거부 정책을 지지하였어.

1860년대	서양의 통상 요구 → 통상 수교 거부 운동(이항로, 기정진 등의 척화 주전론)
1870년대	강화도 조약 체결 추진 → 개항 반대 운동(최익현의 ◆왜양일체론)
1880년대	개화 정책 추진, 『조선책략』 유포 → 개화 및 미국과의 수교 반대(이만손 중심의 영남 만인소)

(3) **의의**: 반외세·반침략 운동 → 1890년대 이후 항일 의병 운동으로 계승

(4) **한계**: 양반 중심의 성리학적 질서 고수

3. 임오군란(1882)

← 별기군에 비해 낮은 대우를 받았고, 13개월 만에 밀린 급료로 지급된 쌀에 겨와 모래가 섞여 있는 데 분노해 난을 일으켰지. ← 일본으로 곡물이 수출되면서 쌀값이 크게 올랐어.

(1) **배경**: 구식 군대 군인에 대한 차별 대우 심화, 정부의 개화 정책과 일본의 경제 침탈에 불만

(2) **전개**: 군인들이 정부 고관 집 습격, 별기군의 일본 교관 살해, 일본 공사관 공격 → 도시 하층민 가담 → 명성 황후 피신, 흥선 대원군 재집권 → 개화 정책 중단, 통리기무아문과 별기군 폐지 → ◆민씨 세력이 청에 파병 요청 → 청군이 개입하여 군란 진압, 흥선 대원군을 청으로 압송 → 민씨 정권의 재집권, 개화 정책 재추진 ← 왜? 고종이 흥선 대원군에게 군란의 수습을 요청한 거야. ← 이 무렵 명성 황후가 청군의 호위를 받으며 조선에 돌아왔어.

(3) **영향** **자료③**

① 일본과 제물포 조약 체결: 일본에 배상금 지불, 일본 공사관의 경비병 주둔 허용

② ◆청의 내정 간섭 심화: 조선에 군대 주둔, 마건상(마젠창)과 묄렌도르프를 고문으로 파견하여 조선의 내정과 외교 간섭, 조청 상민 수륙 무역 장정 체결 ← 청 상인의 양화진과 한성 진출을 허용한다는 내용이 포함되었어.

자료 ① 조사 시찰단의 활동

← 조사 시찰단의 행로

→ 고종은 비밀리에 조사 시찰단을 일본에 보냈어.

마패를 받고 동래부 암행어사가 되었다. 임무는 '일본의 조정 논의와 시세 형편, 풍속, 인물, 다른 나라들과의 수교 통상 등의 대략을 참지하고 올 일'이다. …… 박정양, 홍영식, 어윤중 등이 먼저 이 사행에 대한 밀명을 받고 정월 그믐 전에 모두 이미 떠났다고 한다.

– 이헌영, 『일사집략』

개화를 반대하는 위정척사 운동이 일어나자 고종은 비밀리에 조사 시찰단을 일본으로 파견하였다. 박정양, 어윤중 등 60여 명으로 구성된 조사 시찰단은 4개월 동안 일본의 근대적 기관, 시설, 제도를 시찰하였다. 귀국 후 이들이 올린 보고서는 조선 정부가 개화 정책의 방향을 결정하는 데 도움을 주었다.

자료 ② 위정척사 운동의 전개

→ 지킬 위(衛), 바를 정(正), 물리칠 척(斥), 간사할 사(邪)를 써서 '바른 것(성리학)을 지키고 간사한 것(외세)을 물리친다'는 뜻이야.

- 양이의 화가 금일에 이르러 홍수나 맹수의 해로움보다도 더 심합니다. …… 안으로 사학의 무리를 잡아 베게 하시고, 밖으로 건너오는 적을 정벌하게 하소서. – 이항로, 『화서집』
- 저들이 비록 왜인이라고 하나 실은 서양의 적이옵니다. 강화가 한번 이루어지면 …… 얼마 안 가서 사학이 온 나라 안에 퍼지게 될 것입니다. – 최익현, 『면암집』
- 수신사 김홍집이 가져와 유포한 황준헌의 사사로운 책자를 보노라면, 어느새 털끝이 일어서고 쓸개가 떨리며 울음이 북받치고 눈물이 흐릅니다. …… 러시아·미국·일본은 같은 오랑캐입니다. 그들 사이에 누구는 후하게 대하고 누구는 박하게 대하기는 어려운 일입니다.
  └ 『조선책략』을 가리켜. – 『고종실록』

19세기 후반 보수적 양반 유생들은 서구 열강의 침략과 조선 정부의 개항, 개화 정책 추진에 반발하여 위정척사 운동을 벌였다. 위정척사 운동은 1860년대 외국과의 통상 수교 반대, 1870년대 개항 반대, 1880년대 개화 정책 반대의 흐름으로 전개되었다.

자료 ③ 임오군란의 영향

[제물포 조약]
→ 조선은 임오군란 당시 일본 공사관이 습격당한 것에 대하여 일본에 배상금을 지불하였어.

제3조　조선국은 5만 원을 내어 해를 당한 일본 관리들의 유족 및 부상자에게 준다.

제5조　일본 공사관에 군인 약간을 두어 경비하게 한다. 그 비용은 조선이 부담한다.

– 『고종실록』, 1882. 7.

[조청 상민 수륙 무역 장정]
→ 조선이 청의 속국으로 명시되어 있어. 이는 청이 조선의 내정을 간섭하는 빌미가 되었어.

이 수륙 무역 장정은 청이 속방(속국)을 우대하는 뜻에서 상정한 것이고, 각 대등 국가 간의 동등한 혜택을 받는 예와는 다르다.

– 『고종실록』, 1882. 10.

임오군란 이후 조선은 일본과 제물포 조약을 체결하여 일본에 배상금을 지불하고 일본군의 한양 주둔을 허용하였다. 청과는 조청 상민 수륙 무역 장정을 맺어 청의 조선 내륙 진출을 허가하였다.

자료 하나 더 알고 가자!

사절단의 모습들

↑ 제1차 수신사 행렬

↑ 미국에 파견된 보빙사

→ 보빙사는 미국 대통령을 만나고 박람회, 병원, 신문사, 육군 사관 학교 등 각종 근대 시설을 시찰하였어.

정리 비법을 알려 줄게!

19세기 위정척사 운동의 전개

보수적 양반 유생 중심, 반외세·반침략 운동

↓

1860년대	• 통상 수교 반대 • 척화 주전론 • 이항로, 기정진 등
1870년대	• 개항 반대, 강화도 조약 체결 반대 • 왜양일체론 • 최익현 등
1880년대	• 개화 정책에 반대, 『조선책략』에 반발 • 영남 만인소

문제로 확인할까?

1. 1882년 구식 군대 군인에 대한 정부의 차별이 원인이 되어 일어난 사건은?

2. 임오군란의 영향으로 옳은 것은?

① 천주교 포교가 허용되었다.
② 제물포 조약이 체결되었다.
③ 통리기무아문이 설치되었다.
④ 전국에 척화비가 건립되었다.
⑤ 외규장각 도서가 약탈되었다.

답 1. 임오군란 2. ②

＊ 개화파의 형성과 분화

```
북학 사상
박지원, 홍대용,
박제가, 이덕무
      │
통상 개화(수교)론
박규수, 오경석,
유홍기
      │ ─ 1876년 개항
   개화파
   ┌────┴────┐
급진 개화파      온건 개화파
김옥균, 박영효,   김윤식, 김홍집,
홍영식, 서광범    어윤중
```

◆ 동도서기론

우리의 전통적인 제도와 사상(동도, 東道)을 지키면서 서양의 근대적인 기술과 과학(서기, 西器)을 받아들이자는 주장이다. 양무운동에서 청이 내세운 중체서용과 유사하다.

◆ 문명개화론

일본 메이지 유신 때 등장한 개념으로 서양의 기술뿐 아니라 사상, 제도, 문물 등도 적극적으로 수용하자는 주장이다.

◆ 차관

한 나라의 정부나 기업, 은행이 외국 정부나 공적 기관으로부터 자금을 빌려 오는 것을 말한다.

◆ 갑신정변을 주도한 인물들

이들은 갑신정변을 주도한 급진 개화파로, 정변이 '3일 천하'로 끝나자 외국으로 망명하였다가 이후 조선에 돌아와 개혁 정치에 다시 참여하였다.

◆ 우정총국

우편 업무를 맡아보던 관청으로 1884년 4월에 설치되었다가 갑신정변으로 그해 12월에 폐지되었다.

---

② 갑신정변과 국내외 정세 변화

1. 개화파의 형성과 분화

→ 청에서 『해국도지』, 『영환지략』 등을 국내로 들여왔어.

(1) **개화파의 형성 배경**: 통상 개화론자 박규수·오경석·유홍기 등이 문호 개방 필요성 인식 → 김옥균, 박영효, 김윤식 등에게 세계정세와 서구 문물 소개, 개화 필요성 역설

(2) **개화파의 형성**: 통상 개화(수교)론에 영향을 받은 김옥균, 박영효, 김윤식 등이 정부의 개화 정책 추진 과정에서 실무 관료로 활동 → 개화파 형성

→ 영선사로 청에 다녀왔어.

(3) **개화파의 분화**: 임오군란 이후 개화 추진 방식과 외교 방향을 둘러싼 갈등으로 분화 자료 ④

구분	온건 개화파	급진 개화파
중심인물	김윤식, 김홍집, 어윤중 등	김옥균, 박영효, 홍영식 등
개혁 모델	청의 양무운동	일본의 메이지 유신
사상 기반	◆동도서기론 입장	◆문명개화론
청과의 관계	사대 관계 유지, 청과 우호 관계 유지 추구	사대 관계 청산, 청의 내정 간섭 탈피 추구

2. 갑신정변(1884)

왜? 조선 정부가 개화 정책을 추진하면서 외교 사절 왕래, 개항장 신설, 새로운 관청 설립 등에 돈을 많이 사용하였기 때문이야.

배경	• 청의 내정 간섭 심화, 친청 세력이 국정 장악 → 개화 정책 지연 • 개화 예산 부족 → 김옥균이 일본 등에서 ◆차관 도입을 시도하였으나 실패 → 급진 개화파의 정치적 입지 축소 왜? 베트남을 둘러싸고 청과 프랑스 사이에 전쟁이 일어날 조짐이 있었기 때문이야. • 청과 프랑스가 베트남 문제로 갈등 → 청은 조선에 주둔하던 청군의 절반을 철수
전개	◆급진 개화파의 김옥균·박영효·홍영식·서광범 등이 ◆우정총국 개국 축하연을 이용하여 친청 세력과 민씨 일파 제거, 개화당 정부 수립 → 개혁 정강 발표 → 청군의 개입으로 3일 만에 실패 김옥균, 박영효, 서광범, 서재필 등은 일본으로 망명하였어.
개혁 정강	청과의 전통적 사대 관계 청산, 내각 제도 수립, 문벌 폐지, 인민 평등권 보장, 재정의 일원화, 지조법 개혁 등 다잡는 자료
결과	• 청의 내정 간섭 심화 → 조선의 개화 정책 위축 • 한성 조약 체결(조선·일본, 1884): 조선이 배상금과 공사관 신축비를 일본에 지불 • 톈진 조약 체결(일본·청, 1885): 양국 군대 철수, 조선에 파병 시 상대국에 통보 약속
평가	• 의의: 자주적 근대 국가 건설을 위한 정치 개혁 운동, 근대적 정치·사회 체제 구축 추진, 갑오개혁과 독립 협회의 활동에 영향 • 한계: 위로부터의 개혁(소수 지식인 중심, 민중의 지지 부재), 일본의 군사 지원에 의존

→ 민중들은 갑신정변의 주도 세력을 일본의 앞잡이로 여겨 공격하기도 하였어.

3. 열강의 대립 격화와 조선의 대응

(1) **거문도 사건(1885~1887)** 왜? 갑신정변 이후 청의 내정 간섭이 강화하자 고종은 청을 견제하려 하였어.

① 배경: 고종이 러시아와 우호 관계 강화, 조러 비밀 협약 추진

② 전개: 영국이 거문도를 불법 점령(거문도 사건) → 조선의 항의와 청의 중재로 영국군 철수

왜? 러시아와 대립하던 영국은 러시아의 남하를 견제하려고 거문도를 점령하였어.

(2) **조선 중립국화 제기**: 독일 외교관 부들러의 조선 중립화안 제기, 유길준이 한반도 중립론 주장 자료 ⑤

유길준은 한반도 중립화에 대한 생각을 정리하여 『중립론』을 집필하였어.

(3) **고종의 자주독립 정책**

① 내용: 내무부 설치(재정·군사·외교·산업 등 국정 총괄, 개혁·자강 정책 추진), 일본과 미국에 조선 공사관 설립(→ 조선이 독립국임을 홍보), 연무 공원(서양식 군사 훈련 기관)과 육영 공원(근대 학문과 외국어 교육) 설립

② 결과: 청의 압력과 친청파 관료들의 반발로 성과 저조

→ 주미 조선 공사관은 조선이 서양 국가에 설치한 최초의 상주 공사관이야. 박정양이 초대 주미 조선 공사를 맡아 외교 활동을 벌였어.

자료 ④ 개화파의 분화

> ← 온건 개화파의 주장이야.

군신, 부자, 부부, 붕우, 장유의 윤리는 하늘이 만들어 인간의 성품에 부여한 것입니다. 온 천지에 영원히 변할 수 없는 이치로 '도(道)'가 됩니다. …… 배, 수레, 병기, 농기는 '기(器)'가 됩니다. 신이 바꾸고자 하는 것은 '기'이지 '도'가 아닙니다. – 「승정원일기」

> ← 급진 개화파의 주장이야.

문벌을 폐지하고 인재를 골라 중앙 집권의 기초를 확립하여 백성의 믿음을 얻으십시오. 널리 학교를 설립하여 인민의 지식을 깨우치게 하시옵소서. 외국의 종교를 받아들여 교화를 돕는 것도 하나의 방법입니다. – 「고종에게 보낸 탄원서」

> ← 동도서기론을 의미해. 조선의 제도나 사상을 유지하면서 서양의 기술만 받아들이자는 주장이야.

김윤식, 김홍집 등 온건 개화파는 청의 양무운동을 모델로 동도서기론을 주장하였다. 반면, 김옥균, 박영효 등 급진 개화파는 일본의 메이지 유신을 모델로 문명개화론을 내세웠다.

비교해서 살펴볼까?

온건 개화파와 급진 개화파

온건 개화파
김홍집·김윤식 등, 동도서기론 입장, 전통적 외교 관계(사대 관계) 중시, 청과 우호 관계 유지 추구

VS

급진 개화파
김옥균·박영효 등, 문명개화론 입장, 사대 관계 청산 등 주장, 청의 내정 간섭 탈피 추구

> 📋 내 교과서 · 비상, 동아, 리베르, 미래엔, 씨마스, 지학사, 천재, 해냄 교과서에서 '갑신정변의 개혁 정강' 사료를 다루고 있어요.

내신과 수능을 다 잡는 자료 ✦ 갑신정변의 개혁 정강

> ← 임오군란 때 청은 군란의 주범으로 흥선 대원군을 지목하여 청으로 납치해 갔어.

> → 청과의 전통적인 사대 관계를 청산하려고 한 거야.

1. 잡혀간 흥선 대원군을 곧 돌아오게 하고 청에 조공하는 허례를 폐지한다.
2. 문벌을 폐지하여 인민 평등권을 제정하고 능력에 따라 관리를 임명한다.
3. 지조법(토지세법)을 개혁하여 부정을 막고 백성을 보호하며 재정을 넉넉하게 한다.
9. 혜상공국(보부상 관할 기관)을 혁파한다.
12. 재정은 모두 호조에서 관할하게 하고 그 밖의 재무 관청은 폐지한다.
13. 대신과 참찬은 궁권 내의 의정소에서 회의하고 국왕에게 아뢰어 정령을 집행한다.
14. 의정부와 6조 외의 불필요한 기관을 없애고, 대신과 참찬이 논의하여 보고한다.

> ← 일종의 내각 정치를 시도하였어.

– 김옥균, 「갑신일록」

개화당 정부는 청과의 사대 관계를 청산하려고 하였으며, 조세·재정 등에서 개혁을 시도하였다. 또한 일종의 내각 정치를 도입하여 국왕의 전제권을 제한하고자 하였고, 대신들이 국가의 일을 논의한 후 국왕의 허락을 받아 집행하도록 구상하였다.

빈출 선택지로 점검하기

» 초성을 참고하여 다음 선택지를 옳게 고쳐 보자.

- 갑신정변은 미국군의 개입으로 3일 만에 실패하였다.
  → ㅊ

- 김옥균 등은 박문국 개국 축하연을 틈타 정변을 일으켰다.
  → ㅇㅈㅊㄱ

- 제물포 조약에는 문벌을 폐지하여 인민 평등권을 확립하는 등의 개혁 내용이 담겼다.
  → ㄱㅎㅈㄱ

정답 청, 우정총국, 개혁 정강

함께 보기 · 내신 만점 공략하기 12번

자료 ⑤ 조선을 둘러싼 열강의 각축과 조선의 중립국화 제기

▲ 19세기 조선을 둘러싼 열강의 각축

우리나라가 아시아의 중립국이 된다면 실로 러시아를 방어하는 큰 기틀이자 아시아의 여러 대국이 서로 보전하는 정략이 될 수 있다. …… 오직 중립 한 가지만이 진실로 우리나라를 지키는 방책이다. 그러나 우리가 먼저 제창할 수 없으니 중국에 요청하여 이를 맡아 처리해 주도록 해야 한다. – 유길준, 「중립론」

1880년대 후반에는 조선을 둘러싸고 청·일본·영국·러시아가 경쟁하였다. 이 시기에 독일 외교관 부들러, 유길준 등이 한반도 중립화를 주장하였다. 그러나 이들의 주장은 정부 정책에 반영되지 않았다.

문제로 확인할까?

1. 조선 중립화론이 제기될 시기에 일어난 사실로 가장 적절한 것은?

① 임오군란
② 거문도 사건
③ 운요호 사건
④ 강화도 조약의 체결
⑤ 조청 상민 수륙 무역 장정의 체결

2. 「중립론」을 집필하여 조선의 중립국화를 주장한 인물은?

정답 1. ② 2. 유길준

STEP 1 핵심 개념 **확인**하기

1 다음 나라와 각 나라에 조선이 파견한 사절단을 옳게 연결하시오.

(1) 청 •　　　　　　　• ㉠ 보빙사

(2) 미국 •　　　　　　• ㉡ 수신사

(3) 일본 •　　　　　　• ㉢ 영선사

2 다음 괄호 안에 들어갈 내용을 쓰시오.

(1) 1881년 고종은 박정양, 어윤중 등의 (　　　　　)을 비밀리에 일본으로 파견하였다.

(2) 조선 정부는 (　　　　　)을 설치하여 개화 정책을 총괄하게 하였고, 그 아래에 실무를 담당하는 12사를 두었다.

(3) 조선을 둘러싼 열강의 대립이 거세지자 미국 유학에서 돌아온 (　　　　　)은 한반도의 중립화를 주장하였다.

3 다음 설명이 맞으면 ○표, 틀리면 ×표를 하시오.

(1) 1860년대에 이항로, 기정진 등은 척화 주전론을 펼쳤다. (　　　)

(2) 1870년대에 최익현은 개항을 반대하며 왜양일체론을 주장하였다. (　　　)

(3) 1880년대에 『조선책략』이 유포되자 영남 유생들은 러시아와의 조약 체결에 반대하며 만인소를 올렸다. (　　　)

4 (가), (나)에 들어갈 내용을 각각 쓰시오.

> 정부가 개화 정책을 추진하는 과정에서 구식 군대는 신식 군대인 　(가)　에 비해 낮은 대우를 받았다. 13개월 만에 급료로 지급된 쌀에 겨와 모래가 섞여 있자, 분노한 구식 군대의 군인들은 　(나)　을 일으켰다.

5 다음 괄호 안의 내용 중 알맞은 말에 ○표를 하시오.

(1) (급진 개화파, 온건 개화파)는 청의 내정 간섭에서 벗어나야 한다고 주장하며 갑신정변을 일으켰다.

(2) 임오군란 이후 조선은 일본과 (강화도 조약, 제물포 조약)을 체결하여 일본군의 조선 주둔을 허용하였다.

STEP 2 내신 만점 **공략**하기

01 (가) 사절단에 대한 설명으로 옳은 것은?

① 일본으로 파견되었다.

② 통리기무아문에서 파견을 결정하였다.

③ 북학론이 제기되는 데 영향을 주었다.

④ 운요호 사건이 일어나는 배경이 되었다.

⑤ 무기 공장인 기기창의 설립에 기여하였다.

중요

02 (가)에 들어갈 내용으로 적절하지 <u>않은</u> 것은?

> ▶ 지식 Q&A
>
> 개항 이후 조선 정부가 추진한 개화 정책에 대해 알려 주세요.
>
> ▶ 답변하기
>
> 　　　　　　　(가)

① 통리기무아문을 설치하였어요.

② 개항장에서 일본 화폐의 유통을 허용하였어요.

③ 통상 개화론자들을 실무 관료로 등용하였어요.

④ 근대 문물을 시찰하고자 조사 시찰단을 파견하였어요.

⑤ 근대 무기 제조 기술을 배우도록 유학생과 기술자를 청에 보냈어요.

하나 더!

02-1 (가)에 들어갈 군사 개혁으로 옳은 것은?

① 별기군 창설　　　　　② 원수부 설치

③ 장용영 설치　　　　　④ 훈련도감 설치

⑤ 삼군부의 기능 부활

03 밑줄 친 '사절단'에 대한 설명으로 옳은 것은?

> 사절단은 제물포를 출항하여 약 한 달간의 긴 항해 끝에 미국 샌프란시스코에 도착하였다. 일행은 기차를 타고 일주일 동안 대륙을 횡단하여 워싱턴에 도착하였다. 이들은 뉴욕에서 미국 대통령을 만나 고종의 신임장을 전달하여 조선이 자주독립국임을 밝혔다.

① 별기군 창설을 건의하였다.
② 에도 막부의 요청으로 파견되었다.
③ 조약 내용을 개정하고자 파견되었다.
④ 민영익을 전권대사로 하여 파견되었다.
⑤ 『조선책략』을 들여와 국내에 소개하였다.

04 (가) 사절단에 대한 설명으로 옳은 것은?

수행 평가 보고서

- 탐구 주제: (가) 의 활동
- 조사 내용
1. (가) 의 행로

2. 관련 사료
　마패를 받고 동래부 암행어사가 되었다. 임무는 '일본의 조정 논의와 시세 형편, 풍속, 인물, 다른 나라들과의 수교 통상 등의 대략을 참지하고 올 일'이다. …… 박정양, 홍영식, 어윤중 등이 먼저 밀명을 받고 그믐 전에 이미 떠났다.　　　　　 – 이헌영, 『일사집략』

① 『조선책략』을 국내로 들여왔다.
② 강화도 조약 개정을 목적으로 파견되었다.
③ 톈진으로 파견되어 근대 문물을 학습하였다.
④ 김윤식을 대표로 근대 무기 제조술을 배워 왔다.
⑤ 비밀리에 파견되어 근대적 시설 등을 조사하였다.

05 다음 자료에 대한 설명으로 옳은 것만을 〈보기〉에서 고른 것은?

> 러시아가 영토를 넓히려고 한다면 반드시 조선이 첫 번째 대상이 될 것이다. …… 러시아를 막는 조선의 책략은 무엇인가? 오직 중국과 친하며 일본과 맺고 미국과 연합함으로써 자강을 도모하는 길뿐이다.

보기

ㄱ. 청의 외교관이 저술하였다.
ㄴ. 1860년대에 국내에 소개되었다.
ㄷ. 2차 수신사 파견 이후 국내로 반입되었다.
ㄹ. 강화도 조약을 체결하는 데 영향을 주었다.

① ㄱ, ㄴ　　　② ㄱ, ㄷ　　　③ ㄴ, ㄷ
④ ㄴ, ㄹ　　　⑤ ㄷ, ㄹ

05-1 위 자료의 서적이 유포되면서 체결된 조약으로 옳은 것은?

① 한성 조약
② 강화도 조약
③ 제물포 조약
④ 미일 화친 조약
⑤ 조미 수호 통상 조약

06 (가)~(다)를 일어난 순서대로 나열한 것은?

> (가) 이만손 등 영남 유생들이 만인소를 올려 정부의 개화 정책에 반대하였다.
> (나) 최익현은 왜양일체론을 내세우며 개항 이후 벌어질 일본의 경제 침탈을 경계하였다.
> (다) 이항로, 기정진 등 유생들이 천주교 확산과 서양의 통상 요구에 반발하여 통상 수교 거부 운동을 펼쳤다.

① (가) – (나) – (다)
② (가) – (다) – (나)
③ (나) – (가) – (다)
④ (다) – (가) – (나)
⑤ (다) – (나) – (가)

★중요
07 (가) 사건에 대한 설명으로 옳지 <u>않은</u> 것은?

① 청군에게 진압되었다.

② 일본 공사관이 습격받았다.

③ 개화당이 개혁 정강을 발표하였다.

④ 도시의 하층민이 함께 참여하였다.

⑤ 흥선 대원군이 일시적으로 권력을 장악하였다.

08 (가)에 들어갈 내용으로 가장 적절한 것은?

① 왜양일체론이 등장하는

② 미국이 최혜국 대우를 누리는

③ 일본군이 급진 개화파를 지원하는

④ 청군과 일본군이 조선에서 충돌하는

⑤ 마건상과 묄렌도르프가 고문으로 파견되는

09 (가), (나) 정치 세력에 대한 설명으로 옳은 것은?

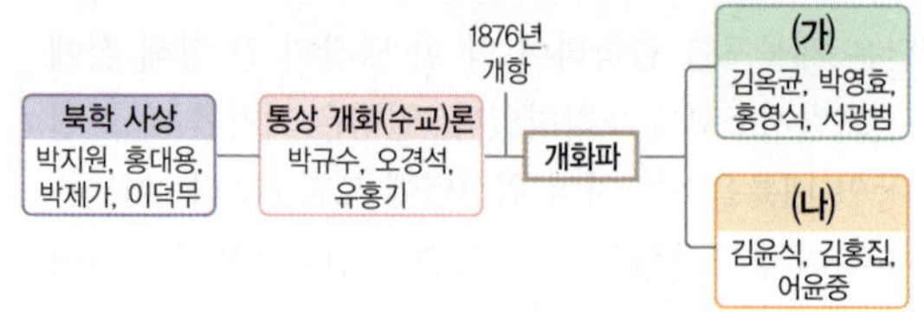

① (가) – 입헌 군주제를 지향하였다.

② (가) – 청의 양무운동을 본보기로 삼았다.

③ (나) – 일본의 메이지 유신을 본받고자 하였다.

④ (나) – 문명개화론을 토대로 개혁을 추진하였다.

⑤ (가), (나) – 청의 내정 간섭을 강하게 비판하였다.

10 (가)에 들어갈 내용으로 옳은 것은?

① 김옥균 ② 김윤식 ③ 박영효 ④ 서광범 ⑤ 서재필

11 다음 지도에 나타난 사건에 대한 설명으로 옳은 것은?

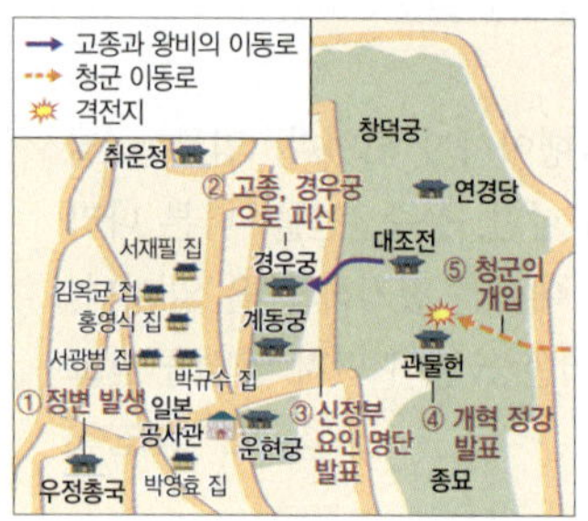

① 민중의 적극적인 지지를 받았다.

② 청의 군사적 지원을 받아 추진되었다.

③ 사건 이후 흥선 대원군이 청으로 압송되었다.

④ 구식 군대에 대한 차별 대우가 원인이 되었다.

⑤ 소수의 지식인이 중심이 된 위로부터의 개혁이었다.

중요

12 다음 개혁 정강이 발표된 사건의 결과로 옳은 것은?

> 1. 잡혀간 흥선 대원군을 곧 돌아오게 하고 청에 조공하는 허례를 폐지한다.
> 2. 문벌을 폐지하여 인민 평등권을 제정하고 능력에 따라 관리를 임명한다.
> 3. 지조법을 개혁하여 부정을 막고 백성을 보호하며 재정을 넉넉하게 한다.
> 9. 혜상공국(보부상 관할 기관)을 혁파한다.
> 12. 재정은 모두 호조에서 관할하게 하고 그 밖의 재무 관청은 폐지한다.
> 14. 의정부와 6조 외에 불필요한 기관을 없애고, 대신과 참찬이 논의하여 보고한다.

① 일본과 청이 톈진 조약을 맺었다.
② 일본군이 한성에 주둔하게 되었다.
③ 묄렌도르프가 외교 고문으로 파견되었다.
④ 조선과 일본이 제물포 조약을 체결하였다.
⑤ 청 상인이 한성에서 무역을 할 수 있게 되었다.

하나더!

12-1 위 자료를 발표한 세력의 활동으로 옳은 것은?

① 임오군란을 일으켰다.
② 영남 만인소를 올렸다.
③ 위정척사 운동을 벌였다.
④ 동도서기론의 입장에서 개혁을 추진하였다.
⑤ 우정총국 개국 축하연에서 정변을 일으켰다.

13 (가), (나) 국가에 대한 설명으로 옳은 것은?

> 임오군란과 갑신정변 이후 [(가)]의 내정 간섭이 심화하였다. 고종은 [(가)]을/를 견제하려고 러시아와 우호 관계를 강화하였다. 그러자, [(나)]이/가 러시아의 남하를 막는다는 구실로 한반도 문제에 개입하였다.

① (가) - 별기군의 교관을 파견하였다.
② (가) - 조선과 한성 조약을 체결하였다.
③ (나) - 거문도를 불법으로 점령하였다.
④ (나) - 일본과 톈진 조약을 체결하였다.
⑤ (나) - 외교관 부들러가 조선의 중립화를 건의하였다.

서술형 문제

서술형 감잡기

01 (가), (나)에 들어갈 내용을 각각 쓰고, (가)의 핵심 내용을 (나)와 연관 지어 서술하시오.

> 수신사 김홍집이 가져온 황준헌의 [(가)]을/를 보니 머리털이 곤두서고 가슴이 떨리며 통곡이 나오고 눈물이 흐릅니다. [(나)]은/는 본래 우리와 혐의가 없는 나라입니다. …… [(나)], 미국, 일본은 같은 오랑캐입니다.

(1) 초성을 참고하여 서술형 답안에 들어갈 내용을 써 보자.

답안 키워드   [ㅈㅅㅊㄹ]   [ㄹㅅㅇ]

(2) (1)의 내용을 포함하여 서술형 답안을 작성해 보자.

실전! 도전하기

02 (가) 사건을 쓰고, (가) 사건의 의의와 한계를 각각 서술하시오.

> 김옥균 일파는 청이 우리나라의 자주권을 침해하는 것을 분하게 여겨 드디어 일본 공사와 협력하여 [(가)]을/를 일으켜 일본당으로 지목되었다. 정변이 실패로 끝나자 온 나라가 그들을 역적으로 몰았다.
> ─ 김윤식, 『속음청사』

03 다음 주장이 제기된 배경을 1880년대 후반 조선을 둘러싼 열강의 대립을 중심으로 서술하시오.

> 우리나라가 아시아의 중립국이 된다면 실로 러시아를 방어하는 큰 기틀이자 아시아의 여러 대국이 서로 보전하는 정략이 될 수 있다. …… 오직 중립 한 가지만이 진실로 우리나라를 지키는 방책이다.

STEP 3 1등급 정복하기

최고난도 ✦

01 (가), (나) 주장에 대한 설명으로 옳지 <u>않은</u> 것은?

> (가) 군신, 부자, 부부, 붕우, 장유의 윤리는 하늘이 만들어 인간의 성품에 부여한 것입니다. 온 천지에 영원히 변할 수 없는 이치여서 '도(道)'가 됩니다. 백성을 편하게 하고 국가를 이롭게 하는 배, 수레, 병기, 농기는 '기(器)'입니다. 신이 바꾸고자 하는 것은 '기'이지 '도'가 아닙니다. …… 널리 인재를 선발하여 기계를 제조하는 관원으로 임명하고, 외국을 다니며 이를 배워 오게 하시옵소서.
>
> (나) 문제의 근원인 양반을 없애지 않는다면 국가의 멸망을 앉아서 기다리는 것과 같습니다. …… 문벌을 폐지하고 인재를 골라 중앙 집권의 기초를 확립하여 백성들의 믿음을 얻으십시오. 널리 학교를 설립하여 인민의 지식을 깨우치게 하시옵소서. 외국의 종교를 받아들여 교화를 돕는 것도 하나의 방법입니다.

① (가) – 급진 개화파의 주장이다.
② (가) – 동도서기론을 기반으로 개혁을 추진하였다.
③ (나) – 입헌 군주제를 지향하였다.
④ (나) – 일본의 메이지 유신을 개화 모델로 삼았다.
⑤ (가), (나) – 근대 문물을 수용하여 조선을 개혁하고자 하였다.

02 (가)~(다) 조약에 대한 설명으로 옳은 것은?

> (가) 4조 일본국이 입은 손해, 공사를 호위한 해군과 육군 중에서 50만 원을 조선국에서 낸다.
>   5조 일본 공사관에 군사 약간을 두어 경비를 서게 한다.
>
> (나) 이 수륙 무역 장정은 청이 속방(속국)을 우대하는 뜻에서 상정한 것이고, 각 대등 국가 간의 일체 동등한 혜택을 받는 예와는 다르다. ……
>   1조 청의 상무위원을 서울에 파견하고 조선 대관을 톈진에 파견한다. 청의 북양대신과 조선 국왕은 대등한 지위를 가진다.
>
> (다) 1조 청은 조선에 주둔한 군대를 철수한다. 일본은 조선에서 공사관을 호위하던 군대를 철수한다.
>   3조 앞으로 조선에 변란이나 중대 사건이 일어나 청·일 두 나라 또는 한 나라가 파병하려고 할 때에는 우선 상대국에 공문을 보내 통지해야 한다.

① (가) – 묄렌도르프의 고문 파견을 규정하였다.
② (나) – 청과 일본 사이에 체결되었다.
③ (다) – 랴오둥반도의 일본 할양을 포함하였다.
④ (가), (나) – 임오군란 직후에 체결되었다.
⑤ (나), (다) – 동학 농민 운동을 진압하는 과정에서 체결되었다.

◆ **개화파의 분화**

 **완자쌤의 시험꿀팁**

온건 개화파와 급진 개화파의 특징을 주요 인물, 개혁 모델, 사상 기반 등을 중심으로 비교하여 정리해 두도록 한다. 특정 인물의 주장을 사료로 제시하고 해당 인물이 속한 세력의 특징을 묻는 문제가 출제될 수 있다.

◆ **임오군란과 갑신정변의 결과**

완자 사전

■ **속방(屬邦)**
법적으로는 독립국이지만, 실제로는 정치나 경제·군사 면에서 다른 나라에 지배되는 나라

■ **변란(變亂)**
사변이 일어나 세상이 어지러움

완자쌤의 시험꿀팁

임오군란과 갑신정변 이후 조선·일본·청 사이에 체결된 조약을 정리해 두도록 한다. 조약의 일부 내용을 제시하고 각 조약의 계기가 된 사건에 대해 묻는 문제가 자주 출제된다.

수능 첫걸음

┤ 2025 9월 모평 응용 ├

다음 대화의 배경으로 가장 적절한 것은?

① 교정청이 설치되었다.
② 『조선책략』이 유포되었다.
③ 미국에 보빙사가 파견되었다.
④ 교조 신원 운동이 확산되었다.
⑤ 일본이 강화도에 운요호를 파견하였다.

대표 유형 | 문제 풀이

※ 단계별로 문제 풀이에 접근해 보세요!

■ **1단계 / 자료 분석하기**
자료의 대화에 등장한 영남 만인소는 이만손을 비롯한 영남 유생들이 정부의 개화 정책에 반대하여 제출한 집단 상소문이다.

■ **2단계 / 정답 개념 연결하기**
1880년대에 정부가 개화 정책을 추진하고 ❶ ________ 이 유포되면서 위정척사 운동의 규모는 더욱 커졌다.

■ **3단계 / 오답 개념 피하기**
① 전주 화약 체결 이후 조선 정부는 교정청을 설치하였다. ③ 주한 미국 공사가 부임하자 그 답례로 고종은 ❷ ________ 를 미국에 파견하였다. ④ 동학교도들이 교조 신원 운동을 전개하였다. ⑤ 운요호 사건을 계기로 ❸ ________ 이 체결되었다.

정답 및 조해 ❷ 대표 유형 ② 개항 / 보빙사 ❶ 『조선책략』 ❷ 보빙사

🍀 정답친해 40쪽

┤ 2023 수능 ├

(가)에 들어갈 내용으로 가장 적절한 것은?

학습 주제: [(가)]

① 새마을 운동의 목적
② 위정척사 운동의 전개
③ 물산 장려 운동의 영향
④ 6·10 만세 운동의 결과
⑤ 애국 계몽 운동의 내용

1등급 전략
1860년대부터 1880년대까지 위정척사 운동의 특징과 성격을 운동의 배경과 주요 인물을 중심으로 비교하여 파악해 두도록 한다.

출제 전망
• **전망1** 위정척사 운동의 자료를 제시하고 연표에서 해당 시기를 묻는 문제가 출제될 수 있다.
• **전망2** 위정척사 운동의 주요 인물을 제시하고 해당 인물이 중심이 된 위정척사 운동의 특징을 묻는 문제가 출제될 수 있다.

03 근대 국가 수립을 위한 노력(2)

이것이 핵심!

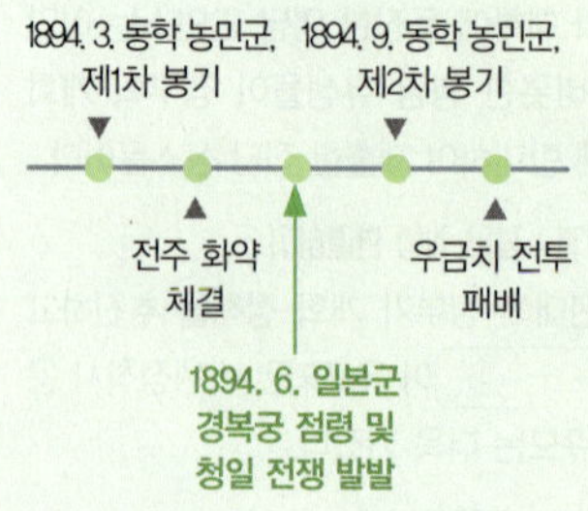

※ 동학 농민 운동의 전개

1894. 3. 동학 농민군, 제1차 봉기 / 1894. 9. 동학 농민군, 제2차 봉기

전주 화약 체결 / 우금치 전투 패배

1894. 6. 일본군 경복궁 점령 및 청일 전쟁 발발

◆ 포접제
동학 포교의 기초 조직이다. 동학은 마을이나 군 단위로 접을 조직하고 수십 개의 접을 포로 묶어 포교 활동의 기초로 삼았다.

◆ 만석보
조병갑은 이미 물을 저장해 두는 보가 있는데도 농민들을 동원하여 새로운 보를 쌓게 하였다. 그리고 새 보를 이용하였다는 명목으로 물세를 거두어 쌀 700여 석을 착복하였다.

◆ 제폭구민·보국안민
'제폭구민'은 '폭정을 없애고(除暴, 제폭) 백성을 구한다(救民, 구민)'라는 뜻이고, '보국안민'은 '나라를 돕고(輔國, 보국) 백성을 편안히 한다(安民, 안민)'라는 뜻이다.

◆ 집강소
동학 농민군이 전주 화약 이후 전라도 각지에 설치한 관민 공동의 개혁 기구이다. 농민들은 이를 통해 치안 유지, 탐관오리 처벌, 문란한 조세 제도 개혁, 방곡령 시행 등 자치적으로 폐정 개혁을 실현해 나갔다.

---

① 동학 농민 운동

1. 농촌 사회의 동요와 동학의 교조 신원 운동

농촌 사회의 동요	• 개화 정책 추진과 배상금 지불로 국가 재정 악화 → 농민의 조세 부담 증가 • 일본으로 곡물 유출, 청·일본 상인이 영국산 면직물 판매 → 농민의 경제적 타격, 관리들의 부패와 수탈 심화 → 전국적 농민 봉기 빈번
동학의 교조 신원 운동	동학의 교세 확장(◆포접제 정비) → 교조 최제우의 신원과 동학의 종교적 자유 요구(공주 집회, 삼례 집회, 궁궐 앞 상소) → 종교적인 요구에서 점차 정치적인 구호로 발전(보은 집회, 금구(김제) 집회)

> **왜?** 농촌 사회가 동요하면서 동학에 가담하는 농민이 많아졌어.

> **예** 탐관오리 처벌, 외세 배척 등의 구호가 등장하였어.

2. 고부 농민 봉기 `자료 ①`

배경	고부 군수 조병갑이 ◆만석보를 쌓고 물세를 강제로 징수하는 등 비리와 수탈 자행
전개	전봉준 등이 사발통문을 돌려 봉기를 호소 → 농민들의 고부 관아 습격, 만석보 파괴 → 정부가 새로운 군수 임명 → 농민들의 자진 해산

> 호소문이나 격문을 쓰고 나서, 주모자가 드러나지 않게 이름을 사발 모양으로 둥글게 돌려가며 적은 글

3. 동학 농민군의 제1차 봉기 `자료 ②`

배경	안핵사 이용태가 고부 농민 봉기 참여자들을 동학교도라는 죄목으로 체포 → 농민 분노 고조
전개	전봉준·손화중 등이 농민군을 모아 무장에서 봉기, 고부 점령 → 백산에서 격문과 4대 강령 발표(◆제폭구민·보국안민 주장), 지도부 구성 → 황토현 전투와 황룡촌 전투에서 농민군 승리, 전주성 점령 → 정부가 청에 지원병 요청 → 청군과 일본군의 조선 출병 → 정부와 농민군이 전주 화약 체결
영향	농민군은 전라도 각지에 ◆집강소 설치 → 치안 유지, 폐정 개혁안 실천 `자료 ③`

4. 청일 전쟁과 삼국 간섭

> **왜?** 농민군은 청과 일본의 군대를 조선에서 철수시키는 일이 가장 시급한 문제라고 판단하였어.

(1) **청일 전쟁**: 조선 정부의 교정청 설치 → 청일 양국 군대의 철수 요구 → 일본군이 경복궁 점령, 일본군의 청군 공격 → 평양 전투, 황해 해전에서 일본군 승리 → 시모노세키 조약 체결(랴오둥반도와 타이완 등 할양)

> **꼭!** 당시 러시아는 만주 진출을 노리고 있었어. 일본의 요동 진출을 억제하려고 삼국 간섭을 주도하였지.

(2) **삼국 간섭**: 러시아·프랑스·독일이 일본의 랴오둥반도 점유 반대 → 일본의 랴오둥반도 반환(1895)

> **꼭!** 청이 조선을 속방이라고 여기다 일본에 의해 조선이 자주독립 국가임을 인정했어. 청이 조선에 대한 영향력을 상실한 거야.

5. 동학 농민군의 제2차 봉기 `자료 ②`

배경	조선에 대한 일본의 내정 간섭 심화, 일본이 조선 정부군과 연합하여 농민군 진압 준비
전개	동학 농민군이 일본군 타도를 내걸고 재봉기 → 손병희의 북접군과 전봉준의 남접군이 논산 집결, 한양으로 진격 → 공주 우금치에서 농민군이 관군·일본군 연합 부대에 패배, 민보군도 농민군 공격 → 전봉준, 김개남 등 지도자 체포, 처형

> 양반과 향리들이 조직한 군대

> 전라도의 동학 조직을 남접, 충청도의 동학 조직을 북접이라고 해.

6. 동학 농민 운동의 의의

(1) **성격**: 양반 중심 신분 질서의 개혁 요구(반봉건적), 외세의 침략과 내정 간섭에 저항(반침략적)

(2) **의의**: 폐정 개혁안 내용의 일부가 갑오개혁에 반영, 농민군 잔여 세력이 항일 의병 투쟁에 가담

자료 1 고부 농민 봉기와 사발통문

사발통문을 비롯한 동학 농민 운동 기록물은 2023년에 유네스코 세계 기록 유산으로 등재되었어.

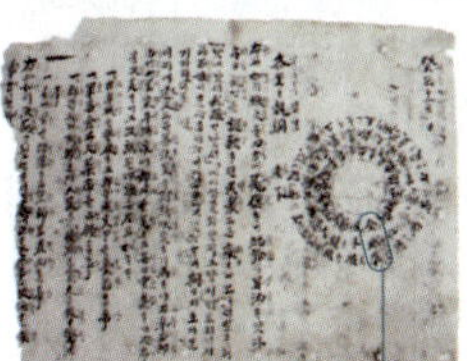

↑ 사발통문

- 고부성을 격파하고 군수 조병갑을 효수할 것
- 군기창과 화약고를 점령할 것
- 군수에게 아첨하여 인민을 못살게 구는 탐관오리를 응징할 것
- 전주 감영을 함락하고 서울로 곧바로 나아갈 것

'전봉준'의 이름이 여기 쓰여 있어.

1894년 1월, 고부 군수 조병갑의 횡포에 분노한 농민들이 전봉준을 중심으로 봉기하였다. 전봉준 등 고부 농민 봉기를 주도한 20여 명은 봉기의 주모자가 드러나지 않도록 참여자의 이름을 사발 모양으로 둥글게 적었다.

문제로 확인할까?

고부 농민 봉기에 대한 설명으로 옳은 것은?

① 청군의 개입으로 진압되었다.
② 군수 조병갑의 횡포에 맞서 일어났다.
③ 남접과 북접이 연합하여 정부군에 맞섰다.
④ 봉기 이후 정부와 전주 화약을 체결하였다.
⑤ 안핵사 이용태가 농민군을 처벌하여 발생하였다.

자료 2 동학 농민 운동의 배경과 전개

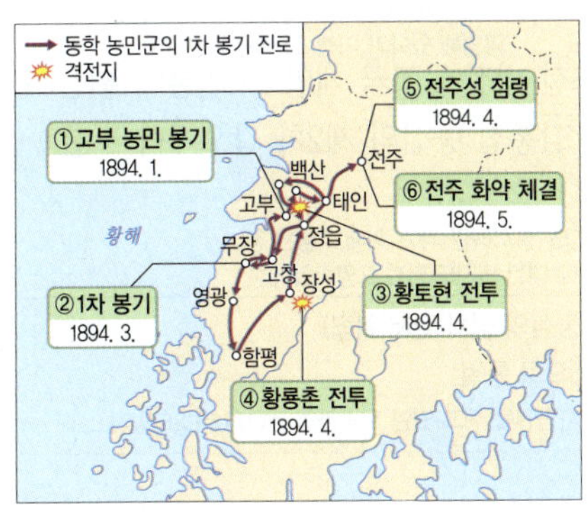

↑ 제1차 봉기의 전개   ↑ 제2차 봉기의 전개

안핵사 이용태가 고부 농민 봉기에 참여한 농민들을 동학교도로 몰아 처벌하자 전봉준, 손화중 등이 농민군을 모아 무장에서 봉기하였다(제1차 봉기). 이후 청일 전쟁에서 승기를 잡은 일본이 조선 관군과 함께 동학 농민군을 토벌하려 하자, 농민군은 일본군 타도를 기치로 하여 제2차 봉기를 일으켰다.

자료 하나 더 알고 가자!

동학 농민군의 4대 강령

1. 사람을 죽이지 않고 물건을 파괴하지 않는다.
2. 충과 효를 모두 온전히 하며 세상을 구하고 백성을 편안케 한다.
3. 일본 오랑캐를 몰아내어 없애고 왕의 정치를 깨끗이 한다.
4. 군대를 몰고 한성으로 들어가 권세가와 귀족을 모두 없앤다.
 – 정교, 『대한계년사』

제1차 봉기에서 고부를 점령하고 백산에 이른 동학 농민군은 격문과 4대 강령을 발표하고 농민군 지휘부를 구성하였다.

자료 3 폐정 개혁안

정부와 협력하여 개혁을 추진하려는 동학 농민군의 의지가 담겨 있어.

1. 동학도는 정부와 원한을 씻고 모든 행정에 협력할 것
2. 탐관오리는 그 죄를 조사하여 엄하게 처벌할 것
3. 횡포한 부호를 엄하게 처벌할 것
5. 노비 문서는 불태워 버릴 것
8. 정당한 명목이 없는 잡세는 일체 거두지 말 것
10. 왜적과 통하는 자는 엄하게 처벌할 것
12. 토지는 평균으로 나누어 농사짓게 할 것
 – 오지영, 『동학사』

동학 농민군은 전주 화약 당시 정부에 폐정 개혁안을 제시하였다. 부패한 양반 부호와 탐관오리 엄벌, 농민 수탈 방지 등 폐정 개혁안의 내용들은 이후 갑오개혁에 일정 부분 반영되었다.

자료 하나 더 알고 가자!

집강소의 설치와 운영

동학도들이 각 읍에 할거하여 집강소를 세우고 서기와 집사 등 임원을 두니 하나의 관청이었다. …… 고을 군수는 다만 이름만 있을 뿐 행정을 맡을 수 없었다. – 정석모, 『갑오약력』

동학 농민군이 전주성에서 철수한다는 내용의 전주 화약이 체결된 후 동학 농민군은 마을마다 집강소를 설치하여 행정과 치안을 담당하였고 자치적으로 폐정 개혁을 실행하였다.

＊ 갑오개혁의 내용

제1차 갑오개혁	개국 기년 사용, 8아문 설치, 과거제·연좌제·노비제 폐지, 탁지아문으로 재정 일원화
제2차 갑오개혁	홍범 14조 반포, 의정부를 내각으로 개편, 23부로 지방 행정 구역 개편, 재판소 설치, 한성 사범 학교 설립
을미개혁	태양력 사용, '건양' 연호 사용, 단발령 시행

◆ **군국기무처**
국정에 관한 일체의 개혁 안건을 의결하기 위한 임시 회의 기구이다. 총재는 김홍집이었고, 어윤중, 김윤식, 유길준 등이 회의원으로 참여하였다.

◆ **개국 기년**
조선이 건국된 1392년을 원년으로 하여 연도를 표기하는 방식이다. 1차 갑오개혁 당시 모든 공문서에서 개국 기년을 사용하였다.

◆ **내각**
1895년 제2차 갑오개혁 때부터 1896년 아관 파천 때까지 국가의 주요 정책과 법률을 심의 결정하던 최고 기관이다.

◆ **을미사변**
일본 공사 미우라의 주도로 한성에 주둔하던 일본군 수비대와 일본인 낭인 등이 경복궁에 침범하여 명성 황후를 시해한 사건이다.

◆ **아관 파천**

↥ 구 러시아 공사관의 모습
고종은 을미의병이 일어나자 신변의 안전을 도모하고 일본의 영향력을 약화하고자 러시아 공사관(아관)으로 피신하였다.

② 갑오개혁

1. 제1차 갑오개혁(1894)

(1) **전개**: 일본군의 경복궁 점령, 청일 전쟁 시작, 일본군이 흥선 대원군을 내세워 김홍집을 수반으로 하는 정권 수립, ◆군국기무처를 설치해 개혁 법안 마련·공포(갑신정변의 개혁안과 동학 농민군의 요구 일부 반영)

왜? 민씨 일파를 견제하기 위해서야. 흥선 대원군에게 실권은 없었어.

└ 일본이 청과 전쟁 중이어서 조선의 내정 개혁에 적극적이지 않아 군국기무처가 비교적 자율적으로 개혁을 실행하였어.

(2) **개혁 내용**

정치	• 공문서에 ◆개국 기년 사용(중국 연호 폐지) • 의정부 아래 8아문 설치, 의정부와 궁내부 분리 • 과거제 폐지
경제	탁지아문으로 국가 재정 일원화, 조세의 금납화, 은본위제 채택
사회	• 신분제(공·사노비제, 양민과 상민의 구별 등) 폐지 • 악습 폐지(고문과 연좌제 폐지, 과부의 재가 허용)

왜? 정부와 왕실의 사무를 분리하여 왕실이 정치에 관여하는 것을 제한하려 하였어.

└ 금납화는 조세를 화폐로 납부하게 하는 것을 말해.

왜? 이를 통해 국가 재정 운영의 효율을 높일 수 있었어.

2. 제2차 갑오개혁(1894~1895)

(1) **전개**: 일본이 청일 전쟁에서 승기를 잡은 후 조선 내정에 적극 개입 → 일본이 흥선 대원군을 몰아내고 군국기무처 폐지 → 박영효·김홍집 중심의 제2차 갑오개혁 추진 → 고종이 종묘에서 홍범 14조 반포 [자료 ④]

└ 일본의 간섭이 강화하였을 때 세워진 연립 내각이야. 박영효는 갑신정변 이후 일본에 망명해 있다가 이때 조선에 돌아왔어.

꼭! 제2차 갑오개혁의 국정 개혁 방향을 밝히려던 거야. 이때 고종은 청과의 사대 관계 청산과 자주독립에 대한 의지도 함께 표명하였어.

(2) **개혁 내용**

정치	• 의정부를 궁궐 안으로 옮겨 ◆'내각'으로 개편(내각 중심의 정치 질서 확립) • 전국 8도를 23부로 개편, 지방 행정 구역 명칭을 '군'으로 통일 • 재판소 설치→ 사법권을 독립시킨 거야. 그 결과 기존에 사법권을 쥐고 있던 지방관의 권한이 축소되었지.
경제	근대적 예산 제도 시행(왕실과 국가의 1년 예산 작성)
사회	• 교육 입국 조서 반포(근대적 교육 제도 마련), 한성 사범 학교 설립 • 일본에 유학생 파견

3. 을미개혁(제3차 갑오개혁) [자료 5]

(1) **배경**: 러시아의 삼국 간섭 주도, 일본의 굴복 → 고종과 명성 황후가 러시아 세력을 끌어들여 일본 견제 → 고종이 박정양·이완용 중심으로 내각 구성 → 일본의 명성 황후 시해(◆을미사변, 1895) → 김홍집, 유길준 등의 친일 내각 구성, 을미개혁(제3차 갑오개혁) 추진

└ 친러·친미 성향의 인물들이었어.

(2) **개혁 내용**

정치	• 친위대(중앙)와 진위대(지방) 신설 • 태양력 사용, '건양' 연호 사용 → 연호 '건양'은 '(태)양력을 세운다'는 뜻이야.
사회	단발령 시행, 종두법 시행, 소학교 설립, 우편 사무 재개 → 갑신정변으로 중단되었던 우편 사무가 재개된 거야.

(3) **개혁의 중단**: 을미의병 발발, 고종의 ◆아관 파천(1896) 단행 → 을미개혁 중단

왜? 양반 유생들이 명성 황후 시해 사건과 단발령에 반발하여 일어났어.

4. 갑오개혁의 의의와 한계 [자료 6]

(1) **의의**: 갑신정변의 개혁안과 동학 농민 운동의 요구를 일부 반영, 봉건적 통치 체제를 개혁한 근대적 개혁

꼭! 우리 역사상 처음으로 신분제를 폐지하여 평등 사회의 기틀을 다졌어. 또한 내각 중심 정치를 통해 전제 군주제를 극복하고자 하였지.

(2) **한계**: 일본의 간섭 속에서 추진, 지배층 중심의 개혁으로 민중의 지지 부족, 국방력 강화와 공업 진흥에 소홀

자료 ④ 홍범 14조

└→ 청과의 사대 관계를 청산하여 조선의 자주독립을 실현하고자 하였어.

1. 청국에 의존하는 관념을 버리고 자주독립의 기초를 세운다.
3. 대군주는 대신과 논의하여 국정을 결정하고, 종실과 외척의 간섭을 금한다.
4. 왕실 사무와 국정 사무는 분리하여 뒤섞이는 것을 금한다.
6. 납세는 법으로 정하고 함부로 세금을 거두지 않는다. → 근대적인 예산 제도를 확립하고자 하였어.
7. 조세의 부과와 징수, 경비의 지출은 모두 탁지아문에서 관할한다.
9. 왕실 및 각 관부 비용은 연간 예산을 작성하여 재정의 기초를 확립한다.
10. 지방 관제를 시급히 개정하여 이로써 지방 관리의 직권을 한정한다. └→ 지방관의 사법권과 군사권을 없앴어.
13. 민법과 형법을 엄격하게 제정하여 인민의 생명과 재산을 보전한다.
14. 문벌 및 지벌에 구애되지 말고, 선비를 두루 구하여 인재를 등용한다. − 「관보」, 1894. 12.

홍범 14조는 국정 개혁의 기본 강령으로 청의 종주권 부인, 흥선 대원군과 명성 황후의 정치 개입 배제, 내각 제도 확립 등의 내용을 담고 있다.

자료 ⑤ 을미개혁의 추진

└→ 을미개혁으로 태양력을 사용하면서 1895년 음력 11월 17일이 1896년 양력 1월 1일이 되었어.

짐(고종)이 왕위에 오른 지 33년이 되었으며, 다른 국가들과 보다 긴밀한 관계를 갖고 정치를 개혁할 시기가 도래하였다. 이것을 목표로 우리는 달력을 태양력으로 바꾸고, 새로운 연호를 채택하고, 복색을 바꾸고, 머리카락을 잘랐다.
└→ '건양'이라는 연호를 채택하였어.
└→ 단발령이 실시되었어.
− 「관보」, 1896

↑ 단발을 한 고종

러시아의 삼국 간섭에 일본이 굴복하자, 고종과 명성 황후는 러시아 세력을 끌어들여 일본을 견제하려고 하였다. 일본은 조선에서 영향력을 회복하고자 명성 황후를 시해하고, 친일 세력 중심으로 김홍집 내각을 구성하여 개혁을 진행하였다. 을미개혁으로 태양력이 채택되었고 '건양'이라는 연호가 사용되었으며 단발령이 시행되었다.

자료 ⑥ 갑오개혁의 의의와 한계

└→ 일본이 조선에 개혁을 강요한 이유가 조선의 근대화를 도우려던 것이 아니라 조선 침략의 기반을 다지려던 것임을 알 수 있어.

• 나는 처음부터 조선의 내정 개혁을 정치적 필요 이외에는 하등의 의미가 없다고 여겼고, …… 그러므로 조선의 내정 개혁이란 무엇보다도 일본의 이익을 주목적으로 하는 정도에 그치되, 이 때문에 굳이 우리의 이익을 희생할 필요가 있다고는 보지 않는다.
− 일본 외무 대신 무쓰 무네미쓰, 「건건록」

• 스스로 개혁하지 못하여 일본의 강요를 받았으니 우리 인민에게 부끄럽고, 세계 만국에 부끄럽고, 후세에게 부끄럽다. 그러나 …… 개혁을 잘 이룬다면 독립을 보존하고 보국안민하게 되어 오히려 허물이 되지 않겠지만, 그러지 않고 예전의 폐단을 그대로 행한다면 다시 외세의 강요를 받아 나라가 어떻게 될지 알 수가 없다.
− 유길준, 「세 가지 부끄러움」
└→ 조선이 봉건적 통치 체제를 혁파하고 근대화를 이루게 된다면 좋은 일이라고 보았어.

갑오개혁은 봉건적 통치 체제와 악습을 타파하고자 하였던 근대적 개혁으로 갑신정변의 개혁 정강과 동학 농민군의 폐정 개혁안 내용이 반영되었다. 그러나 개혁이 일본의 강요와 간섭 속에서 추진되어 결과적으로 조선에 대한 일본의 침략 기반을 강화한 한계가 있었다.

자료 하나 더 알고 가자!

군국기무처의 설치

↑ 군국기무처의 회의 모습

김홍집 내각은 군국기무처를 설치하여 개혁을 추진하였다. 군국기무처는 갑신정변과 동학 농민군의 요구를 반영하려 노력하였다.

자료 하나 더 알고 가자!

단발령의 시행

조선에서는 상투가 없으면 성인으로 간주하지 않고 존칭도 붙이지 않으며 정중한 대우도 받지 못한다. …… 성문에는 파수꾼들이 지키고 서서 지나가는 사람들의 상투를 잘랐으며, 모든 공직자와 군인은 일시에 삭발을 당하였다. 통곡과 비탄과 울부짖음 소리가 들려왔다.
− 언더우드, 「상투의 나라」

단발령은 강제로 남성의 상투를 자르도록 한 명령이다. 을미사변과 단발령에 분노한 유생들은 전국에서 의병을 일으키기도 하였다.

문제로 확인할까?

갑오개혁의 의의로 옳은 것만을 〈보기〉에서 고른 것은?

| 보기 |
ㄱ. 조선에 대한 일본의 간섭이 심화되었다.
ㄴ. 봉건적인 통치 체제를 개혁하려고 하였다.
ㄷ. 외세의 간섭을 받지 않은 자주적인 개혁이었다.
ㄹ. 갑신정변의 개혁안과 동학 농민군의 요구가 일부 반영되었다.

① ㄱ, ㄴ ② ㄱ, ㄷ ③ ㄴ, ㄷ
④ ㄴ, ㄹ ⑤ ㄷ, ㄹ

❋ 독립 협회와 대한 제국

독립 협회	• 1896년 창립 • 독립신문 발행, 독립문 건립 • 국민 계몽, 자주 국권, 자유 민권, 의회 설립 운동 전개
대한 제국	• 1897년 수립 • 대한국 국제 반포: 자주독립 천명, 황제권 강화 • 광무개혁 실시: 양전 사업, 상공업 진흥 정책, 근대 시설 도입 등

◆ **만민 공동회**
1898년 3월부터 종로에서 개최된 민중 대회로 처음에는 독립 협회 주도로 개최되었으나 이후에는 민중의 자발적 참여로 운영되었다.

◆ **황국 협회(1898)**
대한 제국의 황실과 보수 관료들이 독립 협회를 견제하려고 보부상들을 내세워 만든 단체이다.

◆ **환구단과 황궁우**

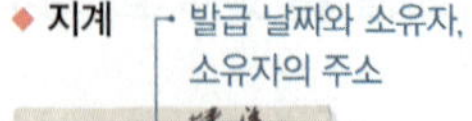

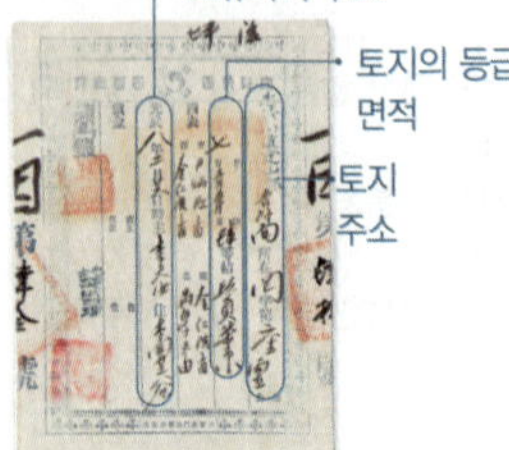

황궁우는 천지신과 태조의 신위를 모시는 곳이고, 환구단은 천자가 하늘에 제사를 지내는 곳이다. 환구단은 이전에 폐지되었다가 고종이 황제로 즉위하면서 다시 설치되었다.

◆ **지계**

토지 소유권을 증명하는 문서로, 오늘날의 토지 등기부와 같은 역할을 하였다.

---

❸ 독립 협회와 대한 제국

1. 독립 협회

갑신정변 이후 미국에 망명해 있다가 정부의 요청으로 귀국하였어. 그는 서양의 민주주의를 체험하고 조선에 돌아와 민중 계몽의 필요성을 강조하였지.

(1) 독립 협회의 설립: 서재필이 중추원 고문에 임명 → 독립신문 창간(1896. 4.) → 개화파 관료·지식인과 독립문을 건설하고자 독립 협회 설립(1896. 7.)

(2) 독립 협회의 활동: 기관지 『대조선 독립 협회 회보』 간행, 독립관에서 토론회 개최 등 국민 계몽 활동 [자료 ❼] ┗ 독립문 건립 보조금을 내면 누구나 독립 협회의 회원이 될 수 있었어. 그 결과 독립 협회에는 다양한 계층이 참여하게 되었지.

(3) 국권 수호와 의회 설립 운동

┏ **왜?** 러시아는 조선의 내정에 간섭하고 조선의 이권을 침탈하려 하였어.

자주 국권 운동	• 배경: 러시아의 재정 고문 파견, 한러 은행 설립, 절영도 조차 요구 • 전개: ◆만민 공동회 개최, 러시아의 간섭과 이권 침탈 비판 • 결과: 러시아의 재정 고문 철수, 한러 은행 폐쇄, 절영도 조차 요구 철회
자유 민권 운동	신체의 자유 및 재산권 보호와 언론·출판·집회·결사의 자유 요구, 국민 참정권 운동 전개, 보수적 대신들의 부정부패와 연좌제 등 악법 부활 시도 규탄 → 박정양 중심의 개혁적인 내각 수립
의회 설립 운동	개혁적인 관료를 중심으로 의회 수립 운동 추진, 입헌 군주정 수립 추구 → 관민 공동회 개최(정부 대신, 시민, 학생 등이 참여) → 국정 개혁안으로 헌의 6조 결의 → 고종의 승인으로 중추원 관제 개편(법률 및 칙령 제정 및 폐지, 정부의 주요 안건 심사·의결) [다잡는 자료]

(4) 독립 협회의 해산: 보수 관료들이 독립 협회가 공화정 수립을 꾀한다고 모함 → 고종이 ◆황국 협회와 군대를 동원하여 만민 공동회 진압 → 고종이 황국 협회와 군대를 동원해 독립 협회 강제 해산(1898. 12.) ┏ **왜?** 민권 확대를 지향하는 독립 협회의 개혁은 황제권을 강화하려던 고종에게 부담이 되었기 때문이야.

(5) 독립 협회 활동의 의의와 한계

① 의의: 자주권 수호와 민권 의식 신장에 기여, 근대 국민 국가를 지향한 국정 개혁 추진

② 한계: 러시아에 국한된 외세 배척 운동 전개(미국, 영국, 일본 등에 우호적)

2. 대한 제국과 광무개혁

(1) 대한 제국의 수립: 독립 협회를 중심으로 고종의 환궁을 요구하는 여론 강화 → 고종이 경운궁(덕수궁)으로 환궁(1897. 2.) → 대한 제국 수립(연호 '광무' 사용, ◆환구단에서 황제 즉위)

(2) 대한국 국제 반포(1899): 대한 제국이 자주독립 국가이고 전제 군주정임을 명시, 황제가 군 통수권·입법권·행정권·사법권 등 모든 권한 행사 [자료 ❽]

(3) 광무개혁 ┏ 옛것(舊, 구)을 근본(本, 본)으로 삼고 새로운 것(新, 신)을 참조(參, 참)한다는 뜻이야.

원칙	구본신참 원칙에 따라 추진 ┏ 황제가 군대를 통솔하게 하여 황제권과 국방력을 함께 강화하려 하였어.
내용	• 군사 개혁: 원수부 설치, 징병제 시행, 장교 육성 • 양전 사업과 ◆지계 발급: 토지를 측량하여 토지 소유권자 확인 → 국가의 지세 수입 증대 추구 • 상공업 진흥 추진: 섬유·철도·운수·광업·금융 분야에 근대적 시설과 회사 설립 • 근대 시설 설치: 전화 가설, 우편 제도 정비, 전차 부설 • 근대 교육 실시: 상공 학교와 광무 학교 설립, 해외 유학생 파견 • 외교 활동: 대한 제국을 세계 각국에 승인받음, 청과 대등한 입장에서 대한국·대청국 통상 조약 체결, 국제기구 가입, 파리 만국 박람회에 대표단 파견(1900) ┏ 예 만국 우편 연합, 국제 적십자사 등 • 간도와 독도에 대한 권리 확인: 두 차례의 간도 현지 조사 후 간도 관리사에 이범윤 임명, 대한 제국 「칙령 제41호」(1900) 공포 ┏ 꼭 울릉도를 울릉군으로 승격하고 울릉군에서 독도를 관할하게 하였어.
의의	자주독립과 근대화 지향
한계	황제권 강화에만 집중, 집권 세력의 부정부패와 열강의 간섭으로 성과 미흡, 토지 측량과 조세 징수 과정에서 농민 수탈 → 영빈당, 활빈당 등 봉기 발생

자료 ⑦ 독립 협회의 활동

> • 러시아의 군사 교관과 재정 고문이 대한에 필요하지 않은 것, 대한이 스스로 자주권을 행사하는 것이 옳은 것은 러시아가 모두 아는 바이다. …… 러시아 군사 교관과 재정 고문을 돌려보내겠다고 답하는 것은 당연한 일이자, 우리 대한 이천만 동포 형제 모두가 원하는 바이다.
> 러시아의 이권 침탈을 비판하였어. – 독립신문, 1898. 3. 15.
>
> • 의정원(의회)이 따로 있어 나라 안에 학문 있고 지혜있고 좋은 생각 있는 사람들을 뽑아 …… 날마다 공평하게 토론하여 …… 대황제 폐하께 …… 뜻을 올려 재가를 물은 후에는 내각으로 넘기고, 내각에서 정한 뜻에 따라 규칙대로 시행만 할 것 – 독립신문, 1898. 4. 30.

독립 협회는 여러 차례 만민 공동회를 통해 열강의 이권 침탈에 맞서 자주 국권 운동을 전개하였고 민권 확대에도 힘썼다. 그 결과 개혁적인 내각이 세워져 의회 설립과 입헌 군주정 수립을 추진할 수 있었다.

자료 하나 더 알고 가자!

독립 협회의 토론회 주제

1회	조선의 급선무는 인민의 교육임
3회	나라를 부강하게 하는 데는 상업이 제일임
22회	대한국 토지는 조금이라도 다른 나라 사람에게 빌려주면 안 되는 일임
25회	의회를 설립하는 것이 정치상 제일 중요함
28회	백성의 권리가 튼튼할수록 임금의 지위가 더 높아지고 나라의 형세가 더욱 크게 떨침

📖 **내 교과서** ᐧ 비상, 동아, 리베르, 미래엔, 씨마스, 지학사, 천재, 해냄 교과서에서 '헌의 6조' 사료를 다루고 있어요.

내신과 수능을 다 잡는 자료 ✦ — 헌의 6조

> 1. 외국인에 의존하지 않고 관민이 합심하여 전제 황권을 견고하게 할 것
> 2. 광산, 철도, 석탄, 삼림 및 차관 차병과 외국과 조약 맺는 일은 각 부 대신 및 중추원 의장이 합동 날인하여 시행할 것
> 3. 전국 재정은 모두 탁지부가 관리하며, 다른 정부 기관과 회사는 간섭하지 못하게 하고 예산·결산을 국민에게 공포할 것
> 비록 죄인이더라도 피고의 인권을 존중하고 있어.
> 4. 모든 중범죄는 공개 재판하되 피고에게 철저히 설명하여 죄를 자복하게 한 후 시행할 것
> 5. 칙임관은 황제가 정부에 자문하여 그 과반수의 의견에 따라 임명할 것
> 6. 갑오개혁 이후 공포된 법령을 실천할 것 – 정교, 『대한계년사』

1989년에 독립 협회가 개최한 관민 공동회에서 개혁적인 관료와 시민이 함께 헌의 6조를 국정 개혁안으로 결의하였다. 헌의 6조에는 주권 수호, 황제권 제약, 민권 보장 등의 내용이 담겼다.

빈출 선택지로 점검하기

≫ 초성을 참고하여 다음 선택지를 완성해 보자.
- 헌의 6조에는 ㅇㅎ 설립 등의 내용이 담겨 있다.
- 고종은 헌의 6조를 수용하여 ㅈㅊㅇ 관제를 개편하였다.
- 독립 협회는 ㄱㅁ ㄱㄷㅎ를 개최하여 헌의 6조를 채택하였다.

정답 | 1. 의회 2. 중추원 3. 관민 공동회

함께 보기 ᐧ 내신 만점 공략하기 13번, 서술형 문제 02번

국호 '대한'은 옛 삼한(三韓)의 땅을 아우른다는 의미에서 채택되었어.

자료 ⑧ 대한국 국제(1899)

> 제1조   대한국은 세계 만국이 공인한 자주독립 제국이다.
> 제2조   대한 제국의 정치는 만세불변의 전제 정치이다.
> 제3조   대한국 대황제는 무한한 군권을 지니고 있다.
> 제4조   대한국 신민이 군권을 침해하는 행위가 있으면 신민의 도리를 잃은 자로 인정한다.
> 제6조   대한국 대황제는 법률을 제정하여 반포와 집행을 명하고 대사, 특사, 감형, 복권을 명한다.
> 제9조   대한국 대황제는 각 조약국에 사신을 파견하고 선전 포고, 강화 및 관련 약조를 체결한다. – 「관보」

고종은 대한국 국제를 반포하여 대한 제국이 자주독립국임을 천명하였다. 또한 전제 군주제를 지향하며 황제에게 입법권, 행정권, 조약 체결권을 비롯한 무한한 군주권을 부여하였다.

문제로 확인할까?

1. 대한국 국제에 대한 설명으로 옳지 **않은** 것은?

① 고종이 반포하였다.
② 입헌 군주제를 지향하였다.
③ 황제에게 무한한 군주권을 부여하였다.
④ 대한 제국이 자주독립국임을 천명하였다.
⑤ 대한 제국을 운영하는 데 기본이 되는 원칙이 담겼다.

2. 대한국 국제를 통해 알 수 있는 대한 제국의 정치 체제는?

정답 | 1. ② 2. 전제 군주제

핵심 개념 **확인**하기

정답친해 40쪽

내신 만점 **공략**하기

1 다음 괄호 안에 들어갈 내용을 쓰시오.

(1) 1894년 고부 농민 봉기 당시 전봉준 등 농민군은 수탈의 상징이었던 (　　　　)를 허물었다.

(2) 전주성을 점령한 동학 농민군은 청군과 일본군이 조선에 상륙하자 (　　　　)을 제시하고 정부와 전주 화약을 체결하였다.

2 제1차 갑오개혁의 내용으로 옳은 것만을 〈보기〉에서 있는 대로 골라 기호를 쓰시오.

┌ 보기 ┐
ㄱ. 8아문 설치　　　　ㄴ. 신분제 폐지
ㄷ. 의정부와 궁내부 분리　ㄹ. 전국을 23부로 개편
└────────────────────┘

3 다음 설명이 맞으면 ○표, 틀리면 ×표를 하시오.

(1) 제2차 갑오개혁 때 홍범 14조가 반포되었다. (　　　)

(2) 을미개혁(제3차 갑오개혁) 때 연좌제가 폐지되고, 과부의 재가가 허용되었다. (　　　)

4 다음 괄호 안의 내용 중 알맞은 말에 ○표를 하시오.

(1) 독립 협회는 국권 수호 운동을 전개하여 (미국, 러시아)의 절영도 조차 요구를 저지시켰다.

(2) 갑신정변 이후 미국에 망명 중이던 (김옥균, 서재필)이 정부의 요청으로 귀국하여 독립신문을 창간하였다.

(3) 러시아 공사관에서 경운궁으로 돌아온 고종은 조선이 자주국임을 내세워 연호를 (광덕, 광무)(으)로 바꾸고 황제로 즉위한 뒤 대한 제국을 수립하였다.

5 (가), (나), (다)에 들어갈 내용을 각각 쓰시오.

┌────────────────────────────────┐
1898년 독립 협회는 종로에서 대신들까지 참석한 (가)를 열고 황제권 제약, 민권 보장 등의 내용이 담긴 (나)를 국정 개혁안으로 결의하였다. 고종이 이를 수락하면서 중추원 관제가 개편되었다. 그러나 독립 협회가 해산된 이후 고종은 황제의 무한한 권한을 규정한 (다)를 반포하였다.
└────────────────────────────────┘

01 (가) 사건의 결과로 옳은 것은?

① 청에 영선사가 파견되었다.

② 유길준이 중립화론을 건의하였다.

③ 미국과의 통상 수교 여론이 확산되었다.

④ 사태 수습을 위해 안핵사가 파견되었다.

⑤ 흥선 대원군이 다시 권력을 장악하였다.

중요

02 다음 개혁이 추진된 계기로 옳은 것은?

┌────────────────────────────────┐
1. 동학도는 정부와 원한을 씻고 모든 행정에 협력할 것
2. 탐관오리는 그 죄를 조사하여 엄하게 처벌할 것
3. 횡포한 부호를 엄하게 처벌할 것
5. 노비 문서는 불태워 버릴 것
8. 정당한 명목이 없는 잡세는 일체 거두지 말 것
10. 왜적과 통하는 자는 엄하게 처벌할 것
12. 토지는 평균으로 나누어 농사짓게 할 것
　　　　　　　　　　　　　　　 - 오지영, 「동학사」
└────────────────────────────────┘

① 흥선 대원군이 집권하였다.

② 고종이 홍범 14조를 반포하였다.

③ 고종이 경운궁으로 돌아와 황제로 즉위하였다.

④ 동학 농민군과 정부군이 전주 화약을 체결하였다.

⑤ 일본 공사 등이 명성 황후를 살해한 사건이 일어났다.

03 다음 지도와 같이 전개된 농민 봉기에서 있었던 일로 가장 적절한 것은?

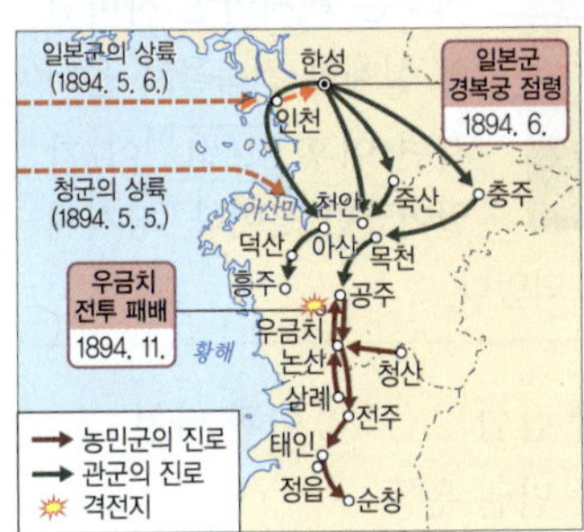

① 기기창 설치
② 비변사 폐지
③ 만석보 파괴
④ 삼정이정청 설치
⑤ 북접 부대와 남접 부대의 연합

04 밑줄 친 '내각'에서 추진한 개혁에 대한 설명으로 옳지 <u>않은</u> 것은?

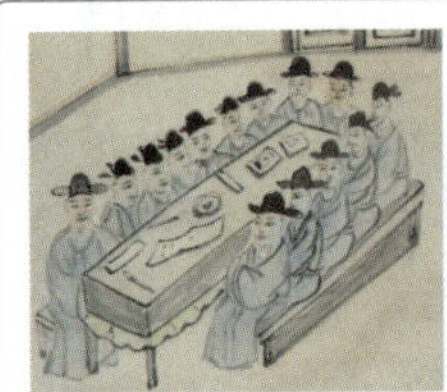

이 그림은 김홍집, 유길준 등을 중심으로 수립된 내각에서 개혁안을 처리하는 모습을 그린 것이다.

① 궁내부를 설치하였다.
② 노비제를 폐지하였다.
③ 태양력을 사용하였다.
④ 의정부 아래 8아문을 두었다.
⑤ 국가 재정을 탁지아문에서 관할하게 하였다.

05 (가), (나) 시기 사이에 있었던 사실로 옳은 것은?

(가) 청일 전쟁에서 승기를 잡은 일본은 조선 내정에 적극 간섭하며 군국기무처를 폐지하고 김홍집·박영효 연립 내각을 중심으로 개혁을 추진하였다.

(나) 유길준이 참여한 김홍집 내각이 구성되면서 개혁이 추진되었다. 이때 태양력 사용과 '건양' 연호 채택, 종두법 시행, 단발령 공포 등이 실시되었다.

① 을미사변이 일어났다.
② 전주 화약이 체결되었다.
③ 조선 정부가 교정청을 설치하였다.
④ 고종이 러시아 공사관으로 피신하였다.
⑤ 동학 농민군이 우금치에서 패배하였다.

06 다음 강령이 반포된 시기를 연표에서 옳게 고른 것은?

1. 청국에 의존하는 관념을 버리고 자주독립의 기초를 세운다.
3. 대군주는 대신과 논의하여 국정을 결정하고, 종실과 외척의 간섭을 금한다.
7. 조세의 부과와 징수, 경비의 지출은 모두 탁지아문에서 관할한다.
14. 문벌 및 지벌에 구애되지 말고, 선비를 두루 구하여 인재를 등용한다.

	(가)	(나)	(다)	(라)	(마)	
▲ 갑신 정변		▲ 고부 농민 봉기	▲ 제차 갑오개혁	▲ 박영효· 김홍집 내각 구성	▲ 을미 사변	▲ 아관 파천

① (가)　　② (나)　　③ (다)　　④ (라)　　⑤ (마)

⭐중요 07 (가)~(라)를 일어난 순서대로 나열한 것은?

(가) 김홍집 내각이 군국기무처를 설치하고 개혁을 추진하였다.
(나) 러시아, 프랑스, 독일이 삼국 간섭을 통해 랴오둥반도를 청에 돌려주었다.
(다) 갑신정변으로 중단되었던 우편 사무를 다시 실시하고, 소학교도 설립하였다.
(라) 고종은 종묘에 나가 홍범 14조를 반포하며 청과의 사대 관계 청산, 자주독립을 선포하였다.

① (가) – (나) – (다) – (라)
② (가) – (라) – (나) – (다)
③ (가) – (라) – (다) – (나)
④ (나) – (가) – (다) – (라)
⑤ (나) – (가) – (라) – (다)

하나더! 07-1 (다) 개혁의 내용으로 옳은 것만을 〈보기〉에서 있는 대로 골라 기호를 쓰시오.

| 보기 |
ㄱ. 재판소 설치
ㄴ. '건양' 연호 사용
ㄷ. 의정부와 궁내부 사무 분리
ㄹ. 친위대(중앙)와 진위대(지방) 신설

08 교사의 질문에 대한 학생의 답변으로 가장 적절한 것은?

① 집강소에서 담당하였어요.
② 아관 파천으로 중단되었어요.
③ 청일 전쟁 중에 추진되었어요.
④ 군국기무처에서 주도하였어요.
⑤ 온건 개화파와 급진 개화파로 나뉘는 배경이 되었어요.

09 (가) 단체의 활동으로 옳지 <u>않은</u> 것은?

수행 평가 보고서

• 탐구 주제: (가) 의 활동

사진	설명
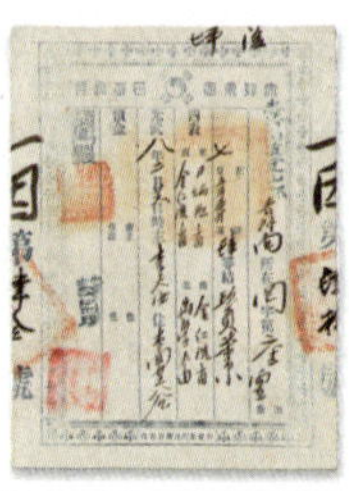	청의 사신을 맞이하던 영은문이 헐린 자리 부근에 독립문을 세웠다. 독립문은 조선의 자주와 독립을 상징한다.

① 독립신문을 창간하였다.
② 국민 참정권 운동을 전개하였다.
③ 러시아의 이권 침탈을 저지하였다.
④ 토론회를 열어 계몽 활동을 펼쳤다.
⑤ 12사를 두어 개화 정책을 총괄하였다.

09-1 (가) 단체가 전개한 자주 국권 운동으로 옳은 것만을 〈보기〉에서 있는 대로 골라 기호를 쓰시오.

| 보기 |
ㄱ. 홍범 14조를 반포하였다.
ㄴ. 폐정 개혁안을 제시하였다.
ㄷ. 한러 은행 설립을 저지하였다.
ㄹ. 러시아 재정 고문을 철수시켰다.

10 (가)에 들어갈 내용으로 가장 적절한 것은?

이곳은 러시아인 사바틴이 설계한 건축물로 을미사변 이후 (가) 이/가 일어났던 곳이다. 당시에는 러시아 공사관으로 사용되었다.

① 을미개혁　　② 삼국 간섭　　③ 아관 파천
④ 거문도 사건　　⑤ 자주 민권 운동

11 밑줄 친 '개혁'에 대한 설명으로 옳은 것은?

한국사 신문

돌아온 황제, 개혁 선포
1897년 2월 고종이 드디어 경운궁으로 돌아왔다. 명성 황후 사후 러시아 공사관으로 피난 갔던 고종이 친위대의 경비 능력이 갖춰졌다고 판단하고 환궁을 결정하였다. 경운궁으로 돌아온 고종은 <u>개혁</u>을 선포하였다.

① 태양력 사용을 선포하였다.
② 교육 입국 조서를 반포하였다.
③ 톈진 조약의 체결로 이어졌다.
④ 구본신참의 원칙에 따라 추진되었다.
⑤ 일부 내용이 갑오개혁에 반영되었다.

12 (가) 국가 시기에 있었던 사실로 옳은 것은?

이 사진은 (가) 에서 발급한 지계로, 토지 소유권을 증명하는 문서이다. 지계에는 토지의 소유주, 면적, 등급, 토지 소유자의 주소 등이 기록되어 있어 당시 사회·경제적 상황을 알 수 있다.

① 홍범 14조가 반포되었다.
② 대한국 국제가 반포되었다.
③ 공주 우금치 전투가 전개되었다.
④ 백산에서 4대 강령이 반포되었다.
⑤ 제너럴셔먼호가 와서 통상을 요구하였다.

13 (가) 단체에 대한 설명으로 옳은 것은?

역사 탐구 보고서

- 탐구 내용: [(가)] 단체의 활동
- 자료 조사: [(가)]의 논설문

> 의정원(의회)이 따로 있어 나라 안에 학문 있고 지혜 있고 좋은 생각 있는 사람들을 뽑아 …… 대황제 폐하께 …… 뜻을 올려 재가를 물은 후에는 내각으로 넘기고, 내각에서 정한 뜻에 따라 규칙대로 시행만 할 것

---

① 헌의 6조를 결의하였다.
② 동학 농민 운동을 전개하였다.
③ 교육 입국 조서를 발표하였다.
④ 교조 신원 운동을 전개하였다.
⑤ 아관 파천으로 활동이 중단되었다.

14 밑줄 친 '개혁'이 추진된 시기에 대한 설명으로 옳지 <u>않은</u> 것은?

① 전화를 가설하였다.
② 원수부를 설치하였다.
③ 만국 우편 연합에 가입하였다.
④ 재판소를 설치하여 사법권을 독립시켰다.
⑤ 토지 소유권을 증명하는 문서를 발급하였다.

서술형 문제

서술형 감잡기

01 다음 자료에 나타난 민족 운동을 쓰고, 이 운동의 성격을 대내·대외적 차원에서 각각 서술하시오.

- 심문자: 흩어져 돌아간 후 무슨 일로 다시 봉기하였는가?
- 전봉준: 장흥부사 이용태가 조사 책임자로 우리 읍에 와서 백성을 동학도라 칭하여 체포하고 그 처자식을 잡아 살육을 행하였기 때문이다.
- 심문자: 전주 화약 이후 왜 다시 군사를 일으켰는가?
- 전봉준: 일본이 도성에 군대를 파견해 임금을 놀라게 하니, 나라를 사랑하는 마음으로 의병을 일으켜 일본군과 전투를 벌이고자 하였다.

(1) 초성을 참고하여 서술형 답안에 들어갈 내용을 써 보자.

답안 키워드 ㄷㅎㄴㅁㅇㄷ   ㅂㅂㄱ   ㅂㅊㄹ

(2) (1)의 내용을 포함하여 서술형 답안을 작성해 보자.

실전! 도전하기

02 다음 개혁안의 명칭을 쓰고, 개혁안을 결의한 단체가 지향한 정치 체제를 서술하시오.

> 1. 외국인에 의존하지 않고 관민이 합심하여 전제 황권을 견고하게 할 것
> 2. 광산, 철도, 석탄, 삼림 및 차관 차병과 외국과 조약을 맺는 일은 각부 대신 및 중추원 의장이 합동 날인하여 시행할 것
> 6. 갑오개혁 이후 공포된 법령을 실천할 것

03 다음 법령의 명칭을 쓰고, 이 법령이 발표될 무렵 추진된 개혁의 내용을 서술하시오.

> 제1조 대한국은 세계 만국이 공인한 자주독립 제국이다.
> 제2조 대한 제국의 정치는 만세불변의 전제 정치이다.
> 제3조 대한국 대황제는 무한한 군권을 지니고 있다.

STEP 3 1등급 정복하기

01 (가), (나)에 나타난 사건 사이에 있었던 사실로 옳은 것은?

> (가) 전봉준 등이 무장에서 큰 집회를 열고 그들의 생각을 민간에 널리 알렸으니 그 내용이 다음과 같다. "사람이 세상에서 가장 귀하게 여겨지는 까닭은 사람에게 인륜이 있기 때문이다. …… 8도가 마음을 합치고 만백성이 뜻을 같이하여 지금 의로운 깃발을 치켜들고 보국안민으로 죽음의 맹세를 하였다."
>
> (나) 일본 오랑캐가 구실을 만들어 군대를 동원하여 우리 임금을 핍박하고 우리 백성을 근심케 하니 어찌 그대로 참을 수 있겠습니까. …… 선왕의 백성을 해치려 하니 참으로 무슨 뜻이며 끝내 무엇을 하려는 것입니까.

① 영국이 거문도를 불법으로 점령하였다.
② 교정청이 설치되어 개혁이 추진되었다.
③ 일본이 랴오둥반도를 청에 반환하였다.
④ 고부 농민들이 봉기하여 만석보를 허물었다.
⑤ 보은, 금구(김제) 등에서 교조 신원 운동이 전개되었다.

최고난도 ✨

02 (가), (나) 자료에 대한 설명으로 옳은 것은?

> (가) 제1조　중추원은 다음의 사항을 심사 결정하는 곳이다.
> 　　　　1. 법률과 칙령의 제정, 폐지 혹은 개정에 관한 사항
> 　　　　2. 의정부에서 토의하여 상주하는 사항
>
> (나) 제1조　지계아문은 한성부와 13도 각 부·군의 산림, 토지, 전답, 가옥의 지계를 정리하기 위해 임시로 설치한다.
> 　　　제10조　산림, 토지, 전답, 가옥의 소유주가 되는 것은 대한 제국 인민 외에는 불가하다.

① (가) - 갑오개혁에 내용 일부가 반영되었다.
② (가) - 근대적 의회와 같은 기구 설치를 규정하였다.
③ (나) - 서재필이 귀국하여 설립한 단체가 제정하였다.
④ (나) - 황제의 군 통수권, 입법권, 사법권을 규정하였다.
⑤ (가), (나) - 황국 협회와의 충돌로 시행되지 못하였다.

◆ **동학 농민 운동의 전개**

완자 사전

■ **보국안민**
나라(國)를 돕고(輔) 백성(民)을 편안하게 한다(安)는 뜻

■ **교정청**
조선 정부가 전주 화약 이후 일본의 간섭에서 벗어나 자주적으로 개혁을 추진하고자 설치하였다.

 **완자쌤의 시험꿀팁**

고부 농민 봉기, 제1차 봉기, 제2차 봉기로 이어지는 동학 농민 운동의 전개 과정을 정리해 두도록 한다. 사건들의 순서를 묻는 문제가 자주 출제된다. 제시된 사료, 지도 등이 어떤 시기를 가리키는지 인물명, 지명 등을 통해 파악할 수 있도록 한다.

◆ **독립 협회와 대한 제국**

 **완자쌤의 시험꿀팁**

독립 협회와 대한 제국이 추구한 서로 다른 정치 형태와 개혁 내용에 대한 문제가 자주 출제되므로 각각의 활동이나 사건 발생 순서를 정리해 두도록 한다. 특히 관민 공동회에서 결의한 헌의 6조나 대한 제국의 정체성이 명시된 대한국 국제의 사료가 문제에 자주 제시되므로 내용을 잘 파악해 두도록 한다.

수능 첫걸음

| 2025 9월 모평

밑줄 친 '개혁'의 내용으로 옳은 것은?

한국사 신문

조선도 태양력을 사용한다

다가오는 11월 16일이 올해의 마지막 날이 된다. 을미사변 이후 김홍집, 유길준 등으로 새롭게 구성된 내각이 주도한 <u>개혁</u>의 일환으로 음력을 대신하여 태양력을 채택함에 따라 나타나는 모습이다. 새해부터 건양 연호를 사용하기로 결정되어 11월 16일의 다음날은 11월 17일이 아닌 건양 원년 1월 1일이 된다.

① 태학이 설립되었다.
② 과거제가 시행되었다.
③ 단발령이 시행되었다.
④ 당백전이 발행되었다.
⑤ 원수부가 설치되었다.

※ 단계별로 문제 풀이에 접근해 보세요!

❋ 1단계 / 자료 분석하기

자료의 태양력 사용, 건양 연호 사용 등을 통해 밑줄 친 '개혁'이 ❶ ________ 임을 파악한다.

❋ 2단계 / 정답 개념 연결하기

을미개혁은 김홍집, 유길준 등으로 구성된 내각에 의해 실시되었다. ❷ ________ 시행은 을미개혁의 중요 내용 중 하나이다.

❋ 3단계 / 오답 개념 피하기

① 태학은 고구려의 교육 기관이다. ② 과거제는 고려 ❸ ________ 시기에 처음 시행되었다. ④ 당백전은 흥선 대원군이 ❹ ________ 중건에 필요한 재원을 마련하고자 발행하였다. ⑤ 원수부는 광무개혁 시기에 설치되었다.

정답 ❺ ③ | 답 ❶ 을미개혁 / ❷ 단발령 | ❸ 광종 | ❹ 경복궁

📎 정답친해 43쪽

| 2024 9월 모평

(가), (나) 사이에 들어갈 내용으로 가장 적절한 것은?

(가)

(나)

① 임오군란이 일어났다.
② 헌의 6조가 결의되었다.
③ 독립 협회가 창립되었다.
④ 국채 보상 운동이 전개되었다.
⑤ 조미 수호 통상 조약이 체결되었다.

1등급 전략

동학 농민 운동, 갑오개혁, 독립 협회의 활동, 대한 제국의 광무개혁 등 근대 국가 수립을 위한 다양한 집단의 활동을 정리해 두도록 한다. 각 집단이 어떤 모습의 근대 국가를 지향하였는지에 주목하면서 사건들의 전개와 내용을 파악할 수 있도록 한다.

출제 전망

- **전망1** 1894~1895년에 맞물려 전개되었던 동학 농민 운동, 청일 전쟁, 갑오개혁의 내용과 전개 순서를 묻는 문제가 출제될 수 있다.
- **전망2** 독립 협회의 활동과 대한 제국의 개혁 내용이 비교·연계되어 출제될 수 있다.

사회·경제 변화와 문화 변동

이것이 핵심!

❋ 열강의 경제 침탈과 대응

경제 침탈
- 강화도 조약 → 거류지 무역
- 조청 상민 수륙 무역 장정 → 내지 무역
- 아관 파천 이후: 열강의 이권 침탈
- 일본의 금융·토지 장악

↓

경제 주권 수호 운동
- 상권 수호 운동
- 근대적 기업 육성
- 방곡령 시행

◆ 객주
개항 초기 포구나 교통 중심지에서 성장한 중개 상인이다. 주로 외국 상인과 조선 내륙의 조선 상인을 중개하였다. 중개업 외에도 금융업, 숙박업, 운송업 등에 종사하였다.

◆ 열강의 이권 침탈
아관 파천 이후 러시아가 대한 제국의 이권을 차지하자, 다른 열강들도 최혜국 대우 규정을 앞세워 조선의 이권을 서로 가져가려 하였다.

◆ 동양 척식 주식회사

1908년에 일본이 한국의 토지와 자원을 약탈하고 관리하기 위한 목적으로 서울에 설립한 독점적 국책 회사로, 관리한 토지를 일본인에게 헐값으로 넘겼다.

◆ 상회사
같은 업종 상인들이 설립한 합자 회사로 대동 상회, 장통 상회 등이 있었다. 정부의 인가를 받고 세금을 내는 대신 다른 기관의 수탈로부터 보호를 받았다.

---

① 열강의 경제 침탈과 경제 주권 수호 운동

1. 열강의 경제 침탈

(1) 개항과 일본 상인의 무역 — 부산, 원산, 인천의 개항장을 중심으로 한 무역을 뜻해.

① 강화도 조약과 부속 조약: 일본 상인의 특권 보장(영사 재판권, 일본 화폐 사용, 무관세 등)

② 거류지 무역 발달: 개항 초기 모든 외국인은 개항장 10리(4㎞) 이내에서만 무역 활동 가능 → 일본 상인의 경제 침탈(영국산 면제품을 싸게 사서 조선에 비싸게 파는 중계 무역으로 수익, 조선의 곡물 대량 수입) → ◆객주를 매개로 한 거류지 무역 성장

(2) 임오군란 이후 청·일본 상인의 경제 침탈 [자료 ①]

① 조청 상민 수륙 무역 장정(1882): 청 상인의 조선 내륙 활동 허용

② 조일 통상 장정(1883): 관세 부과, 방곡령, 일본의 최혜국 대우 등 규정 → 일본 상인도 조선 내륙 진출
— 왜? 최혜국 대우가 인정되면서 청 상인의 내륙 활동이 허용된 것이 일본 상인에게도 적용될 수 있었어.

③ 청·일본 상인의 조선 상권 경쟁: 임오군란 이후 청 상인의 영향력 확대 → 청일 전쟁 후 일본 상인의 영향력 강화, 일본산 면직물을 조선에 판매
— 1890년대 초반에 이르러 청과 일본의 조선 수출 총액이 거의 비슷해졌어.

(3) 아관 파천 이후 ◆열강의 이권 침탈

철도 부설권	일본이 경인선·경부선·경의선 부설권 획득 → 한국인을 철도 공사에 강제 동원
광산 채굴권	미국(운산 금광 채굴권)과 러시아·독일·영국(광산 채굴권) 등이 침탈
삼림 채벌권	러시아가 독점(1896) → 러일 전쟁 이후 일본이 차지

(4) 일본의 금융 장악과 토지 수탈 [다잡는 자료]
— 메가타는 백동화의 가치와 시세를 이유로 갑종은 2분의 1, 을종은 5분의 1만 인정하였어.

금융 장악	일본인 재정 고문 메가타가 전환국을 폐쇄하고 화폐 정리 사업 추진(1905) → 백동화를 일본 제일 은행권으로 교환 → 백동화의 가치 평가 절하와 교환 거부로 한국 상인과 은행 파산, 대한 제국 정부에 국채가 쌓임
토지 수탈	일본인들이 고리대금 등으로 한국 토지 매입 → 러일 전쟁 이후 철도 부지 및 군용지 확보를 명목으로 토지 약탈 → 일본인 이민을 돕기 위한 이민법 개정, ◆동양 척식 주식회사 설립(1908)

— 왜? 화폐 정리 사업에 필요한 자금이 일본 차관 형태로 조달되었기 때문이야.

2. 경제 주권 수호 운동

(1) 상권 회복 노력 — 외국 상인의 점포 철수를 정부에 요구하며 가게 문을 닫고 영업을 하지 않았어.

① ◆상회사 설립: 객주 등 조선 상인들이 상권 수호를 위해 상회사 설립

② 시전 상인의 저항: 철시 운동 전개, 황국 중앙 총상회 조직(1898)

③ 경강상인의 저항: 일본의 세곡 운반 독점에 맞서 증기선 구입

(2) 근대적 기업 육성: 1890년대 중반 이후 상인층과 전·현직 관료들이 주도

① 금융업: 조선은행, 한성은행, 대한 천일 은행 등 민간 은행 설립 → 대한 제국의 중앙은행 설립·금본위 지폐 발행 시도

② 각종 회사 설립: 해운·철도 회사, 제조 회사(종로 직조사, 한성 제직 회사 등) 등 설립

(3) 방곡령 시행 [자료 ②]
— 국내 면직 산업에는 정부의 금융 지원이나 관세 장벽 등 보호 장치가 없었어. 따라서 일본산 면제품과 경쟁하기 어려웠지.

배경	개항 이후 일본으로 쌀·콩 유출 심화 → 국내 곡물 유통 부족, 곡물 가격 폭등
전개	지방관들이 조일 통상 장정을 근거로 방곡령 선포 → 일본 측의 항의로 철회, 배상금 지불

— 곡물의 수출 금지를 명령한 거야.
— 거기에 흉년까지 겹쳐 조선의 식량 사정이 더욱 어려워졌지.

자료 ① 청과 일본 상인의 경제 침탈

[조청 상민 수륙 무역 장정(1882)]

제4관   청 상인이 조선의 양화진과 한성에 들어가 영업소를 개설한 경우 외에는 각종 화물을 내지로 운반하여 상점을 차리고 파는 것을 허가하지 않는다. 양국 상인이 내지로 들어가 토산물을 구입하려고 할 때는 …… 허가증을 발급하되 구입할 곳을 명시한다.

└ 청 상인이 허가만 받으면 조선 내지로 진출할 수 있게 되었어. — 「고종실록」

[조일 통상 장정(1883)]

제9관   입항하거나 출항하는 각 화물이 해관을 통과할 때는 본 조약에 첨부된 세칙에 따라 관세를 납부해야 한다.

└ 조일 무역 규칙(1876)은 관세를 규정하지 않아 사실상 무관세 교역이 허용되었지만, 조일 통상 장정을 통해 관세 부과가 가능해졌어.

제37관   조선국에서 가뭄과 홍수, 전쟁 등으로 국내에 양식이 부족할 것을 우려하여 일시적으로 쌀 수출을 금지하려고 할 때는 1개월 전에 지방관이 일본 영사관에게 알린다.

제42관   현재나 앞으로 조선 정부에서 어떠한 권리와 특전 및 혜택과 우대를 다른 나라 관리와 백성에게 베풀 때에는 일본국 관리와 백성도 그 혜택을 모두 받는다. — 「고종실록」

└ 방곡령 규정   최혜국 대우 ┘

임오군란 이후 청의 정치적 영향력이 커지면서 체결된 조청 상민 수륙 무역 장정은 청 상인의 조선 내륙 진출을 사실상 인정하였다. 일본은 조일 통상 장정으로 최혜국 대우를 인정받아 일본 상인이 조선 내륙에서 상업 활동을 할 수 있게 되었다.

자료 하나 더 알고 가자!

청·일본 상인의 상권 침탈

- 청·일 양국 상인 모두 점점 많아지고 상업은 더욱 광범위해졌다. 청·일의 상인들은 큰 거리의 요지에 노점을 개설하는 자가 날로 늘어났다. …… 도성 내 모든 조선 상인이 불평불만을 일으키는 지경에 이르렀다. — 「일본 외교 문서」, 1890
- 아무리 후미진 곳에 있는 촌락일지라도 장날에는 청 상인들이 찾아온다고 한다. …… 이러한 상태가 계속된다면 조선 팔도 상권은 남김없이 조선 상인의 손에서 청 상인의 손으로 넘어가고 말 것이다. — 「통상휘찬」, 1893

개항 초기에는 개항장을 중심으로 거류지 무역이 이루어졌다. 그러나 임오군란 이후 청과 일본의 상인이 조선 내지에서 상업 행위를 할 수 있게 되자, 상권을 침탈당한 조선 상인들의 불만이 커졌다.

내 교과서 · 비상, 동아, 리베르, 미래엔, 씨마스, 지학사, 천재, 해냄 교과서에서 '화폐 정리 사업' 자료를 다루고 있어요.

내신과 수능을 **다 잡는 자료**   화폐 정리 사업

상태가 매우 양호한 갑종 백동화는 개당 2전 5리의 가격으로 신화폐와 교환하여 주고, 상태가 좋지 않은 을종 백동화는 개당 1전의 가격으로 정부에서 매수하며, 매수를 원치 않는 자에 대해서는 정부가 절단하여 돌려준다. 단 형질이 조악하여 화폐로 인정키 어려운 병종 백동화는 매수하지 않는다. — 「탁지부령」 제1호

화폐 정리 사업 과정에서 백동화의 가치를 깎거나 교환을 거부하여 한국의 민간 은행과 상인, 농민들이 큰 타격을 입었다. 화폐 정리 사업으로 일본 제일 은행이 사실상 대한 제국의 중앙은행이 되어 대한 제국은 재정 자주권을 침해당하게 되었다.

빈출 선택지로 점검하기

» 초성을 참고하여 화폐 정리 사업에 대한 선택지를 옳게 고쳐 보자.
- 재정 고문 묄렌도르프가 주도하였다.
  → ㅁ ㄱ ㅌ
- 백동화를 조선 제일 은행권으로 바꾸게 하였다.
  → ㅇ ㅂ

답 메가타, 일본

함께 보기 · 내신 만점 공략하기 04번

자료 ② 방곡령 시행

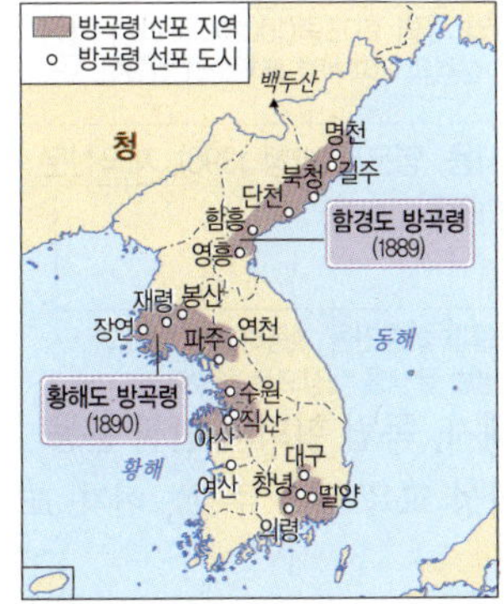

개항 이후 조선의 쌀·콩 등이 일본으로 유출되어 국내 곡물 유통량이 부족해졌고, 그 결과 국내 곡물 가격이 폭등하였다. 이에 지방관들은 조일 통상 장정의 조항을 근거로 방곡령을 선포하였다. 그러나 방곡령은 일본 측의 항의로 번번이 해제되었다. 함경도 관찰사 조병식은 1개월 전 외교 담당 관청에 알린 후 방곡령을 시행하였다. 이에 일본은 통고한 날짜로부터 수출 금지가 이루어진 날짜까지 1개월이 되지 않는다며 방곡령을 철회하였고, 자국 상인의 손해에 대한 배상금까지 요구하였다.

문제로 확인할까?

방곡령에 대한 설명으로 옳지 않은 것은?

① 강화도 조약을 근거로 선포되었다.
② 일본 측의 항의로 번번이 중단되었다.
③ 시행하기 1개월 전 일본에 통보하여야 했다.
④ 일본과의 외교 갈등을 유발하기도 하였다.
⑤ 열강의 경제 침탈에 맞서 국내 경제를 수호하려는 노력이었다.

답 ①

2 근대 문물의 도입과 사회·문화의 변화

1. 근대 문물의 수용

우정총국을 설치하고 근대적 우편 제도를 실시하려 하였지만 갑신정변 이후 중단되었고, 을미개혁 이후 우체사가 설립되어 우편 업무가 다시 시작되었어.

통신	우정총국과 우체사 설치, 전신 개통(서울·인천 연결, 1885), 전화 가설(경운궁)
교통	한성 전기 회사의 전차 운행(서대문~청량리, 1899), 철도 부설 **자료 ③**
의료	광혜원 설립(우리나라 최초의 근대식 병원, 1885), 의학당 설립(의료 인력 양성), 종두법 시행
기타	박문국(한성순보 발간, 1883), 전환국 (화폐 발행, 1883) 설치

이후 제중원으로 개칭되었어. 천연두에 대한 예방 접종 방법이야. 지석영이 국내 종두법 시행을 주도하였어.

2. 생활 모습의 변화

의복	서양식 의복 착용, 단발령 이후 단발이 일반화, 쓰개치마와 장옷이 점차 사라짐, 개량 한복 등장
음식	서양식(커피 등)·중식(호떡, 찐빵 등)·일식(우동, 어묵, 초밥 등)이 소개됨, 서양식 연회 등장
주거	한성과 개항장에 외국인 공사관을 비롯한 서양식 건축물 등장(러시아 공사관, ◆덕수궁의 정관헌·석조전·중명전, 경복궁의 관문각 등)

왕실에서 연회를 즐기거나 손님을 맞이하는 공간으로, 을사늑약이 체결된 장소이기도 해.

3. 문학·예술·종교의 변화

동물을 주인공으로 하여 인간 사회의 모순을 풍자한 책이야.

문학	신소설(안국선의 『금수회의록』, 이인직의 『혈의 누』)과 신체시(최남선의 「해에게서 소년에게」) 등장
예술	◆창가·창극 유행, 서양식 화풍과 유화 도입, 최초의 서양식 극장인 원각사 건립(1908)
종교	• 유교: 박은식의 「유교구신론」 제창(교화 활동과 실천적인 유교 정신 강조) • 불교: 한용운의 『조선불교유신론』 집필(불교계의 인습 타파와 자주성 회복 주장) • 천도교: 1905년 손병희가 동학을 천도교로 개칭, 교육·언론 분야 계몽 운동에 참여 • 대종교: 1909년 나철과 오기호가 단군 신앙 기반으로 창시, 무장 독립 전쟁에 기여 • 천주교(고아원·양로원 운영)와 개신교(학교·병원 설립)의 활동

여기서 공연 「은세계」가 펼쳐졌어.

천주교는 프랑스와의 수교 이후, 개신교는 미국과의 수교 이후 조선에서 본격적인 활동을 이어나갔어.

＊ 근대 문물 도입과 사회·문화의 변화

근대 문물 도입	• 통신: 전신 개통, 우편 업무 재개 • 교통: 전차·철도 개통 • 의료: 광혜원·의학당 설립
사회·문화 변화	• 문학: 신소설·신체시 등장 • 예술: 창가·창극 유행, 원각사 건립 • 종교: 「유교구신론」 제창, 『조선불교유신론』 집필

◆ 덕수궁의 정관헌

◆ 창가와 창극

창가는 서양식 곡에 우리말 가사를 붙인 것이고, 창극은 판소리를 여러 사람이 나누어 부르는 것을 말한다.

---

3 국민 의식과 민권 의식의 확산

왜? 갑오개혁 이후 공문, 신문, 잡지 등에서의 국문 사용이 늘었어. 그 결과 문자 체계와 철자법 등을 통일할 필요가 생겼지.

1. 교육·언론·국학의 발달: 국민 의식과 민권 의식 고취에 기여

국학	• 국사: 갑오개혁 이후 교과서 『조선 역사』 편찬 → 을사늑약 이후 박은식의 『동명왕실기』, 『천개소문전(연개소문전)』 집필, 신채호의 『수군 제일 위인 이순신전』, 『을지문덕』, 「독사신론」 저술 **자료 ④** • 국어: 국문 연구소 설립, 유길준의 『대한문전』 편찬, 주시경의 『국어문법』 간행(한국어 사용법 통일)
교육	• 개항 이후: 원산 학사(최초의 근대식 학교), 동문학(1880년대 영어 교육 기관), ◆육영 공원(서양 학문 교육 기관), 배재 학당·이화 학당 등에서 외국어와 근대 학문 교육 • 갑오개혁 이후: 교육 입국 조서 발표 → 소학교, 한성 중학교, 한성 사범 학교, 외국어 학교 등 건립 • 애국 계몽 운동: 사립 학교를 세워 민족 교육 시행 → 통감부의 탄압(사립 학교령(1908), 교과서 검정 제도 등 실시)
언론	• 근대 언론의 발달: 한성순보(순 한문체, 1883), 독립신문(순한글 사용, 영문판 발행 1896), 제국신문(순한글), 황성신문(국한문 혼용체), 대한매일신보(양기탁과 영국인 베델이 발행) • 1907년 통감부의 신문지법 공포 → 한국인이 발행하는 신문 탄압

학교 설립을 제한하였어.

민족주의 성격의 교과서를 배제하려 하였어.

2. 근대 의식의 확산 **자료 ⑤**

콕! 제국신문은 순한글로 간행하여 부녀자들과 하층민을 계몽하고자 하였고, 황성신문은 국한문 혼용체로 발간되어 양반 유생을 대상으로 하였어.

(1) **민권 의식 제고:** 갑오개혁 후 법제상 신분제·과거제·조혼 폐지, 독립 협회의 민권 운동

(2) **여권 의식 신장:** 1898년 한성의 부인들이 「여권통문」 발표(여성 교육 권리 주장), 여자 교육회·진명 부인회 등의 단체에서 여학교 설립 추진

＊ 민족의식 고취와 근대 의식의 확산

민족 의식 고취	• 교육: 근대 교육 시행 • 언론: 한성순보, 독립신문, 제국신문, 황성신문, 대한매일신보 발행 • 국학: 국사와 국어 발달
근대 의식 확산	• 민권: 신분제 철폐, 독립 협회의 민권 운동 • 여권: 「여권통문」 발표, 여학교 설립 추진

◆ 육영 공원

육영 공원은 1886년에 국가가 설치한 근대 교육 기관이다. 정부는 이곳에 헐버트, 길모어, 벙커 등의 외국인을 초빙하여 양반 자제들에게 영어, 수학, 지리, 정치, 경제 등 근대 학문을 가르치도록 하였다.

자료 ③ 철도의 개통

경인선은 우리나라에서 개통된 최초의 철도로, 인천의 제물포와 한성의 노량진을 연결하였어. 사진 속 열차 옆에는 경인선 부설권을 선점하였던 미국(성조기)과 이후 미국으로부터 부설권을 사들인 일본(일장기)의 깃발이 나란히 걸려 있어.

↑ 1899년 경인선 개통식 사진

- 나라가 정거장 40여 곳을 나열하여 영남과 호남, 서울을 관통하게 하면 한국인이 쫓겨나고 흩어져서 미국 인디언과 같은 꼴이 될 것이다.
- 일본인들이 산을 억지로 팔게 하고, 한국인 인부로 하여금 억지로 나무를 베고 운반하게 하니 어찌 한국인은 강제 노역을 감당해야 하는가.

└ 일본은 철도를 부설하며 한국의 노역과 자원을 수탈하였어.

– 황성신문

우리나라 철도는 경인선(1899)을 시작으로 경부선(1905), 경의선(1906)이 신설되었다. 기차는 요금만 내면 누구나 탈 수 있어 신분 의식을 허무는 데 영향을 주었고, 물품의 빠른 수송을 가능하게 하였다. 그러나 일본은 철도를 부설하는 과정에서 한국의 토지를 강제 수용하고 한국인을 노역에 동원하였다. 또한 철도는 일본의 식민지 수탈 도구로 적극 활용되었다.

자료 ④ 신채호의 「독사신론」

소장성쇠(消長盛衰)는 사라짐과 자라남, 번성과 쇠퇴라는 뜻으로, '흥망성쇠'와 같은 의미의 말이야.

국가의 역사는 민족의 소장성쇠를 서술해야 한다. 민족을 버리면 역사가 없고, 역사를 버리면 민족의 국가 관념이 크지 않을 것이다. …… 역사를 집필하는 자는 반드시 그 국가의 주인 종족을 골라 이를 주제로 삼은 후 그 정치, 실업, 무공, 습속, 외교 등을 서술해야 역사라 말할 수 있을 것이다. 그렇지 않으면 정신 빠진 역사라.

– 대한매일신보, 1908. 8. 27.

신채호는 1908년 대한매일신보에 「독사신론」을 연재하여 민족주의 역사 서술의 토대를 마련하는 데 앞장섰다. 그는 국왕 중심의 유교적 역사 인식을 극복하고 민족을 역사의 주체로 강조함으로써 한국사를 체계화하고자 하였다.

자료 ⑤ 근대 의식의 성장

독립 협회의 민권 운동에 대한 내용이야.   민권을 뜻해.

- 나라가 진보되어 가는지 안 가는지 첫째 보이는 것은 그 나라 사람들이 자기들의 백성된 권리를 찾으려고 하는 것이라. …… 누구든지 그 나라에 사는 사람은 모두 그 나라의 백성이라. …… 자주독립을 하려면 먼저 백성의 권리부터 보호할 생각들을 하시오. – 독립신문
- 우리보다 먼저 문명개화한 나라들을 보면 남녀평등권이 있는지라. 어려서부터 각각 학교에 다니며, 각종 학문을 배워 이목을 넓히고, 장성한 후에 사나이와 부부의 의를 맺어 평생을 살더라도 그 사나이에게 조금도 압제를 받지 아니한다. 이처럼 후대를 받는 것은 다름 아니라 그 학문과 지식이 사나이 못지않은 까닭에 그 권리도 동일하니 이 어찌 아름답지 않으리오.

└ 여성도 남성과 동일하게 교육을 받으면 평등한 권리를 얻을 수 있다고 보았어.

– 「여권통문」, 황성신문

독립 협회는 천부 인권 사상을 토대로 언론과 집회의 자유, 신체의 자유 등 개인의 권리 보장을 주장하며 자유 민권 운동을 펼쳤다. 또한 토론회와 강연회를 열어 민권 의식을 높이기 위해 노력하였다. 개항기에는 여성 권리에 대한 인식도 높아졌다. 1898년에 한성의 부인들이 여성 교육의 필요성을 강조하며 「여권통문」을 발표하였다.

자료 하나 더 알고 가자!

화륜거(열차) 시간표(국립 중앙 도서관)

○화륜거 왕리 시간(경인 철도에 회륜거) 운젼ᄒᆞᄂᆞᆫ 시간은 좌와 갓다ᄂᆞᆫ디 인쳔셔 동으로 향ᄒᆞ야 ᄆᆡ일 오젼 七시에 떠나셔 유현(杻峴) 七시 六분 우젹동 七시 十一분 부평 七시 三十六분 소스 七시 五十분 오류동 八시 十五분 로량진 八시 四十분게 갓도 ᄒᆞ고 ……

- 경인 철도의 열차 운행 시간은 …… 매일 오전 7시에 떠나서 유현 7시 6분, 우각동 7시 11분, 부평 7시 36분, 소사 7시 50분, 오류동 8시 15분, 노량진 8시 40분에 당도하고 …….

기차는 정시에 출발하고 도착하였기 때문에 서구식 시간관념이 확산되었고 곳곳에 공중 시계도 설치되었다.

자료 하나 더 알고 가자!

대한매일신보와 베델

일본은 영사 재판권을 가진 베델을 함부로 대할 수 없었기 때문에 대한매일신보는 항일 기사를 적극적으로 실을 수 있었다.

정리 비법을 알려 줄게!

근대 의식의 성장

민권 의식 제고	• 제도 개혁: 갑오개혁으로 법제상 신분제 철폐, 조혼·과거제 등 폐지, 재판 제도 개혁 • 민권 운동: 독립 협회가 주도(신체의 자유, 재산권 보호, 언론·출판·집회·결사의 자유 요구, 국민 참정권 운동 전개)
여권 의식 신장	• 한성 부인들의 「여권통문」 발표(1898) • 1905년 이후 여성 단체(여자 교육회, 진명 부인회 등)가 여학교 설립 추진

1 (가), (나)에 들어갈 조약을 각각 쓰시오.

> 1882년에 [(가)]이 체결되자, 청 상인은 허가를 받아 조선의 내지에서 활동할 수 있게 되었다. 일본 상인 또한 최혜국 대우를 규정한 [(나)] 체결 이후 같은 혜택을 누렸다.

2 다음 설명이 맞으면 ○표, 틀리면 ×표를 하시오.

(1) 아관 파천 이후 열강의 이권 침탈이 늘어났다. (　　)

(2) 러시아가 파견한 재정 고문 메가타는 화폐 정리 사업을 주도하였다. (　　)

(3) 미국은 일본으로부터 경인선 철도 부설권을 사들여 철도를 완성하였다. (　　)

3 경제 주권 수호 운동의 내용으로 옳은 것만을 〈보기〉에서 있는 대로 골라 기호를 쓰시오.

> **보기**
> ㄱ. 방곡령 선포　　　　ㄴ. 상회사 설립
> ㄷ. 화폐 정리 사업 실시　　ㄹ. 황국 중앙 총상회 설립

4 다음 괄호 안에 들어갈 내용을 쓰시오.

(1) 1899년에 우리나라 최초의 (　　　　)가 서대문과 청량리 사이에 운행되었다.

(2) 손병희는 동학을 (　　　　)로 개칭하고 교육, 언론 사업 등 계몽 운동을 전개하였다.

(3) 서구 문물의 도입으로 개항기에는 『금수회의록』, 『혈의 누』 등과 같은 (　　　　)이 유행하였다.

5 다음 괄호 안의 내용 중 알맞은 말에 ○표를 하시오.

(1) 1904년에 양기탁과 베델은 (황성신문, 대한매일신보) 을/를 창간하여 항일 기사를 적극적으로 보도하였다.

(2) 조선 정부는 헐버트, 길모어 등을 (동문학, 육영 공원) 에 초빙하여 양반 자제들에게 근대 학문을 가르치도록 하였다.

01 밑줄 친 '사람들'에 대한 설명으로 옳은 것은?

> 개항 초기 거류지 무역이 전개된 가운데 일본 상인의 금전을 받고 곡물 거래와 운송을 대신 처리하는 <u>사람들</u>이 개항장에 많이 증가하였다.

① 중개업에 종사하였다.
② 영사 재판권을 지녔다.
③ 황국 중앙 총상회를 조직하였다.
④ 대동법을 토대로 자본을 축적하였다.
⑤ 국제 무역항인 벽란도에서 상업 활동을 벌였다.

★중요
02 다음 조약의 체결 결과로 옳은 것은?

> 제42관　현재나 앞으로 조선 정부에서 어떠한 권리와 특전 및 혜택과 우대를 다른 나라 관리와 백성에게 베풀 때에는 일본국 관리와 백성도 그 혜택을 모두 받는다.

① 청일 전쟁이 발발하였다.
② 운요호 사건이 발생하였다.
③ 조선 개항장에서 일본 화폐 사용이 허용되었다.
④ 조선에서 일본 상인의 내지 통상이 가능해졌다.
⑤ 러시아가 광산 채굴권과 삼림 채벌권을 장악하였다.

03 다음과 같은 상황이 전개된 배경으로 옳은 것은?

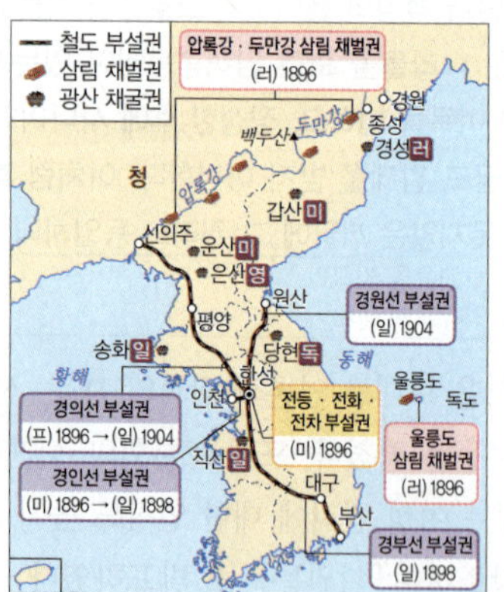

① 갑신정변의 발발
② 임오군란의 진압
③ 아관 파천의 추진
④ 통리기무아문 설치
⑤ 제너럴셔먼호 사건 발생

★중요

04 다음과 같이 화폐를 교환해 준 사업에 대한 설명으로 옳지 않은 것은?

> 상태가 매우 양호한 갑종 백동화는 개당 2전 5리의 가격으로 신화폐와 교환하여 주고, 상태가 좋지 않은 을종 백동화는 개당 1전의 가격으로 정부에서 매수하며, 매수를 원치 않는 자에 대해서는 정부가 절단하여 돌려준다. 단 형질이 조악하여 화폐로 인정키 어려운 병종 백동화는 매수하지 않는다.
>
> – 「탁지부령」 제1호

① 1905년부터 시작되었다.
② 일본 제일 은행권을 사용하게 하였다.
③ 일본인 재정 고문 메가타가 추진하였다.
④ 조미 수호 통상 조약에 따라 시행되었다.
⑤ 한국의 상공업자들이 큰 타격을 입게 되었다.

하나 더!

04-1 위 자료를 활용한 보고서 주제로 가장 적절한 것은?

① 광무개혁의 결과
② 군국기무처의 조치
③ 거류지 무역의 영향
④ 전환국의 역할과 기능
⑤ 일본의 차관 제공 의도

05 (가)에 들어갈 답변으로 가장 적절한 것은?

> **▶ 지식 Q&A**
>
> 개항 이후 일본의 토지 수탈 사례를 알려 주세요.
>
> **▶ 답변하기**
>
> ┗ 갑: 고리대금 등의 방법으로 한국의 토지를 매입하였어요.
> ┗ 을: 러일 전쟁 중에 군용지 명목으로 토지를 매입하였어요.
> ┗ 병: ________(가)________

① 지계를 발급하였어요.
② 화폐 정리 사업을 실시하였어요.
③ 동양 척식 주식회사를 설립하였어요.
④ 조일 무역 규칙 체결을 강요하였어요.
⑤ 경복궁을 포위한 뒤 김홍집 내각을 세웠어요.

06 (가)에 들어갈 내용으로 옳은 것은?

① 활빈당
② 장통 상회
③ 황국 협회
④ 진명 부인회
⑤ 황국 중앙 총상회

07 (가)~(라)에 대한 설명으로 옳은 것만을 〈보기〉에서 고른 것은?

> **개항 이후 경제 주권 수호 운동이 주는 교훈**
>
> ○○고등학교는 20□□년 교과 중점 학교로 선정되어 방과 후 스마트 교실에서 다음과 같은 초청 특강을 마련하였습니다. 한국사와 경제에 관심 있는 학생들의 많은 참여 바랍니다.
>
> ◎ 강의 주제 ◎
> • 1강(7/5): 상회사 설립 ┈┈┈┈┈┈ (가)
> • 2강(7/6): 방곡령의 선포 ┈┈┈┈┈ (나)
> • 3강(7/7): 경강상인의 활동 ┈┈┈┈ (다)
> • 4강(7/8): 중앙은행의 설립 ┈┈┈┈ (라)

⊣보기⊢

ㄱ. (가) – 대동 상회, 장통 상회 등이 있었다.
ㄴ. (나) – 일본에 의해 여러 차례 철회되었다.
ㄷ. (다) – 러시아의 절영도 조차 요구를 저지하였다.
ㄹ. (라) – 일본의 세곡 운반 독점에 맞서 증기선을 구입하였다.

① ㄱ, ㄴ 　② ㄱ, ㄷ 　③ ㄴ, ㄷ
④ ㄴ, ㄹ 　⑤ ㄷ, ㄹ

중요

08 다음 지도의 (가)가 선포된 배경으로 적절한 것은?

① 세도 정치 시기 수탈이 심화되었다.
② 일본 제일 은행권이 법정 화폐 역할을 하게 되었다.
③ 고부 군수 조병갑이 만석보를 만들고 세금을 거두었다.
④ 일본으로 곡물이 수출되는 과정에서 국내 곡물 가격이
  폭등하였다.
⑤ 동양 척식 주식회사가 약탈한 토지를 일본인에게 매매
  하고 양도하였다.

09 밑줄 친 '올해'에 볼 수 있는 모습으로 가장 적절한 것은?

한국사 신문

경인선이 개통되다

올해 개통된 경인선은 매일 오전
7시에 출발해서 유현(07:06),
우각동(07:11), 부평(07:36), 노
량진(08:40)에 도착하오니 제
시간에 탑승해 주세요.

↑ 경인선 개통식 사진

① 동학 농민 운동에 참가하는 농민
② 대한매일신보를 읽고 있는 지식인
③ 청량리로 가는 전차에 탑승하는 관리
④ 원각사로 신극 공연을 보러 가는 학생
⑤ 화폐 정리 사업 시행에 반발하는 상인

10 밑줄 친 '변화'의 내용으로 옳지 <u>않은</u> 것은?

개항 이후 외국과의 교류가 늘어나면서 서구 문물의 도입
이 본격화하였다. 서구 근대 문물의 수용은 다양한 분야에
서 많은 변화를 가져왔다.

① 연극 「은세계」가 공연되었다.
② 음악에서 창가가 유행하였다.
③ 신체시와 신소설이 등장하였다.
④ 장옷과 쓰개치마가 유행하였다.
⑤ 박은식이 「유교구신론」을 발표하였다.

11 (가)에 들어갈 학교로 옳은 것은?

이 책은 1886년에 설립
된 (가) 에서 사용한
영어 교재이다. 정부는
헐버트, 길모어 등 외국
인을 초빙하여 양반 자제들에게 영어, 수학, 지리 등의 학
문을 가르치도록 하였다.

① 동문학　　② 육영 공원　　③ 원산 학사
④ 이화 학당　　⑤ 한성 사범 학교

12 밑줄 친 '신문'에 대한 설명으로 옳은 것은?

↑ 베델의 모습

• 기자: 영국인이면서 한국에 <u>신문</u>을 창
  간하신 이유는 무엇입니까?
• 베델: 저는 일본이 한국에 저질러 온 국
  권 침탈 행위에 분노하였습니다. 이러
  한 실상을 <u>신문</u>에 알려 한국 민족을 구
  하려고 하였습니다.

① 갑신정변으로 발행이 중단되었다.
② 순 한문체로 쓰인 최초의 근대 신문이다.
③ 아관 파천 이후 서재필 등이 창간하였다.
④ 항일 의병 운동을 호의적으로 보도하였다.
⑤ 하층민과 부녀자들을 주된 독자층으로 삼았다.

13 다음 주장이 제기되었을 당시 사회와 문화의 모습으로 옳은 것만을 〈보기〉에서 고른 것은?

> 국가의 역사는 민족의 소장성쇠를 서술해야 한다. 민족을 버리면 역사가 없고 역사를 버리면 민족의 국가 관념이 크지 않을 것이다. …… 역사를 집필하는 자는 반드시 그 국가의 주인 종족을 골라 이를 주제로 삼은 후 그 정치, 실업, 무공, 습속, 외교 등을 서술해야 역사라 말할 수 있을 것이다. 그렇지 않으면 정신 빠진 역사라. 정신 빠진 역사는 …… 정신 빠진 국가를 만들 것이니.

┌ 보기 ├
ㄱ. 『을지문덕』 등 전기가 편찬되었다.
ㄴ. 국문 연구소에서 우리말이 연구되었다.
ㄷ. 『택리지』 등 인문 지리서가 제작되었다.
ㄹ. 연등회와 팔관회가 빈번하게 개최되었다.

① ㄱ, ㄴ ② ㄱ, ㄷ ③ ㄴ, ㄷ
④ ㄴ, ㄹ ⑤ ㄷ, ㄹ

하나 더!

13-1 위 주장을 제기한 인물에 대한 설명으로 옳은 것은?
① 독립 협회를 조직하였다.
② 대한매일신보를 창간하였다.
③ 조선 중립화론을 제기하였다.
④ 민족주의 역사 서술의 기본 틀을 제시하였다.
⑤ 『동명왕실기』, 『천개소문전(연개소문전)』 등을 남겼다.

14 다음 자료를 활용한 탐구 활동 주제로 가장 적절한 것은?

> • 갑신정변과 동학 농민 운동의 요구 사항이 반영되어 신분제가 철폐되었다.
> • 독립 협회의 민권 운동 이후 백성이 정부 고관을 고소·고발하는 사례가 늘어났다.
> • 한성 부인들이 여성들의 교육받을 권리를 주장하였다.

① 경제적 구국 운동의 전개
② 근대 민권과 여권의 성장
③ 우리말과 글 연구의 확산
④ 대한매일신보의 창간과 활동
⑤ 천주교의 확산과 동학의 창시

서술형 문제

서술형 감잡기

01 다음 조약의 체결이 조선 경제에 미친 영향을 서술하시오.

> 청 상인이 조선의 양화진과 한성에 들어가 영업소를 개설한 경우 외에는 각종 화물을 내지로 운반하여 상점을 차리고 파는 것을 허가하지 않는다. 양국 상인이 내지로 들어가 토산물을 구입하려고 할 때는 …… 허가증을 발급하되 구입할 곳을 명시한다.

(1) 초성을 참고하여 서술형 답안에 들어갈 내용을 써 보자.

답안 키워드 ㅊ   ㅈㅊ ㅅㅁ ㅅㄹ ㅁㅇ ㅈㅈ   ㅊㅎㄱ ㄷㅇ

(2) (1)의 내용을 포함하여 서술형 답안을 작성해 보자.

____

____

실전! 도전하기

02 (가), (나)를 활용하여 철도의 부설이 가져온 긍정적, 부정적 영향을 한 가지씩 서술하시오.

> (가) 인천에서 화륜거가 떠나 삼개 건너 영등포로 와서 …… 산천초목이 모두 활동하여 닿는 것 같고 나는 새도 미도 미처 따르지 못하더라.
> (나) 인부를 혹사하여 한시도 쉬는 일이 없고, …… 일본인들이 산을 억지로 팔게 하고, …… 한국인은 강제 노역을 감당해야 하는가.

03 다음 조서의 명칭을 쓰고, 이 조서가 반포된 이후 근대 교육의 변화 내용을 서술하시오.

> 아, 백성을 가르치지 않으면 나라를 굳건히 하기가 매우 어렵다. …… 부유하고 강하여 우뚝 독립한 나라들은 모두 그 나라 백성의 지식이 개명하다. 지식이 개명함은 교육이 잘되었기 때문인즉 교육이 국가를 보존하는 근본이다.

STEP 3 1등급 정복하기

최고난도

01 조선과 일본이 체결한 (가)~(다) 조약에 대한 설명으로 옳은 것은?

> (가) 제4관　부산항에서 일본인이 통행할 수 있는 도로의 거리는 부두에서 동서남북 각 직경 10리(조선의 이법)로 정한다.
>
> (나) 제6칙　조선국 항구에 거주하는 일본인은 쌀과 잡곡을 수출, 수입할 수 있다.
>
> 　　 제7칙　(상선을 제외한) 일본국 정부에 속한 모든 선박은 항세를 납부하지 않는다.
>
> (다) 제9관　입항하거나 출항하는 각 화물이 해관을 통과할 때는 본 조약에 첨부된 세칙에 따라 관세를 납부해야 한다.

① (가) – 부산을 포함한 3개 항구의 개항이 결정되었다.

② (나) – 일본에 최혜국 대우를 인정하였다.

③ (나) – 일본 상인의 내륙 진출을 허용하였다.

④ (다) – 조선이 방곡령을 선포할 수 있도록 규정하였다.

⑤ (다) – 개항장 내에서 일본 화폐 사용을 가능하도록 하였다.

◆ **개항 이후 일본과 체결한 조약**

완자 사전

■ 항세

항구를 통해 수출과 수입을 하는 화물에 대하여 부과하는 세금을 말한다.

완자쌤의 시험꿀팁

개항 이후 조선이 일본과 체결한 통상 조약을 확인하고 각 조약의 내용과 불평등 조약의 경우 조선 경제에 어떤 영향을 끼쳤는지 정리해 두도록 한다.

02 (가), (나) 주장에 대한 설명으로 옳은 것은?

> (가) 나라가 진보되어 가는지 안 가는지 첫째 보이는 것은 그 나라 사람들이 자기들의 백성된 권리를 찾으려고 하는 것이라. …… 누구든지 그 나라에 사는 사람은 모두 그 나라 백성이라. 백성마다 얼마만큼 하느님이 주신 권리가 있는데 그 권리는 아무도 빼앗지 못하는 권리요. …… 자주독립을 하려면 먼저 백성의 권리부터 보호할 생각들을 하시오.　– 독립신문
>
> (나) 우리보다 먼저 문명개화한 나라들을 보면 남녀평등권이 있는지라. 어려서부터 각각 학교에 다니며, 각종 학문을 배워 이목을 넓히고, 장성한 후에 사나이와 부부의 의를 맺어 평생을 살더라도 그 사나이에게 조금도 압제를 받지 아니한다. 이처럼 후대를 받는 것은 다름 아니라 그 학문과 지식이 사나이 못지않은 까닭에 그 권리도 동일하니 이 어찌 아름답지 않으리오.　– 황성신문

① (가) – 천부 인권 사상을 내세웠다.

② (가) – 법제상 신분제 폐지를 주장하였다.

③ (나) – 러시아의 절영도 조차 요구를 비판하였다.

④ (나) – 갑오개혁에 반영된 조혼 제도의 폐지를 찬성하였다.

⑤ (가), (나) – 일본의 침략과 한국인의 매국 행위를 집중적으로 비판하였다.

◆ **근대 의식의 확산**

 **완자쌤의 시험꿀팁**

개항 이후 민권 의식과 여권 의식이 성장하는 과정을 독립 협회의 민권 운동, 한성 부인들의 활동 등의 사례를 바탕으로 정리해 두도록 한다.

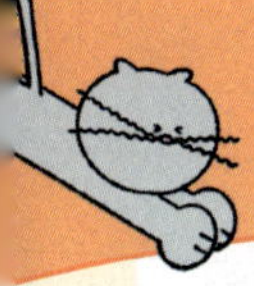

수능 첫걸음

─ 2023 9월 모평 응용 ─

(가)에 대한 설명으로 옳은 것은?

대한 제국 시기 일본의 경제 침탈

1. 차관 제공: 개혁과 시설 개선을 명목으로 제공 → 대한 제국 재정이 일본에 예속
2. [(가)]: 백동화를 포함한 구화폐를 일본 제일 은행권으로 교환 → 한국인 상공업자에게 타격
3. 토지 약탈: 철도 부지와 군용지 확보를 구실로 대규모 토지 차지

---

① 녹읍 폐지의 배경이 되었다.
② 재정 고문 메가타가 주도하였다.
③ 임술 농민 봉기의 원인이 되었다.
④ 일본에 최혜국 대우를 인정하였다.
⑤ 청 상인의 내륙 진출을 허용하였다.

대표 유형 | 문제 풀이

※ 단계별로 문제 풀이에 접근해 보세요!

1단계 / 자료 분석하기
자료에서 백동화를 포함한 구화폐를 일본 제일 은행권으로 교환한다는 사실을 통해 (가)는 ❶ [　　　]임을 알 수 있다.

2단계 / 정답 개념 연결하기
화폐 정리 사업은 일본에서 온 재정 고문 ❷ [　　　]가 추진하였다.

3단계 / 모답 개념 피하기
①은 신라 신문왕의 왕권 강화 정책과 관련이 있다. ③ 임술 농민 봉기는 세도 정치 시기에 일어났다. ④ ❸ [　　　]에 따라 일본에 최혜국 대우가 인정되었다. ⑤ 조청 상민 수륙 무역 장정이 체결되면서 ❹ [　　　] 상인의 내륙 활동이 허용되었다.

❷ 메가타 　❸ 조일 수호 조규 속약 　❹ 청

답 대표 유형 ② / 모답 풀이 ❶ 화폐 정리 사업

📎 정답친해 47쪽

─ 2023 3월 학평 응용 ─

선생님의 질문에 대한 학생의 답변으로 가장 적절한 것은?

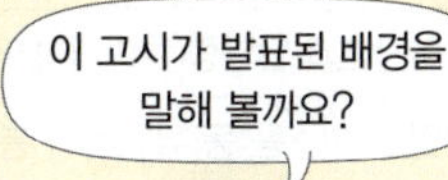

구 백동화 무효에 관한 고시

구 백동화는 …… 내년 1월 1일부터 통용함을 금지할 것이니 …… 기한 내로 교환을 청구하여 손해를 당하지 않도록 조심하기 바람

① 화폐 정리 사업이 시작되었어요.
② 주전론과 주화론이 대립하였어요.
③ 제너럴셔먼호 사건이 발생하였어요.
④ 흥선 대원군이 경복궁을 중건하였어요.
⑤ 공주 명학소에서 망이·망소이의 난이 일어났어요.

1등급 전략

일본이 대한 제국의 금융을 장악하기 위해 화폐 정리 사업을 실시하였음을 파악한다. 메가타가 화폐 정리 사업을 주도하였으며, 백동화 교환 과정에서 한국의 상공업자가 타격을 입었음을 정리해 두도록 한다.

출제 전망

- **전망1** 화폐 정리 사업이 대한 제국의 경제에 미친 영향을 묻는 문제가 출제될 수 있다.
- **전망2** 화폐 정리 사업을 추진한 메가타가 대한 제국에 오는 데 배경이 된 조약을 묻는 문제가 출제될 수 있다.

국권 침탈과 국권 수호 운동

이것이 핵심!

❈ 일본의 국권 침탈 과정

한일 의정서 (1904. 2.)	전쟁 시 한국 영토 임의로 사용 허용
제1차 한일 협약(1904. 8.)	외교·재정 분야에 외국인 고문 파견
을사늑약 (1905. 11.)	외교권 박탈, 통감부 설치
정미 7조약과 부속 각서 (1907)	통감의 내정 간섭 강화, 일본인 차관 임명·군대 해산
한국 병합 조약 (1910. 8.)	국권 강탈

◆ 헤이그 특사 파견(1907)

고종은 을사늑약의 불법성을 국제 사회에 알리고자 제2회 만국 평화 회의가 열리는 네덜란드 헤이그에 이준, 이상설, 이위종 등을 파견하였다.

① 일본의 국권 침탈

1. 러일 전쟁

배경	만주와 한반도 주도권을 놓고 일본과 러시아가 대립
전개	일본군이 인천항과 뤼순항의 러시아 군함 기습 공격(러일 전쟁, 1904) → 일본군이 뤼순항 함락, 발트 함대 격파 → 일본이 승기를 잡음 → 미국의 중재로 포츠머스 조약(1905. 9.) 체결

> 일본은 러시아로부터 한국에 대한 배타적 권리를 보장받았어.

2. 일본의 국권 침탈 과정

> 대한 제국이 국외 중립을 선언하였지만, 일본은 이를 무시하고 러일 전쟁을 빌미로 한성에 군대를 주둔하고 조약 체결을 강요하였어.

(1) **한일 의정서(1904. 2.):** 일본이 전쟁 수행에 필요한 한국 영토를 군사 기지로 사용

(2) **제1차 한일 협약 체결(1904. 8.):** 재정과 외교 분야에 일본이 추천한 고문을 두도록 함 → 메가타·스티븐스 국내 파견

> 일본은 미국과 가쓰라·태프트 밀약(1905. 7.)을, 영국과 제2차 영일 동맹(1905. 8.)을 맺어 한국에 대한 지배권을 인정받았어.

(3) **을사늑약(1905. 11.):** 러일 전쟁에서 승기를 잡은 일본이 군대를 동원해 대신들을 위협하고 을사늑약 강제 체결 → 대한 제국의 외교권 박탈, 통감부 설치 [자료①] [자료②]

(4) **고종의 강제 퇴위와 정미 7조약(한일 신협약, 1907) 체결:** 고종이 미국에 특사 파견, ◆헤이그 특사 파견 → 일본이 헤이그 특사를 빌미로 고종을 강제 퇴위 → 정미 7조약(통감이 각 부의 실권 장악)과 부속 각서(각 부에 일본인 차관 임명, 대한 제국 군대 해산) 체결

(5) **일본의 한국 병합 과정:** 기유각서(1909, 사법권과 감옥 관리권 박탈, 법부와 군부 폐지), 간도 협약(1909), 경찰권 박탈 → 한국 병합 조약 체결(1910, 국권 강탈, 총독부 설치)

> 꼭! 고종은 미국에 헐버트를 특사로 보내 을사늑약의 무효를 알렸지만, 미국은 가쓰라·태프트 밀약에서 일본의 한국 지배를 인정하였기 때문에 이를 거부하였어.

이것이 핵심!

❈ 항일 의병 활동과 의열 투쟁

항일 의병	을미의병(1895) → 을사의병 (1905) → 정미의병(1907)
의열 투쟁	• 을사5적 처단 시도 • 장인환·전명운의 의거 • 안중근의 의거

◆ 정미의병 의병장의 신분 구성

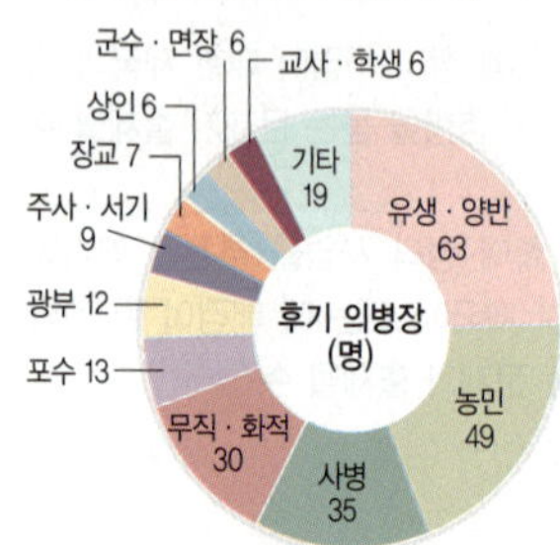

(『독립운동사 연구』, 1980)

정미의병은 다양한 신분이 참여한 항일 의병 전쟁으로 발전하였다.

② 항일 의병 활동과 의열 투쟁의 전개

1. 항일 의병 활동 [자료③]

(1) 을미의병(1895)

배경	을미사변과 단발령(을미개혁)에 반발
활동	유인석·이소응 등 유생들이 봉기 주도 → 농민과 함께 지방 관청 공격, 개화파 관리 처단, 일본군 공격 → 아관 파천 이후 고종의 단발령 취소, 해산 권유 → 의병 활동 중단

> 일부 잔여 농민들은 반침략·반봉건 활동을 하였어.

(2) 을사의병(1905)

> 민종식은 충청남도 홍주성까지 점령하였으나 일본군의 반격으로 패하였어. 최익현은 전라북도 태인에서 봉기하여 순창, 곡성 일대를 장악하였으나 체포된 후 쓰시마섬에 유배되었지.

배경	을사늑약 체결과 일제 침략 본격화에 반발
활동	양반 유생 의병장 민종식·최익현 등과 평민 출신 의병장 신돌석의 활약

(3) 정미의병(1907)

> 꼭! 의병 투쟁이 일제 침략에 맞서기 위한 국가 단위의 정당한 전쟁임을 알리려고 한 거야.

배경	고종의 강제 퇴위와 대한 제국 군대 해산에 반발
특징	해산 군인들이 의병에 합류, ◆다양한 계층이 의병에 가담
활동	13도 연합 부대(13도 창의군) 결성 → 각국 영사관에 격문을 보내 의병을 국제법상 교전 단체로 인정해 달라고 요구 → 1908년 서울 진공 작전 추진 → 전국 각지에서 의병 투쟁 지속

(4) 일본의 의병 진압: 1909년 일본군의 '남한 대토벌' 작전 개시 → 국외 무장 독립 투쟁 지속

> 동대문 밖 30리 지점까지 진격하였으나, 일본군의 공격으로 실패하였어.

> 일본의 대공세로 활동이 어려워진 의병들은 만주, 연해주 등으로 이동하여 무장 투쟁을 전개하였어.

자료 ① 을사늑약(제2차 한일 협약) ┌ 늑약은 강제로 체결된 조약을 뜻해.

> 제2조 …… 한국 정부는 지금부터 일본국 정부의 중개를 거치지 않고서는 국제적 성질을 가진 어떠한 조약이나 약속도 맺지 않을 것을 서로 약속한다. → 한국의 외교권 박탈
>
> 제3조 일본국 정부는 그 대표자로 한국 황제 폐하 밑에 1명의 통감을 두되 통감은 오로지 외교에 관한 사항을 관리하기 위해 경성에 주재하고 직접 한국 황제 폐하를 만날 수 있는 권리를 지닌다. └ 그러나 통감은 외교뿐 아니라 조선 내정 전반에 개입하였어. — 『고종실록』

러일 전쟁에서 승기를 잡은 일본은 을사늑약을 강요하여 한국의 외교권을 박탈하고 통감부를 설치하도록 하였다. 초대 통감으로 부임한 이토 히로부미는 대한 제국의 외교뿐만 아니라 내정에도 간섭하기 시작하였다.

자료 ② 을사늑약의 부당성

┌ 을사늑약이 강제로 이루어진 사실을 풍자하는 만평이야. 「한일협약도」의 '협(脅)'이 '위협하다'는 의미의 한자로 쓰여 있어.

↑ 을사늑약 풍자 만평

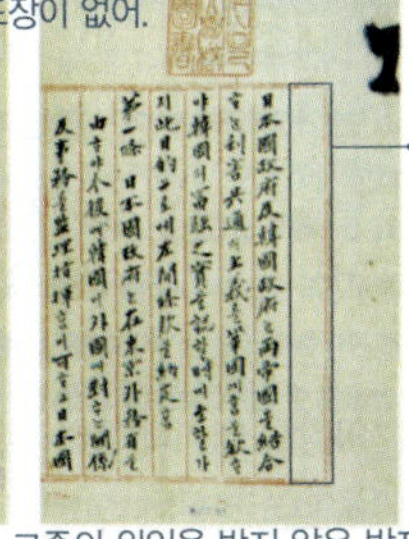
↑ 을사늑약 원본

┌ 고종의 서명과 도장이 없어.

→ 조약의 맨 앞장에 조약 이름이 쓰여 있지 않아.

└ 고종의 위임을 받지 않은 박제순의 날인이야.

조약이 성립하려면 '위임'(통치권자가 조약 체결 담당자에게 권한을 부여), '조인'(양국 대표가 조약에 서명), '비준'(통치권자가 조약을 승인)을 모두 거쳐야 한다. 그러나 을사늑약에 찍힌 도장의 주인 박제순은 고종의 위임을 받지 않았고, 고종은 이 조약 체결을 끝까지 거부하였다. 을사늑약에는 조약의 이름이 없는데, 이는 조약이 급하게 체결된 것임을 짐작하게 한다. 이와 같이 을사늑약은 제대로 된 절차 없이 일제의 강요로 체결된 늑약이다.

자료 ③ 을미의병과 을사의병

┌ 일본이 명성 황후를 시해한 을미사변을 의미해.   단발령 시행을 가리켜. ┐

> • 우리 국모의 원수를 생각하며 이미 이를 갈았는데 참혹한 일이 더하여 우리 부모에게서 받은 머리털을 풀 베듯이 베어 버리니 이 무슨 변고란 말인가. …… 이에 감히 의병을 일으켜 마침내 이 뜻을 세상에 포고하노니, 위로는 공경에게서 아래로는 서민에까지 어느 누가 애통하고 절박하지 않으리. — 을미의병 당시 유인석의 격문, 『의암집』
>
> • 지난 10월에 저들이 한 행위는 만고에 없던 일이다. 억압으로 한 조각의 종이에 조인하여 5백 년 전해 오던 종묘사직이 하룻밤에 망하였으니 …… 나라가 망해 갈진대 어찌 한번 싸우지 않을 수 있는가. 또 살아서 원수의 노예가 되기보다는 죽어서 충의의 혼이 되는 편이 나을 것이다. — 을사의병 당시 최익현의 격문, 『면암집』

└ 을사늑약이 체결되어 일본에 외교권을 박탈당하자, 나라를 잃을 지도 모른다는 불안감이 고조되었어.

을미의병은 일본의 명성 황후 시해(을미사변)와 단발령에 반발하여 일어났고, 을사의병은 을사늑약의 체결에 대항하여 일어났다. 두 의병 활동 모두 위정척사 사상을 가진 보수적 양반 유생층이 주도하였으나, 을사의병 때는 신돌석과 같은 평민 출신 의병장이 등장하였다.

└ 조약에 따라 재정 고문 메가타, 외교 고문 스티븐스가 한국에 파견되었어.

자료 하나 더 알고 가자!

을사늑약의 무효를 주장한 국제 법학자 레이

> 이 조약 자체는 두 가지 무효 원인을 가진다. 즉 한국 정부 측 동의의 하자와 일본이 한국에 대해 취했던 보장 의무의 위반이 바로 그것이다. — 레이, 「대한 제국의 국제법적 지위」

일본은 을사늑약을 '협약'으로 표현하지만 외교권을 넘기는 주요 사항은 조약을 거쳐야 하는 것이 국제법적 상식이다. 프랑스의 국제 법학자 레이는 을사늑약은 폭력에 의해 체결된 것이므로 무효인 조약이라고 주장하였다.

비교해서 살펴볼까?

을미의병 vs 을사의병

구분	을미의병	을사의병
공통점	• 항일 의병 운동의 성격 • 양반 유생 중심으로 전개	
차이점	을미사변과 단발령 실시에 반발	• 을사늑약 체결에 반발 • 평민 의병장 등장

문제로 확인할까?

을미사변과 단발령 실시에 반발하여 일어난 의병은?

읽기이름

◆ **을사5적 처단 시도**
을사5적을 처단하기 위해 기산도 등이 결사대를 조직하다가 사전에 체포되었다. 나철(나인영)과 오기호 등은 자신회라는 암살단을 조직하였으나 을사5적 처단에 실패하였다.

꼭! 의열 투쟁은 일제의 한국 침략이 갖는 부당성을 국외에 알리는 계기가 되었다는 점에서 의의가 있어.

2. 의열 투쟁의 전개

(1) **을사늑약 반대 투쟁**: 관료와 유생들의 상소 운동(조약 폐기와 을사5적 처단 요구), 을사늑약의 부당성을 비판하는 글이 언론에 게시, 민영환과 조병세는 자결로 저항

예 장지연은 황성신문에 「시일야방성대곡」을 기고하였어.

(2) **항일 의열 투쟁**

① **국내**: ◆을사5적 처단 시도, 이재명이 명동 성당 앞에서 이완용 습격(1909)

② **국외**: 1908년 전명운과 장인환이 미국 샌프란시스코에서 스티븐스 처단, 1909년 안중근이 중국 하얼빈에서 이토 히로부미 저격 자료 ④

왜? 스티븐스는 일본에서 파견한 외교 고문으로, 일본의 한국 침략이 정당하다고 선전하였어.

이것이 핵심!

※ 애국 계몽 운동 단체의 활동

보안회	일본의 황무지 개간권 요구 저지
헌정 연구회	입헌 군주제 도입 추구
대한 자강회	교육과 산업 진흥 추구, 월보 발행, 고종의 강제 퇴위 반대 운동
신민회	공화정 추구, 교육과 산업 진흥 추구, 국외 독립 운동 기지 건설

◆ **105인 사건**
일제가 황해도와 평안도 지역의 민족 운동가들이 조선 총독 암살을 계획하였다고 조작하여 수백 명의 애국지사를 검거한 사건이다. 그중 105인이 유죄 판결을 받았다.

③ 애국 계몽 운동의 전개

1. 애국 계몽 운동의 전개

무장 투쟁보다는 실력을 길러 국권을 수호하려 하였어.

(1) **애국 계몽 운동**: 독립 협회 계열 지식인들이 교육과 산업 분야의 실력 양성 추진

(2) **애국 계몽 운동 단체의 활동**

사회 진화론과 신문화를 수용한 관료 지식인들이 주도하였어.

보안회(1904)	종로에서 대중 집회 개최 → 일본의 황무지 개간권 요구 저지 성공
헌정 연구회 (1905)	• 활동: 입헌 군주제 도입을 목표로 활동, 일진회의 친일 행위 규탄 • 해산: 을사늑약 반대 입장을 밝힌 지도부의 체포로 활동 중단
대한 자강회 (1906)	• 활동: 헌정 연구회 계승, 교육·산업의 발달과 입헌 군주제 도입을 목표로 활동, 월보 발행 • 해산: 고종의 강제 퇴위에 반대 → 통감부의 탄압으로 강제 해산
신민회 (1907~1911) 다잡는 자료	• 결성: 안창호·양기탁 등이 비밀 결사 형태로 조직, 공화정 체제의 근대 국민 국가 건설 추구 • 실력 양성 운동: 학교 설립(대성 학교, 오산 학교), 태극 서관과 자기 회사 운영 • 무장 투쟁 준비: 남만주 삼원보에 독립군 기지 건설, 신흥 무관 학교 설립(독립군 양성) • 해산: 일제가 조작한 ◆105인 사건(1911)으로 조직 와해

국토는 국가가 독점할 권리를 가진다는 『만국 공법』의 조항을 근거로 들며 일본의 요구를 비판하였어.

2. 국채 보상 운동(1907) 자료 ⑤

대한 제국의 약 1년 예산에 해당하는 액수였어.

왜? 을사늑약 이후 통감부의 탄압이 심해져 공개적으로 활동하는 것이 어려워졌어.

(1) **배경**: 일본이 식민 지배 기반을 마련하는 과정에서 1,300만 원 국채 발생

(2) **전개**: 김광제·서상돈 등이 국채 보상 운동 시작(대구), 국채 보상 기성회 조직(한성) → 대한매일신보·황성신문 등 언론 기관의 홍보로 전국 확산, 다양한 계층 참여

(3) **결과**: 대한매일신보의 양기탁 구속, 통감부의 방해와 탄압으로 운동 중단

사람들은 금연, 절주, 가락지 모으기 등 다양한 방법으로 성금을 모금하였어.

이것이 핵심!

※ 독도와 간도

독도	한국 고유의 영토 → 일제가 불법 편입
간도	조선과 청의 백두산정계비 해석 논쟁 → 간도 협약으로 일본이 청에 간도를 넘김

◆ **백두산정계비의 토문강 해석 문제**
청은 토문강을 두만강으로 해석하여 간도가 청의 영토라 보았고, 조선은 토문강이 쑹화강의 지류이므로 간도가 조선의 영토라고 주장하였다.

④ 독도와 간도

1. 독도

꼭! 울릉도 군수가 울릉도와 독도를 관할하게 하였어.

역사적 연원	『삼국사기』에 신라 영토로 복속된 사실 기록, 『고려사』와 『세종실록지리지』에 울릉도와 독도 명시, 숙종 때 안용복의 활약
일제의 독도 불법 편입	대한 제국 정부가 대한 제국 「칙령 제41호」(1900) 공포로 울릉도를 군으로 승격 → 일제가 시마네현 고시(1905) 발령(독도를 불법적으로 자국 영토에 편입)

일본은 러일 전쟁 중 한일 의정서를 근거로 군사적 요충지였던 독도에 망루를 설치하였어.

2. 간도

(1) **간도를 둘러싼 갈등**: ◆백두산정계비의 토문강 해석을 두고 청과 조선이 영유권 분쟁 → 간도 관리사 이범윤을 임명하여 간도를 함경도의 행정 구역에 편입

(2) **간도 협약(1909) 체결**: 일본이 간도를 청의 영토로 인정

꼭! 을사늑약으로 대한 제국의 외교권이 박탈되었기 때문에 일본이 청과 간도 협약을 체결하였어. 이후 일본은 남만도 철도 부설권과 무순 탄광 채굴권을 얻었어.

자료 ④ 안중근의 「동양 평화론」

> 일본이 내세운 동양 평화의 주장이 실상은 제국주의와 결합한 침략 사상이며, 일본은 한국 등 동양의 이웃 나라를 약탈하고 있다고 비판하였어.

일본이 정책을 고치지 않고 더욱 심하게 핍박한다면 차라리 다른 인종에게 망할지언정 같은 인종에게 욕을 당하지는 않겠다는 생각이 한·청 양국 사람들의 마음에서 솟아 나와서 …… 뜻 있는 인사와 정의로운 사나이가 어찌 가만히 앉아서 동양 전체가 까맣게 타 죽는 참상을 기다리기만 할 것이며 또한 그렇게 하는 것이 옳겠는가. 그래서 동양 평화를 위한 의로운 싸움을 하얼빈에서 시작하였고, 옳고 그름을 가리는 자리를 뤼순으로 정하였다.

> 동양의 평화를 위해 이토 히로부미를 처단하였다고 밝히고 있어.

– 안중근, 「동양 평화론」

「동양 평화론」은 안중근이 이토 히로부미를 처단한 죄로 사형 판결을 받고 뤼순 감옥에 갇혔을 때 집필한 미완의 저서이다. 「동양 평화론」에서 안중근은 이토 히로부미를 죽인 이유로 명성 황후 시해, 을사늑약 강요, 한국 황제 폐위, 군대 해산, 동양 평화 교란 등을 밝혔다. 또한 동양 평화를 위하여 한·중·일의 협력을 주장하였고, 일본이 한국을 침략하였기 때문에 동양의 평화를 해치는 적이 되었다고 비판하였다.

자료 하나 더 알고 가자!

이토 히로부미의 죄악 15개조

첫째, 명성 황후를 시해한 죄, 둘째, 한국 황제를 폐위한 죄, 셋째, 5조약(을사늑약)과 7조약(정미 7조약)을 강제로 체결한 죄, …… 다섯째, 정권을 강제로 빼앗아 통감 정치를 한 죄, …… 여덟째, 군대를 강제로 해산한 죄, …… 열두째, 한국인이 일본인의 보호를 받고자 한다고 세계에 거짓말을 퍼뜨린 죄

뤼순의 일본 대사관 지하실에 갇힌 안중근은 일본인 검찰관에게 이토 히로부미를 처단한 15가지 이유를 제시하였다.

내 교과서 / 비상, 동아, 리베르, 미래엔, 씨마스, 지학사, 천재 교과서에서 '신민회의 활동' 자료를 다루고 있어요.

내신과 수능을 다 잡는 자료 / 신민회의 활동

- 도덕의 타락으로 신윤리가 시급하고 문화의 쇠퇴로 신학술이 시급하며, 실업이 취약함으로 신모범이 시급하고 정치의 부패로 신개혁이 시급함이라. …… 이것이 신민회가 발원하는 바이고, 신민회가 품은 뜻이며, 간단히 말해 오직 새로운 정신을 환기하고 새로운 단체를 조직하여 신국가를 건설하는 것뿐이다. – 주한 일본 공사관 기록, 1909
- 남만주로 집단 이주하려고 기도하고, …… 청년 동지들을 모집·파견하여 한인 단체를 일으키고, 학교를 세워 민족 교육을 실시하고, 나아가 무관 학교를 설립하여 문무를 겸하는 교육을 실시하면서 기회를 엿보아 독립 전쟁을 일으켜 구한국의 국권을 회복하고자 하였다.

> 신민회는 국외 독립운동 기지를 건설하고 독립군을 양성하기도 하였어.

– 105인 사건 판결문, 1911

안창호, 양기탁 등이 비밀 결사 형태로 조직한 신민회는 교육과 산업 진흥을 통해 민족의 실력을 양성하고자 하였다. 그러나 1909년 국권 상실의 위기감이 높아지자, 실력 양성만으로는 국권을 회복하기 어렵다고 판단하여 국외에 독립군 기지를 건설하고 독립군 양성에 힘썼다.

빈출 선택지로 점검하기

» 초성을 참고하여 신민회에 대한 선택지를 완성해 보자.

- ㄱㅎㅈ 체제의 근대 국민 국가를 지향하였다.
- 민족의 실력을 양성하고자 ㄱㅇ과 ㅅㅇ의 진흥을 강조하였다.
- 무장 투쟁을 준비하기 위해 국외에 독립군 기지와 ㅁㄱㅎㄱ를 설립하였다.

정답 공화정 '교육과 산업 '무관 학교

함께 보기 · 내신 만점 공략하기 13번

자료 ⑤ 국채 보상 운동의 전개

> 대한 제국이 일본에 경제적으로 예속되었기 때문이야.

국채 1,300만 원은 대한 제국의 존망에 직결된 것이라. 국채를 갚으면 나라가 존재하고, 갚지 못하면 나라가 망할 것은 필연적인 사실이나, 현재 국고로는 보상하기가 어렵다. 그러므로 삼천리강토는 장차 우리나라가 아니게 될 것이다. …… 국채를 갚는 방법으로는 2천만 인민들이 3개월 동안 금연하고, 그 대금으로 한 사람이 매달 20전씩 모은다면 1,300만 원을 모을 수 있을 것이다.

– 국채 보상 취지문, 1907

자료는 1907년에 대구에서 김광제, 서상돈이 국채 보상 운동을 일으키며 그 취지를 밝힌 글이다. 국채 보상 운동이 대한매일신보 등 언론에 보도되면서 각계각층에서 호응하였고, 이 운동은 전국적으로 확산되어 한성(서울)에서 국채 보상 기성회가 조직되었다.

문제로 확인할까?

일본에 진 빚을 갚아 국권을 회복하자는 운동은?

① 개항 반대 운동
② 국채 보상 운동
③ 동학 농민 운동
④ 상권 수호 운동
⑤ 항일 의병 운동

정답 ②

1 다음 설명이 맞으면 ○표, 틀리면 ×표를 하시오.

(1) 을사늑약으로 일본은 메가타를 파견하여 한국의 재정에 간섭하였다. (　　　)

(2) 일본은 러일 전쟁 중 한일 의정서를 체결하여 한국의 영토를 군사 기지로 사용하였다. (　　　)

(3) 일본이 러일 전쟁에서 승기를 잡자, 러시아는 미국의 중재로 일본과 포츠머스 조약을 체결하였다. (　　　)

2 다음 일본의 국권 침탈 과정을 일어난 순서대로 나열하시오.

┌ 보기 ┐
(가) 을사늑약 체결
(나) 정미 7조약 체결
(다) 한일 의정서 체결
(라) 제1차 한일 협약 체결
└─────┘

3 을미의병의 배경으로 적절한 것만을 〈보기〉에서 있는 대로 골라 기호를 쓰시오.

┌ 보기 ┐
ㄱ. 단발령　　　　　　ㄴ. 군대 해산
ㄷ. 을사늑약 체결　　　ㄹ. 명성 황후 시해
└─────┘

4 다음 괄호 안에 들어갈 내용을 쓰시오.

(1) 을사의병 때 평민 출신 의병장 (　　　　)이 이끄는 의병 부대가 활약하였다.

(2) 정미의병 당시 (　　　　)은/는 서울 진공 작전에 나섰으나 일본군의 공격으로 실패하였다.

(3) (　　　　)은 1909년에 러시아와 밀약을 체결하려고 중국 하얼빈에 온 이토 히로부미를 처단하였다.

5 다음 괄호 안의 내용 중 알맞은 말에 ○표를 하시오.

(1) (보안회, 대한 자강회)는 월보를 발행하였다.

(2) 안창호, 양기탁 등이 조직한 (신민회, 헌정 연구회)는 태극 서관, 자기 회사 등을 운영하였다.

---

01 밑줄 친 '전쟁'이 일어난 배경으로 적절한 것은?

> 일본은 1904년 인천항과 뤼순항에 정박해 있던 러시아 군함을 기습 공격하여 전쟁을 일으켰다. 이 전쟁에서 일본군은 뤼순항을 함락하고 동해에서 러시아의 발트 함대를 격파하였다.

① 일본이 '남한 대토벌' 작전을 전개하였다.
② 러시아의 절영도 조차 요구가 저지되었다.
③ 신민회가 국외 무장 독립 투쟁을 준비하였다.
④ 러시아가 만주와 한반도의 주도권을 장악하려 하였다.
⑤ 간도 협약이 체결되어 청의 간도 영유권이 인정되었다.

하나 더!

01-1 밑줄 친 '전쟁'이 끝난 이후의 사실로 옳은 것은?
① 한일 의정서가 체결되었다.
② 러시아가 삼국 간섭을 주도하였다.
③ 대한 제국이 국외 중립을 선언하였다.
④ 일본이 대한 제국에 을사늑약 체결을 강요하였다.
⑤ 일본이 미국과 가쓰라·태프트 밀약을 체결하였다.

02 (가) 시기 일본의 활동으로 옳은 것만을 〈보기〉에서 고른 것은?

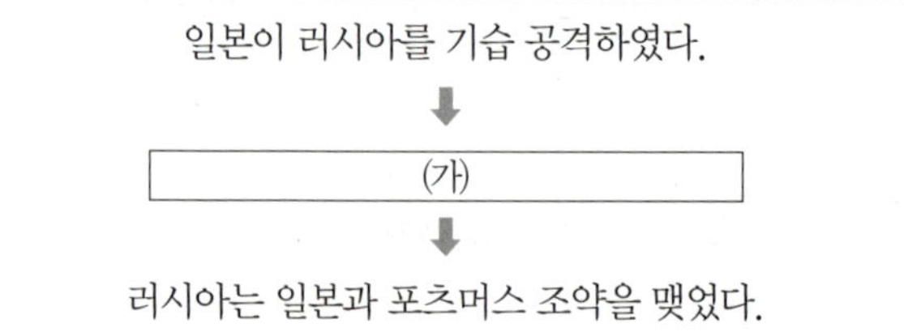

┌ 보기 ┐
ㄱ. 청에 랴오둥반도를 반환하였다.
ㄴ. 영국과 제2차 영일 동맹을 맺었다.
ㄷ. 한국에 제1차 한일 협약 체결을 강요하였다.
ㄹ. 한국의 외교 업무를 대리하는 통감부를 설치하였다.
└─────┘

① ㄱ, ㄴ　　　② ㄱ, ㄷ　　　③ ㄴ, ㄷ
④ ㄴ, ㄹ　　　⑤ ㄷ, ㄹ

03 (가) 조약에 대한 설명으로 옳은 것은? ⭐중요

> **역사 탐구 보고서**
>
> 1. **주제:** (가) 이/가 무효인 이유
> 2. **방법:** 공식 비준 절차와 (가) 의 비준 과정을 비교해 본다.
> 3. **결과:** 대한 제국의 위임권과 비준권은 황제인 고종에게 있었다. 그러나 조약문 뒷장에 찍힌 도장의 주인 박제순은 고종으로부터 조약 체결권을 위임받지 않았다. 고종 역시 비준을 끝까지 거부하였다. 따라서 (가) 은/는 제대로 된 절차 없이 강압적으로 체결되었기 때문에 국제법상으로 무효이다.

① 대한 제국의 외교권을 박탈하였다.
② 대한 제국의 군대를 강제로 해산하였다.
③ 통감의 고등 관리 임면권이 강화되었다.
④ 러일 전쟁이 전개되는 과정에서 체결되었다.
⑤ 재정 고문 메가타가 파견되는 계기가 되었다.

04 밑줄 친 '특사'에 대한 설명으로 옳은 것만을 〈보기〉에서 고른 것은?

↑ 왼쪽부터 이준, 이상설, 이위종

고종은 이준, 이상설, 이위종을 네덜란드 헤이그에서 열리는 만국 평화 회의에 특사로 파견하였다. 이들은 만국 평화 회의 의장인 러시아 대표와 네덜란드 외무대신을 찾아가 도움을 청하였다. 그러나 특사는 회의 참석과 회의에서의 발언권을 거부당하였다.

| 보기 |

ㄱ. 고종의 강제 퇴위를 배경으로 파견되었다.
ㄴ. 을사늑약의 부당성을 국제 사회에 알리려 하였다.
ㄷ. 「만국 평화 회의보」에 일본의 국제법 위반을 폭로하였다.
ㄹ. 일본의 한국 지배가 정당하다고 주장한 스티븐스를 저격하였다.

① ㄱ, ㄴ　　② ㄱ, ㄷ　　③ ㄴ, ㄷ
④ ㄴ, ㄹ　　⑤ ㄷ, ㄹ

05 다음 조약이 체결된 시기를 연표에서 옳게 고른 것은?

> 제1조　한국 정부는 시정 개선에 관해 통감의 지도를 받을 것
> 제4조　한국 고등 관리의 임면은 통감의 동의로써 행할 것

	(가)	(나)	(다)	(라)	(마)	
▲	▲	▲	▲	▲	▲	
러일 전쟁 발발	제1차 한일 협약 체결	포츠머스 조약 체결	을사늑약 체결	기유각서 체결	한국 병합 조약 체결	

① (가)　　② (나)　　③ (다)　　④ (라)　　⑤ (마)

06 (가), (나) 시기 사이에 있었던 사실로 옳은 것은?

> (가) 일본은 비밀리에 정미 7조약 부속 각서를 맺어 일본인을 대한 제국의 각 부 차관 등으로 임명하였다.
> (나) 일본은 러시아, 영국 등으로부터 한국 병합을 승인받고 한국 병합 조약의 체결을 강요하였다.

① 포츠머스 조약이 체결되었다.
② 대한 제국에 통감부가 설치되었다.
③ 가쓰라·태프트 밀약이 체결되었다.
④ 일본이 독도를 불법적으로 편입하였다.
⑤ 일본이 간도의 영유권을 청에 넘겨주었다.

07 (가)~(라) 조약을 체결한 순서대로 나열한 것은?

> (가) 한국이 일본 정부가 추천하는 1명을 외교 고문으로 초빙하도록 하였다.
> (나) 일본이 군사 전략상 필요한 한국 영토를 군사 기지로 사용할 수 있도록 하였다.
> (다) 한국 정부가 일본의 중개 없이 국제적 성질을 가진 조약을 체결하지 못하도록 하였다.
> (라) 한국의 황제가 한국 전부에 관한 일체의 통치권을 완전히 일본 황제에게 양여하도록 하였다.

① (가) – (나) – (다) – (라)
② (나) – (가) – (다) – (라)
③ (나) – (다) – (가) – (라)
④ (다) – (가) – (라) – (나)
⑤ (다) – (라) – (가) – (나)

08 밑줄 친 '의병'에 대한 설명으로 옳은 것은?

> 우리 국모의 원수를 생각하며 이미 이를 갈았는데 참혹한 일이 더하여 우리 부모에게서 받은 머리털을 풀 베듯이 베어 버리니 이 무슨 변고란 말인가. …… 이에 감히 <u>의병</u>을 일으켜 마침내 이 뜻을 세상에 포고하노니, 위로는 공경에게서 아래로는 서민에까지 어느 누가 애통하고 절박하지 않으리.
>
> – 『의암집』

① 고종의 해산 권유로 중단되었다.
② 입헌 군주제 수립을 주장하였다.
③ 평민 출신 의병장이 활약하였다.
④ 대한 제국의 외교권 회복을 주장하였다.
⑤ 일제의 황무지 개간권 요구를 철회시켰다.

★중요
09 밑줄 친 '나'에 대한 설명으로 옳은 것은?

① 쓰시마섬에 유배되어 순국하였다.
② 13도 연합 부대의 총대장을 담당하였다.
③ 베델과 함께 대한매일신보를 창간하였다.
④ 하얼빈에서 이토 히로부미를 사살하였다.
⑤ 고종의 밀명을 받고 헤이그에 파견되었다.

하나 더!
09-1 밑줄 친 '나'가 주도한 의병에 대한 설명으로 옳은 것만을 〈보기〉에서 있는 대로 골라 기호를 쓰시오.

┌─ 보기 ┐
ㄱ. 유인석이 제천에서 봉기하였다.
ㄴ. 민종식이 홍주성을 점령하였다.
ㄷ. 최초로 평민 출신 의병장이 활약하였다.
ㄹ. 백산에 집결하여 4대 강령을 발표하였다.
└────────┘

[10~11] 다음을 보고 물음에 답하시오.

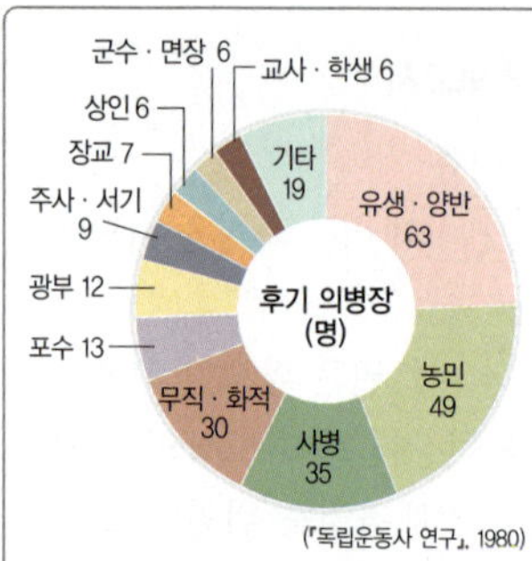

그래프는 (가) 지도자들의 신분과 직업 구성을 나타낸 것이다. 농민, 사병 등 평민 직업군이 많았으며, 윤희순, 양방매 등 여성 의병들도 활동하였다.

10 (가) 의병이 일어난 배경으로 가장 적절한 것은?

① 임오군란이 일어났다.
② 을사늑약이 체결되었다.
③ 고종이 강제로 퇴위당하였다.
④ 영남 유생들이 만인소를 올렸다.
⑤ 일제가 '남한 대토벌' 작전을 벌였다.

11 (가) 의병의 활동에 대한 설명으로 옳은 것은?

① 이권 수호 운동을 벌였다.
② 서울 진공 작전을 전개하였다.
③ 전라도 지역에 집강소를 설치하였다.
④ 조선을 중립국으로 만들자고 주장하였다.
⑤ 공주 우금치에서 일본군과 관군에 패하였다.

12 밑줄 친 '이 단체'에 대한 설명으로 옳은 것은?

이 잡지는 헌정 연구회 회원을 중심으로 1906년에 결성된 <u>이 단체</u>에서 발행한 월보이다. <u>이 단체</u>는 전국에 지회를 설치하고, 대중 연설을 개최하는 등 대중적 활동을 펼쳤다.

◉ 월보

① 헌의 6조를 결의하였다.
② 105인 사건으로 와해되었다.
③ 입헌 군주제 수립을 주장하였다.
④ 국외 독립군 기지 건설을 추진하였다.
⑤ 일본의 황무지 개간권 요구를 철회시켰다.

13 다음 문서가 설명하는 단체에 대한 설명으로 옳은 것은?

> **판결문**
>
> 남만주로 집단 이주하려고 기도하고, …… 무관 학교를 설립하여 문무를 겸하는 교육을 실시하면서 기회를 엿보아 독립 전쟁을 일으켜 구한국의 국권을 회복하고자 하였다.

① 「유교구신론」을 발표하였다.
② 황국 중앙 총상회를 조직하였다.
③ 전제 군주 국가 수립을 주장하였다.
④ 태극 서관과 자기 회사를 운영하였다.
⑤ 고종이 황국 협회와 군대를 동원하여 탄압하였다.

14 다음 자료에 나타난 운동에 대한 설명으로 옳은 것은?

> 국채 1,300만 원은 대한 제국의 존망에 직결된 것이라. 국채를 갚으면 나라가 존재하고, 갚지 못하면 나라가 망할 것은 필연적인 사실이나, 현재 국고로는 보상하기가 어렵다. 그러므로 삼천리강토는 장차 우리나라가 아니게 될 것이다. …… 국채를 갚는 방법으로는 2천만 인민들이 3개월 동안 금연하고, 그 대금으로 한 사람이 매달 20전씩 모은다면 1,300만 원을 모을 수 있을 것이다.

① 서울에서 시작되었다.
② 공화정 수립을 주장하였다.
③ 단발령 취소를 요구하였다.
④ 비밀 결사의 형태로 전개되었다.
⑤ 대한매일신보 등 언론사의 후원을 받았다.

15 밑줄 친 ㉠, ㉡에 해당하는 문서의 명칭을 각각 쓰시오.

> 대한 제국은 1900년 ㉠ 칙령을 발표하여 울릉도를 군으로 승격하고, 울릉 군수로 하여금 울릉도와 독도를 관할하게 하였다. 그러나 러일 전쟁 중 일본은 ㉡ 고시를 발령하여 독도를 '무주지'로 규정하고 불법 편입하였다.

서술형 문제

01 다음 조약에 맞서 국내에서 전개된 저항 활동을 <u>세 가지</u> 서술하시오.

> 제2조 …… 한국 정부는 지금부터 일본국 정부의 중개를 거치지 않고서는 국제적 성질을 가진 어떠한 조약이나 약속도 맺지 않을 것을 서로 약속한다.

(1) 초성을 참고하여 서술형 답안에 들어갈 내용을 써 보자.

답안 키워드 ㅇㅅㄴㅇ ㅇㅅㅇㅂ

(2) (1)의 내용을 포함하여 서술형 답안을 작성해 보자.

02 다음 글을 저술한 인물을 쓰고, 해당 인물의 의열 활동을 서술하시오.

> 뜻있는 인사와 정의로운 사나이가 어찌 가만히 앉아서 동양 전체가 까맣게 타 죽는 참상을 기다리기만 할 것이며 또한 그렇게 하는 것이 옳겠는가. 그래서 동양 평화를 위한 의로운 싸움을 하얼빈에서 시작하였고, 옳고 그름을 가리는 자리를 뤼순으로 정하였다.

03 (가) 단체의 명칭을 쓰고, (가) 단체가 다른 애국 계몽 운동 단체와 다른 점을 서술하시오.

> 사진의 인물은 안창호이다. 안창호는 (가) 을/를 조직하는 데 참여하여 새로운 국가 건설을 도모하였다. 또한 평양에 대성 학교를 세워 교육 계몽 활동에 힘썼다.

1등급 정복하기

01 (가), (나) 조약이 체결된 시기 사이에 있었던 사실로 옳은 것은?

(가) 제4조 제3국의 침해 또는 내란으로 대한 제국 황실의 안녕과 영토의 보전에 위험이 있을 경우에 일본 제국 정부는 곧 필요한 조치를 취할 것이다. 대한 제국 정부는 일본 제국 정부의 행동이 용이하도록 충분히 편의를 제공한다. 일본 제국 정부는 이러한 목적을 달성하기 위해 전략상 필요한 지점을 형편에 따라 사용할 수 있다.

(나) 제2조 러시아 제국 정부는 일본국이 한국에서 정치상, 군사상 및 경제상의 탁월한 이익을 갖는다는 것을 승인하고 일본 제국 정부가 한국에서 필요하다고 인정하는 지도·보호 및 감리의 조치를 취함에 있어 이를 방해하거나 간섭하지 않을 것을 약정한다.

① 러일 전쟁이 발발하였다.
② 대한 자강회가 결성되었다.
③ 헤이그 특사가 파견되었다.
④ 한국 병합 조약이 체결되었다.
⑤ 대한 제국에 외교 고문 파견이 결정되었다.

02 (가) 조약을 체결한 결과로 옳은 것만을 〈보기〉에서 고른 것은?

(가) 은/는 우리 황제 폐하의 재가도 없이 외부대신이 일본의 협박을 받아 임의로 체결한 것이어서 조약이 될 수 없고 아무런 효력이 없습니다. …… 우리는 이 불법적인 조약을 상설 중재 재판소에서 심판받아 일본의 침탈 행위를 전 세계에 알리고자 합니다. …… 단지 힘이 없다는 이유로 희생되어야 하는지요? 그렇다면 이곳에서 법과 정의를 외친들 무슨 소용이 있겠습니까?

– 「만국 평화 회의보」, 1907. 7.

┤ 보기 ├

ㄱ. 대한 제국의 외교권이 박탈되었다.
ㄴ. 대한 제국의 군대가 강제로 해산되었다.
ㄷ. 이토 히로부미가 초대 통감으로 부임하였다.
ㄹ. 일본이 대한 제국의 사법권과 감옥 관리권을 강탈하였다.

① ㄱ, ㄴ　　② ㄱ, ㄷ　　③ ㄴ, ㄷ　　④ ㄴ, ㄹ　　⑤ ㄷ, ㄹ

◆ 러일 전쟁 중 일본이 체결한 조약

완자 사전

■ 내란(內亂)
나라 안에서 정권을 차지할 목적으로 벌어지는 싸움

완자쌤의 시험꿀팁

러일 전쟁 중 일본이 대한 제국의 국권을 침탈하는 조약, 외국으로부터 한국의 주도권을 인정받는 조약 등을 체결하였음을 파악한다. 대한 제국의 국권을 침탈하는 여러 조약의 순서, 내용, 결과를 잘 정리해 두도록 한다.

◆ 을사늑약의 체결

완자쌤의 시험꿀팁

을사늑약에 반발한 다양한 인물들의 활동을 정리해 두도록 한다. 대표적으로 고종이 미국과 네덜란드 헤이그 등에 특사를 파견하여 을사늑약의 부당성을 국제적으로 알리려고 노력하였음을 파악한다.

03 국권 피탈 과정에서 작성된 (가)~(다)에 대한 설명으로 옳지 <u>않은</u> 것은?

> (가) 황제의 자리까지 빼앗아 이를 선위라 거짓으로 말하고 안으로 10부의 대신과 밖으로 팔도 수령을 일진회로 메워 임용하고 …… 지위가 낮은 관직까지도 일본인이 차지하여 아무도 손대지 못하게 하여, 백성이 발 디딜 곳이 없어졌다.
>
> (나) 지난 10월에 저들이 한 행위는 만고에 없던 일이다. 억압으로 한 조각의 종이에 조인하여 5백 년 전해 오던 종묘사직이 하룻밤에 망하였으니 …… 나라가 망해 갈진대 어찌 한번 싸우지 않을 수 있는가. 살아서 원수의 노예가 되기보다는 죽어서 충의의 혼이 되는 편이 나을 것이다.
>
> (다) 우리 국모의 원수를 생각하며 이미 이를 갈았는데 참혹한 일이 더하여 우리 부모에게서 받은 머리털을 풀 베듯이 베어버리니 이 무슨 변고인가. …… 이에 감히 의병을 일으켜 마침내 이 뜻을 세상에 포고하노니, 위로는 공경에게서 아래로는 서민에까지 어느 누가 애통하고 절박하지 않으리.

① (가) – 한일 의정서 체결을 비판하고 있다.
② (나) – 을사늑약에 대해 분노하고 있다.
③ (다) – 을미사변과 단발령에 반발하고 있다.
④ (나), (다) – 의병 투쟁 참여를 호소하고자 작성되었다.
⑤ (다) – (나) – (가)의 순서로 작성되었다.

04 다음 취지문을 발표한 단체에 대한 설명으로 옳은 것은?

> 무릇 나라의 독립은 오직 자강에 달려 있다. …… 자강의 방도를 강구하려고 할 것 같으면 다른 곳에 있지 않고 교육을 진작하고 산업을 일으키는 데 있으니 무릇 교육이 일어나지 않으면 민지(民智)가 열리지 않고 산업이 일어나지 않으면 국부가 증가하지 못하는 것이다. 그러한즉 민지를 열고 국력을 기르는 길은 교육과 산업의 발달에 달려 있다고 아니할 수 있겠는가.
>
> – 월보, 1906. 7.

① 남만주에 무관 학교를 설립하였다.
② 고종 강제 퇴위 반대 시위를 주도하였다.
③ 공화정에 바탕을 둔 근대 국가 수립을 추구하였다.
④ 만민 공동회를 열어 외세의 이권 침탈을 비판하였다.
⑤ 대성 학교, 오산 학교를 설립하여 인재를 양성하였다.

완자쌤의 시험꿀팁

항일 의병은 시기별로 다른 양상과 특징을 보인다. 시험에는 사료를 제시하고 해당 의병의 활동을 묻는 문제가 자주 출제된다. 을미의병, 을사의병, 정미의병의 원인과 전개 과정을 정리해 두도록 한다.

애국 계몽 운동

완자쌤의 시험꿀팁

대한 자강회의 형성 배경과 대한 자강회가 추진한 애국 계몽 운동의 내용을 묻는 문제가 자주 출제된다. 대한 자강회 설립 취지문을 통해 대한 자강회가 교육과 산업을 강조하여 계몽 활동을 펼쳤음을 짐작하도록 한다.

수능 첫걸음

─┤ 2022 수능 응용 ├─

밑줄 친 '이 단체'에 대한 설명으로 옳은 것은?

> 문: 피고인은 <u>이 단체</u>가 삼원보에 신흥 강습소를 세우고, 기회를 타서 독립 전쟁을 일으키고자 하는 것을 알고 있었는가?
>
> 답: 몇 년 전 한국인들이 교육과 산업 증진을 목적으로 조직했다고 들었을 뿐이다.
>
> 문: 다른 이들의 진술에 따르면, 피고인이 자주 평양에 가서 <u>이 단체</u>가 설립한 태극 서관의 모임에 참석하였다고 한다. 또한 데라우치 총독을 암살하려고 사람들을 이끌고 선천에 갔다고 들었다.
>
> 답: 그러한 진술은 견딜 수 없는 고문 아래 강요된 것임이 이 공개 법정에서 드러나지 않았는가?

① 월보를 발간하였다.

② 을미의병을 일으켰다.

③ 서울 진공 작전을 전개하였다.

④ 대성 학교와 오산 학교를 설립하였다.

⑤ 러시아의 절영도 조차 요구를 저지하였다.

※ 단계별로 문제 풀이에 접근해 보세요!

🟫 1단계 / 자료 분석하기

신흥 강습소와 태극 서관을 세웠다는 사실을 통해 밑줄 친 '이 단체'는 ❶ [   ] 임을 알 수 있다.

🟫 2단계 / 정답 개념 연결하기

신민회는 평양에 ❷ [   ], 정주에 오산 학교를 설립하였다.

🟫 3단계 / 오답 개념 피하기

① 월보를 발간한 단체는 ❸ [   ] 이다. ② 을미의병은 을미사변과 단발령에 반발하여 일어났다. ③ ❹ [   ] 이 일어날 당시 13도 연합 부대가 서울 진공 작전을 전개하였다. ⑤는 독립 협회에 대한 설명이다.

❺ 독립 협회 / ❹ 정미의병 / ❸ 보안회 ❷ 대성 학교 / ❶ 신민회 | **정답** ④ 대성 학교

🌾 정답친해 50쪽

─┤ 2024 9월 모평 응용 ├─

(가) 단체에 대한 탐구 활동으로 가장 적절한 것은?

> **– 스피드 퀴즈 완성하기 –**
>
> ▣ 방법
> – 러일 전쟁 이후 국권 수호 운동을 벌인 단체 중 퀴즈로 낼 대상을 정한다.
> – 해당 단체에 대한 힌트를 적어 교사의 확인을 받는다.
>
> [퀴즈로 낼 단체]: [(가)   ]
>
> | 구분 | 내용 | 교사 확인 |
> | --- | --- | --- |
> | 힌트 1 | 안창호, 양기탁 등이 창립하였습니다. | ◎ |
> | 힌트 2 | 공화정 수립을 지향한 비밀 결사였습니다. | ◎ |
> | 힌트 3 | 태극 서관과 자기 회사를 운영하였습니다. | ◎ |

① 집강소 설치 목적을 알아본다.

② 삼국 간섭의 영향을 정리한다.

③ 단발령이 철회된 이유를 알아본다.

④ 독립 협회가 해체된 배경을 살펴본다.

⑤ 105인 사건으로 해체된 단체를 조사한다.

1등급 전략

일본의 대한 제국 국권 침탈에 맞서 국내에서는 항일 의병 활동과 애국 계몽 운동이 벌어졌다. 두 활동의 성격과 주요 내용을 정리해 두도록 한다. 특히, 신민회는 애국 계몽 운동 단체이면서 항일 무장 투쟁에도 힘썼음을 기억해 두도록 한다.

출제 전망

- **전망1** 신민회가 지향한 정치 체제를 묻는 문제가 출제될 수 있다.
- **전망2** 신민회의 결성과 해산 과정을 묻는 문제가 출제될 수 있다.
- **전망3** 신민회의 활동을 애국 계몽 운동 혹은 무장 투쟁 준비 등 다양한 측면에서 묻는 문제가 출제될 수 있다.

① 국제 질서의 변동과 개항

외세의 침략 —— 병인박해 → 제너럴셔먼호 사건 → 병인양요 발발 → 신미양요 발발

개항 —— 강화도 조약(해안 측량권, 영사 재판권 허용) → 조미 수호 통상 조약(거중 조정, 관세 부과, (❶　　　) 대우)

② 근대 국가 수립을 위한 노력(1)~(2)

개화 정책 추진과 갑신정변

개화 정책 추진
- 내용: 정책 기구인(❷　　　) 설치, 별기군 창설, 수신사(일)·보빙사(미)·영선사(청) 파견
- 반발: 위정척사 운동, 임오군란(구식 군대 봉기 → 조청 상민 수륙 무역 장정, 제물포 조약 체결)

갑신정변
김옥균 등 (❸　　　) 주도, 14개조 개혁 정강 제시 → 실패(한성 조약·톈진 조약 체결)

동학농민운동과 갑오·을미개혁

동학 농민 운동
고부 농민 봉기 → 제1차 봉기 → 황토현 전투 → (❹　　　) 체결 → 집강소 설치 → 폐정 개혁 추진 → 일본의 경복궁 점령 → 제2차 봉기 → 우금치 전투 패배

갑오·을미개혁
1차(군국기무처 설치, (❺　　　)·과거제·연좌제 등 폐지), 2차(홍범 14조 반포), 을미개혁(태양력 사용, '건양' 연호 사용, 단발령 공포)

독립 협회와 대한 제국

독립 협회
만민 공동회·관민 공동회 개최, 헌의 6조 결의, 자유 민권 운동 전개

대한 제국
(❻　　　) 반포, 광무개혁 실시(구본신참 원칙, 지계 발급, 식산흥업 정책 추진)

③ 사회·경제 변화와 문화 변동

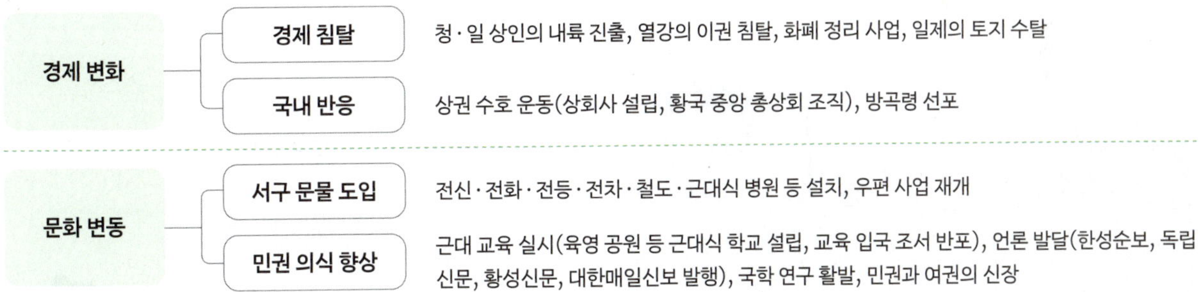

경제 변화

경제 침탈
청·일 상인의 내륙 진출, 열강의 이권 침탈, 화폐 정리 사업, 일제의 토지 수탈

국내 반응
상권 수호 운동(상회사 설립, 황국 중앙 총상회 조직), 방곡령 선포

문화 변동

서구 문물 도입
전신·전화·전등·전차·철도·근대식 병원 등 설치, 우편 사업 재개

민권 의식 향상
근대 교육 실시(육영 공원 등 근대식 학교 설립, 교육 입국 조서 반포), 언론 발달(한성순보, 독립신문, 황성신문, 대한매일신보 발행), 국학 연구 활발, 민권과 여권의 신장

④ 국권 침탈과 국권 수호 운동

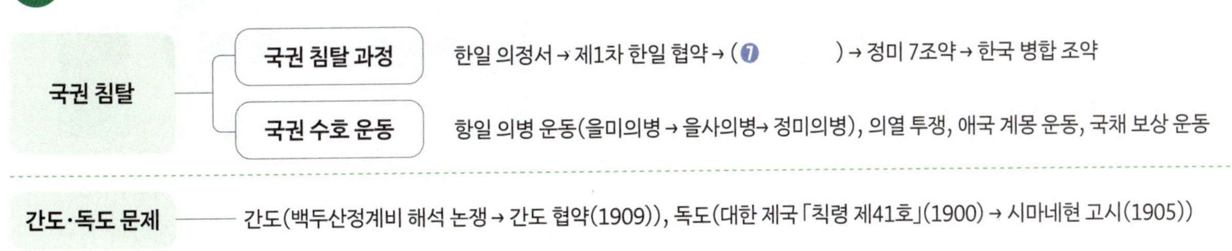

국권 침탈

국권 침탈 과정
한일 의정서 → 제1차 한일 협약 → (❼　　　) → 정미 7조약 → 한국 병합 조약

국권 수호 운동
항일 의병 운동(을미의병 → 을사의병→ 정미의병), 의열 투쟁, 애국 계몽 운동, 국채 보상 운동

간도·독도 문제 —— 간도(백두산정계비 해석 논쟁 → 간도 협약(1909)), 독도(대한 제국 「칙령 제41호」(1900) → 시마네현 고시(1905))

실력 굳히기

01 다음 자료의 상황에 대한 탐구 활동으로 가장 적절한 것은?

> 홍순목이 아뢰기를, "병인년 이후 서양인을 배척한 것은 온 세상에 자랑할 만한 일입니다. 오랑캐들이 침범하고 있지만 화친에 대해서는 절대로 논의할 수 없습니다. 먼저 정벌하는 위엄을 보이면 …… 누군들 우러러 받들지 않겠습니까?" …… 이때 종로 거리와 각 도회지에 척화비를 세웠다.
> － 「고종실록」

① 임오군란의 결과를 분석한다.
② 신미양요가 끼친 영향을 파악한다.
③ 운요호 사건이 일어난 원인을 검토한다.
④ 고종이 아관 파천을 단행한 배경을 조사한다.
⑤ 이만손 등이 만인소를 고종에게 올린 이유를 살펴본다.

02 밑줄 친 조약에 대한 설명으로 옳은 것만을 〈보기〉에서 고른 것은?

┌ 보기 ┐
ㄱ. 『조선책략』 유포가 배경이 되었다.
ㄴ. 일본에 영사 재판권을 인정하였다.
ㄷ. 일본 상품에 관세를 부과하도록 하였다.
ㄹ. 조선에 대한 청의 간섭을 배제하려 하였다.

① ㄱ, ㄴ 　② ㄱ, ㄷ 　③ ㄴ, ㄷ
④ ㄴ, ㄹ 　⑤ ㄷ, ㄹ

03 다음 조약에서 조선이 처음 허용한 것으로 옳은 것은?

> 조선국 군주와 미국 대통령 및 그 인민은 각각 모두 영원히 화평하고 우애 있게 지낸다. 만약 제3국으로부터 어떠한 불공평하고 경시당하는 일이 있을 때에는 …… 서로 도와주며, 중간에서 잘 조치하여 두터운 우의를 보여 준다.

① 거류지 설정 　② 부산항 개항 　③ 영사 재판권
④ 최혜국 대우 　⑤ 해안 측량권

04 (가), (나) 주장에 대한 설명으로 옳은 것은?

> (가) 저들이 비록 왜인이라고 하지만 본질은 서양 오랑캐와 다를 것이 없습니다. 강화가 한번 이루어지면 …… 사악한 기운이 온 나라를 덮게 될 것입니다.
> (나) 미국은 우리가 본래 모르던 나라입니다. …… 그들이 재물을 요구하고 우리의 약점을 알아차려 …… 과도한 경우를 떠맡긴다면 장차 이에 어떻게 응할 것입니까.

① (가) － 김기수가 작성한 글이다.
② (가) － 을미의병을 촉구하는 격문이다.
③ (나) － 청과의 통상 수교를 반대하고 있다.
④ (나) － 개항 이후 일본의 경제 침탈을 우려하고 있다.
⑤ (가), (나) － 성리학적 사회 질서 유지를 추구하였다.

05 (가) 사건의 영향으로 옳은 것은?

① 한성 조약 체결 　②『조선책략』유포
③ 1차 수신사 파견 　④ 급진 개화파 몰락
⑤ 일본군의 한성 주둔

06 (가), (나)와 같이 주장한 세력에 대한 설명으로 옳은 것은?

> (가) 군신, 부자, 부부, 붕우, 장유의 윤리는 …… '도(道)'가 됩니다. …… 배, 수레, 병기, 농기는 …… '기(器)'가 됩니다. 신이 바꾸려는 것은 '기'이지 '도'가 아닙니다.
>
> (나) 문벌을 폐지하고 인재를 골라 중앙 집권의 기초를 확립하여 백성들의 믿음을 얻으십시오. …… 외국의 종교를 받들어 교화를 돕는 것도 하나의 방법입니다.

① (가) - 청과의 사대 관계 청산을 주장하였다.
② (가) - 서양의 사상과 제도를 도입하자고 하였다.
③ (나) - 갑신정변을 주도하였다.
④ (나) - 청의 양무운동을 본받자고 하였다.
⑤ (가), (나) - 위정척사 운동을 주도하였다.

07 다음 주장이 제기된 시기를 연표에서 옳게 고른 것은?

> 오직 중립 한 가지만이 우리나라를 지키는 방책이다. …… 중국이 맹주가 되어 …… 아시아 지역과 관계가 있는 여러 나라와 만나고 이 자리에 우리나라를 보내어 공동으로 맹약을 체결하기를 요구해야 한다.

	(가)	(나)	(다)	(라)	(마)	
강화도 조약 체결	갑신정변 발생	갑오개혁 실시	아관 파천 단행	러일 전쟁 발발	신민회 결성	

① (가) ② (나) ③ (다) ④ (라) ⑤ (마)

08 (가), (나) 시기 사이에 있었던 사실로 옳은 것은?

> (가) 백산에 집결한 농민군은 농민군 4대 강령과 격문을 발표하였다.
>
> (나) 농민군은 일본군 타도라는 반침략의 목표를 내세우며 다시 봉기하였다. 손병희가 이끄는 북접군과 전봉준이 이끄는 남접군이 논산에서 집결하였다.

① 전주 화약이 체결되었다.
② 농민군이 우금치 전투에서 패배하였다.
③ 고종이 독립 협회를 강제로 해산하였다.
④ 청과 일본이 시모노세키 조약을 체결하였다.
⑤ 고부에서 농민군이 봉기하여 만석보를 허물었다.

09 밑줄 친 '개혁'의 내용으로 옳은 것은?

① 태양력을 도입하였다.
② 군국기무처를 설치하였다.
③ 연호로 광무를 채택하였다.
④ 법제상 신분제를 철폐하였다.
⑤ 지계 발급 사업을 시행하였다.

10 (가)에 들어갈 내용으로 가장 적절한 것은?

> **수행 평가 보고서**
>
> • 주제: 독립 협회의 활동
> • 조사 방법: 문헌 조사, 인터넷 검색, 박물관 견학 등
> • 조사 내용
>   – 독립문 건립: 자주독립의 상징물
>   – 계몽 활동: 독립관에서 토론회 개최
>   – 헌의 6조 결의: 중추원 관제 반포에 영향
>   – 만민 공동회의 활동: _________ (가)

① 대한국 국제 반포
② 국채 보상 운동 지원
③ 교조 신원 운동 전개
④ 러시아의 절영도 조차 요구 철회
⑤ 대한 제국 「칙령 제41호」(1900) 발표

11 다음 헌법을 반포한 정부가 추진한 개혁에 대한 설명으로 옳은 것만을 〈보기〉에서 고른 것은?

제2조	대한 제국의 정치는 만세불변의 전제 정치이다.
제3조	대한국 대황제는 무한한 군권을 지니고 있다.
제4조	대한국 신민이 군권을 침해하는 행위가 있으면 신민의 도리를 잃은 자로 인정한다.
제6조	대한국 대황제는 법률을 제정하여 반포와 집행을 명하고 대사, 특사, 감형, 복권을 명한다.

┌ 보기 ┐
ㄱ. 옛것을 근본으로 새로운 것을 참조한다는 원칙 아래 추진되었다.
ㄴ. 전라도 일대에 자치 기구인 집강소를 설치하여 치안을 유지하였다.
ㄷ. 개혁 추진에 필요한 재정을 확보하기 위해 양전 사업과 지계 발급 사업을 실시하였다.
ㄹ. 갑신정변과 동학 농민 운동의 요구를 반영하여 과거제 폐지, 신분제 폐지 등을 시행하였다.

① ㄱ, ㄴ ② ㄱ, ㄷ ③ ㄴ, ㄷ
④ ㄴ, ㄹ ⑤ ㄷ, ㄹ

12 그래프는 조선의 청과 일본에 대한 수입액 비율을 나타낸 것이다. 이러한 변화가 생긴 배경으로 옳은 것은?

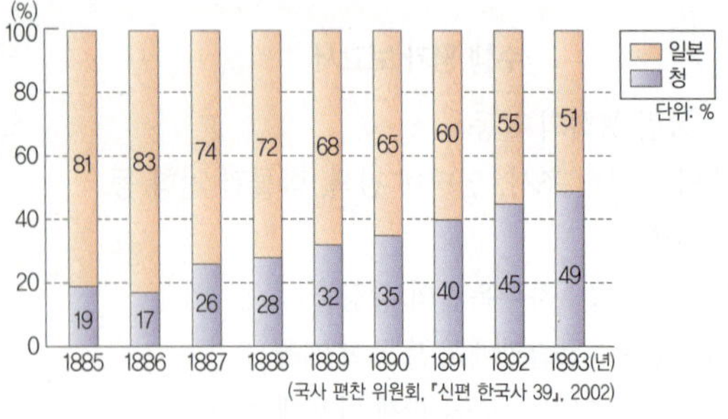

① 당백전이 발행되었다.
② 고종이 아관 파천을 단행하였다.
③ 러시아와 일본이 포츠머스 조약을 체결하였다.
④ 톈진 조약에 따라 청군에 이어 일본군이 조선에 상륙하였다.
⑤ 조청 상민 수륙 무역 장정 체결 이후 청 상인이 개항장 밖에서 활동할 수 있게 되었다.

[13~14] 다음을 보고 물음에 답하시오.

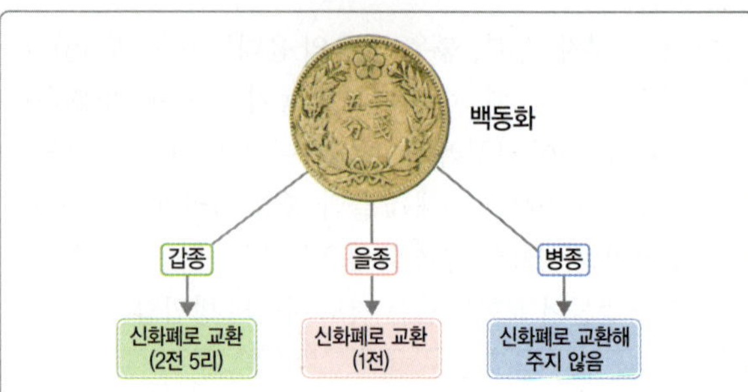

자료는 이 사업에서 대한 제국의 백동화를 일본 제일 은행권으로 교환하는 원칙을 나타낸다. 이 사업은 일본인 재정 고문 메가타가 주도하였다.

13 밑줄 친 '이 사업'의 명칭을 쓰시오.

14 위의 자료를 활용한 탐구 활동으로 가장 적절한 것은?

① 거류지 무역의 발달 배경을 조사한다.
② 일본의 대한 제국 금융 지배 과정을 정리한다.
③ 곡물 수출 금지를 위한 조정의 노력을 파악한다.
④ 아관 파천 이후 열강의 이권 침탈 과정을 분석한다.
⑤ 러일 전쟁 이후 일본의 군용지 사용 현황을 살펴본다.

15 다음 조약의 체결에 따라 일어난 사실로 옳은 것은?

제37관	조선국에서 가뭄과 홍수, 전쟁 등으로 국내에 양식이 부족할 것을 우려하여 일시적으로 쌀 수출을 금지하려 할 때는 1개월 전에 지방관이 일본 영사관에게 알린다.

① 운요호 사건이 발생하였다.
② 부산 등의 항구가 개항되었다.
③ 조선이 거액의 차관을 떠안게 되었다.
④ 방곡령을 둘러싸고 조선과 일본이 갈등하였다.
⑤ 동양 척식 주식회사가 황실 소유의 토지를 일본인들에게 헐값에 판매하였다.

16 다음 소설이 발표된 시기 문학과 예술계의 동향으로 옳은 것은?

> "지금 세상 사람들은 당당한 하느님의 위엄을 빌려야 할 터인데, 외국의 세력을 빌려 의뢰해 몸을 보전하고 벼슬을 얻으려 하며, 타국 사람에 빌붙어 제 나라를 망하게 하고 제 동포를 압박하니, 그것이 우리 여우보다 나은 일이오? 결단코 우리 여우만 못한 물건들이라 하옵네다." 여우가 말을 마치자마자 손뼉 소리가 천지를 진동하듯이 울렸다.

> 해설: 안국선이 쓴 『금수회의록』은 여덟 마리의 동물을 주인공으로 해 인간 사회의 모순을 풍자하는 내용을 다루고 있습니다.

① 김부식이 『삼국사기』를 저술하였다.
② 사신도와 같은 고분 벽화가 제작되었다.
③ 인쇄술이 발달하여 『직지심체요절』이 제작되었다.
④ 서양 악곡에 우리말 가사를 붙인 창가가 유행하였다.
⑤ 왕실에서 『삼강행실도』를 편찬하여 유교 윤리가 보급되었다.

17 (가), (나) 조약에 대한 설명으로 옳은 것은?

> (가) (부속 각서) 제3조 다음 방법에 의해 군비를 정리함
>   1. 육군 1대대를 존치하여 황궁 수위를 담당하게 하고 기타를 해산할 것
> (나) 제1조 한국 황제 폐하는 한국 전부에 관한 일체 통치권을 완전 영구히 일본 황제 폐하에게 양여한다.
>   제2조 일본국 황제 폐하는 앞 조에 기재된 양여를 수락하고, 또 완전한 한국을 일본 제국에 병합하는 것을 승낙한다.

① (가) – 대한 제국의 외교권을 박탈하였다.
② (가) – 일본이 한국에 재정과 외교 고문을 파견하도록 하였다.
③ (나) – 조선 총독이 권력을 장악하도록 하였다.
④ (나) – 대한 제국의 사법권과 감옥 관리권을 박탈하였다.
⑤ (가), (나) – 러일 전쟁 중에 체결되었다.

18 (가)에 들어갈 단체로 옳은 것은?

> (가) 은/는 이인영을 총대장으로 추대하였으며, 1908년에 서울 진공 작전을 벌여 동대문 밖 30리까지 진격하였으나 일본군의 공격으로 실패하였다.

① 신민회
② 일진회
③ 을미의병
④ 독립 협회
⑤ 13도 연합 부대

19 밑줄 친 '이 단체'에 대한 설명으로 옳은 것만을 〈보기〉에서 고른 것은?

> 이 단체는 자유 문명국을 성립시켜 열국의 보호 아래 공화 정체의 독립국을 만드는 데 목적이 있다고 한다.
> – 「일본 헌병대의 기밀 보고」

| 보기 |
ㄱ. 헌정 연구회를 계승하였다.
ㄴ. 국외에서 무장 투쟁을 준비하였다.
ㄷ. 105인 사건으로 국내 조직이 와해되었다.
ㄹ. 만민 공동회를 열어 자유 민권 운동을 전개하였다.

① ㄱ, ㄴ
② ㄱ, ㄷ
③ ㄴ, ㄷ
④ ㄴ, ㄹ
⑤ ㄷ, ㄹ

20 (가) 운동에 대한 설명으로 옳은 것은?

> 일제가 한국의 내정에 간섭하면서 대한 제국이 막대한 차관을 떠안게 되었다. 이에 맞서 (가) 이/가 일어났다. (가) 은/는 1907년 대구에서 처음 시작되었고 농민, 학생, 상인 등 많은 사람이 모금에 참여하였다.

① 총독부의 방해로 실패하였다.
② 대한매일신보 등 언론 기관의 호응을 받았다.
③ 불교계의 인습을 혁신해야 한다고 주장하였다.
④ 일본에 최혜국 대우를 인정하는 계기가 되었다.
⑤ 일제의 황무지 개간권 요구를 저지하는 데 성공하였다.

Memo

주제 06

▶ 비판적 사고력 + 의사소통 및 협업 능력

다양한 사상이 고려 사회에 끼친 영향

■ 다음을 읽고 물음에 답하시오.

훈요 10조

1조 불교의 힘으로 나라를 세웠으므로, 사찰을 세우고 주지를 파견하여 불도를 닦도록 하라.

6조 나의 지극한 소원은 연등회와 팔관회를 베푸는 데 있다. 후세에 간신들이 이 행사를 더하거나 줄이자고 하여도 결코 들어주지 말라.

– 「고려사」

묘청의 서경 천도 주장

서경 임원역의 땅은 음양가들이 말하는 대화세(명당)입니다. 이곳에 궁궐을 짓고 옮겨 가면 천하를 다스릴 수 있습니다. 또한 금이 예물을 가져와 항복하고, 주변 서른여섯 나라가 머리를 조아릴 것입니다.

– 「고려사」

최승로의 시무 28조

20조 불교를 믿는 것은 자신을 다스리는 근본이며, 유교를 행하는 것은 나라를 다스리는 근본을 구하는 것입니다. 자신을 다스리는 것은 내세에 복을 구하는 일이며, 나라를 다스리는 것은 오늘의 급한 일입니다.

– 「고려사」

1 각 자료에서 내세운 종교나 사상을 서술하시오.

2 자료에 나타난 종교나 사상을 골라, 고려 사회에 끼친 영향을 논술하시오.

▶ 비판적 사고력 + 정보 활용 능력

조선 후기 경제 변화에 따른 신분 질서의 변화

■ 다음을 읽고 물음에 답하시오.

> (가) • 모내기의 이로움은 봄보리를 갈아먹고 물을 몰아 수확하니, 1년에 두 번 농사지을 수 있는 것이다. — 임억령, 『석천유집』
>
> • 부유한 백성은 토지를 겸병하여 한꺼번에 많은 농사를 짓고 있는데, 적게는 3·4석씩, 많게는 6·7석씩 모를 한꺼번에 붓고 모내기를 하여 노동력을 절약하고 수고를 덜고 있다. — 『정조실록』
>
> (나) 농민이 밭에 심는 것은 곡물만이 아니다. 모시, 오이, 배추, 도라지 등의 농사도 잘 지으면 그 이익이 헤아릴 수 없이 크다. 도회지 주변의 파밭, 마늘밭, 배추밭, 오이밭에서는 10무(4두락)의 밭에서 수만 전(錢)의 수입을 올릴 수 있다.
>
> — 정약용, 『경세유표』

1 (가), (나)에 나타난 조선 후기의 경제 변화를 서술하시오.

2 조선 후기의 경제 변화가 다음 그래프와 같은 사회 변동에 끼친 영향을 논술하시오.

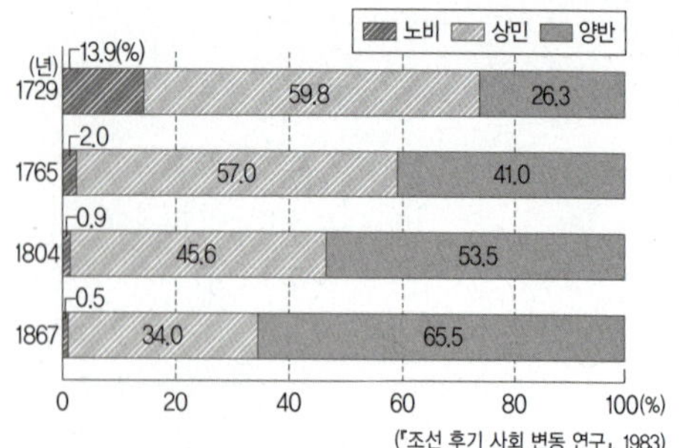

↑ 신분별 호구 구성비(울산 호적)

정답친해 56쪽

▶ 비판적 사고력 + 창의적 사고력

갑신정변은 왜 실패하였을까?

■ **다음을 읽고 물음에 답하시오.**

(가) 김옥균 일파는 청이 우리나라의 자주권을 침해하는 것을 분하게 여겨 드디어 일본 공사와 협력하여 갑신정변을 일으켜 일본당으로 지목되었다. 정변이 실패로 끝나자 온 나라가 그들을 역적으로 몰았다. 나는 정부에 있는 몸으로 같이 성토하지 않을 수 없었으나 …… 그의 행동은 애국심에서 나온 것이라는 것을 나는 알고 있다.

― 김윤식, 『속음청사』

(나) • "저들 일본인이 어찌 다른 국민을 위하여 사람 된 일을 순순히 하겠는가. …… 일본이 김옥균 등의 독립의 뜻을 알고, 청으로부터의 독립을 권하고 원조까지 약속하였지만, 사실은 조선과 청이 나쁜 감정을 갖게 하여 그 속에서 이익을 얻으려는 속셈인 것이다."라고 하였다. …… 다른 나라의 힘에 의지하여 얻을 것 같으면 소위 독립이 되었다고 하더라도 어찌 고귀하다고 하리오.

― 박은식, 『한국통사』

• 임금을 위협한 것은 순리를 따르지 아니하고 거스르는 것이니 실패할 첫째 이유이다. 외세를 믿고 의지하였으니 반드시 오래가지 못할 것이 실패할 둘째 이유이다. 백성이 따르지 아니하여 변란이 안에서부터 일어날 것이니 실패할 셋째 이유이다. …… 숫자가 적은 일본군이 어찌 많은 청군을 대적할 수 있겠는가?

― 윤치호, 『윤치호 일기』

1 (가)의 입장에서 갑신정변의 의의를 논술하시오.

2 (나)를 참고하여 갑신정변이 실패한 이유를 논술하시오.

주제
09

▸ 비판적 사고력 + 창의적 사고력

동학 농민 운동의 성격과 의의

▸ 정답친해 56쪽

■ **다음을 보고 물음에 답하시오.**

> (가) 1. 전운소를 혁파하고 이전과 같이 각 읍에서 조세를 상납하게 할 것
>
> 3. 탐관오리를 징계하고 쫓아낼 것
>
> 5. 노비 문서는 불태워 버릴 것
>
> 6. 각종 항목의 결세액은 평균 분배하되 마구 걷지 말 것
>
> 9. 각국 상인은 항구에서만 매매하게 하되, 한성에 점포를 열거나 각지에서 임의로 행상하지 못하게 할 것
>
> 10. 보부상의 폐단이 많으니 혁파할 것
>
> — 「대한계년사」
>
> (나) • 심문자: 1894년 3월 고부에서 무슨 사연으로 민중을 크게 모았는가?
>
> • 전봉준: 그때 고부 군수(조병갑)의 수탈이 심하여 의거하였다.
>
> • 심문자: 흩어져 돌아간 후에는 무슨 일로 군대를 봉기하였는가?
>
> • 전봉준: 안핵사 이용태가 봉기 참가자를 동학교도로 몰아 살육하였기 때문이다.
>
> • 심문자: 전주 화약 이후 다시 군대를 일으킨 이유는 무엇인가?
>
> • 전봉준: 일본이 개화를 구실로 군대를 동원하여 왕궁(경복궁)을 공격해 임금을 놀라게 하였기에 충군애국의 마음으로 의병을 일으켜 일본과 싸워 그 책임을 묻고자 함이다.
>
> — 국사 편찬 위원회, 「동학난 기록」 하

1 (가)를 참고하여 동학 농민군이 개혁하고자 한 내용을 서술하시오.

2 (가), (나)를 참고하여 동학 농민 운동의 성격과 의의를 논술하시오.

정답친해 57쪽

▶ 비판적 사고력 + 창의적 사고력

주제
10

독립 협회의 활동과 한계

■ 다음을 읽고 물음에 답하시오.

(가) 1. 외국인에 의존하지 않고 관민이 합심하여 전제 황권을 견고하게 할 것
 2. 광산, 철도, 석탄, 삼림 및 차관 차병과 외국과 조약 맺는 일은 각부 대신 및 중추원 의장이 합동 날인하여 시행할 것
 3. 전국 재정은 모두 탁지부가 관리하며, 다른 정부 기관과 회사는 간섭하지 못하게 하고 예산·결산을 국민에게 공포할 것
 4. 모든 중범죄는 공개 재판하되 피고에게 철저히 설명하여 죄를 자백하게 한 후 시행할 것
 5. 칙임관은 황제가 정부에 자문하여 그 과반수의 의견에 따라 임명할 것
 6. 갑오개혁 이후 공포된 법령을 실천할 것

– 「대한계년사」

(나) 조선에서는 해·육군을 많이 길러 외국이 침범하는 것을 막을 까닭도 없고, 다만 나라 안에 해·육군이 조금 있어 동학이나 의병 같은 지방의 도둑 떼나 평정시킬 만하면 넉넉하다. 만일 어떤 나라가 조선을 침범하고자 하여도 조선 정부가 세상에 행세만 잘했을 것 같으면, 조선을 다시 남의 나라 속국이 되게 가만둘 리가 없다. 그러므로 조선에서 외국과 싸움할 염려가 없는데, 만일 조선이 싸움이 되도록 일을 할 것 같으면 그때는 화를 면하지 못할 것이다.

– 독립신문, 1897. 5. 25.

1 (가)를 토대로 독립 협회의 활동 목표를 논술하시오.

2 (나)를 참고하여 독립 협회의 한계를 논술하시오.

01 (가) 시대의 생활 모습으로 옳은 것은? [3점]

> 우리나라의 선사 유적지를 찾아서 　　제1회
>
> ### 연천 전곡리 유적
>
> 경기도 연천에 위치한 유적으로, [(가)] 시대의 대표적 유물인 주먹도끼가 출토되었다. 주먹도끼는 뗀석기의 한 종류로 다양한 용도로 사용된 것으로 추정된다.

① 반달 돌칼을 사용하였다.
② 농경과 목축을 시작하였다.
③ 빗살무늬 토기를 처음 만들었다.
④ 우리 역사상 최초의 국가가 등장하였다.
⑤ 주로 채집과 사냥을 하며 이동 생활을 하였다.

02 다음 자료를 통해 알 수 있는 사회 모습으로 옳은 것만을 〈보기〉에서 고른 것은? [3점]

> 대개 사람을 죽인 자는 즉시 죽이고, 남에게 상처를 입힌 자는 곡식으로 갚는다. 도둑질을 한 자는 노비로 삼는다. 용서를 받고자 하는 자는 한 사람마다 50만 전을 내게 한다.
> 　　　　　　　　　　　　　　　　　　　－「한서」

> | 보기 |
> ㄱ. 남녀가 평등하였다.
> ㄴ. 노동력을 중시하였다.
> ㄷ. 사유 재산 제도가 있었다.
> ㄹ. 모든 사람이 평등한 사회였다.

① ㄱ, ㄴ 　　② ㄱ, ㄷ 　　③ ㄴ, ㄷ
④ ㄴ, ㄹ 　　⑤ ㄷ, ㄹ

03 (가) 국가에 대한 설명으로 옳은 것은? [3점]

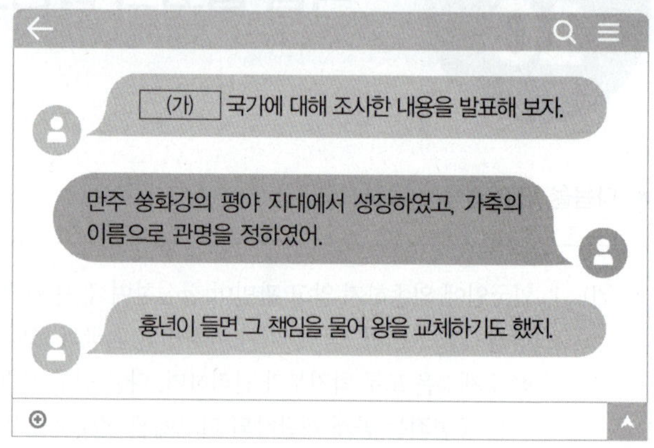

① 소도라는 신성 지역을 두었다.
② 여러 가(加)들이 사출도를 다스렸다.
③ 상대등에게 재상의 역할을 부여하였다.
④ 왕 아래 상·대부·장군 등의 관직을 두었다.
⑤ 중국의 한 왕조와 대립하는 과정에서 멸망하였다.

04 (가), (나) 시기 사이에 신라에서 있었던 사실로 옳은 것은? [4점]

> (가) 헌덕왕 14년 3월, 웅천주 도독 헌창이 그의 아버지 주원이 왕이 되지 못한 것을 이유로 반란을 일으켜 나라 이름을 장안이라 하였다.
> 　　　　　　　　　　　　　　　　　　　－「삼국사기」
> (나) 견훤이 서쪽으로 순행하여 완산주에 이르니 마을의 백성들이 환영하였다. …… (견훤이) "지금 내가 감히 완산에 도읍하여 의자왕의 오래된 울분을 씻지 않겠는가?"라고 말하며 마침내 후백제 왕을 스스로 칭하였다.
> 　　　　　　　　　　　　　　　　　　　－「삼국사기」

① 병부가 설치되었다.
② 김흠돌의 반란이 진압되었다.
③ 김씨의 왕위 계승이 확립되었다.
④ 원종과 애노가 봉기를 일으켰다.
⑤ 화랑도가 국가적 조직으로 개편되었다.

05 (가)에 들어갈 내용으로 가장 적절한 것은? [4점]

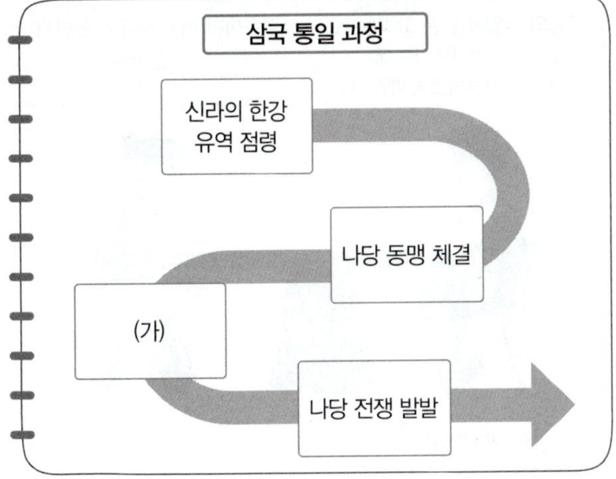

① 고구려 멸망
② 관산성 전투
③ 안시성 싸움
④ 금관가야 멸망
⑤ 백제의 사비 천도

06 다음 개혁안을 수용한 왕에 대한 설명으로 옳은 것은? [3점]

7조	국왕이 백성을 다스림은 집집마다 가서 돌보고 날마다 이를 살피는 것이 아닙니다. …… 청컨대 외관을 두소서.
20조	불교를 믿는 것은 자신을 다스리는 근본이며, 유교를 행하는 것은 나라를 다스리는 근본을 구하는 것입니다. – 「고려사」

① 흑창을 설치하였다.
② 전시과를 마련하였다.
③ 노비안검법을 실시하였다.
④ 2성 6부의 중앙 관제를 정비하였다.
⑤ 처음으로 중앙 고위 관리를 사심관으로 임명하였다.

07 (가) 국가에 대한 설명으로 옳은 것은? [4점]

> • ___(가)___의 대조영은 본래 고(구)려의 별종이다. – 「구당서」
> • ___(가)___ 사신이 왕의 서신을 바쳤다. …… "(나) 무예(무왕)는 큰 나라를 주관하고 여러 번을 거느리며, 고(구)려의 옛 땅을 회복하고 부여의 옛 습속을 지니고 있습니다." – 「속일본기」

① 감찰 기구로 사정부를 두었다.
② 지방 22담로에 왕족을 보냈다.
③ 중앙군으로 9서당을 설치하였다.
④ 전국을 8도로 나누어 통치하였다.
⑤ 중국으로부터 '해동성국'이라 불렸다.

08 다음 인물의 업적으로 옳은 것은? [3점]

(인물 카드 앞면)	• 궁예를 몰아내고 고려를 세움 • 신라 경순왕의 항복을 받아냄 • 후백제를 격파하고 후삼국을 통일함 (인물 카드 뒷면)

① 훈요 10조를 남겼다.
② 과거제를 도입하였다.
③ 4군 6진을 개척하였다.
④ 전민변정도감을 설치하였다.
⑤ 12목에 지방관을 파견하였다.

09 밑줄 친 '왕'에 대한 설명으로 옳은 것은? [4점]

> 감찰대부 이연종이 왕에게 "변발과 오랑캐 복장은 선왕의 제도가 아니니 본받지 마십시오."라고 건의하였다. 왕이 기뻐하며 곧 변발을 풀었다. – 「고려사」

① 녹읍을 폐지하였다.
② 교정도감을 설치하였다.
③ 쌍성총관부를 공격하였다.
④ 이성계에게 요동 정벌을 명하였다.
⑤ 국가 행사에 유교 의례를 도입하였다.

10 (가), (나) 인물에 대한 설명으로 옳은 것은? [4점]

• 소손녕이 말하기를, "고려는 신라 땅에서 일어났으니 고구려 땅은 우리 거란의 것이오. 그런데 고려가 침범해 왔소. 또 고려는 우리 거란과 국경을 접하고 있으면서 바다 건너 송을 섬기고 있소. ……"라고 하였다. (가) 이/가 말하기를, "고구려의 옛 땅이 곧 고려의 땅이오. 그래서 나라 이름도 고려라 하였소. …… 거란과 교류하지 못하는 것은 여진 때문이오."라고 하였다. – 「고려사」

• 거란군이 귀주를 통과하자 (나) 등이 동쪽 교외에서 맞아 싸웠다. …… (고려군이) 거란군을 추격하여 석천을 건너 반령에 이르렀는데, 시체가 들을 덮었고 사로잡은 포로, 노획한 말과 낙타, 갑옷, 병장기를 다 셀 수 없을 지경이었다. 살아서 돌아간 자가 겨우 수천 명이었다. – 「고려사」

① (가) – 별무반을 조직하였다.
② (가) – 강동 6주를 획득하였다.
③ (나) – 금국 정벌을 주장하였다.
④ (나) – 동북 지역에 9개의 성을 쌓았다.
⑤ (가), (나) – 개경 환도에 저항하여 봉기하였다.

11 다음 기사에 나타난 사건이 일어난 시기를 연표에서 옳게 고른 것은? [4점]

노비들의 봉기, 미수에 그치다

지난 5월, 개경의 흥국사의 뜰에는 수백 명의 노비가 모였다고 한다. 만적이 주동한 이 모임의 목적은 노비들이 각자 자신의 주인을 죽이고 노비 문서를 소각하여 노비 신분에서 해방되려는 것이었다. 그러나 약속한 날짜에 모인 노비 숫자가 적다고 판단한 주동자들은 거사 날짜를 연기하기로 하고 흩어졌는데, 그 가운데 한명인 노비 순정이 주인에게 이를 밀고하여 거사 전에 발각되었다. 이로 인해 만적을 비롯한 노비들이 체포되어 모두 강물에 던져져 죽임을 당하였다.

	(가)	(나)	(다)	(라)	(마)
	서희의 외교 담판	이자겸의 난	무신 정변	개경 환도	위화도 회군	조선 건국

① (가)   ② (나)   ③ (다)   ④ (라)   ⑤ (마)

12 (가)에 들어갈 내용으로 옳은 것은? [3점]

① 윤관이 활약하였기 때문이야.
② 수도를 강화도로 옮겼기 때문이야.
③ 이자겸의 난이 일어났기 때문이야.
④ 위화도 회군이 성공하였기 때문이야.
⑤ 정동행성이문소를 폐지하였기 때문이야.

13 밑줄 친 '왕'의 정책으로 옳지 <u>않은</u> 것은? [4점]

왕께서는 "여러 지방의 풍토가 같지 않아 농작물을 심고 가꾸는 방법이 각각 다르므로 옛 농서의 내용과 모두 같을 수는 없다."라고 하셨다. 이에 여러 도의 관찰사에게 주현의 경험 많은 농민들을 방문하여, 농토에서 직접 시험한 결과를 자세히 듣고 이를 정리해 보고하도록 명령하셨다. – 「농사직설」 서문

① 집현전 설치
② 훈민정음 창제
③ 의정부 서사제 시행
④ 「경국대전」 편찬 시작
⑤ 전분6등법과 연분9등법 실시

14 다음 지도와 같은 행정 구역을 정비한 국가에서 볼 수 있는 모습으로 가장 적절한 것은? [3점]

① 5소경에 거주하는 귀족
② 수령을 감독하는 관찰사
③ 군인전을 지급받는 군인
④ 양계에 파견되는 병마사
⑤ 촌락 문서를 작성하는 촌주

15 (가) 세력에 대한 설명으로 옳은 것은? [3점]

> ☐ (가) ☐의 특징과 성장 과정
>
> 1. 특징: 왕도 정치와 향촌 자치 추구
> 2. 성장 과정
> (1) 성종 시기: 정계 진출, 3사에서 학술과 언론 담당
> (2) 연산군~명종 시기: 여러 차례 사화를 겪음
> (3) 선조 시기: 정국 주도, 붕당의 형성

① 현량과를 비판하였다.
② 도평의사사를 장악하였다.
③ 음서와 공음전의 혜택을 누렸다.
④ 교정도감을 중심으로 권력을 유지하였다.
⑤ 서원과 향약을 기반으로 세력을 확대하였다.

16 교사의 질문에 대한 학생의 답변으로 적절하지 <u>않은</u> 것은? [3점]

① 왕이 삼전도에서 항복하였어요.
② 3년에 걸쳐 휴전 회담을 전개하였지요.
③ 조선과 명의 연합군이 평양을 탈환하였어요.
④ 이순신의 수군이 한산도 대첩에서 승리하였지요.
⑤ 곽재우, 고경명 등 의병이 전국 각지에서 일어났어요.

[17~18] 다음을 읽고 물음에 답하시오.

> 왕이 도원수 강홍립에게 지시하였다. "원정군 가운데 1만은 조선의 정예병만을 선발하여 훈련했다. 이제 장수와 병사들이 서로 숙달하게 되었노라. …… 그대는 명군 장수들의 명령을 그대로 따르지 말고 신중하게 처신하여 오직 패하지 않는 전투가 되도록 최선을 다하라."

17 밑줄 친 '왕'의 재위 시기에 있었던 사실로 옳은 것은? [3점]

① 균역법 시행
② 쓰시마섬 토벌
③ 6조 직계제 채택
④ 대동법 처음 실시
⑤ 동인과 서인의 붕당 형성

18 자료의 상황이 일어난 시기를 연표에서 옳게 고른 것은? [3점]

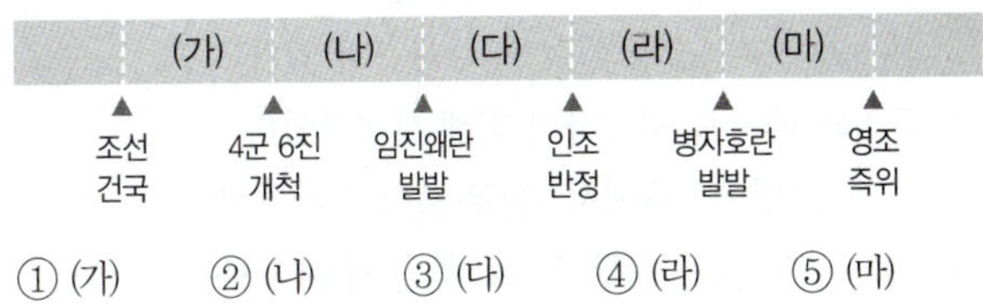

① (가)   ② (나)   ③ (다)   ④ (라)   ⑤ (마)

19 밑줄 친 '이 왕'의 업적으로 옳은 것은?　　　　[4점]

① 『속대전』을 편찬하였다.
② 송시열 등과 북벌 운동을 준비하였다.
③ 탕평파를 중심으로 정국을 운영하였다.
④ 조광조를 등용하여 현량과를 실시하였다.
⑤ 초계문신제를 실시해 젊은 관리를 재교육하였다.

20 다음 자료에 해당하는 수취 제도에 대한 설명으로 옳은 것은?　　　　[4점]

각 고을에서 진상하는 공물이 각급 관청의 방납인에 의해 중간에서 막혀 공물로 바쳐야 할 물건의 가격이 3, 4배 혹은 수십, 수백 배까지 되어 그 폐해가 극심하고 특히 경기 지방은 더욱 심각합니다. 지금 별도로 관청을 설치하여 매년 봄, 가을로 백성에게서 쌀을 거두되, 토지 1결마다 두 번에 걸쳐 8두씩 거두어 본청에 내게 하십시오. 그리고 본청은 그때의 물가 시세를 보아 방납인에게 쌀을 지급하고 수시로 물건을 구입해서 납부하게 하소서.　－『광해군일기』

① 공인이 성장하는 계기가 되었다.
② 전세를 토지 1결당 쌀 4~6두를 거두었다.
③ 군역의 폐단을 시정하기 위해 시행되었다.
④ 군포를 1년에 2필에서 1필로 줄여서 수취하였다.
⑤ 부족분은 결작, 선무군관포 등을 거두어 보충하였다.

21 밑줄 친 '이 시기'의 사회 모습으로 적절하지 <u>않은</u> 것은?　　　　[3점]

한국사 서술형 수행 평가 안내

주제: 소수 가문의 권력 독점

• 안동 김씨 등 소수 외척 가문이 권력을 독점한 이 시기의 정치 상황을 입체적으로 분석해야 함
• 홍경래의 난과 임술 농민 봉기에 대한 사료를 분석하여 이 시기 농민의 삶을 서술해야 함

① 삼정의 문란이 극심하였다.
② 두 차례에 걸쳐 예송이 벌어졌다.
③ 관리들의 백성 수탈이 심화하였다.
④ 매관매직과 같은 부정부패가 성행하였다.
⑤ 과거 시험에서 부정을 저지르는 사례가 증가하였다.

22 (가) 인물에 대한 설명으로 옳은 것만을 〈보기〉에서 고른 것은?　　　　[4점]

양반 가문, 충신 가문, 효자 및 열녀 가문, 과거 급제자, 현직 관리는 전부 군포가 면제되었다. …… (가) 이/가 의연히 단행하여 군포를 혁파하고 호포를 징수하여, 귀천 없이 국세를 고르게 부담하니 쌓인 폐단이 한꺼번에 정리되었다.　－『한국통사』

┤보기├
ㄱ. 삼군부를 혁파하였다.
ㄴ. 당백전을 다량 발행하였다.
ㄷ. 환곡을 개혁하려고 사창제를 실시하였다.
ㄹ. 이조 전랑이 3사의 관리를 추천하는 관행을 없앴다.

① ㄱ, ㄴ　　　② ㄱ, ㄷ　　　③ ㄴ, ㄷ
④ ㄴ, ㄹ　　　⑤ ㄷ, ㄹ

23 고구려 (　　　　)은/는 남진 정책을 펼쳐 평양으로 수도를 옮겼다. [2점]

24 다음 각각의 역할을 담당한 고려 시대 중앙 정치 기구를 〈보기〉에서 골라 기호를 쓰시오. [2점]

┌ 보기 ┐
ㄱ. 삼사　　　　　　ㄴ. 중추원
ㄷ. 어사대　　　　　ㄹ. 도병마사

(1) 감찰 기구: (　　　) 　(2) 왕명 전달: (　　　)
(3) 회계 담당: (　　　) 　(4) 군사·외교 논의: (　　　)

25 정중부, 이의방 등의 무신은 의종의 보현원 행차 때 (　　　)을/를 일으켜 무신 정권을 수립하였다. [2점]

26 조선 (　　　)은/는 정도전을 제거하고 공신과 왕족이 소유한 사병을 없애 군사권을 장악하였다. [2점]

27 왜란 이후 일본의 사절 파견 요청으로 조선은 일본에 12회에 걸쳐 (　　　)을/를 파견하였다. [2점]

28 조선 정조는 (　　　)을/를 설치하여 정책을 뒷받침하는 기구로 삼았다. [2점]

29 밑줄 친 '이 기구'의 명칭을 쓰시오. [2점]

임술 농민 봉기가 일어나자 정부는 안핵사를 파견하여 사태를 수습하는 한편, <u>이 기구</u>를 설치하여 삼정의 문란을 개혁하려 하였다.

30 (가) 제도의 명칭을 쓰시오. [2점]

	(가) 의 지급 대상과 기준 변화	
경종	**목종**	**문종**
전·현직 관리에게 지급(인품과 관품 기준)	전·현직 관리에게 지급(관품 기준)	현직 관리에게만 지급(관품 기준)

31 다음을 읽고 물음에 답하시오. [4점]

(가) 서경 임원역의 땅은 음양가들이 말하는 대화세(명당)에 해당합니다. 이곳에 궁궐을 짓고 옮기면 천하를 다스릴 수 있습니다. 또한 금이 예물을 가져와 스스로 항복할 것이요, 주변 서른여섯 나라가 모두 머리를 조아릴 것입니다.

(나) 금년 여름 서경 대화궁 30여 곳에 벼락이 떨어졌습니다. 서경이 길한 땅이면 그럴 리 없습니다. 서경은 추수가 끝나지 않았으니 (왕께서) 지금 행차하시면 농작물을 짓밟을 것입니다.

(1) (가), (나)를 주장한 인물을 쓰시오. (2점)

(2) (가)의 주장이 받아들여지지 않자 일어난 사건을 서술하시오. (2점)

32 다음 지도에서 알 수 있는 조선 후기 경제 발달 내용을 <u>세 가지</u> 서술하시오. [4점]

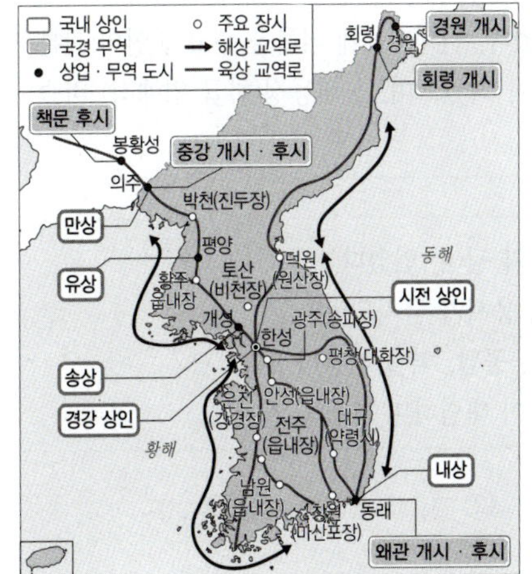

01 밑줄 친 '이 국가'에서 볼 수 있는 모습으로 가장 적절한 것은? [3점]

문화유산 소개

- 명칭: 무용총 접객도
- 설명: 이 국가 지배층 무덤인 무용총에는 주인이 손님을 맞이하는 장면으로 보이는 벽화가 그려져 있습니다. 주인과 손님은 크게, 신분이 낮은 하인은 작게 표현된 것이 특징입니다. 이 국가의 지배층은 왕족 고씨와 5부 출신의 귀족들로 구성되었습니다.

① 초조대장경을 조판하는 승려
② 벽란도에서 교역을 하는 송 상인
③ 소에서 생산된 철을 운반하는 주민
④ 진대법 시행 소식에 기뻐하는 농민
⑤ 골품제로 수레 크기를 제한받는 관리

02 다음 상황이 나타난 시기의 사회 모습으로 옳은 것만을 〈보기〉에서 고른 것은? [3점]

평량은 평장사 김영관의 노비이다. 견주에 살면서 농사에 힘써 부자가 되었다. 권세가에게 뇌물을 주고 천인의 신분을 벗어나 양인이 되었으며, 산원동정(하급 명예직) 벼슬을 받았다.

┌ 보기 ┐
ㄱ. 여성이 호주가 될 수 있었다.
ㄴ. 정호는 과거 응시가 금지되었다.
ㄷ. 백정은 조세, 공납, 역을 부담하였다.
ㄹ. 구향과 신향이 대립하며 향전을 벌였다.

① ㄱ, ㄴ   ② ㄱ, ㄷ   ③ ㄴ, ㄷ
④ ㄴ, ㄹ   ⑤ ㄷ, ㄹ

03 (가)에 들어갈 신분으로 옳은 것은? [3점]

(가) 에게 과거와 벼슬을 못하게 한 것은 우리나라의 옛 법이 아니다. …… 높은 관직을 가진 자의 아들이지만, 오직 외가가 하찮아서 대대로 벼슬길이 막혀, 비록 뛰어난 재주와 쓸 만한 그릇을 가지고 있으면서도 끝내 남에게 머리를 숙이고 향리나 수군만도 못하니 불쌍하도다.

— 『패관잡기』

① 광대   ② 농민   ③ 서리   ④ 서얼   ⑤ 양반

04 다음과 같은 모습이 나타난 시기에 있었던 사실로 옳은 것은? [3점]

근래 세상의 도리가 점점 썩어 가서 돈 있고 힘 있는 백성이 군역을 피하고자 간사한 아전, 임장(任掌: 호적을 담당하는 하급 임시직)과 한통속이 되어 뇌물을 쓰고 호적을 위조하여 유학(幼學: 벼슬에 오르지 않은 유생)이라고 거짓으로 올리고 역을 면하거나, 다른 고을로 옮겨 가서 스스로 양반 행세를 한다.

— 『일성록』

① 과부의 재가가 자유로웠다.
② 호적에 태어난 순서대로 등재되었다.
③ 자녀가 돌아가며 부모의 제사를 지냈다.
④ 남녀에게 부모의 재산이 균등하게 상속되었다.
⑤ 혼인을 하면 신부가 곧장 신랑 집으로 가서 생활하는 경우가 늘어났다.

05 (가) 사상에 대한 탐구 활동으로 가장 적절한 것은? [3점]

삼국은 중국에서 (가) 을/를 받아들여 국가 체제를 정비하고, 나라에 충성하는 인재를 키우려고 하였다. 고구려는 수도에 태학을 설치하였고, 백제는 오경박사를 두어 (가) 을/를 교육하였다. 신라에서도 청년들이 (가) 을/를 공부한 사실이 임신서기석에 기록되어 있다.

① 미륵사 창건의 의미를 알아본다.
② 독서삼품과 시행 배경을 찾아본다.
③ 금동 대향로 제작 과정을 분석한다.
④ 『왕오천축국전』에 기록된 내용을 연구한다.
⑤ 단양 신라 적성비와 순수비 건립 목적을 조사한다.

06 밑줄 친 '이것'에 대한 설명으로 옳은 것은? [3점]

> **모둠별 탐구 활동 안내**
>
> • 주제: 제시된 문화유산을 소개하는 카드 뉴스 제작하기
> • 문화유산: 합천 해인사에 보관된 <u>이것</u>은 총 8만여 장에 달하는 목판에 글씨를 새긴 것이다.
>
> 

① 몽골 침입 때 소실되었다.
② 고구려 계승 의식을 표방하였다.
③ 초조대장경의 제작에 영향을 주었다.
④ 외적을 물리치려는 염원이 담겨 있다.
⑤ 유교 경전의 내용을 집대성한 것이다.

07 (가) 역사서에 대한 설명으로 옳은 것은? [3점]

> 김부식이 저술한 (가) 은/는 현존하는 가장 오래된 역사서이다. (가) 은/는 사마천이 쓴 『사기』의 역사 서술 체제인 기전체에 따라 본기, 지, 열전, 표로 구성되었다.

① 자주 의식을 드러냈다.
② 다양한 고대 설화를 실었다.
③ 성리학적 명분론이 반영되었다.
④ 단군을 우리 민족의 시조로 기록하였다.
⑤ 유교적 합리주의 사관에 따라 편찬되었다.

08 다음 주장을 한 학자에 대한 설명으로 옳은 것은? [3점]

> 비유컨대, 재물은 대체로 우물과 같다. 퍼내면 차고, 버려두면 말라 버린다. 그러므로 비단옷을 입지 않아 나라에 비단 짜는 사람이 없으면 여공이 쇠퇴하고, …… 장인의 일이 없어지면 그 기술과 재주는 사라지게 된다. - 『북학의』

① 여전제를 주장하였다.
② 시천주 사상을 내세웠다.
③ 북벌 운동을 추진하였다.
④ 상공업 진흥을 주장하였다.
⑤ 직업의 평등을 강조하였다.

09 다음 연극 대본에서 다루는 사건에 대한 설명으로 옳은 것은? [3점]

> **장면 #1. 강화도 어느 논밭(낮)**
>
> (막이 오르면 농민1과 농민2가 무대 중앙에 등장한다.)
> • 농민1: 양헌수 장군의 부대가 정족산성에서 외적을 물리쳤대.
> • 농민2: 다행이지. 그런데 정말 안타까운 일이 있어. 외적이 외규장각을 불태우고 그곳에 있던 책을 훔쳐 갔다네.
> • 농민1: (무릎을 치며) 저런, 그 귀한 것을 빼앗기다니!

① 제너럴셔먼호 사건을 구실로 일어났다.
② 일본 군함 운요호가 영종도를 공격하였다.
③ 문수산성에서 한성근 부대가 전투를 벌였다.
④ 미국 함대가 초지진과 덕진진을 점령하였다.
⑤ 청의 마건상이 고문으로 조선에 파견되는 계기가 되었다.

10 밑줄 친 '이 나라'에 대한 설명으로 옳은 것은? [3점]

> **사진으로 보는 한국사**
>
> 

신미양요 당시 광성보를 공격한 <u>이 나라</u>의 군대가 어재연 장군의 수자기를 전리품으로 가져가는 모습이다. 수자기는 장기 대여 형식으로 2007년 우리나라에 돌아왔다가 2024년 <u>이 나라</u>에 반환되었다.

① 아편 전쟁을 일으켜 청을 개항시켰다.
② 외규장각에 보관된 의궤 등을 약탈해 갔다.
③ 서양 국가 최초로 조선과 근대적 조약을 체결하였다.
④ 갑신정변 당시 군대를 파견해 급진 개화파를 지원하였다.
⑤ 삼국 간섭을 통해 일본의 랴오둥반도 진출을 좌절시켰다.

11 (가) 조약에 대한 설명으로 옳은 것은? [3점]

탐구 활동 보고서

- 탐구 주제: (가) 의 체결
- 수집 자료

> 제1조 조선은 자주국이며 일본과 평등한 권리를 보유한다.
> 제4조 부산 이외에 …… 2개 항구를 개항하고 일본인이 왕래 통상함을 허가한다.
> 제7조 조선의 연해 도서는 위험하므로 일본의 항해자가 자유로이 해안을 측량함을 허가한다.
>
> － 『고종실록』

보기
ㄱ. 일본 공사관의 신축 비용을 규정하였다.
ㄴ. 조선이 체결한 최초의 근대적 조약이었다.
ㄷ. 일본 상품에 관세를 부과하도록 명시하였다.
ㄹ. 영사 재판권 등을 인정한 불평등 조약이었다.

① ㄱ, ㄴ   ② ㄱ, ㄷ   ③ ㄴ, ㄷ
④ ㄴ, ㄹ   ⑤ ㄷ, ㄹ

12 다음 조약에 대한 설명으로 옳지 <u>않은</u> 것은? [3점]

> 제5조   조선에 오는 미국 상인과 상선은 모든 수출입 상품에 대해 관세를 지불해야 한다.
> 제14조 조선이 어느 때든지 어느 국가에 항해, 통상, 기타 어떤 것을 막론하고 본 조약에 부여되지 않은 어떤 권리 또는 특혜를 허가할 때에는 이와 같은 권리, 특권 및 특혜는 미국의 관민 상인에게도 무조건 균점된다.
>
> － 『고종실록』

① 거중 조정 조항이 포함되었다.
② 서양과 맺은 최초의 조약이었다.
③ 천주교 선교 활동을 허용하였다.
④ 청이 조약의 체결을 알선하였다.
⑤ 처음으로 최혜국 대우를 규정하였다.

13 (가)에 들어갈 내용으로 가장 적절한 것은? [3점]

> 사회자: 다음 질문에 대한 정답을 말해 주세요.
>
> 조선 정부가 미국과 수교한 이후 미국에 파견한 답례 사절단의 명칭은 무엇일까요?   정답: (가)

① 수신사   ② 보빙사   ③ 연행사
④ 영선사   ⑤ 조사 시찰단

14 다음 주장에 대한 설명으로 옳은 것은? [3점]

> 우리나라가 아시아의 중립국이 된다면 실로 러시아를 방어하는 큰 기틀이자 아시아의 여러 대국이 서로 보전하는 정략이 될 수 있다. …… 오직 중립 한 가지만이 진실로 우리나라를 지키는 방책이다. 그러나 우리가 먼저 제창할 수 없으니 중국에 요청하여 이를 맡아 처리해 주도록 해야 한다.

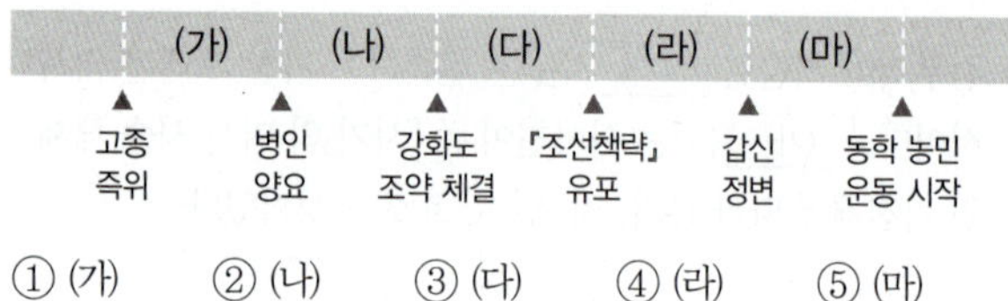

① (가)   ② (나)   ③ (다)   ④ (라)   ⑤ (마)

15 (가) 사건에 대한 설명으로 옳은 것은? [3점]

① 우정총국에서 발생하였다.
② 사건 직후 집강소가 설치되었다.
③ 일본군이 한성에 주둔하게 되었다.
④ 을미개혁이 중단되는 계기가 되었다.
⑤ 종로와 전국 각지에 척화비가 세워졌다.

16 밑줄 친 '정변'에 대한 설명으로 옳은 것은?　　　　[3점]

> 김옥균 일파는 청이 우리나라의 자주권을 침해하는 것을
> 분하게 여겨 드디어 일본 공사와 협력하여 <u>정변</u>을 일으켜
> 일본당으로 지목되었다. 정변이 실패로 끝나자 온 나라가
> 그들을 역적으로 몰았다. 나는 정부에 있는 몸으로 같이
> 성토하지 않을 수 없었으나 …… 그의 행동은 애국심에서
> 나온 것이라는 것을 나는 알 수 있다. 　 － 김윤식, 「속음청사」

① 민중의 적극적인 지지를 받았다.
② 개화당 정부가 개혁 정강을 발표하였다.
③ 제폭구민, 보국안민 등의 구호 아래 일어났다.
④ 흥선 대원군이 청으로 압송되는 계기가 되었다.
⑤ 조청 상민 수륙 무역 장정이 체결되는 배경이 되었다.

17 (가) 시기에 있었던 사실로 옳은 것은?　　　　[3점]

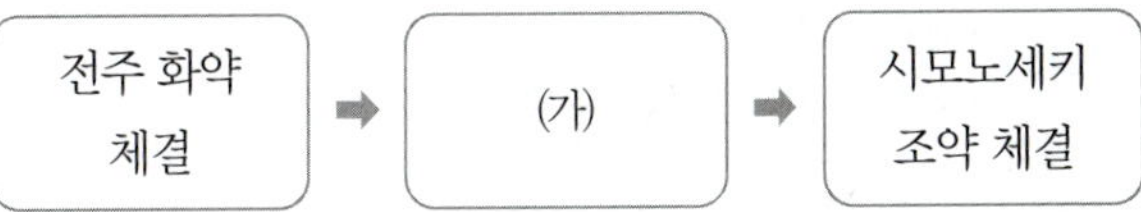

① 고부 농민 봉기가 일어났다.
② 백산에서 4대 강령이 발표되었다.
③ 영국이 거문도를 불법으로 점령하였다.
④ 고종이 러시아 공사관으로 피신하였다.
⑤ 우금치에서 동학 농민군이 패배하였다.

18 밑줄 친 '개혁'의 내용으로 옳은 것은?　　　　[3점]

> 일본은 청과의 전쟁에서 승기를 잡자 조선의 내정에 적극
> 적으로 간섭하기 시작하였다. 일본은 군국기무처를 폐지
> 하고, 박영효와 김홍집을 중심으로 내각을 구성하여 <u>개혁</u>
> 을 추진하였다.

① 노비제 폐지
② 단발령 실시
③ 개국 기년 사용
④ 8도를 23부로 개편
⑤ 친위대와 진위대 설치

19 다음 개혁안을 결의한 단체에 대한 설명으로 옳지 <u>않은</u>
것은?　　　　[3점]

> 1. 외국인에 의존하지 않고 관민이 합심하여 전제 황권을
> 　 견고하게 할 것
> 2. 광산, 철도, 석탄, 삼림 및 차관 차병과 외국과 조약 맺
> 　 는 일은 각부 대신 및 중추원 의장이 합동 날인하여 시
> 　 행할 것
> 3. 전국 재정은 모두 탁지부가 관리하며, 다른 정부 기관
> 　 과 회사는 간섭하지 못하게 하고 예산·결산을 국민에
> 　 게 공포할 것
> 4. 모든 중범죄는 공개 재판하되 피고에게 철저히 설명하
> 　 여 죄를 자백하게 한 후 시행할 것
> 5. 칙임관은 황제가 정부에 자문하여 그 과반수의 의견에
> 　 따라 임명할 것
> 6. 갑오개혁 이후 공포된 법령을 실천할 것 　 － 「대한계년사」

① 관리들이 보부상을 내세워 조직하였다.
② 러시아의 절영도 조차 요구를 저지하였다.
③ 중추원 개편을 통한 의회 설립을 추진하였다.
④ 만민 공동회를 열어 자유 민권 운동을 전개하였다.
⑤ 황제를 폐위하고 공화정을 세우려 한다는 모함을 받았다.

20 (가)에 들어갈 내용으로 옳지 <u>않은</u> 것은?　　　　[3점]

① 지계를 발급하였잖아.
② 원수부를 설치하였잖아.
③ 태양력 사용을 선포했었잖아.
④ 상공 학교와 광무 학교를 세웠잖아.
⑤ 전화를 가설하고 전차를 부설하였잖아.

21 다음 지도를 활용한 탐구 활동으로 적절한 것은? [3점]

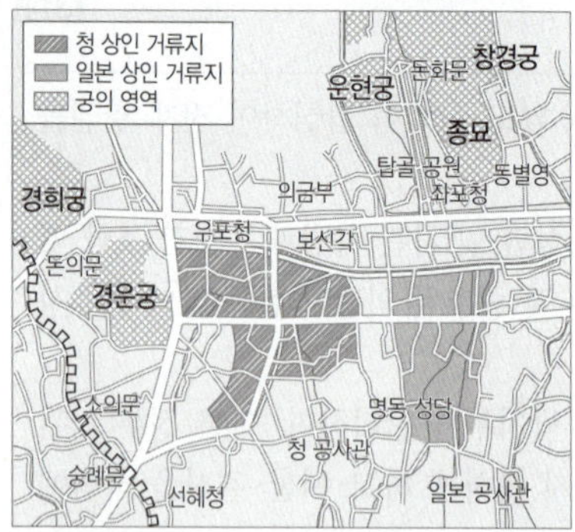

↑ 한성에 있었던 청 상인과 일본 상인의 거류지

① 교정청의 역할을 찾아본다.

② 육영 공원 설립 목적과 기능을 파악한다.

③ 지방관의 사법권을 박탈한 이유를 알아본다.

④ 함경도에서 방곡령을 선포한 배경을 조사한다.

⑤ 조청 상민 수륙 무역 장정과 조일 통상 장정의 영향을 검색한다.

22 (가) 정부 시기에 나타난 사회 변화로 옳지 <u>않은</u> 것은?

[3점]

① 박문국이 설치되었다.

② 대한매일신보가 창간되었다.

③ 화폐 정리 사업이 추진되었다.

④ 서대문과 청량리 사이에 전차가 운행되었다.

⑤ 명동 성당이 준공되는 등 서양식 건물이 늘어났다.

23 (가) 시기에 있었던 사실로 옳은 것은? [3점]

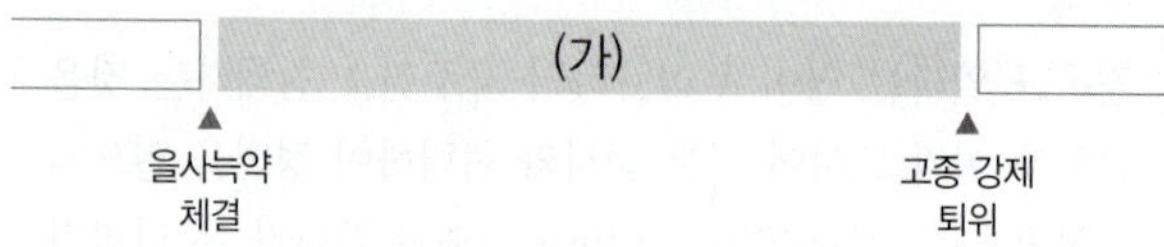

① 러일 전쟁 발발

② 헤이그 특사 파견

③ '남한 대토벌' 작전 전개

④ 안중근의 이토 히로부미 처단

⑤ 외국인 고문 용빙에 관한 협약 체결

24 다음 (가)~(다) 의병을 일어난 순서대로 나열한 것은?

[3점]

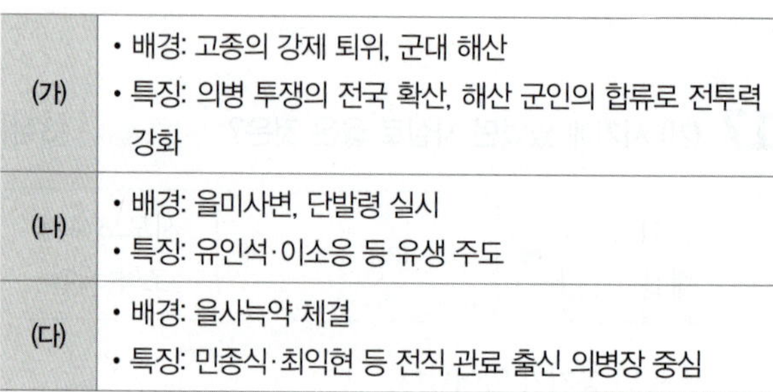

(가)	• 배경: 고종의 강제 퇴위, 군대 해산 • 특징: 의병 투쟁의 전국 확산, 해산 군인의 합류로 전투력 강화
(나)	• 배경: 을미사변, 단발령 실시 • 특징: 유인석·이소응 등 유생 주도
(다)	• 배경: 을사늑약 체결 • 특징: 민종식·최익현 등 전직 관료 출신 의병장 중심

① (가) – (나) – (다) ② (나) – (가) – (다)

③ (나) – (다) – (가) ④ (다) – (가) – (나)

⑤ (다) – (나) – (가)

25 (가) 단체의 활동으로 옳은 것은? [3점]

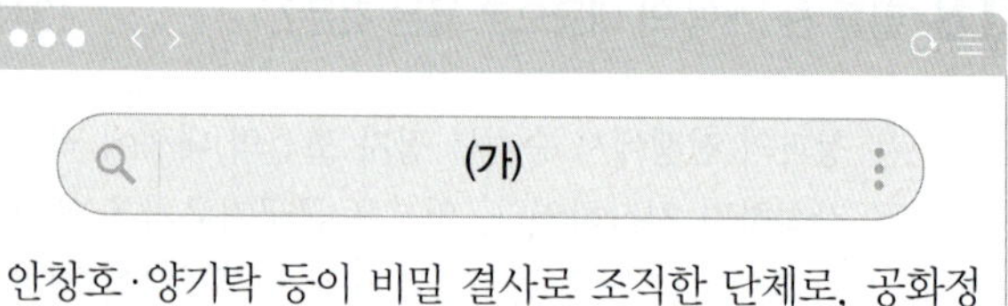

안창호·양기탁 등이 비밀 결사로 조직한 단체로, 공화정에 바탕을 둔 근대 국민 국가 건설을 추구하였다.

① 독립문을 건립하였다.

② 관민 공동회를 개최하였다.

③ 대성 학교와 오산 학교를 세웠다.

④ 일제의 황무지 개간권 요구를 철회시켰다.

⑤ 고종 강제 퇴위에 반대하는 시위를 주도하였다.

26 다음에서 설명하는 계층을 쓰시오. [2점]

> 고려 시대에 향리, 하급 장교 등으로 구성되었으며, 특정한 직역을 부담하는 대가로 국가로부터 일정 단위의 토지를 받았다.

27 조선 후기 서민 문화의 발달을 보여 주는 문예 작품으로 옳은 것만을 〈보기〉에서 골라 기호를 쓰시오. [2점]

> ┤보기├
> ㄱ. 『춘향전』
> ㄴ. 「대동여지도」
> ㄷ. 김홍도의 「행상」
> ㄹ. 『동경대전』과 『용담유사』

28 흥선 대원군은 통상 수교 거부 정책에 대한 의지를 알리기 위해 전국 각지에 ( )을/를 세웠다. [2점]

29 (가), (나)에 들어갈 내용을 각각 쓰시오. [2점]

> 1880년 김홍집이 일본에 수신사로 다녀오면서 가져온 황준헌의 [(가)] 이/가 퍼지며 미국과 수교하자는 주장이 힘을 얻었다. 이에 조선은 청의 알선으로 1882년 [(나)] 을/를 체결하였다.

30 보수적인 양반 유생들의 주도로 성리학적 사회 질서를 수호하기 위해 전개한 운동은? [2점]

31 을미사변 이후 고종이 경복궁을 떠나 러시아 공사관으로 피신한 사건은? [2점]

32 다음 인물의 저술을 〈보기〉에서 골라 기호를 쓰시오. [2점]

> ┤보기├
> ㄱ. 『국어문법』
> ㄴ. 「독사신론」
> ㄷ. 『금수회의록』

(1) 신채호: ( ) (2) 주시경: ( ) (3) 안국선: ( )

33 1907년 대구에서 김광제 등을 중심으로 나랏빚을 갚아 국권을 지키자는 ( )이/가 일어났다. [2점]

34 밑줄 친 '이 학문'을 쓰고, ㉠, ㉡ 개혁론자의 주장을 비교하여 서술하시오. [3점]

> 조선의 지배층이 성리학 이론에 치우쳐 당시 사회 변동에 적절히 대응하지 못하자, 실증적인 연구 방법으로 사회 모순을 해결하려는 이 학문이 등장하였다. 이 학문에 관심을 둔 학자들은 크게 ㉠ 농업 중심과 ㉡ 상공업 중심의 개혁론자들로 나뉘었다.

35 밑줄 친 ㉠ 사건을 쓰고, 이 사건의 의의와 한계를 서술하시오. [3점]

> ㉠ 개화당의 실패는 우리에게 매우 애석한 일이다. …… 어찌 일본인이 진심으로 김옥균을 성공하게 하고, 성의 있게 조선의 운명을 위해 노력하겠는가? …… 일본이 이를 이용하여 청으로부터의 독립을 권하고 원조까지 약속하였지만, 사실은 조선과 청의 악감정을 도발하여 그 속에서 이익을 얻으려는 속셈이었다.
> – 『한국통사』

36 다음 조약의 명칭을 쓰고, 이 조약에 대한 한국인의 저항을 세 가지 서술하시오. [3점]

> 제2조 …… 한국 정부는 지금부터 일본국 정부의 중개를 거치지 않고서는 국제적 성질을 가진 어떠한 조약이나 약속도 맺지 않을 것을 서로 약속한다. – 『고종실록』

Memo

완자

정답친해

한국사 1

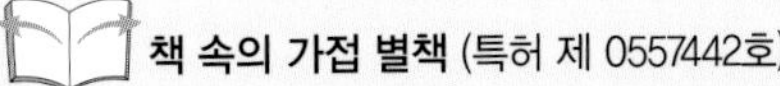

책 속의 가접 별책 (특허 제 0557442호)

'정답친해'는 본책에서 쉽게 분리할 수 있도록 제작되었으므로
유통 과정에서 분리될 수 있으나 파본이 아닌 정상제품입니다.

완자

정답친해

한국사 1

01 / 고대 국가의 성장

| STEP 1 | 핵심 개념 확인하기 | 016쪽 |

1 (1) × (2) ○ (3) ○ **2** (1)-ⓛ (2)-ⓐ (3)-ⓒ **3** (1) 평양 (2) 근초고왕
(3) 신문왕 **4** 5소경 **5** (1) 선왕 (2) 9서당 (3) 호족

| STEP 2 | 내신 만점 공략하기 | 016~019쪽 |

01 ②	02 ③	03 ⑤	03-1 ① 04 ③	05 ③
06 광개토 대왕	07 ①	08 ⑤	09 ⑤	10 ③	11 ②
11-1 ① 12 ③	13 ⑤	14 ③	15 ④

01 신석기 시대의 생활 모습

자료의 빗살무늬 토기와 가락바퀴는 모두 신석기 시대의 유물이다. 따라서 (가) 시대는 신석기 시대이다. 신석기 시대에 토기는 식량을 저장하거나 음식을 조리하는 데 쓰였고, 가락바퀴는 옷을 만드는 데 사용되었다. 신석기 시대에 농경과 목축이 시작되어 정착 생활이 이루어졌다.

(바로 알기) ①, ③은 청동기 시대, ④는 철기 시대, ⑤는 구석기 시대의 생활 모습에 해당한다.

◆ 이건 꼭 암기! 빗살무늬 토기 + 농경과 목축의 시작 → **신석기 시대**

02 청동기 시대의 문화유산

자료에서 계급이 분화하고 군장이 출현하였다는 내용을 통해 밑줄 친 '이 시대'는 청동기 시대임을 알 수 있다. 고인돌은 청동기 시대의 대표적인 문화유산이다. 거대한 고인돌을 축조하고자 많은 사람이 동원되었을 것을 고려하면, 고인돌이 등장하는 청동기 시대가 계급 사회였음을 짐작할 수 있다.

(바로 알기) ①은 솟대로, 삼한의 소도에서 유래하였다. 삼한은 철기 시대를 배경으로 성립되었다. ②는 구석기 시대의 주먹도끼, ④는 가야의 철제 갑옷, ⑤는 신석기 시대의 갈돌과 갈판이다.

◆ 이건 꼭 암기! 계급 분화 + 군장 출현 + 고인돌 → **청동기 시대**

03 고조선의 사회 모습

| 자료 분석 | 노동력(생명)과 사유 재산을 중시하였음을 알 수 있어.

대개 사람을 죽인 자는 즉시 죽이고, 남에게 상처를 입힌 자는 곡식으로 갚는다. 도둑질을 한 자는 노비로 삼는다. 용서를 받고자 하는 자는 한 사람마다 50만 전을 내게 한다. － 「한서」
노비가 존재하는 불평등한 사회였음을 알 수 있어.

자료의 법은 고조선에 존재하였던 8조법이다. 고조선은 단군왕검이라는 제정일치 지배자의 통치를 받았고, 왕 아래에 상, 대부, 장군 등의 관직을 두었다.

(바로 알기) ㄱ. 고조선은 한의 침략을 받아 멸망하였다. ㄴ. 고조선은 청동기 문화를 바탕으로 건국된 우리나라 최초의 국가이다.

◆ 이건 꼭 암기! 단군왕검 + 8조법 → **고조선**

03-1

8조법은 고조선의 사회상을 짐작하게 한다. 고조선은 농업이 발달하였으며, 노동력과 사유 재산이 중시되었고 화폐가 사용되었다.

(바로 알기) ① 고조선은 노비 등의 계급이 존재하는 불평등한 사회였다.

04 부여와 고구려의 특징

왕의 힘이 미약하여 가(加)들은 독자적으로 사출도를 관할하였어.

| 자료 분석 |

(가) 왕이 있고, 가축의 이름으로 관명을 정하여 마가·우가·저가·구가, 대사·대사자·사자가 있다. …… 제가들은 별도로 사출도를 주관하였다. 큰 곳은 수천 가(家)에 이르렀고, 작은 곳은 수백 가였다. － 「삼국지」, 「위서 동이전」
(나) 다섯 부족이 있었으니, 연노부·절노부·순노부·관노부·계루부가 그것이다. 본래는 연노부에서 왕이 나왔으나 점점 미약해져서 지금은 계루부에서 왕위를 차지하고 있다. － 「삼국지」, 「위서 동이전」
고구려가 계루부 등 5부족이 연합한 연맹체 국가임을 알 수 있어.

자료는 철기 시대를 배경으로 한반도와 만주 지역에서 성장한 여러 나라 중 고구려와 부여에 관한 내용이다. (가)는 제가들이 사출도를 별도로 주관하였다는 내용을 통해 부여임을 알 수 있다. (나)는 계루부 등 5부가 연맹하여 성립하였다는 내용을 통해 고구려임을 알 수 있다. 고구려는 압록강 유역의 졸본에서 건국되었다.

(바로 알기) ① 읍군, 삼로라는 군장이 지배한 나라는 옥저와 동예이다. ② 삼한은 정치와 종교가 분리된 사회로, 이곳에는 제사를 주관하는 천군이 있었다. ④ 삼한은 크게 마한, 진한, 변한으로 나뉘어져 있었다. ⑤ 소도는 삼한에 있던 신성 지역으로, 이곳에는 정치적 지배자인 군장의 힘도 미치지 못하였다.

◆ 이건 꼭 암기! 마가·우가·저가·구가 + 사출도 → **부여**
계루부 등 5부족 연맹 → **고구려**

05 4세기 백제의 발전

지도에서 백제가 한강 유역을 차지하고 있고, 요서 및 한반도 남부로 진출하고 있는 점을 통해 백제가 전성기를 맞이한 4세기경의 모습임을 알 수 있다. 이 무렵 백제 근초고왕은 활발한 영토 확장을 펼쳐 마한 소국들을 복속시켰고, 고구려의 평양성을 공격하여 오늘날의 황해도 지역까지 진출하였다.

(바로 알기) ① 6세기 백제 성왕은 사비로 천도하였다. ② 고구려 태조왕은 1세기 무렵 옥저를 정복하였다. ④ 신라 진흥왕이 한강 유역을 차지한 것은 6세기의 일이다. ⑤ 고구려 장수왕은 5세기 광개토 대왕릉비를 건립하였다.

✦ 이건 꼭 암기! 고구려 평양성 공격 + 마한 복속 → 4세기 근초고왕

06 고구려 광개토 대왕의 활동

┌ 자료 분석 ┐

신라에서 사신을 보내어 왕께 아뢰기를, "왜인이 (신라의) 국경에 가득해 성지를 부수고 노객으로 하여금 왜의 백성으로 삼고자 합니다." …… 왕이 보병과 기병 5만을 보내 가서 신라를 구원하게 했다.

└ 광개토 대왕의 도움으로 신라는 왜를 격퇴할 수 있었어.

밑줄 친 '왕'은 신라의 요청에 응하여 신라에 지원병을 보낸 고구려 광개토 대왕이다. 왜가 신라에 침입하자 신라 내물왕은 고구려에 사신을 보내어 군사 도움을 요청하였다. 이에 광개토 대왕은 군사를 보내 왜를 격퇴하고 신라를 구원하였다.

✦ 이건 꼭 암기! 내물왕 시기 + 신라에 침입한 왜 격퇴 → 광개토 대왕

07 고구려 소수림왕의 체제 정비

자료에서 불교를 수용하고 태학을 세웠다는 내용 등을 통해 밑줄 친 '왕'이 고구려 소수림왕임을 알 수 있다. 그는 율령을 반포하여 고구려의 체제를 정비하였다. 소수림왕의 대내적 체제 정비는 이후 광개토 대왕과 장수왕의 대외 팽창 정책에 기반을 마련하였다.

(바로 알기) ② 6세기에 신라 진흥왕은 대가야를 정복하였다. ③ 고구려 장수왕은 남진 정책을 펼쳐 평양으로 수도를 옮기고 한강 유역을 장악하였다. ④ 삼국을 통일한 신라는 전국을 9개의 주로 나누고 전략적 요충지에 5개의 소경을 두어 9주 5소경의 지방 행정 체제를 정비하였다. ⑤는 백제에 관한 설명으로, 좌평은 백제의 관등 체제에 속한다.

✦ 이건 꼭 암기! 율령 반포 + 불교 수용 + 태학 설립 → 소수림왕

08 신라 진흥왕의 활동

제시된 비석은 서울 북한산 신라 진흥왕 순수비로, (가) 왕은 신라 진흥왕이다. 진흥왕은 한강 유역을 모두 장악하고 대가야를 병합하였다. 북쪽으로는 함흥평야까지 진출하여 통일 이전 신라의 최대 영토를 확보하였다. 진흥왕은 영토 확장을 기념하며 서울 북한산 신라 진흥왕 순수비를 비롯한 순수비 4개와 단양 신라 적성비를 세웠다. 한편, 진흥왕은 신라의 청소년 조직인 화랑도를 국가적인 조직으로 개편하였다.

(바로 알기) ①은 6세기 전반 신라 지증왕 때의 일로, 신라 장군 이사부가 우산국을 복속시켰다. ② 백제 성왕은 백제와 신라가 싸운 관산성 전투에서 전사하였다. ③ 신라 내물왕은 왕의 칭호로 대군장이라는 뜻의 마립간을 사용하였다. ④는 신라 법흥왕은 율령을 반포하고 관등제를 실시하여 중앙 집권 체제를 확립하였다.

✦ 이건 꼭 암기! 순수비 건립 + 화랑도 개편 → 진흥왕

09 가야 연맹의 변천

가야 연맹의 맹주는 3세기경부터 연맹을 주도한 (가)의 금관가야에서 5세기 이후 맹주가 된 (나)의 대가야로 변화하였다. 이는 5세기 무렵 신라를 지원하려고 출병한 고구려군이 가야까지 공격함으로써 금관가야가 쇠퇴하였기 때문이다.

(바로 알기) ① 나당 연합군이 결성된 것은 대가야가 멸망한 이후인 7세기경의 일이다. ②, ③은 6세기경의 일이다. ④는 신라가 삼국을 통일한 이후의 일이다.

✦ 이건 꼭 암기! 광개토 대왕 + 신라에 침입한 왜 격퇴·가야 공격 → 가야 연맹의 변천(전기 맹주 금관가야 → 후기 맹주 대가야)

10 신라의 삼국 통일 과정

자료에 나타난 신라의 삼국 통일 과정 중 (가)에 들어갈 내용은 나당 전쟁과 관련이 있다. 나당 동맹군에 의해 백제와 고구려가 멸망한 이후, 당은 한반도 전체에 대한 지배 야욕을 드러냈다. 이를 막고자 신라는 당과 전쟁을 치러, 매소성 전투(675)와 기벌포 전투(676)에서 당군을 격퇴하고 삼국 통일을 완수하였다.

(바로 알기) ① 발해는 신라가 삼국을 통일한 이후인 698년에 만주 동모산에서 건국되었다. ② 살수 대첩은 나당 동맹이 체결되기 이전인 612년에 있었던 일로, 이 전쟁에서 고구려는 수의 군대를 크게 격퇴하였다. ④ 6세기경 신라 법흥왕 때 금관가야가 신라에 병합되었다. ⑤ 6세기 초반 신라 지증왕의 명을 받고 이사부가 우산국을 정복하였다.

✦ 이건 꼭 암기! 나당 동맹 + 백제 멸망 + 고구려 멸망 + 매소성 전투 + 기벌포 전투 → 신라의 삼국 통일

11 통일 신라 신문왕의 업적

김흠돌의 반란 진압, 국학 설치 등을 통해 밑줄 친 '왕'이 신문왕임을 알 수 있다. 신문왕 때 통일 신라는 전국을 9개의 주로 나누고 전략적 요충지에 5개의 소경을 설치하여 9주 5소경의 지방 행정 체제를 정비하였다.

(바로 알기) ① 김헌창의 난은 신라 말 진골 귀족 사이에서 벌어진 왕위 쟁탈전과 관련이 있다. ③ 단양 신라 적성비가 건립된 것은 6세기 신라 진흥왕 때 일이다. ④ 4세기에 백제 근초고왕은 마한의 잔여 세력을 복속시켰다. ⑤ 나당 연합군에게 백제가 멸망한 것은 660년의 일로, 신라가 삼국을 통일하기 이전의 사실이다.

✦ 이건 꼭 암기! 김흠돌의 난 진압 + 국학 설치 + 관료전 지급 + 녹읍 폐지 + 9주 5소경 정비 → 신문왕

11-1 신문왕은 관료전을 지급하고, 녹읍을 폐지하여 진골 귀족의 경제적 기반을 약화시키고자 하였다.

(바로 알기) ②, ③은 통일 전 신라에서 있었던 사실로, 6세기경에 신라 법흥왕은 병부를 설치하여 군사권을 왕에게 집중시키는 한편, 승려 이차돈의 순교를 계기로 불교를 공인하였다. ④ 상경성은 발해 문왕 때 당의 장안성을 참고하여 건설되었다. ⑤ 신라는 7세기 신라 문무왕 때 삼국을 통일하였다.

12 신라 말의 사회 모습

자료는 9세기 말의 상황으로 신라 말의 사회 모습을 나타낸다. 신라 말에는 진골 귀족들 간 왕위 다툼이 심화하여 정치가 혼란하였고, 세금 수취가 제대로 이루어지지 않아 백성들이 조세 부담에 시달렸다. 이에 원종과 애노 등의 농민들은 가혹한 수취와 수탈에 저항하며 봉기하였다. 한편, 신라 말에 성장한 호족은 스스로 성주 또는 장군을 칭하며 지방의 행정과 군사에 대한 실질적인 영향력을 행사하였다.

(바로 알기) ① 나당 연합군은 660년에 백제의 사비성을 함락하고 백제를 멸망시켰다. ② 낙랑군은 고조선 멸망 이후 중국 한이 설치한 통치 구역 중 하나이다. 4세기경에 고구려 미천왕은 한반도에서 낙랑군을 축출하였다. ④ 645년 안시성 싸움에서 고구려가 당군을 격퇴하였다. ⑤ 위만이 무리를 이끌고 중국에서 한반도로 건너 온 것은 기원전 2세기에 있었던 사실이다. 위만은 준왕을 몰아내고 고조선의 왕위를 차지하였다.

✦ **이건 꼭 암기!** 국가 재정 궁핍 + 농민의 조세 부담 증가 + 원종과 애노의 봉기 + 호족의 성장 → **신라 말의 사회 모습**

13 발해의 건국

자료에서 고구려 유민들이 동모산 아래에서 건국하였다는 내용을 통해 (가) 국가가 발해임을 알 수 있다. 698년에 성립된 발해는 무왕과 문왕을 거치며 발전하다가 9세기경 선왕 때 고구려의 옛 영토 대부분을 회복하여 발해 역사상 최대 영토를 확보하였다. 이후 중국에서 바다 동쪽의 융성한 나라라는 뜻의 '해동성국'이라 불리기도 하였다.

(바로 알기) ① 궁예는 901년에 후고구려를 건국하였다. ② 나당 연합군이 백제와 고구려를 멸망시킨 후 당이 고구려·백제의 옛 땅과 신라에 지배 기구를 설치하며 한반도 전체를 지배하려고 하자 나당 전쟁이 일어났다. 신라군은 기벌포 전투 등에서 당군을 격퇴하며 삼국 통일을 완수하였다. ③ 고조선은 한의 침략을 받아 1년여간 항쟁하였으나, 결국 기원전 108년에 멸망하였다. ④ 900년에 견훤이 후백제를 건국하고, 이듬해 궁예가 후고구려를 건국하면서 후삼국 시대가 성립하였다.

✦ **이건 꼭 암기!** 대조영 + 고구려 유민 + 동모산 아래에서 건국 + '해동성국' → **발해**

14 발해 문왕의 활동

발해 문왕 때는 당과 교류하며 우호적인 관계를 유지하였다. 당의 제도와 문물을 수용하고 당의 장안성을 본떠 발해의 상경성을 건설하기도 하였다. 이 무렵 발해는 신라도 등의 교통로를 통해 신라와도 교류하였으며 문왕은 연호 '대흥'을 사용하는 등 안정된 왕권을 드높였다.

(바로 알기) ③ 발해가 당의 산둥 지방을 공격하여 당을 압박한 것은 발해 무왕 때의 일이다.

✦ **이건 꼭 암기!** 당과 교류(상경성 건설) + 신라와 교류(신라도) + 연호 '대흥' → **발해 문왕**

15 발해의 통치 체제

자료는 발해의 중앙 정치 조직을 나타낸 것이다. 발해는 중국의 제도를 참고하여 3성 6부의 관제를 구성하였지만, 명칭과 운영에서 독자성을 발휘하였다. 정당성에서 국정을 총괄하였고, 그 아래의 6부를 좌사정과 우사정으로 나누어 관할하였다. ④ 발해는 5경 15부 62주로 지방 행정 체제를 정비하였다. 또한 도독과 자사 등의 관리를 파견하기도 하였다.

(바로 알기) ① 상대등은 신라의 관직으로 신라 법흥왕 때 설치되었다. ② 5소경은 통일 신라의 행정 조직이다. ③ 9서당은 통일 이후 신라의 중앙군으로, 옛 백제인, 고구려인, 말갈인을 이곳에 포함하였다. ⑤ 제가 회의는 고구려의 귀족 회의 기구로, 이곳에서 국가의 중대사를 결정하였다.

✦ **이건 꼭 암기!** 3성 6부 + 5경 15부 62주 → **발해의 통치 제도**

서술형 문제

01 주제: 신문왕의 주요 업적

(1) (답안 키워드) 신문왕, 국학, 9주 5소경

(2) (예시 답안) 신문왕, 신문왕은 국학을 설치하여 유학 교육과 인재 양성에 힘썼고, 지방 행정 조직을 9주 5소경 체제로 정비하였다. 또한 녹읍을 폐지하여 귀족들의 경제적 기반을 약화시켰다.

채점 기준	
상	신문왕을 쓰고, 신문왕의 업적을 두 가지 서술한 경우
중	신문왕을 쓰고 신문왕의 업적을 한 가지만 서술한 경우
하	신문왕만 쓴 경우

02 주제: 한강 유역을 둘러싼 삼국의 항쟁

(예시 답안) 한강, 한강 유역은 농사짓기에 적합하여 인구와 물자가 풍부한 경제적 요충지이자, 바다를 통해 중국과 교류하여 선진 문물을 수용할 수 있는 문화적 요충지였다.

채점 기준	
상	한강의 경제적·문화적 이점을 서술한 경우
중	한강의 경제적·문화적 이점 중 한 가지만 서술한 경우
하	한강만 쓴 경우

03 주제: 발해의 고구려 계승

(예시 답안) 발해, 발해는 고구려의 옛 땅에 세워진 나라로 고구려인이 지배층을 이루었고, 발해의 왕은 일본에 보내는 외교 문서에서 자신을 고(구)려의 왕이라고 칭하기도 하였다.

채점 기준	
상	발해의 고구려 계승 근거를 두 가지 서술한 경우
중	발해의 고구려 계승 근거를 한 가지만 서술한 경우
하	발해만 쓴 경우

01 ①　**02** ③

01 신라의 삼국 통일 과정

> 당이 신라의 군사 지원 요청에
> 응하여 나당 동맹이 결성되었어.

│ 자료 분석 │

(가) 진덕왕 태화(太和) 원년에 김춘추는 당나라에 들어가 군사를 요청하였다. …… 황제가 말하기를, "진실로 군자의 나라로구나."라고 하며 이에 청병을 허락하고는 장군 소정방(蘇定方)에게 군사 20만을 이끌도록 하였다. – 『삼국사기』

(나) 보장왕 27년 가을 9월에 이적(李勣)이 평양을 함락시켰다. …… 보장왕은 천남산(泉男産)을 보내 수령 98명을 거느리고 흰 기를 들고 이적에게 나아가 항복하였다. 천남건(泉男建)은 오히려 문을 닫고 항거하여 지키면서, 자주 군사를 내보내 싸웠으나 모두 패하였다. – 『삼국사기』

> 668년에 나당 연합군이 평양성을
> 함락하면서 고구려가 멸망하였어.

(가)는 신라 김춘추가 당에 군사 도움을 요청하고 당의 황제가 이를 수용함으로써 나당 동맹이 결성된 상황이다. 김춘추는 고구려에 먼저 협력을 제안하였으나 거절당하자, 이후 당과 동맹을 맺었다. (나)는 나당 연합군에게 평양성이 함락되면서 고구려가 멸망한 668년의 상황이다. 당시 고구려는 연개소문 사후에 지배층이 분열되어 나당 연합군에 적절히 대응할 수 없었다. ① 나당 연합군은 660년에 사비성을 함락하고 백제를 멸망시켰다.

바로 알기 ② 고구려가 수의 침입을 격퇴한 것은 6세기 말에서 7세기 초의 일로 (가) 이전에 있었던 사실이다. ③ 신라가 매소성 전투에서 승리한 것은 나당 전쟁 중에 있었던 일로 (나) 이후 시기에 해당한다. ④ 김흠돌의 난은 통일 신라 신문왕 때 있었던 일로, 신라가 삼국을 통일한 이후의 사실이다. ⑤ 고구려가 평양으로 천도한 것은 5세기 장수왕 때 있었던 일이다.

판서로 보는 고난도 개념	신라의 삼국 통일 과정
나당 동맹	김춘추가 당으로 건너가 나당 동맹 결성
↓	
백제 멸망	나당 연합군의 백제 공격 → 황산벌 전투 → 사비성 함락 → 백제 멸망(660)
↓	
고구려 멸망	연개소문 사후 고구려 지배층의 내분 → 나당 연합군의 고구려 공격 → 평양성 함락 → 고구려 멸망(668)
↓	
나당 전쟁	당이 한반도 전체를 차지하려고 함 → 나당 전쟁 발발 → 매소성 전투(675), 기벌포 전투(676)에서 신라 승리
↓	
삼국 통일	신라의 삼국 통일 완성(676)

02 신라 말의 정치 상황

> 도독은 주를 다스리는 최고 관직이야. 웅천주
> 도독이었던 김헌창은 진골 귀족 출신이었지.

│ 자료 분석 │

웅천주 도독 헌창이 그의 아버지 주원이 왕이 되지 못한 것을 이유로 반란을 일으켜 나라 이름을 장안(長安)이라 하고 연호(年號)를 세워 경운(慶雲) 원년이라고 하였다. 무진·완산·청주·사벌의 네 주 도독과 국원경·서원경·금관경의 사신(仕臣)과 여러 군현 수령을 위협하여 자기 소속으로 삼으려 하였다. – 『삼국사기』

> 김헌창의 아버지 김주원은 신라 말 중앙 진골 귀족 사이에
> 벌어진 왕위 쟁탈전에서 패하여 왕이 되지 못하였어.

자료는 신라 말에 김헌창의 난이 일어났음을 보여 준다. 신라에서는 혜공왕이 피살된 이후 진골 귀족 간의 왕위 쟁탈전이 치열하게 전개되었다. 웅천주(웅주) 도독이었던 김헌창이 자신의 아버지인 김주원이 왕위에 오르지 못한 것에 불만을 품고 일으킨 반란이 대표적이다. 왕위 다툼으로 지방에 대한 중앙의 통제력이 약화된 가운데 정부의 무거운 조세 수취와 귀족들의 농민 수탈이 계속되자 전국 각지에서 농민 봉기가 일어났다. 이들은 조직적으로 봉기하여 저항하였는데, 사벌주에서 일어난 원종과 애노의 봉기가 대표적이다.

바로 알기 ①은 신문왕 때 일어난 김흠돌의 난과 관련이 있다. ② 신문왕은 지방 행정 조직을 정비하여 전국을 9주로 나누었다. ④는 676년에 일어난 기벌포 전투와 관련이 있다. ⑤는 648년에 성사된 나당 동맹과 관련이 있다.

수능 첫걸음　021쪽

실전 문항 ①

실전 문항 **고구려의 특징**

자료의 ○○○왕은 전진으로부터 불교를 수용하고 율령을 반포한 소수림왕이다. □□왕은 평양으로 천도하고 백제의 도성인 한성을 함락한 장수왕이다. 소수림왕과 장수왕의 업적을 통해 (가) 국가가 고구려임을 알 수 있다. ① 태학은 고구려 수도에 세운 국립 교육 기관이다. 고구려는 소수림왕 시기에 유교적 지식을 갖춘 인재를 양성하고자 태학을 설립하고, 유교 경전과 역사서 등을 가르쳤다.

바로 알기 ② 8조법은 고조선의 법으로 고조선은 이를 통해 사회 질서를 유지하였다. ③ 골품제는 신라 고유의 신분 제도이다. 신라인은 정치 활동뿐만 아니라 혼인·가옥·의복 등 사회 활동에서도 골품에 따른 제약을 받았다. ④ 신라는 6세기 진흥왕 때 대가야를 복속시켰다. 이로써 가야는 중앙 집권 국가로 성장하지 못하고 신라에 흡수되었다. ⑤ 고구려는 주몽에 의해 압록강 유역의 졸본 지역에서 성립되었다. 한강 유역에서 기틀을 다진 국가는 위례성에 도읍을 두었던 백제이다. 한강 유역을 수도로 하여 성장한 백제는 삼국 중 가장 먼저 전성기를 맞이할 수 있었다.

1 (1) ㄱ (2) ㄷ (3) ㄴ   **2** (1)-ㄹ (2)-ㄱ (3)-ㄷ (4)-ㄴ   **3** (가) 교정도감,
(나) 정방   **4** (1) 중방 (2) 묘청 (3) 이자겸   **5** (가) – (나) – (다)

01 ④   **02** ①   **03** ③   **03-1** ① **04** ②   **05** ④   **06** ⑤
07 ①   **08** ④   **09** (가) 공민왕, (나) 전민변정도감   **10** ⑤
11 ⑤   **12** ③   **13** ②

01 고려 태조의 업적

후삼국을 통일하였다는 자료의 내용을 통해 (가)가 고려의 태조 왕건임을 알 수 있다. 고려 태조는 고구려 계승을 표방하며 서경(평양)을 중시하였고 북진 정책을 추진하였다. 그 결과 북쪽으로 청천강 유역까지 영토를 확장하였다.

(바로 알기) ① 녹읍이 폐지된 것은 신라 신문왕 시기의 일이다. 신문왕은 관료전을 지급하고 녹읍을 폐지함으로써 진골 귀족의 경제적 기반을 약화시키고자 하였다. ② 고려 무신 정권기에 최우는 강화도로 천도하여 몽골에 항전하였다. ③ 신라 법흥왕이 금관가야를 복속시켰다. ⑤ 후고구려의 궁예는 송악에서 철원으로 천도한 후 국호를 '태봉'으로 바꾸었다.

✦ **미견 꼭 맘기!** 후삼국 통일 + 북진 정책 → **고려 태조 왕건**

02 고려 성종의 활동

자료는 최승로가 성종에게 건의한 시무 28조 내용의 일부로, 나라를 다스리는 근원으로 유교를 강조하고 있다. 성종은 최승로의 시무 28조를 받아들여 유교 이념에 기초한 정치를 펼쳤다. 이에 따라 국자감을 정비하여 유학 교육을 장려하였다.

(바로 알기) ② 노비안검법은 고려 광종 때 도입되었다. ③ 고려 현종은 전국을 경기, 5도, 양계로 정비하였다. ④ 광종은 '광덕', '준풍'이라는 연호를 사용하였다. ⑤ 고려 태조는 기인 제도와 사심관 제도를 처음 시행하였다.

✦ **미견 꼭 맘기!** 최승로의 시무 28조 수용 + 유교 이념에 기초한 통치 체제 정비 + 국자감 정비 → **고려 성종**

03 고려 광종의 업적

10세기경 노비를 조사하여 옳고 그름을 분명히 가리도록 하였다는 내용을 통해 밑줄 친 '왕'이 고려 광종임을 알 수 있다. 광종은 노비안검법을 시행하여 호족에 의해 불법적으로 노비가 된 사람들을 양인으로 해방하였고, 후주에서 온 쌍기의 건의를 수용하여 과거제를 도입하였다.

(바로 알기) ①, ②는 고려 태조 때의 일이다. 태조는 흑창을 설치하여 민생 안정을 도모하였고, 후대 왕들에게 훈요 10조를 남겨 그들이 지켜야 할 정책 방향을 제시하였다. ④ 정동행성이문소는 정동행성의 부속 기구로, 원래는 원과 관련된 사건을 조사하고 판결하는 기구였으나, 사실상 고려의 내정을 간섭하는 핵심 기구로 기능하였다. 정동행성이문소는 고려 공민왕 시기에 폐지되었다. ⑤ 후고구려의 궁예는 스스로 미륵이라고 칭하며 권력을 강화하고자 하였다.

✦ **미견 꼭 맘기!** 노비안검법 시행 + 과거제 도입 → **고려 광종**

03-1 고려 광종이 실시한 노비안검법은 호족과 공신의 경제적·군사적 기반을 약화시키는 한편, 조세 수취 대상인 양인의 수를 늘려 국가의 재정 기반 마련에 도움이 되었다.

(바로 알기) ㄷ. 무신 정권기에 천민 출신 최고 권력자가 등장하는 등 신분 질서가 흔들리자 일부 농민과 천민은 신분 차별에 저항하거나 신분 해방을 꿈꾸기도 하였다. 공주 명학소에서는 망이·망소이가, 경상도 지역에서는 김사미와 효심 등이 봉기하였다. ㄹ. 고려 성종은 최승로의 시무 28조를 수용하여 유교 정치 이념에 따라 고려의 통치 체제를 정비하였다.

04 고려의 중앙 정치 기구

(가)는 도병마사, (나)는 어사대이다. 고려 초기에 (가) 도병마사는 중서문하성의 고관인 재신과 중추원의 고관인 추신(추밀)이 모여 고려의 국방과 외교 문제를 논의하는 기구였다. 이후 도병마사는 충렬왕 때 도평의사사로 개칭되었고, 원 간섭기에 이르러서는 군사 문제뿐 아니라 일반 행정까지 담당하며 최고 권력 기구로 기능하였다. (나) 어사대는 관리의 비리를 감찰하는 기구로, 이곳의 관원은 중서문하성의 낭사와 함께 대간을 구성하였다.

(바로 알기) 삼사는 곡식의 출납과 회계를 담당하였다. 중추원은 군사 기밀과 왕명 출납을 담당하며 왕의 비서 기관으로 기능하였다. 식목도감에서는 재신과 추신(추밀)이 고려의 법·제도를 논의하였다.

✦ **미견 꼭 맘기!** 도병마사·식목도감(재신·추신 회의 기구) + 중추원(왕의 비서 기관) + 어사대(관리 감찰 기구) → **고려 중앙 정치 기구**

05 고려의 지방 행정 제도

자료에서 주현의 수보다 속현의 수가 훨씬 많은 사실을 통해 (가) 국가가 고려임을 알 수 있다. 고려의 행정 구역 중 경기와 5도에는 지방관이 파견된 주현보다 지방관이 파견되지 않은 속현의 수가 더 많았고, 양계(동계와 북계)에는 병마사가 파견되었다. 고려에는 특수 행정 구역이 존재하였는데, 이곳의 주민들은 세금 징수나 과거 응시 등에서 차별받았다.

(바로 알기) ㄱ. 지방에 22담로를 설치하고 왕족을 파견한 것은 백제 무령왕 때의 일이다. ㄷ. 5소경은 통일 신라의 지방 행정 기구이다. 통일 신라는 전국을 9주로 나눈 후 전략적 요충지에 5개의 소경을 설치하여 수도 금성(경주)이 동남쪽에 치우친 한계를 보완하고자 하였다.

✦ **미견 꼭 맘기!** 5도(안찰사 파견) + 양계(병마사 파견) + 특수 행정 구역(향, 부곡, 소) → **고려의 지방 행정 제도**

06 서경 세력의 특징

자료의 내용은 묘청, 정지상 등으로 대표되는 서경 세력의 주장이다. 이들은 풍수지리설(풍수 도참사상)을 기반으로 서경 땅이 명당이라고 주장하며 서경 천도 운동을 적극적으로 추진하였다. 또한 금 정벌, 황제 칭호와 독자적 연호 사용(칭제 건원) 등을 주장하였다.

(바로 알기) ㄱ. 친원적 성향을 가진 대표적인 집단은 원 간섭기 고려의 지배층을 구성하였던 권문세족이다. ㄴ. 무신 정권기 초기에는 무신들이 중방을 중심으로 권력을 행사하였다. 중방은 상장군과 대장군이 모여 군사를 논의하던 무신 회의체였는데, 무신 정변 이후 최고 권력 기구가 되었다.

✦ **이건 꼭 알기!** 서경 천도 + 풍수지리설 + 황제 칭호와 독자적 연호 사용 주장 → **서경 세력**

07 무신 정변의 결과 〔무신 정변을 주도한 인물 중 한 사람으로, 무신 정권 성립 직후에 첫 번째 최고 권력자가 되었어.〕

┤ 자료 분석 ├

왕이 보현원에 행차하였다. …… 왕이 탄 수레가 보현원 가까이 왔을 때 이고가 이의방과 함께 앞서가 거짓 왕명을 꾸며 순검군을 모으고는 왕이 보현원에 들어서고 신하들이 곧 물러나려고 할 무렵에 이고 등이 임종식, 이복기, 한뢰 등을 죽이니 무릇 문관, 대소 신료, 환관 등이 모두 해를 당하였다.

자료에서 이의방, 이고 등 무신들은 왕(의종)이 보현원에 행차하자 거짓 왕명을 꾸미고 문관들을 살해하였다는 내용을 통해 이 사건이 무신 정변임을 알 수 있다. 무신들은 문벌 사회의 갈등이 심화되는 가운데, 무신에 대한 차별에 불만을 품고 1170년에 무신 정변을 일으켜 무신 정권을 성립하였다.

(바로 알기) ② 신라 말의 혼란을 틈타 후백제와 후고구려가 세워지면서 후삼국 시대가 성립하였다. ③ 고려 말 신진 사대부는 개혁 방향을 놓고 온건파와 급진파로 분화하였다. ④는 이자겸의 난에 대한 설명이다. ⑤ 고려 말 홍건적과 왜구를 물리치는 과정에서 이성계, 최영 등의 신흥 무인 세력이 성장하였다.

✦ **이건 꼭 알기!** 왕(의종)의 보현원 행차 + 정중부와 이의방 + 문관 살해 → **무신 정변(1170)**

08 무신 정권기 망이·망소이 형제의 봉기

자료는 공주 명학소에서 일어난 망이·망소이의 난과 관련이 있다. 망이·망소이 형제는 무신 정권기인 1176년에 특수 행정 구역인 소에 대한 과도한 세금 수취에 반발하여 봉기하였다.

(바로 알기) 왕건은 918년에 고려를 세우고 936년에 후삼국을 통일하였다. 이자겸의 난은 1126년, 무신 정변은 1170년에 일어났다. 13세기경 몽골이 고려에 침입하자 최우는 강화도로 천도하여 항전하였으나, 고려 정부는 몽골과 강화를 맺은 이후 1270년에 개경으로 환도하였다. 이성계는 고려 왕조를 무너뜨리고 1392년에 조선을 세웠다.

✦ **이건 꼭 알기!** 공주 명학소 + 무신 정권기 + 농민과 천민의 봉기 → **망이·망소이 형제의 봉기**

09 전민변정도감 설치 〔전민변정도감은 권세가에게 빼앗긴 토지를 원래 주인에게 돌려주는 일을 담당하였어.〕

┤ 자료 분석 ├

신돈이 〔(가)〕에게 〔(나)〕을/를 설치할 것을 청하고 스스로 판사가 되어 전국에 방을 붙여 알렸다. "…… 사람들이 생계를 유지해온 토지를 권세 있는 집에서 빼앗아 차지하였다. …… 〔(나)〕을/를 설치하여 바로잡고자 하니 스스로 잘못을 알고 고치는 자는 (죄를) 묻지 않을 것이다." – 「고려사」

(가) 인물은 공민왕, (나) 기구는 전민변정도감이다. 전민변정도감은 권문세족이 불법으로 빼앗은 토지를 원래 주인에게 되돌려주고 억울하게 노비가 된 사람을 다시 양인으로 해방하는 기구였다. 공민왕은 승려였던 신돈을 이곳의 최고 책임자에 중용하였다. 이를 통해 권문세족의 경제적 기반을 약화시키고 국가 재정을 확충하고자 하였다.

✦ **이건 꼭 알기!** 신돈 등용 + 공민왕의 반원 개혁 정책 → **전민변정도감**

10 원 간섭기의 고려 사회 모습

자료에서 고려와 몽골 간 교류가 확대되고 몽골의 풍속이 고려에 전해졌다는 내용을 통해 밑줄 친 '이 시기'가 원 간섭기임을 알 수 있다. 이 시기 고려에는 변발한 사람이 늘어났고 족두리와 발립 등 몽골식 의복 문화가 유행하였으며, 만두나 순대 등 몽골식 식문화도 널리 퍼졌다. 한편, 원 간섭기에 원은 조공 명목으로 고려의 여성들을 공녀로 뽑아 갔다.

(바로 알기) ① 집사부는 신라의 중앙 정치 기구이다. ② 태학은 고구려 소수림왕 때 설립된 국립 교육 기관이다. ③ 고구려 장수왕은 5세기경에 본격적으로 남진 정책을 추진하여 수도를 국내성에서 평양으로 옮겼다. ④ 9서당은 통일 신라의 중앙군이다.

✦ **이건 꼭 알기!** 몽골풍(발립, 철릭, 족두리 등) + 공녀 + 관제 격하 → **원 간섭기의 고려**

11 공민왕의 반원 개혁 정책

자료의 밑줄 친 '이 왕'은 공민왕으로, 그는 몽골풍을 금지하는 등 반원 개혁 정치를 추진하였다. 공민왕은 기철 등 기씨 일족으로 대표되는 친원 세력을 숙청하였고, 고려의 내정을 간섭하는 데 앞장섰던 정동행성이문소를 폐지하였으며, 격하되었던 왕실 호칭과 관제를 고려 전기 체제로 복구하였다. 또한 원이 빼앗았던 쌍성총관부 지역을 무력으로 공략하여 철령 이북의 영토를 수복하였다.

(바로 알기) ① 흑창은 고려 태조 때 설치된 빈민 구휼 기관이다. ② 성종 때 12목을 설치하고 관리(지방관)를 파견하였다. ③ 고려의 태자 원종이 몽골의 쿠빌라이와 강화를 맺었다. ④ 최우가 무신 최고 집권자일 때 서방을 두어 능력 있는 문신에게 자문을 구하였다.

✦ **이건 꼭 알기!** 몽골풍 금지 + 쌍성총관부 공격(철령 이북 영토 수복) + 정동행성이문소 폐지 → **공민왕의 반원 개혁 정책**

12 권문세족의 특징

밑줄 친 '이들'은 권문세족이다. 권문세족에는 전통적인 문벌 가문뿐 아니라 원과의 관계를 통해 성장한 부류가 포함되었고, 권문세족의 대표적인 인물로는 기황후의 오빠인 기철이 있었다. 권문세족은 대개 친원적 성향이 강하였는데, 이들은 권력을 이용하여 불법적으로 농장을 확대하였고 가난한 농민을 노비로 삼았으며, 주로 음서로 관직에 진출하여 도평의사사를 장악하였다.

(바로 알기) ㄱ. 고려 말 급진파 신진 사대부가 새로운 왕조를 건설하고자 하였다. ㄹ. 신라 말 지방에서 성장한 호족은 스스로 성주 또는 장군이라 칭하면서 지역의 행정과 군사에 대한 실질적인 통치력을 행사하였다.

✦ **미견 꼭 맘!!** 친원 세력 + 대규모 농장과 노비 소유 + 도평의사사의 주요 관직 독점 + 기철 등 → **권문세족**

13 고려 말의 정치 흐름

┌ 자료 분석 ┤

▶ 지식 Q&A 명이 철령 이북 영토를 요구하자 우왕과 최영은 이성계에게 요동 정벌을 명령하였어.

고려의 멸망 과정을 알려 주세요.

▶ 답변하기

요동 정벌을 떠났던 이성계가 위화도에서 회군하여 최영과 우왕을 몰아냈어요. 정권을 잡은 이성계와 급진파 사대부들은 ______(가)______ 이들은 왕조 교체에 반대하는 온건파 사대부를 제거하고 고려 왕조를 무너뜨렸어요.

자료에는 위화도 회군부터 고려 왕조의 멸망까지의 흐름을 보여 준다. 이성계는 우왕과 최영의 명을 받아 요동 정벌에 나섰지만 위화도에서 회군한 후, 고려에 돌아와 최영과 우왕을 몰아내고 고려의 정치적·군사적 실권을 장악하였다. 그는 급진파 신진 사대부와 함께 고려 말의 사회 문제를 개혁하고자 여러 정책을 추진하였는데, 토지 제도로는 과전법을 시행하였다.

(바로 알기) ① 공민왕은 위화도 회군 이전에 시해되었다. ③ 무신 정변은 고려 중기인 1170년에 발생하였다. ④ 원종과 애노의 봉기는 신라 말에 일어난 대표적인 농민 봉기이다. ⑤ 명이 철령 이북의 땅을 고려에 요구한 것은 위화도 회군 이전의 일로, 이성계가 요동 정벌에 나서는 계기가 되었다.

✦ **미견 꼭 맘!!** 이성계의 위화도 회군 + 과전법 시행 + 온건파 신진 사대부 숙청 → **고려 왕조의 멸망 과정**

서술형 문제
031쪽

01 주제: 고려 광종의 업적

(1) **답안 키워드** 광종, 과거제, 노비안검법

(2) **예시 답안** 광종은 노비안검법을 시행하여 불법적으로 노비가 된 사람들을 다시 양인으로 해방하였고, 과거제를 도입하여 능력에 따라 인재를 등용하였다.

채점 기준	
상	광종을 쓰고, 광종이 노비안검법과 과거제를 실시하였음을 서술한 경우
중	광종을 쓰고, 위의 내용 중 한 가지만 서술한 경우
하	광종만 쓴 경우

02 주제: 기인 제도의 실시 목적

(1) **답** 기인 제도

(2) **예시 답안** 기인 제도를 시행함으로써 호족 세력을 통제하여 왕권을 강화하고 고려의 지방 통치를 보완하고자 하였다.

채점 기준	
상	기인 제도를 쓰고, 제도의 실시 목적을 두 가지 모두 서술한 경우
하	기인 제도를 쓰고, 제도의 실시 목적을 한 가지만 서술한 경우

03 주제: 최승로의 시무 28조

(1) **답** 최승로

(2) **예시 답안** 성종은 최승로의 시무 28조를 수용하여 전국에 12목을 설치하고 지방관을 파견하였다.

채점 기준	
상	최승로를 쓰고, 성종이 시무 28조를 받아들여 12목을 설치하고 지방관을 파견하였음을 서술한 경우
하	최승로만 쓴 경우

01 ④ **02** ①

01 고려 중기 정치의 흐름

┌ 자료 분석 ┤ 묘청 등이 서경에서 일으킨 반란을 말해.

(가) 지난 을묘년 봄 정월에 서경이 반역을 계획하므로 신 등은 명령을 받들고 정벌하러 갔으나, 자리가 험하고 성이 견고하여 오랫동안 평정하지 못하였습니다. …… 금년 2월 새벽 을기하여 몰래 군사를 출동시켜 쳐들어가니 적은 달아나고 저항하지 못하였습니다. ─「동문선」

(나) 사노비 만적 등이 북산에 나무하러 갔다가 노비들을 모아 놓고 말하길, "경인년과 계사년 이래로 천한 신분에서 높은 관리가 많이 나왔다. 장수와 재상이 될 수 있는 사람이 어찌 따로 있겠는가? 때를 만나면 될 수 있다. 어찌 우리만 채찍 아래에서 고생하겠는가?"라고 하였다. ─「고려사」
신분 해방 운동적인 성격의 봉기를 모의하였어.

(가)에 등장한 서경의 반역은 1135년에 묘청이 일으킨 반란을 말한다. 김부식은 인종의 명을 받고 상황을 수습하고자 관군을 이끌고 출병하였지만, 약 1년의 고전 끝에 반란을 진압할 수 있었다. (나)에서 만적은 누구나 장군이나 재상이 될 수 있다고 주장하고 있다. 그는 신분 해방 운동 성격의 봉기를 계획하였으나, 사전에 발각되어 실패하였다. 고려 문벌 사회는 1126년 이자겸의 난과 1135년 묘청의 서경 천도 운동 등을 겪으며 분열하였다. 이러한 사회 혼란을 틈타 이의방, 정중부 등 무신들은 무신에 대한 차별 대우에 반발하여 1170년 무신 정변을 일으켰다. 이후 성립된 무신 정권기에는 신분제 동요와 하층민에 대한 가혹한 수탈을 배경으로 농민과 천민의 봉기가 잇따라 발생하였다. 사노비 만적이 개경에서 봉기를 모의하다가 실패하였던 일도 이 시기에 있었던 사건이다.

(바로 알기) ① 왕건이 후삼국을 통일한 것은 고려 건국 직후인 10세기 전반의 일로, 고려는 935년에 신라 경순왕의 항복을 받고 936년에 후백제군을 무력으로 격파함으로써 통일을 완수하였다. ② 이자겸의 난은 묘청의 서경 천도 운동이 일어나기 이전인 1126년에 일어났다. ③ 이성계, 최영 등이 왜구와 홍건적을 토벌하는 과정에서 신흥 무인 세력으로 성장한 것은 고려 말의 사실이다. ⑤ 신돈은 고려 공민왕 때 전민변정도감을 설치하자고 건의하였다.

<table>
<tr><td colspan="2">판서로 보는 고난도 개념   고려 중기 정치의 흐름</td></tr>
<tr><td>이자겸의 난
(1126)</td><td>이자겸이 왕실과 중첩된 혼인으로 권력 장악 → 이자겸과 척준경이 반란을 일으켰으나 진압됨</td></tr>
<tr><td colspan="2" align="center">↓</td></tr>
<tr><td>묘청의 서경 천도 운동
(1135)</td><td>묘청 등 서경 세력이 서경 천도·금 정벌·칭제 건원 주장 → 개경 세력의 반대 → 묘청의 난 → 관군에 진압됨</td></tr>
<tr><td colspan="2" align="center">↓</td></tr>
<tr><td>무신 정변
(1170)</td><td>무신에 대한 차별 대우 → 이의방 등이 정변을 일으켜 무신 정권 성립</td></tr>
<tr><td colspan="2" align="center">↓</td></tr>
<tr><td>농민과 천민의 봉기</td><td>무신 정권의 수탈, 천민 출신 무신 집권자의 등장으로 신분제 동요 → 전국적으로 농민과 천민의 봉기 발생</td></tr>
</table>

02 고려 공민왕의 활동   기철 등 기씨 일족은 대표적인 친원 세력으로, 왕을 능가하는 권세를 누렸어.

| 자료 분석 |

기철 등이 권세를 믿고 임금을 능멸하여 방자하게 위세를 부려 백성에게까지 독을 미쳐 끝이 없었다. …… 몰래 반역을 도모하고 사직을 위태롭게 하였다. 다행히 천지와 신령에게 도움을 받아 임금이 기철 등을 다 처형하였다.   – 「고려사」

└ 공민왕은 기씨 일족 등 친원 세력을 처형하였어.

자료의 밑줄 친 '임금'은 공민왕으로, 공민왕은 왕위에 오른 후 여러 개혁을 단행하였다. 기철로 대표되는 기씨 일족 등 친원 세력을 숙청하고 몽골풍을 금지하는 등 반원 정책을 펼쳤다. 또한 고려의 내정 간섭에 앞장섰던 정동행성이문소를 폐지하였고, 격하된 왕실 용어와 관제를 고려 전기 체제로 회복하였으며, 원이 고려를 직접 지배하고자 화주 지역에 설치하였던 쌍성총관부를 공격하여 철령 이북의 영토를 수복하였다. 공민왕은 왕권 강화에도 힘썼다. 신돈을 등용하고 전민변정도감을 설치하여 권문세족의 경제적 기반을 약화시키는 한편 국가 재정의 확대를 도모하였다. 또한 정방을 폐지하여 국왕 중심의 인사권을 회복하고자 하였다.

(바로 알기) ② 후고구려를 세운 궁예는 철원으로 도읍을 옮기고 국호를 '태봉'으로 바꾸었다. ③ 고려 광종은 후주 출신인 쌍기의 건의를 받아들여 과거제를 시행하였다. ④ 이자겸의 난 이후 고려 인종은 묘청 등 서경 세력을 등용하여 개혁 정치를 추진하였다. ⑤ 고려 성종은 최승로가 건의한 시무 28조를 수용하여 전국의 요충지에 12목을 설치하고 지방관을 파견하였다.

(실전 문항) ④

(실전 문항) 고려 광종의 업적

| 자료 분석 |

후주 사람인 쌍기는 사신 설문우를 따라 고려에 왔다가 병이 들어 돌아가지 못하고 남았다. 왕이 그의 재능을 아껴 후주에 알린 다음 관료로 발탁하였으며, 얼마 뒤 원보 한림학사로 승진시켰다. 쌍기는 왕에게 건의하여 과거제를 신설하게 하고, 과거 시험을 담당하였다. 이 뒤에도 과거 시험을 맡아 후학들에게 학업을 권장하니, 학문을 중시하는 기풍이 일어났다.

└ 광종은 쌍기의 건의를 받아들여 과거제를 실시하였어.

자료에서 쌍기의 건의를 받아들여 과거제를 신설하였다는 내용을 통해 밑줄 친 '왕'이 고려 광종임을 알 수 있다. 쌍기는 광종에게 과거제 시행을 건의하는 등 광종의 정책을 뒷받침하였다. ④ 광종은 노비안검법을 실시하여 후삼국 통일 과정에서 포로가 되거나 호족에 의해 불법적으로 노비가 된 사람들을 양인으로 해방하였다. 이를 통해 호족의 경제적·군사적 기반을 약화시키고 조세 수취 대상을 확보할 수 있었다.

(바로 알기) ① 장용영은 조선 정조 때 설치되었다. ② 나당 전쟁은 신라가 삼국을 통일하기 전에 당과 치른 전쟁이다. ③ 「경국대전」은 조선의 기본 법전으로, 조선 세조 때 편찬되기 시작하여 성종 때 완성·반포되었다. ⑤ 척화비는 조선 후기 흥선 대원군에 의해 건립된 비석이다. 두 차례의 양요를 겪은 흥선 대원군은 통상 수교 거부 의지를 널리 알리고자 전국에 척화비를 설립하였다.

STEP 1	핵심 개념 확인하기	040쪽

1 (1)—ⓛ (2)—ⓒ (3)—ⓔ (4)—ⓐ (5)—ⓜ　**2** (1) 의정부 (2) 관찰사 (3) 3사
(4) 의금부　**3** 사림　**4** (1) ○ (2) × (3) × (4) ○ (5) ○　**5** 중립 외교

STEP 2	내신 만점 공략하기	040~043쪽

| 01 ③ | 02 ⑤ | 03 ② | 03-1 ③ | 04 ③ | 05 ⑤ | 06 ④ |
| 07 ③ | 07-1 ② | 08 ② | 09 ③ | 09-1 ⑤ | 10 ② | 11 ③ |
| 12 ⑤ |

01 정도전의 활동

이성계와 함께 조선 건국을 주도하였다는 내용과 한양 설계의 책임을 맡았다는 내용을 통해 교사가 설명하는 인물이 정도전임을 알 수 있다. 태조 이성계와 함께 조선 왕조의 기틀을 세운 정도전은 재상 중심의 정치 운영을 강조하였다.

(바로 알기) ① 최승로는 고려 성종에게 시무 28조를 건의하였다. ② 「조의제문」은 사림인 김종직이 작성하였다. ④ 조광조는 중종이 왕위에 오를 때 부당하게 공신이 된 일부 훈구의 공훈을 삭제하려 하였다. ⑤ 고려 인종 때 묘청 등 서경 세력이 서경 천도, 금 정벌, 칭제 건원 등을 주장하였다.

✦ 이건 꼭 맘기! 조선 건국 주도 + 한양 설계 + 재상 중심의 정치 강조 → **정도전의 활동**

02 태종의 업적

자료에서 처음으로 16세 이상의 남성들에게 호패를 발급하였다는 내용을 통해 밑줄 친 '이 왕'이 태종임을 알 수 있다. 태종은 공신과 왕족이 소유한 사병을 혁파하여 군사권을 장악하고, 양전 사업과 호패법 등을 실시하였다.

(바로 알기) ㄱ. 훈요 10조는 고려 태조가 후대 왕에게 남긴 유훈이다. ㄴ. 조선 성종 때 집현전을 계승하여 홍문관을 설치하였다.

✦ 이건 꼭 맘기! 호패를 발급함(호패법 실시) + 양전 사업 실시 + 공신과 왕족의 사병 혁파 → **태종의 업적**

03 세조와 성종의 정책

제시된 책은 조선의 기본 법전인 『경국대전』이다. 『경국대전』은 세조 때 편찬하기 시작하여 성종 때 완성하였다. 따라서 (가)는 세조, (나)는 성종이다. ② 세조는 6조 직계제를 실시하여 6조가 의정부를 거치지 않고 왕에게 직접 업무를 보고하도록 하였다.

(바로 알기) ①, ⑤는 세종, ③은 세조, ④는 고려 우왕에 대한 설명이다.

✦ 이건 꼭 맘기! 『경국대전』 편찬 시작 + 6조 직계제 실시 → **세조의 정책**

03-1

성종 때 집현전을 계승한 홍문관을 설치하여 경연을 활성화하였다.

(바로 알기) ①, ⑤는 태조(이성계), ②는 고려 공양왕, ④는 명종 때의 사실이다.

04 조선의 지방 행정 제도

지도는 조선의 지방 행정 조직을 나타낸 것이다. 조선 시대에는 전국을 8도로 나누어 관찰사를 파견하였고, 그 아래 부·목·군·현을 두었다. 특수 행정 구역이었던 향·부곡·소는 군현으로 승격·통합하였으며, 모든 군현에 수령을 파견하였다. 또한 관찰사나 수령을 자기 출신 지역에 부임할 수 없도록 하는 상피제를 시행하여 권력의 집중과 부정을 방지하였다. 한편, 향촌에서는 유력한 양반들이 유향소(향청)를 설치하여 수령을 보좌·견제하고 향리의 부정을 감시하며, 백성을 교화하였다.

(바로 알기) ③ 조선 시대에는 향·부곡·소가 폐지되었다.

✦ 이건 꼭 맘기! 전국을 8도로 나눔 + 관찰사 파견 + 향·부곡·소 폐지 + 모든 군현에 수령 파견 → **조선의 지방 행정 제도**

05 사림의 특징

자료는 정몽주와 길재의 학통을 이어받고 동인과 서인을 형성한 것을 통해 사림의 계보를 나타낸 것임을 알 수 있다. 사림은 15세기 이후 지방에서 성장하다가 성종 때 3사 언관직에 진출하여 공론을 주도하고 훈구를 비판하였다. 이들은 향촌 자치와 왕도 정치를 추구하였으며, 여러 차례 사화를 겪으며 피해를 입었음에도 불구하고 서원과 향약을 기반으로 향촌 사회에서 세력을 확대하였다.

(바로 알기) ㄱ. 훈구 세력은 연산군을 몰아내고 중종반정을 일으켜 중종을 왕으로 세웠다. ㄴ. 훈구 세력은 15세기 세조 즉위 과정에서 공을 세워 지배 세력으로 성장하였다.

✦ 이건 꼭 맘기! 정몽주와 길재의 학통 계승 + 사화로 피해를 입음 + 서원과 향약을 기반으로 세력 확대 → **사림**

06 조선의 중앙 정치 기구

자료는 조선의 중앙 정치 기구를 나타낸 것으로 (가)는 6조, (나)는 3사이다. ④ 사헌부는 관리 비리 감찰과 풍속 교정, 사간원은 간언과 간쟁, 홍문관은 왕의 자문 역할을 하였다. 이들은 3사라고 불리면서 잘못된 정책 결정을 비판·견제하여 권력의 독점과 부정을 방지하였다.

(바로 알기) ① 국왕의 비서 역할은 승정원에서 담당하였다. ② 국정을 총괄하였던 최고 기구는 의정부로, 재상들이 합의하여 정책을 심의·결정하였다. ③ 수도의 행정과 치안은 한성부에서 담당하였다. ⑤ 6조는 국가 정책과 행정을 분야별로 나누어 맡아 행정의 전문성과 효율성을 높였다.

✦ 이건 꼭 맘기! 의정부(국정 최고 기구) + 승정원(국왕 비서 기구) + 3사(권력의 독점과 부정 방지) → **조선의 중앙 정치 기구**

07 조광조의 활동

| 자료 분석 |

재행(才行)이 있어 임용할 만한 사람을 천거하여, …… 대책(對策)하게 한다면 인물을 많이 얻을 수 있을 것입니다. 이는 …… 중국 한에서 실시한 현량과의 뜻을 이은 것입니다. - 『중종실록』

자료는 재행이 있어 임용할 만한 사람을 천거함, 현량과 등을 통해 조광조의 주장임을 알 수 있다. 조광조는 대표적인 사림으로 왕도 정치를 추구하였으며, 현량과 실시, 향약 보급, 훈구의 공훈 삭제 시도 등 급진적인 개혁을 추진하였다.

(바로 알기) ③ 외척 정치의 잔재 청산은 16세기 선조 때 동인이 강조하였다. 동인은 조광조 사후에 형성된 붕당이다.

✦ **이건 꼭 알기!** 현량과 실시 + 훈구의 공훈 삭제 시도 → **조광조**

07-1 중종 때 조광조를 비롯한 사림이 화를 당한 사건은 1519년에 일어난 기묘사화이다. 조광조의 개혁에 부담을 느낀 중종은 훈구와 함께 조광조를 비롯한 사림 세력을 제거하였다.

08 붕당의 형성 배경

자료는 이조 전랑직을 둘러싼 갈등을 보여 준다. 16세기 무렵 중앙 정치의 주도권을 잡은 사림은 이조 전랑의 임명 문제와 외척 정치의 잔재 청산 문제를 놓고 대립하다가, 동인과 서인으로 나뉘어 붕당을 형성하였다.

(바로 알기) ① 중종반정으로 연산군이 축출되고 중종이 왕위에 올랐다. ③ 광해군의 중립 외교 정책이 원인이 되어 서인이 인조반정을 일으켰다. ④ 신진 사대부는 고려 사회의 개혁 방법을 두고 정몽주 등의 온건파와 정도전 등의 급진파로 분열하였다. ⑤ 훈구와 사림의 대립 과정에서 사화가 일어났다.

✦ **이건 꼭 알기!** 이조 전랑의 임명 문제 + 외척 정치 잔재 청산의 문제 + 사림이 동인과 서인으로 나뉨 → **붕당의 형성**

09 왜란의 전개

지도는 왜란의 전개 과정을 나타낸 것이다. 왜란 초반에는 조선이 일본군에게 밀렸으나, 이순신이 이끄는 조선 수군이 남해의 해상권을 장악하였고 육지에서는 의병이 일어나 일본군에게 큰 타격을 주었다. 여기에 명의 지원군이 전쟁에 참여하여 조선군과 함께 평양성을 탈환하자 일본은 명에 휴전을 제의하였다. 이후 3년에 걸친 휴전 협상이 결렬되자 일본은 조선을 다시 침입하여 정유재란을 일으켰으나, 조선과 명의 군대가 일본군의 북진을 막고 이순신이 명량에서 일본군을 대파하였다. 결국 전세가 불리해진 일본군은 도요토미 히데요시가 죽자 조선에서 철수하였다.

(바로 알기) ③ 병자호란 당시 인조는 남한산성으로 피신하여 항전하였으나, 결국 삼전도에서 항복하고 청과 군신 관계를 맺었다.

✦ **이건 꼭 알기!** 이순신의 활약 + 의병의 활약 + 조명 연합군의 평양성 탈환 + 휴전 협상 → **왜란**

09-1 왜란으로 조선은 국토가 황폐해지고, 문화유산이 소실되었으며, 수많은 사람이 희생되었다. 일본은 조선의 기술자, 학자 등을 끌고 갔고, 이들에게서 인쇄술, 도자기 제조법 등을 받아들여 문화 발전의 계기를 마련하였다. 중국에서는 명이 약화된 틈을 타 여진이 급속히 성장하여 후금을 세웠다.

(바로 알기) ⑤ 16세기 말 일본의 도요토미 히데요시가 전국 시대를 통일한 이후 내부 불만 세력의 관심을 밖으로 돌리고 대륙으로 진출하고자 조선을 침략하였다(임진왜란).

10 광해군의 정책

밑줄 친 '왕'은 광해군이다. 왜란 이후 광해군은 명이 조선에 군사를 요청하자 명과 후금 사이에서 중립 외교 정책을 펼쳤다. 그는 강홍립이 이끄는 군대를 명에 파견하면서 상황에 따라 유연하게 대처하도록 지시하였다. 또한 토지 대장을 정비하고, 대동법을 실시하는 등 전쟁 피해 복구에 힘썼다.

(바로 알기) ①은 효종, ③은 중종, ④, ⑤는 성종에 대한 설명이다.

✦ **이건 꼭 알기!** 강홍립에게 명과 후금 사이에서 상황에 따라 대처할 것을 지시함(중립 외교 정책) + 대동법 실시 → **광해군의 정책**

11 정묘호란의 전개

정묘호란 때 인조는 강화도로 피란하였으며(ⓒ), 명과의 전쟁을 앞두고 있던 후금은 조선과 형제 관계를 맺고 돌아갔다(ⓜ).

(바로 알기) ㉠은 친명배금 정책으로 고쳐야 한다. 중립 외교는 광해군의 정책이다. ⓛ은 명군으로 고쳐야 한다. ㉣은 정봉수, 이립 등으로 고쳐야 한다. 곽재우, 고경명 등의 의병장이 활약하였던 전쟁은 임진왜란이다.

✦ **이건 꼭 알기!** 서인의 친명배금 정책 + 후금의 침략 + 인조의 강화도 피란 + 정봉수와 이립의 활약 + 형제 관계 체결 → **정묘호란**

12 병자호란의 전개

(가) 전쟁은 병자호란이다. 정묘호란 이후 세력을 키운 후금이 이름을 청으로 바꾸고 조선에 군신 관계를 요구하였다. 조선 조정에서는 주전론이 우세해지면서 청의 요구를 거절하였고, 이에 청이 조선을 다시 침략하며 병자호란이 발발하였다. 당시 인조는 남한산성으로 피신하여 항전하였으나, 결국 삼전도에서 항복하고 청과 군신 관계를 맺었다. 그 결과 조선은 막대한 공물을 부담하고, 왕자, 신하, 백성들이 청에 끌려가 고통을 겪었다. 시각 자료 속 남한산성은 병자호란 당시 인조가 피신한 곳이다. 서울 삼전도비는 청 태종의 공덕을 적은 비석으로, 병자호란 때 인조가 삼전도에서 청에 항복하여 화의를 맺은 이후 청 태종이 조선에 자신의 공덕비를 세우도록 한 것이다.

(바로 알기) ㄱ. 임진왜란 당시 선조는 의주까지 피란하여 명에 지원군을 요청하였다. ㄴ. 임진왜란 때 곽재우 등의 의병장이 활약하였다.

✦ **이건 꼭 알기!** 주전론이 우세해짐 + 인조의 남한산성 피신 + 삼전도의 항복 + 왕자, 신하 등이 포로로 청에 끌려감 → **병자호란**

01 주제: 유향소의 역할

(1) **답안 키워드** 유향소, 수령, 향리

(2) **예시 답안** (가)는 유향소이다. 유향소는 향촌 자치 기구로 수령(지방관)을 보좌·견제하고 향리의 부정을 감시하며, 백성을 교화하였다.

채점 기준	
상	유향소를 쓰고, 유향소의 역할로 수령 보좌·견제, 향리 감시, 백성 교화 중 두 가지를 서술한 경우
중	유향소를 쓰고, 유향소의 역할로 위 내용 중 한 가지만 서술한 경우
하	유향소만 쓴 경우

02 주제: 6조 직계제의 실시 목적

예시 답안 6조 직계제, 재상의 권한을 약화하여 왕권을 강화하기 위한 목적으로 시행되었다.

채점 기준	
상	6조 직계제를 쓰고, 6조 직계제의 실시 목적을 서술한 경우
하	6조 직계제만 쓴 경우

03 주제: 주전론(척화론)의 영향

예시 답안 주전론(척화론), 세력을 키운 후금이 국호를 청으로 바꾸고 조선에 군신 관계를 요구하자, 조선에서는 주화론과 주전론(척화론)으로 나뉘어 대립하였다. 주전론(척화론)이 우세해져 조선 정부가 청의 요구를 거절하자, 청은 조선을 침략하여 병자호란을 일으켰다.

채점 기준	
상	주전론(척화론)을 쓰고, 주전론(척화론)이 우세해지면서 병자호란이 일어났음을 서술한 경우
하	주전론(척화론)만 쓴 경우

STEP 3 1등급 정복하기 044쪽

01 ④   **02** ⑤

01 의정부 서사제의 특징

자료의 정치 체제는 의정부 서사제이다. 의정부 서사제는 6조에서 담당하는 일을 의정부에서 논의한 뒤 왕에게 보고하도록 한 제도로, 재상의 국정 주도권을 강화하였다. 의정부 서사제를 실시한 세종은 재상의 권한을 확대하면서도 인사와 군사에 관한 일은 왕이 직접 처리하도록 하였다.

(바로 알기) ㄱ, ㄷ은 6조 직계제에 대한 설명이다.

02 공론 정치의 실시

대간은 3사 중 사헌부의 대관과 사간원의 간관을 합쳐 부르는 말이었어.

┤ 자료 분석 ├

임금이 말하길 "근일 대간의 말을 받아들인 것이 한두 가지가 아니다. 들을 만하면 듣고 의논할 만하면 의논한다. 들을 만하지 못한 것을 어찌 반드시 좇겠는가?" 대간이 또 아뢰기를 "공론은 국가의 원기이며, 대간은 공론을 제기하는 관리입니다. 원기가 쇠하면 사람이 병들고 공론이 폐지되면 나라가 위태롭습니다. 전하께서 즉위한 이래 신 등이 공론을 잡고 연달아 대궐 아래 엎드렸습니다." ─『중종실록』

대간은 공론이 중앙 정치에 반영되게 하는 역할을 하였지.

자료에는 공론 정치의 모습이 나타나 있다. 공론은 정부 정책 등을 놓고 붕당 내부의 토론을 거쳐 형성된 여론을 말한다. 공론 정치는 이러한 공론이 정치에 반영되는 것으로, 3사의 관리는 공론을 앞세워 중앙 정치에 반영시키는 역할을 하였다.

(바로 알기) ㄱ. 공론 정치는 사림이 주도하였다. ㄴ. 공론 정치는 지방 사족의 의견까지 정치에 반영할 수 있는 장점이 있었다.

수능 첫걸음 045쪽

(실전 문항) ①

(실전 문항) 고려 말~조선 초의 정치 상황

이성계는 요동 정벌이 불가능하다고 주장하였으나 받아들여지지 않았어.

┤ 자료 분석 ├

(가) 이성계가 여러 장수에게 "내가 글을 올려 위화도에서 회군하기를 청하였으나, 왕이 살펴보지 않고 최영도 듣지 않는다."라고 하였다. …… 여러 장수가 모두 말하기를 "우리나라의 안위가 공의 한 몸에 달려 있으니, 감히 명령대로 따르지 않겠습니까."라고 하였다. 이에 군사를 돌려 압록강을 건넜다.

이성계가 위화도에서 군사를 되돌리는 회군을 단행하였음을 알 수 있어.

(나) 국왕이 승정원에 전하기를 "『경국대전』을 교정한 후에는 『대명률』의 예에 따라 가볍게 고치지 못하도록 하고, 만약 고치기를 청하는 자가 있으면 죄를 논하는 것이 어떠한가?"라고 하였다. …… 국왕이 예조에 "『경국대전』을 다가오는 을사년 1월 1일에 반포하여 시행하라."라고 하였다.

조선의 기본 법전이 되는 『경국대전』은 성종 때 완성·반포되었어.

(가)는 이성계가 위화도 회군(1388)을 단행한 고려 말의 상황이고, (나)는 조선 초 성종이 세조 때부터 시작한 『경국대전』의 편찬을 완성하여 반포를 명령하는 상황이다. (가), (나) 시기 사이에 조선이 건국되었다(1392).

(바로 알기) ② 중종반정(1506)은 연산군 시기에 있었던 사실이다. ③ 무오사화(1498)는 사림 김종직이 작성한 「조의제문」이 빌미가 되어 발생한 사화로, 연산군 시기에 일어났다. ④ 교정도감은 최씨 무신 정권기에 최충헌이 설치한 최고 정책 결정 기구였다. ⑤ 동인과 서인이 나뉘어 붕당을 형성한 것은 16세기 선조 때의 사실이다.

04 조선 후기의 새로운 흐름

01 비변사의 권한 강화

(가) 기구는 비변사이다. 군사 문제를 논의하던 임시 기구인 비변사는 임진왜란을 거치면서 3정승을 비롯한 고위 관리로 구성원이 확대되고 국가 정책 전반을 논의하는 최고 기구로 위상이 높아졌다. 왜란 이후에도 전후 복구 사업 추진, 청(후금)의 침략 등에 대응하는 과정에서 비변사의 강화된 위상은 유지되었다. 이 과정에서 의정부와 6조 중심의 행정 체계가 유명무실해졌다.

바로 알기 ㄱ. 수도의 행정과 치안을 담당한 중앙 조직은 한성부이다. ㄴ은 홍문관에 대한 설명이다.

✦ **이건 꼭 맘기!** 변방 방비를 담당하는 임시 기구 + 양 난 이후 국정 총괄 기구(의정부와 6조 중심의 행정 체계 유명무실화) → **비변사**

01-1

비변사가 축소·폐지된 것은 흥선 대원군 집권기의 일이다. 흥선 대원군은 왕실의 권위를 회복하고자 경복궁을 중건하였는데, 이 공사에 백성을 동원하였다.

바로 알기 ① 환국은 조선 숙종 대에 여러 차례 일어났다. ② 조선 영조가 균역법을 실시하였다. ③ 장용영은 조선 정조가 설치한 친위 부대이다. ⑤ 임술 농민 봉기가 전국적으로 일어나자, 세도 정권은 안핵사를 파견하여 주동자를 처벌하도록 하였다. ①, ②, ③, ⑤는 모두 비변사가 중앙 정치에서 위상이 강화된 시기에 일어난 사실이다.

02 훈련도감의 특징

밑줄 친 '도감'은 훈련도감이다. 훈련도감은 임진왜란 때 새로 설치된 군사 조직으로 조총을 쓰는 포수, 활을 쏘는 사수, 창·칼을 쓰는 살수의 삼수병으로 구성되었다.

바로 알기 ① 훈련도감은 직업 군인으로 구성되었다. ②는 고려 시대에 결성된 별무반에 대한 설명이다. ③은 고려 무신 정권기의 상황이다. ⑤는 조선 후기 지방군인 속오군에 대한 설명이다.

✦ **이건 꼭 맘기!** 급료를 받는 상비군 + 삼수병(포수, 살수, 사수)으로 구성 → **훈련도감**

03 붕당 정치의 전개

(가)는 북인, (나)는 서인에 해당한다. 북인은 왜란 이후 광해군과 함께 전후 복구 사업을 추진하며 정국을 주도하였다. 서인은 인조반정으로 광해군을 몰아내고 정국을 장악하였으며, 숙종 시기 환국을 거치면서 노론과 소론으로 분열되었다.

바로 알기 ㄱ은 훈구 세력, ㄹ은 동인에 대한 설명이다.

✦ **이건 꼭 맘기!** 광해군 시기 북인 주도 + 인조반정 이후 서인 중심으로 남인과 북인 공존 → **붕당 정치의 전개**

04 예송의 발생

자료는 예송이 전개되는 상황을 보여 주고 있다. 예송이 발생한 것은 조선 현종 때의 일로, 효종과 효종비가 죽은 후 효종의 계모인 자의 대비가 상복을 몇 년 입어야 하는지에 관하여 서인과 남인이 두 차례 충돌하였다. 예송은 효종의 정통성 문제를 둘러싼 서인과 남인의 학문적 논쟁에서 시작하였지만, 점차 붕당 간 정치적 대립으로 이어졌다.

바로 알기 ② 사화는 사림이 화를 입은 것을 말한다. ③ 이자겸의 난은 고려 문벌 사회의 동요를 보여 준다. ④ 원 간섭 극복을 위해 고려 공민왕이 반원 개혁 정책을 추진하였다. ⑤ 환국은 집권 붕당이 급격히 교체되는 것으로 숙종 때에 여러 차례 일어났다.

✦ **이건 꼭 맘기!** 왕실 상복 예법 논쟁 + 서인과 남인의 대립 → **예송**

05 환국의 발생

(가)는 환국에 해당한다. 숙종 재위 기간에는 서인과 남인 사이에서 집권 붕당이 급격히 교체되는 환국이 여러 차례 발생하였다. 잦은 환국은 붕당의 상호 견제와 공존의 원리를 무너뜨리고 상대 붕당에 대한 탄압을 심화시켰다.

바로 알기 ① 경연은 조선 시대 국왕과 관리들이 학문을 토론하는 일을 말한다. ② 공론은 정부 정책 등을 놓고 붕당 내부의 토론을 거쳐 여론을 형성하는 것을 말한다. ③ 사화는 사림이 화를 입은 사건을 말한다. ④ 예송은 현종 때 발생한 붕당 간 예법 논쟁이다.

✦ **이건 꼭 맘기!** 숙종 + 집권 붕당의 잦은 교체 → **환국**

06 환국의 영향

숙종 때 여러 차례 일어난 환국으로 서인과 남인이 번갈아 집권하면서 집권 붕당이 상대 붕당을 탄압하는 일이 빈번하였다. 그 결과 상대 붕당을 인정하지 않고 특정 붕당이 권력을 독점하는 일당 전제화 경향이 나타났다.

바로 알기 ① 사림은 외척 정치의 잔재 청산 문제와 이조 전랑의 임명 문제를 놓고 대립하다가 동인과 서인으로 분화되었다. ② 광해군이 명과 후금 사이에서 중립 외교를 펼쳤다. ③ 붕당 형성 이후 동인은 서인과 경쟁하는 과정에서 남인과 북인으로 나뉘었다. ④ 15세기에 세조의 즉위를 도운 훈구 세력이 정치를 장악하였다.

✦ **이건 꼭 맘기!** 상대 붕당 탄압 + 일당 전제화 경향 → **환국의 영향**

07 영조의 업적

자료는 영조가 내린 탕평 교서이다. 영조는 성균관 앞에 탕평비를 세워 특정 붕당에 치우치지 않겠다는 탕평의 의지를 널리 알리고자 하였다.

(바로 알기) ①은 조선 성종, ②, ④는 조선 정조, ⑤는 조선 광해군 때의 일이다.

◆ 이건 꼭 암기! 탕평 정치 추진 + 탕평비 건립 → **영조의 탕평책**

08 정조의 개혁 정책

밑줄 친 '이 왕'은 조선 정조이다. 정조는 자신의 정치적 이상을 담아 수원 화성을 건설하였다. 당시 화성의 설계를 담당하였던 정약용은 도르래의 원리를 적용한 거중기 등을 활용하여 수원 화성의 공사 기간을 단축하는 데 기여하였다. 정조는 법전인 『대전통편』을 편찬하였으며, 친위 부대인 장용영을 설치하여 왕권을 뒷받침하는 군사적 기반을 강화하였다.

(바로 알기) ㄴ은 흥선 대원군, ㄹ은 이성계에 대한 설명이다.

◆ 이건 꼭 암기! 수원 화성 건설 + 장용영 설치 + 초계문신제 실시 + 규장각 설치(서얼 등용) → **정조의 개혁 정책**

09 홍경래의 난

자료의 격문은 1811년 홍경래의 난 때 발표되었다. 홍경래의 난은 평안도민에 대한 정부의 차별과 세도 정치기 지배층의 수탈에 반발하여 일어났다.

(바로 알기) ① 묘청, 정지상 등 서경 세력이 고려 인종 때 서경으로 천도할 것을 주장하였으나, 김부식 등 개경 세력의 반대로 좌절되었다. ② 고려 중기 무신에 대한 차별 대우가 원인이 되어 무신 정변이 발생하였다. ③ 고려 말 요동 정벌에 반대하던 이성계는 위화도에서 회군을 단행하였다. ④ 후금의 침략을 받은 명이 지원군을 요청하자 광해군은 강홍립을 파견하여 명과 후금 사이에서 중립 외교를 펼쳤다.

◆ 이건 꼭 암기! 평안도 지역 차별 + 세도 정치기 → **홍경래의 난(1811)**

10 진주 농민 봉기

밑줄 친 '소동'은 1862년의 진주 농민 봉기이다. 경상 우병사 백낙신의 수탈에 반발한 진주 농민들은 관아를 습격하여 조세 대장을 없애고 진주성을 점령하였다. 이를 계기로 세도 정치기 삼정의 문란과 지배층의 수탈에 분노하던 농민들도 각지에서 일어나면서 봉기가 전국으로 확산되었다(임술 농민 봉기, 1862). 이에 대응하고자 세도 정권은 삼정이정청을 설치하여 삼정의 문란을 시정하고자 하였으나, 큰 성과를 거두지는 못하였다.

(바로 알기) ① 고려 왕실의 외척이던 이자겸이 일으킨 사건은 이자겸의 난이다. ② 평안도 지역에 대한 정부의 차별이 원인이 되어 일어난 사건은 홍경래의 난이다. ③ 무신 정권기에 사노비 만적은 신분 해방 운동 성격의 봉기를 모의하였다. ⑤는 묘청의 난에 대한 설명이다.

◆ 이건 꼭 암기! 진주 농민 봉기 + 임술 농민 봉기 → **삼정이정청 설치**

10-1

진주 농민 봉기는 세도 정치 시기에 일어났다. 순조·헌종·철종의 3대 60여 년 동안 안동 김씨, 풍양 조씨 등 소수 외척 가문이 정권을 장악하면서 세도 정치가 전개되었다. 세도 가문이 비변사를 비롯한 중앙 권력을 독점하자, 왕권이 약화되고 공론 정치가 제 기능을 하지 못하였다. 정치 기강이 무너지면서 과거 시험 부정과 관직을 사고파는 일이 성행하였고 삼정이 문란해져 민생이 어려워졌다.

(바로 알기) ② 비변사의 기능이 약화되고 의정부와 삼군부의 기능이 부활한 것은 흥선 대원군 때의 일이다.

11 흥선 대원군의 개혁 정치

교사가 설명하는 인물은 흥선 대원군이다. 흥선 대원군은 세도 정치로 무너진 정치 기강과 왕권을 회복하고자 정치 개혁을 단행하였다. 그는 세도 정권의 핵심 권력 기구로 왕권을 제약하였던 비변사를 축소·폐지하고 의정부와 삼군부의 기능을 부활시켜 왕권 강화를 도모하였다.

(바로 알기) ①은 조선 영조, ②는 고려 공민왕, ③은 조선 선조, ⑤는 조선 중종 때 조광조의 개혁에 대한 설명이다.

◆ 이건 꼭 암기! 비변사 권한 축소 + 왕권 강화 → **흥선 대원군의 개혁**

12 당백전의 발행

당백전은 흥선 대원군이 왕실의 권위를 회복하고자 임진왜란 때 불탄 경복궁을 중건하는 과정에서 발행한 고액 화폐이다. 흥선 대원군은 공사에 필요한 돈을 마련하려고 원납전이라는 기부금을 강제로 거두고 성문의 통행세까지 징수하였으며, 고액 화폐인 당백전을 다량 발행하였다. 당백전은 상평통보 100배 가치의 돈이었으나 실제 거래되었던 가치는 5~6배에 불과하여 물가 폭등의 원인이 되었다.

(바로 알기) ① 균역법이 실시된 것은 조선 영조 때의 일이다. ② 조선 흥선 대원군은 양전 사업을 통해 세금을 거둘 수 있는 땅을 파악하여 전세를 확보하고자 하였다. ③ 대동법은 광해군이 방납의 폐단을 극복하기 위해 시행한 정책이다. ⑤ 흥선 대원군은 삼정의 문란을 바로잡기 위해 양전 사업, 호포제, 사창제 등을 실시하였다.

◆ 이건 꼭 암기! 당백전 발행 + 통행세 징수 + 원납전을 거둠 + 양반의 묘지림 사용 + 백성 동원 → **흥선 대원군의 경복궁 중건**

13 서원 철폐

(가)에 들어갈 내용은 서원이다. 서원은 면세와 면역 특권을 누렸으며, 선현에 대한 제사를 지낸다는 명목으로 백성을 수탈하기도 하였다. 이러한 폐단을 극복하기 위해 흥선 대원군은 전국의 서원을 47개소만 남기고 철폐하였다. 흥선 대원군의 서원 철폐는 국가 재정 확충과 민생 안정에 기여하였으나, 양반 유생들의 거센 반발을 초래하였다.

◆ 이건 꼭 암기! 지방 양반 세력의 기반 + 흥선 대원군이 철폐 → **서원**

┌ 자료 분석 ┐

〈군포 납부층의 변화〉

호포제의 시행으로 군포 납부층이 양인뿐 아니라 양반으로 확대되었어.

면제층
노비 등 7%

납부층
양인 15%

면제층
양반·관리
49%

총
3,283호

면제층
노비 등
36%

면제층
관리
19%

총
3,313호

납부층 양반·양인
74%

자료에서 군포 납부층이 양인에서 양인과 양반으로 바뀌었음을 알 수 있다. 이는 호포제 시행에 따른 변화로, 호포제는 상민에게만 거두던 군포를 양반에게까지 징수한 제도이다.

(바로 알기) ① 녹읍은 신라 신문왕 때 폐지되었다. ③ 조선 정조는 통공 정책을 추진하여 시전 상인의 특권을 축소하였다. ④ 노비안검법은 고려 광종 때 시행된 제도이다. ⑤ 조선 숙종 때 여러 차례 환국이 일어났다.

✦ 이건 꼭 암기! 흥선 대원군 + 군정 개혁 + 양반층의 군포 납부 → **호포제의 시행**

서술형 문제

053쪽

01 주제: 정조의 개혁 정치

(1) (답안 키워드) 탕평책, 초계문신제, 수원 화성

(2) (예시 답안) 정조는 노론·소론·남인 세력을 고루 등용하여 적극적으로 탕평책을 펼쳤으며, 초계문신제를 실시하여 개혁 세력을 육성하였다. 또한 수원 화성을 건설하여 개혁 정치의 중심지로 삼고자 하였다.

채점 기준	
상	정조의 업적을 세 가지 서술한 경우
중	정조의 업적을 두 가지 서술한 경우
하	정조의 업적을 한 가지만 서술한 경우

02 주제: 진주 농민 봉기

(예시 답안) 진주 농민 봉기, 진주 농민 봉기를 시작으로 전국에서 봉기가 일어나자 정부는 암행어사를 보내 관리의 비리를 조사하고 안핵사를 파견하여 주동자를 처벌하는 한편, 삼정이정청을 설치하여 삼정의 문란을 해결하고자 하였다.

채점 기준	
상	진주 농민 봉기를 쓰고, 정부의 대응책을 두 가지 서술한 경우
중	진주 농민 봉기를 쓰고, 정부의 대응책 중 한 가지만 서술한 경우
하	진주 농민 봉기만 쓴 경우

03 주제: 사창제 시행

(예시 답안) 사창제, 흥선 대원군은 환곡의 폐단을 극복하기 위해 사창제를 시행하였다. 사창제가 시행되면서 환곡의 고리대적인 성격이 완화되었다.

채점 기준	
상	사창제를 쓰고, 사창제의 시행 배경과 효과를 모두 서술한 경우
중	사창제를 쓰고 사창제의 시행 배경과 효과 중 한 가지만 서술한 경우
하	사창제만 쓴 경우

STEP 3 1등급 정복하기

054쪽

01 ③　　**02** ①

01 붕당 정치의 전개

(가)는 왕실의 상복 착용 기간을 둘러싸고 서인과 남인 사이에서 예송이 벌어진 현종 시기의 상황을 보여 준다. 두 차례 예송으로 두 붕당의 정치적 대립이 심화하였다. (나)는 영조가 이조 전랑의 권한을 축소하여 붕당 정치의 폐단을 시정하는 모습을 보여 준다. (가)와 (나) 시기 사이인 숙종 때 집권 붕당이 바뀌는 환국이 여러 차례 발생하였다. 그 결과 남인이 몰락하고 서인은 노론과 소론으로 분화하였으며, 붕당 정치가 변질되어 특정 붕당이 권력을 독점하는 경향이 대두하였다.

(바로 알기) ① 임진왜란은 (가) 이전인 1592년에 발발하였다. ② 북인은 (가) 이전인 광해군 시기에 정국을 주도하며 전후 복구에 힘썼다. ④ 정도전은 (가) 이전인 태조 때 벌어진 제1차 왕자의 난으로 숙청되었다. ⑤ (나) 이후 시기에 나이 어린 임금이 잇달아 즉위하자 안동 김씨, 풍양 조씨 등 소수 외척 가문이 중앙 권력을 장악하였다. 이후 세도 정치가 전개되었다.

판서로 보는 고난도 개념	붕당 정치의 전개
선조	동서 붕당의 형성 → 동인의 분화(남인, 북인)
↓	
광해군	북인이 정국 주도 → 인조반정으로 축출
↓	
인조·효종·현종	서인이 주도하고 남인이 참여(상호 공존) → 현종 때 예송 전개 → 붕당 간의 대립 심화
↓	
숙종	여러 차례 환국 단행 → 남인 몰락, 서인의 분화(노론, 소론) → 일당 전제화 경향 대두, 붕당 정치의 변질

2 세도 정치기의 상황

지금 나이 어린 임금이 위에 있어서 권세 있는 간신배가 날로 성장하여 (왕의 외척인) 김조순, 박종경 무리가 나라의 권력을 독점하고 제 마음대로 이용하였다. 어진 하늘이 재앙을 내려 겨울 번개와 지진이 일어나고 바람과 우박이 없는 해가 없었다. 이 때문에 큰 흉년이 거듭 이르고 굶어 부황난 무리가 길에 널려 늙은이와 어린이가 구렁에 빠져서 산 사람이 거의 죽음에 임박하였다. └ 세도가들의 부정부패와 자연재해 등으로 백성들의 생활이 어려워졌어. — 『패림』

자료는 세도 정치기의 모습이다. 이 시기에는 안동 김씨, 풍양 조씨를 비롯한 소수의 세도 가문이 비변사 등 주요 관직을 독점하고 국정을 주도하였다. 그 결과 왕권이 약화하고 언론 기관의 기능이 무너졌으며, 삼정의 문란이 극심해져 백성들의 세금 부담이 증가하였다.

(바로 알기) ㄷ. 명종 때 많은 사림이 왕과 외척 세력 간 권력 다툼에 휩쓸려 큰 피해를 입었다(을사사화). ㄹ. 병자호란 이전에 청에 대한 군신 관계 요구를 두고 주전론(척화론)과 주화론이 대립하였다.

수능 첫걸음

055쪽

(실전 문항) ③

(실전 문항) **흥선 대원군의 정책**

경복궁 중건을 가리켜.

[(가)]이/가 나라의 권력을 잡은 십 년 동안, 토목 공사를 일으키고 친한 사람만을 등용함으로써, 정치는 문란해지고 백성들은 원망하였다. …… 임금도 역시 친아버지가 오랫동안 정권을 휘두르는 것을 마음속으로는 자못 싫어하였다. 때마침 최익현이 상소하여 [(가)]의 잘못을 탄핵하였다. …… [(가)]이/가 물러나자, 나라의 권력이 모두 민씨의 손아귀로 들어갔다. └ 최익현은 경복궁 중건 당시 발행된 당백전을 철폐할 것을 주장하였어. — 『대한계년사』

토목 공사를 일으키고, 임금도 친아버지가 오랫동안 정권을 휘두른 것을 싫어하였으며, 최익현이 당백전 발행에 반발하여 상소를 올렸다는 내용을 통해 (가) 인물은 흥선 대원군임을 알 수 있다. 흥선 대원군은 기존의 법전들을 바탕으로 새로운 법전인 『대전회통』을 편찬하여 법령을 정비하였다.

(바로 알기) ① 국학은 통일 신라 신문왕이 설립한 교육 기관으로 유학을 교육하였다. ② 고려 시대 묘청이 풍수지리설에 근거하여 서경 천도를 추진하였다. ④ 고려 광종이 노비안검법을 실시하였고, 그 결과 국가 재정의 기반이 확충되었다. ⑤ 고려 공민왕은 반원 개혁 정책을 추진하였으며, 쌍성총관부를 공격하여 철령 이북의 영토를 수복하였다.

대단원 실력 굳히기

058~061쪽

01 ②	02 ③	03 ②	04 ⑤	05 ⑤	06 ④	07 ②
08 ③	09 ④	10 ⑤	11 ③	12 ①	13 ③	14 ④
15 ②	16 ①	17 ②	18 ①	19 ③		

01 청동기 시대의 사회 모습

자료에서 사유 재산과 계급이 발생하였다는 점, 대표적인 문화유산으로 고인돌이 제시된 점 등을 통해 (가) 시대가 청동기 시대임을 알 수 있다. 청동시 시대에는 생산력이 높아져 잉여 생산물이 생기고 마을의 규모가 커졌다. 이 과정에서 계급이 발생하여 군장이라는 지배층이 등장하였고 집단 간 세력의 차이도 생겼다. 청동기 시대의 지배층은 비파형 동검, 청동 거울 등 청동으로 만든 무기나 제사용 도구를 사용하였다.

(바로 알기) ①은 신석기 시대, ③은 철기 시대의 사실이다. ④, ⑤ 구석기 시대 사람들은 주로 동굴이나 막집에 거주하였으며, 무리를 지어 살면서 이동 생활을 하였다.

02 삼한의 사회 모습

한반도 남부에서는 마한, 진한, 변한의 삼한이 성립하였다. 여러 소국의 연합으로 이루어진 삼한은 정치와 종교가 분리된 사회로 각 소국은 신지, 읍차 등의 군장이 통치하였고 천군이라는 제사장이 천신에 대한 제사를 주관하였으며, 소도라는 신성 지역도 있었다.

(바로 알기) ①은 고구려, ②, ⑤는 고조선, ④는 부여에 대한 설명이다.

03 고구려의 발전

자료는 고구려의 제가 회의를 보여 준다. 국내성에서 평양으로 수도를 옮긴 고구려의 장수왕은 남진 정책을 펼쳤다. 그 결과 고구려는 한강 유역을 차지하였다.

(바로 알기) ① 고조선은 한의 공격을 받아 멸망하였다. ③ 신라는 법흥왕 때 국정을 총괄하는 상대등을 두었다. ④ 발해는 전국을 5경 15부 62주로 나누었다. ⑤ 신라는 진흥왕 때 화랑도를 국가적인 조직으로 개편하였다.

04 백제 사비 시대

(가)에는 백제의 수도가 사비(부여)였던 시기의 사실이 들어가야 한다. 6세기 중엽 백제 성왕 때 사비(부여)로 수도를 옮겼다(538). 그리고 신라와 연합하여 한강 하류 지역을 일시적으로 되찾았으나, 신라에 다시 빼앗겼다.

(바로 알기) ① 고조선은 기원전 4세기경 중국의 연과 겨룰 정도로 성장하였다. ② 6세기 초 백제 무령왕 때 지방 22담로에 왕족을 파견하였다. ③ 4세기 중엽 백제 근초고왕은 마한의 남은 세력을 정복하고 고구려의 평양성을 공격하는 등 최대 영토를 확보하였다. ④ 4세기 말 침류왕 때 백제는 동진으로부터 불교를 수용하였다.

05 원종과 애노의 봉기 발발

원종과 애노 등이 사벌주를 근거지로 반란을 일으켰다는 내용을 통해 자료의 상황은 신라 말 진성 여왕 때 일어난 원종과 애노의 난을 가리킴을 알 수 있다. 8세기 후반 신라의 혜공왕이 피살되면서 무열왕계 왕실이 무너지고 진골 귀족들이 왕위 다툼을 벌였다. 이러한 상황에서 김헌창(822)의 난이 일어나는 등 중앙 정치가 혼란해지고 정부와 귀족의 농민 수탈이 계속되었다. 9세기 말 진성 여왕 때에는 원종과 애노의 봉기(889)를 시작으로 전국 각지에서 농민 봉기가 일어났다. 한편, 신라 말에는 호족이 성장하여 지방의 행정과 군사에 대한 실질적인 통치력을 행사하였다. 유력한 호족 세력인 견훤은 900년에 후백제를 세웠다.

06 발해의 발전

| 자료 분석 |

백제(부여씨)와 고구려(고씨) 멸망 이후 신라(김씨)가 남쪽을 차지하고, 발해(대씨)가 북쪽을 차지했다는 것을 뜻해.

옛날에 고씨가 북쪽에 거주하여 고구려라고 하였고, 부여씨가 서남쪽에 거주하여 백제라고 하였으며, 박·석·김씨가 동남쪽에 거주하여 신라라고 하였다. …… 부여씨가 망하고 고씨가 망하자 김씨가 그 남쪽을 영유하였고, 대씨가 그 북쪽을 영유하여 〔 (가) 〕(이)라고 하였다. 이것이 남북국이라고 부르는 것으로 마땅히 남북국사가 있어야 했음에도 고려가 이를 편찬하지 않은 것은 잘못된 일이다.

이 글은 유득공이 남긴 『발해고』의 서문이야. 우리의 역사인 발해의 역사가 정리되지 않은 것에 아쉬움을 표하고 있어.

부여씨가 망하고 고씨가 망하자 김씨가 남쪽을 영유하였고 대씨가 북쪽을 차지했다는 점, 남북국이 등장하였다는 점 등을 통해 (가) 국가가 발해임을 알 수 있다. 발해의 중앙 정치 조직은 왕 아래 정당성, 선조성, 중대성의 3성을 두었고, 정당성의 장관인 대내상이 국가 행정을 총괄하였다.

바로 알기 ① 고조선은 8조법을 통해 사회 질서를 유지하였다. ② 통일 신라는 중앙군으로 9서당을 두었다. 9서당에는 신라인뿐만 아니라 고구려 유민, 백제 유민, 말갈인을 포함하여 민족의 통합을 도모하였다. ③ 900년에 견훤은 완산주를 도읍으로 하여 후백제를 건국하였다. ⑤ 고구려가 신라에 침입한 왜구를 격퇴하는 과정에서 금관가야가 피해를 입자, 가야 연맹을 주도하는 국가가 금관가야에서 대가야로 변화하였다.

07 노비안검법의 실시

노비를 조사하여 옳고 그름을 분명히 가리도록 명하였다는 것을 통해 자료에서 설명하는 제도가 노비안검법임을 알 수 있다. 노비안검법은 후삼국 통일 과정에서 포로가 되거나 호족이 강압적으로 노비로 삼은 자를 조사하여 양인으로 풀어주도록 한 법이다. 노비안검법의 실시 결과 공신과 호족의 경제적 기반이 약해졌고, 양인의 수가 늘어 국가 재정 기반이 확충되었다.

바로 알기 ① 무신 정권기 무신들은 토지와 노비를 불법적으로 늘렸다. ③ 고려 문벌 사회는 이자겸의 난과 묘청의 서경 천도 운동을 겪으면서 분열하였다. ④ 권문세족은 원 간섭기에 등장한 세력이다. ⑤ 향과 부곡은 농업, 소는 특산물 생산을 담당한 곳으로 일반 군현에 비해 차별받았다.

08 고려 광종의 업적

자료의 노비안검법은 고려 광종 때 실시되었다. 광종은 공복을 제정하여 등급에 따라 관복 색깔을 다르게 함으로써 관리의 기강을 확립하였다.

바로 알기 ① 통일 신라 신문왕은 관료전을 지급하고 녹읍을 폐지하여 귀족의 영향력을 약화시키고자 하였다. ② 독서삼품과는 통일 신라 원성왕 때 실시되었다. ④ 고려 태조는 후대 왕들에게 훈요 10조를 유훈으로 남겼다. ⑤ 고려 성종은 지방에 12목을 설치하고 지방관을 파견하였다.

09 고려 성종의 정책

(가)는 최승로의 시무 28조이다. 고려 성종은 최승로의 시무 28조를 받아들여 유교를 토대로 통치 체제를 정비하였다. 중앙 통치 제도는 기존 제도를 바탕으로 중국의 제도를 참고하여 2성 6부제로 정비하였고, 지방에는 12목을 설치하여 지방관을 파견하였다. 또한 국가 행사에 유교 의례를 도입하고 국자감을 정비하는 등 유학 교육을 장려하였다.

바로 알기 ① 고려 경종 때 전시과 제도가 마련되었다. ② 전민변정도감은 고려 공민왕이 신돈을 등용하여 개혁 정책을 펼치고자 마련한 기구이다. ③, ⑤ 고려 태조는 유력한 호족 가문과 혼인을 하는 등 호족을 포섭하는 정책을 펼친 반면, 지방 호족의 자제를 인질로 삼아 수도에 머무르게 하는 기인 제도를 실시하여 지방의 호족을 견제하였다.

10 고려의 정치 변화

(가)는 서경 행차를 반대하는 내용을 통해 고려 인종 때 서경 천도 운동의 추진 과정에서 제기된 개경 세력의 주장임을 알 수 있다. (나)는 공주 명학소 사람 망이·망소이가 봉기한 점을 통해 무신 정권기에 일어난 망이·망소이 형제의 봉기(1176)임을 알 수 있다. ⑤ 고려에서는 이자겸의 난, 묘청의 서경 천도 운동 등을 겪으면서 문벌 사회가 분열하였다. 이러한 상황에서 무신에 대한 차별에 불만을 품고 있던 정중부 등이 무신 정변을 일으켜 무신 정권을 수립하였다(1170).

바로 알기 ① 이자겸의 난은 고려 인종 때인 1126년에 일어났다. ② 원종과 애노의 봉기는 신라 말에 사벌주(지금의 상주)에서 일어났다. ③ 위화도 회군은 고려 말인 1388년의 일이다. ④ 두 차례 왕자의 난이 일어난 것은 조선 태조와 정종 때의 사실이다.

11 고려 공민왕의 업적

지도의 되찾은 영토는 철령 이북 지역으로, (가) 왕은 공민왕에 해당한다. 고려 공민왕은 반원 개혁 정책을 펼쳐 쌍성총관부를 공격하고 철령 이북의 영토를 수복하였다. 또한 친원 세력인 기씨 일족을 제거하고 정동행성이문소를 폐지하였다.

바로 알기 ㄱ. 교정도감은 최충헌이 설치한 최씨 무신 정권 시기의 최고 권력 기구이다. ㄹ. 무신 정권기 최우는 몽골의 침략에 맞서 항전하고자 강화도로 천도하였다.

12 조선의 통치 체제

(가) 국가는 조선이다. 조선 정부는 국가의 위급 사태를 알리고자 봉수제를 정비하였다. ① 조선은 전국의 8도에 관찰사를 파견하여 해당 지역을 관할하도록 하였다.

(바로 알기) ② 고려의 최우는 자신의 집에 인사 행정 기구로 정방을 설치하여 인사권을 장악하였다. ③ 통일 신라는 지방 행정의 요충지에 5소경을 설치하여 수도인 금성(경주)이 동남쪽에 치우친 점을 보완하고, 그곳에 지배층을 이주시켜 지역의 고른 성장을 추구하였다. ④는 고려의 특수 행정 구역이었다. ⑤의 삼사는 고려의 중앙 통치 기구이며, 화폐와 곡식 출납을 담당하였다.

13 사림 세력의 특징

자료에서 서원이 세력 기반이 되었다는 점, 훈구 세력의 견제를 위해 3사에 등용되었다는 점을 통해 밑줄 친 '이 세력'은 사림임을 알 수 있다. 정몽주, 길재 등의 학통을 계승한 사림은 도덕과 의리를 바탕으로 하는 왕도 정치를 추구하였으며, 향촌 자치를 강조하였다. 사림은 훈구와 갈등을 겪으며 여러 차례의 사화로 피해를 입었지만 서원과 향약을 기반으로 향촌 사회에서 세력을 확대하였다.

(바로 알기) ③은 훈구에 대한 설명이다.

14 임진왜란의 전개 과정

자료의 밑줄 친 '임진년의 화'는 임진왜란이다. 전쟁 초반에 조선은 일본군의 군사력에 밀려 잇따라 패하였다. 그러나 이순신이 이끄는 수군이 남해 해상권을 장악하고, 육지에서는 의병이 일어나 일본군에게 타격을 주었다. 관군도 명의 원군과 함께 평양성을 탈환하며 전세를 회복하였다.

(바로 알기) ㄱ. 병자호란 당시 인조는 남한산성으로 피신하였다. ㄷ. 왜란 이후 광해군은 명과 후금 사이에서 중립 외교를 펼쳤는데, 명의 요청으로 강홍립이 이끄는 군대를 명에 파견하면서 상황에 따라 유연하게 대처하도록 지시하였다.

15 예송의 발생

자료에서 현종 때 자의 대비의 상복 입는 기간을 둘러싸고 일어난 점, 예법에 대한 논쟁이자 효종의 왕위 정통성을 관련이 있다는 점 등을 통해 밑줄 친 '이 논쟁'이 예송임을 알 수 있다. 현종 때 벌어진 두 차례의 예송은 효종의 정통성을 두고 발생한 학문적 논쟁에서 출발하였으나 점차 서인과 남인의 대립 격화로 이어졌다.

(바로 알기) ① 선조 때 동인이 남인과 북인으로 나뉘었다. ③ 1623년에 일어난 인조반정으로 정국을 주도하던 북인이 몰락하였다. ④ 숙종 때 일어난 여러 차례의 환국을 거치며 서인이 남인에 대한 대응 문제를 놓고 노론과 소론으로 분화되었다. ⑤ 중종 때 기묘사화가 일어나 조광조 등의 사림이 큰 피해를 입었다.

16 조선 정조 재위 기간의 사실

자료에서 『화성성역의궤』, 수원 화성 설계 등을 통해 (가) 왕은 정조임을 알 수 있다. 정조는 국왕의 친위 부대인 장용영을 설치하여 왕권을 뒷받침하는 군사적 기반을 강화하였다. 그리고 자신의 정치적 이상을 실현하는 도시로 수원 화성을 건설하여 개혁의 거점으로 삼고자 하였다.

(바로 알기) ②는 조선 성종, ③은 조선 태종과 세조, ④는 조선 숙종, ⑤는 조선 영조 때의 사실이다.

17 세도 정치 시기의 사회 모습

자료는 외척이 권력을 장악하는 모습을 보여 주는 것으로 세도 정치 시기의 상황을 다루고 있다. 세도 정치 시기 전정, 군정, 환곡의 삼정이 크게 문란해져 백성들의 생활이 어려워지고 국가 재정이 궁핍해졌다.

(바로 알기) ①, ④는 조선 영조에 대한 설명이다. ③ 정묘호란 이후에 후금은 국호를 청으로 바꾼 뒤 조선에 군신 관계를 요구하였다. ⑤ 임진왜란은 1592년, 정유재란은 1597년에 일어났다.

18 원납전의 발행

자료에서 8도의 부자 명단을 뽑아 돈을 거두었다는 사실을 통해 (가)는 원납전임을 알 수 있다. 원납전은 원하는 사람이 납부하는 돈이라는 뜻이지만 백성은 원망하면서 납부하였다는 의미에서 원망할 원(怨)을 사용하여 정부를 비판하기도 하였다. 원납전은 경복궁 중건에 필요한 재정을 마련하려고 거둔 돈이다.

(바로 알기) ② 흥선 대원군은 비변사의 기능을 축소·폐지하고 의정부와 삼군부의 기능을 부활하였다. ③ 훈련도감은 임진왜란 때 설치되었으며, 급료를 받는 상비군이었다. ④ 『대전통편』은 조선 정조 때 편찬되었다. ⑤ 조선 정조는 초계문신제를 실시하여 개혁 세력을 육성하였다.

19 호포제의 특징

백골징포(죽은 자에게 군포 징수), 황구첨정(어린아이에게 군포 징수) 등 군역(군정)의 폐단을 가리켜.

| 자료 분석 |

근래 [(가)]이/가 나오면서 등급이 문란해져 벼슬아치나 선비, 하인들이 똑같이 취급되고 상하의 구별이 없어졌으니 한탄스럽습니다. 이는 죽은 사람이나 어린아이에게 군포를 물리는 것만 불쌍히 여겨, 귀천에 관계없이 똑같이 군포를 부과하겠다는 것입니다. 명분이 없어지면 나라를 어떻게 다스리겠습니까?

자료에서 귀천에 관계없이 똑같이 군포를 부과한다는 내용을 통해 (가)는 호포제임을 알 수 있다. 흥선 대원군은 군역(군정)의 폐단을 개선하고 국가의 재정을 확충하기 위해 호포제를 실시하였다. 이로써 상민에게만 거두던 군포를 양반에게까지 징수하였다.

(바로 알기) ① 호포제는 양반층의 많은 반발을 가져왔다. ②는 정조 때 시행된 통공 정책에 대한 설명이다. ④ 흥선 대원군이 서원 철폐를 단행하자 국가 재정이 늘고 민생이 안정되었다. ⑤는 사창제에 대한 설명이다.

01 / 국제 관계와 대외 교류

STEP 1 핵심 개념 확인하기　　068쪽

1 나당 동맹　　**2** (1) 김춘추 (2) 기벌포 전투 (3) 청해진　　**3** (1)-㉠
(2)-㉢ (3)-㉡ (4)-㉣　　**4** (1) ◯ (2) × (3) ×　　**5** (가) 4군, (나) 6진
6 북벌 운동

STEP 2 내신 만점 공략하기　　068~071쪽

01 ②　**02** ⑤　**03** ④　**04** ④　**05** ②　**06** ③　**07** ⑤
07-1 ㄷ, ㄹ　　**08** ④　**09** ④　**09-1** ① **10** ①　**11** ②
12 ②　**13** ⑤

01 고구려의 독자적 천하관

> **자료 분석**
>
> 시조 추모왕이 나라를 세웠는데 …… <u>17세손에 이르러 국강상
> 광개토경평안호태왕이 18세에 왕위에 올라 칭호를 영락 태왕이
> 라 하였다.</u> …… 백잔(百殘, 백제)과 신라는 예로부터 고구려의
> 속민으로 조공을 해 왔다. ─ 광개토 대왕릉비
> └ 광개토 대왕이 즉위하였으며 '영락'이라는 연호와
> '태왕' 호칭을 사용하였음을 알 수 있어.

자료는 광개토 대왕릉비문이다. 광개토 대왕릉비를 통해 고구려
가 '태왕'이라는 칭호와 '영락'이라는 연호를 사용하는 등 독자적
천하관을 내세웠음을 알 수 있다.

（바로 알기） ① 나당 연합군의 공격으로 고구려가 멸망하였다. ③ 고구려의
을지문덕은 612년 수의 대군을 살수에서 대파하였다. ④ 신라와 당은 648년
나당 동맹을 체결하였다. ⑤ 삼국과 가야 문화가 일본에 전파되어 일본의
아스카 문화 발전에 영향을 끼쳤다.

◆ **이건 꼭 알기!** 영락 태왕 + 광개토 대왕릉비 → **고구려의 독자적 천하관**

02 나당 동맹과 나당 전쟁

지도는 7세기 전반 당의 침략에 대항하여 고구려가 안시성을 중
심으로 항전하였던 상황을 나타낸 것으로, (가)는 당이다. 7세기
중반 당은 신라의 제의로 동맹을 맺어 백제와 고구려를 멸망시켰
고, 그 과정에서 웅진도독부, 안동도호부, 계림 대도독부를 두어
한반도 전체를 지배하려 하였다. 이에 신라는 당과 전쟁을 벌여
매소성과 기벌포 전투에서 승리하며 당군을 몰아냈다.

（바로 알기） ㄱ은 수, ㄴ은 신라에 대한 설명이다.

◆ **이건 꼭 알기!** 나당 연합으로 백제와 고구려 멸망 + 웅진도독부, 안동도
호부, 계림 대도독부 + 매소성과 기벌포 전투 → **나당 동맹과 나당 전쟁**

03 장보고의 활동

(가) 지역은 전라남도 완도이다. 통일 신라 시기 장보고는 완도에
청해진을 설치하여 신라와 당, 일본을 연결하는 해상 무역의 거
점으로 삼았다.

（바로 알기） ①은 상경 용천부 등, ②는 요동성, 살수(청천강 유역) 등, ③은
매소성, 기벌포 등, ⑤는 금성(경주) 지역에 해당한다.

◆ **이건 꼭 알기!** 완도 + 청해진 설치 + 해상 무역 거점 → **장보고의 활동**

04 발해의 대외 교류

지도는 발해의 대외 교류를 나타낸 것이다. 발해는 문왕 이후 당
과의 조공·책봉 관계를 회복하고 활발한 교류를 벌였다. 이에 당
은 산둥반도의 등주에 발해관을 설치하여 발해인이 이용하도록
하였다. 또한 발해는 다양한 교통로를 이용하여 신라, 거란, 일본
등과 문물을 교류하였다.

（바로 알기） ㄱ. 사대교린의 원칙에 따라 주변국과 교류한 국가는 조선이다.
ㄷ. 사포(울산)가 무역 거점으로 번성한 국가는 통일 신라이다.

◆ **이건 꼭 알기!** 무왕 때 당과 대립 + 문왕 이후 당과의 관계 회복 + 발해
관 + 일본과 문물 교류 + 신라도 등 교역로 → **발해의 대외 교류**

05 서희의 외교 담판

자료에서 소손녕이 고려가 송을 섬기는 것을 지적한 점, 서희가
소손녕에게 고려가 고구려를 계승한 나라인 점을 말한 점을 통해
거란의 1차 침입 당시 거란의 소손녕과 서희가 회담하는 상황임
을 알 수 있다. 거란의 1차 침입 때 서희는 소손녕과 담판을 벌여
강동 6주를 확보하였다. 이 지역은 지도의 (나)에 해당한다.

（바로 알기） ① 조선 세종 때 여진을 몰아내고 압록강 지역에 4군과 (가) 두
만강 지역에 6진을 개척하였다. ③ 고려 태조는 (다) 평양을 중시하여 서경
으로 삼고 북진 정책의 전진 기지로 활용하였다. ④ 삼별초는 고려 정부의
(라) 개경(개성) 환도에 반대하여 대몽 항쟁을 이어갔다. ⑤ 고려 공민왕 때
(마) 철령 이북 지역인 쌍성총관부를 공격하여 영토를 수복하였다.

◆ **이건 꼭 알기!** 거란의 1차 침입 + 소손녕 + 서희 + 강동 6주 확보 → **서희
의 외교 담판**

06 윤관의 여진 정벌

자료에서 별무반을 이끌고 여진 정벌에 나섰다는 내용을 통해
(가)는 윤관임을 알 수 있다. 12세기 초 여진이 고려의 국경을 침
범하자, 윤관은 별무반을 이끌고 여진을 몰아내고 동북 지역에
9개의 성을 쌓았다.

（바로 알기） ①은 강감찬, ②는 묘청 등 서경 세력, ④는 김윤후, ⑤는 서희에
대한 설명이다.

◆ **이건 꼭 알기!** 별무반 + 동북 9성 축조 → **윤관의 여진 정벌**

07 고려의 국제 관계와 대외 교류

지도에서 송·거란·여진 등과 교역하는 모습을 통해 (가) 국가가 고려임을 파악할 수 있다. 고려 전기에는 안정된 국제 관계를 배경으로 대외 무역이 활발히 이루어졌고, 벽란도가 국제 무역항으로 번성하였다. 한편, 거란을 멸망시킨 금(여진)이 고려에 군신 관계를 요구하자, 당시 집권자였던 이자겸이 자신의 지위를 유지하고자 이를 받아들였다.

(바로 알기) ㄱ, ㄴ은 조선에 대한 설명이다.

✦ **이건 꼭 맘기!** 송·거란·여진·일본과 교역 + 벽란도가 국제 무역항으로 번성 → **고려의 국제 관계와 대외 교류**

07-1 지도의 시기는 고려 전기에 해당한다. 이 시기 고려는 거란, 송과 세력 균형을 이루는 다원적 국제 질서 속에서 '해동천하'라는 독자적 천하관을 형성하였다.

(바로 알기) ㄱ, ㄴ은 고려 후기의 국제 관계에 해당한다.

08 삼별초의 활동 ── 고려 정부는 몽골과 강화를 맺고, 1270년 개경으로 환도하였어.

┌ 자료 분석 ┐

원종 11년(1270), 도읍을 다시 개경으로 옮기면서 정한 날짜 내에 모두 복귀하라는 방을 걸었다. [(가)] 이/가 딴마음을 품고 복종하지 않았다. 왕이 장군 김지저에게 강화로 가 [(가)] 을/를 혁파하고 그 명단을 가지고 돌아오게 하였다. [(가)] 은/는 그 명단이 몽골에게 알려질까 염려하여 반란할 마음을 더욱 갖게 되었다. ── 삼별초는 개경 환도 등에 반발하여 강화도에서 봉기하였어. ─ 『고려사』

자료에서 도읍을 다시 개경으로 옮기는 것에 딴마음을 품고 복종하지 않았다는 것을 통해 (가) 부대가 삼별초임을 알 수 있다. 최씨 정권의 사병 역할을 수행하였던 삼별초는 대몽 항쟁기에 개경 환도에 반발하여 강화도에서 봉기하였고, 이후 진도와 제주도로 근거지를 옮겨 가며 저항하였다.

(바로 알기) ①은 고려 우왕 때, ②는 고려 공민왕 때의 사실로, 삼별초가 고려 정부와 몽골 연합군에게 진압된 이후의 사실이다. ③은 별무반, ⑤는 조선 세종 때 이종무에 대한 설명이다.

✦ **이건 꼭 맘기!** 최씨 정권의 사병 역할 + 개경 환도 반대 → **삼별초**

09 4군 6진의 개척

지도의 (가)는 4군, (나)는 6진이다. 조선 세종 때 국경 주변의 여진을 몰아내고 압록강 지역에 최윤덕을 파견하여 4군을 설치하고, 두만강 지역에 김종서를 파견하여 6진을 개척하였다.

(바로 알기) ①은 한산도, 평양, 명량 등, ②는 의주 등, ③은 부산포·제포(창원)·염포(울산), ⑤는 화주(쌍성총관부) 지역과 관련된 탐구 활동이다.

✦ **이건 꼭 맘기!** 세종 + 여진 + 압록강과 두만강 지역 → **4군 6진의 개척**

09-1 조선 세종 때 일본이 무역을 요청하자, 부산포, 제포(창원), 염포(울산)의 3포를 열었다.

(바로 알기) ② 13세기 몽골의 침입으로 최우는 수도를 강화도로 옮겼다. ③ 광해군 때 일본과 기유약조를 체결하였다. ④ 11세기 초 고려는 거란과 여진의 침입에 대비해 천리장성을 쌓았다. ⑤는 조선 숙종 때의 사실이다.

10 통신사의 특징

자료에서 조선에서는 일본에 12회에 걸쳐 사절을 파견하였다는 것을 통해 (가)가 통신사임을 알 수 있다. 통신사는 외교 사절의 역할과 함께 조선의 문물을 전파하여 일본 문화 발전에 기여하였다.

(바로 알기) ②는 연행사에 대한 설명이다. ③ 고려가 원의 부마국이 되면서 원 간섭기에 고려 왕실의 호칭과 관제의 격이 낮아졌다. ④ 조선 숙종 때 조선과 청은 백두산정계비를 세워 국경을 확정하였다. ⑤ 일본 막부가 자신들의 권위를 인정받고자 통신사 파견을 요청하였다.

✦ **이건 꼭 맘기!** 일본 에도 막부의 요청 + 12회에 걸쳐 파견 + 일본에 조선의 문물 전파 → **통신사**

11 북벌 운동의 추진

제시된 대화는 북벌 운동에 대한 내용이다. 호란 이후 효종은 송시열, 이완 등과 청을 정벌하고 명에 대한 의리를 지키자는 북벌 운동을 추진하였으나 실행하지는 못하였다.

(바로 알기) ① 고려 정부는 몽골과 강화를 맺고, 1270년 개경으로 환도하였다. ③ 고려 말 우왕과 최영은 요동 정벌을 추진하였다. ④ 조선 인조 때 서인 정권은 친명배금 정책을 시행하였다. ⑤ 고려 공민왕은 반원 개혁 정책을 실시하였다.

✦ **이건 꼭 맘기!** 청에 대한 반감 + 효종 + 송시열, 이완 + 무기 개량과 군대 양성 → **북벌 운동의 추진**

12 북학파의 특징

자료에서 청과 서양의 문물을 받아들여 개혁할 것을 주장함을 통해 (가)는 북학파임을 알 수 있다. 이들은 청의 선진 문물을 수용해 국가 발전을 이루어야 한다고 주장하였다.

(바로 알기) ①은 조선 시대 양반의 첩에게서 태어난 신분, ③은 원 간섭기 지배층, ④는 서경 천도 운동을 주도한 세력, ⑤는 고려 말 성리학을 수용하며 성장한 정치 세력이다.

✦ **이건 꼭 맘기!** 청과 서양의 문물 수용 + 상공업 진흥, 기술 혁신 등을 통한 개혁 → **북학파**

13 연행사의 파견

자료에서 「연행도」, 청에 간 사신들이 청과 서양의 선진 문물을 접촉 등을 통해 밑줄 친 '사절단'이 연행사임을 알 수 있다. 병자호란으로 청과 강화를 맺은 조선은 청에 공식 조공 사절단을 파견하였다. 청의 수도인 북경의 옛 명칭인 '연경'에 가는 사절이라는 뜻으로 연행사라고 하였다. 따라서 조선이 청에 연행사를 처음 파견한 것은 병자호란 이후로, (마) 시기에 해당한다.

✦ **이건 꼭 맘기!** 「연행도」 + 청에 간 사신 + 청과 서양의 선진 문물을 조선에 소개 → **연행사**

01 주제: 조선의 여진과 일본에 대한 교린 정책

(1) **답안 키워드** 4군 6진 개척, 3포 개방, 쓰시마섬 토벌

(2) **예시 답안** 조선은 여진에 대한 회유책으로 무역소를 설치하고, 강경책으로 4군과 6진을 개척하여 영토를 넓혔다. 또한 일본에 대한 회유책으로 3포를 개방하고, 강경책으로 쓰시마섬을 토벌하였다.

채점 기준	
상	조선의 여진과 일본에 대한 교린 정책으로 무역소 설치, 4군 6진 개척, 3포 개방, 쓰시마섬 토벌 중 세 가지 이상을 서술한 경우
중	위 내용 중 두 가지 서술한 경우
하	위 내용 중 한 가지만 서술한 경우

02 주제: 윤관의 여진 정벌

예시 답안 별무반, 12세기 초 세력이 강성해진 여진이 고려의 국경을 침범하자, 윤관은 별무반을 이끌고 여진을 정벌하여 동북 지역에 9개의 성을 쌓았다.

채점 기준	
상	별무반을 쓰고, 윤관의 여진 정벌과 동북 9성 축조를 모두 서술한 경우
하	별무반만 쓴 경우

03 주제: 북벌론과 북학론

예시 답안 (가)는 북벌론, (나)는 북학론이다. 북벌론은 청을 정벌하여 치욕을 씻자는 주장이고, 북학론은 청의 선진 문물을 수용하자는 주장이다.

채점 기준	
상	북벌론과 북학론을 쓰고, 두 주장을 비교하여 서술한 경우
중	북벌론과 북학론을 쓰고, 두 주장 중 한 가지만 서술한 경우
하	북벌론과 북학론만 쓴 경우

01 ②   **02** ④

01 고려의 대외 관계

(가)에는 거란의 2차 침입(1010)과 이자겸의 군신 관계 수용(12세기 초) 사이의 사실이 들어가야 한다. (가) 시기인 거란의 3차 침입 당시 강감찬의 고려군이 귀주에서 거란군을 크게 격파하였다(1019).

바로 알기 ①, ⑤는 금의 군신 관계 요구 수용 이후에 일어난 사실이다. ③은 고려의 개경 환도 이후, ④는 고려 초 태조 왕건 시기의 사실이다.

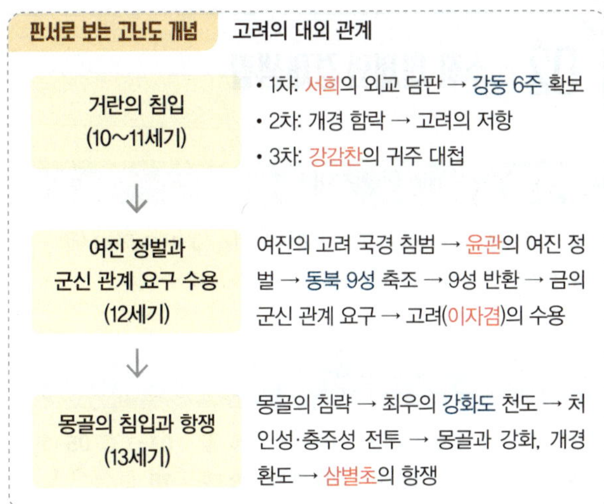

판서로 보는 고난도 개념   고려의 대외 관계

거란의 침입 (10~11세기)	• 1차: 서희의 외교 담판 → 강동 6주 확보 • 2차: 개경 함락 → 고려의 저항 • 3차: 강감찬의 귀주 대첩
↓	
여진 정벌과 군신 관계 요구 수용 (12세기)	여진의 고려 국경 침범 → 윤관의 여진 정벌 → 동북 9성 축조 → 9성 반환 → 금의 군신 관계 요구 → 고려(이자겸)의 수용
↓	
몽골의 침입과 항쟁 (13세기)	몽골의 침략 → 최우의 강화도 천도 → 처인성·충주성 전투 → 몽골과 강화, 개경 환도 → 삼별초의 항쟁

02 북벌론과 북학론

청으로 쳐들어갈 계획, 송시열 등을 통해 (가)는 북벌론, 법이 훌륭하고 제도가 아름답다면 오랑캐에게라도 나아가 배워야 하는 법 등을 통해 (나)는 북학론임을 알 수 있다. 북벌론은 청을 정벌하자는 주장이고, 북학론은 청의 선진 문물을 수용하자는 주장이다.

바로 알기 ① 북벌론은 송시열, 이완 등 서인의 지지를 받았다. ② 고려 인종 때 묘청 등 서경 세력이 금국 정벌을 주장하였다. ③ 광해군의 중립 외교 정책 등이 인조반정의 원인이 되었다. ⑤ 왜란 이후 광해군은 후금과 명 사이에서 중립 외교 정책을 펼쳤다.

실전 문항 ③

실전 문항 고려의 대몽 항쟁

┤ 자료 분석 ├

       몽골이 고려를 공격할 구실이 되었어.

• 을유년 1월 계미일에 몽골 사신이 압록강을 건너 돌아가다가 도적에게 죽임을 당하였다. 신묘년 8월 임오일에 몽골이 이를 구실로 전쟁을 시작하였다.

       부처의 힘으로 몽골의 침입을 막고자 조판하였어.

• 신해년 9월 임오일에 새로 만든 팔만대장경판에 분향하였다. 몽골과의 전쟁이 이어지던 중 임진년에 초조대장경판이 불타 없어져 새로운 대장경판을 만들고자하였는데, 16년 만에 완성한 것이다.

       거란의 침입 당시 부처의 힘으로 물리치고자 조판한 초조대장경판이 몽골의 침입 때 소실되었음을 알 수 있어.

밑줄 친 '전쟁'은 몽골이 고려를 침략하며 일어난 전쟁이다. 몽골의 침입 당시 처인성에서 김윤후가 부곡민을 이끌고 몽골 장수 살리타를 사살하였다.

바로 알기 ①은 신라 진흥왕 때, ②는 고려 예종 때, ④는 고려 숙종 때, ⑤는 고려 현종 때의 사실이다.

| STEP 1 | 핵심 개념 확인하기 | 078쪽 |

1 (가) 관료전, (나) 녹읍 **2** 신라 촌락 문서 **3** (1) ㄷ (2) ㄱ (3) ㄴ
4 (1) 공음전 (2) 과전법 **5** (1) ◯ (2) ◯ (3) ◯ (4) × (5) ×

| STEP 2 | 내신 만점 공략하기 | 078~081쪽 |

01 ① **01-1** ④ **02** ⑤ **03** ③ **04** ④ **04-1** ② **05** ③
06 ⑤ **07** ③ **08** ④ **08-1** ② **09** ③ **10** ⑤
10-1 ① **11** ⑤ **12** ④ **13** ③ **14** ⑤

01 통일 신라의 토지 제도 변화

(가)는 녹읍, (나)는 관료전에 대한 설명이다. 녹읍은 관리에게 관직 수행의 대가로 토지에서 조세를 거둘 수 있는 수조권뿐만 아니라 노동력을 징발할 수 있는 권한을 주었다. 관료전은 관리에게 노동력을 징발할 수 있는 권한을 주지 않고, 관직 수행의 대가로 토지에 대한 수조권만을 인정해 주었다. 신문왕 때 관리에게 관료전을 지급하고, 녹읍을 폐지하였다. 그 결과 왕권이 강화되고 귀족의 농민 지배력이 약화되었다.

(바로 알기) ②는 16세기 무렵 이후, ③은 조선 후기의 사실이다. ④ 관료전 지급은 귀족의 농민 지배력을 약화하였다. ⑤는 관료전 지급과 관련이 없다.

✦ **미견 꼭 암기!** 관료전 지급 + 녹읍 폐지 → **통일 신라의 토지 제도 변화**

01-1

관료전을 지급하고, 녹읍을 폐지한 왕은 통일 신라 신문왕이다. 신문왕은 장인 김흠돌의 반란을 진압하며 귀족 세력을 숙청하였고 국학을 설립하여 왕을 보좌할 인재를 양성하였다.

(바로 알기) ㄱ은 통일 신라 문무왕, ㄷ은 신라 진흥왕에 대한 설명이다.

02 통일 신라의 경제 활동

자료는 신라 촌락 문서이다. 신라 촌락 문서는 통일 이후 신라 촌락의 경제 상황과 조세 행정을 보여 주는 중요한 자료로, 정책 집행과 재정 운영 등에 필요한 조세와 역을 부과하고자 작성되었다. 이 문서에는 인구수, 말과 소의 수, 토지의 종류와 면적 등이 상세히 기록되어 있다. 통일 후 신라는 상업이 활성화되어 수도인 금성에 시장인 동시 외에 서시와 남시를 추가로 설치하였으며, 당·일본과 활발하게 교역하였다.

(바로 알기) ㄱ. 활구(은병)는 고려 숙종 때 제작된 고가의 화폐이다. ㄴ. 발해는 목축과 수렵이 발달하여 말과 모피를 주로 수출하였다.

✦ **미견 꼭 암기!** 신라 촌락 문서 작성 + 서시와 남시 등의 시장 설치 + 당·일본과 활발하게 교역 → **통일 신라의 경제 활동**

03 전시과 제도의 특징

자료에서 고려의 토지 제도, 등급에 따라 전지와 시지를 주었다는 내용 등을 통해 (가)는 전시과임을 알 수 있다. 전시과 제도는 관리나 직역 담당자에게 관직 복무의 대가로 전지와 시지를 나누어 주고 수조권을 행사하도록 한 고려의 토지 제도였다.

(바로 알기) ①, ②, ④는 고려 말에 제정된 과전법, ⑤는 고려 초 태조 때 시행된 역분전에 대한 설명이다.

✦ **미견 꼭 암기!** 고려의 토지 제도 + 전시와 시지 지급 + 직역의 대가로 수조권 지급 → **전시과 제도**

04 전시과 제도의 변천

(가)는 시정 전시과(경종), (나)는 개정 전시과(목종), (다)는 경정 전시과(문종)이다. (가)에서 (다)로 갈수록 전지와 시지의 지급 액수가 줄어들고 있음을 알 수 있다. 경종 때 처음 제정된 시정 전시과에서는 관품과 인품을 고려하여 전·현직 관리에게 토지를 지급하였는데, 인품이라는 주관적 기준의 문제점이 드러났다. 이에 목종 때 개정 전시과를 실시하여 인품을 배제하고 관품만을 기준으로 토지를 지급하도록 하였다. 이후 점차 토지 부족 현상이 나타나 신진 관리들이 토지를 지급받지 못하게 되자, 문종 때 현직 관리에게만 수조지를 지급할 수 있도록 규정을 바꾸었다.

(바로 알기) ① 전시과에서는 원칙적으로 세습이 불가능하였다. ②는 녹읍에 대한 설명이다. ③ 전시과에서는 관리에게 토지의 수조권을 지급하였다. ⑤ 문종 때 개정된 경정 전시과에서 현직 관리로 지급 대상자를 제한하면서 토지 지급량이 줄어들었다.

✦ **미견 꼭 암기!** 시정 전시과(전·현직 관리 대상, 관품·인품 고려) → 개정 전시과(관품만 고려) → 경정 전시과(현직 관리에게만 지급)

04-1

전시과는 고려에서 시행하였다. 고려 전기에는 대외 무역이 발달하며 벽란도가 국제 무역항으로 번성하였고, 상품을 원활하게 유통하고자 고려 숙종 때 해동통보, 삼한통보 등의 화폐를 발행하였다. 수공업은 주로 관청 수공업과 소 수공업 중심으로 발달하였으며, 후기로 가면서 민간이나 사원 중심으로 이루어졌다. 한편, 농업 기술도 점차 발달하여 고려 후기에는 소를 이용한 깊이갈이가 일반화되었다.

(바로 알기) ② 조선 후기에 정부가 세금을 받는 대신 민간의 광산 개발을 허용하면서 광업이 활성화되었다.

05 고려의 경제생활

자료의 벽란도가 국제 무역항으로 발전한 (가)는 고려이다. 고려는 농업 기술의 발달로 밭농사에서는 2년 3작의 돌려짓기가 확산하였으며, 고려 말 남부 일부 지역에서 모내기도 이루어졌다.

(바로 알기) ㄱ은 삼국 시대, ㄹ은 조선 세종 때의 사실이다.

✦ **미견 꼭 암기!** 벽란도 + 일부 남부 지역에서 모내기 실시 + 2년 3작의 돌려짓기 확산 → **고려의 경제생활**

06 세종 재위 기간의 사실

자료의 서적은 『농사직설』로, (가)는 세종이다. 세종 때 우리나라 농민의 경험을 바탕으로 우리나라 풍토에 맞는 농법을 소개한 『농사직설』을 편찬하여 보급하였다. 세종은 토지를 비옥도에 따라 6등급으로 나누는 전분6등법과 풍흉에 따라 9등급으로 나누는 연분9등법의 공법을 실시하여 전세를 차등 징수하였다.

(바로 알기) ① 과전법은 고려 말에 제정되었다. ② 공음전은 고려 전시과 체제에서 지급된 토지이다. ③은 통일 신라 경덕왕 때의 사실이다. ④는 관수 관급제에 대한 설명으로, 조선 성종 때의 사실이다.

✦ **이건 꼭 맘기!** 『농사직설』 편찬 + 전분6등법, 연분9등법의 공법 실시 → **세종의 정책**

07 직전법의 특징

(가)는 직전법이다. 과전법 체제에서 세습하는 토지가 늘어나 관리에게 나누어 줄 토지가 부족해지자, 조선 세조 때 현직 관리에게만 수조권을 지급하는 직전법으로 바꾸었다.

(바로 알기) ① 과전법은 고려 말 전시과 체제가 붕괴되고 농장이 확대되면서 여러 폐해가 나타나자 이를 개혁하기 위해 실시된 토지 제도이다. ② 대동법은 각 가호마다 토산물로 징수하던 공납을 전세화하여 토지 결 수에 따라 쌀·무명·삼베·동전 등으로 징수한 제도이다. ④ 호포제는 양반에게도 군포를 징수하는 제도이다. ⑤ 관수 관급제는 직전법이 시행되던 중 양반 관리들의 수조권 남용이 심각해지자 지방 관청에서 조세를 거두어 관리에게 지급하게 한 제도이다.

✦ **이건 꼭 맘기!** 세조 + 현직 관리에게만 수조권 지급 → **직전법**

08 과전법의 특징

자료에서 과전을 설치해 사대부를 우대한다는 내용을 통해 이 토지 제도가 과전법임을 알 수 있다. 과전법은 원칙적으로 세습이 불가하였으나, 일부 토지가 다양한 명목으로 세습되면서 점차 새로운 관리에게 나누어 줄 토지가 부족해지는 현상이 나타났다.

(바로 알기) ① 과전법은 전·현직 관리에게 토지를 지급하였다. ②, ⑤는 전시과에 대한 설명이다. ③ 과전법은 경기 지역에 한해 수조권을 지급하였다.

✦ **이건 꼭 맘기!** 신진 사대부의 경제적 기반 + 경기 지역에 한해 지급 + 세습 불가의 원칙 + 수신전과 휼양전 명목으로 세습 → **과전법**

08-1 고려 말 위화도 회군을 단행한 이성계가 정권을 장악하고 정도전, 조준 등 급진파 사대부와 함께 개혁을 추진하여 과전법을 마련하였다(1391).

09 관수 관급제의 실시

자료에서 신하들이 성종에게 관리들의 수조권 남용 문제를 지적하고 있는 것과 성종의 명령으로 실시된 것으로 보아, (가)에는 관수 관급제의 내용이 들어가야 한다. 성종 때 지방 관청에서 조세를 거두어 관리에게 지급하는 관수 관급제가 실시되었다.

(바로 알기) ①은 세종 때 편찬된 『농사직설』, ②는 세조 때 실시된 직전법, ④는 고려 말에 제정된 과전법, ⑤는 녹읍과 관련된 내용이다.

✦ **이건 꼭 맘기!** 성종 + 관리의 수조권 남용 심화 + 관청에서 조세를 거두어 관리에게 지급 → **관수 관급제**

10 대동법의 특징

지도는 대동법의 실시를 보여 준다. 대동법이 실시되면서 시장에서 물품을 구매하여 정부에 관수품을 조달하는 공인이 등장하였다.

(바로 알기) ① 당백전은 흥선 대원군 때 경복궁 중건 비용을 마련하기 위해 발행되었다. ② 선무군관포는 균역법의 실시에 따른 부족분을 해결하기 위해 일부 부유층에게 선무군관이라는 칭호를 주고 매년 받았던 세금이다. ③은 조선 전기의 사실이다. ④는 직전법에 대한 설명이다.

✦ **이건 꼭 맘기!** 광해군 때 경기도에서 처음 실시 + 공인 등장 → **대동법**

10-1 광해군 때 방납의 폐단을 개선하고자 대동법을 실시하였다. 대동법은 각 가호를 기준으로 토산물로 내던 공물을 토지 결 수에 따라 쌀, 동전 등으로 내게 한 제도였다. 따라서 대동법의 시행 과정에서 토지를 많이 소유한 양반 지주의 반대가 심하였다.

(바로 알기) ①은 전세 제도를 개편한 영정법에 대한 설명이다.

11 균역법의 실시 배경

자료는 군역의 폐단을 보여 준다. 영조는 군역의 폐단을 바로잡기 위해 균역법을 실시하여 군포를 1필로 줄여 주었다.

(바로 알기) ①, ③, ④는 대동법, ②는 호포제에 대한 설명이다.

✦ **이건 꼭 맘기!** 군역의 폐단(백골징포, 황구첨정) + 군포를 1년에 1필만 징수 + 영조 + 결작, 선무군관포 징수로 보충 → **균역법**

12 영정법의 시행 시기

자료에서 풍흉에 관계없이 토지 1결당 쌀 4~6두를 전세로 징수하였다는 내용을 통해 밑줄 친 '이 제도'가 인조 때 실시된 영정법임을 알 수 있다. 인조는 인조반정으로 왕위에 올랐다. 따라서 영정법이 처음 시행된 시기는 (라) 시기에 해당한다.

✦ **이건 꼭 맘기!** 전세 + 토지 1결당 쌀 4~6두 징수 + 인조 → **영정법**

13 모내기법의 영향

| 자료 분석 |

부유한 백성은 토지를 겸병하여 한꺼번에 많은 농사를 짓고 있는데, 적게는 3·4석씩, 많게는 6·7석씩 모를 한꺼번에 붓고 (가) 을/를 하여 노동력을 절약하고 수고를 덜고 있다.

— 『정조실록』

└ 모내기법의 실시로 노동력이 절약되면서 광작이 가능해졌어.

(가)에 들어갈 농법은 모내기이다. 조선 후기 모내기법(이앙법)의 확산으로 잡초 제거에 드는 노동력이 절약되었고, 이모작과 광작이 가능해져 곡물 수확량이 크게 늘었다.

◆ 이건 꼭 알기! 노동력 절약 + 이모작과 광작이 가능해짐 + 일부 농민이 부농으로 성장 → **모내기법의 영향**

14 조선 후기의 경제 상황

제시된 대화 속에서 육의전을 제외한 시전 상인의 금난전권이 없어졌다는 것을 통해 조선 후기 정조 때 시행된 통공 정책에 대한 내용임을 알 수 있다. 조선 후기에는 상품 화폐 경제가 발달하면서 상평통보가 전국적으로 유통되었다.

바로 알기 ①, ③은 통일 신라 시기, ②, ④는 고려 시대의 사실이다.

◆ 이건 꼭 알기! 육의전을 제외한 시전 상인의 금난전권 폐지(통공 정책) + 상평통보의 전국적 유통 → **조선 후기의 경제 상황**

서술형 문제

081쪽

01 주제: 대동법의 실시

(1) 답안 키워드 대동법, 토산물, 토지

(2) 예시 답안 대동법, 대동법의 실시로 집집마다 토산물로 내던 공물을 소유한 토지 결 수에 따라 쌀, 무명, 베, 동전 등으로 내게 되었다.

채점 기준	
상	대동법을 쓰고, 대동법 실시 전후 변화한 세금 납부 기준과 물품을 비교하여 서술한 경우
하	대동법만 쓴 경우

02 주제: 공인의 활동

예시 답안 (가)는 공인이다. 공인이 물품을 조달하는 과정에서 수공업 생산이 늘어나고 장시가 활성화되는 등 상품 화폐 경제가 발달하였다.

채점 기준	
상	공인을 쓰고, 공인의 활동이 조선 후기 경제에 미친 영향을 서술한 경우
하	공인만 쓴 경우

03 주제: 조선 후기 광업 정책과 광산 운영 방식

예시 답안 조선 후기에는 정부가 민간 광산 개발을 허용하면서 광업이 활발해졌으며, 민간 광산은 주로 덕대라는 전문 경영인이 상인 물주로부터 자본을 조달받아 운영하였다.

채점 기준	
상	조선 후기 광업 정책과 광산 운영 방식을 모두 서술한 경우
하	조선 후기 광업 정책과 광산 운영 방식 중 한 가지만 서술한 경우

01 ① 02 ②

01 경정 전시과와 직전법의 시행 배경

(가)는 고려 문종 때 시행한 경정 전시과, (나)는 조선 세조 때 시행한 직전법이다. 두 제도 모두 관리에게 지급할 토지가 부족해지면서 시행되었다. 전시과 체제 아래에서 점차 지급할 토지가 부족해지자, 고려 문종 때 현직 관리에게만 토지를 지급하였다. 이후 조선 시대에는 과전법 체제 아래에서 세습하는 토지가 늘어나 나누어 줄 토지가 부족해지자, 세조 때 현직 관리에게만 수조권을 지급하는 직전법으로 바꾸었다.

바로 알기 ②는 직전법 폐지의 영향이다. ③은 조선 후기 상평통보의 전국적 유통과 관련이 있다. ④, ⑤는 왜란의 결과이다.

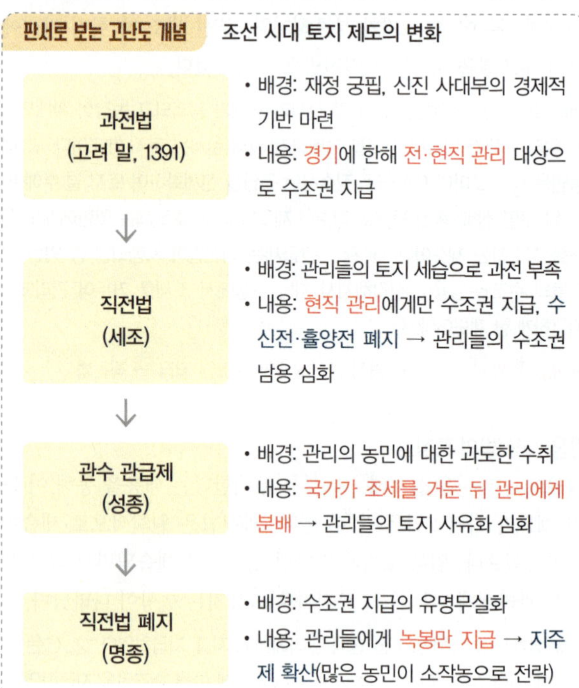

판서로 보는 고난도 개념　조선 시대 토지 제도의 변화

과전법 (고려 말, 1391)
- 배경: 재정 궁핍, 신진 사대부의 경제적 기반 마련
- 내용: 경기에 한해 전·현직 관리 대상으로 수조권 지급

↓

직전법 (세조)
- 배경: 관리들의 토지 세습으로 과전 부족
- 내용: 현직 관리에게만 수조권 지급, 수신전·휼양전 폐지 → 관리들의 수조권 남용 심화

↓

관수 관급제 (성종)
- 배경: 관리의 농민에 대한 과도한 수취
- 내용: 국가가 조세를 거둔 뒤 관리에게 분배 → 관리들의 토지 사유화 심화

↓

직전법 폐지 (명종)
- 배경: 수조권 지급의 유명무실화
- 내용: 관리들에게 녹봉만 지급 → 지주제 확산(많은 농민이 소작농으로 전락)

02 조선 후기 수취 제도의 개편

조선 후기 공납에서 관리나 상인이 공물을 대신 바치고 대가를 받는 방납의 폐단(㉠)으로 대동법이 실시되었다. 대동법 실시로 공납 부과 기준이 토지 결 수로 변화하며 토지가 적은 농민들의 세금이 줄어들었고(㉢), 토산물로 내던 공물을 쌀·무명·베·동전 등으로 납부하면서 국가에서 필요한 물품을 대신 사서 조달하는 공인이 출현하여 상품 화폐 경제 발달에 영향을 주었다(㉣). 한편, 군역에서는 균역법의 실시로 부족해진 군포 수입을 보충하기 위해 결작, 선무군관포를 징수하였다(㉤).

바로 알기 ② 영정법 실시로 전세가 고정되면서 지주들의 부담은 줄었으나, 소작농들은 각종 부가세를 내게 되면서 부담이 커지기도 하였다.

실전 문항 ②

실전 문항 대동법의 특징

자료에서 토지 결 수에 따라 쌀 등으로 징수함, 방납의 폐단을 바로잡기 위해 실시함 등을 통해 (가)는 대동법임을 알 수 있다. 대동법이 실시되면서 정부에 관수품을 조달하는 공인이 성장하였다.

바로 알기 ①, ④는 균역법, ③은 과전법, ⑤는 영정법에 대한 설명이다.

03 / 신분제와 사회 구조

STEP 1 핵심 개념 확인하기 088쪽

1 (1)-ⓒ (2)-㉠ **2** 골품제 **3** (1) 양인 (2) 백정 **4** (1) ×
(2) × (3) ○ **5** (1) ㄷ (2) ㄱ (3) ㄴ **6** 노비종모법

STEP 2 내신 만점 공략하기 088~091쪽

01 ② **02** ⑤ **02-1** ② **03** ⑤ **04** ⑤ **05** ④ **06** ⑤
07 ④ **08** ② **08-1** ① **09** ② **10** ② **11** ① **12** ⑤
13 ③ **14** ②

01 진대법

자료에서 고구려 고국천왕 때 농민 몰락을 방지하고자 실시한 구휼 제도라는 내용과 봄에 곡식을 빌려주었다가 가을에 갚도록 하였다는 내용을 통해 (가)는 진대법임을 알 수 있다.

바로 알기 ① 전시과는 관리, 군인, 향리 등 직역을 담당한 사람들에게 수조권을 지급한 고려의 토지 제도이다. ③ 상피제는 일정한 범위 내의 친족이 동일한 관청에 함께 근무하지 못하게 한 제도이다. ④ 화랑도는 신라의 청소년 수련 단체로, 진흥왕 때 국가적 조직으로 개편되었다. ⑤ 기인 제도는 지방 호족의 자제를 수도에 인질로 머물게 한 제도로, 고려 초 태조 때 호족을 통제할 목적으로 실시되었다.

✦ **이건 꼭 알기!** 고구려 고국천왕 + 구휼 제도 + 봄에 곡식을 빌려주었다가 가을에 갚게 함 → **진대법**

02 골품제의 특징

자료는 신라 골품과 관등표로, 골품별 승진의 상한이 있고, 관등별 복색이 다른 것을 통해 알 수 있다. 신라의 골품제는 정치적·사회적 활동의 범위를 엄격히 제한하였는데, 관등 승진의 제한은 물론 가옥의 규모와 장식물, 복색이나 수레 등 일상생활까지 규제하였다.

바로 알기 ①은 과거제에 해당한다. ② 골품제는 신라 초기부터 시행된 것으로 추정되며, 신라는 삼국을 통일한 이후에도 골품제를 유지하였다. ③은 향약과 서원, ④는 과전법에 대한 설명이다.

✦ **이건 꼭 알기!** 신라의 신분제 + 골품별 승진의 상한 존재 + 개인의 정치적·사회적 활동의 범위 제한 + 일상생활 규제 → **골품제**

02-1 ㄱ. 골품제에서 이벌찬, 이찬, 잡찬, 파진찬, 대아찬은 진골 출신만 할 수 있었다. ㄷ. 골품제에서 관리의 복색은 골품에 따라 결정되었다.

바로 알기 ㄴ. 6두품은 아찬까지 승진할 수 있었다. ㄹ. 독서삼품과는 통일 신라 원성왕 때 실시한 관리 선발 제도로, 유교 경전의 이해 수준을 평가하여 관리를 선발하였다.

03 고려 시대 양인 중간 계층

자료는 고려의 신분 구성을 나타낸 것으로, (가)에 들어갈 신분은 양인 중간 계층이다. 고려 시대 양인 중간 계층은 관청에서 말단 행정을 담당한 서리, 궁중 실무를 담당한 남반, 지방 행정의 실무를 담당한 하급 향리, 하급 장교 등이 있었다. 이들은 직역의 대가로 국가에서 토지를 받았고, 직역과 토지를 세습할 수 있었다.

바로 알기 ①은 문벌, ②는 향·부곡·소민, ③, ④는 노비에 대한 설명이다.

✦ **이건 꼭 알기!** 서리(관청 말단 행정) + 남반(궁중 실무) + 하급 향리(지방 행정 실무) + 하급 장교 → **고려 시대 양인 중간 계층**

04 고려 시대 향·부곡·소의 주민

밑줄 친 '향·부곡·소'는 고려의 특수 행정 구역을 가리킨다. 고려 시대 향·부곡·소민은 신분상 양인이었으나 일반 군현민에 비해 더 많은 세금을 부담하거나 거주 이전에 제한을 받는 등 차별을 받았다.

바로 알기 ①은 농민, ②는 노비, ③은 서리, 남반 등의 양인 중간 계층, ④는 왕족, 문무 고위 관리 등의 최고 지배층에 대한 설명이다.

✦ **이건 꼭 알기!** 특수 행정 구역 거주 + 신분은 양인이나 차별을 받음(거주 이전 제한, 더 많은 세금 부담) → **고려 시대 향·부곡·소의 주민**

05 고려 사회 신분제의 특징

자료는 고려의 외거 노비 평량이 주인에게 재산을 주어 신분을 상승한 사례를 보여 준다. 이 사례는 고려 시대에 제한적이나마 지위와 신분을 상승시킬 수 있는 가능성이 열려 있었음을 보여 준다.

(바로 알기) ① 조선 시대 지배층인 양반과 피지배층인 상민 간에 차별을 두는 반상제가 일반화되면서 양반, 중인, 상민, 천민의 신분 제도가 점차 정착되었다. ② 조선 후기 향촌에서 양반으로 신분을 상승시킨 부농층인 신향이 등장하여 기존 양반 사족인 구향과 대립하는 향전이 일어났다. ③ 고려 시대 가족 제도에서 여성의 지위는 남성과 비교적 수평적이었으나, 조선 후기에 이르러 부계 중심의 가족 제도가 확산하면서 여성의 지위가 남성에 비해 낮아졌다. ⑤ 신라의 6두품은 골품제 질서에 따라 능력이 뛰어나더라도 승진에 상한이 있었으며, 진골에 비해 여러 차별을 받았기 때문에 골품제를 비판하였다.

✦ **이건 꼭 암기!** 노비가 재물로 신분 상승 가능 + 신분 이동의 유동성 → **고려 사회 신분제의 특징**

06 고려 시대 여성의 지위

| 자료 분석 |

• 차라리 아들로 하여금 따로 살게 할지언정 딸은 내보내지 않습니다. …… 무릇 부모를 봉양하는 것은 딸이 맡아 하는 일입니다. ⌐ 고려 시대에는 혼인 후에 신랑이 신부 집에서 사는 경우가 많았어.
• 순비 허씨는 공암현 사람으로 중찬 허공의 딸이다. 일찍이 평양공왕현에게 시집가서 3남 4녀를 낳았다. 남편이 죽자 충선왕이 부인으로 맞이하여 순비로 책봉하였다. ⌐ 고려 시대에는 재혼이 비교적 자유로웠어.

두 자료는 고려의 혼인 풍습과 재혼을 보여 준다. 이를 통해 고려의 가족 제도에서 남성과 여성의 관계가 비교적 수평적이었음을 알 수 있다. 고려 시대에 여성도 가정을 대표하는 호주가 될 수 있었고, 호적에는 성별이 아닌 태어난 순서대로 올랐다. 부부는 각자 재산을 소유하다가 아들과 딸에게 균등하게 나누어 주었으며, 사위가 처가로 장가들어 사는 일이 일반적이었다.

(바로 알기) ⑤ 부계 중심의 가족 제도가 확산하면서 아들이 없는 집안에서 같은 성씨의 양자를 들이는 일이 보편화하였다.

✦ **이건 꼭 암기!** 남녀 관계가 비교적 수평적 + 여성도 호주 가능 + 재산의 균분 상속 → **고려 시대 여성의 지위**

07 조선 시대 노비의 특징

| 자료 분석 | 노비는 재산으로 취급되었어.

• 무릇 이들의 매매는 관청에 신고하여야 한다. 사사로이 몰래 매매하였을 경우에는 관청에서 그 대가로 받은 물건을 모두 몰수한다. 나이 16세 이상 50세 이하는 가격이 최하 4천 장이고 15세 이하 50세 이상은 3천 장이다.
• 이들 1년의 신공은 남자의 경우 면포 2필이고, 여자의 경우에는 면포 1필이다. ⌐ 외거 노비는 관청이나 주인에게 매년 정해진 액수의 신공을 바쳤어. - 『경국대전』

자료에서 이들의 매매는 관청에 신고하여야 한다는 내용과 신공 등을 통해 밑줄 친 '이들'은 조선 시대의 노비임을 알 수 있다. 조선 시대에 노비는 주인의 재산으로 여겨져 매매와 상속의 대상이 되었으며, 사노비 중 외거 노비는 주인과 떨어져 생활하면서 재산을 가질 수 있었다.

(바로 알기) ㄱ. 조선 시대에는 대부분 농민(상민)이 전세·공납·역의 부담을 졌다. ㄷ은 신량역천에 대한 설명이다.

✦ **이건 꼭 암기!** 매매와 상속의 대상 + 신공 + 사노비 중 외거 노비는 독립적 경제생활 가능 → **조선 시대 노비의 특징**

08 조선 시대의 신분 구성

자료는 조선 시대의 신분 구조를 나타낸 것으로, (가)는 양반, (나)는 중인, (다)는 상민, (라)는 천민에 해당한다. 조선 시대에 양반은 과거, 음서, 천거로 주요 관직을 차지하였으며, 중인은 대개 기술이나 행정 실무 능력을 바탕으로 직역을 물려받았다. 상민은 대부분 농민으로 전세·공납·역의 부담을 졌고, 법적으로 과거 응시가 가능하였다. 천민은 대부분 노비였고, 매매와 상속의 대상이 되었다.

(바로 알기) ②는 양반에 대한 설명이다.

✦ **이건 꼭 암기!** 양천제(양인과 천인) 법제화 + 반상제(양반, 중인, 상민, 천민) 일반화 → **조선 시대의 신분 구성**

08-1 조선 시대의 중인은 기술이나 행정 실무 능력을 바탕으로 직역을 물려받았다.

(바로 알기) ②, ⑤는 양반, ③은 노비 중 공노비(천민), ④는 신량역천(상민)에 대한 설명이다.

09 서원의 역할

(가)는 서원으로, 선현에 대한 제사를 담당하면서 교육 기관의 역할도 하였다. 16세기 이후 지방에 많은 서원이 세워졌는데, 특히 사액 서원이 되면 국가로부터 많은 지원받을 수 있었다.

(바로 알기) ① 성종 때 집현전을 계승하여 홍문관을 설치하였다. ③ 흥선 대원군은 전국의 서원을 47개소만 남기고 철폐하였다. ④는 향회, ⑤는 유향소(향청)에 대한 설명이다.

✦ **이건 꼭 암기!** 사족의 결속 + 선현에 대한 제사와 교육 담당 → **서원**

10 향약의 역할

자료는 향약의 4대 덕목이다. 지방 사족은 향약을 운영하여 백성의 풍속을 교화하고 향촌 질서를 유지하였으며, 이를 통해 향촌 사회에서 영향력을 확대하였다.

✦ **이건 꼭 암기!** 백성의 풍속 교화 + 지방 사족의 영향력 강화 → **향약**

11 공명첩의 발급 목적

자료는 관직 임명장이 비어 있는 공명첩이다. 조선 후기 재산을 모은 상민층은 공명첩을 사거나 납속 등으로 양반이 되었다. 그 결과 상민의 수는 줄어들고 양반의 수는 크게 늘어나면서 양반 중심의 신분제가 동요하였다.

✦ **이건 꼭 암기!** 이름이 비어 있는 관직 임명장 + 왜란 이후 정부가 재정 부족을 해결하고자 발급 → **공명첩**

12 공노비의 해방

제시된 대화 속 각 궁궐과 중앙 관청의 공노비 혁파는 1801년 순조 때 단행하였다. 조선 후기에 상민과 노비의 수가 줄고, 군역을 면제받는 양반의 수가 크게 늘면서 국가 재정 기반이 흔들리자, 순조 때 중앙 관청에 소속된 공노비 6만여 명을 해방하였다.

◆ 이건 꼭 암기! 국가 재정 부족 + 순조 + 각 궁궐과 중앙 관청의 공노비 혁파 → **공노비 해방**

13 조선 후기 부계 중심의 가족 관계

자료에서 재산 상속에서 아들과 딸을 차별하는 것을 통해 조선 후기의 사회 모습임을 알 수 있다. 조선 후기에 부계 중심의 가족 제도가 확산하면서 제사와 재산 상속은 장자 중심으로 이루어졌고, 아들이 없는 집안에서는 같은 성씨의 양자를 들이는 일이 보편화하였다.

바로 알기 ①, ④, ⑤는 고려 시대~조선 전기의 사회 모습이다. ② 조선 후기에는 부계 중심의 가족 제도가 확산되었다.

◆ 이건 꼭 암기! 장자 중심의 제사와 재산 상속 + 양자를 들이는 일의 보편화 → **조선 후기 부계 중심의 가족 관계**

14 향전의 영향

자료는 조선 후기 새롭게 성장한 부농층(신향)이 향촌 사회의 지배권에 도전하며 기존의 사족(구향)과 대립하는 향전을 보여 준다. 향전으로 구향이 약화하였으며, 신향과 구향의 다툼을 이용하여 수령이 권한을 강화하였다.

바로 알기 ①, ④ 향전으로 구향(사족) 세력이 약화되었고, 향촌 사회에 대한 영향력도 약화되었다. ③ 향전으로 신향이 향촌 사회의 지배권을 장악하지는 못하였다. ⑤ 향전으로 향회는 수령의 조세 부과를 자문하는 기구로 변하였다.

◆ 이건 꼭 암기! 구향의 약화 + 수령의 권한 강화 + 향회가 수령 조세 부과 자문 기구로 전락 → **향전의 영향**

01 주제: 조선 후기 신분 질서의 변화

(1) **답안 키워드** 납속, 공명첩, 족보 위조

(2) **예시 답안** 조선 후기 상민층은 납속과 공명첩을 이용하거나 양반의 족보를 위조하여 신분을 상승하였다. 노비들은 도망을 가거나 납속 또는 군공으로 신분을 상승하였다.

채점 기준	
상	조선 후기 신분 상승 방법을 세 가지 모두 서술한 경우
중	조선 후기 신분 상승 방법을 두 가지 서술한 경우
하	조선 후기 신분 상승 방법을 한 가지만 서술한 경우

02 고려 신분제 사회의 특징

예시 답안 제시된 사례는 군졸이었다가 군공을 세워 무관으로 신분을 상승한 사례이다. 이처럼 고려는 신분 상승의 기회가 열려 있었다는 점에서 신라 골품제 사회보다 개방적인 사회였다.

채점 기준	
상	고려 신분 상승 사례를 들어 고려 사회의 특징을 신라 골품제 사회와 비교하여 서술한 경우
하	고려 신분 상승 사례만 쓴 경우

03 노비종모법의 영향

예시 답안 노비종모법, 노비종모법으로 노비의 수가 줄고 양인(상민)의 수가 늘었다.

채점 기준	
상	노비종모법을 쓰고, 노비종모법의 영향을 서술한 경우
하	노비종모법만 쓴 경우

01 ③   **02** ④

01 고려 시대의 가족 관계

제시된 호적은 호주가 여성인 점, 남녀 관계없이 태어난 순서대로 기재된 점 등을 통해 고려 시대에 작성된 것임을 알 수 있다. 고려 시대에는 남성과 여성의 관계가 비교적 수평적이었기 때문에 부모의 재산이 아들과 딸에게 균등하게 분배되었다. 또한 음서의 혜택이 사위와 외손자에게까지 적용되었다.

바로 알기 ㄱ. 고려 시대에 여성은 과거 시험에 응시할 수 없었다. ㄹ. 조선 후기에 부계 중심의 가족 제도가 확산하면서 제사는 반드시 큰아들이 지내야 한다는 의식이 일반화되었고, 아들이 없는 집에서 양자를 들이는 것이 보편화되었다.

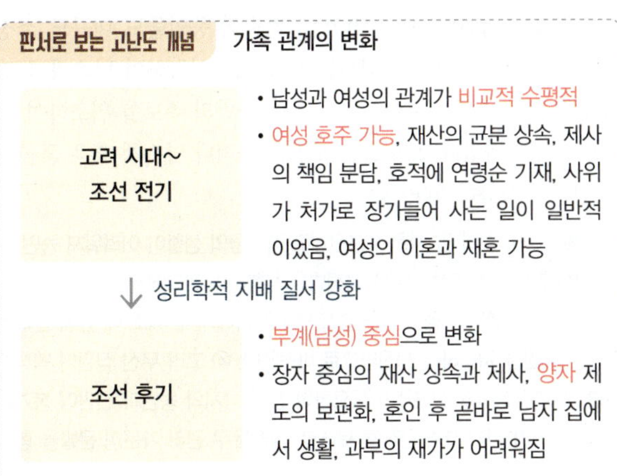

자료 분석

(가) 무릇 천인(노비)의 자녀는 어머니 쪽의 역을 따른다. 다만 천인이 양인 여자와 결혼하여 태어난 자녀는 아버지의 역을 따른다. └ 천인(노비) 남자가 양인 여자 사이에 태어 난 자녀는 아버지의 신분을 따랐어. — 『경국대전』

(나) 암행어사가 군역에서 인징과 족징의 폐단을 통절히 아뢰기를 올해부터 모든 노비의 양인 아내에게서 태어난 자녀는 어머니의 역을 따르게 하여, 양인 장정의 숫자를 늘릴 것을 청하였다. 임금(영조)이 말하기를, "양민이 계속 줄어드는 문제는 여기에서 비롯된 것이다. 올해부터 태어난 자녀는 공노비, 사노비를 따지지 않고 어머니의 역을 따르게 하라."라고 하였다. └ 노비종모법은 양인의 수를 늘리고자 시행되었어. — 『영조실록』

(가)는 조선 전기 『경국대전』에서 규정한 노비 신분의 세습 규정과 관련된 자료이다. 이를 통해 본래 조선에서는 천인 남성이 양인 여자와 결혼하여 태어난 자녀는 노비로 취급되었음을 알 수 있다. (나)는 조선 후기의 노비종모법을 보여 준다. 조선 후기 영조 때 노비종모법을 시행하여 노비 자녀의 신분 결정 시 아버지가 노비라 하더라도 어머니가 양인이면 그 자식은 양인이 되도록 하였다. 이는 조선 후기 신분제의 동요로 세금 납부층인 상민층이 점차 감소하자, 노비종모법으로 양인의 수를 늘려 국가 재정을 확보하려고 한 것이었다.

수능 첫걸음　　　　093쪽

실전 문항　③

실전 문항　조선 후기 신분 질서의 동요

자료에서 납속책과 공명첩, 사노비였던 수봉이 납속으로 신분을 상승한 점을 통해 (가)에 들어갈 주제가 조선 후기 신분 질서의 동요임을 알 수 있다. 조선 후기에 중인들은 신분 상승을 꾀하여 서얼들은 집단 상소 운동을 펼쳤고, 기술직 중인들도 대규모 소청 운동을 벌였다. 농민 중 일부는 부농으로 성장하여 납속과 공명첩 등을 이용하여 신분이 상승하거나 양반의 족보를 위조하여 양반으로 행세하였다. 노비들은 도망을 가거나 납속책 혹은 군공으로 신분이 상승하였다.

바로 알기　① 신라 말 사회가 혼란하고 백성들의 생활이 어려워져 농민 봉기가 일어났다. ② 조선 전기에 과전법을 시행하여 관리에게 토지에 대한 수조권을 지급하였다가 점차 지급할 토지가 부족해지자, 세조 때 현직 관리에게만 수조권을 지급하는 직전법으로 바꾸었다. ④ 고려 무신 집권기 백성에 대한 수탈이 심하고 신분제가 동요하여 전국 각지의 농민과 천민이 봉기하였다. ⑤ 고려 전기 고위 관직을 세습한 일부 문무 관리 가문이 문벌을 형성하였다.

---

04 / 사상과 문화

STEP 1　핵심 개념 확인하기　　　098쪽

1 (1) 화쟁 사상 (2) 화엄종　**2** (1)-ⓒ (2)-ⓛ (3)-㉠　**3** (1) ㄹ (2) ㄱ (3) ㄷ (4) ㄴ　**4** (1) ○ (2) × (3) ○　**5** 동학

STEP 2　내신 만점 공략하기　　　098~100쪽

01 ⑤　**02** ⑤　**03** ①　**04** ①　**05** ④　**05-1** ③ **06** ①
07 ⑤　**08** ⑤　**09** ⑤

01　통일 신라의 불교 발달

제시된 석굴암 본존상은 신라의 문화유산이다. 통일 이후 신라에서는 사찰, 불상과 탑 등을 많이 제작하였다. 가장 대표적인 불교 문화유산으로는 경주 불국사, 경주 불국사 3층 석탑, 석굴암, 석굴암 본존상 등이 있다. 경주 석굴암은 통일 신라 때 세운 인공 석굴 사원으로, 아름다운 비례와 균형의 조형미를 보여 주며, 석굴암 본존상은 균형 잡힌 모습과 사실적인 조각으로 살아 움직이는 느낌을 준다. 한편, 신라 말 선종이 유행하면서 승탑과 탑비가 많이 세워졌다. 선종은 경전과 교리를 중시한 교종과 다르게 참선 수행을 통한 개인의 깨달음을 중시하는 실천적 경향이 강하였다.

바로 알기　① 성균관은 조선 시대 수도에 설치된 최고 교육 기관이다. ② 성리학은 고려 후기에 원으로부터 수용하였다. ③ 『삼국사기』는 고려 인종 때 김부식 등이 왕명을 받아 편찬하였다. 현존하는 우리나라 최고(最古)의 역사서이다. ④ 팔만대장경은 고려 시대 최우 집권기에 몽골의 침략에 맞서 조판한 것이다.

◆ **이건 꼭 맘기!**　경주 불국사 + 석굴암 + 신라 말 선종의 유행 + 승탑과 탑비 → **통일 신라의 불교 발달**

02　원효의 활동

자료에서 일심 사상 주장 등을 통해 인물 카드에 소개된 인물이 원효임을 알 수 있다. 원효는 모든 것이 한마음에서 나온다는 일심 사상을 내세웠고, 여러 종파의 대립을 없애고자 화쟁 사상을 주장하였다. 또한 아미타 신앙을 전파하여 불교 대중화에 기여하였다.

바로 알기　① 의상은 당에 유학한 뒤 귀국하여 화엄종을 개창하였으며, 『화엄일승법계도』로 교리를 체계화하였다. 또한 부석사를 건립하고, 관음보살을 믿는 신앙인 관음 신앙을 전파하였다. ② 석굴암은 김대성이 창건을 주도하였다. ③은 일연, ④는 안향에 대한 설명이다.

◆ **이건 꼭 맘기!**　일심 사상 주장 + 화쟁 사상 주장 + 아미타 신앙 전파 + 불교 대중화 → **원효의 활동**

03 임신서기석과 신라의 유교 발전

자료에서 임신년에 두 명이 충성의 맹세를 한 것과 3년 안에 유학 경전을 습득하기로 약속한 것을 통해 제시된 비석은 신라의 임신서기석임을 알 수 있다. 임신서기석은 신라의 젊은이들이 유학 교육을 받았음을 뒷받침하는 자료이다.

바로 알기 ②는 단양 신라 적성비, 서울 북한산 신라 진흥왕 순수비 등과 관련이 있다. ③은 이차돈의 순교와 관련이 있다. ④는 고구려의 유학 교육과 관련이 있다. ⑤ 자료는 유학 교육과 관련된 것으로, 도교의 전래와 관련이 없다.

✦ 이건 꼭 알기! 임신년 + 두 청년의 맹세 + 유학 경전 습득 → **임신서기석과 신라의 유교 발전**

04 고대 우리 문화의 일본 전파

삼국 시대에 만들어진 우리나라의 금동 미륵보살 반가 사유상과 7세기에 만들어진 일본의 고류사 목조 미륵보살 반가 사유상은 재료만 다를 뿐 형태가 매우 유사하다. 두 불상의 유사성은 우리 고대 문화가 일본에 전파되었음을 보여 준다. 삼국과 가야인들은 일본에 선진 문화를 전파하였는데, 일본에 전파된 삼국과 가야의 문화는 일본 고대 국가의 성립과 아스카 문화 발전에 영향을 끼쳤다.

✦ 이건 꼭 알기! 금동 미륵보살 반가 사유상과 일본 고류사 목조 미륵보살 반가 사유상 + 일본의 아스카 문화에 영향 → **고대 우리 문화의 일본 전파**

05 고려의 인쇄술 발달

(가)는 팔만대장경판으로, 몽골이 고려를 침입하자 부처의 힘으로 몽골을 물리치기 위해 만든 것이다. (나)는 『직지심체요절』로, 고려 우왕 때 청주 흥덕사에서 간행된 금속 활자본이다. 팔만대장경은 고려의 목판 인쇄술 발달을, 『직지심체요절』은 고려의 금속 활자 인쇄술 발달을 보여 주는 문화유산이다. 『직지심체요절』은 현존하는 가장 오래된 금속 활자본으로, 2001년에 유네스코 세계 기록 유산으로 등재되었다.

바로 알기 ① 팔만대장경은 이자겸의 난(1126) 이후인 고려 고종 때 만들어졌다. ②는 초조대장경에 대한 설명이다. 고려는 몽골의 침략으로 초조대장경이 불타자 팔만대장경을 조판하였다. ③은 『삼국유사』에 해당한다. ⑤ 조선 후기에 발달한 서민 문화에는 한글 소설, 사설시조, 판소리, 탈놀이, 풍속화 등이 있다.

✦ 이건 꼭 알기! 팔만대장경 + 『직지심체요절』 → **고려의 인쇄술 발달**

05-1

팔만대장경은 13세기 몽골이 고려에 침입하자, 당시 무신 집권자였던 최우가 수도를 강화도로 옮긴 후 몽골의 침입을 극복하고자 간행하기 시작하였다. 따라서 (다) 시기에 해당한다.

06 『삼국사기』의 특징

자료의 기전체 서술 방식에 따라 구성된 역사서는 『삼국사기』이다. 고려 인종 때 김부식은 유교적 합리주의 사관에 입각하여 『삼국사기』를 편찬하였다. 이 책은 현존하는 가장 오래된 역사서로, 신라 중심의 역사의식이 담겼다.

바로 알기 ②는 『삼국유사』 등, ③은 『사략』 등, ④는 『동명왕편』, ⑤는 『삼국유사』, 『제왕운기』 등에 대한 설명이다.

✦ 이건 꼭 알기! 기전체 + 고려 인종 때 김부식이 편찬 + 유교적 합리주의 사관 + 현존하는 가장 오래된 역사서 → **『삼국사기』**

07 박제가의 활동

자료는 박제가의 『북학의』이다. 박제가는 조선 후기에 나타난 사회 모순의 해결책을 구상하는 과정에서 상공업 중심의 개혁론을 펼쳤다. 그는 청과 교역하여 청의 문물을 적극 수용해야 하고, 수레와 선박을 이용하여 상공업을 진흥해야 한다고 주장하였다.

바로 알기 ①은 최제우, ②는 최승로, ③은 윤관, ④는 조선 정조에 대한 설명이다.

✦ 이건 꼭 알기! 『북학의』 + 청의 문물 적극 수용 + 수레와 선박 이용 + 상공업 진흥 + 소비 권장 → **박제가의 활동**

08 조선 후기 천주교와 동학의 확산

자료에서 서양의 학문인 서학으로 연구되었다는 것을 통해 (가)는 천주교, 최제우가 창시하였다는 것을 통해 (나)는 동학임을 알 수 있다. 조선 후기 사회가 혼란한 시기에 유행한 천주교와 동학은 인간 평등을 강조하였다는 공통점이 있었다. 이에 천주교와 동학은 하층민의 호응을 얻으며 빠르게 확산하였다.

바로 알기 ①은 고려 말에 우리나라에 소개된 성리학, ②는 도교, ③은 실학 중 상공업 개혁론, ④는 불교에 대한 설명이다.

✦ 이건 꼭 알기! 천주교(서학) + 동학(최제우 창시) + 인간 평등 강조 → **조선 후기 천주교와 동학의 확산**

09 조선 후기 서민 문화의 발달

조선 후기에는 서민들의 사회적 지위가 향상되고 서당 교육이 확대되면서 서민 문화가 발달하였다. 이 시기에는 『춘향전』 등 한글 소설이 유행하였고, 봉산 탈춤과 같은 탈놀이에서는 양반을 풍자하는 내용이 많았다. 또한 풍속화가 유행하였는데, 대표적으로 김홍도의 「씨름」, 신윤복의 「단오풍정」 등이 있다.

바로 알기 ⑤ 「대동여지도」는 조선 후기 지리학자 김정호가 만든 지도이다.

✦ 이건 꼭 알기! 한글 소설과 사설시조 + 탈놀이(양반 풍자) + 풍속화 유행 → **조선 후기 서민 문화의 발달**

01 주제: 자주 의식을 강조한 고려의 역사서

(1) **답안 키워드** 「동명왕편」, 『삼국유사』

(2) **예시 답안** (가)는 「동명왕편」, (나)는 『삼국유사』이다. 두 역사서는 무신 정변과 몽골의 침략을 겪으면서 편찬되어 자주 의식을 강조하였다.

채점 기준	
상	「동명왕편」과 『삼국유사』를 쓰고, 민족적 자주 의식을 강조한 역사서임을 서술한 경우
중	민족적 자주 의식을 강조한 역사서라고만 서술한 경우
하	「동명왕편」과 『삼국유사』만 쓴 경우

02 주제: 조선 후기 실학의 특징

예시 답안 실학, 농업 중심 개혁론자는 토지 제도 개혁을 통해 농촌 사회를 안정시키고자 하였다. 상공업 중심 개혁론자는 청의 문물 수용과 상공업 진흥을 강조하였다.

채점 기준	
상	실학을 쓰고, 농업 중심 개혁론자들과 상공업 중심 개혁론자들의 주장을 모두 서술한 경우
중	실학을 쓰고, 농업 중심 개혁론자들과 상공업 중심 개혁론자들의 주장 중 한 가지만 서술한 경우
하	실학만 쓴 경우

03 주제: 조선 후기 서민 문화의 발달

예시 답안 서민 문화, 조선 후기에는 상공업의 발달, 서민의 경제력 향상, 서당 교육의 확대, 서민 의식의 향상 등을 배경으로 서민 문화가 발달하였다.

채점 기준	
상	서민 문화를 쓰고, 조선 후기 서민 문화의 발달 배경을 서술한 경우
중	조선 후기 서민 문화의 발달 배경을 서술한 경우
하	서민 문화만 쓴 경우

01 ②   **02** ①

01 의천과 지눌의 활동

(가)는 의천, (나)는 지눌이다. 의천은 화엄종을 중심으로 교종을 통합하였고, 해동 천태종을 창시하여 교종을 중심으로 선종을 통합하려 하였다. 하지만 그가 죽은 후 불교 교단은 다시 분열되었으며, 지배층과 밀착해 부패하는 등 세속화되었다.

바로 알기 ① 부석사는 통일 신라의 승려 의상의 주도로 건립되었다. ③ 요세는 참회와 염불 수행을 강조하며 백련결사를 결성하여 대중의 호응을 얻었다. ④ 묘청 등 서경 세력이 서경 천도를 주장하였다. ⑤는 의천에게만 해당하는 설명이다. 지눌은 선종의 입장에서 교종을 포용하는 방향으로 불교를 통합하려 하였다.

판서로 보는 고난도 개념   의천과 지눌의 불교 통합 운동 비교

구분	불교 통합	사상
의천	화엄종을 중심으로 교종 통합 → 해동 천태종을 창시하여 교종을 중심으로 선종 통합 노력	교학(이론적 교리 공부)과 선(실천)을 함께해야 한다(교관겸수).
지눌	선종을 중심으로 교종 통합	• 선과 교학을 치우침 없이 고루 닦아야 한다(정혜쌍수). • 단번에 깨달은 것을 꾸준히 수행해야 한다(돈오점수).

02 조선 후기 문화의 특징

자료는 조선 후기에 유행한 한글 소설인 『춘향전』으로, 조선 후기 서민 문화의 발달을 보여 준다. 조선 후기에는 서민들의 사회적 지위가 향상되고 서당 교육이 확대되면서 서민 문화가 발달하였다. 이 시기에는 현실 세계를 배경으로 하고, 서민이 주인공인 문예 작품이 많이 등장하였다. 『홍길동전』, 『춘향전』 등과 같은 한글 소설에는 서민들의 소망이 담겼고, 기존의 시조 형식에 구애받지 않는 사설시조는 서민들의 감정을 사실적으로 묘사하였다. 판소리와 탈놀이에는 양반의 위선을 비판하거나 사회 부정과 비리를 풍자하는 내용이 많았다. 또한 사람들의 일상생활을 그린 풍속화와 생활 공간을 장식한 민화가 유행하였다.

바로 알기 ① 현존하는 세계 최고(最古)의 금속 활자 인쇄본은 『직지심체요절』로, 고려 시대에 제작되었다.

실전 문항 ④

실전 문항 고려의 문화

자료의 문화유산은 백제의 수도인 사비가 위치하였던 부여 지역에서 발굴된 백제 금동 대향로이다. 이를 통해 (가) 국가가 백제임을 파악할 수 있다. 백제는 한성에서 웅진, 웅진에서 사비로 수도를 옮겼다.

바로 알기 ① 왕건은 고려를 건국하고 후삼국을 통일하였다. ② 상평통보는 조선 후기에 널리 쓰인 화폐이다. ③ 홍범 14조는 1894년 12월 갑오개혁이 추진되던 때에 개혁 추진의 의지를 밝히며 고종이 종묘에서 반포한 개혁안이다. ⑤ 제가들이 사출도를 다스린 국가는 부여이다.

01 ④	**02** ①	**03** ④	**04** ①	**05** ②	**06** ②	**07** ⑤
08 ④	**09** ①	**10** ④	**11** ①	**12** ③	**13** ③	**14** ②
15 ②	**16** ③	**17** ③	**18** ⑤	**19** ①		

01 살수 대첩과 나당 동맹 체결 사이의 사실

(가)는 살수 대첩(612), (나)는 나당 동맹 체결(648)과 관련된 자료이다. 수의 뒤를 이어 당이 고구려를 침략하였고, 안시성에서 성주와 백성이 저항하여 당군을 물리쳤다(안시성 싸움, 645). 수·당의 침략을 연이어 격퇴한 고구려는 국력이 쇠퇴한 상황에서 나당 연합군의 공격을 받아 멸망하였다(668).

(바로 알기) ①, ②, ⑤는 살수 대첩 이전의 사실이다. ③은 나당 동맹 체결 이후의 사실이다.

02 윤관의 여진 정벌

자료에서 동북 9성 개척을 통해 (가) 인물이 고려의 윤관임을 알 수 있다. 12세기 초 고려는 윤관의 건의로 특수 부대인 별무반을 편성하여 여진족을 몰아내고 동북 9성을 쌓았다. 그러나 여진의 거듭된 반환 요구와 방어의 어려움으로 고려는 9성을 여진에게 돌려주었다.

(바로 알기) ②는 삼별초에 대한 설명이다. ③ 조선 중종 때 3포 왜란이 발생하자, 이를 진압하고 비변사를 설치하였다. ④는 임경업 등, ⑤는 서희에 대한 설명이다.

03 4군 6진의 개척

지도의 (가)는 4군, (나)는 6진이다. 조선 세종 때 여진에 대한 강경책으로 최윤덕과 김종서를 파견하여 여진을 몰아내고 4군과 6진을 개척하였다. 이에 조선은 압록강과 두만강을 경계로 하는 국경선을 확정하였다.

(바로 알기) ㄱ. 통신사는 왜란 이후 일본 에도 막부의 요청으로 파견한 사절단이다. ㄷ. 4군과 6진 개척은 임진왜란 이전인 조선 세종 시기에 개척되었다.

04 임진왜란 이후의 사실

밑줄 친 '변란'은 임진왜란이다. 왜란 이후 일본 에도 막부의 요청에 따라 통신사가 파견되었다. 일본은 선진 문화를 받아들이고 막부의 권위를 인정받고자 조선에 사절 파견을 요청하였다. 이에 조선은 1607년부터 1811년까지 12회에 걸쳐 통신사를 파견하였다.

(바로 알기) ② 4군 6진은 세종 때 여진을 몰아내고 개척한 지역이다. ③ 고려의 서희는 거란의 1차 침입 때 외교 담판을 벌여 강동 6주를 획득하였다. ④는 조선 중종 때, ⑤는 고려 현종 때의 사실로, 모두 임진왜란 이전의 사실이다.

05 북벌론과 북학론

자료는 북벌론과 북학론의 등장과 관련된 내용이다. 북벌론은 병자호란에서 패배한 치욕을 씻고 명에 대한 의리를 지키자며 등장하였으나, 실행에 옮기지는 못하였다. 북학론은 청에 연행사로 다녀온 사신들에 의해 전파되었으며, 우리에게 이로운 것은 적극적으로 배우자는 주장이 중심이 되었다.

06 신문왕의 관료전 지급

신라 신문왕은 귀족의 경제적 기반을 약화하고 왕권을 강화하고자 관료전을 지급하고 녹읍을 폐지하였다.

(바로 알기) ① 조선 후기 균역법의 시행으로 줄어든 군포 수입을 결작과 선무군관포를 징수하여 보충하였다. ③ 조선 후기 영조 때 군포를 1년에 1필만 내도록 하는 균역법을 시행하였다. ④ 전시과는 고려의 토지 제도였다. ⑤ 조선 성종 때 관수 관급제를 실시하였다.

07 신라 촌락 문서

자료는 신라 촌락 문서에 기록된 내용을 재구성한 것이다. 신라는 정책 집행과 재정 운영 등에 필요한 조세와 역을 부과하고자 신라 촌락 문서를 작성하였다. 이 문서는 촌락 내 인구수, 토지 크기, 소와 말의 수 등을 조사하여 3년마다 작성하였다.

(바로 알기) ① 녹읍과 관료전은 신라의 토지 제도이다. ② 전시과는 고려의 토지 제도이다. ③은 과전법에 대한 설명이다. ④ 고려의 토지 제도에는 역분전, 전시과 등이 있다.

08 전시과의 운영

(가)는 문종 때의 경정 전시과, (나)는 경종 때의 시정 전시과, (다)는 목종 때의 개정 전시과이다. 전시과는 '(나) 시정 전시과 – (다) 개정 전시과 – (가) 경정 전시과'의 순서로 시행되었다. 경종 때 처음 시행된 전시과는 관품과 인품을 기준으로 지급되었는데, 인품이라는 주관적 요소에 문제점이 드러나면서 목종 때 관품만을 기준으로 토지를 지급하도록 규정을 바꾸었다. 이후 관리들에게 수조권을 나누어 줄 토지가 부족해지자 문종 때 현직 관리에게만 수조지를 지급할 수 있도록 규정을 바꾸었다.

09 직전법 시행 배경

자료에서 조선 세조 때 시행, 현직 관리에게만 수조권을 나누어 준 제도 등을 통해 (가) 제도가 직전법임을 알 수 있다. 조선 세조는 관리들에게 나누어 줄 토지가 부족해지자, 현직 관리에게만 수조권을 지급하는 직전법을 시행하였다.

(바로 알기) ② 조선 후기 새롭게 성장한 부농층(신향)이 향촌 사회의 지배권에 도전하며 기존의 사족(구향)과 대립하는 향전이 일어났다. ③은 과전법에 대한 설명이다. ④ 사림 세력은 향약과 서원을 통해 향촌 질서를 장악하였다. ⑤ 대동법이 시행되면서 관청에 필요한 물품을 납품하는 공인이 출현하게 되었고, 이는 상품 화폐 경제의 발달에 기여하였다.

10 대동법의 영향

자료의 광해군, 먼저 경기에서 시작, 선혜청을 설치 등의 내용을 통해 (가)가 대동법임을 알 수 있다. 광해군 때 방납의 폐단을 시정하기 위해 경기도에서 처음 대동법을 실시하였다. 집집마다 부과하여 토산물을 징수하던 공물 납부 방식을 토지를 기준으로 쌀이나 삼베, 무명, 동전 등으로 납부할 수 있게 하였다. 대동법이 시행되면서 관청에 필요한 물품을 납품하는 공인이 등장하게 되었고, 공인의 활동으로 상품 수요가 증가하면서 상품 화폐 경제가 발달하였다.

(바로 알기) ④ 권문세족이 대농장을 확대한 것은 고려 말의 사실이다.

11 모내기법의 영향

밑줄 친 '이 농법'은 모내기법이다. 조선 후기 모내기법이 확산되면서 벼와 보리의 이모작도 가능해졌으며 한 사람이 경작할 수 있는 면적이 늘어나면서 광작이 확산되었다.

(바로 알기) ②는 신라, ③은 고구려에 대한 설명이다. ④ 모내기법이 확산되면서 수리 시설이 크게 늘었다. ⑤ 광작으로 일부 농민은 부농이 된 반면, 많은 농민은 부세와 고리대의 부담 등으로 토지를 잃고 빈농이 되었다.

12 골품제의 특징

(가)는 진골, (나)는 6두품이다. 골품제는 신라의 신분제로, 골품에 따라 관등 승진의 상한선이 정해졌다.

(바로 알기) ① 제가 회의는 고구려의 귀족 회의이다. ②는 고려의 전시과에 대한 설명이다. ④ 무과는 조선 시대에 이르러 제도화 되었다. ⑤ 6두품은 골품에 따라 신분이 결정되었기 때문에 능력에 따른 신분 상승에는 제한이 있었다.

13 고려의 양인 중간 계층

고려 시대 특수 행정 구역인 향·부곡·소 등의 주민들은 양인 피지배층으로 조세·공납·역 등의 의무가 있었다. 향·부곡·소 등의 주민도 국역을 지는 양인이었지만 군현민에 비해 사회적 지위가 낮았다.

(바로 알기) ①은 최상위 지배층인 문무 관리에 대한 설명이다. ②는 천인층인 노비 중 외거 노비에 대한 설명이다. ④는 양인 지배층 중 상급 향리에 대한 설명이다. ⑤는 천인 중 노비에 대한 설명이다.

14 고려의 가족 제도

자료의 상황이 나타난 시기는 고려이다. 고려의 가족 제도에서 남성과 여성의 관계는 비교적 수평적이었다. 여성도 호주가 될 수 있었고, 아들이 없을 경우 딸이 부모의 제사를 지냈다.

(바로 알기) ㄴ, ㄹ은 조선 후기의 가족 제도에 대한 설명이다.

15 노비종모법의 영향

(가)는 노비종모법이다. 노비종모법은 아버지가 천인이라도 어머니가 양인이면 자식은 양인이 될 수 있게 한 법으로, 조선 영조 때 양인의 수를 늘리고자 실시하였다. 이에 따라 노비의 수가 감소하고 세금을 부담하는 양인의 수가 늘어나면서 국가 재정이 확충되었다.

(바로 알기) ㄴ. 조선은 양천제를 법제화하여 백성을 양인과 천인으로 나누었다. ㄹ. 서얼들은 신분 상승을 위해 집단 상소 운동을 전개하였다.

16 삼국 시대 도교의 발달

고구려의 강서대묘 현무도, 백제 금동 대향로는 삼국 시대 도교와 관련된 문화유산이다. 삼국 시대에는 중국으로부터 도교가 전래되어 귀족 사회를 중심으로 유행하였다. 도교는 신선 사상을 바탕으로 산천 숭배, 민간 신앙 등이 합해져 불로장생과 현세의 복을 추구하였다. 고구려 고분 벽화에는 도교 방위신인 사신도가 그려져 있고, 백제 금동 대향로에는 도교의 이상 세계가 표현되어 있다.

17 지눌의 활동

자료에서 돈오점수, 정혜쌍수 등을 통해 (가)는 고려의 승려 지눌임을 알 수 있다. 지눌은 불교계의 세속화를 비판하고 선교 일치를 주장하며 정혜결사(후에 수선사로 개칭)를 결성하였다.

(바로 알기) ①, ②는 신라의 승려 의상, ④는 고려의 승려 의천, ⑤는 신라의 승려 혜초에 대한 설명이다.

18 조선 후기 회화의 발달

(가)는 조선 후기의 민화인 「까치와 호랑이」, (나)는 조선 후기의 풍속화인 김홍도의 「씨름」이다. 두 작품 모두 조선 후기 서민 문화를 대표하는 작품이다. 조선 후기에는 서민 문화가 발달하면서 회화에서 사람들의 일상생활을 그린 풍속화와 생활 공간을 장식한 민화가 유행하였다.

19 조선 후기 한글 소설의 특징

자료의 교사는 「홍길동전」에 대해 질문하고 있다. 「홍길동전」은 신분제의 불합리함 및 조선의 다양한 문제점을 비판한 한글 소설로, 조선 후기에 널리 읽혔다. 이처럼 조선 후기에 서민 문화의 발달로 「홍길동전」, 「춘향전」과 같은 한글 소설이 유행하였는데, 한글 소설에는 서민들의 소망이 담겼다.

근대 국가 수립의 노력

01 / 국제 질서의 변동과 개항

STEP 1 핵심 개념 확인하기
114쪽

1 (가) 난징 조약, (나) 미일 화친 조약 **2** (1) × (2) ○ **3** (1)-ⓒ
(2)-㉠ **4** (1) 북학파 (2) 정한론 **5** (1) ㄴ (2) ㄷ (3) ㄱ

STEP 2 내신 만점 공략하기
114~117쪽

01 ②	02 ③	02-1 ①	03 ①	04 ②	05 ②	06 ④
07 ⑤	08 ⑤	09 ③	10 ②	11 ④	11-1 ㄴ, ㄷ	
12 ②	13 ⑤	14 ④	15 ②			

01 제국주의의 등장과 영향
밑줄 친 '여러 국가'는 서양 제국주의 국가들을 가리킨다. 서양 제국주의 국가들은 경제력과 군사력을 바탕으로 약소국을 식민지로 점령하는 정책을 추진하였다. 이들은 사회 진화론을 바탕으로 강대국의 약소국 지배를 정당화하였다. 19세기에 점차 배타적이고 침략적인 성격을 띤 민족주의가 발달하면서 선진 자본주의 국가의 대외 침략을 촉진하였다.

(바로 알기) ㄴ. 서양 제국주의 국가들은 상품 판매 시장과 원료 공급지 확보, 잉여 자본 투자를 위해 해외 시장 개척에 적극적이었다. ㄹ. 산업 혁명 과정에서 독점 자본주의가 성장하였다.

✦ **이건 꼭 맘기!** 독점 자본주의 + 배타적·침략적 민족주의 → **제국주의**

02 난징 조약의 체결
자료의 청이 영국에 홍콩을 양도하고 공행을 폐지한다는 내용을 통해 (가) 조약은 영국과 청이 1842년에 체결한 난징 조약임을 알 수 있다. 영국에서 청에 아편을 밀수출하여 청에 아편 문제가 심각해지자 청 정부가 아편을 단속하였다. 영국은 이를 빌미로 제1차 아편 전쟁(1840~1842)을 일으켰다. 이 전쟁에서 패한 청은 영국과 난징 조약을 맺어 상하이를 비롯한 5개 항구를 개방하고 홍콩을 영국에 넘겨주었다.

(바로 알기) ① 흥선 대원군은 두 차례의 양요를 겪은 후 통상 수교 거부 정책을 더욱 확고히 하여 전국 각지에 척화비를 세웠다. ② 제너럴셔먼호 사건을 계기로 조선에서 신미양요가 발발하였다. ④는 일본의 개항과 관련된 내용이다. ⑤는 제2차 아편 전쟁으로, 이 결과 톈진 조약과 베이징 조약이 체결되었다.

✦ **이건 꼭 맘기!** 제1차 아편 전쟁 + 상하이 개항 + 홍콩 할양 + 공행 폐지 → **난징 조약**

02-1
제1차 아편 전쟁 이후 청은 영국과 난징 조약을 맺고 5개 항구를 열어 개항하였다.

(바로 알기) ②는 조일 수호 조규 부록, ③, ⑤는 베이징 조약, ④는 메이지 유신과 관련이 있다.

03 병인박해의 영향
자료에서 조선 국왕이 프랑스 신부를 잔인하게 살해, 조선 정복을 위해 출정, 프랑스 공사 벨로네 등의 내용을 통해 밑줄 친 '사건'이 병인박해임을 알 수 있다. 흥선 대원군은 프랑스 세력을 끌어들여 러시아의 남하를 막으려고 하였으나, 뜻대로 되지 않았다. 이로 인해 정치적 위기를 맞자 조선 내 프랑스 선교사들과 수많은 신자를 처형하였다(병인박해). 이를 구실로 프랑스는 로즈 제독을 보내 강화도를 공격하였다(병인양요).

(바로 알기) ② 제1차 아편 전쟁의 결과 난징 조약이 체결되었다. ③ 제2차 아편 전쟁 처리 과정에서 러시아는 연해주를 획득하였다. ④ 에도 막부와 미국은 미일 화친 조약 체결 이후 미일 수호 통상 조약(1858)을 체결하였다. ⑤ 미국은 제너럴셔먼호 사건의 진상 파악을 구실로 강화도를 침략하여 신미양요를 일으켰다.

✦ **이건 꼭 맘기!** 러시아의 남하 정책 견제 + 프랑스 세력 포섭 실패 + 프랑스 천주교 선교사와 신자 처형 → **병인박해**

04 병인양요의 발발
지도에 양헌수와 한성근의 활약이 표시되어 있고, 프랑스 함대의 두 차례에 걸친 강화도와 부근 지역의 침입로가 표시된 점을 통해 병인양요를 나타낸 지도임을 알 수 있다. 프랑스는 병인박해 때 프랑스 선교사가 죽은 것을 빌미로 조선을 침입하였다. 프랑스군은 강화도를 공격하고 약탈을 자행하였는데, 한성근 부대가 문수산성에서 대항하였고, 양헌수 부대는 정족산성에서 프랑스군을 물리쳤다.

(바로 알기) ①은 천주교 박해 사건으로 병인양요의 빌미가 되었다. ③은 미국의 강화도 침략 사건으로 어재연이 맞서 싸웠지만 패배하였다. ④는 대동강에서 일어난 사건이다. ⑤는 충청도 덕산에서 일어난 사건이다.

✦ **이건 꼭 맘기!** 문수산성에서 한성근 부대 + 정족산성에서 양헌수 부대의 활약 + 퇴각하던 프랑스군이 외규장각 도서 약탈 → **병인양요**

05 통상 수교 거부 정책의 배경
(가)는 제너럴셔먼호 사건(1866)이고, (나) 사건은 오페르트의 남연군 묘 도굴 시도(1868)이다. 두 사건 사이에 병인양요가 일어났다(1866). 병인양요 때 프랑스군에 맞서 문수산성에서 한성근 부대, 정족산성에서 양헌수 부대가 전투를 벌였다. 결국 조선군의 저항으로 프랑스군은 강화도에서 퇴각하였다.

 ①은 흥선 대원군의 정책으로 (가) 이전의 일이다. ③은 신미양요(1871) 때의 일이다. ④ 신미양요 이후 전국에 척화비가 세워졌다. ⑤는 병인박해(1866)에 대한 설명으로, (가) 이전에 일어났다.

✦ **이건 꼭 맘기!** 병인박해 → 제너럴셔먼호 사건 → 병인양요 → 오페르트의 도굴 시도 → 신미양요 → 척화비 건립

06 병인양요

자료는 병인양요(1866) 때 프랑스군이 약탈한 외규장각 도서 중 국내로 돌아온 의궤에 대한 것이다. 병인양요 때 프랑스군은 갑곶진에 상륙한 뒤 강화부를 점령하고 재물을 약탈하였다. 이에 맞서 정족산성에서 양헌수 부대가 프랑스군을 물리쳤다. 프랑스군은 퇴각하면서 강화도의 주요 시설을 파괴하고 외규장각에 보관되어 있던 의궤를 비롯한 각종 문화유산을 약탈해 갔다.

바로 알기 ① 신미양요(1871) 이후 흥선 대원군은 전국에 척화비를 건립하였다. ② 제너럴셔먼호 사건(1866)은 병인양요 이전에 일어났다. ③은 아편 전쟁 처리 과정에서 러시아가 연해주를 얻은 결과로, 병인양요 이전의 일이다. ⑤ 오페르트의 도굴 시도(1868)는 병인양요 이후에 일어났다.

✦ **이건 꼭 맘기!** 정족산성의 양헌수 부대 + 문수산성의 한성근 부대 + 의궤 약탈 → **병인양요**

07 신미양요 이후의 정세

지도에서 미군의 침입로, 격전지, 광성보, 어재연의 항전 등의 내용을 통해 (가)가 신미양요임을 알 수 있다. 신미양요 당시 조선 정부가 통상 수교 협상에 응하지 않자 결국 미군은 물러났다. 신미양요 이후 흥선 대원군은 통상 수교 거부 정책을 널리 알리고자 전국 각지에 척화비를 세웠다.

바로 알기 ①은 1866년에 일어난 병인양요에 대한 설명이다. ② 오페르트의 도굴 시도는 1868년의 일이다. ③ 제너럴셔먼호는 1866년에 침몰하였다. ④는 베이징 조약(1860)의 결과로 신미양요 이전의 일이다.

✦ **이건 꼭 맘기!** 신미양요 + 통상 수교 거부 정책 강화 → **척화비 건립**

08 청의 양무운동

┌ 자료 분석 ┐
중국의 유교 문화가 기본이 됨을 강조하였어.
서양식 기계는 …… 백성의 생계와 일상 용품에 도움이 되는 것입니다. …… 나라를 잘 다스려 유지하고 제왕의 업적을 튼튼히 유지하는 방법은 원래부터 (중국에) 있었습니다. 하지만 위기를 안정시키고, 허약함을 강력함으로 바꾸는 길은 오직 기기를 모방하여 제조하는 것에서 비롯됩니다.
서양의 기술 도입을 주장하였어.

자료에서 나라를 잘 다스리는 방법은 원래부터 중국에 있었지만, 허약함을 강력함으로 바꾸는 길은 기기를 모방하여 제조함에 있다는 내용을 통해 청의 양무운동과 관련된 자료임을 알 수 있다. 양무운동은 중체서용의 원칙 아래 중국의 전통적인 체제는 유지하면서 서양의 선진 기술을 받아들이는 방식으로 근대화를 추진하였다.

바로 알기 ① 양무운동은 조선 개항(1876)보다 먼저 시작되었다. ② 아편 전쟁 패배 이후 양무운동이 시작되었다. ③ 양무운동은 메이지 유신(1868)보다 먼저 시작되었다. ④ 양무운동은 정치 체제 개혁이 아니라 기술 도입만을 목표로 하였다.

✦ **이건 꼭 맘기!** 서양의 우수한 군사력 경험(아편 전쟁 패배) + 중체서용 → **양무운동**

09 메이지 정부의 활동

자료에 제시된 막부를 무너뜨리고 세운 정부, 입헌 군주제 수립 등의 내용을 통해 메이지 정부에 대한 설명임을 알 수 있다. 메이지 정부는 미국과 유럽의 제도, 문물을 배우기 위해 이와쿠라 사절단을 파견하였다.

바로 알기 ①은 프랑스, ②, ⑤는 청, ④는 에도 막부에 대한 설명이다.

✦ **이건 꼭 맘기!** 메이지 유신 + 입헌 군주제 + 신분제 폐지 + 의무 교육 실시 → **메이지 정부**

10 조선의 통상 개화론

조선의 통상 개화론은 북학파 실학자의 사상을 이어받은 박규수, 오경석, 유홍기 등이 주장하였다. 특히 역관이었던 오경석은 청을 드나들면서 『해국도지』, 『영환지략』 등의 서적을 국내로 들여왔다. 이들은 김옥균, 박영효, 김윤식 등 양반 자제들에게 세계정세와 서구 문물을 소개하면서 개화의 필요성을 강조하였다. 이후 김옥균 등은 실무 관료로 활동하면서 개화파라 불리는 세력을 형성하였다.

바로 알기 ② 강화도 조약 체결 당시 통상 개화론자들은 개항이 불가피하다고 주장하였다.

✦ **이건 꼭 맘기!** 북학파 계승 + 박규수·오경석·유홍기 + 문호 개방 주장 → **통상 개화론**

11 강화도 조약의 체결

자료에서 조선 최초의 근대적 조약, 강화도, 운요호 등의 내용을 통해 밑줄 친 '이 조약'이 강화도 조약임을 알 수 있다. 강화도 조약은 조선이 외국과 맺은 최초의 근대적 조약이자 일본에 유리한 불평등 조약이었다. 이 조약으로 조선은 3개 항구를 개항하고, 일본에 조선의 해안 측량권과 영사 재판권을 인정하였다.

바로 알기 ①은 조미 수호 통상 조약, ②, ⑤는 조일 수호 조규 부록에 대한 설명이다. ③ 강화도 조약은 일본에 유리한 불평등 조약이었다.

✦ **이건 꼭 맘기!** 운요호 사건 + 부산 등 개항 + 영사 재판권 허용 + 해안 측량권 허용 + 불평등 조약 → **강화도 조약**

11-1 조선은 강화도 조약으로 부산·인천·원산의 세 항구를 개항하였으며 일본에 영사 재판권을 허용하였다.

바로 알기 ㄱ. 조선이 메이지 정부의 외교 문서를 거부하자 정한론이 제기되었다. ㄹ은 강화도 조약의 빌미가 된 운요호 사건과 관련이 있다.

12 강화도 조약과 부속 조약의 내용

동아시아의 전통적 외교 질서에서 벗어난 근대적 조약임을 알 수 있어.

┌ **자료 분석** ┐

| (가) 제1조 | 조선은 자주국이며 일본과 평등한 권리를 보유한다. |
| 제10조 | 일본 인민이 조선이 지정한 각 항구에서 죄를 범한 것이 조선 인민과 관계되는 사건일 때는 모두 일본 관원이 재판할 것이다. |

→ 영사 재판권(치외법권)을 인정하였어.

| (나) 제6칙 | 조선국 항구에 거주하는 일본인은 쌀과 잡곡을 수출, 수입할 수 있다. |
| 제7칙 | (상선을 제외한) 일본국 정부에 속한 모든 선박은 항세를 납부하지 않는다. |

제6칙과 제7칙에 따라 조선에서 일본 상인의 활동이 유리해져 일본 상품이 조선에 많이 유입되었어.

(가)는 조선과 일본의 평등한 권리 규정, 조선 정부의 부산을 비롯한 항구 개방 등을 통해 강화도 조약임을 알 수 있다. (나)는 일본인에게 양곡 수출입을 허용한 것에서 강화도 조약의 부속 조약인 조일 무역 규칙임을 알 수 있다. 강화도 조약은 일본에 영사 재판권을 인정하였는데, 이는 제10조에서 알 수 있다.

(바로 알기) ①, ③은 조미 수호 통상 조약에 대한 설명이다. ④, ⑤는 강화도 조약의 부속 조약인 조일 수호 조규 부록에 대한 설명이다. 일본인의 거류지를 설정하고, 개항장에서 일본 화폐의 유통을 허용한다는 조항이 포함되었다.

◆ **이건 꼭 맘기!** 부산 등 3개 항구 개항 + 해안 측량권 인정 + 영사 재판권 허용 → **강화도 조약**

13 조선의 개항

(나) 1873년 흥선 대원군이 물러나고 고종이 직접 정치에 나서면서 조선의 외교 정책에 변화가 나타났다. (다) 1875년 일본은 미국의 포함 외교를 본떠 강화도에 운요호를 파견하였다. 이후 조선군이 운요호를 향해 포격한 것을 구실로 조선의 개항을 요구하였다. (가) 1876년에 조선은 일본과 조일 수호 조규를 체결하였다. (라) 1882년에 조선은 청의 알선으로 조미 수호 통상 조약을 체결하였다. 따라서 조선의 개항은 '(나) – (다) – (가) – (라)'의 과정을 거치며 전개되었다.

◆ **이건 꼭 맘기!** 운요호 사건 + 조일 수호 조규 + 조미 수호 통상 조약 → **조선의 개항 과정**

14 강화도 조약의 의미

자료의 강화부, 연무당, 조약 체결을 강요 등의 내용을 통해 (가)가 강화도 조약임을 알 수 있다. 일본은 미국의 포함 외교를 모방하여 운요호 사건을 일으키고, 이후 조선의 문호 개방을 요구하였다. 이 과정에서 체결된 강화도 조약에는 조선이 자주국임이 명시되었는데, 이는 조선에 대한 청의 간섭을 배제하려는 의도였다.

(바로 알기) ㄱ. 척화비는 신미양요 이후 전국적으로 건립되었다. ㄷ. 강화도 조약 체결 이후 일본에 수신사가 파견되었다.

◆ **이건 꼭 맘기!** 운요호 사건 + 조선 최초의 근대적 조약 + 조선이 자주국임을 명시 → **강화도 조약을 통한 일본의 침략 의도**

15 조미 수호 통상 조약의 특징

자료의 『조선책략』, 서양 국가 중 최초로 조선과 근대적 조약을 체결 등의 내용을 통해 밑줄 친 '조약'이 조미 수호 통상 조약임을 알 수 있다. 조미 수호 통상 조약에는 거중 조정 조항과 수출입 상품에 대한 관세 부과 조항이 포함되었다. 하지만 영사 재판권과 최혜국 대우를 허용하여 조선에 불리한 불평등 조약이었다.

(바로 알기) ① 조미 수호 통상 조약은 미국과 체결한 조약이다. ③ 조미 수호 통상 조약에는 관세 부과 조항이 포함되었다. ④는 조일 수호 조규 부록, ⑤는 조불 수호 통상 조약에 대한 설명이다.

◆ **이건 꼭 맘기!** 『조선책략』 + 청의 알선 + 서양 국가와 맺은 최초의 근대적 조약 + 거중 조정 + 최혜국 대우 인정 → **조미 수호 통상 조약**

서술형 문제

117쪽

01 주제: 흥선 대원군의 통상 수교 거부 정책

(1) (답안 키워드) 신미양요, 통상 수교 거부, 척화비

(2) (예시 답안) 신미양요, 신미양요 이후 흥선 대원군은 통상 수교 거부 정책을 널리 알리고자 전국 각지에 척화비를 세웠다.

	채점 기준
상	신미양요를 쓰고, 신미양요 이후 통상 수교 거부 정책의 일환으로 척화비가 건립되었음을 서술한 경우
중	신미양요를 쓰고, 신미양요 이후 통상 수교 거부 정책 실시, 척화비 건립 중 한 가지만 언급하여 서술한 경우
하	신미양요만 쓴 경우

02 주제: 강화도 조약

(예시 답안) 강화도 조약, 제7조에서 해안 측량권을 인정하여 조선의 영토 주권을 침해하였고, 제10조에서 영사 재판권을 허용하여 조선의 사법 주권을 침해하였다.

	채점 기준
상	강화도 조약을 쓰고, 불평등한 이유를 두 가지 서술한 경우
중	강화도 조약을 쓰고, 불평등한 이유를 한 가지만 서술한 경우
하	강화도 조약만 쓴 경우

03 주제: 척화비 건립의 목적

(예시 답안) 척화비, 흥선 대원군은 척화비를 세워 서양과의 통상을 거부한다는 의지를 널리 알렸다. 이를 통해 당시 통상 수교 거부 정책이 실시되었음을 알 수 있다.

	채점 기준
상	척화비를 쓰고, 설립 목적과 대외 정책의 방향을 모두 서술한 경우
중	척화비를 쓰고, 설립 목적이나 대외 정책 방향 중 한 가지만 서술한 경우
하	척화비만 쓴 경우

01 ① **02** ④

01 통상 개화론의 대두

서양 열강에 의해 청과 일본이 개항하는 과정을 가리켜.

| 자료 분석 |

선생(박규수)은 한숨을 쉬면서 탄식하며 말하였다. "생각건대, 지금 세계정세는 날로 변하여 동서 열강이 서로 대치하여 그 옛날 춘추 열국의 때와 비슷하며, 정벌과 회맹의 복잡 혼란함을 장차 감당치 못할 것이다. 우리나라는 비록 작지만 동양의 중심지에 있어 …… 외교에 있어서 기민하게 대응해야 독립을 유지할 수 있다. 그렇지 않으면 우매하고 약한 자가 먼저 망하는 것이 하늘의 이치이니, 또 누구를 탓할 것인가?" —『환재집』

문호를 개방하여 교류할 것을 주장하고 있어.

자료는 박규수가 주장한 것으로 서양 열강들이 아시아 지역을 침략하는 상황에서 아시아의 중요한 곳에 위치한 조선이 먼저 교류를 해서 고립을 벗어나야 한다는 내용을 담고 있다. 박규수는 사신으로 청을 왕래하며 서양 기술의 우수성을 경험하였으며, 통상 수교를 주장하였다. 박규수의 주장은 김옥균, 박영효 등 개화파라 불리는 세력이 형성되는데 영향을 주었다.

(**바로 알기**) ②는 제너럴셔먼호 사건, ③은 메이지 유신, ④는 이항로와 같은 통상 개화 반대론자, ⑤는 서양 제국주의 국가에 대한 설명이다.

02 조선이 맺은 근대적 조약

첫 번째 조약은 조선이 자주국, 부산 이외에 두 곳의 항구를 개항한다는 내용을 통해 강화도 조약(조일 수호 조규)임을 알 수 있다. 강화도 조약은 조선과 (가) 일본 사이에 체결되었다. 일본은 운요호 사건을 일으켜 조선을 개항시켰으며, 17세기부터 나가사키에 네덜란드와 청 상인의 통상을 허용하였다. 두 번째 조약은 제1조 반드시 서로 도와준다, 특권 및 특혜를 균점된다는 내용을 통해 조미 수호 통상 조약임을 알 수 있다. 따라서 (나)는 미국이다. 미국은 이 조약으로 조선으로부터 최혜국 대우를 보장받았으며, 미일 화친 조약으로 일본을 개항하였다.

(**바로 알기**) ④는 프랑스에 대한 설명이다. 미국은 제너럴셔먼호 사건을 구실로 조선을 침략하였다.

판서로 보는 고난도 개념 조약에 자주 나오는 주요 용어

거중 조정	조약을 맺은 국가가 제3국과 분쟁이 있을 경우 조약을 맺은 상대국이 중간에서 해결을 추진할 의무 → 조미 수호 통상 조약에 규정
영사 재판권	외국인이 현재 거주하는 국가의 법을 적용받지 않고 자국의 영사에게 재판을 받을 권리(치외법권) → 강화도 조약, 조미 수호 통상 조약, 조청 상민 수륙 무역 장정에 규정
최혜국 대우	다른 국가에 주어진 가장 유리한 대우를 조약을 체결한 상대국에게도 적용하는 권리 → 조미 수호 통상 조약 등 서양 열강과 체결한 통상 조약과 조일 통상 장정 등에 규정

(**실전 문항**) ④

(**실전 문항**) 강화도 조약의 특징

자료의 1876년에 조선이 일본과 맺은 최초의 조약, 해안 측량권 부여, 영사 재판권 인정 등의 내용을 통해 밑줄 친 '이 조약'이 강화도 조약(조일 수호 조규)임을 알 수 있다. 1875년에 일어난 운요호 사건은 강화도 조약 체결의 배경이 되었다.

(**바로 알기**) ①은 동학 농민군에 대한 설명이다. ② 신미양요 이후 흥선 대원군은 척화비를 건립하였다. ③ 임술 농민 봉기는 세도 정치 시기 삼정의 문란 등을 배경으로 일어났다. ⑤ 병자호란 이후 청에 대한 치욕을 씻고 명에 대한 의리를 지키자는 북벌론이 대두하였다.

02 근대 국가 수립을 위한 노력(1)

1 (1)—ⓒ (2)—㉠ (3)—ⓛ 　　**2** (1) 조사 시찰단 (2) 통리기무아문
(3) 유길준 　**3** (1) ○ (2) ○ (3) × 　　**4** (가) 별기군, (나) 임오군란
5 (1) 급진 개화파 (2) 제물포 조약

01 ① **02** ② **02-1** ① **03** ④ 　**04** ⑤ 　**05** ② **05-1** ⑤
06 ⑤ **07** ③ **08** ⑤ **09** ① 　**10** ① 　**11** ⑤ 　**12** ①
12-1 ⑤ **13** ③

01 1차 수신사의 파견

(가)는 1차 수신사이다. 조선 정부는 1876년 일본에 1차 수신사 김기수를 보내 근대화에 필요한 기술과 정보를 조사하게 하였다.

(**바로 알기**) ② 통리기무아문은 1880년에 설치되었다. ③ 북학론은 청의 앞선 문물을 수용하여 국력을 키우자는 주장이다. ④ 운요호 사건은 1875년에 일어났다. ⑤는 청에 파견된 영선사에 대한 설명이다.

✦ **미견 꼭 맘기!** 조일 수호 조규 체결 + 김기수 + 근대화 기술 정보 조사
→ 1차 수신사

02 개항 이후 조선 정부의 개화 정책

개항 이후 조선은 통리기무아문을 두고 개화파 인사를 등용하여 개화 정책을 총괄하게 하였다. 또한 각국에 사절단을 파견하여 근대 문물을 시찰하게 하였다.

(바로 알기) ②는 조일 수호 조규 부록을 체결한 결과로, 조선 정부가 추진한 개화 정책은 아니다.

✦ **이건 꼭 알기!** 통리기무아문 설치 + 군제 개편 + 사절단 파견 → **조선 정부의 개화 정책**

02-1

조선 정부는 개화 정책을 추진하면서 군사 제도를 개편하였다. 5군영을 2영으로 합쳤고, 신식 군대인 별기군(교련병대)을 창설하였다.

(바로 알기) ② 대한 제국은 원수부를 설치하여 군사권을 황제에게 집중시키고, 무관 학교를 설립하는 등 군사 제도를 개혁하였다. ③ 장용영은 조선 정조가 설치한 친위 부대이다. ④ 훈련도감은 임진왜란 중에 설치되었다. ⑤ 흥선 대원군은 왕권을 제약하던 비변사를 축소·폐지하고, 의정부와 삼군부가 정치와 군사 업무를 나누어 맡게 하였다.

03 보빙사의 파견

자료의 미국에 파견된 사절단, 미국 대통령을 만나 고종의 신임장을 전달하였다는 내용 등을 통해 밑줄 친 '사절단'이 보빙사임을 알 수 있다. 민영익을 전권대사로 하는 보빙사는 1882년 미국과 조선이 수교한 이후 미국에 답례 사절단으로 파견되었으며, 미국의 근대 시설을 살펴보고 귀국하였다.

(바로 알기) ① 별기군은 1881년에 창설되었다. ② 에도 막부의 요청으로 통신사가 파견되었다. ③ 2차 수신사는 강화도 조약 내용을 개정하고자 일본에 파견되었지만 실패하였다. ⑤ 『조선책략』은 2차 수신사 김홍집이 국내에 소개하였다.

✦ **이건 꼭 알기!** 조미 수호 통상 조약 체결 + 답례 사절단 + 전권대사 민영익 → **보빙사**

04 조사 시찰단의 파견

지도의 사절단이 일본으로 가는 행로, 암행어사로 임명되어 동래부에서 일본으로 출발, 고베, 도쿄 등의 시찰 과정을 통해 (가)가 조사 시찰단(1881)임을 알 수 있다. 조선 정부는 근대화에 대한 국내의 반대 여론을 의식해 박정양, 어윤중, 홍영식 등을 비밀리에 조사 시찰단으로 파견하여 일본의 제도와 법률, 공장 등을 조사하였다.

(바로 알기) ①, ②는 2차 수신사로, 강화도 조약 내용의 개정을 시도하였지만 실패하였다. 또한 일본의 발전상을 시찰하고 『조선책략』을 들여왔다. ③, ④는 영선사로, 임오군란 직전에 청에 파견되어 서양식 무기 제조 기술을 배워 왔다.

✦ **이건 꼭 알기!** 국내 개화 반대 여론 + 동래부 암행어사로 비밀리에 파견 + 고베, 도쿄 등으로 이동 + 박정양, 어윤중 → **조사 시찰단**

05 『조선책략』의 유포

자료에서 러시아를 견제하기 위하여 조선이 미국과 조약을 체결해야 한다고 주장하는 것을 통해 제시된 자료가 『조선책략』의 일부분임을 알 수 있다. 『조선책략』은 청 외교관 황준헌이 쓴 책으로, 2차 수신사로 일본에 간 김홍집을 통해 조선에 소개되었다. 이후 조선에서는 개화 정책의 확대와 미국과의 조약 체결에 대한 반대 여론이 크게 일어났다.

(바로 알기) ㄴ. 『조선책략』은 1880년대에 국내로 들어왔다. ㄹ. 강화도 조약은 『조선책략』 유포 이전에 체결되었다.

✦ **이건 꼭 알기!** 청 외교관 황준헌 + 2차 수신사 김홍집 + 러시아 견제를 위해 미국과의 연결 → **『조선책략』**

05-1

1880년에 김홍집이 일본에 제2차 수신사로 다녀오면서 『조선책략』을 들여와 고종에게 바쳤다. 고종은 이를 널리 돌려 읽게 하였는데, 이 결과 미국과의 조약 체결에 호의적인 분위기가 조성되었다. 이후 조선은 1882년에 미국과 조미 수호 통상 조약을 맺었다.

(바로 알기) ①은 갑신정변, ②는 운요호 사건, ③은 임오군란, ④는 미국 페리 제독 함대의 무력시위를 배경으로 체결된 조약이다.

06 위정척사 운동의 전개

(다) 1860년대에 이항로, 기정진 등의 유생들이 통상 수교 거부 운동을 펼치며 흥선 대원군의 정책을 지지하였다. (나) 1870년대 강화도 조약 체결 무렵 최익현은 일본이 서양과 같은 오랑캐라는 왜양일체론을 내세우며, 개항 이후 벌어질 일본의 경제 침탈을 경계하였다. (가) 1880년대에 정부가 개화 정책을 추진하고, 『조선책략』이 유포되면서 이만손을 중심으로 한 영남 유생들이 만인소를 올려 정부의 개화 정책 및 미국과의 수교에 반대하였다.

✦ **이건 꼭 알기!** 1860년대 척화 주전론 + 1870년대 왜양일체론 + 1880년대 영남 만인소 → **위정척사 운동**

07 임오군란의 전개

개항 이후 정부의 개화 정책이 추진되는 과정에서 구식 군대의 군인들은 신식 군대인 별기군에 비해 낮은 대우를 받았다. 결국 구식 군대의 군인들은 임오군란을 일으켜 별기군의 일본인 교관을 죽이고 일본 공사관을 공격하였다. 여기에 개항 이후 생활이 어려워진 도시 하층민도 가담하였다. 고종이 사태 수습을 위해 흥선 대원군에게 정권을 맡기자, 흥선 대원군은 개화 정책을 중단하였다. 그러나 민씨 일파의 요청으로 청군이 파견되어 군란을 진압하였다.

(바로 알기) ③ 개화당이 개혁 정강을 발표한 것은 갑신정변 때의 사실이다.

✦ **이건 꼭 알기!** 구식 군대 차별 + 도시 하층민 가담 + 흥선 대원군 재집권 + 청군의 진압 → **임오군란**

자료는 임오군란 당시 일본 공사관이 습격받은 일을 구실로 일본이 조선에 강요한 제물포 조약의 내용이다. 이 조약으로 조선은 일본에 배상금을 지불하고, 일본군이 공사관 호위를 위해 한성에 주둔하는 것을 허용하였다. 한편, 임오군란 이후 청은 마건상, 묄렌도르프를 고문으로 파견하여 조선의 내정과 외교를 간섭하였다.

(바로 알기) ①은 1870년대 위정척사 운동, ②는 1882년 조미 수호 통상 조약, ③, ④는 갑신정변에 대한 설명이다.

✦ **이건 꼭 암기!** 일본(제물포 조약, 일본군의 한성 주둔) + 청(조청 상민 수륙 무역 장정, 청의 고문 파견) + 개화 정책 중단 → **임오군란의 영향**

09 개화파의 분화

자료에서 김옥균, 박영효 등이 포함된 것을 통해 (가)가 급진 개화파임을 알 수 있다. (나)는 김윤식, 김홍집 등이 포함된 것을 통해 온건 개화파임을 알 수 있다. (가) 급진 개화파는 일본의 메이지 유신을 본받아 서양의 기술뿐만 아니라 사상과 제도까지 받아들이자고 주장하였으며, 정치적으로는 입헌 군주제 실시를 목표로 하였다.

(바로 알기) ②는 온건 개화파, ③, ④, ⑤는 급진 개화파의 설명에 해당한다.

✦ **이건 꼭 암기!** 김옥균, 박영효 등 + 문명개화론 + 일본의 메이지 유신 + 입헌 군주제 목표 → **급진 개화파**

10 김옥균

(가)는 급진 개화파 김옥균이다. 그는 갑신정변 직전 정부의 개화 정책 자금을 마련하고자 일본에 건너가 차관 도입을 시도하였지만 실패하였다.

(바로 알기) ② 김윤식은 온건 개화파의 대표적인 인물이다. ③, ④, ⑤ 박영효, 서광범, 서재필은 급진 개화파로 갑신정변을 일으킨 주요 인물들이다.

✦ **이건 꼭 암기!** 급진 개화파 + 일본에서의 차관 도입 실패 + 갑신정변 → **김옥균**

11 갑신정변의 의의

지도에서 우정총국에서 시작되어 경우궁으로 이동, 청군의 개입 등의 상황을 통해 갑신정변의 전개 과정을 보여 주는 지도임을 알 수 있다. 갑신정변은 급진 개화파가 자주적 근대 국가를 건설하고자 한 정치 개혁 운동이었다. 그러나 소수의 지식인이 중심이 된 위로부터의 개혁으로 민중의 지지를 이끌어 내지 못하였으며, 일본에 크게 의존한 한계가 있었다.

(바로 알기) ① 갑신정변은 민중의 지지를 받지 못하였다. ② 갑신정변은 일본군의 지원을 받았다. ③, ④는 임오군란에 대한 설명이다.

✦ **이건 꼭 암기!** 우정총국 개국 축하연 + 개화당 정부 + 청군의 개입 + 3일 천하 → **갑신정변**

12 갑신정변의 개혁 정강

┤ 자료 분석 ├

1. 잡혀간 흥선 대원군을 곧 돌아오게 하고 청에 조공하는 허례를 폐지한다. └ 청의 내정 간섭을 비판하였어.
2. 문벌을 폐지하여 인민 평등권을 제정하고 능력에 따라 관리를 임명한다. └ 평등한 사회를 만들고자 하였어.
3. 지조법을 개혁하여 부정을 막고 백성을 보호하며 재정을 넉넉하게 한다.
9. 혜상공국(보부상 관할 기관)을 혁파한다.
12. 재정은 모두 호조에서 관할하게 하고 그 밖의 재무 관청은 폐지한다.
14. 의정부와 6조 외에 불필요한 기관을 없애고, 대신과 참찬이 논의하여 보고한다.

자료는 갑신정변 당시 발표된 개혁 정강이다. 급진 개화파는 개화당 정부를 구성하고 개혁 정강을 발표하였다. 갑신정변 중에 일본 공사관이 불타고 일본인 사상자가 발생하자 조선은 일본과 한성 조약을 맺고 배상금을 지불하였다. 이어서 일본과 청은 톈진 조약을 체결하여 조선에서 양국 군대를 철수하되 앞으로 조선에 군대를 보낼 때 상대국에 미리 알릴 것을 규정하였다.

(바로 알기) ②, ③, ④, ⑤는 임오군란의 결과에 해당한다.

✦ **이건 꼭 암기!** 청과의 사대 관계 청산 + 내각 제도 수립 + 문벌 폐지와 인민 평등권 보장 + 재정의 일원화 + 지조법 개혁 → **갑신정변의 개혁 정강**

12-1 급진 개화파는 우정총국 개국 축하연에서 갑신정변을 일으킨 후 개화당 정부를 수립하였다. 그 후 김옥균 등은 조선의 자주독립, 문벌 폐지, 인민 평등권 제정, 인재 등용, 재정의 일원화, 지조법 개혁, 군제 개혁, 내각제 수립 등을 포함하는 개혁 정강을 발표하였다.

(바로 알기) ① 별기군과의 차별에 불만을 품은 구식 군대 군인들이 임오군란을 일으켰다. ②, ③은 위정척사 세력에 대한 설명이다. ④ 온건 개화파는 양무운동을 개화 모델로 삼아 동도서기론에 입각한 점진적 개혁을 추구하였다.

13 갑신정변 이후의 국제 정세

임오군란과 갑신정변이 일어난 이후에 (가) 청의 내정 간섭이 심해지자 조선 정부는 러시아와 비밀 협약을 추진하는 등 러시아와 우호 관계를 강화하였다. 이에 러시아와 대립하고 있던 (나) 영국이 러시아의 남하를 막는다는 구실로 거문도를 불법으로 점령하였다.

(바로 알기) ①, ②는 일본, ④는 청과 관련이 있다. ⑤ 독일 외교관 부들러는 조선 정부에 중립화를 건의하였다.

◆ **이건 꼭 알기!** 조러 비밀 협약 추진 + 영국의 거문도 불법 점령 + 중립화론 대두 → **갑신정변 직후 국제 정세**

서술형 문제 {127쪽}

01 주제: 위정척사 운동의 전개

(1) (답안 키워드) 『조선책략』, 러시아

(2) (예시 답안) (가)는 『조선책략』, (나)는 러시아이다. 『조선책략』은 강성해진 러시아를 견제하고자 조선이 나아가야 할 길이 중국과 친하고, 일본과 연결되고, 미국과 연합하는 것이라고 주장하였다.

채점 기준	
상	(가) 『조선책략』과 (나) 러시아를 쓰고, 러시아의 남하 견제와 미국과의 조약 체결 내용을 논리적으로 연계하여 서술한 경우
하	(가) 『조선책략』과 (나) 러시아만 쓴 경우

02 주제: 갑신정변

(예시 답안) 갑신정변, 갑신정변은 자주적 근대 국가를 건설하고자 한 정치 개혁 운동이었다. 그러나 일본의 군사적 지원에 지나치게 의존하였고, 소수의 지식인이 중심이 되어 이루어진 위로부터의 개혁으로 민중의 지지를 끌어내는 데 실패하였다.

채점 기준	
상	갑신정변의 의의와 한계를 모두 서술한 경우
하	갑신정변의 의의와 한계 중 한 가지만 서술한 경우

03 주제: 1880년대 조선을 둘러싼 열강의 대립

(예시 답안) 1880년대에 조선에 대한 청의 내정 간섭이 심화되자 조선을 둘러싸고 청과 일본이 대립하였다. 또한 영국이 거문도 사건을 일으키는 등 영국과 러시아도 세력 다툼을 벌였다. 이렇게 조선을 두고 열강이 각축을 벌이자 조선 중립화안이 제기되었다.

채점 기준	
상	열강의 대립 구도 두 가지를 모두 서술한 경우
중	열강의 대립 구도 중 한 가지만 서술한 경우
하	대립한 국가만 언급한 경우

01 ①　　**02** ④

01 개화파의 분화

(자료 분석) ┌─ 조선의 전통적인 유교 질서를 말해.

(가) 군신, 부자, 부부, 붕우, 장유의 윤리는 하늘이 만들어 인간의 성품에 부여한 것입니다. 온 천지에 영원히 변할 수 없는 이치여서 '도(道)'가 됩니다. 백성을 편하게 하고 국가를 이롭게 하는 배, 수레, 병기, 농기는 '기(器)'입니다. 신이 바꾸고자 하는 것은 '기'이지 '도'가 아닙니다. …… 널리 인재를 선발하여 기계를 제조하는 관원으로 임명하고, 외국을 다니며 이를 배워오게 하시옵소서.

(나) 문제의 근원인 양반을 없애지 않는다면 국가의 멸망을 앉아서 기다리는 것과 같습니다. …… 문벌을 폐지하고 인재를 골라 중앙 집권의 기초를 확립하여 백성들의 믿음을 얻으십시오. 널리 학교를 설립하여 인민의 지식을 깨우치게 하시옵소서. 외국의 종교를 받아들여 교화를 돕는 것도 하나의 방법입니다. ♪ 서양의 제도뿐만 아니라 사상까지 수용하자는 주장이야.

(가)는 온건 개화파의 주장으로, 자료에서 동도서기론의 입장을 찾아볼 수 있다. (나)는 급진 개화파의 주장으로, 서구의 근대 기술뿐 아니라 사상이나 제도까지 수용하고자 하였으며 일본의 메이지 유신을 개화의 모델로 삼았다.

(바로 알기) ①은 온건 개화파의 주장이다. 온건 개화파는 양무운동을 개화 모델로 삼아 동도서기론에 입각한 점진적 개혁을 추구하였다.

02 조선이 근대화 과정에서 체결한 조약들

(가)는 제물포 조약으로, 임오군란의 결과 체결되었으며, 많은 배상금과 함께 일본군의 한성 주둔을 허용하였다. (나)는 조청 상민 수륙 무역 장정으로 임오군란의 결과 체결되었으며, 청이 조선을 속국으로 규정하고, 청 상인의 내지통상이 허용되었다. (다)는 톈진 조약으로 갑신정변의 결과로 체결되었다. 톈진 조약으로 청일 양군은 조선에서 철수하였다.

(바로 알기) ① 청이 묄렌도르프를 고문으로 파견하였다. ② 조청 상민 수륙 무역 장정은 조선과 청 사이에 체결되었다. ③ 청일 전쟁 이후 맺어진 시모노세키 조약의 결과 랴오둥반도가 일본에 할양되었다. ⑤ (나), (다)는 모두 동학 농민 운동이 시작되기 전에 체결되었다.

판서로 보는 고난도 개념

제물포 조약 (조선·일본)	일본에 배상금 지불, 한성에 일본군 주둔 허용
조청 상민 수륙 무역 장정(조선·청)	조선을 속국으로 규정, 청 상인의 내륙 진출 허용
톈진 조약 (청·일본)	청일 양군 동시 철수, 조선에 군대 파병 시 상호 통보

실전 문항　②

실전 문항　**위정척사 운동의 전개**

(가)에 들어갈 학습 주제는 위정척사 운동이 적절하다. 보수적 유생들은 열강의 통상 요구와 조선 정부의 개화 정책에 반대하고 성리학적 전통 질서를 지키기 위해 위정척사 운동을 전개하였다.

바로 알기 ① 새마을 운동은 1970년부터 농촌의 생활 환경 개선을 목표로 진행된 운동이다. ③ 물산 장려 운동은 1920년대 초에 시작되었다. ④ 6·10 만세 운동은 일제 강점기에 일어났다. ⑤ 애국 계몽 운동은 을사늑약 체결을 전후한 시기에 민족의 실력 양성을 통해 국권을 수호하려 한 운동이다.

판서로 보는 고난도 개념　개화 정책의 추진과 반발

1876년	· 강화도 조약 체결, 1차 수신사 파견(김기수) · 최익현 등 위정척사 운동 전개(개항 반대 운동)
1880년	· 2차 수신사 파견(김홍집), 통리기무아문 설치 · 이만손 등 위정척사 운동 전개(개화 반대 운동)
1881년	일본에 조사 시찰단 파견, 청에 영선사 파견(김윤식)
1882년	· 청의 알선으로 조미 수호 통상 조약 체결 · 임오군란 발발 → 통리기무아문·별기군 폐지
1883년	미국에 보빙사 파견, 기기창·전환국·박문국 설립
1884년	갑신정변 발발 → 실패 → 김옥균 등 일본으로 망명

03 / 근대 국가 수립을 위한 노력(2)

STEP 1　핵심 개념 **확인하기**　　136쪽

1 (1) 만석보 (2) 폐정 개혁안　　**2** ㄱ, ㄴ, ㄷ　　**3** (1) ○ (2) ✕
4 (1) 러시아 (2) 서재필 (3) 광무　　**5** (가) 관민 공동회, (나) 헌의 6조, (다) 대한국 국제

STEP 2　내신 만점 **공략하기**　　136~139쪽

01 ④	**02** ④	**03** ⑤	**04** ③	**05** ①	**06** ④	**07** ②
07-1 ㄴ, ㄹ		**08** ②	**09** ⑤	**09-1** ㄷ, ㄹ		**10** ③
11 ④	**12** ②	**13** ①	**14** ④			

01　**고부 농민 봉기의 전개 과정**
자료의 사발통문을 통해 (가) 사건이 고부 농민 봉기임을 알 수 있다. 사발통문은 봉기의 주모자를 알지 못하도록 사발 모양으로 둥글게 이름을 적었다. 1894년 고부 농민 봉기 과정에서 농민들은 고부 관아를 습격하고 수탈의 상징이었던 만석보를 허물었다. 정부가 새로운 군수를 임명하자 농민들은 스스로 해산하였지만, 사건을 수습하기 위해 파견된 안핵사 이용태가 봉기에 참여한 농민들을 동학교도로 몰아 가혹하게 탄압하였고, 이에 농민들의 분노가 다시 커져 갔다.

바로 알기 ① 영선사는 1881년 청에 파견되었다. ② 1884년 갑신정변 직후 조선 중립화론이 대두하였다. ③ 1880년에 2차 수신사 김홍집이 『조선책략』을 가져오면서 미국과의 통상 수교 여론이 확산되었다. ⑤ 1882년 임오군란 때 흥선 대원군이 일시적으로 권력을 다시 장악하였다.

✦ **미견 꼭 맘기!**　만석보를 쌓는 등 조병갑의 횡포 + 고부 관아 습격, 만석보 파괴 + 새 군수 임명 약속 + 안핵사 이용태의 횡포 → **고부 농민 봉기**

02　**동학 농민군의 폐정 개혁안**
자료 분석
1. 동학도는 정부와 원한을 씻고 모든 행정에 협력할 것
2. 탐관오리는 그 죄를 조사하여 엄하게 처벌할 것
3. 횡포한 부호를 엄하게 처벌할 것
5. 노비 문서는 불태워 버릴 것 ⌐ 동학 농민군이 노비제 폐지를 요구하였음을 알 수 있어.
8. 정당한 명목이 없는 잡세는 일체 거두지 말 것
10. 왜적과 통하는 자는 엄하게 처벌할 것
12. 토지는 평균으로 나누어 농사짓게 할 것　– 오지영, 『동학사』

자료는 동학 농민군이 제시한 폐정 개혁안의 일부이다. 제1차 봉기 때 전라도 각지를 점령한 동학 농민군은 정부군과 전주에서 화약을 체결한 뒤 전주성에서 물러났다. 이후 전라도 각지에 자치 기구인 집강소를 설치하여 치안을 유지하고, 폐정 개혁안을 실천해 나갔다.

바로 알기 ①을 계기로 비변사 폐지, 호포제 실시, 서원 철폐 등 왕권을 강화하고 민생을 안정시키는 개혁이 추진되었다. ②는 고종이 제2차 갑오개혁 때 반포한 국정 개혁안이다. ③을 계기로 광무개혁이 추진되었다. ⑤를 계기로 을미개혁이 전개되었다.

✦ **미견 꼭 맘기!**　동학 농민 운동 + 탐관오리 처벌 + 조세 개혁 + 신분 차별 폐지 → **폐정 개혁안**

03　**동학 농민군 제2차 봉기의 전개 과정**
지도에 나타난 농민군의 진로를 통해 지도의 농민 봉기가 동학 농민 운동의 제2차 봉기임을 알 수 있다. 제2차 봉기 때 전봉준의 남접 농민군은 손병희의 북접 농민군과 논산에서 만나 연합 부대를 형성하였다.

✦ **미견 꼭 맘기!**　일본군의 경복궁 점령 + 일본군과 관군의 연합 + 일본 타도라는 반침략 기치 + 남접과 북접의 연합 → **제2차 봉기**

04 제1차 갑오개혁

자료의 그림은 김홍집 내각이 구성되어 군국기무처에서 회의하는 모습을 나타낸 것이다. 군국기무처는 제1차 갑오개혁을 추진한 기구로 1894년에 조선 정부가 설치하였다. 제1차 갑오개혁 때 의정부 아래 8아문을 두고 국가 재정을 탁지아문에서 모두 관할하게 하였다. 더불어 노비제, 과거제, 연좌제를 폐지하였다.

(바로 알기) ③ 태양력은 을미개혁(제3차 갑오개혁) 때 실시되었다.

✦ 미견 꼭 맘기! 군국기무처 + 궁내부 설치 + 노비제 폐지 + 8아문제 실시 + 재정 일원화(탁지아문) → 제1차 갑오개혁

05 을미사변의 전개

(가)의 청일 전쟁에서 일본의 승기, 김홍집, 박영효 연립 내각, 군국기무처 폐지 등을 통해 제2차 갑오개혁(1894. 12.)이 시작됨을 알 수 있다. (나)의 태양력 사용, 새로운 연호 채택을 통해 을미개혁(제3차 갑오개혁)이 시작됨을 알 수 있다. 두 사건 사이인 1895년 8월에 경복궁으로 잠입한 일본군 수비대와 낭인 등에 의해 명성 황후가 살해되는 을미사변이 일어났다.

(바로 알기) ② 전주 화약은 1894년 5월에 체결되었다. ③ 조선 정부가 교정청을 설치하고 개혁을 실시하려 하자, 일본군이 1894년 6월 경복궁을 포위하고 개혁을 강요하였다(제1차 갑오개혁). ④는 1896년 2월에 일어난 아관 파천, ⑤는 1894년 11월에 일어난 우금치 전투에 대한 설명이다.

✦ 미견 꼭 맘기! 제1차 갑오개혁 → 동학 농민군 제2차 봉기 → 제2차 갑오개혁 → 을미사변 → 을미개혁(제3차 갑오개혁)

06 제2차 갑오개혁

자료는 홍범 14조이다. 청일 전쟁에서 승기를 잡은 일본은 군국기무처를 폐지하고, 흥선 대원군을 물러나게 하였다. 그리고 박영효와 김홍집을 중심으로 내각을 구성하고 제2차 갑오개혁을 추진하였다. 이후 1894년 12월 고종은 종묘에 나가 홍범 14조를 반포함으로써 청과의 사대 관계를 청산하고 국내외에 자주독립을 선포하였다.

✦ 미견 꼭 맘기! 홍범 14조 반포 + 8도를 23부로 개편 + 재판소 설치 + 교육 입국 조서 반포 → 제2차 갑오개혁

07 갑오개혁의 추진

(가) 김홍집 내각이 군국기무처를 설치하고 궁내부 설치, 탁지아문으로 재정을 일원화하는 등의 제1차 갑오개혁을 추진하였다. (라) 고종은 제2차 갑오개혁을 추진하면서 홍범 14조를 반포하였다. (나) 삼국 간섭 이후 조선에 친러 내각이 수립되자 일본은 을미사변을 일으켰다. (다) 을미사변 이후 친일 내각이 구성되어 을미개혁(제3차 갑오개혁)이 추진되었다. 이 개혁에 따라 우편 사무가 재개되었고 소학교가 설립되었다.

✦ 미견 꼭 맘기! 제1차 갑오개혁 → 제2차 갑오개혁 → 시모노세키 조약 체결 → 삼국 간섭 → 을미사변 → 을미개혁

07-1

(다) 개혁은 을미개혁이다. 김홍집과 유길준 등 친일 관료를 중심으로 구성된 내각이 을미개혁을 추진하였다. 이 개혁으로 태양력과 함께 '건양'이라는 연호가 사용되었으며 친위대와 진위대가 신설되었다.

(바로 알기) ㄱ은 제2차 갑오개혁, ㄷ은 제1차 갑오개혁 때 추진되었다.

08 을미개혁의 전개

(가)는 을미개혁이다. 을미사변 이후 김홍집, 유길준 등 친일 관료로 구성된 내각이 을미개혁(제3차 갑오개혁)을 추진하였다. 내각은 중앙에 친위대, 지방에 진위대를 신설하였고, 태양력과 '건양' 연호 사용, 종두법, 단발령 실시, 소학교 설립을 추진하였다. 그러나 을미사변으로 신변에 위협을 느낀 고종은 러시아 공사관으로 피신하였다(아관 파천). 이후 개혁 주도 세력이 제거되고 일부 관료가 일본으로 망명하면서 을미개혁은 중단되었다.

✦ 미견 꼭 맘기! 친위대, 진위대 신설 + 태양력 사용 + 연호 '건양' 사용 + 종두법 → 을미개혁

(바로 알기) ①은 동학 농민 운동, ③은 제1, 2차 갑오개혁, ④는 제1차 갑오개혁에 대한 설명이다. ⑤ 임오군란을 전후한 시기에 청에 대한 입장과 개화 정책의 추진 방향을 둘러싸고 개화파가 온건 개화파와 급진 개화파로 분화되었다.

09 독립 협회의 활동

자료의 청의 사신을 맞이하던 영은문이 있던 자리 근처에 세워진 독립문을 통해 (가) 단체가 독립 협회임을 알 수 있다. 독립문은 서재필과 개화파 관료들이 설립하였다. 독립 협회는 독립신문을 창간하고, 토론회를 열어 계몽 활동을 총괄하였다. 또한 신체의 자유, 재산권 보호 등 국민의 기본권을 요구하고 국민 참정권 운동을 전개하였다. 1898년에는 만민 공동회를 개최하여 러시아의 간섭과 이권 요구를 규탄하는 등 이권 수호 운동을 전개하였다. 결국 러시아는 재정 고문을 철수하고 절영도 조차 요구를 철회하였다.

(바로 알기) ⑤ 12사를 두어 개화 정책을 총괄한 기구는 통리기무아문이다. 통리기무아문은 1880년에 수신사의 시찰 의견을 바탕으로 개화 정책을 추진하기 위해 설치된 기구이다.

✦ 미견 꼭 맘기! 서재필 + 독립신문 + 독립문 + 국민 참정권 운동 → 독립 협회

09-1

(가) 단체는 독립 협회이다. 독립 협회가 개최한 만민 공동회에서는 러시아의 간섭과 이권 요구를 규탄하는 자주 국권 운동을 전개하였다. 만민 공동회를 열어 러시아의 이권 침탈을 규탄한 결과 러시아는 재정 고문을 철수시키고 절영도 조차 요구를 철회하였으며 한러 은행은 폐쇄되었다.

(바로 알기) ㄱ. 제2차 갑오개혁 때 홍범 14조를 반포하였다. ㄴ. 폐정 개혁안을 제시한 것은 동학 농민군이다.

10 아관 파천의 의미

자료의 사진은 러시아 공사관으로 쓰였던 건물이다. 고종은 을미사변으로 명성 황후가 살해된 뒤 신변의 위협을 느껴 러시아 공사관으로 피신하였는데, 이를 아관 파천이라고 한다.

✦ **미건 꼭 맘기!** 을미사변 + 고종의 러시아 공사관 피신 → **아관 파천**

11 광무개혁의 추진

자료에서 을미사변 이후 러시아 공사관으로 피난 갔다는 사실, 1897년 경운궁으로 돌아와 개혁을 추진했다는 사실 등을 통해 밑줄 친 '개혁'이 광무개혁임을 알 수 있다 고종은 자주 국권 국가임을 내세우기 위해 연호를 '광무'로 바꾸고 환구단에서 황제로 즉위하였다. 그리고 구본신참의 원칙에 따라 광무개혁을 추진하였다.

(바로 알기) ①은 을미개혁, ②는 제2차 갑오개혁, ③은 갑신정변, ⑤는 갑신정변과 동학 농민 운동에 대한 설명이다.

✦ **미건 꼭 맘기!** 아관 파천 + 경운궁 환궁 + 연호 광무 + 황제 즉위 → **광무개혁**

12 대한 제국과 광무개혁

자료의 지계 발급을 통해 (가) 시기가 대한 제국 시기임을 알 수 있다. 광무개혁은 구본 신참의 원칙에 따라 추진되었으며, 지계를 발급하는 등 양전 사업을 추진하였다. 고종은 대한국 국제를 반포하여 대한 제국이 자주독립 국가이며, 전제 군주정임을 명시하였다.

(바로 알기) ①은 제2차 갑오개혁, ③, ④는 동학 농민 운동에 대한 설명이다. ⑤는 대한 제국이 수립되기 이전인 1866년에 일어났다.

✦ **미건 꼭 맘기!** 구본 신참의 원칙 + 지계 발급 + 대한국 국제 → **광무개혁**

13 독립 협회의 의회 설립 운동

┌ 자료 분석 ┐   의회 설립의 필요성을 가리켜.

의정원(의회)이 따로 있어 나라 안에 학문 있고 지혜 있고 좋은 생각 있는 사람들을 뽑아 …… 대황제 폐하께 …… 뜻을 올려 재가를 물은 후에는 내각으로 넘기고, 내각에서 정한 뜻에 따라 규칙대로 시행만 할 것 └ 입헌 군주제를 추구하였음을 보여 줘.

자료는 의회 설립을 역설하는 독립신문의 논설이다. 이 논설이 주장하는 의회 설립 운동을 전개한 단체는 독립 협회이다. 독립 협회는 갑오개혁 때 설립된 중추원을 서유럽의 상원 의회와 같은 기구로 개편하여 입헌 군주정 체제를 수립하려고 하였다. 또한 독립 협회는 정부 대신이 참여한 관민 공동회에서 채택한 헌의 6조를 고종에게 올려 재가를 받았다.

(바로 알기) ②는 동학 농민군, ③은 제2차 갑오개혁, ④는 동학교도, ⑤는 을미개혁에 대한 설명이다.

✦ **미건 꼭 맘기!** 의회 설립 운동 전개 + 관민 공동회 개최(헌의 6조 결의) + 중추원 제도 개편 → **독립 협회의 활동**

14 광무개혁 시기의 정책

자료의 환구단에서 황제로 즉위한 인물은 고종이다. 고종은 1897년에 환구단에서 황제로 즉위하고 대한 제국의 수립을 선포한 후 광무개혁을 실시하였다. 따라서 밑줄 친 '개혁'은 광무개혁을 가리킨다. 광무개혁 시기에 대한 제국은 양전 사업을 실시하여 토지 소유권을 증명하는 지계를 발급하였고 전화를 가설하였으며, 우편 제도를 정비하였다. 군사적으로는 원수부를 설치하여 군사권을 황제에게 집중시켰다. 대외 활동에도 힘써 만국 우편 연합 등의 국제기구에 가입하였다.

(바로 알기) ④ 재판소를 처음 설치하여 사법권을 독립시킨 것은 제2차 갑오개혁 시기에 해당한다.

✦ **미건 꼭 맘기!** 양전 사업 + 상공업 진흥 + 전화 개설 등 근대 문물 도입 + 원수부 설치 + 국제기구 가입 → **광무개혁**

서술형 문제

139쪽

01 주제: 동학 농민 운동

(1) (답안 키워드) 동학 농민 운동, 반봉건, 반침략

(2) (예시 답안) 동학 농민 운동, 동학 농민 운동은 대내적으로 양반 중심의 지배 질서를 타파하고, 대외적으로 일본의 침략을 물리쳐 나라를 지키고자 한 반봉건·반침략적 농민 운동이었다.

채점 기준	
상	동학 농민 운동을 쓰고, 동학 농민 운동의 대내·대외적 차원의 성격을 모두 서술한 경우
하	동한 농민 운동만 쓴 경우

02 주제: 독립 협회

(예시 답안) 헌의 6조, 헌의 6조를 결의한 독립 협회는 의회를 세워 입헌 군주정 체제를 수립하려 하였다.

채점 기준	
상	헌의 6조를 쓰고, 의회 설립을 통한 입헌 군주정 체제를 수립하고자 하였음을 서술한 경우
하	헌의 6조만 서술한 경우

03 주제: 대한국 국제

(예시 답안) 대한국 국제, 대한국 국제를 반포한 대한 제국은 광무개혁을 추진하였다. 양전 사업을 벌여 개인의 토지 소유권과 국가 재정을 확립하고자 하였고, 상공 학교와 광무 학교 등을 세워 인재를 양성하였다.

채점 기준	
상	대한국 국제를 쓰고, 광무개혁의 내용을 서술한 경우
하	대한국 국제만 쓴 경우

01 ②   **02** ②

01 동학 농민 운동의 전개

(가)는 1894년 3월 무장에서 전봉준이 봉기하며 발표한 격문이다. 이때 1차로 봉기한 동학 농민군은 전주성까지 점령했지만, 곧 정부군과 전주 화약을 맺었다. 이후 조선 정부는 교정청을 설치하고 개혁을 추진하며 청일 양국 군대의 철군을 요구하였다. 그러나 일본은 이를 거부하고 경복궁을 점령한 후 청일 전쟁을 일으켰다. (나)는 일본의 경복궁 점령 등에 맞서 일어난 동학 농민군의 제2차 봉기 때 발표된 격문이다.

(바로 알기) ① 거문도 사건은 1885년에 일어났다. ③ 삼국 간섭은 1895년에 일어났다. ④ 고부 농민 봉기는 1894년 1월에 일어났다. ⑤ 보은, 금구(김제) 집회 등 교조 신원 운동은 1893년에 일어났다.

판서로 보는 고난도 개념	1894년 주요 사건의 전개
1월	고부 농민 봉기 발발
3월	동학 농민군의 제1차 봉기 발발
4월	황토현 전투 → 황룡촌 전투 → 전주성 점령
5월	청군·일본군이 조선에 상륙 → 전주 화약 체결, 집강소 설치
6월	정부의 교정청 설치 → 일본군의 경복궁 점령 → 청일 전쟁 발발 → 군국기무처 설치, 제1차 갑오개혁 시작
9월	동학 농민군의 제2차 봉기 발발
11월	우금치 전투
12월	제2차 갑오개혁 시작, 홍범 14조 반포

02 독립 협회와 대한 제국

┌ 자료 분석 ┐

독립 협회 활동 과정에서 고종이 수락한 중추원 관제야.

(가) 제1조 중추원은 다음의 사항을 심사 결정하는 곳이다.
　　1. 법률과 칙령의 제정, 폐지 혹은 개정에 관한 사항
　　2. 의정부에서 토의하여 상주하는 사항
(나) 제1조 지계아문은 한성부와 13도 각 부·군의 산림, 토지, 전답, 가옥의 지계를 정리하기 위해 임시로 설치한다.
　　　근대적 토지 소유 문서인 지계 발급을 위해 설립된 단체야.
　　제10조 산림, 토지, 전답, 가옥의 소유주가 되는 것은 대한 제국 인민 외에는 불가하다.

(가)는 중추원 관제이다. 중추원 관제는 독립 협회가 주최한 관민 공동회에서 결의한 헌의 6조를 고종이 수락하면서 개편된 개혁안이다. 중추원은 전직 고위 관료들로 구성된 단체로 법률 및 칙령을 제정하거나 폐지하고, 정부의 주요 안건을 심사·의결하는 등 의회와 같은 역할을 부여받았다. (나)는 대한 제국이 토지 소유권 확인과 변동을 파악하기 위한 기구인 지계아문 설치를 규정한 것이다.

(바로 알기) ① 중추원 관제는 갑오개혁 이후에 개편되었다. 갑오개혁에는 이전 시기에 전개된 갑신정변과 동학 농민 운동에서 제기된 주장들이 일부 반영되었다. ③ 서재필이 귀국하여 만든 단체는 독립 협회이다. 갑신정변 이후 미국에 망명 중이던 서재필은 정부의 요청으로 귀국한 뒤 독립신문을 창간하고, 독립 협회를 설립하였다. ④ 대한국 국제에서 황제가 군 통수권, 입법권, 사법권 등 모든 권한을 가진다고 규정하였다. ⑤는 중추원 관제와 관련된 설명이다.

(실전 문항) ③

(실전 문항) **근대 국가 수립을 위한 노력**

(가)는 1894년 동학 농민군이 우금치 전투에서 패배한 사실을 설명하고 있다. 동학 농민군은 일본군 타도라는 반침략의 기치를 내세우며 봉기하였으나, 공주 우금치에서 관군과 일본군의 연합 부대에 패하였다. 이후 농민군이 진압되고 전봉준은 체포되었다. (나)는 1897년 2월 러시아 공사관에서 대한 제국을 수립한 사실을 설명하고 있다. 아관 파천 이후 경운궁으로 돌아온 고종은 연호를 광무로 정하고 황제로 즉위하여 대한 제국의 수립을 선포하였다. 따라서 (가)와 (나) 사이에는 1894년과 1897년 사이에 있었던 사실이 들어가야 한다. 두 사건 사이인 1896년 7월에 독립 협회가 창립되었다.

(바로 알기) ① 임오군란은 1882년에 일어났다. ② 헌의 6조는 1898년에 결의되었다. ④ 국채 보상 운동은 1907년에 전개되었다. ⑤ 조미 수호 통상 조약은 1882년에 체결되었다.

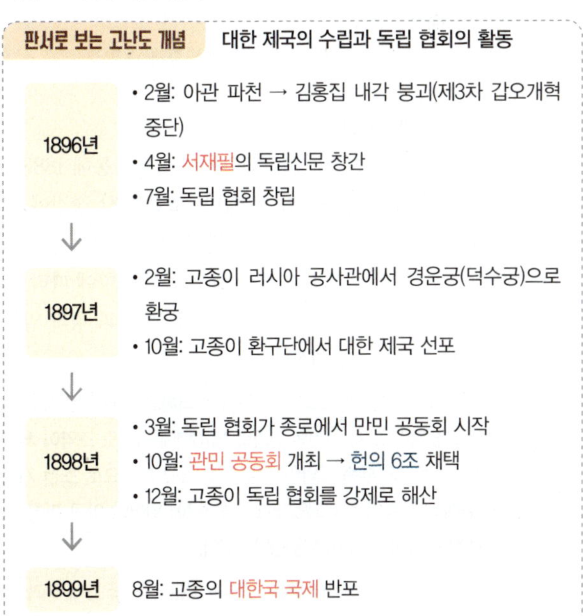

판서로 보는 고난도 개념	대한 제국의 수립과 독립 협회의 활동
1896년	• 2월: 아관 파천 → 김홍집 내각 붕괴(제3차 갑오개혁 중단) • 4월: 서재필의 독립신문 창간 • 7월: 독립 협회 창립
↓	
1897년	• 2월: 고종이 러시아 공사관에서 경운궁(덕수궁)으로 환궁 • 10월: 고종이 환구단에서 대한 제국 선포
↓	
1898년	• 3월: 독립 협회가 종로에서 만민 공동회 시작 • 10월: 관민 공동회 개최 → 헌의 6조 채택 • 12월: 고종이 독립 협회를 강제로 해산
↓	
1899년	8월: 고종의 대한국 국제 반포

04 사회·경제 변화와 문화 변동

01 거류지 무역과 객주의 활동

제시된 글은 강화도 조약과 그 부속 조약에 따라 전개된 거류지 무역의 상황을 보여 준다. 일본 상인의 금전을 받고 곡물 거래와 운송을 대신 처리하였다는 사실을 통해 밑줄 친 '사람들'은 객주임을 알 수 있다. 거류지 무역이 전개될 당시 거류지에만 머물러야 했던 일본 상인은 내륙의 소비자나 생산자와 직접 거래를 할 수 없기 때문에 중개 상인이 필요하였다. 이를 바탕으로 객주와 같은 조선의 중개 상인들이 성장하였다. 객주는 중개업을 하거나 물건을 담보로 돈을 빌려주고 어음을 할인해 주는 등 금융 업무에 종사하였다.

(바로 알기) ② 일본 상인들은 영사 재판권을 이용하여 조선 관리의 처벌을 피했다. ③ 시전 상인들이 황국 중앙 총상회를 결성하였다. ④는 공인에 대한 설명이다. ⑤ 벽란도는 고려 시대의 국제 무역항이다.

✦ **이건 꼭 맘기!** 거류지 무역 + 일본과 내륙 상인 중개 → **객주**

02 조일 통상 장정의 체결

자료는 일본에 최혜국 대우를 인정하였다는 사실을 통해 1883년에 체결된 조일 통상 장정임을 알 수 있다. 조일 통상 장정에 의해 일본은 조선이 요구한 방곡령 조항, 관세 부과 조항을 받아들이고 최혜국 대우를 얻어 냈다. 최혜국 대우 인정 조항에 따라 일본 상인은 내륙으로 진출할 수 있게 되었으며, 그 결과 청과 일본 상인 간의 상권 경쟁이 치열해졌다.

(바로 알기) ① 청일 전쟁은 한반도의 주도권을 둘러싸고 청과 일본이 대립하면서 발발하였다. ② 운요호 사건의 결과로 1876년에 강화도 조약이 체결되었다. ③ 강화도 조약의 부속 조약인 조일 수호 조규 부록으로 조선 개항장에서 일본 화폐의 유통이 허용되었다. ⑤ 1896년에 일어난 아관 파천 이후 러시아가 대한 제국의 각종 이권을 침탈하였다.

✦ **이건 꼭 맘기!** 방곡령 + 최혜국 대우 인정 + 일본 상품에 관세 부과 →
조일 통상 장정

03 열강의 이권 침탈

지도는 열강의 이권 침탈을 나타낸 자료이다. 1896년 아관 파천 이후 러시아가 대한 제국의 이권을 차지하자, 다른 제국주의 열강들도 최혜국 대우 규정을 앞세워 대한 제국의 여러 이권을 경쟁적으로 차지하기 시작하였다.

(바로 알기) ① 1884년에 급진 개화파가 우정총국 개국 축하연에서 갑신정변을 일으켰으나 청군이 개입하여 실패하였다. ② 임오군란 진압 이후 조선은 청과 조청 상민 수륙 무역 장정을 체결하였고, 일본과 제물포 조약을 체결하였다. ④ 조선 정부는 일본에 수신사를 파견한 이후 개화 업무를 총괄할 기구로 통리기무아문을 설치하였다. ⑤ 제너럴셔먼호 사건은 신미양요의 배경에 해당한다.

✦ **이건 꼭 맘기!** 아관 파천 + 최혜국 대우 → **러시아 등 열강의 이권 차지**

04 화폐 정리 사업

대한 제국의 백동화를 품질에 따라 신화폐로 교환한다는 내용을 통해 자료의 사업이 화폐 정리 사업임을 알 수 있다. 일본의 재정 고문 메가타는 1905년에 화폐 정리 사업을 시행하여 일본 제일 은행권을 법정 통화로 삼았다. 이 사업으로 백동화 교환에 어려움을 겪은 한국의 상공업자들이 큰 타격을 받았고, 일본은 대한 제국의 금융을 지배해 갔다.

(바로 알기) ④ 조미 수호 통상 조약은 1882년에 조선과 미국이 맺은 조약으로, 화폐 정리 사업과 관련이 없다.

✦ **이건 꼭 맘기!** 백동화 교체 + 메가타 주도 → **화폐 정리 사업**

04-1

일본은 화폐 정리 사업에 필요한 자금을 충당한다는 구실로 대한 제국에 대규모 차관을 제공하였다. 이는 대한 제국의 재정을 일본에 예속시키려는 것이었다.

(바로 알기) ① 광무개혁은 대한 제국에서 실시한 근대화 개혁이다. ② 군국기무처는 제1차 갑오개혁을 추진한 기구이다. ③ 거류지 무역은 개항 초기에 형성된 무역 형태이다. ④ 전환국은 1883년에 설치되었던 조폐 기관으로 1904년 메가타의 건의로 폐지되었다.

05 일본의 토지 수탈

(가)에는 일본의 토지 수탈 사례가 들어가야 한다. 일본은 한국의 토지와 자원을 약탈하고 관리하기 위한 목적으로 1908년에 동양 척식 주식회사를 세웠다. 동양 척식 주식회사는 약탈한 토지를 일본인에게 매매·양도하거나 한국인에게 소작하게 하여 식민지 지배의 기초를 다져 나갔다.

(바로 알기) ① 광무개혁 당시 대한 제국은 근대적 토지 소유 증명서인 지계를 발급하였다. ② 화폐 정리 사업은 일본의 대한 제국 금융 지배와 관련이 있다. ④ 조일 무역 규칙은 일본인의 쌀, 잡곡 수입을 허용한 조약이다. ⑤ 1894년에 일본은 경복궁을 포위한 뒤 김홍집 내각을 세웠다. 김홍집 내각은 제1차 갑오개혁을 추진하였다.

✦ **이건 꼭 맘기!** 철도 부지 및 군용지 확보 명분으로 토지 이용 + 동양 척식 주식회사 설립 → **일본의 토지 수탈**

06 황국 중앙 총상회

시전 상인들이 외국 상인의 국내 진출에 맞서 조직했다는 사실을 통해 자료의 (가)는 황국 중앙 총상회임을 알 수 있다. 개항 이후 외국 상인의 내지 통상이 허용되면서 외국 상인들이 조선 경제를 침탈하자, 시전 상인이 한국 상인들의 상권을 보호하기 위해 황국 중앙 총상회를 조직하였다.

(바로 알기) ① 해산된 을미의병 중 일부가 활빈당을 조직하였다. ② 장통 상회는 정부의 인가를 받아 설립된 상회사이다. ③ 황국 협회는 대한 제국 황실과 보수 관료들이 독립 협회를 견제하려고 보부상들을 내세워 만든 단체이다. ④ 진명 부인회는 여성 교육을 위한 학교를 설립한 단체이다.

✦ **이건 꼭 맘기!** 시전 상인 + 국내 상권 보호 + 1989년에 설립 → **황국 중앙 총상회**

07 개항 이후 경제 주권 수호 운동

개항 이후 일본 상인을 비롯한 외국 상인이 국내 경제에 본격적으로 침투하기 시작하자, 객주를 비롯한 일부 상인들은 대동 상회와 장통 상회 등 상회사를 세우고, 외국 상인과 경쟁에 나섰다. 한편, 개항 이후 일본이 곡물을 대량 구입하면서 국내의 곡물 가격이 폭등하였다. 이를 극복하고자 지방관이 방곡령을 선포하였으나, 방곡령은 일본에 의해 여러 차례 철회되었다.

(바로 알기) ㄷ. 독립 협회에서 주최한 만민 공동회가 러시아의 절영도 조차 요구를 저지하였다. ㄹ은 경강상인에 대한 설명이다.

✦ **이건 꼭 맘기!** 상회사 설립 + 방곡령 선포 + 근대적 기업과 은행 육성 → **경제 주권 수호 운동**

08 방곡령의 실시 배경

조일 통상 장정에 따라 지방관이 명령하였다는 사실을 통해 (가) 명령은 방곡령임을 알 수 있다. 조선의 많은 쌀이 일본에 유출되면서 국내 곡물 가격이 폭등하자 조선의 지방관들은 방곡령을 내려 조선의 곡물이 일본으로 수출되는 것을 막으려 하였다.

(바로 알기) ①은 임술 농민 봉기의 배경과 관련이 있다. ②는 화폐 정리 사업의 결과이다. ③은 고부 농민 봉기의 원인에 대한 설명이다. ⑤는 일본의 토지 수탈과 관련이 있다.

✦ **이건 꼭 맘기!** 조일 통상 장정 + 곡물 수출 금지 → **방곡령**

09 서구 문물의 도입

자료에서 경인선 철도의 개통식 사진과 시간표가 제시된 것을 통해 밑줄 친 '올해'는 1899년임을 알 수 있다. 1899년에 한성 전기 회사는 서대문과 청량리 사이에 전차를 운행하기 시작하였다.

(바로 알기) ① 동학 농민 운동은 1894년에 일어났다. ② 대한매일신보는 1904년에 창간되었다. ④ 우리나라 최초의 서양식 극장인 원각사는 1908년에 개관하였다. ⑤ 화폐 정리 사업은 1905년에 실시되었다.

✦ **이건 꼭 맘기!** 경인선 철도 + 전차 운행(최초의 전차) → **1899년에 도입된 서구 문물**

10 개항 이후 사회·문화 변화

서구 근대 문물의 수용은 문화·예술·종교계에 많은 변화를 가져왔다. 문학에서는 신체시, 신소설 등이 쓰여졌고, 음악에서는 서양식 곡에 우리말 가사를 붙인 창가가 유행하였다. 연극 분야에서는 서양식 극장인 원각사에서 「은세계」가 공연되었다. 유교계에서 박은식은 「유교구신론」을 통해 교화 활동과 실천적인 유교 정신의 중요성을 강조하였다.

(바로 알기) ④ 개항 이후 여성들의 옷차림에서 개량 한복이 등장하였고, 외출 때 쓰던 장옷과 쓰개치마가 점차 사라졌다.

✦ **이건 꼭 맘기!** 서양식 극장과 서양식 연극 + 창가 유행 + 신체시와 신소설의 등장 + 「유교구신론」 발표 → **개항 이후 사회·문화 변화**

11 육영 공원

(가)에 들어갈 학교는 육영 공원이다. 육영 공원은 1886년에 정부에서 설립한 근대 교육 기관으로 외국인을 초빙하여 양반 자제들에게 영어, 수학, 지리 등의 학문을 가르치도록 하였다.

(바로 알기) ① 동문학은 1883년에 설립된 외국어 교육 기관이다. ③ 원산 학사는 1883년에 세워진 한국 최초의 근대적 교육 기관이다. ④ 이화 학당은 1886년에 설립된 중등 교육 기관이다. ⑤ 한성 사범 학교는 1895년에 설립된 교원 양성 학교이다.

✦ **이건 꼭 맘기!** 1886년 설립 + 헐버트 등 외국인 초빙 → **육영 공원**

12 대한매일신보

영국인 베델이 창간하였다는 사실을 통해 밑줄 친 '신문'이 대한매일신보임을 알 수 있다. 일본은 영사 재판권을 가진 영국인 베델을 함부로 대할 수 없었기 때문에 그가 발행인으로 있는 대한매일신보는 항일 의병 투쟁을 호의적으로 보도할 수 있었다.

(바로 알기) ①, ②는 한성순보, ③은 독립신문, ⑤는 제국신문에 해당한다.

✦ **이건 꼭 맘기!** 영국인 베델 + 항일 운동 호의적 보도 → **대한매일신보**

13 신채호의 민족주의 사학

자료는 신채호의 「독사신론」 중 일부이다. 신채호는 1908년 대한 매일신보에 민족주의적 관점에서 역사를 서술한 「독사신론」을 게 재하였다. 이 무렵 민족정신을 일깨우고자 국사와 국어 대한 관심이 커졌다. 이에 『수군 제일 이순신전』, 『을지문덕』 등의 전기가 많이 제작되었으며, 국문 연구소가 세워져 문자 체계와 철자법 등의 통일을 위해 노력하였다.

(바로 알기) ㄷ. 이중환의 『택리지』는 18세기에 저술되었다. ㄹ. 고려 시대의 불교 행사인 연등회와 팔관회는 조선 시대에 와서 중단되었다.

✦ **이건 꼭 맘기!** 「독사신론」 + 민족주의 역사학 → **신채호**

13-1

신채호는 「독사신론」에서 민족을 역사 전개의 주체로 강조하며 민족주의 역사 서술의 기본 틀을 제시하였다.

(바로 알기) ①은 서재필, ②는 양기탁과 영국인 베델, ③은 유길준과 부들러, ⑤는 박은식에 대한 설명이다.

14 근대 의식의 확산

갑오개혁 때 법제상으로 신분제가 폐지되었으며, 독립 협회가 민권 운동을 펼친 이후에는 백성이 정부 고관을 고소·고발하는 등의 민권 의식이 높아졌다. 1898년 한성 부인들은 여성들의 교육받을 권리를 주장하는 「여권통문」을 발표하였다. 이러한 사례들은 개항기 근대 민권과 여권의 성장을 보여 준다.

(바로 알기) ①의 사례로 상회사 설립, 근대적 기업 육성 등이 있다. ③ 우리 말과 글을 연구한 사례로 유길준의 『대한문전』 편찬, 주시경의 『국어문법』 간행 등이 있다. ④ 베델이 창간한 대한매일신보는 항일 운동을 호의적으로 보도하였다. ⑤ 조선은 18세기 후반부터 천주교를 신앙으로 받아들였다. 이러한 가운데 최제우가 동학을 창시하였다.

✦ **이건 꼭 맘기!** 신분제 철폐 + 조혼 폐지 + 재판 제도 개혁 + 독립 협회의 민권 운동 + 「여권통문」 → **민권과 여권의 성장**

서술형 문제
149쪽

01 주제: 청 상인의 경제 침탈

(1) (답안 키워드) 청, 조청 상민 수륙 무역 장정, 최혜국 대우

(2) (예시 답안) 조청 상민 수륙 무역 장정에 따라 청 상인은 허가를 받으면 조선의 개항장 밖에서도 활동을 할 수 있게 되었다. 이후 다른 외국 상인들도 최혜국 대우 조항을 앞세워 조선의 내륙 시장에 진출하였다.

채점 기준	
상	조청 상민 수륙 무역 장정 체결 이후 청 상인을 비롯한 외국 상인이 조선의 내륙 시장에 진출하였음을 서술한 경우
하	조청 상민 수륙 무역 장정만 쓴 경우

02 주제: 철도 부설의 긍정적·부정적 영향

(예시 답안) (가)에서 철도 부설의 긍정적 영향은 운송 시간이 감소하였다는 점을 들 수 있다. (나)에서 철도 부설은 토지의 약탈과 한국인의 강제 노역을 가져오는 부정적 영향이 있었다는 것을 알 수 있다.

채점 기준	
상	(가), (나)를 활용하여 철도 개통의 긍정적, 부정적 영향을 모두 서술한 경우
하	철도 개통의 긍정적, 부정적 영향 중 한 가지만 서술한 경우

03 주제: 근대적 교육 기관의 설립

(예시 답안) 교육 입국 조서, 교육 입국 조서 반포 이후 소학교, 한성 중학교, 한성 사범 학교, 외국어 학교 등 각종 근대적 관립 학교가 세워졌다.

채점 기준	
상	교육 입국 조서를 쓰고, 교육 입국 조서의 영향으로 각종 근대적 관립 학교가 세워졌음을 서술한 경우
하	교육 입국 조서만 쓴 경우

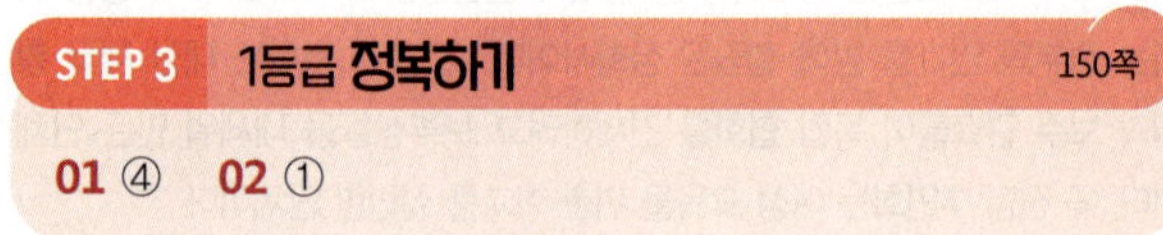

01 일본의 경제 침탈

(가)는 일본인 거류지를 설정한 조일 수호 조규 부록(1876), (나)는 일본에 대한 항세 납부 면제를 담은 조일 무역 규칙(1876), (다)는 일본에 최혜국 대우를 인정한 조일 통상 장정(1883)이다. 조일 통상 장정은 방곡령 선포에 대한 규정을 포함하였다.

(바로 알기) ①은 강화도 조약, ②는 조일 통상 장정에 대한 설명이다. ③ 조일 통상 장정으로 최혜국 대우를 인정받은 일본은 내륙으로 진출할 수 있게 되었다. ⑤는 조일 수호 조규 부록에 대한 설명이다.

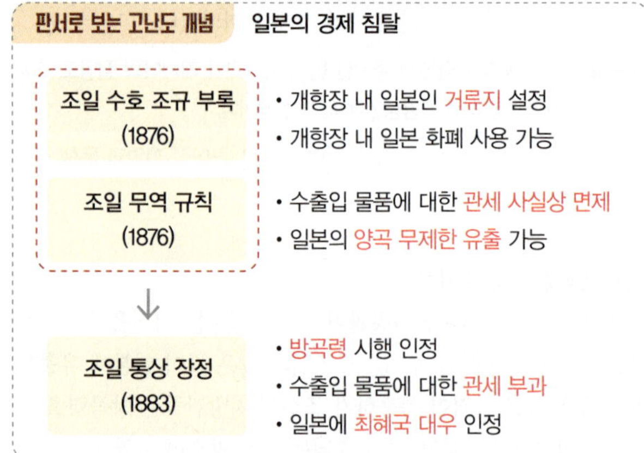

02 근대 언론 기관의 발달

(가)는 1897년 독립신문에 게재된 것이며, 국민의 기본권을 제시하고 있다. 독립신문을 창간한 독립 협회는 민권 운동에 앞장섰고, 그 영향으로 백성이 정부 고관을 고소·고발하는 사례가 늘어나는 등의 민권 의식이 높아졌다. (나)는 1898년에 한성의 부인들이 여성의 교육받을 권리를 주장하며 발표한 「여권통문」의 내용이다. 이들은 여성이 의식을 깨우치고 사회 진출 능력을 갖추어야 한다며 여성의 교육 받을 권리를 주장하였다. (가)에서 독립 협회는 천부 인권 사상을 내세웠음을 알 수 있다.

바로 알기 ② 법제상 신분제는 1894년에 추진된 제1차 갑오개혁 때 폐지되었다. ③ 독립 협회에서 주최한 만민 공동회가 러시아의 절영도 조차 요구를 비판하였다. ④ 조혼은 1894년에 추진된 제1차 갑오개혁 때 금지되었다. ⑤ 대한매일신보가 일본의 국권 침탈과 한국인의 매국 행위를 적극적으로 비판하였다.

151쪽

실전 문항 ①

실전 문항 **화폐 정리 사업**

자료 분석

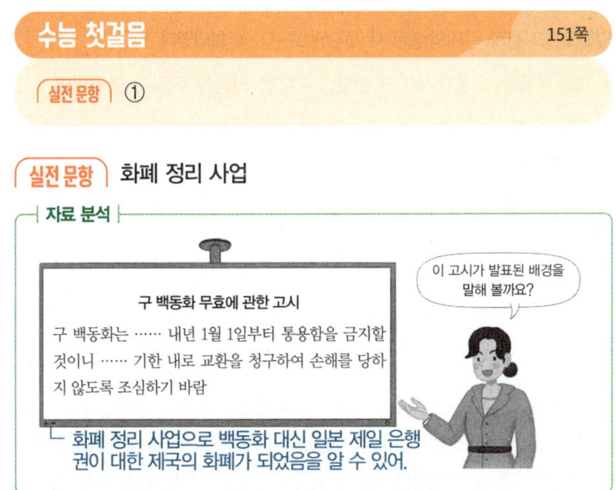

자료의 고시는 화폐 정리 사업에 따라 발표된 것이다. 메가타가 주도한 화폐 정리 사업 과정에서 상평통보, 백동화 등이 일본 제일 은행권으로 교환되었다. 이 과정에서 백동화의 가치가 낮게 평가되거나 교환을 거부당하기도 하여 한국의 많은 상공업자가 경제적 어려움을 겪게 되었다.

바로 알기 ② 정묘호란 이후 세력을 키운 후금이 이름을 청으로 바꾸고 조선에 군신 관계를 요구하자 조선 정부는 청에게 굴복하면 안 된다는 주전론과 청과 화의를 맺자는 주화론으로 나뉘어 대립하였다. ③ 제너럴셔먼호 사건은 신미양요의 원인이 되었다. ④ 흥선 대원군은 경복궁 중건에 필요한 돈을 마련하기 위해 원납전을 거두고 고액 화폐인 당백전을 다량 발행하였다. 특히 당백전의 발행은 물가 상승 등 경제적 혼란을 일으켰다. ⑤ 고려 무신 정권기 지방관들의 가혹한 수탈로 백성의 생활이 어려워지자 전국 각지에서 농민과 천민이 봉기하였다. 그 사례로 특수 행정 구역인 공주 명학소에서 망이·망소이 형제가 봉기하였다.

05 국권 침탈과 국권 수호 운동

01 러일 전쟁의 발발

일본군이 1904년 러시아 군함을 기습 공격하였다는 사실을 통해 밑줄 친 '전쟁'은 러일 전쟁임을 알 수 있다. 러일 전쟁은 만주와 한반도에서의 주도권을 차지하려는 러시아와 일본이 대립하면서 발발하였다.

바로 알기 ① '남한 대토벌' 작전은 1909년에 일본이 벌인 의병 진압 작전이다. ②는 독립 협회에서 개최한 만민 공동회의 활동과 관련이 있다. ③ 신민회가 국외 무장 투쟁을 준비한 시기는 러일 전쟁 이후에 해당한다. ⑤ 간도 협약은 1909년에 체결되었다.

✦ 이건 꼭 맞기! 일본군의 뤼순항 기습 침입 + 발트 함대 격파 → **러일 전쟁**

01-1

러일 전쟁을 거치면서 일본은 한반도 지배에 대한 여러 열강의 승인을 받았다. 이를 바탕으로 일본은 러일 전쟁이 끝난 이후인 1905년 11월에 을사늑약을 강압적으로 체결하여 한국에 대한 보호국화 작업을 추진하였다.

바로 알기 ①은 1904년 2월, ②는 1895년, ③은 한일 의정서 체결 이전, ⑤는 러일 전쟁 중인 1905년 7월의 일이다.

02 러일 전쟁 기간 일제의 국권 침탈

(가) 시기는 러일 전쟁(1904. 2.~1905. 9.) 기간에 해당한다. 러일 전쟁에서 전세가 유리해진 일본은 한국에 제1차 한일 협약 체결을 강요하였다. 이후 동해 해전 승리로 승기를 잡은 일본은 1905년 8월 영국과 제2차 영일 동맹을 맺어 영국으로부터 한국의 지배를 승인받았다.

바로 알기 ㄱ은 1895년 삼국 간섭의 결과, ㄹ은 1905년 11월에 체결된 을사늑약의 결과에 해당한다.

✦ 이건 꼭 맞기! 제1차 한일 협약 + 제2차 영일 동맹 → **일본의 한반도 주도권 장악**

03 을사늑약의 부당성

자료에서 조약문 뒷장에 찍힌 도장의 주인인 박제순은 고종으로부터 조약 체결권을 위임받지 않았고, 고종이 조약 체결의 비준을 끝까지 거부하였다는 사실을 통해 (가) 조약이 을사늑약임을 알 수 있다. 일본은 1905년 11월 군대를 동원해 고종과 대신들을 위협하고 을사늑약을 강요하였다. 을사늑약으로 대한 제국의 외교권이 박탈되었다.

〔바로 알기〕② 정미 7조약 부속 각서에 따라 대한 제국의 군대가 강제로 해산되었다. ③ 정미 7조약을 통해 고등 관리 임면에 있어 통감의 권한이 강화되었다. ④ 러일 전쟁 기간 중 한일 의정서, 제1차 한일 협약 등이 체결되었다. 을사늑약은 러일 전쟁이 종결된 이후인 1905년 11월에 체결되었다. ⑤ 제1차 한일 협약에 따라 재정 고문인 메가타가 한국에 파견되었다.

✦ **미견 꼭 맘기!** 고종이 끝까지 거부 + 고종으로부터 조약 체결권을 받지 않은 외무대신의 도장 → **을사늑약의 부당성**

04 헤이그 특사의 활동

자료의 밑줄 친 '특사'는 헤이그 특사에 해당한다. 헤이그 특사는 「만국 평화 회의보」를 통해 일본의 국제법 위반을 폭로하고 을사늑약의 부당성을 국제 사회에 알리려 하였다.

〔바로 알기〕ㄱ. 헤이그 특사 사건을 계기로 고종이 강제 퇴위당하였다. ㄹ은 전명운과 장인환의 의거에 대한 설명이다.

✦ **미견 꼭 맘기!** 이준·이상설·이위종 + 네덜란드에 파견 + 「만국 평화 회의보」에 기고 → **헤이그 특사**

05 정미 7조약의 체결

을사늑약 체결에 따라 임명되었어.

┌─ 자료 분석 ─
제1조 한국 정부는 시정 개선에 관해 통감의 지도를 받을 것
제4조 한국 고등 관리의 임면은 통감의 동의로써 행할 것
└ 정미 7조약은 한국 내정 전반을 장악하고자 통감의 고등 관리 임면을 규정하였어.

자료는 정미 7조약(한일 신협약)이다. 정미 7조약의 체결로 법령 제정, 고등 관리의 임면 등에서 통감의 권한이 강화되었다. 정미 7조약은 을사늑약 체결(1905)과 기유각서 체결(1909) 사이인 1907년에 체결되었다.

✦ **미견 꼭 맘기!** 1907년 + 통감의 내정권 장악 → **정미 7조약**

06 간도 협약의 체결

(가)는 1907년에 체결된 7조약 부속 각서 체결에 따른 결과를 보여 준다. (나)는 1910년 일본이 한국의 국권을 강탈한 한국 병합 조약이 체결되기 직전의 상황이다. (가), (나) 시기 사이인 1909년에 청과 일본은 간도 협약을 체결하였다. 간도 협약 체결로 일본은 간도의 영유권을 청에 넘겨주었다.

〔바로 알기〕①은 1905년 9월의 일이다. ② 을사늑약 체결 이후인 1906년 2월에 통감부가 설치되었다. ③은 1905년 7월의 일이다. ④ 일본은 1905년 2월에 시마네현 고시를 통해 독도를 불법 편입하였다.

✦ **미견 꼭 맘기!** 1909년 + 청의 간도 영유권 인정 → **간도 협약**

07 일본의 국권 침탈 과정

'(나) 한일 의정서(1904. 2.) – (가) 제1차 한일 협약(1904. 8.) – (다) 을사늑약(1905. 11.) – (라) 한국 병합 조약(1910. 8.)'의 순서로 체결되었다.

✦ **미견 꼭 맘기!** 한일 의정서 → 제1차 한일 협약 → 을사늑약 → 정미 7조약(한일 신협약) → 기유각서 → 한일 병합 조약

08 을미의병의 전개

국모의 원수, 머리털을 풀 베듯이 베어버린 변고 등의 구절을 통해 밑줄 친 '의병'은 을미사변, 단발령이 계기가 되어 일어난 을미의병임을 알 수 있다. 을미의병은 유인석, 이소응 등 위정척사 사상을 가진 유생들이 주도하였다. 그러나 아관 파천 이후 고종이 단발령을 취소하고 의병 해산을 권유하면서 의병들은 대부분 활동을 중단하였다.

〔바로 알기〕② 헌정 연구회와 대한 자강회가 입헌 군주제 수립을 주장하였다. ③ 을사의병 당시 평민 출신 의병장인 신돌석이 활약하였다. ④ 고종은 을사늑약이 부당한 것이라고 선언하며 대한 제국의 외교권 회복을 주장하였다. ⑤ 보안회가 일본의 토지 약탈을 규탄하고자 종로에서 대중 집회를 열었고, 그 결과 일제의 황무지 개간권 요구가 철회되었다.

✦ **미견 꼭 맘기!** 을미사변 + 단발령 + 유생 의병장 주도 → **을미의병**

09 을사의병의 전개

자료에서 한 조각의 종이는 을사늑약 문서를 의미하며, 자료의 격문을 쓴 최익현은 을사늑약의 체결로 한국의 국권이 위기에 처하였음을 주장하고 있다. 최익현은 을사늑약에 항거하여 전라북도 태인에서 을사의병을 일으켰으나 체포되었고, 쓰시마섬으로 유배되어 순국하였다.

〔바로 알기〕② 정미의병 당시 의병 지도자들은 이인영을 총대장으로 하여 13도 연합 부대(13도 창의군)를 창설하였다. 13도 연합 부대는 서울 진공 작전을 전개하였다. ③ 양기탁은 베델과 함께 대한매일신보를 창간하여 항일 운동을 적극적으로 보도하였다. ④ 안중근은 을사늑약 체결에 앞장섰던 초대 통감 이토 히로부미를 하얼빈에서 저격하였다. ⑤ 고종의 명령을 받은 이준, 이상설, 이위종 등이 네덜란드 만국 평화 회의가 열리는 헤이그에 특사로 파견되었다. 헤이그 특사는 을사늑약의 부당성을 국제 사회에 알리기 위해 노력하였다.

✦ **미견 꼭 맘기!** 을사의병 주도 + 쓰시마섬에서 순국 → **최익현**

09-1 을사의병 당시 민종식은 의병을 모아 충청남도의 홍주성까지 점령하였으나, 일본군의 반격으로 패하였다. 한편, 이 시기에는 유생 의병장뿐만 아니라 신돌석 등 평민 의병장이 활발하게 항일전을 벌였다. 신돌석이 이끄는 의병 부대는 경상북도 내륙과 동해안 일대에서 유격전을 펼쳤다.

〔바로 알기〕ㄱ. 유인석은 을미의병을 이끈 유생 출신의 의병장이다. ㄹ은 동학 농민 운동의 전개 과정에서 있었던 일이다.

10　정미의병의 배경

(가) 의병은 정미의병에 해당하며, 도표는 정미의병 당시 참여했던 의병장들의 신분·직업별 분포를 나타내고 있다. 도표를 통해 양반 유생, 전직 관료 이외에도 농민, 상인, 포수 등 다양한 신분이 정미의병에 참여하였음을 알 수 있다. 정미의병은 고종의 강제 퇴위와 대한 제국 군대 해산에 반발하여 일어났다.

(바로 알기) ① 임오군란의 결과 조청 상민 수륙 무역 장정이 체결되었다. ②는 을사의병의 배경에 해당한다. ④ 영남 만인소는 1880년대 위정척사 운동에 해당한다. ⑤는 일제가 1909년에 전개한 의병 진압 작전이다.

◆ **미건 꼭 암기!**　고종의 강제 퇴위 + 군대 강제 해산 → **정미의병**

11　정미의병의 전개

정미의병 시기 이인영을 총대장으로 하는 13도 연합 부대(13도 창의군)가 결성되었고, 이들이 1908년 서울 진공 작전에 나섰으나 일본군의 공격에 패하면서 실패로 끝났다.

(바로 알기) ①은 만민 공동회의 활동과 관련이 있다. ③은 동학 농민 운동의 제1차 봉기로 전주 화약이 체결된 이후의 상황이다. ④ 한반도를 둘러싼 열강의 대립이 커지는 가운데 유길준과 부들러 등이 한반도 중립화론을 주장하였다. ⑤ 우금치 전투는 동학 농민 운동의 제2차 봉기 과정에서 있었던 일이다.

◆ **미건 꼭 암기!**　이인영 + 서울 진공 작전 → **13도 연합 부대(13도 창의군)**

12　대한 자강회의 활동

헌정 연구회 회원을 중심으로 1906년 결성되었다는 내용을 통해 밑줄 친 '이 단체'가 대한 자강회임을 알 수 있다. 대한 자강회는 교육과 산업의 발달을 이루고 입헌 군주제를 수립해야 한다고 주장하였다.

(바로 알기) ①은 관민 공동회에 대한 설명이다. ② 신민회는 일제가 조작한 105인 사건으로 해체되었다. ④ 신민회는 남만주 삼원보에 독립군 기지를 건설하였다. ⑤는 보안회에 대한 설명이다.

◆ **미건 꼭 암기!**　월보 발행 + 입헌 군주제 수립 주장 → **대한 자강회**

13　신민회의 활동

국외에 무관 학교를 설립하고 문무 겸비 교육을 하였다는 점을 통해 자료는 신민회와 관련이 있음을 알 수 있다. 비밀 결사 형태로 조직된 신민회는 교육·산업의 진흥, 국민 계몽 운동 등으로 민족의 실력을 양성할 것을 강조하였다. 그리하여 태극 서관을 설립하여 계몽 서적을 출판하고, 자기 회사를 운영하여 민족 산업을 키우려 하였다.

(바로 알기) ① 박은식은 「유교구신론」을 발표하여 교화 활동과 실천적인 유교 정신을 강조하였다. ② 시전 상인은 황국 중앙 총상회를 조직하여 경제 주권 수호 운동을 벌였다. ③ 신민회는 공화정에 바탕을 둔 근대 국민 국가 건설을 주장하였다. ⑤는 독립 협회에 대한 설명이다.

◆ **미건 꼭 암기!**　태극 서관 + 자기 회사 + 국외 무관 학교 설립 → **신민회**

14　국채 보상 운동의 전개

국채 1,300만 원을 갚고자 하였다는 사실을 통해 자료의 운동이 국채 보상 운동임을 알 수 있다. 국채 보상 운동은 1907년에 대구에서 시작되었으나 대한매일신보를 비롯한 언론 기관의 홍보를 통해 전국으로 확산되었다.

(바로 알기) ① 국채 보상 운동은 대구에서 시작되었다. ②, ④는 신민회, ③은 을미의병에 대한 설명이다.

◆ **미건 꼭 암기!**　1907년에 시작 + 국채 1,300만 원 모금 → **국채 보상 운동**

15　독도 문제

대한 제국은 ㉠ 대한 제국 「칙령 제41호」(1900)를 내려 울릉도를 군으로 승격하고 울릉 군수가 울릉도와 독도를 관할하게 하였다. 그러나 러일 전쟁 중 일본은 ㉡ 시마네현 고시를 내려 독도를 자국 영토에 불법 편입하였다.

서술형 문제 　159쪽

01　주제: 을사늑약의 체결

(1) 답안 키워드　을사늑약, 을사의병

(2) 예시 답안　을사늑약에 반발하여 전현직 관료인 민영환, 조병세 등이 목숨을 끊었으며, 을사5적 처단을 위해 자신회라는 암살단이 조직되었다. 또한 전국 각지에서 을사의병이 일어났다.

채점 기준	
상	을사늑약에 대한 우리 민족의 저항 내용을 세 가지 서술한 경우
중	을사늑약에 대한 우리 민족의 저항 내용을 두 가지 서술한 경우
하	을사늑약에 대한 우리 민족의 저항 내용을 한 가지만 서술한 경우

02　주제: 안중근의 「동양평화론」

예시 답안　안중근, 안중근은 하얼빈에서 을사늑약 체결에 앞장선 이토 히로부미를 저격하였다.

채점 기준	
상	안중근을 쓰고, 안중근이 전개한 의열 투쟁 활동을 서술한 경우
하	안중근만 쓴 경우

03　주제: 신민회의 조직과 활동

예시 답안　신민회, 신민회는 애국 계몽 운동의 한계 극복과 국권 회복을 위해 남만주에 독립군 기지를 건설하고 무장 투쟁 준비에 힘을 기울였다.

채점 기준	
상	신민회의 활동 중 독립군 기지 건설 관련 내용을 서술한 경우
하	신민회만 쓴 경우

01 ⑤ **02** ② **03** ① **04** ②

01 러일 전쟁 중 일본이 체결한 조약

(가)는 1904년 2월에 체결된 한일 의정서이다. (나)는 1905년 9월 러일 전쟁이 끝나며 러시아와 일본이 체결한 포츠머스 강화 조약이다. 두 조약이 체결된 시기 사이인 1904년 8월 외국인 고문 초빙을 규정한 제1차 한일 협약이 체결되었다.

바로 알기 ①은 한일 의정서 체결 이전, ②는 1906년, ③은 1907년, ④는 1910년의 일이다.

02 을사늑약 체결의 결과

자료는 헤이그 특사로 파견된 이위종의 인터뷰이다. 황제 폐하의 재가 없이 외부 대신이 임의로 체결하였다는 점에서 (가) 조약이 을사늑약임을 알 수 있다. 을사늑약 체결 결과 대한 제국의 외교권이 박탈되고 통감부가 설치되었으며, 이토 히로부미가 초대 통감으로 부임하였다.

바로 알기 ㄴ은 정미 7조약 부속 각서, ㄹ은 기유각서에 대한 설명이다.

03 항일 의병 활동의 전개

(가)는 노희태의 격문으로 정미 7조약의 내용을 비판하고 있다. 고종의 강제 퇴위, 정미 7조약 부속 각서에 따른 대한 제국 군대 해산 등에 반발하여 정미의병이 일어났다. (나)는 최익현의 격문으로 을사늑약으로 외교권이 박탈된 것을 비판하고 있다. 을사늑약 체결을 계기로 을사의병이 일어났다. (다)는 위정척사 사상을 가진 유생인 유인석의 격문으로 을미사변, 단발령에 반발하고 있음을 보여 준다. 을미사변과 단발령을 계기로 을미의병이 일어났다.

바로 알기 ① 한일 의정서는 일본이 한국의 영토를 군사 기지로 사용할 권리를 얻게 한 것으로 (가)의 내용과 거리가 멀다.

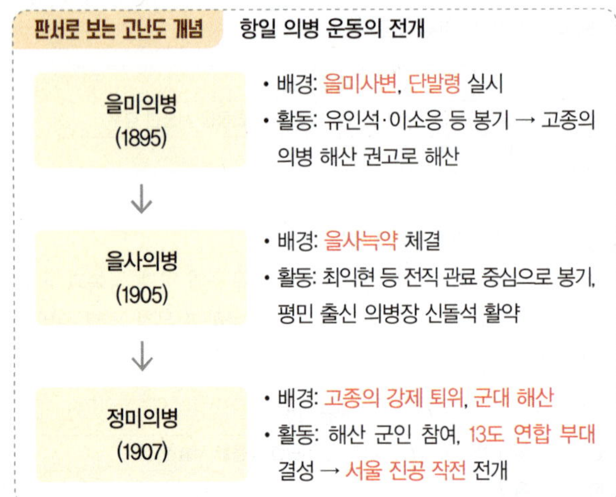

04 애국 계몽 운동의 전개

교육과 산업 진흥을 강조한 애국 계몽 운동의 특징을 알 수 있어.

자료 분석

무릇 나라의 독립은 오직 자강에 달려 있다. …… 자강의 방도를 강구하려고 할 것 같으면 다른 곳에 있지 않고 교육을 진작하고 산업을 일으키는 데 있으니 무릇 교육이 일어나지 않으면 민지(民智)가 열리지 않고 산업이 일어나지 않으면 국부가 증가하지 못하는 것이다. 그러한즉 민지를 열고 국력을 기르는 길은 교육과 산업의 발달에 달려 있다고 아니할 수 있겠는가.

대한 자강회는 월보를 발행하여 언론 활동을 펼쳤어.

— 월보, 1906. 7.

자료는 1906년 결성된 대한 자강회 취지문이다. 대한 자강회는 교육과 산업의 발달을 강조하였으며, 전국에 지회를 설치하고 월보를 발행하였다. 대한 자강회는 고종의 강제 퇴위에 반대하는 시위를 주도하다가 통감부의 탄압을 받아 강제로 해산되었다.

바로 알기 ①, ③, ⑤는 신민회, ④는 독립 협회에 대한 설명이다.

실전 문항 ⑤

실전 문항 신민회의 활동

자료 분석

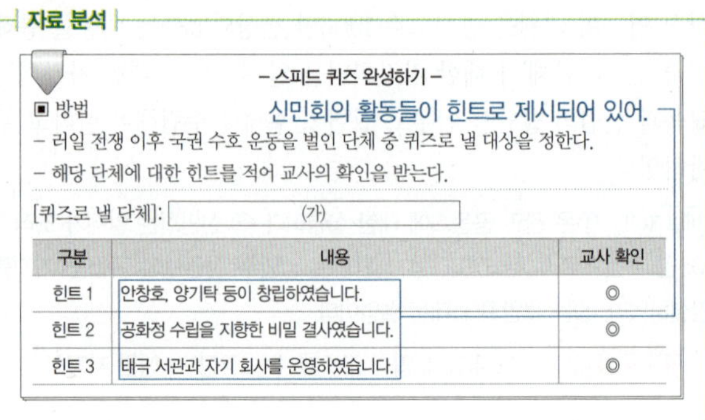

자료에서 안창호, 양기탁 등이 창립, 공화정 수립을 지향한 비밀 결사, 태극 서관과 자기 회사 등의 회사 운영 등을 통해 (가) 단체가 신민회임을 알 수 있다. 신민회는 일제가 조작한 105인 사건으로 해체되었다.

바로 알기 ① 집강소는 동학 농민 운동 당시 농민군이 전라도 각지에 설치한 농민 자치적 개혁 기구이다. ② 삼국 간섭에 굴복한 일본은 시모노세키 조약으로 할양받은 랴오둥반도를 청에 반환하였다. 삼국 간섭 이후 한반도에 대한 러시아의 영향력이 강화되었다. ③ 1895년 을미의병이 일어나자, 고종은 단발령을 철회하고 의병 해산을 권유하였다. 이에 대부분의 의병들은 활동을 중단하였다. ④ 보수 세력이 독립 협회가 공화정을 추진한다고 모함하자 고종이 독립 협회 해산 명령을 내렸다. 이에 만민 공동회가 저항하였으나 고종은 황국 협회와 군대를 동원하여 독립 협회를 강제로 해산하였다.

01 ②	02 ④	03 ④	04 ⑤	05 ⑤	06 ③	07 ②
08 ①	09 ①	10 ④	11 ②	12 ⑤	13 화폐 정리 사업	
14 ②	15 ④	16 ④	17 ③	18 ⑤	19 ③	20 ②

01 흥선 대원군의 대외 정책

자료에서 병인년 이후 서양인을 배척하였다고 한 점, 종로 거리와 각 도회지에 척화비를 세웠다고 한 점 등을 통해 해당 상황은 흥선 대원군의 통상 수교 거부 정책이 실시되던 상황임을 알 수 있다. 미국은 제너럴셔먼호 사건을 구실로 1871년에 신미양요를 일으켰다. 그럼에도 불구하고 흥선 대원군이 통상 수교 협상에 응하지 않자 미군은 그대로 퇴각하였다. 그해에 흥선 대원군은 통상 수교 거부 의지를 널리 알리기 위해 전국 각지에 척화비를 건립하였다.

바로 알기 ① 1882년에 임오군란이 발생한 결과 조선에 대한 청의 내정 간섭이 강화되었다. ③ 운요호 사건은 1875년에 일어났으며 이를 계기로 강화도 조약이 체결되었다. ④ 을미사변 발생, 단발령과 같은 급진적 개혁에 반발하여 의병 운동이 일어나는 가운데 고종은 신변의 안전을 꾀하고 일본의 영향력을 약화하기 위해 러시아 공사관으로 피신하는 아관 파천을 단행하였다. ⑤ 1880년대 초 이만손을 비롯한 영남 유생들이 고종에게 미국과의 통상 수교를 반대하는 만인소를 올렸다.

02 강화도 조약의 체결

강화도에서 체결되었다는 점, 우리나라와 일본 사이에 체결된 최초의 근대적 조약이라는 점 등을 통해 밑줄 친 '조약'은 강화도 조약임을 알 수 있다. 강화도 조약은 조선이 자주국임을 규정하여 청의 간섭을 배제하려 하였다. 또한 이 조약에 따라 조선은 일본에 영사 재판권을 인정하였다.

바로 알기 ㄱ. 황준헌의 『조선책략』이 유포되면서 미국에 대한 수교 여론이 국내에서 높아졌다. 결국 조선은 청의 알선으로 미국과 조미 수호 통상 조약을 체결하였다. ㄷ. 1883년에 체결된 조일 수호 통상 장정에 따라 일본 상품에 관세를 부과하였다.

03 조미 수호 통상 조약의 내용

자료 분석   조선과 미국이 맺은 조약임을 알 수 있어.

> 조선국 군주와 미국 대통령 및 그 인민은 각각 모두 영원히 화평하고 우애 있게 지낸다. 만약 제3국으로부터 어떤 불공평하고 경시당하는 일이 있을 때에는 …… 서로 도와주며, 중간에서 잘 조정하여 두터운 우의를 보여 준다. – 거중 조정 조항을 가리켜.

조약의 체결 당사국이 조선과 미국이고, 거중 조정이 규정된 것을 통해 조미 수호 통상 조약임을 알 수 있다. 이 조약에서 처음으로 거중 조정, 최혜국 대우, 수출입 상품에 대한 관세 조항을 규정하였다.

바로 알기 ① 거류지는 조약 등으로 외국인의 거주와 영업을 허가한 지역을 말한다. 강화도 조약으로 일본에 개항한 후 일본이 최초로 설정하였다. ②, ⑤는 모두 강화도 조약에 규정되었다. ③은 강화도 조약 체결 때에도 인정되었으며, 각 나라와 조약을 체결할 때마다 별도로 허용하였다.

04 위정척사 운동의 흐름

(가)는 강화를 부정적으로 보고 왜인이 서양의 오랑캐와 같다고 한 점 등을 통해 1870년대 강화도 조약 체결 무렵에 최익현이 주장한 왜양일체론임을 알 수 있다. (나)는 미국과의 통상 수교를 경계하였다는 점을 통해 이만손 등 영남 유생들이 작성한 만인소임을 알 수 있다. 두 주장 모두 위정척사 운동 과정에서 발표된 것으로 위정척사 운동 세력은 성리학적 사회 질서 유지를 추구하며 개항과 개화 정책에 반대하였다.

바로 알기 ① (가) 주장은 최익현이 작성한 것이다. 김기수는 수신사로 파견된 인물이다. ② 1895년에 일어난 을미의병은 을미사변과 단발령(을미개혁) 등에 반발하여 일어난 의병이다. ③ 영남 만인소에서 유생들은 미국과의 통상 수교를 반대하고 있다. ④ 영남 만인소는 미국과의 수교에 따른 부작용을 우려하였다.

05 임오군란의 발생

(가)는 임오군란이다. 개항 이후 5군영을 2영으로 축소하면서 많은 구식 군인이 일자리를 잃었으며, 남아있는 구식 군인들도 신식 군대인 별기군에 비해 낮은 대우를 받았다. 이러한 상황에서 밀린 급료로 지급된 쌀에 겨와 모래가 섞여 있자 분노한 구식 군대의 군인들이 임오군란을 일으켰다(1882). 임오군란 이후 조선은 일본과 제물포 조약을 체결하였고, 이 조약에 의해 일본군이 공사관 호위를 위해 한성에 주둔하게 되었다.

바로 알기 ①, ④ 급진 개화파가 일으킨 갑신정변은 청군의 개입으로 3일 만에 실패하였다. 갑신정변의 결과 급진 개화파가 몰락하게 되었고, 한성 조약이 체결되어 조선은 일본에게 배상금과 공사관 신축비를 지불하여야 했다. ② 2차 수신사로 다녀온 김홍집이 『조선책략』을 국내에 들여왔다. ③ 강화도 조약 체결 이후 조선 정부는 일본에 수신사를 파견하였다.

06 개화파의 분화

(가)는 전통 질서를 유지하면서 서양의 기술을 받아들이자는 온건 개화파의 주장이다. (나)는 문벌을 폐지하고 서양의 과학기술뿐 아니라 사상과 제도를 도입하자는 급진 개화파의 주장이다. 일본 공사의 지원을 약속받은 김옥균 등 급진 개화파는 1884년 우정총국 개국 축하연에서 갑신정변을 일으켜 개화당 정부를 수립하였고, 개혁 정강을 발표하였다.

바로 알기 ① 온건 개화파는 청과의 사대 관계를 유지하자고 주장하였다. ② 온건 개화파는 서양의 사상과 제도 수용 대신 전통적인 사상과 제도를 유지하자고 주장하였다. ④ 급진 개화파는 일본의 메이지 유신을 본받자고 하였다. ⑤ 급진 개화파와 온건 개화파는 모두 서양의 과학 기술을 받아들여 부국강병을 이루자고 주장하였으며, 위정척사 운동과 거리가 멀다.

07 유길준의 「중립론」

중립을 추구하고 아시아 지역과 관계가 있는 여러 열강과 공동으로 맹약을 체결할 것을 주장하였다는 점을 통해 자료는 유길준이 1885년에 제기한 「중립론」임을 알 수 있다. 갑신정변 이후 조선을 둘러싼 청과 일본의 대립이 심화되고, 1885년에 일어난 거문도 사건으로 러시아와 영국의 대립까지 일어나면서 조선이 열강의 각축장이 될 수 있다는 인식 아래 조선을 중립국으로 만들자는 논의가 일어났다. 유길준의 「중립론」은 1885년에 제기되었다.

08 동학 농민 운동의 전개

(가)는 1894년 동학 농민 운동의 전개 과정 중 제1차 봉기 당시 백산 봉기를 설명하고 있다. (나)는 제2차 봉기 때인 1894년 10월 남접군과 북접군이 논산에서 집결하여 반침략 기치를 내세우며 전투를 준비하는 모습을 보여 준다. (가) 이후 농민군이 전주성을 점령하자 조선 정부는 청에 도움을 요청하였다. 이에 일본도 제물포 조약과 톈진 조약을 구실로 한반도에 주둔하자, 동학 농민군은 정부군과 전주 화약을 맺고 전주성에서 물러났다.

(바로 알기) ② 우금치 전투는 (나) 이후에 벌어진 전투이다. ③ 수구 세력이 독립 협회가 공화정을 실시한다고 모함한 일을 바탕으로 고종은 황국 협회와 군대를 동원하여 독립 협회를 탄압하고 해산하였다(1899). ④ 청일 전쟁의 결과로 청과 일본이 시모노세키 조약을 체결하였다(1895). ⑤ 고부 농민 봉기는 전라도 곡창 지대인 고부에서 군수 조병갑의 비리와 폭정에 반발하여 일어난 것으로, (가) 이전에 일어난 사건이다.

09 을미개혁의 내용

제시된 대화에서 김홍집, 유길준 등이 내각에 적극 참여한 점, 최초의 의병 운동을 불러왔다는 점 등을 통해 밑줄 친 '개혁'은 을미개혁임을 알 수 있다. 을미개혁 당시 태양력 사용과 '건양' 연호 채택, 종두법과 단발령이 실시되었다.

(바로 알기) ② 일본이 경복궁을 점령한 뒤 군국기무처가 설치되었고, 군국기무처는 제1차 갑오개혁을 추진하였다. ③은 대한 제국 수립 당시의 상황이다. ④는 제1차 갑오개혁, ⑤는 광무개혁에 대한 설명이다.

10 독립 협회의 활동

(가)에는 독립 협회의 활동 중 만민 공동회의 활동이 들어가야 한다. 독립 협회는 1898년 3월부터 종로에서 만민 공동회를 열어 재정 고문 파견, 한러 은행 설립, 절영도 조차 요구 등 러시아의 간섭과 이권 요구를 규탄하였다. 이는 러시아의 절영도 조차 요구를 철회시키는 성과를 냈다.

(바로 알기) ① 고종은 독립 협회를 해산한 뒤 대한국 국제를 반포하였다. ② 국채 보상 운동은 대한매일신보 등의 지원을 받았다. ③ 교조 신원 운동은 동학교도들이 교조 최제우의 누명을 벗겨 주고, 포교의 자유를 보장받으려고 전개한 운동이다. ⑤ 대한 제국 「칙령 제41호」(1900)에 따라 울릉도 군수가 울릉도와 독도를 관할하게 되었다.

11 대한국 국제의 내용

자료는 대한 제국 수립 후 고종이 강력한 황제권을 확립하려 발표한 대한국 국제이다. 대한국 국제를 발표한 대한 제국 정부는 옛것을 근본으로 새로운 것을 참조한다는 구본신참의 원칙 아래 광무개혁을 추진하였으며, 개혁에 필요한 자금을 확보하기 위해 양전 사업·지계 발급 사업을 추진하였다.

(바로 알기) ㄴ. 집강소는 동학 농민군이 정부와 전주 화약을 맺고 전주성에서 물러난 뒤 전라도 각지에 설치한 자치 기구이다. ㄹ. 제1차 갑오개혁 때 갑신정변을 주도한 개화당과 동학 농민 운동의 요구를 반영하여 과거제 및 신분제가 폐지되었다.

12 청과 일본 상인의 경제 침탈

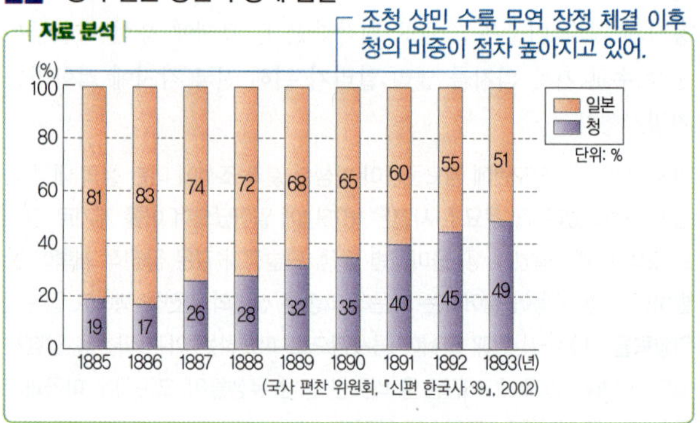

그래프는 조선의 청과 일본 양국에 대한 수입액 비율을 나타낸 것으로, 점차 청의 비중이 늘어나고 있음을 확인할 수 있다. 개항 초기에는 일본 상인이 거류지 무역을 중심으로 조선의 무역을 독점하였다. 그러나 1882년 임오군란이 일어나고 조청 상민 수륙 무역 장정이 체결된 이후 청은 정치적 영향력의 확대, 우세한 자금력 등을 바탕으로 조선의 상권을 장악해 갔다.

(바로 알기) ① 경복궁 중건 당시 재정이 부족해지자 흥선 대원군은 고액 화폐인 당백전을 다량 발행하였다. 이는 물가가 크게 오르는 경제적 혼란을 가져왔다. ② 고종은 신변의 보호와 한반도에 대한 일본의 영향력을 약화하기 위해 러시아 공사관으로 피신하는 아관 파천을 단행하였고, 그 결과 을미개혁이 중단되었다. ③ 포츠머스 조약에 따라 러시아는 일본의 한반도 지배를 인정하였다. ④ 동학 농민 운동 당시 농민군을 진압하러 청군이 파견되자 일본도 톈진 조약을 근거로 한반도에 파병하였다. 이에 정부와 동학 농민군은 사태를 빠르게 마무리 짓기 위해 전주 화약을 맺었고, 이후 동학 농민군은 자진 해산하였다.

13 화폐 정리 사업

대한 제국의 백동화를 일본 제일 은행권으로 바꾸는 사업이라는 내용을 통해 밑줄 친 '이 사업'이 1905년에 시행된 화폐 정리 사업임을 알 수 있다. 제1차 한일 협약에 따라 한국에 파견된 일본인 재정 고문 메가타는 전환국을 폐쇄한 후 화폐 정리 사업을 실시하여 백동화를 품질에 따라 교환하도록 하였다. 이때 많은 백동화가 저평가되어 한국의 상공업자들이 큰 타격을 받았다.

14 화폐 정리 사업의 영향

화폐 정리 사업은 일본이 대한 제국의 금융과 재정을 장악하는 데 도움을 주었다. 화폐 정리 사업의 결과 일본 제일 은행권이 대한 제국의 법정 화폐 역할을 맡게 되었으며, 대한 제국 정부는 화폐 정리 사업에 필요한 자금을 차관으로 조달하여 거액의 국채를 떠안게 되었다. 이는 대한 제국의 재정이 일본에 예속화되는 결과를 낳았다.

바로 알기 ① 거류지 무역은 강화도 조약 체결 이후 개항장에서 전개되었다. ③의 사례로 조선의 지방관들이 조일 통상 장정 조항에 근거하여 방곡령을 선포한 사실을 들 수 있다. 그러나 방곡령은 일본 측의 항의로 여러 차례 철회되었다. ④ 아관 파천 이후 열강들은 최혜국 대우를 내세워 대한 제국의 각종 이권을 침탈하였다. ⑤ 한일 의정서 체결에 따라 일본은 한국의 영토를 군사적 요충지로 사용할 수 있게 되었다.

15 조일 통상 장정의 방곡령 시행 규정

자료는 조일 통상 장정 중 방곡령 시행 규정이다. 이 규정에는 방곡령 실시 1개월 전에 일본 상인에게 통고해야 한다고 명시되어 있다. 일본은 이 규정을 근거로 함경도와 황해도에서 실시한 방곡령이 통고를 받은 날로부터 수출 금지까지 1개월이 지나지 않았다고 주장하며 조선에 방곡령 취소를 요구하고 배상금을 받아냈다.

바로 알기 ①, ② 운요호 사건을 배경으로 체결된 강화도 조약에 의해 부산 등 항구가 개항되었다. ③ 일제는 식민지 지배를 위한 기반을 마련하기 위해 화폐 정리 사업, 각종 시설 공사 등의 명목으로 조선에 막대한 차관을 도입하도록 강요하였다. ⑤ 동양 척식 주식회사는 약탈한 토지를 일본인에게 팔거나 한국인에게 소작하게 하였다.

16 신소설 『금수회의록』

| 자료 분석 |

"지금 세상 사람들은 당당한 하느님의 위엄을 빌려야 할 터인데, 외국의 세력을 빌려 의뢰해 몸을 보전하고 벼슬을 얻으려 하며, 타국 사람에 빌붙어 제나라를 망하게 하고 제 동포를 압박하니, 그것이 우리 여우보다 나은 일이오? 결단코 우리 여우만 못한 물건들이라 하옵네다." 여우가 말을 마치자마자 손뼉 소리가 천지를 진동하듯이 울렸다.

자료는 동물을 주인공으로 하여 인간 사회의 모순과 비리를 풍자한 『금수회의록』을 다루고 있다. 『금수회의록』은 개항기에 발표된 신소설에 해당한다. 개항기에는 서양 문물이 들어오면서 많은 변화가 일어났는데, 그 사례 중 하나로 서양 악곡에 우리말 가사를 붙인 창가가 유행하였다.

바로 알기 ① 김부식이 『삼국사기』를 저술한 것은 고려 시대의 일이다. ② 삼국 시대 고구려에서는 사신도와 같은 고분 벽화가 다수 제작되었다. ③ 고려 시대에는 금속 활자 기술이 발달하였으며 『직지심체요절』 등이 제작되었다. ⑤는 조선 세종 시기의 사실이다.

17 정미 7조약 부속 각서와 한국 병합 조약의 체결

| 자료 분석 |

(가) (부속 각서) 제3조 다음 방법에 의해 군비를 정리함
  1. 육군 1대대를 존치하여 황궁 수위를 담당하게 하고 기타를 해산할 것 — 대한 제국 군대를 강제로 해산한거야.

(나) 제1조 한국 황제 폐하는 한국 전부에 관한 일체 통치권을 완전 영구히 일본 황제 폐하에게 양여한다.

제2조 일본국 황제 폐하는 앞 조에 기재된 양여를 수락하고, 또 완전한 한국을 일본 제국에 병합하는 것을 승낙한다. — 대한 제국의 국권이 완전히 일본에게 넘어갔어.

(가)는 대한 제국 군대 해산을 규정하였다는 점에서 1907년에 체결된 정미 7조약의 부속 각서임을 알 수 있다. (나)에서 한국 황제가 일본 황제에게 통치권을 넘긴다는 내용을 통해 해당 조약은 1910년에 체결된 한국 병합 조약임을 알 수 있다. 한국 병합 조약의 결과로 총독부가 세워졌고, 조선 총독이 권력을 장악하였다.

바로 알기 ①은 을사늑약, ②는 제1차 한일 협약, ④는 기유각서에 해당한다. ⑤ (가), (나) 모두 러일 전쟁 후에 체결되었다.

18 13도 연합 부대(13도 창의군)의 활동

13도 연합 부대(13도 창의군)는 정미의병 당시 이인영을 중심으로 조직되었으며, 서울 진공 작전을 전개하였다.

바로 알기 ① 신민회는 안창호 등이 결성한 독립운동 단체이다. ② 일진회는 을사늑약 이후 매국 활동을 벌인 단체이다. ③ 13도 연합 부대는 정미의병에 해당한다. ④ 독립 협회는 서재필을 중심으로 창립된 단체이다.

19 신민회의 활동

공화정 체제의 독립국을 수립하는 것을 목표로 한 점을 통해 밑줄 친 '이 단체'는 신민회임을 알 수 있다. 1909년 무렵 한국 강제 병합의 움직임이 본격화되자 신민회는 실력 양성 운동만으로는 국권을 회복하기 어렵다고 판단하여 만주에 독립 운동 기지를 건설하는 등 국외에서 무장 투쟁을 준비하였다. 신민회의 국내 조직은 1911년 일제가 조작한 105인 사건으로 와해되었다.

바로 알기 ㄱ은 대한 자강회, ㄹ은 독립 협회에 대한 설명이다.

20 국채 보상 운동의 전개

일제가 한국의 내정에 간섭하면서 대한 제국이 막대한 차관을 떠안게 되었다는 상황과 1907년 대구에서 일어났다는 사실 등을 통해 (가) 운동은 국채 보상 운동임을 알 수 있다. 국채 보상 운동은 대한매일신보를 비롯한 언론 기관의 후원을 받아 전국으로 확산되었다.

바로 알기 ① 국채 보상 운동을 탄압한 기구는 통감부이다. 총독부는 한국 병합 조약 이후 세워졌다. ③은 한용운이 발표한 『조선불교유신론』에 대한 설명이다. ④는 조일 통상 장정, ⑤는 보안회에 대한 설명이다.

논술형 문제 풀이

주제 01 신라의 삼국 통일, 어떻게 볼 것인가?

논술 Solution

(가)의 첫 번째 자료는 신라가 삼국 통일 과정에서 외세를 끌어들인 것을 한계로 바라본다. 두 번째 자료는 외세를 끌어들인 것과 함께 영토가 축소된 것을 한계로 바라본다.

↓

(나)는 신라의 삼국 통일로 삼국 간의 전쟁이 없어졌다고 평가한다.

● POINT

신라가 이룬 삼국 통일의 한계와 의의를 파악하고, 이를 바탕으로 각각의 주요 내용을 논술한다.

1 예시 답안 신라는 삼국 통일 과정에서 외세인 당의 세력을 끌어들였으며, 옛 고구려 영토의 대부분을 상실하고 대동강 이남의 영토만 확보하였다는 점에서 한계가 있다.

2 예시 답안 신라는 고구려와 백제로부터 지속적인 침입을 받아왔기에 당과 연합하였다. 비록 외세의 힘을 빌리기는 하였으나, 신라의 삼국 통일은 신라가 고구려와 백제 유민들과 힘을 합쳐 당을 몰아냈다는 점에서 자주적이라고 평가할 수 있다. 또한 삼국을 통일함으로써 삼국 간의 대립이 사라지고 하나의 민족이라는 의식이 싹터 새로운 민족 문화 발전의 토대가 마련되었다.

주제 02 주화론과 주전론, 실리가 중요한가? 명분이 중요한가?

논술 Solution

최명길의 주화론은 전쟁을 피하기 위해 청과 화의를 맺자는 주장이다.

↓

윤집의 주전론(척화론)은 청의 군신 관계 요구를 받아들이지 말고, 명과의 의리를 지키며 청에 맞서 싸워야 한다는 주장이다.

● POINT

주화론과 주전론(척화론)의 근거를 파악하고, 주화론과 주전론 중 하나의 입장을 정해 지지하는 글을 논술한다.

1 예시 답안 최명길은 현재 조선의 국력이 약하므로 청의 요구를 받아들인 뒤 힘을 길러 청에 맞설 것을 주장하고 있다. 윤집은 임진왜란 때 원군을 보내 준 명과의 의리를 지켜 청의 군신 관계 요구를 받아들이지 말아야 한다고 주장하고 있다.

2 예시 답안 [최명길을 지지하는 입장] 앞서 조선은 임진왜란과 정묘호란이라는 큰 전쟁을 치렀고, 그 과정에서 많은 백성이 고통받았다. 이러한 상황에서 조선이 군신 관계를 맺자는 청의 요구를 거절하면 다시 양국 간에 전쟁이 발발하여 조선이 멸망할 수도 있다. 이미 국제 정세에서 청은 동아시아의 새로운 강자로 떠오르고 있다. 조선은 명과의 의리에 집착하지 말고 현실적으로 판단하여 청의 요구를 수용하는 것이 좋겠다.

[윤집을 지지하는 입장] 조선은 임진왜란 당시 명의 지원을 받아 일본군을 물리칠 수 있었다. 그렇기에 조선은 명에 받은 도움을 '나라를 다시 세워 준 은혜'라는 뜻의 '재조지은'이라고 부르며 명에 감사함을 느끼고 있었다. 이러한 상황에서 조선이 명과의 의리를 져 버린 채 명과 대립하는 청의 요구를 수용하는 것은 도리에 어긋나는 일이다. 조선이 국제 사회에서 신뢰를 유지하려면 군신 관계를 맺자는 청의 요구를 거부해야 한다.

주제 03 흥선 대원군의 개혁 정치

논술 Solution

(가)는 사창제에 관한 내용이다. 사창제는 민간에서 곡식을 저장해 두었다가 빈민에게 대여하도록 한 제도로, 흥선 대원군은 환곡의 폐단을 시정하고자 이를 실시하였다.

↓

(나)에서 흥선 대원군은 호포제를 실시하여 양반에게도 군포를 내도록 하였다.

↓

(다)에서 원납전이 백성들의 원성을 사고 있다. 흥선 대원군은 경복궁 중건에 필요한 비용을 마련하고자 기부금 명목으로 원납전을 강제 징수하여 백성들의 불만을 샀다.

● POINT

사창제와 호포제는 기존 수취 제도를 개편한 것으로 각각의 내용과 실시 목적을 파악하여 논술하고, 호포제 실시와 경복궁 중건은 양반층과 상민층에 서로 다른 영향을 미쳤는데 각 계층의 반응이 어떠하였을지 추측하여 논술한다.

1 **예시 답안** (가)는 사창제에 대한 내용으로, 흥선 대원군은 수령이나 향리가 중간에서 환곡을 가로채는 것을 막고자 환곡 운영을 민간에 맡기는 사창제를 실시하였다. (나)는 호포제에 대한 내용으로, 흥선 대원군은 군정의 폐단을 바로잡고자 호포제를 실시하여 양반호에도 군포를 부과하였다. 흥선 대원군이 사창제와 호포제를 실시한 목적은 삼정의 문란을 바로잡아 민생을 안정시키고 국가 재정을 늘리는 데 있었다.

2 **예시 답안** (나) 호포제를 실시하는 것에 대해 양반층은 신분 구별의 필요성을 내세우며 반대하고, 상민층은 군포의 부담을 덜 수 있어 찬성하였을 것이다. (다)는 경복궁 중건에 대한 내용으로, 양반층과 상민층 모두 이에 반대하였을 것이다. 양반층은 목재를 충당하려는 정부에 묘지림을 벌목당하였고, 상민층은 중건 공사에 동원되어야 했기 때문이다.

주제 04 북벌론과 북학론, 청을 배척할 것인가? 배울 것인가?

논술 Solution

(가)는 북벌론으로, 청을 정벌하여 오랑캐에게 당한 치욕을 씻고 명에 대한 의리를 지키자는 주장이다.

⬇

(나)는 청의 앞선 문물을 적극 수용하여 국력을 키우자는 북학론이다.

● **POINT** ⋯⋯⋯⋯⋯⋯⋯⋯⋯⋯⋯⋯⋯⋯⋯⋯⋯⋯⋯⋯⋯⋯

북벌론의 내용과 이것이 제기된 배경을 파악하고, 북벌론과 북학론 중 하나의 입장을 정해 지지하는 글을 논술한다.

1 **예시 답안** (가) 주장은 북벌론으로, 청에 당한 치욕을 씻고 명에 대한 의리를 지키자는 주장이다. 조선은 병자호란에서 청에 패한 이후 굴욕적인 강화 끝에 청과 사대 관계를 맺었다. 이에 청을 정벌하자는 북벌 운동이 추진되었다.

2 **예시 답안** [(가)를 지지하는 입장] 조선은 임진왜란 당시 명의 도움으로 일본군을 격파할 수 있었다. 명의 은혜로 조선을 보존하였음에도 은혜를 갚지는 못할지언정 명을 멸망시킨 오랑캐의 문물을 수용할 수는 없다. 청의 문물이 뛰어나더라도 우리는 청을 정벌하여 치욕을 씻고 명에 대한 의리를 지켜야 한다.
[(나)를 지지하는 입장] 청이 중국을 다스린 지 1백 년이나 지났으니 청의 문화를 오랑캐의 문화로만 치부할 수 없고, 청에 다녀온 사신들이 소개한 청의 문물은 매우 뛰어나다. 따라서 청을 무조건 배척할 것이 아니라 앞선 문물을 적극 수용하여 조선의 발전을 도모해야 하고, 그 이후에 명에 은혜를 갚는 것이 바람직하다.

주제 05 고대 국가와 고려의 사회 구조

논술 Solution

고구려 수산리 고분 벽화와 신라의 골품제는 신분을 엄격히 구분하는 고대 국가의 신분 사회를 보여 준다.

⬇

이영, 평량, 조원정의 사례 모두 고려 신분 사회의 개방성을 보여 준다.

● **POINT** ⋯⋯⋯⋯⋯⋯⋯⋯⋯⋯⋯⋯⋯⋯⋯⋯⋯⋯⋯⋯⋯⋯

고대 국가와 고려의 사례로 두 사회의 성격을 비교하여 논술한다.

1 **예시 답안** 고구려에서는 벽화를 그릴 때 신분별로 사람의 크기를 다르게 표현하였는데, 이를 통해 신분에 따라 사람을 차등적으로 인식하였음을 알 수 있다. 신라에서는 골품에 따라 개인의 정치적·사회적 활동의 범위가 엄격히 제한되었는데, 이를 통해 신분에 따라 사회 활동의 범위가 정해졌음을 알 수 있다.

2 **예시 답안** 이영은 정호가 과거에 합격하여 중앙 관리로 출세한 사례, 평량은 노비가 축적한 재물을 주인에게 바치고 신분을 상승한 사례, 조원정은 하층민이 공을 세워 무관으로 출세한 사례이다. 고려는 신분에 따라 권리에 차등이 있던 사회였으나, 제한적이나마 신분 상승이 가능하였다는 점에서 신라에 비해 신분 질서가 개방적이고 유동적이었다고 볼 수 있다.

주제 06 다양한 사상이 고려 사회에 끼친 영향

논술 Solution

훈요 10조에서는 불교 숭상을 당부하였다.

⬇

묘청은 풍수지리설을 내세워 서경 천도를 주장하였다.

⬇

최승로는 시무 28조에서 유교 정치 이념을 중시하였다.

● **POINT** ⋯⋯⋯⋯⋯⋯⋯⋯⋯⋯⋯⋯⋯⋯⋯⋯⋯⋯⋯⋯⋯⋯

고려에 다양한 사상이 발달하였음을 이해하고, 자료에 나타난 종교나 사상 중 한 가지를 골라 고려 사회에 끼친 영향을 논술한다.

1 **예시 답안** 훈요 10조에서는 불교의 숭상을, 묘청의 서경 천도 주장에서는 서경 천도의 근거로 풍수지리설(풍수 도참사상)을, 최승로의 시무 28조에서는 통치의 바탕이 되는 사상으로 유교를 내세웠다.

2 **예시 답안** **[불교]** 고려 시대에 불교는 국가의 지원을 받으며 발달하였다. 이에 국사와 왕사 제도가 마련되고, 승과 제도가 실시되었으며, 팔관회와 연등회가 열렸다. 또한 불교는 국가 통합 및 안녕을 비는 역할을 하였다. 이에 대규모 사찰이 건립되고 초조대장경, 팔만대장경 등의 대장경이 조판되었다.
[풍수지리설] 고려에서 풍수지리설은 도참사상과 결합하여 유행하였다. 서경이 풍수지리에서 길한 땅이라는 이론은 태조의 북진 정책, 묘청의 서경 천도 운동에 영향을 주었다. 양주가 명당이라는 주장은 양주가 남경으로 승격하는 데 영향을 주었다.
[유교] 고려에서는 유교를 정치 이념으로 삼았다. 그리하여 유학에 밝은 인재를 선발하려는 과거제가 실시되었고, 이를 뒷받침하는 유학 교육 기관으로 국자감, 향교, 최충의 9재 학당 등이 세워졌다. 특히 성종은 최승로의 시무 28조를 받아들여 유교를 통치 이념으로 확립하였다. 그는 유교 이념에 따라 고려의 중앙 관제를 정비하였고, 국가 행사에 유교 의례를 도입하였다.

주제 07　조선 후기 경제 변화에 따른 신분 질서의 변화

논술 Solution

> (가)에는 모내기법의 이점과 모내기법이 도입되면서 변화한 사회 모습이 나타나 있다.

↓

> (나)에는 상품 작물 재배의 경제적 이점이 드러나 있다.

● POINT ●

조선 후기 경제의 특징을 파악하고, 이것이 조선 후기 사회 변화에 어떤 영향을 주었는지 논술한다.

---

1 **예시 답안** 조선 후기에 논농사에서 모내기법(이앙법)이 확산되었다. 모내기법은 잡초를 제거하는 데 드는 노동력을 절약해 주고 단위 면적당 생산량을 늘려 주어 농지를 확대하는 광작을 가능하게 하였다. 이를 통해 일부 농민은 부농으로 성장할 수 있었다. 또한 도시 근교의 일부 농민은 시장에 판매할 목적으로 인삼, 면화, 담배, 채소와 같은 상품 작물을 재배하여 높은 소득을 올리기도 하였다.

2 **예시 답안** 조선 후기에 농업 생산력이 증가하고 상품 화폐 경제가 발달하면서 부를 축적하는 상민이 늘어났다. 이들 중에는 납속과 공명첩 등을 이용하여 합법적으로 양반이 되거나 양반의 족보를 위조하여 양반 행세를 하는 사람들도 있었다. 그 결과 양반 중심의 신분 질서가 동요하여 상민의 수는 줄어들고 양반의 수는 크게 늘어났다.

주제 08　갑신정변은 왜 실패하였을까?

논술 Solution

> (가)는 개화당 세력이 주도한 갑신정변에 대해 청과의 종속 관계를 청산하고자 단행된 정변이라고 평가한다.

↓

> (나)의 두 자료는 갑신정변이 외세(일본)에 지나치게 의존하였고 민중의 지지를 얻는 데 실패하였다는 등 갑신정변의 한계를 논한다.

● POINT ●

갑신정변 당시 개화당이 발표한 14개조 개혁 정강의 내용, 갑신정변에 관한 서로 다른 평가, 갑신정변의 전개 과정 등을 바탕으로 갑신정변의 의의와 한계를 논술한다.

---

1 **예시 답안** 갑신정변은 조선에 대한 청의 내정 간섭이 심화하여 개화 정책이 지연되는 상황에서 청과의 종속 관계를 청산하고 조선의 자주독립을 수호하고자 일으킨 정변이었다. 14개조 개혁 정강의 제1조에서도 청에 대한 조공 허례를 폐지하도록 명시하고 있다.

2 **예시 답안** 갑신정변은 일본에 지나치게 의존하였고 민중의 지지를 얻지 못하였기 때문에 실패할 수밖에 없었다. 갑신정변 직후 청군이 신속히 개입하자 지원을 약속하였던 일본군이 물러났다. 이 때문에 개화당 정부는 3일만에 무너졌다. 또한 갑신정변은 소수 지식인이 중심이 된 개혁이고 개화당이 일본의 지원을 받았기 때문에 민중의 이해와 지지를 받지 못하였다. 사람들은 갑신정변의 주역을 매국노라고 인식하기도 하였다.

주제 09　동학 농민 운동의 성격과 의의

논술 Solution

> (가)는 동학 농민군이 집강소를 설치하고 추진한 폐정 개혁안의 일부 내용이다.

↓

> (나)는 동학 농민 운동을 주도한 전봉준의 심문 기록으로, 여기에는 동학 농민 운동의 성격이 드러나 있다.

● POINT ●

폐정 개혁안에 반영된 동학 농민군의 지향을 파악하고 전봉준의 심문 기록에 드러난 동학 농민군의 봉기 이유를 찾아 동학 농민 운동의 성격과 의의를 논술한다.

1 **예시 답안** (가)는 폐정 개혁안으로, 여기에는 동학 농민군이 지향하는 사회 모습이 담겨 있다. 동학 농민군은 폐정 개혁을 실현하여 신분에 따른 차별을 극복하고, 탐관오리와 부패한 양반을 징벌하며, 문란한 조세 제도를 개혁하고자 하였다. 또한 외국 상인들의 한성 진출과 조선 내지에서의 상행위를 경계하여 이에 대한 조치를 정부에 요구하였다.

2 **예시 답안** 동학 농민 운동은 이전까지의 농민 봉기를 통해 성장한 민중들이 양반 중심의 신분 질서를 개혁하고 봉건적 억압과 착취를 극복하려는 반봉건적 성격의 운동이었다. 또한 외세의 침략에 맞서 싸운 반외세적(반침략적) 성격의 운동이었다. 동학 농민 운동의 폐정 개혁 요구는 일정 부분 갑오개혁에 반영되었으며, 일부 농민군은 항일 의병 투쟁에 가담하여 반외세(반침략) 투쟁을 이어 갔다.

주제 10 독립 협회의 활동과 한계

논술 Solution

(가)는 독립 협회가 관민 공동회에서 결의한 헌의 6조로, 여기에는 자주 국권의 수호, 자유 민권의 보장 등의 내용이 담겨 있다.

↓

(나)에는 미국, 영국, 일본 등 외세에 대한 독립 협회의 인식이 드러나 있다.

● POINT ●
독립 협회가 국정 개혁안으로 결의한 헌의 6조의 내용과 독립 협회의 활동을 바탕으로, 독립 협회의 의의와 한계를 논술한다.

1 **예시 답안** 독립 협회는 관민의 협력을 통해 제국주의 열강의 내정 간섭과 이권 침탈에 맞서 국권을 수호하고자 하였다. 동시에 입헌 군주제를 지향하여 전제 황권을 제한하고 중추원을 최고 의결 기구로 삼으려 하였다. 또한 국가의 예·결산에 대한 국민의 알권리를 보장하고 중범죄자의 인권을 고려하는 등 자유 민권의 신장을 도모하였으며, 갑오개혁 정강을 실현함으로써 우리나라의 자주적 근대화와 자강 개혁을 추진하고자 하였다.

2 **예시 답안** 독립 협회는 주로 러시아를 대상으로 이권 수호 운동을 벌였고, 미국과 일본 등 그 밖의 열강에 대해서는 우호적인 태도를 취하였다. 또한 근대적인 제도와 문물의 수용만을 강조한 나머지 일본을 비롯한 제국주의 열강의 침략 의도를 제대로 파악하지 못하는 한계를 보였다. 당시 독립 협회는 독립신문 논설을 통해 일본의 침략에 맞서 무력으로 저항하던 의병 운동을 비판하기도 하였다.

완자 중간·기말고사 풀이

완자 중간고사 12~17쪽

01 ⑤	02 ③	03 ②	04 ④	05 ①	06 ④	07 ⑤
08 ①	09 ③	10 ②	11 ③	12 ②	13 ④	14 ②
15 ⑤	16 ①	17 ④	18 ①	19 ⑤	20 ①	21 ②
22 ③		23 장수왕		24 (1) ㄷ (2) ㄴ (3) ㄱ (4) ㄹ		
25 무신 정변		26 태종		27 통신사		28 규장각
29 삼정이정청		30 전시과		31~32 예시 답안 참조		

01 구석기 시대의 생활 모습
자료에서 연천 전곡리 유적, 주먹도끼, 뗀석기 등을 통해 (가) 시대는 구석기 시대임을 알 수 있다. 구석기 시대 사람들은 뗀석기를 사용하였고, 주로 채집과 사냥을 하며 이동 생활을 하였다.
(바로 알기) ①은 청동기 시대, ②, ③은 신석기 시대에 대한 설명이다. ④ 청동기 시대에 우리 역사상 최초의 국가인 고조선이 등장하였다.

02 고조선의 사회 모습
자료는 고조선의 8조법이다. 고조선의 8조법은 현재 3개 조항만이 전해지고 있는데, 이 법 조항을 통해 고조선이 개인의 노동력과 재산을 중시하였고, 화폐를 사용하였음을 짐작할 수 있다.
(바로 알기) ㄱ은 고조선의 8조법과 관련이 없다. ㄹ. 고조선이 성립한 청동기 시대에는 계급이 발생하였다.

03 부여의 특징
자료에서 만주 쑹화강의 평야 지대에서 성장하였고, 가축의 이름으로 관명을 정하였다는 것을 통해 (가)는 부여임을 알 수 있다. 부여는 여러 가(加)들이 사출도를 관할하였다.
(바로 알기) ①은 삼한, ③은 신라, ④, ⑤는 고조선에 대한 설명이다.

04 신라 말의 사회 모습
(가)는 웅천주 도독 헌창이 반란을 일으켰다는 내용을 통해 김헌창의 난(822)임을 알 수 있다. (나)는 견훤이 후백제 왕을 칭하였다는 내용을 통해 후백제 건국(900)임을 알 수 있다. ④ 신라 말 진성 여왕 때 원종과 애노가 사벌주에서 봉기를 일으켰다(889).
(바로 알기) ①은 6세기 초 법흥왕, ②는 7세기 신문왕, ③은 4세기 후반 내물왕, ⑤는 6세기 중엽 진흥왕 때의 사실로, 모두 (가) 이전에 해당한다.

05 신라의 삼국 통일 과정
(가)에는 나당 동맹 체결(648)과 나당 전쟁 발발(670) 사이에 있었던 사실이 들어가야 한다. 668년에 나당 연합군이 평양성을 함락하면서 고구려가 멸망하였다.

 ② 관산성 전투(554)는 백제와 신라가 싸워 백제가 패배한 전투로, 이 전투에서 백제 성왕이 전사하였다. ③ 안시성 싸움(645)은 고구려와 당의 전쟁이었다. ④ 금관가야는 신라 법흥왕 때 신라에 병합되었다(532). ⑤ 백제는 성왕 때 수도를 웅진에서 사비로 옮겼다(538).

06 고려 성종의 정책

자료는 최승로의 시무 28조이다. 고려 성종은 최승로의 건의를 받아들여 유교 이념에 따라 2성 6부의 중앙 관제를 정비하였다.

 ①, ⑤는 고려 태조, ②는 고려 경종, ③은 고려 광종에 대한 설명이다.

07 발해의 특징

자료에서 대조영, 무예(무왕), 고구려의 옛 땅을 회복함 등을 통해 (가)는 발해임을 알 수 있다. 9세기 선왕 때 최대 영토를 확보한 발해는 이후 중국으로부터 바다 동쪽의 융성한 나라라는 뜻의 '해동성국'으로 불리며 전성기를 맞았다.

 ①, ③은 통일 신라, ②는 백제, ④는 조선에 대한 설명이다.

08 고려 태조의 업적

제시된 인물 카드의 앞면에 통천관을 쓴 태조 왕건상이 제시된 점과 뒷면에 후삼국을 통일함 등의 내용을 통해 해당 인물이 고려 태조 왕건임을 알 수 있다. 고려 태조는 후대 왕들에게 훈요 10조를 남겨 고려 왕조가 나아가야 할 방향을 제시하였다.

 ② 과거제는 고려 광종이 도입하였다. ③ 조선 세종 때 압록강 지역에 최윤덕을 파견하여 4군을 설치하고, 두만강 지역에 김종서를 파견하여 6진을 개척하였다. ④ 전민변정도감은 고려 공민왕이 설치하였다. ⑤ 고려 성종 때 12목에 지방관을 파견하였다.

09 고려 공민왕의 반원 개혁 정책

자료에서 변발을 풀었다는 내용을 통해 밑줄 친 '왕'이 고려 공민왕임을 알 수 있다. 공민왕은 반원 개혁 정책을 펼쳐 친원 세력인 기씨 일족을 제거하였으며, 쌍성총관부를 공격하여 영토를 수복하고, 변발 등 몽골풍을 금지하는 조치를 취하였다.

 ①은 통일 신라 신문왕, ②는 최충헌, ④는 고려 우왕, ⑤는 고려 성종에 대한 설명이다.

10 서희와 강감찬의 활동

(가)는 서희, (나)는 강감찬이다. 첫 번째 자료에서 소손녕, 거란 등의 내용을 통해 (가)는 서희임을 알 수 있다. 두 번째 자료에서 거란군이 귀주를 통과하자 맞아 싸웠다는 내용을 통해 (나)는 강감찬임을 알 수 있다. ② 거란의 1차 침입 당시 서희는 거란의 소손녕과 회담하여 강동 6주를 획득하였다.

 ①, ④는 윤관, ③은 묘청 등 서경 세력, ⑤는 삼별초에 대한 설명이다.

11 만적의 난

제시된 사건은 무신 정권기에 일어난 만적의 난(1198)이다. 무신 정권기에는 무신 집권자와 지방관들의 가혹한 수탈 등으로 농민과 천민의 봉기가 곳곳에서 일어났다. 사노비인 만적도 누구나 고위 관리가 될 수 있다고 주장하며 개경에서 신분 해방 운동을 시도하였으나, 봉기가 사전에 발각되어 실패하였다. 따라서 만적의 난은 (다) 시기에 해당한다.

12 고려의 대몽 항쟁

(가)에는 고려가 몽골과의 장기 항전을 위해 준비하였던 내용이 들어가야 한다. 13세기경 몽골이 고려를 침입하자, 고려는 일단 몽골과 강화를 하고, 수도를 강화도로 옮겨 몽골과의 장기 항전을 준비하였다.

 ① 윤관은 별무반을 이끌고 여진을 정벌하여 동북 9성을 축조하였다. ③ 대표적 문벌 출신인 이자겸이 척준경 등과 반란을 일으켰으나, 인종이 척준경을 회유하여 이자겸을 제거하고, 이후 척준경도 몰아냈다. ④ 이성계가 위화도 회군을 단행하여 최영과 우왕을 몰아내고 정치·군사의 실권을 잡았다. ⑤ 공민왕이 반원 개혁 정책을 펼쳐 정동행성이문소를 폐지하였다.

13 조선 세종의 정책

자료는 『농사직설』 서문의 내용으로, 밑줄 친 '왕'은 조선 세종이다. 세종은 집현전을 설치하여 학문을 장려하였고 의정부 서사제를 시행하였으며, 민본 사상을 바탕으로 훈민정음을 창제하였다. 또한 전분6등법과 연분9등법의 공법을 실시하여 세금 부과 기준을 상세히 하였다.

 ④ 『경국대전』은 조선 세조 때 편찬하기 시작하여 성종 때 완성·반포하였다.

14 조선의 지방 행정 제도

지도는 조선의 지방 행정 구역을 나타낸 것이다. 조선은 전국을 8도로 나누어 관찰사를 파견하였고, 그 아래 부·목·군·현을 두었다. 관찰사는 도의 행정을 총괄하며 수령을 지휘·감독하였고, 수령은 국왕의 대리인으로 행정권·사법권·군사권을 행사하며 백성을 지배하였다.

 ①, ⑤는 통일 신라와 관련이 있다. ③ 고려의 전시과 체제에서는 직업 군인에게 군인전을 지급하였다. ④ 고려는 군사적으로 중요한 양계에 병마사를 파견하였다.

15 사림의 특징

(가)는 사림 세력이다. 사림은 사화로 피해를 입었지만 지방에서 서원과 향약을 기반으로 세력을 확대하였다.

 ① 현량과는 사림인 조광조의 건의로 실시되었다. ②는 권문세족, ③은 문벌, ④는 최씨 무신 정권기 무신 집권자들에 대한 설명이다.

16 임진왜란의 전개

자료의 「동래부 순절도」, 1592년 등을 통해 이 전쟁이 임진왜란임을 알 수 있다. 일본의 침략으로 시작된 임진왜란 초반 조선군은 계속 패하였으나 이순신이 이끄는 수군과 곽재우, 고경명 등이 이끄는 의병의 활약, 조·명 연합군의 활약으로 전세를 뒤집을 수 있었다. 이후 명과 일본 사이에 휴전 회담이 전개되었다.

(바로 알기) ①은 병자호란에 대한 설명이다.

17 광해군 재위 시기의 사실

자료는 광해군의 중립 외교 정책을 보여 주는 것으로, 밑줄 친 '왕'은 광해군이다. 광해군 때 경기도에 한해 대동법을 처음 실시하였다.

(바로 알기) ①은 조선 영조, ②는 조선 세종, ③은 조선 태종과 조선 세조, ⑤는 조선 선조 때의 사실이다.

18 광해군의 중립 외교 정책

왜란 이후 광해군이 명과 후금 사이에서 중립 외교 정책을 펼치자, 서인은 이를 비판하며 인조반정을 일으켰다. 따라서 자료의 상황은 (다) 시기에 해당한다.

19 조선 정조의 업적

자료에서 수원 화성을 축조하였다는 내용을 통해 밑줄 친 '이 왕'이 조선 정조임을 알 수 있다. 정조는 젊고 유능한 인재를 선발하여 규장각에서 다시 교육하는 초계문신제를 실시하여 개혁 세력을 육성하였다.

(바로 알기) ①, ③은 조선 영조, ②는 조선 효종, ④는 조선 중종에 대한 설명이다.

20 대동법 시행 결과

자료는 방납의 폐단을 지적하면서 대동법을 실시할 것을 건의하는 내용이다. 16세기 이후 방납의 폐단이 심해지자, 정부는 국가 재정을 보완하고 농민들의 부담을 줄이고자 광해군 때부터 대동법을 실시하였다. 대동법이 실시되면서 국가에 필요한 물품을 조달하는 어용상인인 공인이 성장하였다.

(바로 알기) ②는 영정법, ③, ④, ⑤는 균역법에 대한 설명이다.

21 세도 정치 시기의 사회 모습

밑줄 친 '이 시기'는 세도 정치 시기이다. 세도 정치는 조선 정조 사후 순조, 헌종, 철종으로 이어진 3대 60여 년 동안 이어졌다. 세도 정치 시기에는 정치 기강이 문란해지면서 과거 시험에서의 부정이 극심하였고, 돈을 주고받으며 관직을 사고파는 매관매직이 성행하였다. 또한 삼정의 문란이 심각해지면서 백성의 부담이 크게 늘었다.

(바로 알기) ② 조선 현종 때 두 차례의 예송이 일어났다.

22 흥선 대원군의 정책

자료에서 호포를 징수하였다는 내용을 통해 (가)는 흥선 대원군임을 알 수 있다. 흥선 대원군은 왕실의 권위를 높이고자 경복궁을 중건하였는데, 이 과정에서 재정이 부족해지자 고액 화폐인 당백전을 다량 발행하였다. 또한 삼정을 바로잡아 민생을 안정시키고 국가 재정을 확충하고자 호포제를 실시하여 양반에게도 군포를 부과하고, 환곡 운영을 민간에 맡기는 사창제를 시행하였다.

(바로 알기) ㄱ. 흥선 대원군은 의정부와 삼군부의 기능을 부활하여 행정권과 군사권을 나누어 맡도록 하였다. ㄹ은 조선 영조의 정책이다.

23 고구려 장수왕

고구려 장수왕은 남진 정책을 펼쳐 평양으로 수도를 옮겼다.

24 고려의 중앙 정치 기구

고려는 2성 6부를 중심으로 중앙 정치 제도를 운영하였으며, 고려만의 독자적인 회의 기구로 군사·외교 논의를 담당하는 도병마사와 법제·격식 논의를 담당하는 식목도감을 두었다. 이 밖에도 비서 기구인 중추원, 감찰 기구인 어사대, 회계를 담당하는 삼사가 있었다.

25 무신 정변

무신에 대한 차별에 불만을 품고 있던 정중부, 이의방 등의 무신은 의종의 보현원 행차 때 무신 정변을 일으켜 무신 정권을 수립하였다(1170).

26 조선 태종

조선 태종은 정도전을 제거하고 공신과 왕족이 소유한 사병을 없애 군사권을 장악하였다.

27 통신사

조선은 왜란 이후 일본의 요청으로 통신사를 파견하였다.

28 규장각

조선 정조는 규장각을 설치하여 정책을 뒷받침하는 기구로 삼고, 서얼 출신 학자를 규장각 검서관으로 등용하였다.

29 삼정이정청

자료에서 삼정의 문란을 개혁하려고 설치하였다는 내용을 통해 밑줄 친 '이 기구'가 삼정이정청임을 알 수 있다.

30 전시과

(가)는 전시과이다. 전시과는 고려 경종 때 처음 제정된 이후 지급할 토지가 부족해지자 목종 때 지급 기준에서 인품을 배제하여 지급량을 줄였다. 문종 때는 현직 관리에게만 토지를 지급하였다.

31 서경 천도를 둘러싼 주장과 묘청의 난
(1) **예시 답안** (가)는 서경 천도를 주장한 묘청, (나)는 서경 천도에 반대한 김부식의 주장이다.
(2) **예시 답안** 묘청이 나라 이름을 '대위'로 짓고 서경에서 반란을 일으켰다. 반란은 김부식이 이끄는 관군에게 1년 만에 진압되었다.

채점 기준	
상	(가), (나)를 주장한 인물을 쓰고, 묘청의 난에 대해 서술한 경우
하	(가), (나)를 주장한 인물만 쓴 경우

32 조선 후기의 상품 화폐 경제 발달
예시 답안 조선 후기 상업의 발달로 전국에 장시가 활성화되었으며, 국경 지대에서 공식 무역인 개시와 사무역인 후시가 열렸다. 사무역이 허용되면서 한성의 경강상인, 개성의 송상 등 사상들이 전국 각지에서 활동하였다.

채점 기준	
상	장시 발달, 개시와 후시 전개, 사상들의 활동을 모두 서술한 경우
중	위 내용 중 두 가지를 서술한 경우
하	위 내용 중 한 가지만 서술한 경우

완자 기말고사
18~23쪽

01 ④　02 ②　03 ④　04 ⑤　05 ②　06 ④　07 ⑤
08 ④　09 ③　10 ③　11 ④　12 ③　13 ②　14 ⑤
15 ③　16 ②　17 ⑤　18 ④　19 ①　20 ③　21 ⑤
22 ①　23 ②　24 ③　25 ③　26 정호　27 ㄱ, ㄷ
28 척화비　29 (가) 『조선책략』, (나) 조미 수호 통상 조약
30 위정척사 운동　31 아관 파천　32 (1) ㄴ (2) ㄱ (3) ㄷ
33 국채 보상 운동　34~36 예시 답안 참조

01 고구려의 사회 모습
자료에서 지배층 무덤인 무용총을 문화유산으로 소개한 점, 지배층이 왕족 고씨와 5부 출신의 귀족들로 구성된 점을 통해 밑줄 친 '이 국가'는 고구려임을 알 수 있다. 고구려 고국천왕 때 농민의 몰락을 막고 국가 재정을 유지하고자 진대법을 실시하였다.
바로 알기 ① 고려는 거란이 침략하자 부처의 힘을 빌려 외적을 물리치려고 초조대장경을 만들었다. ② 고려 시대에 벽란도가 국제 무역항으로 번성하였다. ③ 고려에는 특수 행정 구역으로 향·부곡·소가 있었다. 고려 전기에는 소 수공업이 발달하였는데, 소에서는 금, 은, 철, 종이 등을 생산하여 공물로 납부하였다. ⑤ 골품제는 신라의 신분제이다.

02 고려의 사회 모습
자료는 노비 평량이 주인에게 재산을 주어 신분을 상승한 내용으로, 고려 신분제 사회의 개방성을 보여 준다. 고려의 신분제는 신분의 구분이 엄격하지 않아 일부 노비가 주인에게 재물을 바치거나 큰 공을 세워 양인이 되기도 하였다. 고려 시대에는 군현에 거주하는 농민이 양인의 대부분을 구성하였고, 이들은 백정이라 불리며 조세와 공납, 역을 부담하였다(ㄷ). 한편, 고려 시대에는 가족 제도에서 남성과 여성의 관계가 비교적 수평적이었다. 여성도 호주가 될 수 있었고(ㄱ), 호적에는 성별이 아닌 태어난 순서대로 올랐다.
바로 알기 ㄴ. 고려 시대에 정호는 과거에 합격하여 고위 관리가 되거나 군공을 세워 무관으로 출세할 수 있었다. ㄹ은 조선 후기의 사실이다.

03 서얼의 특징
자료에서 높은 관직을 가진 자의 아들이지만, 오직 외가가 하찮아서 대대로 벼슬길이 막혔다는 내용을 통해 (가)는 서얼임을 알 수 있다. 조선 시대 양반의 첩에게서 태어난 서얼은 문과에 응시할 수 없었고, 중인과 같은 신분으로 대우받았다.
바로 알기 ① 조선 시대에 광대는 천민 계층에 속하였다. ② 조선 시대에 농민은 상민 계층의 대부분을 차지한 신분층으로, 전세·공납·역의 부담을 졌다. ③ 조선 시대에 서리는 중인 계층에 속하여 주로 말단 관리직을 맡았다. ⑤ 조선 시대에 양반은 주요 관직을 차지하고, 국역을 면제받는 등 정치적 특권을 누렸다.

04 조선 후기의 사회 모습
자료는 조선 후기에 신분제가 동요하는 모습을 보여 준다. 조선 후기에 부계 중심의 가족 제도가 확산하면서 신부가 혼인 후 곧바로 신랑 집에서 생활하는 경우가 많아졌다.
바로 알기 ①, ②, ③, ④는 고려 시대~조선 전기에 해당한다.

05 유학의 수용과 발달
자료에서 태학, 오경박사, 임신서기석 등을 통해 (가) 사상이 유학임을 알 수 있다. 통일 신라는 유학을 정치 이념으로 삼아 유교를 진흥하였는데, 원성왕 때 유교 경전의 이해 수준을 평가하여 관리 선발에 참고하는 독서삼품과를 시행하였다.
바로 알기 ①, ④는 불교, ③은 도교, 불교와 관련이 있다. ⑤ 신라 진흥왕은 단양 신라 적성비와 순수비 등을 세워 영토 확장을 기념하였다.

06 팔만대장경의 특징
자료의 총 8만여 장에 달하는 목판에 글씨를 새긴 밑줄 친 '이것'은 팔만대장경판이다. 13세기경 고려는 몽골의 침략으로 대장경이 불타자 부처가 나라를 지켜 주기를 바라며 팔만대장경을 조판하였다. 이처럼 팔만대장경에는 부처의 힘으로 몽골군을 물리치고자 하는 염원이 담겨 있다.

바로 알기 ①은 초조대장경에 대한 설명이다. ② 팔만대장경은 고구려 계승 의식 표방과 관련이 없다. 고구려 계승 의식을 내세운 고려의 문화유산으로는 역사서인 「동명왕편」이 있다. ③ 초조대장경이 팔만대장경보다 먼저 제작되었다. ⑤ 팔만대장경은 불교 경전의 내용을 집대성한 것이다.

07 「삼국사기」의 편찬

자료에서 김부식의 저술, 현존하는 가장 오래된 역사서, 기전체의 역사 서술 체제 등의 내용을 통해 (가)는 「삼국사기」임을 알 수 있다. 「삼국사기」는 유교적 합리주의 사관에 따라 편찬되었으며, 신라 중심의 역사의식이 담겼다.

바로 알기 ①은 이규보의 「동명왕편」, 일연의 「삼국유사」, 이승휴의 「제왕운기」 등에 대한 설명이다. ②, ④는 일연의 「삼국유사」에 대한 설명이다. ③은 이제현의 「사략」 등에 대한 설명이다.

08 박제가의 주장

자료는 실학자인 박제가의 주장이다. 박제가는 생산과 소비의 관계를 우물에 비유하며 절약보다는 소비할 것을 주장하였다. 박제가는 상공업 중심 개혁론자로서 청의 문물 수용과 상공업 진흥을 강조하였으며, 수레와 배의 이용을 주장하였다.

바로 알기 ① 여전제는 농업 중심 개혁론자인 정약용의 주장으로, 토지를 공동으로 경작한 뒤 그 수확량을 분배하자는 토지 개혁론이다. ② 시천주 사상은 최제우가 창시한 동학의 사상으로, 동학은 시천주 사상을 바탕으로 인간 평등을 강조하여 하층민의 호응을 얻었다. ③ 북벌 운동은 효종이 송시열, 이완 등과 추진하였으나 실행하지는 못하였다. ⑤ 상공업 중심 개혁론자인 유수원은 직업의 평등을 강조하였다.

09 병인양요의 발발

제시된 연극 대본의 사건은 병인양요(1866)이다. 병인양요 때 문수산성에서 한성근 부대가 전투를 벌였고, 정족산성에서 양헌수 부대가 프랑스군을 물리쳤다.

바로 알기 ①, ④는 신미양요, ②는 운요호 사건, ⑤는 임오군란에 해당한다.

10 미국과의 수교

자료에서 신미양요 당시 광성보를 공격하였다는 내용을 통해 밑줄 친 '이 나라'가 미국임을 알 수 있다. 조선은 서양 국가로는 처음으로 미국과 근대적 조약을 체결하였다(1882).

바로 알기 ①은 영국, ②는 프랑스, ④는 일본, ⑤는 러시아, 프랑스, 독일에 대한 설명이다.

11 강화도 조약의 체결

(가)는 조선이 외국과 맺은 최초의 근대적 조약인 강화도 조약(조일 수호 조규)이다. 강화도 조약으로 조선은 3개 항구를 개항하고 일본에 조선의 해안에 대한 측량권과 영사 재판권을 인정하였다.

바로 알기 ㄱ은 한성 조약(1884), ㄷ은 조일 통상 장정(1883)에 대한 설명이다.

12 조미 수호 통상 조약의 체결

자료는 조미 수호 통상 조약의 내용으로, 제5조는 수출입 상품의 관세 부과, 제14조는 최혜국 대우와 관련이 있는 조항이다. 조선은 청의 알선으로 미국과 조미 수호 통상 조약을 체결하였다(1882). 이 조약은 조선이 서양과 맺은 최초의 근대적 조약으로, 거중 조정과 관세 부과 조항이 포함되었다. 하지만 영사 재판권과 최혜국 대우를 허용하여 조선에 불리한 불평등 조약이었다. 최혜국 대우는 조약 체결 이후 한 국가가 제3국에 더 좋은 조건을 허용할 경우 조약 개정 없이 그 조건을 조약 상대국에게도 동일하게 부여한다는 내용으로, 조미 수호 통상 조약에서 처음으로 규정하였다.

바로 알기 ③ 천주교는 조프 수호 통상 조약 체결의 결과 포교의 자유를 인정받았다.

13 보빙사의 파견

미국과 수교한 이후 조선 정부는 미국에 답례 사절단인 보빙사를 보내 근대 시설을 살펴보았다(1883).

바로 알기 ① 수신사는 강화도 조약을 맺은 후 일본에 파견한 사절단이다. ③ 연행사는 조선 후기 청에 보낸 사신들을 말한다. 청의 수도인 '연경(북경)'에 가는 사신이라는 뜻이다. ④ 영선사는 개항기에 청에 파견한 사절단으로, 유학생과 기술자를 이끌고 청에 가서 무기 제조 기술 등을 배워 왔다. ⑤ 조사 시찰단은 1881년에 일본에 비밀리에 파견되었던 문물 시찰단이다.

14 조선 중립화론(한반도 중립론)의 대두

자료에서 우리나라가 중립국이 되는 것이 러시아를 방어하는 큰 기틀이 된다고 한 점, 아시아의 여러 대국이 서로 보전하는 정략이 될 수 있다고 한 점 등을 통해 해당 자료는 유길준이 조선(한반도) 중립론을 주장한 내용임을 알 수 있다. 갑신정변 이후 청의 내정 간섭이 심해지자 조선은 청을 견제하려고 러시아와 비밀리에 교섭하였다. 그러자 영국이 러시아를 견제한다는 구실로 거문도를 불법으로 점령하였다(거문도 사건, 1885). 이 무렵 조선을 둘러싼 열강의 대립이 심해지자 조선이 열강의 각축장이 될 수 있다는 인식 아래 조선을 중립국으로 만들자는 논의가 일어났다. 독일의 외교관 부들러는 조선 정부에 중립화안을 제안하였다. 미국에서 돌아온 유길준도 중립화론을 구상하였다.

15 임오군란의 전개

자료에서 1882년 조선 정부의 개화 정책과 구식 군대에 대한 차별이 배경이 되어 일어난 사건인 점, 구식 군대의 군인들이 정부 고관의 집과 일본 공사관을 공격한 점을 통해 (가)는 임오군란임을 알 수 있다. 임오군란의 결과 일본은 조선에 제물포 조약의 체결을 강요하였고, 이 조약으로 조선은 일본에 배상금을 지불하고 일본군이 공사관 호위를 위해 한성에 주둔하는 것을 허용하였다.

바로 알기 ①은 갑신정변에 대한 설명이다. ② 집강소는 동학 농민군이 정부와 전주 화약을 체결한 후 설치한 자치적 개혁 기구이다. ④ 고종이 러시아 공사관으로 피신하는 아관 파천이 일어나면서 을미개혁이 중단되었다. ⑤ 신미양요 이후 흥선 대원군이 통상 수교 거부 의지를 널리 알리기 위해 전국 각지에 척화비를 세웠다.

16 갑신정변의 발발
자료에서 김옥균 일파가 청이 자주권을 침해하는 것을 분하게 여겨 일본 공사와 협력하여 일으켰다는 내용을 통해 밑줄 친 '정변'이 갑신정변임을 알 수 있다. 급진 개화파는 1884년에 우정총국 개국 축하연을 이용하여 정변을 일으켜 개화당 정부를 수립하고 개혁 정강을 발표하였다.

바로 알기 ① 갑신정변은 소수의 지식인이 중심이 된 위로부터의 개혁으로 민중의 지지를 이끌어 내지 못하였다. ③은 제1차 동학 농민 운동, ④, ⑤는 임오군란에 대한 설명이다.

17 동학 농민 운동의 전개
전주 화약은 동학 농민군의 제1차 봉기 때인 1894년 5월에 조선 정부와 동학 농민군이 맺은 조약이다. 시모노세키 조약은 1895년 4월에 청일 전쟁의 결과로 청과 일본이 체결한 조약이다. 따라서 (가) 시기는 1894년 5월 이후부터 1895년 4월 이전까지이다. 청일 전쟁에서 우세해진 일본이 조선 정부군과 연합하여 동학 농민군을 진압하려 하자, 동학 농민군은 다시 봉기하였다. 제2차 봉기 때인 1894년 11월에 동학 농민군은 공주 우금치에서 관군과 일본군의 연합 부대와 치열한 전투를 벌였으나 패배하였다.

바로 알기 ①은 1894년 1월, ②는 1894년 3월, ③은 1885년, ④는 1896년의 사실이다.

18 제2차 갑오개혁의 내용
자료에서 군국기무처 폐지, 박영효와 김홍집을 중심으로 내각을 구성하여 추진함 등을 통해 밑줄 친 '개혁'이 제2차 갑오개혁임을 알 수 있다. 제2차 갑오개혁 때 전국 8도를 23부로 개편하였다.

바로 알기 ①, ③은 제1차 갑오개혁, ②, ⑤는 을미개혁의 내용이다.

19 독립 협회의 활동
자료는 독립 협회에서 결의한 헌의 6조이다. 독립 협회는 자주 국권 운동을 전개하여 러시아의 여러 이권 요구를 철회시켰고, 신체의 자유와 재산권 보호를 요구하는 등 자유 민권 운동을 전개하였다. 이 밖에도 개혁적인 관료들과 함께 의회 수립 운동을 추진하고, 입헌 군주정 체제를 수립하고자 하였으며, 관민 공동회를 열고 국정 개혁안으로 헌의 6조를 결의하였다. 하지만 공화정을 세우려 한다는 모함을 받아 고종이 해산 명령을 내렸다.

바로 알기 ①은 황국 협회에 대한 설명이다. 황국 협회는 1898년에 대한 제국의 황실과 보수 관료들이 독립 협회를 견제하려고 보부상들을 내세워 조직한 단체이다.

20 광무개혁의 정책
제시된 대화의 대한 제국 정부가 '구본신참'의 원칙에 따라 추진한 개혁은 광무개혁이다. 따라서 (가)에는 광무개혁에 따라 추진된 정책이 들어가야 한다. 이 시기에 정부는 원수부를 설치하여 황제가 군대를 통솔하게 하였으며, 양전 사업을 추진하여 토지를 측량하고, 토지 소유권을 증명하는 지계를 발급하였다. 또한 전화, 전차, 철도 등 근대 시설을 설치하고, 상공 학교와 광무 학교 등을 세워 산업 기술을 가르치는 등 근대 교육을 실시하였다.

바로 알기 ③은 을미개혁의 내용이다. 을미사변 이후 김홍집, 유길준 등 친일 관료로 구성된 내각은 을미개혁을 추진하였는데, 이때 태양력 사용이 선포되었다. 또한 중앙에 친위대, 지방에 진위대를 신설하였고, 종두법과 단발령을 실시하였으며, 소학교를 설립하였다.

21 청과 일본 상인의 상권 침탈
지도는 한성에 형성된 청과 일본 상인의 거류지를 나타낸 것이다. 조청 상민 수륙 무역 장정과 조일 통상 장정의 체결로 청 상인과 일본 상인들이 한성에 상점을 두고 상권을 확대해 나갔다.

바로 알기 ① 전주 화약 체결 이후 조선 정부는 교정청을 설치하여 동학 농민군이 요구한 폐정 개혁을 포함한 자주적 개혁을 추진하였다. ② 1880년대에 조선 정부는 서양의 학문을 교육하는 육영 공원을 설립하였다. ③ 제2차 갑오개혁 때 재판소를 설치하여 사법권이 독립된 결과 지방관의 사법권이 박탈되었다. ④ 개항 이후 일본 상인의 곡물 유출에 흉작 등이 더해지면서 식량난이 가중되자, 일부 지방관은 곡물 유출을 막기 위해 방곡령을 내렸다. 함경도 관찰사 조병식이 실시한 방곡령은 조선과 일본 사이에 외교적 마찰로 이어졌다.

22 대한 제국 정부 시기의 사회 변화
(가)는 대한 제국이다. 대한 제국 정부 시기는 1897년부터 1910년 국권 피탈 이전까지이다. ② 대한매일신보는 1904년에 창간되었다. ③ 화폐 정리 사업은 1905년부터 추진되었다. ④ 1899년에 서대문과 청량리 사이에 전차가 개통되었다. ⑤ 명동 성당은 1898년에 준공되었다.

바로 알기 ① 1883년에 박문국이 설치되면서 우리나라 최초의 신문인 한성순보가 발행되었다.

23 헤이그 특사의 파견
을사늑약은 1905년에 체결되었으며, 고종은 1907년에 강제 퇴위되었다. 고종은 1907년 헤이그에서 열린 만국 평화 회의에 특사를 파견하여 을사늑약의 불법성을 알리려 하였으나, 일본의 방해와 열강의 무관심 등으로 성과를 거두지 못하였고, 일본은 헤이그 특사 파견을 빌미로 고종을 강제 퇴위시켰다.

바로 알기 ①은 1904년, ③, ④는 1909년의 사실이다. ⑤ 러일 전쟁에서 전세가 유리해진 일본은 1904년 8월 외국인 고문 용빙에 관한 협약(제1차 한일 협약)의 체결을 강요하였다.

24 항일 의병 운동의 전개

(가)는 고종의 강제 퇴위와 군대 해산이 배경이 되어 일어난 정미 의병(1907), (나)는 을미사변과 단발령 실시가 배경이 되어 일어난 을미의병(1895), (다)는 을사늑약 체결이 배경이 되어 일어난 을사 의병(1905)이다. 따라서 '(나) - (다) - (가)'의 순서로 일어났다.

25 신민회의 활동

자료에서 안창호·양기탁 등이 비밀 결사로 조직한 단체, 공화정 에 바탕을 둔 근대 국민 국가 건설을 추구함 등을 통해 (가) 단체 는 신민회임을 알 수 있다. 애국 계몽 운동 단체인 신민회는 민족 의 실력을 양성하려고 평양에 대성 학교, 정주에 오산 학교를 세 워 인재를 길렀다. 또한 태극 서관을 설립하여 계몽 서적을 출판 하고, 자기 회사를 세워 민족 산업을 키우려 하였다.

(바로 알기) ①, ② 독립 협회는 청의 사신을 맞이하던 영은문이 있던 자리 근처에 독립문을 세웠으며, 1898년에 관민 공동회를 개최하고 헌의 6조를 결의하였다. ④ 일제의 황무지 개간권 요구를 철회시킨 단체는 보안회이다. ⑤ 대한 자강회가 고종 강제 퇴위에 반대하는 시위를 주도하였다.

26 고려의 신분과 사회

고려 시대에 향리, 하급 장교 등으로 구성된 정호는 직역을 부담 하는 대가로 국가로부터 일정 단위의 토지인 전정을 받았다.

27 조선 후기 서민 문화의 발달

조선 후기에는 서민 문화가 발달하면서 『춘향전』과 같은 한글 소 설과 김홍도의 「행상」과 같은 풍속화가 유행하였다.

28 척화비

두 차례의 양요를 겪으면서 흥선 대원군은 전국 각지에 척화비를 세워 서양과의 통상을 거부한다는 뜻을 알렸다.

29 『조선책략』과 조미 수호 통상 조약

『조선책략』은 1880년 2차 수신사로 일본에 다녀온 김홍집이 들여 왔으며, 『조선책략』이 확산되면서 미국과의 수교 주장이 힘을 얻 어 1882년 조미 수호 통상 조약이 체결되었다.

30 위정척사 운동

19세기 후반 보수적 양반 유생들은 서구 열강의 침략과 조선 정 부의 개항, 개화 정책 추진에 맞서 성리학적 사회 질서를 수호하 기 위한 위정척사 운동을 벌였다.

31 아관 파천

아관 파천은 을미사변으로 신변의 위협을 느낀 고종이 1896년에 러시아 공사관으로 거처를 옮긴 사건이다.

32 근대의 저술

신채호는 「독사신론」을 저술하여 민족주의 역사 서술의 기본 틀 을 제시하였다. 주시경은 국어 문법 체계를 연구하여 『국어문법』 을 간행하였다. 안국선은 현실을 풍자한 소설 『금수회의록』을 펴 냈다.

33 국채 보상 운동

국채 보상 운동은 일본에 진 나라 빚을 갚아 경제적 주권을 지키 자는 운동이다. 1907년 대구에서 김광제, 서상돈 등이 국채 보상 운동을 펼쳤고, 대한매일신보를 비롯한 언론 기관이 이에 호응하 면서 운동은 전국으로 확산하였다.

34 주제: 실학자들의 주장

(예시 답안) 실학, 농업 중심 개혁론자들은 토지 제도의 개혁을 주 장하였고, 상공업 중심 개혁론자들은 청의 문물 수용과 상공업 진흥을 강조하였다.

채점 기준	
상	실학을 쓰고, 농업 중심 개혁론자와 상공업 중심 개혁론자의 주장을 비교 하여 서술한 경우
하	실학만 쓴 경우

35 주제: 갑신정변의 의의와 한계

(예시 답안) 갑신정변, 갑신정변은 자주적 근대 국가를 건설하고자 한 정치 개혁 운동이었다. 그러나 소수의 지식인이 중심이 된 위 로부터의 개혁으로 민중의 지지를 이끌어 내지 못하였고, 일본의 군사적 지원에 지나치게 의존한 한계가 있었다.

채점 기준	
상	갑신정변을 쓰고, 갑신정변의 의의와 한계를 서술한 경우
하	갑신정변만 쓴 경우

36 주제: 을사늑약에 대한 저항

(예시 답안) 을사늑약, 고종은 을사늑약의 무효를 선언하고 국제 사회의 지원을 얻고자 헤이그에 특사를 파견하였으며, 을사늑약 체결에 반발하며 구국 항일을 목적으로 을사의병이 일어났다. 또 한 친일 매국노와 일제 침략의 원흉을 처단하고자 의열 투쟁이 전개되었다.

채점 기준	
상	을사늑약을 쓰고, 을사늑약에 대한 한국인의 저항을 세 가지 서술한 경우
중	을사늑약을 쓰고, 을사늑약에 대한 한국인의 저항을 두 가지 서술한 경우
하	을사늑약을 쓰고, 을사늑약에 대한 한국인의 저항을 한 가지만 서술한 경우

Memo